Michael Schilhaneck

Zielorientiertes Management von Fußballunternehmen

GABLER EDITION WISSENSCHAFT

Michael Schilhaneck

Zielorientiertes Management von Fußballunternehmen

Konzepte und Begründungen für ein erfolgreiches Marken- und Kundenbindungsmanagement

Mit einem Geleitwort von Prof. Dr. Walter Brehm

GABLER EDITION WISSENSCHAFT

Bibliografische Information der Deutschen Nationalbibliothek
Die Deutsche Nationalbibliothek verzeichnet diese Publikation in der Deutschen Nationalbibliografie; detaillierte bibliografische Daten sind im Internet über <http://dnb.d-nb.de> abrufbar.

Dissertation Universität Bayreuth, 2008

1. Auflage 2008

Lektorat: Frauke Schindler / Sabine Schöller

Der Gabler Verlag ist ein Unternehmen von Springer Science+Business Media.
www.gabler.de

Umschlaggestaltung: Regine Zimmer, Dipl.-Designerin, Frankfurt/Main
Gedruckt auf säurefreiem und chlorfrei gebleichtem Papier

ISBN 978-3-8349-1010-3

Geleitwort

Die sukzessiven Medialisierungs- und Kommerzialisierungsprozesse im Profifußball haben die Rahmenbedingungen für die Fußballbundesligisten grundlegend verändert. Die Identifizierung ökonomisch erfolgsrelevanter Managementbereiche von Fußballunternehmen, die Formulierung von Leitzielen für diese Managementbereiche sowie die Ausarbeitung von Managementkonzepten zur Umsetzung der Leitziele sind wichtige Herausforderungen für den Erfolg des Profifußballs. Genau für diese Herausforderungen will die vorliegende Arbeit von Michael Schilhaneck Grundlagen sowie gut begründete Hinweise bereitstellen.

Einführend beschreibt der Verfasser die Entwicklungs- und Ausdifferenzierungsprozesse des Fußballs und seiner Organisation in Deutschland und baut damit ein grundlegendes Verständnis für die weiteren Argumentationsketten zur Ableitung und Ausführung von Leitzielen und Managementkonzepten auf. Im nächsten Arbeitsgang werden ökonomische Leitziele von Fußballunternehmen in drei Schritten analysiert: Im ersten Schritt wird der Stand der Zielforschung im professionellen Teamsport aufgearbeitet und diskutiert. Im zweiten Schritt werden die Prozesse der Leistungserstellung und der Leistungsverwertung von Fußballunternehmen beschrieben und konzeptionell systematisiert. Im dritten Schritt werden schließlich – eingeschränkt auf die Systemebene der Leistungsverwertung – zwei Leitziele von Fußballunternehmen begründet: (1) Erfolgreiches Markenmanagement, (2) Erfolgreiches Bindungsmanagement. Konzeptbildend wird für beide Leitziele in folgenden vier Schritten vorgegangen: Zunächst werden relevante betriebswirtschaftliche Grundlagen zusammengefasst, dann wird auf wesentliche ökonomische Besonderheiten bei Fußballunternehmen eingegangen, es folgt der Entwurf und die Begründung eines Konzepts zur Umsetzung des Leitziels im Profifußball, das schließlich mit Managementmaßnahmen und Strategieempfehlungen konkretisierend gefüllt wird. Im abschließenden empirischen Teil der Arbeit erfolgt eine praxisbezogene Qualitätssicherung der theoriegeleitet begründeten Leitziele bzw. Managementkonzepte.

Insgesamt führt die von Herrn Schilhaneck vorgelegte Arbeit deutlich über den bislang vorhandenen wissenschaftlichen aber auch über den in der Praxis vorhandenen Kenntnisstand hinaus. Der Verfasser entwickelt theoriegeleitet eigenständige Analysekonzepte, nutzt diese zur Ableitung und zur Systematisierung von Management- und Strategieempfehlungen im Hinblick auf seinen „Fall“ der Fußballunternehmen und sichert schließlich seine Ergebnisse durch eine sorgfältig durchgeführte Evaluation.

Die Arbeit lag an der Kulturwissenschaftlichen Fakultät der Universität Bayreuth im Fachbereich Sportwissenschaften als Dissertation vor. Insgesamt wurde die Leistung von Herrn Schilhaneck dabei aus wirtschafts- und sportwissenschaftlicher Sicht mit „summa cum laude“ bewertet. Ich wünsche der Arbeit die breite Resonanz, die sie verdient.

Prof. Dr. Walter Brehm

Vorwort

Die vorliegende Arbeit wurde am 12. Oktober 2007 an der Kulturwissenschaftlichen Fakultät der Universität Bayreuth (Fachbereich Sportwissenschaften) als Dissertation eingereicht. Sie entstand zwischen August 2004 und September 2007, zunächst während meiner Anstellung bei der Schweizer Sportmarketingagentur International Sports Agency ISA, später während meiner Lehrbeauftragung am Institut für Sportwissenschaft der Universität Bayreuth. Die konzeptionellen Vorarbeiten gehen auf den Zeitraum März bis Juli 2004 zurück.

Die Ausarbeitung der Dissertationsschrift wurde von einer regen Teilnahme an der wissenschaftlichen Kommunikation begleitet. „Bilanz" der Promotionsdauer: Veröffentlichung von zwei Monographien, fünf (z.T. englischsprachigen) Artikeln in Fachzeitschriften mit peer review Verfahren, zwei Sammelbandbeiträgen sowie drei Arbeitspapieren. Zudem: 17 angenommene Vorträge auf nationalen und internationalen Konferenzen. Hervorzuheben ist dabei insbesondere die Einladung als Referent zum 21. Kongress der North American Society for Sport Management (NASSM) in Kansas City, Missouri im Juni 2006. Die Gelegenheit zur Präsentation eigener Forschungsergebnisse im Ursprungsland des Sportmanagements ehrte mich sehr. Die damit verbundene Reise stellte das „Highlight" meiner Promotion dar.

Wissenschaftliche Arbeiten werden i.d.R. zu einem wesentlichen Teil von dem Umfeld geprägt, in dem sie entstehen. Zum Gelingen der vorliegenden Arbeit haben verschiedene Personen und Institutionen beigetragen, bei denen ich mich an dieser Stelle herzlich bedanken möchte.

Mein besonderer Dank gilt meinem Doktorvater und akademischen Lehrer, Herrn Prof. Dr. Walter Brehm (Inhaber des Lehrstuhls Sportwissenschaft II, Universität Bayreuth): Für die intensive Betreuung und stetige Förderung, welche – so habe ich aus Gesprächen mit anderen Doktoranden erfahren – nicht alltäglich und selbstverständlich ist, für die motivierenden Worte in den problembehafteten Phasen der Arbeit sowie für die freundliche, familiäre Arbeitsatmosphäre an seinem Lehrstuhl, die ich stets genossen und geschätzt habe. Mein Dank gilt zudem Herrn Prof. Dr. Heymo Böhler (Inhaber des Lehrstuhls BWL III, Universität Bayreuth) für die Übernahme des Zweitgutachtens sowie die wertvollen Gespräche zu meiner Arbeit.

Für ihre ständige Diskussions- und Hilfsbereitschaft danke ich meinen ehemaligen Kommilitonen Philipp Sturm, Martin Junker, Gunnar Findeiß, Jochen Saier und Konrad Schmidt sowie folgenden Kollegen und Kolleginnen des Instituts für Sportwissenschaft der Universität Bayreuth: Dr. Susanne Tittlbach, PD Dr. Ralf Sygusch, Christian Herrmann, Dipl.-SpOec. Helmut Strobl, Dr. Mark Pfeiffer sowie Dr. Guido Schafmeister. Für Ihre engagierte Lektorenarbeit danke ich Philipp Schneemeier, Florian Gerold, Patrick Grimm, Cornelius Cords, Benedikt Scholz und Jens Christoph Pech.

Dank gilt zudem meinem (besten) Freund Jürgen Korell für seine zahlreichen Hilfeleistungen bei technischen Problemen aller Art sowie meiner Freundin Georgina Dymock für die Korrektur englischer Beiträge.

Den Interviewpartnern der empirischen Untersuchung danke ich für ihre hohe Auskunfts- und Kooperationsbereitschaft (Entscheidungsträger der Klubs FC Bayern München, VfB Stuttgart, FC Schalke 04, VfL Bochum, TSV 1860 München, 1. FC Kaiserslautern sowie – über die Studie der Dissertation hinausgehend – 1. FC Nürnberg, FC Augsburg).

Der Konrad-Adenauer-Stiftung e.V. danke ich für das erhaltene Promotionsstipendium (seit Juni 2005). Die großzügige finanzielle Unterstützung im Rahmen des Stipendiums stellte Grundlage und Absicherung meines Dissertationsprojekts dar.

Dem Universitätsverein Bayreuth e.V. danke ich für den gewährten Druckkostenzuschuss.

Mein besonderer Dank gilt meiner Familie: *Mum und Dad.* Ohne Eure stetige Unterstützung wäre so vieles in meinem Leben nicht möglich gewesen – dazu zählt auch dieser letzte Schritt meiner akademischen Ausbildung. Herzlichen Dank. *Marc.* Vielen Dank für die geleistete Aufbauarbeit in der Krisenzeit. Keiner kann das besser als Du! Dass Du damals sofort nach Bayreuth gekommen bist, zeigte einmal mehr, dass ich den besten Bruder habe, den man sich wünschen kann. *Melanie.* Du hast sicherlich die größte Last getragen. Unzählige Nacht- und Wochenendschichten sowie arbeitsbedingte Launen und Zweifel musstest Du ertragen. Geduldig hast Du mich trotzdem immer unterstützt und bekräftigt. Vielen Dank. *Euch ist diese Arbeit gewidmet.*

Die Dissertation wurde nach bestem Wissen und Gewissen sowie mit viel Liebe zum Detail angefertigt – ich hoffe, dies wird beim Lesen ersichtlich.

Zwischen August 2004 und September 2007 habe ich für diese Arbeit gelebt!

Michael Schilhaneck

Inhaltsverzeichnis

Abbildungsverzeichnis

Abkürzungsverzeichnis

Ø	Durchschnitt
§	Paragraph
Abb.	Abbildung
AG	Aktiengesellschaft
AOL	America Online, Inc.
ARD	Arbeitsgemeinschaft der öffentlich-rechtlichen Rundfunkanstalten der Bundesrepublik Deutschland
Art.	Artikel
Aufl.	Auflage
BGB	Bürgerliches Gesetzbuch
BGH	Bundesgerichtshof
BVG	Bundesverfassungsgericht
CB	Corporate Behaviour
CD	Corporate Design
CI	Corporate Identity
CP	Corporate Philosophy
CRM	Customer Relationship Management
CSR	Corporate Social Responsibility
DDR	Deutsche Demokratische Republik
DF	Digitales Fernsehen
DFB	Deutscher Fußball-Bund
DFL	Deutsche Fußball Liga
DFV	Deutscher Fußballverband
DL	Dienstleitung
DSF	Deutsches Sportfernsehen
DSL	Digital Subscriber Line
e.V.	eingetragener Verein
ERP	Enterprise Ressource Planning
et al.	et alii
EU	Europäische Union
EuGH	Europäischer Gerichtshof
FIFA	Fédération Internationale de Football Association
ggf.	gegebenenfalls
ggü.	gegenüber
GmbH	Gesellschaft mit beschränkter Haftung
GWB	Gesetz gegen Wettbewerbsbeschränkung
Hrsg.	Herausgeber
i.d.R.	in der Regel
i.H.v.	in Höhe von
i.S.e.	im Sinne einer

i.S.v.	im Sinne von
ILKHA	Interview- und Legetechnik zur Rekonstruktion kognitiver Handlungsstrukturen
IP	Internet Protocol
IP-TV	Übertragung von Fernsehen unter Nutzung des „Internet Protocols“
ISPR	Internationale Sportrechteverwaltungsgesellschaft
IT	Informationstechnologie
KB	Kundenbindung
KBM	Kundenbindungsmanagement
MEAP	Methode zur Erfassung der Alltagstheorie von Professionellen
MLB	Major League Baseball
MLS	Major League Soccer
MMS	Multimedia Messaging Service
NBA	National Basketball Association
NFL	National Football League
NHL	National Hockey League
NS	Nationalsozialismus
NSDAP	Nationalsozialistische Deutsche Arbeiterpartei
o.V.	ohne Verfasser
p.a.	per anno, per annum
PR	Public Relations
RTL	Radio Télévision Luxembourg
SAT 1	Privatfernsehsender (Satelliten-Fernsehen GmbH)
SK	Schwellenklub
S-L-A	Struktur-Lege-Aufgabe
SLT	Heidelberger Struktur-Lege-Technik
SMS	Short Message Service
SWOT	strengths, weaknesses, opportunities, threats
TK	Top-Klub
UEFA	Union des Associations Européennes de Football
UFA	Universum Film AG
UI-Cup	UEFA Intertoto Cup
UK	United Kingdom
VPRT	Verband Privater Rundfunk und Telekommunikation
vs.	versus
WAL	Weingartener Appraisal Legetechnik
WM	Weltmeisterschaft
ZDF	Zweites Deutsches Fernsehen
ZMA	Ziel-Mittel-Argumentation
VVK	Vorverkaufsstelle

1. Einleitung

1.1. Problemstellung und Forschungsfragen

Das Management der Fußballbundesligisten wird in der Fachliteratur häufig als „ökonomiefern“, „gering professionell“ oder „defizitär“ bezeichnet[1]. Diese Beurteilung trifft – zumindest in dieser Härte – aus Verfassersicht aktuell nicht mehr zu.

Hintergrund dazu sind die beobachtbaren Professionalisierungsbestrebungen der Klubs (z.B. Zusammenarbeit mit Sportrechteagenturen, Umwandlung in Kapitalgesellschaften, Modernisierungen der Stadienlandschaft, Zunahme der „Haushaltsdisziplin“) mit der Folge einer langsamen jedoch stetigen Verbesserung der finanzwirtschaftlichen Situation des deutschen Lizenzfußballs (z.B. Anstieg der Gesamterträge, Erhöhung der Eigenkapitelquote).

Abbildung 1 zeigt die Entwicklung von Gesamtertrag, Eigenkapitalquote sowie Personalkostenquote[2] im deutschen Lizenzfußball zwischen den Spieljahren 1998/1999 und 2005/2006.

Saison	1998/1999	1999/2000	2000/2001	2001/2002	2002/2003	2003/2004	2004/2005	2005/2006
Gesamtertrag (in Mio. Euro)	818	905	1158	1310	1359	1276	1520	1521
Eigenkapital-quote (in %)	11,9	2,4	21,1	20,6	23,3	15,5	21,8	24,4
Personalkosten-quote (in %)	46,1	49,6	47,0	48,2	44,6	45,7	39,4	40,2

Abb. 1: Entwicklung von Gesamtertrag, Eigenkapitalquote und Personalkostenquote im deutschen Lizenzfußball zwischen den Spieljahren 1998/1999 und 2005/2006[3]

Die Ausführungen belegen, dass überzogene Negativbewertungen des Managements der Fußballbundesligisten unzutreffend sind. Allerdings sind die skizzierten Professionalisierungsansätze lediglich als „erste Schritte in die richtige Richtung“ zu sehen, die es kontinuierlich fortzusetzen gilt.

1 Vgl. dazu BRANNASCH (1995a, 6), DÖRNEMANN (1999, 3; 2002a, 2; 2002b, 131), FISCHER (1984, 61 f.), HIRN/KROGH (1993, 84), HOPT (1991, 779), HORAK (1999, 239), KIPKER (2000, 50), KOHL (2001, 19), LEHMANN/WEIGAND (1997a, 2 f.; 1997b, 382), MÜLLER (1999, 122), o.V. (2002a, 13), PARLASCA (1993, 9 f.), SCHEWE (2002, 164), SOHNS/WEILGUNY/KLOTZ (2002, 18), SOHNS/WEILGUNY (2003, 18), WEILGUNY (2003b, 33) oder ZELTINGER (2004, 22).

2 Personalkostenquote = Verhältnis Personalkosten Lizenzspielerabteilung zum Gesamtertrag.

3 Für die angeführten Gesamtertragszahlen und Personalkostenquoten vgl. DFL (2003, 2004, 2005, 2006, 2007). Die Werte der Eigenkapitalquoten basieren auf eigenen Berechnungen. Für die den Berechnungen zugrunde liegenden Datensätze vgl. ebenda.

In diesem Zusammenhang stellt sich die Frage, welchen Managementbereichen es sich als nächstes zuzuwenden gilt und wie diese auszugestalten sind, um die damit verbundenen Erfolgspotentiale bestmöglich ausschöpfen zu können. Da die bisherigen Professionalisierungsbemühungen der Fußballbundesligisten vornehmlich im Bereich der so genannten „harten" Faktoren anzusiedeln sind (z.B. Organisations- und Rechtsformanpassungen, Infrastruktur, Kostenmanagement), müssen sich die nächsten Schritte v.a. auf die „weichen", qualitativen Managementbereiche konzentrieren.

Ausgehend von diesen Überlegungen setzt sich die vorliegende Arbeit mit der Identifizierung ökonomisch erfolgsrelevanter Managementbereiche von Fußballunternehmen, der Formulierung von Leitzielen für jene Managementbereiche sowie der Ausarbeitung von Managementkonzepten zur Umsetzung der Leitziele auseinander.

Methodischer Zugang ist die Sichtung, Auswertung und Interpretation sportökonomischer und betriebswirtschaftlicher Fachliteratur. Die theoretische Vorgehensweise wirft dabei jedoch die Frage nach dem prognostischen Wert der Erkenntnisse für die Praxis auf. Die Leitziele und Managementkonzepte werden aus diesem Grund durch eine qualitativ-explorative Studie praktisch evaluiert.

Die zentralen Forschungsfragen der Arbeit lauten insgesamt wie folgt:

1) *Was sind ökonomisch erfolgsrelevante Managementbereiche von Fußballunternehmen und welche Leitziele lassen sich für diese formulieren?*
2) *Wie sehen Managementkonzepte zur Umsetzung dieser Leitziele aus?*
3) *Wie bewerten Experten die Leitziele sowie die ausgearbeiteten Managementkonzepte hinsichtlich ihrer Praxisbedeutsamkeit?*

Abb. 2: Forschungsfragen der Arbeit

Zur Kennzeichnung des Untersuchungsfelds der Fußballbundesligisten wird in der Arbeit einleitend zudem der Frage *nach der Entwicklung vom Fußballverein zum Fußballunternehmen* nachgegangen.

1.2. Aufbau der Arbeit

Im *zweiten Kapitel* werden die Bestimmungsgründe für den Wandel vom traditionellen Fußballverein zum modernen Fußballunternehmen in Deutschland beschrieben. Die Analyse erfolgt in einem kritischen historisch-hermeneutischen Durchgang. Zunächst wird die Entwicklung bis zur Einführung der Fußballbundesliga knapp dargestellt, daraufhin werden die Veränderungsprozesse bis zur Gegenwart betrachtet.

Kapitel drei befasst sich mit der Begründung von ökonomischen Leitzielen von Fußballunternehmen. Dazu wird zunächst der Stand der Zielforschung im professionellen Teamsport dargestellt und diskutiert. Aufgrund des undifferenzierten Forschungsstands wird die Branche der Fußballunternehmen weiterführend einer ökonomischen Untersuchung unterzogen. Im Genauen wird die komplexe Wirtschaftssystematik der Fußballunternehmen mit ihren zahlreichen Besonderheiten sowie Struktur- und Leistungsverflechtungen beschrieben. Die Erkenntnisse dienen daraufhin als Argumentationsgrundlage zur Begründung ökonomisch erfolgsrelevanter Managementbereiche von Fußballunternehmen bzw. der damit verbundenen Formulierung von ökonomischen Leitzielen für jene Managementbereiche.

Im *vierten Kapitel* werden Managementkonzepte zur Ansteuerung der gesetzten ökonomischen Leitziele erarbeitet. Für die den Leitzielen zugrunde liegenden Managementbereiche werden dazu zunächst die betriebswirtschaftlichen Grundlagen ausgeführt, mögliche Probleme bei der Adaption dieser Grundlagen auf die durch zahlreiche Besonderheiten gekennzeichnete Branche der Fußballunternehmen diskutiert und Managementansätze zur Problemlösung abgeleitet. Darauf aufbauend werden für die betrachteten Managementbereiche idealtypische Managementprozessverläufe konzipiert. Ausgehend von jenen Bezugspunkten werden schließlich konkrete Managementmaßnahmen und Strategieempfehlungen für die Umsetzung der Leitziele ausgearbeitet.

In *Kapitel fünf* werden die vorausgegangenen theoretischen Ansätze empirisch überprüft. Im Rahmen qualitativ-explorativer Experteninterviews werden die Leitziele sowie die ausgearbeiteten Managementkonzepte mit den Erfahrungen und dem praktischen Fachwissen von Managern von Fußballunternehmen abgeglichen und hinsichtlich ihrer Praxisbedeutsamkeit bewertet. Ziel der Studie ist es, die Leitziele und die Managementkonzepte qualitativ abzusichern sowie auszudifferenzieren.

Die Arbeit endet mit einer Schlussbetrachtung (Zusammenfassung der Vorgehensweise und der Ergebnisse; Abschlussbemerkungen).

Einen graphischen Überblick über den Aufbau der Arbeit gibt Abbildung 3.

1. Einleitung

↓

2. Vom Fußballverein zum Fußballunternehmen
- Entwicklungen bis zur Einführung der Fußballbundesliga
- Entwicklungen nach Einführung der Fußballbundesliga

↓

3. Ökonomische Leitziele von Fußballunternehmen
- Stand der Zielforschung im professionellen Teamsport
- Analyse der Wirtschaftssystematik von Fußballunternehmen
- Begründung ökonomisch erfolgsrelevanter Managementbereiche von Fußballunternehmen und Formulierung von ökonomischen Leitzielen für jene Managementbereiche

↓

4. Managementkonzepte zur Umsetzung der ökonomischen Leitziele von Fußballunternehmen
- Erläuterung der betriebswirtschaftlichen Grundlagen der den ökonomischen Leitzielen zugrunde liegenden Managementbereiche
- Diskussion der Probleme bei der Adaption der betriebswirtschaftlichen Grundlagen auf die Branche der Fußballunternehmen und Ableitung von Managementlösungen
- Ausarbeitung von Managementkonzepten (bestehend aus Managementmaßnahmen und Strategieempfehlungen) zur Umsetzung der ökonomischen Leitziele

↓

5. Empirische Untersuchung
- Bewertung der Leitziele und Managementkonzepte hinsichtlich ihrer Praxisbedeutsamkeit durch Experten
- Ausdifferenzierung der Leitziele und Managementkonzepte durch Experten

↓

6. Schlussbetrachtung

Abb. 3: Aufbau der Arbeit im Überblick

2. Vom Fußballverein zum Fußballunternehmen

Im Folgenden wird der Wandel vom Fußballverein zum Fußballunternehmen in Deutschland beschrieben. Dazu werden zunächst die Entwicklungslinien bis zur Gründung der Fußballbundesliga ausgeführt (2.1.). Im Anschluss daran werden die Entwicklungen nach Einführung der Fußballbundesliga betrachtet (2.2.). Eine Zusammenfassung beendet das Kapitel (2.3.).

2.1. Entwicklungslinien bis zur Gründung der Fußballbundesliga

Nachfolgend wird die Entwicklung des deutschen Spitzenfußballs von seinen Anfängen bis zur Gründung der Fußballbundesliga im Jahr 1963 zusammengefasst. Im Vordergrund der Betrachtung stehen die Veränderungen der Rahmenbedingungen der Sportart und die sich daraus ergebenden Auswirkungen auf den Fußballsport (vgl. zu den folgenden Ausführungen insbesondere SCHILHANECK 2006a[4]).

2.1.1. Von den Anfängen des Fußballs in Deutschland bis 1914

Die Ursprünge des Fußballs in Deutschland gehen auf das Jahr 1874 zurück, als das Fußballspiel als Alternative zum Turnsport in deutschen Schulen eingeführt und zeitgleich auch der erste Schülerfußballverein gegründet wurde. Ab 1880 kam es daraufhin zu ersten über den Schulkreis hinausreichenden Fußballvereinsgründungen und einem uneinheitlichen Wettkampfverkehr. In den 90er Jahren folgte daraufhin die so genannte „Gründungswelle" an Fußballvereinen bzw. Fußballabteilungen in bereits bestehenden Sportvereinen, parallel dazu wurden die ersten regionalen Fußballverbände zur Organisation von Spielserien und Meisterschaften ins Leben gerufen. Im Zuge des Wunsches nach einer das gesamte Reichsgebiet umfassenden zentralen Entscheidungsinstanz, deren Zweck insbesondere die Ausrichtung einer gesamtdeutschen Fußballmeisterschaft sein sollte, wurde im Januar 1900 der Deutsche Fuß-

---

4 Bei den folgenden Darstellungen der Entwicklung des deutschen Spitzenfußballs bis zur Gründung der Fußballbundesliga handelt es sich um eine Zusammenfassung eines bereits erschienenen Beitrags des Autors (SCHILHANECK 2006a, S. 3-46). Insbesondere zu folgenden Punkten sind die Ausführungen sehr knapp gehalten: Entwicklung der DFB-Mitgliederzahlen; Entwicklung der Zuschauerzahlen an der Endrunde der deutschen Fußballmeisterschaft; Veränderungen der gesellschaftlichen und politischen Rahmenbedingungen, v.a. zur Zeit des Nationalsozialismus; DFB und Amateurideal; Reorganisationen der Unterverbände des DFB und damit einhergehende Modusveränderungen der deutschen Fußballmeisterschaft. Weiterführendes dazu jeweils in dem Originalbeitrag.
Zentrale Literaturquellen des zusammengefassten Abschnitts des Originalwerks: GEHRMANN (1998), HEINRICH (2000), EGGERS (2001) und EISENBERG (1997, 1999). Weitere wichtige Bezugsquellen: EMPACHER (2001), FEST (2000), FROMM (2000), GEHRMANN (1994), GRÜTTER (2000), HACKFORTH (1975), HAFFNER (2000), HEIMANN (1993), HEIMANN (1999a), HEIMANN (1999b), HEIMSOTH (2000a), HEIMSOTH (2000b), HOPF (1994), KNAUTH (1977), KOPPEHEL (1960), LEYENBERG (1999), LINDNER/BREUER (1994), LUKACS (2000), MANN (2000), MARTIN (1999), MICHEL (1999a), MICHEL (1999b), MIKOS (2006), OSSES (2000), o.V. (1962a), o.V. (1962b), o.V. (1962c), o.V. (1963a), o.V. (1963b), o.V. (1964a), o.V. (1965a), o.V. (1965b), o.V. (1965c), o.V. (1965d), o.V. (1965e), o.V. (1966a), o.V. (1966b), o.V. (1968), o.V. (1971), o.V. (1972a), o.V. (1972b), o.V. (1972c), o.V. (1972d), o.V. (1972e), o.V. (1972f), o.V. (1999b), o.V. (2000d), PLÜER/WICK (2000), PÖPPL (2002), PRENGEL/WENDT (1976), REIF (1999), ROHR/SIMON (1993), SCHERER (1999), SCHERZER (1999), SCHULZE (1999), SCHULZE-MARMELING (1992), SCHULZE-MARMELING (2000), SCHULZE/PRENGEL (1976), SCHURIAN (2000a), SCHURIAN (2000b), SKORNING (1976a), SKORNING (1976b), TEUFFEL (1999), VÄTH (1994), WEBER (1997), WICK (2000a), WICK (2000b), WICK (2000c) sowie ZÖLLER (1976).

ball-Bund (DFB) gegründet. In den Jahren 1902/1903 wird daraufhin die erste deutsche Fußballmeisterschaft ausgespielt. 1906 kommt es zu einer Reorganisation der bisherigen regionalen Unterverbände des DFB zu sieben Landesverbänden. 1909 wird der Kronprinzenpokal als Wettbewerb unter den Verbandsauswahlmannschaften eingeführt. Getragen von den skizzierten Struktur- und Organisationsanpassungen sowie begleitenden Medialisierungsprozessen (Zunahme der Fußballberichterstattung in der Tageszeitung; Gründung von Fußballzeitschriften bzw. Sportzeitschriften, die sich schwerpunktmäßig auf den Fußball konzentrierten) erfährt die Sportart einen stetigen Popularitätszuwachs in der Bevölkerung[5]. Folge dieser Entwicklung waren wiederum erste Ökonomisierungsmaßnahmen (Einführung einer „Kopfsteuer" für jedes DFB-Mitglied, erste Werbekonzepte des DFB, Umzäunungen von Fußballfeldern zur Zugangskontrolle, Eintrittskartenverkauf). Mit Kriegsbeginn 1914 brach der Fußballbetrieb jedoch abrupt zusammen. Was verblieb war ein unregelmäßiger Spielverkehr auf lokaler Ebene zwischen so genannten „Kriegs-Spielgemeinschaften".

2.1.2. Fußball in Deutschland zwischen 1914 und 1933

Mit der Wiederaufnahme des Spielbetriebs um den Kronprinzenpokal im Jahr 1916 kam es zu ersten Reorganisationsansätzen des Fußballsports in Deutschland. Ein Jahr nach Kriegsende (1918) wird die Austragung der deutschen Fußballmeisterschaft fortgeführt. Im selben Jahr wird der Kronprinzenpokal in den Bundespokal umbenannt. Rasch etabliert sich der Fußball über seinen vor Kriegsausbruch erreichten Popularitätsstatus hinaus. Dokumentierte Zuschauerzahlen bei Finalspielen um die Deutsche Fußballmeisterschaft in den 20er Jahren werden auf bis zu 64000 Zuschauer vor Ort beziffert, parallel dazu erlebte der DFB einen starken Mitgliederzuwachs (1919: 450000; 1925: 823000; 1932: über 1 Mio.). Begünstigt wurde jene Entwicklung des Fußballs zum „Massen- und Zuschauersport" durch verschiedene Rahmenbedingungen wie z.B. der Einführung der gesetzlichen Arbeitszeitregelung, die den werktätigen Menschen mehr Freizeit einbrachte[6], Verstärkungen der DFB-Werbemaßnahmen, Sportstadienbauten in nahezu allen deutschen Großstädten sowie eine Intensivierung der medialen Begleitung der Sportart (Fußball als Schwerpunkt der Sportberichterstattung in den Tageszeitungen; starke Zunahme an Sport- bzw. Fußballzeitschriften; ab Mitte der 20er Jahre: Rundfunk). Profit erzielte zu jener Zeit in erster Linie der DFB (Mitgliederbeiträge; Ausrichter der Endrunde um die deutsche Meisterschaft, des Bundespokalwettbewerbs sowie der Heimländerspiele und damit Anspruchsberechtigter des Hauptanteils jener Eintrittskartenerlöse; zudem: Einführung einer Abgaberegelung in Höhe von einem Prozent der Bruttospieleinnahmen

---

5 Exemplarisch sei auf die DFB-Mitgliederentwicklung jener Jahre verwiesen: 1904 (9300), 1907 (44300), 1910 (82000), 1914 (190000). Den Zahlen anzumerken ist, dass das Fußballspiel zu jener Zeit eine statusträchtige Form der Freizeitgestaltung darstellte und hauptsächlich von der (finanziell wie freizeitlich gut gestellten) Gesellschaftsschicht des Bürgertums ausgeübt wurde (näheres dazu in SCHILHANECK 2006a, 5 ff.).
Von den Meisterschaftsendspielen der Jahre 1912 und 1914 ist bekannt, dass diese bereits von 8000 bzw. 10000 Zuschauern vor Ort verfolgt wurden.

6 Jene Verordnung ist als Auslöser der Popularisierung des Fußballspiels in der Arbeiterschicht zu kennzeichnen.

jeder regionalen DFB-Begegnung). Weniger gut gestaltete sich demgegenüber die wirtschaftliche Situation der Spitzenvereine. Deren Haupteinnahmebereich stellte der Eintrittskartenabsatz aus den der Meisterschaftsendrunde vorgelagerten Spielen auf Landesverbandsebene dar, bei denen die Besucherresonanz jedoch deutlich unter dem Zuschauerzuspruch der Endrunde lag. Die Erschließung neuer Vereinseinnahmequellen war die Folge. Dazu zählten „Partnerschaften" mit regionalen Brauereien (Finanzunterstützung der Brauereien als Gegenleistung für die Gewährung einer exklusiven Belieferung von Einrichtungen wie Stadion und Vereinsheim), Auslandsreisen (bei Spielen gegen namhafte Gegner nahmen die Vereine bis zu 50000 Reichsmark ein) sowie erste Werbetätigkeiten (Spieler als Werbeträger, z.B. auf Plakaten oder in Zeitschriften; Reklame auf der Holzumzäunung des Spielfelds[7]). Zudem gewann das Mäzenatentum an Bedeutung. Zeitgleich begannen die Spitzenvereine jedoch auch, Maßnahmen zur Sicherung der Spielstärke zu ergreifen, um ein auch zukünftig erfolgreiches Abschneiden in den Meisterschaftsrennen zu gewährleisten. Und so war es in jenen Vereinen seit Beginn der 20er Jahre die Regel, gute Spieler mittels materiellen und monetären Zuwendungen zu binden. Handelte es sich dabei zunächst noch um kleine Geschenke, beispielsweise in Form eines Fahrrads, wurden aus den Gefälligkeiten rasch größere geldwerte Vorteile (überzogene Spesenbezüge, Darlehensgewährungen, Schwarzgeldzahlungen, Einrichtung/Überlassung kleiner Tabak- oder Zeitungsgeschäfte[8]). Dieses „versteckte Berufsspielertum" verstieß jedoch gegen das DFB-Amateurideal, sodass es Ende der 20er Jahre zu ersten ernsten Konflikten zwischen einigen Spitzenvereinen und dem Deutschen Fußball-Bund kam. Bekanntester und folgenschwerster Fall jener Zeit war das Verfahren gegen den FC Schalke 04 aus dem Jahr 1930, in dem u.a. 14 der 16 Spieler der ersten Mannschaft des Vereins aufgrund von Verstößen gegen das Amateurgesetz zu Berufsspielern erklärt wurden mit der Folge eines Entzuges ihrer Spielerlaubnis[9]. Doch auch dieses Exempel des DFBs konnte die Schwarzgeldzahlungen der Spitzenvereine nicht eindämmen und so drängten einige Klubs (aus Befürchtung vor weiteren Sanktionen) unter Androhung des Meisterschaftsaustritts auf die Einführung von Profitum und einer zentralen Reichsliga. Der DFB beruhigte die angespannte Situation zunächst dadurch, dass er die Spieler des FC Schalke 04 im Jahr 1931 amnestierte, was einer Duldung der Zuwendungen gleichkam und die Spitzenklubs fortan keine vergleichbar scharfen Sanktionen mehr fürchten mussten. Jedoch verstummte die Diskussion nicht gänzlich. Nach weiteren Anträgen und eigeninitiierten Vorstößen verschiedener Landesverbände zur Einrichtung des Berufsspielertums und einer Reichsligagründung Ende des Jahres

7 Die werbenden Unternehmen kamen dabei v.a. aus der Brauerei- und Zigarettenbranche.

8 Daher auch der jenen Zeitabschnitt des deutschen Spitzenfußballs prägende Ausdruck des „Tabakladenamateurismus".

9 Erklärungsgründe für das geltende Amateurprinzip im deutschen Spitzenfußball waren v.a. ideologischer sowie ökonomischer Art (olympisches Amateurideal als maßgebender Leitwert des DFBs; steuerliche Vorteile für Vereine und Verbände durch „Amateurkonstruktion"). Näheres dazu in SCHILHANECK (2006a, 24 ff.).

1932[10] willigte der DFB schließlich zu jener einschneidenden Reform ein. Zum offiziellen Beschluss der Neuregelung wurde ein außerordentlicher DFB-Bundestag für Mai 1933 angesetzt. Doch zu jener Sitzung kam es nicht mehr. Nach der Machtergreifung des NS-Regimes im Januar 1933 passten die Reformpläne nicht länger zu den politischen Intentionen der neuen Regierung. Vielmehr wurde das Amateurideal fortan nicht mehr nur durch die DFB-Spitze sondern auch von den Nationalsozialisten gestützt.

2.1.3. Fußball zur Zeit des Nationalsozialismus (1933-1945)

Mit Beginn des Nationalsozialismus kam es zu zahlreichen, einschneidenden Umstrukturierungen im deutschen Sportsystem („Gleichschaltung"). Den Fußball betreffend waren dies insbesondere die Neueinteilung der regionalen Verwaltungsbereiche gemäß den 16 (später 18) NSDAP-Gauen[11], eine damit einhergehende Modifikation des Austragungsmodus der deutschen Fußballmeisterschaft, die an dieser Stelle jedoch nicht weiter vertieft werden soll[12], die Umbenennung des Bundespokals in den Reichsbundespokal im Jahr 1935, die Einführung eines neuen Vereinspokalwettbewerbs (so genannter Tschammer-Pokal, ebenfalls 1935) sowie die Auflösung des Deutschen Fußball-Bundes im Jahr 1940. Auf die Vereinsebene wurde durch die Ausschlusspolitik jüdischer Vereinsmitglieder bzw. das Verbot von politisch-ideologisch „verfeindeten" Institutionen (i.S.v. Klubs mit überwiegend jüdischen Mitgliedern bzw. Arbeitervereine) eingewirkt. Hinsichtlich der wirtschaftlichen Situation der Spitzenklubs in jener Zeit liegen nur wenige Informationen vor. Hannover 96 setzte beispielsweise in den 30er Jahren als erster Spitzenklub einen hauptamtlichen Geschäftsführer ein. Verdeckte Zuwendungen blieben in den großen Vereinen – trotz der durch die Nationalsozialisten gestärkten Amateurbestimmungen – die Regel. Bekannt ist ferner, dass die Spitzenvereine durch die Ausgrenzung jüdischer Mitglieder bedeutende Mäzene und Kreditgeber verloren. Auf der anderen Seite wurden die Spitzenklubs jedoch durch das NS-Regime umfassend gefördert, da die deutsche Fußballmeisterschaft innenpolitisch ein wichtiges, da massenwirksames Ablenkungsinstrument darstellte. Beispielsweise waren bei dem Finale von 1937 100000 Zuschauer vor Ort, 1941 wurden 95000 Besucher gezählt. Zudem sei auf den Zuschauerzuspruch des FC Schalke 04 hingewiesen. Regelmäßig erreichte der zu jener Zeit erfolgreichste deutsche Spitzenfußballklub sogar in den Begegnungen der Gaumeisterschaften über 30000 Zuschauer.[13] Auch außenpolitisch sollte der Fußball instrumentalisiert werden (Ziel: Prestigegewinn durch internationale Erfolge), jedoch schied die deutsche Nationalmannschaft sowohl bei dem

10 Dazu sind beispielsweise die süddeutsche Initiative zu einer Profiliga oder die Androhung des Westdeutschen Spielverbandes, die Trennung von Amateur- und Profitum im eigenen Geltungsbereich „in Eigenregie" vorzunehmen, anzuführen.

11 Hintergrund der Gauerweiterung: Politische Annexion Österreichs und des Sudetenlands.

12 Weiterführendes dazu in SCHILHANECK (2006a, 28 f.).

13 Anzumerken ist, dass in jenen Jahren mit der Einführung des Fernsehens eine für die Weiterentwicklung des Sports wichtige technische Rahmendeterminante geschaffen wurde. Im Jahr 1935 gab es in Berlin den ersten regelmäßig ausstrahlenden Fernsehsender der Welt. Am 11. November jenes Jahres wird mit der Partie Deutschland gegen Italien das erste Fußballspiel im Fernsehen übertragen (Rezipientenkreis: 13 „Fernsehstuben" in Berlin und Potsdam). 1939 und 1942 folgen zwei weitere Spielübertragungen der deutschen Fußballnationalmannschaft.

olympischen Fußballturnier im eigenen Land 1936 sowie der Fußballweltmeisterschaft 1938 in Frankreich frühzeitig aus. Für die Spitzenvereine waren die internationalen sportlichen Misserfolge insofern von Relevanz, da die Diskussion um eine zentrale Reichsliga erneut aufkam. Hauptargumentationspunkt für den Reformvorschlag war, dass zwischenzeitlich in allen Ländern um Deutschland mit einer Spitzenliga gespielt wurde und man jene Zentralisation als Grund für die dortigen Leistungsvorsprünge sah. Im Frühsommer 1939 sprach sich die Reichssportführung schließlich für die Einführung einer Reichsliga aus, durch den Kriegsbeginn am 1. September 1939 wurde das Vorhaben jedoch nicht realisiert – erneut war die Einführung einer deutschen Spitzenfußballliga gescheitert. Fußballmeisterschaft sowie Vereinspokalwettbewerb wurden in den ersten Kriegsjahren weiter ausgetragen. Aufgrund zunehmender Behinderungen des Spielverkehrs durch das Kriegsgeschehen wurde zunächst 1943 der Vereinspokalwettbewerb eingestellt, der Spielbetrieb um die Deutsche Fußballmeisterschaft endete nach dem Finale der Saison 1943/1944.

2.1.4. Reorganisierung und Konsolidierung des Fußballs nach dem zweiten Weltkrieg

Erste Schritte zur Reorganisation des Spitzenfußballs nach Kriegsende gehen auf November 1945 zurück, als in Süddeutschland nach Zustimmung der zuständigen US-Besatzungsbehörde eine Oberliga als höchste Spielklasse eingeführt wurde. 1947 kommt es schließlich auch in den beiden anderen westlichen Besatzungszonen sowie in Westberlin zu Oberligagründungen. Getragen von dem Bedarf nach Ablenkung von dem harten Alltag des Wiederaufbaus sowie dem Umstand, dass die Unterhaltungsleistung „Fußball“ in jenen Tagen nahezu konkurrenzlos war, fiel die Zuschauerresonanz auf die Oberligaspiele sehr positiv aus. So erreichten beispielsweise einige Mannschaften der Oberliga West regelmäßig Besucherzahlen von bis zu 20000. Parallel zur skizzierten Etablierung des Oberligafußballs erlebte auch die Fußballberichterstattung in den Tageszeitungen, der Sportfachpresse sowie dem Hörfunk einen raschen Aufschwung (unterstützt wurde diese Entwicklung dabei durch die Einrichtung eines ersten zentralen Sportnachrichtendienstes[14]). 1948 kommt es mit der Gründung des Arbeitsausschusses für Fußball (später Deutscher Fußball-Ausschuss) zu einer ersten Form einer neuen Fußballdachorganisation. Noch im selben Jahr wird der Wettbewerb um die Deutsche Fußballmeisterschaft wieder ausgerichtet. 75000 Zuschauer waren dem Finalspiel anwesend, zudem verfolgten mehrere Millionen Zuhörer die Rundfunkübertragung der Begegnung. 1948 wird das Fußballtoto eingeführt, wobei sich das Wettspiel rasch zu einer wichtigen ökonomischen Stütze der Reorganisation des Fußballs in Deutschland entwickelt (so wurden die Gewinne zur Ausbesserung des desolaten Zustands der Fußballinfrastrukturen sowie zur Bezuschussung des Breiten- sowie Spitzenfußballs genutzt). Mit dem Aufschwung des deutschen Fußballs (beispielsweise ließ die wirtschaftliche Gesamtlage erstmals auch wieder zu, kleine Entgelte für den Wettkampfzutritt zu verlangen) wurden jedoch altbekannte Marktmechanismen wieder in Gang gesetzt, da im Ringen der Spitzenklubs um die guten Spieler verdeckte

14 Sport-Informations-Dienst SID (Gründung: Ende 1945).

Zuwendungen erneut zur Regel wurden. Im Zuge dieser Entwicklung führt die Oberliga Süd 1948 daraufhin das so genannte Vertragsspielerstatut ein, welches eine verbindliche Regelung der Bezüge der Oberligaspieler vorsah (monatliche Mindestvergütung 80 DM; Begrenzung der Spielzulagen auf 10 DM pro Spiel; Höchstbetrag 320 DM, was dem Lohn eines Facharbeiters entsprach)[15]. 1949 wurde die Neuregelung daraufhin von allen weiteren Oberligen übernommen. Zeitgleich kam es zu wichtigen Veränderungen in der (Dach-)Organisationsstruktur. So proklamierte der Deutsche Fußball-Ausschuss im Juli 1949 entgegen bestehendem Besatzungsrecht die Wiedergründung des Deutschen Fußball-Bundes. Die offizielle, rechtsverbindliche Konstituierung des DFBs erfolgte am 21. Januar des Folgejahres (als eine der ersten Verbandshandlungen wurde dabei das Vertragsspielerstatut offiziell anerkannt). Sportliche Reorganisationsmaßnahmen umfassten daraufhin die Wiederaufnahme des Vereinspokalwettbewerbs im Spieljahr 1952/1953, jedoch unter verändertem Namen (ursprünglich: Tschammer-Pokal; fortan: DFB-Pokal). Zu einem Problem im Rahmen der Konsolidierung des Spitzenfußballs entwickelte sich jedoch die geringe Akzeptanz der Vertragsspielerregelung unter vielen der Oberligaklubs. Allein im Jahr 1950 musste sich der DFB mit 38 Fällen statutenwidrigen Verhaltens auseinandersetzen. Da scharfe Sanktionen durch den DFB ausblieben, nahmen die Regelverstöße in der Folgezeit weiter zu. Dies führte zu einer Neuauflage der Diskussionen um die Gründung einer Profiliga bzw. der Anerkennung des Berufsspielertums und mehreren entsprechenden Reformanträgen. Der DFB reagierte 1954 auf diese Entwicklung mit einer Erhöhung der maximal zulässigen Vertragsspielerbezüge auf 380 DM (320 DM netto, Steuern und Sozialversicherungsabgaben hatten fortan die Klubs zu tragen), weitere Nachbesserungen lehnte der Dachverband jedoch kategorisch ab.

Mit Beginn der 50er Jahre zeichnete sich eine Veränderung in der Medienlandschaft ab. So bekam die Print- und Hörfunkbranche langsam Konkurrenz durch das Fernsehen. Jedoch war der Rezipientenkreis zunächst noch recht eingeschränkt, Empfänger waren neben der wohlhabenden Oberschicht zumeist Kneipen und Gasthäuser. TV-Berichterstattungen über die deutsche Fußballmeisterschaft waren dabei lediglich in Form von Kurzbeiträgen die Regel. Im Jahr 1952 übertrug der Nordwestdeutsche Rundfunk zum ersten Mal ein Meisterschaftsspiel live im deutschen Fernsehen (Hamburger SV gegen Hamburg Altona 93). Im Jahresverlauf folgten weitere Ausstrahlungen von Meisterschaftsbegegnungen – der Vereinsfußball sicherte sich zunehmend einen festen Platz im TV-Programm. I.d.R. zahlte der NWDR für die Live-Übertragung je nach Bedeutungsgrad der Partie (einfaches Oberliga- bzw. Vorrundenpokalspiel vs. Endrundenspiel Meisterschaft bzw. Pokal) zwischen 1000 und 2500 DM. Die Etablierung des neuen Unterhaltungsmediums „Fernsehen" ist schließlich auf das Jahr 1954 zurückzuführen. Wesentlichen Beitrag dazu leistete der Gewinn der Fußballweltmeisterschaft. So ist dokumentiert, dass zu Beginn jenes Jahres in Deutschland knapp 12000 Fernseher ge-

15 Die verantwortlichen Funktionäre waren bei den Statutenformulierungen jedoch sehr bemüht, den neu geschaffenen Vertrags- vom Berufsspieler abzugrenzen. So galten Vertragsakteure nicht als Arbeitnehmer und jeder Spieler hatte (zumindest offiziell) weiterhin einem Beruf außerhalb des Fußballs nachzugehen.

meldet waren, zur Weltmeisterschaft stieg deren Zahl auf 30000, am Jahresende wurden schließlich über 84000 registrierte Anschlüsse verzeichnet. Im Jahr 1958 kam es zu einem ersten Fernsehvertragsabschluss zwischen dem Deutschen Fußball-Bund und der ARD. Kontraktgegenstand waren neben den Länderspielen auch die Endspiele zur Deutschen Meisterschaft und dem Pokalwettbewerb sowie ausgewählte Meisterschaftspartien. Die Vertragslaufzeit umfasste dabei zunächst immer eine Saison[16]. Dieser ökonomischen und gesellschaftlichen Dynamik zollte jedoch die nach wie vor statische Regelung des Vertragsspielerstatuts in keiner Weise Rechnung mit der Folge, dass sich der bereits Jahre zuvor abgezeichnete Trend verdeckter Zuwendungen an die Spitzenspieler weiter verstärkte. Im Zuge dieser Rückkehr zu dem bereits aus den 30er Jahren bekannten „verdeckten Profitum" machten sich erstmals die Folgen der Oberligabildung bemerkbar. Während die Großvereine mit hohem finanziellen Aufwand die Spielstärke des Mannschaftskaders pflegten, gehörten jenen Spielklassen bedingt durch die bei den Ligenzusammenschlüssen ursprünglich notwendige Berücksichtigung der Besatzungszonen auch einige Klubs an, deren wirtschaftliche Rahmenbedingungen (Einzugsgebiet, Infrastruktur, Größe der Anhänger- und Mitgliederzahlen, ansässige Industrie, Werbe- und Mäzenatenpotential) von Grund auf geringer ausgeprägt waren. Das Finanzgefälle verstärkte sich zudem dadurch, dass der traditionelle Solidarausgleich außerhalb der DFB-Endrunde in Form einer Einnahmenteilung zwischen Platzverein und Gastmannschaft mit der Einführung des Vertragsspielerstatuts abgeschafft worden war und die kleineren Vereine in der Folge bereits bei statutenkonformen Zahlungen übermäßig in Anspruch genommen wurden. Als zudem die Toto-Zuschüsse bedingt durch die Einführung des konkurrierenden Zahlen-Lottospiels gegen Ende der 50er Jahre erhebliche Einbrüche erlitten und erstmals auch eine leicht rückläufige Zuschauerresonanz verzeichnet wurde (Hintergrund dazu war einerseits die hohe Leistungsdifferenz unter den Oberligateams als auch ein durch das Fernsehen verändertes Freizeitverhalten), begann die Diskussion um eine Zusammenführung der Spitzenklubs zu einer Zentralliga verbunden mit einer Weiterentwicklung/Anpassung des Vertragsspielerstatus erneut. Auf dem DFB-Bundestag des Jahres 1957 wurde daraufhin eine Prüfung der geltenden Ligasystematik sowie des Vertragsspielerstatuts durchgesetzt. Auf der folgenden DFB-Bundestagssitzung des Jahres 1958 sprach sich die Mehrheit der Stimmverantwortlichen jedoch gegen die Einführung einer Profiliga aus, der Anpassung der Statutregelungen der Vertragsspieler wurde hingegen zugestimmt. Und so erhöhte der DFB im Jahr 1959 die bislang geltende Bezugsobergrenze von 380 DM – jedoch nur marginal auf 400 DM. Zwei Jahre später wurde diese durch die Anerkennung einer Verdienstausfallerstattung schließlich auf 500 DM erweitert. Dass die Bemühungen des DFBs zur Modifizierung des Vertragsspielerwesens insgesamt jedoch viel zu passiv ausfielen, verdeutlichte einerseits die einsetzende Abwanderung deutscher Spitzenspieler in ausländische Profiligen ab 1960, zudem verhalfen die neuen Zuwendungsregelungen auch nicht, die Statutumgehungen einzu-

16 Anzumerken ist, dass im April 1961 die erste regelmäßig ausgestrahlte Sportsendung (Sportschau) eingeführt wurde. Durchschnittliche Zuschauerzahl je Sendung im Erstausstrahlungsjahr: 5 Mio. Zuschauer.

dämmen. Parallel zu diesen Geschehnissen wurde zunehmend deutlich, dass der deutsche Fußball international nicht konkurrenzfähig war[17], was mitunter auf die dezentrale Ligenstruktur zurückgeführt wurde. Eine Wende brachte daraufhin der DFB-Bundestag von 1960, als einem Antrag zur Reduzierung der Zahl der Vereine der Vertragsligamannschaften mehrheitlich zugestimmt wurde. Auf dem DFB-Bundestag 1961 verständigten sich die Delegierten daraufhin auf die Einführung einer zentralen Spitzenspielklasse mit geändertem Spielsystem zur Saison 1963/1964. Zur Konzeptionsfindung wurde die so genannte Bundesligakommission einberufen. Auf dem DFB-Bundestag 1962 wurde schließlich der Gründung einer 16 Mannschaften umfassenden Fußballbundesliga sowie der Neuregelung der Spielerbezüge ab dem 1. August 1963 mit der erforderlichen Zweidrittelmehrheit (103:26) zugestimmt[18]. Zwischen Januar bis Mai des Folgejahres wurden daraufhin aus 46 Bewerbern 16 Vereine nach zuvor festgelegten sportlichen und wirtschaftlichen Leistungskriterien ausgewählt[19].

2.2. Entwicklungslinien nach Gründung der Fußballbundesliga

Nach der vorausgegangenen Zusammenfassung der Entwicklung des deutschen Spitzenfußballs von seinen Anfängen bis zur Einführung der Fußballbundesliga werden im Folgenden die weiteren Entwicklungsprozesse im Detail dargestellt und diskutiert. Im Fokus der Betrachtung stehen die Veränderungen des ökonomischen Umfeldes der Fußballbundesligisten und die sich daraus ergebenden Auswirkungen auf die Klubs[20] (vgl. zu den folgenden Ausführungen auch SCHILHANECK 2006a, 47 ff.).

2.2.1. Der Lizenzfußball in den 60er Jahren

Die Einführung der Fußballbundesliga zur Saison 1963/1964 brachte einige zentrale Veränderungen gegenüber zuvor gültigen Regelungen mit sich. Hervorzuheben ist dabei insbesondere die Neuorganisation des Spielbetriebs sowie die Festlegung des Lizenzspielerstatuts.

An die Stelle der dezentralen, regionalen Wettbewerbsform der deutschen Fußballmeisterschaft mit abschließender Endrunde trat ein zentralisierter Spielbetrieb mit 16 Teams (Modus: Hin- und Rückrunde mit wechselndem Heimrecht; ab der Saison 1965/1966: 18 Mannschaften). Dem Spielbetrieb teilnahmeberechtigt waren dabei all jene Vereine, welche sich nach

[17] 1959 verpasste die DFB-Auswahl beispielsweise die Qualifikation für das olympische Turnier, bei der Weltmeisterschaft 1962 schied man bereits im Achtelfinale aus. Und auch in den europäischen Vereinswettbewerben (seit 1956: Europapokal der Landesmeister; seit 1960: Europapokal der Pokalsieger) waren die deutschen Vertreter bisher nur wenig erfolgreich.

[18] Deutschland war zu jenem Zeitpunkt die letzte Nation Europas, die noch keine Profifußballliga eingeführt hatte.

[19] Um eine flächendeckende Verteilung der Bundesligaklubs zu gewährleisten, wurde ein geografischer Zugangsmodus festgelegt. Dieser sah vor, drei Klubs aus dem Norden (gewählt wurden der Hamburger SV, Werder Bremen und Eintracht Braunschweig), je fünf Vertreter aus dem Süden (Eintracht Frankfurt, 1. FC Nürnberg, TSV 1860 München, VfB Stuttgart, Karlsruher SC) bzw. Westen (1. FC Köln, Borussia Dortmund, FC Schalke 04, Preußen Münster, Meidericher SV) sowie zwei Vereine aus dem Südwesten (1. FC Saarbrücken, 1. FC Kaiserslautern) sowie ein Klub aus Berlin (Hertha BSC Berlin) für die neue Liga zu zulassen.

[20] Betrachtungszeitrahmen der Arbeit: Bis Juli 2007.

dem vollzogenen Ligabesetzungsverfahren zukünftig sportlich qualifizierten. Dazu hatte der DFB ein Auf- und Abstiegssystem eingerichtet, welches den Austausch der zwei am Saisonende letztplatzierten Bundesligisten durch die beiden spielstärksten Regionalligisten vorsah[21] (vgl. v.a. ERNING 2000, 31 ff.; o.V. 1962b, 44; o.V. 1963b, 33 u. 41; SWIETER 2002, 23 u. 25; ergänzend auch FLORY 1997, 19; o.V. 1972a, 137; o.V. 1999b, 54; o.V. 2000d, 76; ROHR/SIMON 1993, 13).

Mit Gründung der neuen Spielklasse wurden der Status des Berufsfußballspielers sowie die Bildung von Profimannschaften offiziell zulässig. Grundlage dazu stellte das so genannte Lizenzspielerstatut dar, demzufolge es sich bei Bundesligaspielern um „bezahlte Angestellte lizenzierter Vereine“ handelte. Jedoch beinhaltete das Statut zahlreiche Restriktionen. So war eine Einkommenspanne von 250 DM bis 1200 DM vorgeschrieben, lediglich in Ausnahmefällen konnten – zumeist bei Nationalspielern, jedoch nur nach einer vorausgehenden Sondergenehmigung durch den Bundesligaausschuss – höhere Grundgehälter ausgezahlt werden. Leistungszulagen waren bis zu 250 DM pro Monat zulässig. Sonderprämien für den Meistertitel oder den Gewinn des Pokalwettbewerbes waren auf 3000 DM bzw. 1000 DM festgeschrieben. Die Ablösesummen wurden bei Vereinswechseln auf 50000 DM, der Umfang entsprechender Handgelder für die Spieler auf 8000 DM limitiert[22]. Von einem Vollprofitum konnte folglich nicht gesprochen werden, zumal die Regelung den Spielern explizit die Möglichkeit offen hielt, weiterhin einem Beruf nachzugehen (vgl. v.a. HEIMANN 1999a, 394; HEINRICH 2000, 189; MICHEL 1999a, 273; SCHULZE-MARMELING 1992, 59 f.; SWIETER 2002, 24[23]). Für die Regionalligen galten demgegenüber weiterhin die Bestimmungen des Vertragsspielerstatuts (o.V. 1962a, 48).

Dass der Umfang von Gehalt und Leistungszulagen zu gering angesetzt wurde, zeigten einerseits erneute Vorfälle verdeckter Zuwendungen bzw. überhöhter Zahlungen der Bundesligisten an ihre Spieler. Hertha BSC Berlin wurde jenem Tatbestand 1965 als erster Klub über-

[21] Mit Einführung der Fußballbundesliga kam es auch zu einer Reorganisation der höchsten Amateurspielklasse. An die Stelle der fünf Oberligen (Nord, West, Süd, Süd-West, Berlin-West) traten fünf Regionalligen. Die acht besten Regionalligisten ermittelten in einer Aufstiegsrunde die beiden Bundesligaaufsteiger (vgl. o.V. 1962a, 48; o.V. 1963b, 33 f. u. 41; o.V. 1965d, 70; o.V. 1971, 75; o.V. 1972a, 124; ROHR/SIMON 1993, 13).

[22] Maßgebend für die Höhe der monetären Neuregelungen für den Profibereich war ein Abschlussbescheid des Bundesfinanzministeriums gewesen, dessen Einhaltung die Gemeinnützigkeit der Bundesligisten und die damit einhergehenden Steuerbegünstigungen weiterhin gewährleisten sollte (vgl. EISENBERG 1997, 117; HEINRICH 2000, 189; o.V. 1963b, 41). Der Sicherstellung dieser Sonderregelung stand ferner auch die bisher traditionelle Klubzugehörigkeit der Spitzenspieler im Sinne einer Vereinsmitgliedschaft entgegen. So hätten Gehaltszahlungen an Mitglieder für die Bundesligisten die Gefahr mit sich gebracht, als wirtschaftliche Vereine eingestuft zu werden, da Entlohnungen eine wirtschaftliche Förderung der Mitglieder bedeuteten. Zur Entschärfung dieser Problematik mussten die Lizenzspieler folglich aus ihrem Klub austreten (KNAUTH 1977, 22; vgl. zudem die knappen Darstellungen in o.V. 1962a, 48; o.V. 1962c, 69; o.V. 1963a, 56; o.V. 1963b, 33; o.V. 1965d, 73). Mit der Auflösung der Vereinsmitgliedschaft der Bundesligaspieler erlosch somit auch deren letzte verbliebene Bindung mit dem einstigen Amateurwesen.

[23] Vgl. zudem die knapp gehaltenen Ausführungen in EMPACHER (2001, 206), FISCHER (1984, 53), FRANZKE (1999, 395 u. 399), FRANZKE (2003, 95), FRICK/PRINZ (2006, 61), HEIMANN (1993, 22), MÜLLER (2000, 26), SCHULZE-MARMELING (1993, 28), SCHURIAN (2000a, 249 f.).

führt und kraft des DFB-Sportgerichts in die Regionalliga zwangsversetzt. Hintergrund dieser harten Sanktion stellte ein deutliches Hinwegsetzen des Vereins über die bestehenden Handgeldregulierungen in mehreren Fällen dar (vgl. insbesondere o.V. 1965b, 120 f.; o.V. 1965d, 70 u. 77; o.V. 1965e, 80[24]). Neben der Bestrafung Hertha BSC Berlins gegenüber reagierte der DFB auf den Vorfall zudem mit der Erhöhung der zulässigen Spielerhandgelder auf 15000 DM ab Juni 1965 (o.V. 1965e, 80). Drei Jahre später wurde daraufhin Hannover 96 der Statutzuwiderhandlung überführt. Anklagepunkt stellten überzogene Spielergehaltsauszahlungen dar, jedoch in weitaus geringerem Maße wie im zuvor skizzierten Fall (betroffen war lediglich ein Profispieler) bei entsprechend milderem Urteil (23500 DM Geldstrafe; vgl. o.V. 1972c, 128; o.V. 1972d, 112). Als weiterer Beleg für die These zu niedrig veranschlagter Spielerbezüge seien des Weiteren die zahlreich bekannten Statutumgehungen der Klubs anzuführen. So wurde es schnell zur Regel, den Spielern Wohnung, Auto und Mobiliar zu stellen. Darlehensdeckungen, Grundstücksüberschreibungen sowie Abschlüsse von Bausparverträgen oder Kapitalversicherungen stellen weitere Umgehungsmaßnahmen dar. In einigen Fällen kam es zudem zu der Einrichtung/Überlassung kleiner Geschäftsbetriebe[25] (hierfür bot insbesondere die vom DFB formulierte Klausel der dem Profistatus parallel zulässigen Berufsausübung Raum; vgl. zu den Ausführungen in erster Linie o.V. 1965d, 77 f.; kurze Hinweise dazu finden sich auch bei LINDNER/BREUER 1994, 169). Auch reichte die neu geschaffene Gehaltssituation nicht aus, um eine weitere Abwanderung deutscher Spitzenspieler in ausländische Profiligen zu unterbinden (vgl. o.V. 1963b, 42; o.V. 1964a, 52; o.V. 1966b, 110).

Mit der Festlegung der Spielerbezüge begründete der DFB insgesamt also eine Zwangsökonomie inmitten freier Marktwirtschaft, welche – wie skizziert – zu einem rasch anwachsenden Schwarzmarkt an Spielerzuwendungen führte. Die entsprechenden Transaktionen wurden dabei durch verbandsfremde Spielervermittler organisiert, ein Umstand, der den DFB gewissermaßen in eine Handlungsohnmacht versetzte. So konnte der Fußballdachverband die unabhängigen Intermediäre eigeninstanzlich (i.S.v. sportgerichtlich) nicht kontrollieren und sanktionieren (für eine Berufung vor das Sportgericht bestand keine Legitimation), für die ordentlichen Gerichte wiederum stellte die – nach dem Bundesligastatut untersagte – Mehrbezahlung von Spielern keine strafbare Handlung dar (vgl. o.V. 1965d, 76; o.V. 1971, 80 f.; o.V. 1972c, 128). Der DFB reagierte daraufhin im Jahr 1966 zunächst mit einem Verbot des Spielerhandels über Vermittler und der Gründung einer spezialisierten Fußballspieler-Vermittlungsstelle, welche, unterstützt durch die Bundesanstalt für Arbeit, fortan für die offizielle Arbeitsvermittlung für Spieler und Trainer zuständig war. Jene Bemühungen vermochten das zuvor skizzierte Dilemma jedoch nicht zu entschärfen, wurden dem Amt nach abgeschlossener Transaktion doch zumeist „statutenangepasste" Verträge vorgelegt (o.V. 1972c,

---

24 Vgl. ferner, wenngleich weniger detailliert, FRICK/PRINZ (2006, 61), MARTIN (1990, 113), o.V. (1966a, 84), o.V. (1971, 81), o.V. (1972c, 133), o.V. (1972d, 112), o.V. (1999b, 54), o.V. (2000d, 76), SCHERZER (1999, 349).

25 Z.B. Sportgeschäfte, Toto- und Lottoannahmestellen, Versicherungsvertretungen, Tankstellen, Gastronomiebetriebe.

128; o.V. 1999b, 55; o.V. 2000d, 77). 1966 wurde ein neues Bundesligastatut verabschiedet, welches eine Erhöhung des Maximalbetrags der Ablösesummen auf 100000 DM bzw. der Handgelder auf 20000 DM vorsah, die Begrenzung der Spielergehälter blieb hingegen in dem bisherigen Umfang bestehen (o.V. 1999b, 55; o.V. 2000d, 77; vgl. ferner MÜLLER 2000, 26 u. 28 sowie o.V. 1972a, 124).

Die vorausgegangenen Ausführungen verdeutlichen bereits, dass die Bundesligaeinführung eine nachhaltige Änderung der Kostenstrukturen für die beteiligten Vereine mit sich brachte. Neben den angehobenen Teamgehältern stiegen die Ausgaben dabei auch durch die erhöhten Spielbetriebskosten (größere Spieleanzahl bei bundesweitem Teilnehmerfeld) erheblich an. Gleichwohl veränderten sich jedoch auch die Klubeinnahmen. So wurden die skizzierten Kostenbereiche zunächst zum Großteil durch die Einnahmen aus dem Eintrittskartenabsatz getragen. Diese umfassten in der ersten Ligasaison bei einem Zuschauerdurchschnitt von über 24600 Besuchern pro Begegnung und einem Durchschnittspreis von 3,72 DM knapp 22 Mio. DM. Daraus errechnet sich ein durchschnittlicher Erlös aus dem Eintrittskartenverkauf von ca. 1,4 Mio. DM für jeden Bundesligisten (FRANZKE 1999, 396; KOHL 2001, 219 f.; STEIN 1993, 55 u. 64; WEBER 1997, 16 u. 20; vgl. zudem ERNING 2000, 247; MARTIN 1990, 117). Weitere, wenngleich zunächst unbedeutendere, Einnahmequellen stellten Unterstützungen durch Mäzene, gelegentliche Werbeeinnahmen sowie unregelmäßige Erträge aus Einzelspielübertragungen im Fernsehen dar (näheres dazu in den kommenden Abschnitten). Verschiedenen Literaturhinweisen zufolge lagen die durchschnittlichen Gesamteinnahmen eines Bundesligisten in jenen Jahren zwischen 1,2 und 2,6 Mio. DM (o.V. 1965d, 71 u. 73; o.V. 1966a, 84; o.V. 1966b, 111; o.V. 1968, 116; vgl. zudem FRANZKE 1999, 396; KOHL 2001, 14). Auf der anderen Seite gaben einige der Profiklubs bereits von Bundesligabeginn an mehr aus als sie einnahmen, was eine rasche Verschuldung einzelner Vereine zur Folge hatte[26]. Bis zur Saison 1967/1968 war bereits die Hälfte aller Bundesligisten verschuldet (o.V. 1965d, 71 ff.; o.V. 1968, 114; vgl. ferner FISCHER 1984, 53; KOHL 2001, 14).

Ein weiteres ökonomisches Problem stellte zudem das Auf- und Abstiegssystem zwischen Bundesliga und Regionalligen dar. So entwickelte sich der sportliche Kampf um den Verbleib in der Bundesliga zugleich zu einem Kampf um die wirtschaftliche Existenz, da ein Abstieg mit drastischen Einnahmerückgängen sowie einer umfassenden Spielerabwanderung verbunden war[27] (o.V. 1965d, 75). Vor diesem Hintergrund kam es bereits in der Saison 1963/1964 zu der ersten Spielmanipulation in der noch jungen Geschichte der Fußballbundesliga. So hatte ein Vorstandsmitglied des abstiegsbedrohten Vereins Hertha BSC Berlin nachweislich

---

[26] Beispielhafte Schuldenstände einiger Bundesligisten zum Saisonende 1964/1965: FC Schalke 04 (800000 DM), TSV 1860 München (500000 DM), Hertha BSC Berlin (240000 DM), Borussia Dortmund (50000 DM) (vgl. o.V. 1965d, 77; o.V. 1966b, 111; o.V. 1972a, 146).

[27] Beispiel Preußen Münster: Umsatzrückgang von 1,2 Mio. DM auf 300000 DM nach dem Bundesligaabstieg 1963/1964.
Beispiel 1. FC Saarbrücken: Abgang von sieben Spielern nach dem Bundesligaabstieg 1963/1964.

einen Abwehrspieler des TSV 1860 München mit 15000 DM bestochen (Hertha BSC Berlin gewann jenes Spiel mit 3:1). In dem darauf folgenden sportgerichtlichen Prozess des DFBs wurde dem Vereinsfunktionär eine zweijährige Amtssperre verhängt (o.V. 1965d, 75; o.V. 1971, 81; o.V. 1972c, 128 f.; o.V. 1972 f.; 130).[28]

Der Start der Bundesliga brachte zudem auch eine nachhaltige Veränderung der Medienlandschaft mit sich. Insbesondere für das Sportfernsehen stellte die Gründung der Fußballprofiliga einen bedeutenden Etablierungsschritt dar. So richtete die ARD eine spezielle Samstags-Sportschau ein. Auch das erst im April 1963 gegründete ZDF setzte sogleich einen Programmschwerpunkt auf das Geschehen in der Fußballbundesliga und nahm eine spezialisierte Sportsendung in ihr Programm auf („Das aktuelle Sportstudio"). Jedoch schränkte der DFB die ausführliche Bildzusammenfassung von vornherein auf lediglich zwei bis drei Partien pro Spieltag ein. Die Regelung sollte einem möglichen Fernbleiben der Stadionbesucher aufgrund des neuen TV-Angebots entgegenwirken (vgl. REIF 1999, 583; WEBER 1997, 16 f.; ergänzend auch PÖPPL 2002, 79). Bezüglich der zu leistenden Entgelte vereinbarten die Sender und der DFB in den Spieljahren 1963/1964 und 1964/1965 zunächst die Entrichtung von Einzelhonoraren für jedes gesendete Spiel. Dabei waren für die zeitversetzte Übertragung einer Ligapartie 25000 DM, für eine Halbzeit 18000 DM veranschlagt, kurze Ausschnitte (unter 5 Minuten) blieben kostenfrei[29] (vgl. FRANZKE 1999, 397 f.; HACKFORTH 1975, 286 f.; kurze Hinweise dazu gibt ferner AMSINCK 1997, 62). Mit der Saison 1965/1966 gewann das Fernsehen für die Profiklubs schließlich weiter an ökonomischer Bedeutung. So vergab der DFB in jener Spielzeit erstmalig die TV-Übertragungsrechte an der Bundesliga in gebündelter Form an die beiden öffentlich-rechtlichen Fernsehsender ARD/ZDF. Der Rechtepreis betrug 640000 DM[30], erstmalig flossen den Bundesligisten davon gleiche Erlösanteile zu. Für die Spielzeiten 1966/1967 sowie 1967/1968 einigten sich der DFB und ARD/ZDF daraufhin auf ein Pauschalhonorar von jeweils 810000 DM für die Übertragungsrechte an sämtlichen Bundesligaspielen. Jeder einzelne Klub erhielt daraus 45000 DM pro Saison – unabhängig von

[28] Nach dem Manipulationsvorfall wurden erstmals Stimmen nach einer zweiten Bundesliga zur Entschärfung des wirtschaftlichen Gefälles zwischen der Fußballbundesliga und den Regionalligen laut (o.V. 1965d, 75; o.V. 1971, 80). Ferner lassen sich Literaturhinweise ausmachen, denen zufolge die Bestechungsaffäre als Vorwand zur Erweiterung der Bundesliga auf 18 Mannschaften ab der Saison 1965/1966 genutzt wurde, während der eigentliche Hintergrund zur Ligavergrößerung jedoch der Schutz der beiden nach dem Spieljahr 1964/1965 als Absteiger feststehenden Traditionsklubs FC Schalke 04 und Karlsruher SC gewesen sei (o.V. 1972a, 137).

[29] Hinsichtlich der skizzierten Anfänge des Verkaufs der TV-Rechte der Fußballbundesliga (Spieljahre 1963/1964, 1964/1965: regelmäßige Berichterstattung des Bundesligageschehens auf Einzelhonorarbasis) sind in der gesichteten Literatur zahlreiche unkorrekte Ausführungen vorzufinden. So berichten einige Autoren, dass die ersten Erlöse aus dem Verkauf von TV-Übertragungsrechten auf die Saison 1965/1966 bzw. 1966/1967 zurückgehen (vgl. ELTER 2002a, 81; FRESENIUS 2002, 9; NITSCHKE 2003, 19; SCHEU 1999, 12; SCHEWE/GAEDE 2002, 137; SWIETER 2002, 35). An anderer Stelle ist zu lesen, die Profiklubs hätten im Jahr der Bundesligagründung für die Übertragungen Entgelte an die Sender zu entrichten gehabt (vgl. CALLMUND 1999, 32; ELTER 2002b, 280; ELTER 2003, 168; HACKFORTH/SCHAFFRATH 2001, 356 f.; SCHAFFRATH 1999b, 10).

[30] Die Höhe der TV-Übertragungsentgelte für die Fußballbundesliga in der Saison 1965/1966 wird in der Literatur sehr unterschiedlich dargestellt. Für eine Diskussion der abweichenden Werte vgl. SCHILHANECK (2006a, 55).

der Auswahl bzw. Anzahl der übertragenen Spiele (FRANZKE 1999, 398; HACKFORTH 1975, 287 f.). Entsprechend diesem Modell wurden die TV-Übertragungsrechte in den Folgejahren künftig immer zentral vergeben – gleiches gilt im Übrigen für den Pokalwettbewerb (ELTER 2002a, 83; ELTER 2003, 57; KRUSE/QUITZAU 2002a, 2; NITSCHKE 2003, 19; SWIETER 2002, 34). In den kommenden Spieljahren stiegen die Vertragsabschlüsse daraufhin sukzessiv an, zur Saison 1969/1970 belief sich die TV-Vertragshöhe bereits auf 2,6 Mio. DM (vgl. BRANDMAIER/SCHIMANY 1998, 45; ELTER 2003, 169; FRANZKE 1999, 398; KOHL 2001, 221; PARLASCA 1993, 142). Die Einnahmen um die Übertragungsrechte hatten sich somit endgültig zur zweiten zentralen Finanzierungssäule der Bundesligisten entwickelt, zumal sich die Besucherzahlen parallel dazu zunehmend rückläufig entwickelten. So konnte die Liga in ihrer zweiten Saison 1964/1965 die durchschnittlichen Zuschauerwerte pro Begegnung zwar auf über 27000 steigern (ggü. 24600 aus 1963/1964), in den beiden Folgespielzeiten wurden die Partien im Schnitt jedoch jeweils nur noch von etwas mehr als 23000 Zuschauer verfolgt, danach setzte schließlich ein stetiger Besucherschwund ein. In der Saison 1969/1970 wurde erstmalig ein Mittelwert von weniger als 20000 Anwesenden pro Bundesligaspiel verzeichnet (FRANZKE 1999, 396; KOHL 2001, 219 f.; MARTIN 1990, 117; STEIN 1993, 55 u. 64).

Trotz der beschriebenen positiven Entwicklungen im TV-Bereich verfolgte die Bevölkerung den Profifußball bis Ende der 60er Jahre mehrheitlich über die Kanäle Hörfunk und Printmedien. Hintergrund dazu stellten einerseits die zu bewältigenden technischen Probleme (Aufnahme, Transport, Entwicklung und Schnitt des Filmmaterials) und die sich daraus ergebenden zeitlichen Verzögerungen der Übertragung der Spielzusammenfassungen dar, Hauptursache war jedoch vielmehr die Tatsache, dass längst noch nicht alle Haushalte über ein eigenes Fernsehgerät verfügten (HEIMANN 1993, 20 ff.; SCHURIAN 2000a, 254 ff.; kurze Hinweise zudem in FRANZKE 1999, 398; PÖPPL 2002, 73). Und so erfreute sich v.a. das Sporthörfunkwesen im Rahmen der ersten Bundesligajahre größter Nachfrage – die Direktübertragungen am Samstagnachmittag erzielten mit bis zu 12 Mio. Zuhörern ihre höchsten Hörbeteiligungen überhaupt. Finanzpolitisch war dies für die Fußballklubs der Bundesliga jedoch unrelevant, da die Radioberichterstattungen zu jener Zeit gebührenfrei waren (HEIMANN 1993, 20 f.; PÖPPL 2002, 79 f.). Die angedeutete Intensivierung der printmedialen Berichterstattung ist vor allem auf folgende zwei Faktoren zurückzuführen: Einerseits begannen die Tageszeitungen ihre Sportteile erheblich auszuweiten, wobei der Fußball den zentralen Redaktionsinhalt darstellte. So ergab eine Untersuchung (n=10), dass zwischen November 1962 und November 1967 der dem Sport eingeräumte Platz in Tageszeitungen um 250 Prozent zugenommen hatte (EMPACHER 2001, 206; HEIMANN 1993, 20). Zudem rückte der Profifußball, getragen durch das große Interesse der Bevölkerung, zunehmend in das Blickfeld der Boulevardpresse (VÄTH 1994, 177; knappe Hinweise zudem in EMPACHER 2001, 206; LEYENBERG 1999, 553).

Obgleich dieses medialen Aufschwunges beendete die Bundesliga das Gründungsjahrzehnt weitestgehend werbefrei. Hintergrund dazu stellt einerseits der zu Beginn der 60er Jahre entbrannte und zunehmend verhärtete Kampf der TV- und Zeitungsverantwortlichen gegen die so genannte „Schleichwerbung" im deutschen Sport dar, der von Retuschierungsmaßnahmen erkennbarer Werbeschriften auf Sportfotos bis hin zu Übertragungsboykotten bedeutender nationaler sowie internationaler Sportveranstaltungen reichte (DREES 1989, 58; HACKFORTH 1975, 300 f.). Als weiterer Grund ist darüber hinaus der Beschluss des DFB vom Oktober 1967 zur Trikotgestaltung anzuführen, der lediglich Vereinszeichen, Vereinsname und die Spielernummern als mögliche Abdruckgegenstände erlaubte (o.V. 1999b, 55 u. 61; o.V. 2000d, 77 u. 83).

Aus sportlicher Perspektive betrachtet führte die Einführung der Bundesliga letztlich auch zu einer Steigerung der Spielstärke. Als Beleg sei auf die vermehrten Finaleinzüge deutscher Profiteams bei den europäischen Pokalwettbewerben ab Mitte der 60er Jahre sowie die Endspielteilnahme der deutschen Nationalmannschaft bei der Weltmeisterschaft von 1966 verwiesen (EISENBERG 1997, 118; o.V. 1999b, 54 ff.; o.V. 2000d, 76 ff.).

Anzumerken verbleibt, dass der DFB bereits in den 60er Jahren ein jährlich wiederkehrendes Prüfungsverfahren für die für die Bundesliga qualifizierten Klubs einführte, welches sich an den für Vereine vorgeschriebenen Mindestaufzeichnungen[31] orientierte und von dessen Ergebnis die Ligateilnahme abhängig gemacht wurde (STRAUB/HOLZHÄUSER/GÖMMEL/GALLI 2002, 77; vgl. zudem o.V. 1963b, 41). Zudem liegen Hinweise vor, dass mit Bundesligastart die ersten Stadionzeitschriften veröffentlicht wurden (WEBER 1997, 16), ferner wurde das „Ausrüsterwesen" ab jenen Tagen zur Regel, zunächst jedoch lediglich in Form der kostenfreien Equipmentüberlassung seitens der Sportartikelhersteller (FRANZKE 1999, 400).

Zusammenfassend ist festzuhalten, dass mit der Einführung von Fußballbundesliga und Lizenzspielerstatut zahlreiche neue Marktmechanismen in Gang gesetzt wurden. Insbesondere die hohen Aufwandsstrukturen führten zu ersten Zwängen der Kommerzialisierung unter den Profiklubs. Von größter Bedeutung waren dabei zunächst die Eintrittsgelder, ab Ende der 60er Jahre gewann der TV-Markt zunehmend an ökonomischer Relevanz.

2.2.2. Der Lizenzfußball in den 70er Jahren

Im Anschluss an den letzten Spieltag der Saison 1970/1971 wurde ein weiterer Bestechungsskandal aufgedeckt, wobei dessen Ausmaß, verglichen mit dem Manipulationsvorfall aus dem Jahr 1964, weitaus umfassender und folgenschwerer ausfiel. So waren Bemühungen um Ergebnisabsprachen gegen Zahlungsgebote von bis zu 250000 DM in der Rückrunde jenes Spieljahres zur Regel geworden, insgesamt flossen über 1 Mio. DM an Bestechungsgeldern.

31 Mindestaufzeichnungen für Vereine beinhalteten dabei die einfache Aufzeichnung über die Art und Höhe der Einnahmen und Ausgaben unterteilt nach Tätigkeitsbereichen, wobei auch Leister und Empfänger ersichtlich sein mussten (in Anlehnung an GALLI/DEHESSELLES 2002, 50).

Von den 72 Begegnungen der letzten acht Spieltage wurden 18 Partien nachweislich manipuliert bzw. zumindest der Versuch unternommen, deren Ausgänge zu beeinflussen. Auftraggeber der Bestechungen waren dabei ausschließlich Vereine, die gegen den Bundesligaabstieg spielten. Geschäftswillige Partner fanden sich wiederum in jenen Klubs des Tabellenmittelfeldes, die bereits aus dem Titelkampf um das Meisterschaftsrennen ausgeschieden waren, gleichzeitig jedoch auch nicht mehr den Ligaabstieg zu fürchten hatten. Die Bewältigung des Hauptteils des Skandals erstreckte sich über drei Jahre, mit seinen letzten Ausläufern (gerichtliche Verfolgung geleisteter Meineide) war der Vorfall jedoch erst gegen Ende des Jahres 1977 juristisch bewältigt. Zur Klärung des Sachverhalts waren insgesamt rund 150 Personen (Spieler, Trainer, Vereinsfunktionäre aus vier Bundesligavereinen sowie etliche Privatpersonen), fast drei Dutzend Rechtsanwälte sowie circa 30 Verfahren vor dem Sportgericht bzw. 20 Berufungsverfahren vor dem Bundesgericht erforderlich. Bilanz jener unrühmlichen Affäre des deutschen Profifußballs war die Überführung von über 50 Spielern, zwei Trainern sowie sechs Vereinsfunktionären, welche in Abhängigkeit ihres Involvierungsgrades in die Spielmanipulationen mit Geldstrafen im Gesamtumfang von 400000 DM, kurz- bis mittelfristigen Spielsperren sowie bis zu lebenslangen Amts- und Tätigkeitsverboten bestraft wurden. Den beiden zentral beteiligten Klubs, Kickers Offenbach und Arminia Bielefeld, wurden die Lizenzen für zwei bzw. ein Jahr entzogen. Rot-Weiß Oberhausen hatte mit einem Abzug von vier Punkten in die Folgesaison zu starten. Verglichen mit dem Bestechungsvorfall der Saison 1963/1964 hatte der DFB folglich sein Strafmaß um ein Vielfaches erhöht (vgl. zu den Ausführungen insbesondere o.V. 1971, 74 ff.; o.V. 1972a, 122 ff.; o.V. 1972b, 124 ff.; o.V 1972c, 126 ff.; o.V. 1972d, 108 ff.[32]).

Wirtschaftlich gesehen hatten die Spielmanipulationen für die Liga bzw. die Bundesligisten einen erheblichen Integritäts- und Imageschaden zur Folge, der sich u.a. in finanziellen Einbußen äußerte. Verfolgten in der Saison 1970/1971 noch durchschnittlich 20600 Besucher eine Bundesligabegegnung vor Ort, so kamen im ersten Jahr nach der Bestechungsaffäre nur noch 17900 Zuschauer je Bundesligaspiel in die Stadien – dies entspricht einem Rückgang von 13,1 Prozent. In der Saison 1972/1973 hatten die Profivereine einen weiteren Besucherschwund von 8,4 Prozent auf 16400 Zuschauer pro Begegnung zu verzeichnen (vgl. FRANZKE 1999, 396; KOHL 2001, 219 f.; MARTIN 1990, 117; SCHAFFRATH 1999c, 24; STEIN 1993, 64 f.; knappe Hinweise auch in GALLI 2002a, 128; o.V. 1972d, 120; o.V. 2002k, 2; SCHMOLL 2005, 25; SWIETER 2002, 32). Betrachtet man die durchschnittliche Zunahme der Eintrittspreise seit Ligabeginn bis zur Saison 1970/1971 von je 0,20 DM, so fällt auf, dass die Steigerungsraten in den beiden Spieljahren nach dem Bestechungsskandal

[32] Vgl. des Weiteren ANDORKA (1983, 43), BECK (1999, 433 u. 440), HÜBNER (1983, 121 ff.), MARTIN (1990, 114 f.), RAUBALL (1972, 9 ff.), SCHULZE-MARMELING (1992, 153). Knappe Hinweise geben zudem FRANZKE (1999, 401), FRICK/PRINZ (2006, 61), HEIMANN (1993, 22), KISTNER/WEINRICH (1998, 197 ff.), KOHL (2001, 77 f.), MICHEL (1999a, 275), ROHR/SIMON (1993, 13), SCHAFFRATH (1999c, 24 f.), SCHERZER (1999, 354), SCHMOLL (2005, 25), SCHURIAN (2000a, 251 f.), SWIETER (2002, 52).

i.H.v. 0,56 DM bzw. 0,47 DM deutlich über diesem Mittelwert lagen. Es kann folglich angenommen werden, dass die Profiklubs einen entsprechenden Nachfragerückgang auf dem Eintrittskartenmarkt antizipierten und ihre Ticketpreise in überdurchschnittlichem Maße erhöhten[33]. Durch diese Maßnahme war es den Profiklubs letztlich möglich, das Ausmaß des Einnahmerückgangs auf dem Ticketingmarkt in Grenzen zu halten (1970/1971: 33,9 Mio. DM; 1971/1972: 32,4 Mio. DM; 1972/1973: 32,0 Mio. DM). In der Saison 1973/1974 konnte erstmals wieder an die erzielten Besucherkennzahlen vor dem Bestechungsskandal angeknüpft werden. Bei durchschnittlich 20600 Zuschauern pro Meisterschaftsspiel erwirtschafteten die Profivereine Gesamteinnahmen aus dem Eintrittskartenabsatz i.H.v. 48,2 Mio. DM – getragen wurde die rasche „Marktgenesung" dabei v.a. durch die aufkommende Fußballbegeisterung im Vorfeld der Weltmeisterschaft im eigenen Land (für die angegebenen Zahlenwerte vgl. FRANZKE 1999, 396; STEIN 1993, 64 f.).

Auch auf dem TV-Markt war der Einfluss der Spielmanipulationen erkennbar. Eine Betrachtung der Einnahmezuwächse aus den Übertragungsrechtevergaben macht dies deutlich. Betrugen die Zunahmeraten nach den ersten beiden (jeweils gleichhoch dotierten) Pauschalabnahmen der Ligasenderechte für die Spieljahre 1966/1967 und 1967/1968 und den drei Folgeverträgen bis zur Saison 1970/1971 durchschnittlich 730000 DM[34], so konnte der DFB bei den TV-Vertragsaushandlungen für die Spielzeiten 1971/1972 und 1972/1973 (dabei handelte es sich im Übrigen um den ersten Zweijahresvertrag zwischen ARD/ZDF und DFB) nur eine Erhöhung von 120000 DM durchsetzen. Auch der Folgevertrag zur Saison 1973/1974 brachte lediglich eine Zunahme von 280000 DM ein (BRANDMAIER/SCHIMANY 1998, 45; ELTER 2003, 169; FRANZKE 1999, 398; HACKFORTH 1975, 293; KOHL 2001, 221; PARLASCA 1993, 141).

Betrachtet man schließlich den TV- und Ticketingmarkt der Fußballbundesliga zum Spieljahr 1974/1975, so legen die erzielten Ergebnisse (durchschnittliche Zuschauerzahl: 22000; Einnahmen Ticketing: 56,3 Mio. DM; Zuwachsrate TV-Vertrag: 1 Mio. DM) den Schluss nahe, dass der Bestechungsskandal mit dem Gewinn des Weltmeistertitels 1974 und dem anschließenden Übertrag der Euphorie auf die Liga – zumindest wirtschaftlich gesehen – überwunden war.

Abbildung 4 verdeutlicht die erläuterten ökonomischen Auswirkungen des Bestechungsskandals von 1971 auf die Fußballbundesliga anhand einer Darstellung der Entwicklung der durchschnittlichen Zuschauerzahlen je Partie, der durchschnittlichen Eintrittspreise pro Liga-

[33] Die Angaben zu den Eintrittspreiserhöhungen basieren auf eigenen Berechnungen. Für die entsprechend notwendigen Grundwerte (Durchschnittspreise pro Spiel und Saison) vgl. FRANZKE (1999, 396) sowie STEIN (1993, 64 f.).

[34] Die Werte der durchschnittlichen TV-Vertragserhöhung ausgehend von dem Kennwert für 1967/1968 und den drei Folgeverträgen bis 1970/1971 basieren auf eigenen Berechnungen. Für die erforderlichen Daten (Rechtepreis je Saison) vgl. die Beiträge von BRANDMAIER/SCHIMANY (1998, 45), ELTER (2003, 169), FRANZKE (1999, 398), KOHL (2001, 221) oder PARLASCA (1993, 141).

spiel, der Gesamteinnahmen im Bereich Ticketing sowie der Erlöse aus den TV-Verträgen zwischen den Spieljahren 1968/1969 bis 1974/1975.

Saison	1968/1969	1969/1970	1970/1971	1971/1972	1972/1973	1973/1974	1974/1975
Ø Zuschauer-zahl	21400	20000	20600	17900	16400	20600	22000
Ø Eintrittspreis (in Mio. DM)	5,04	5,01	5,35	5,91	6,38	7,66	8,35
Einnahmen Ticketing (in Mio. DM)	33,0	30,6	33,8	32,4	32,0	48,2	56,3
Einnahmen TV-Verträge (in Mio. DM)	1,68	2,60	3,00	3,12	3,12	3,40	4,40

Abb. 4: Die wirtschaftlichen Auswirkungen des Bestechungsskandals 1971 auf den TV- und Ticketingmarkt der Fußballbundesligisten[35]

Konsequenzen aus der Bestechungsaffäre zog der DFB in zweierlei Hinsicht: Da die bislang bestehenden Gehaltsbeschränkungen die Verdienstmöglichkeiten der Fußballprofis stark eingeschränkt hatten und mögliche Nebeneinkünfte folglich als willkommen einzuschätzen waren (der DFB beurteilte dies u.a. als begünstigenden Umstand für das Zustandekommen der Manipulationen), wurde im Jahr 1972 zunächst das Lizenzspielerstatut mit einer Freigabe dieser Richtlinien gelockert (vgl. EISENBERG 1997, 116; EMPACHER 2001, 208; FRICK/PRINZ 2006, 61; HEINRICH 2000, 189; SCHURIAN 2000a, 251 u. 254). Gleichzeitig wurde auch die potentielle Abstiegsgefahr der sportlich schlechter platzierten Bundesligaklubs und die damit unausweichlich verbundenen Einnahmenrückgange der Vereine als Erklärungsansatz für die Geschehnisse gewertet[36]. Und so wurde auf dem DFB-Bundestag vom Oktober 1972 zum Ausgleich des angesprochenen Erlös- und Prestigegefälles zwischen Fußballbundesliga und den Regionalligen die Einführung einer zweiten Fußballbundesliga zur Saison 1974/1975 beschlossen. Diese wurde zunächst zweigeteilt in einer Nord- und einer Südgruppe mit je 20 Vereinen organisiert[37] (ERNING 2000, 34; MÜLLER 2000, 26; o.V. 1971, 80 u. 83; o.V. 1999b, 59 ff.; o.V. 2000d, 81 ff.; ROHR/SIMON 1993, 14; SCHURIAN 2000a, 254;

35 Zu den in Abb. 4 angeführten Zahlenwerten vgl. folgende Quellen:
- Zuschauerzahlen, Eintrittspreise, Ticketingeinnahmen: FRANZKE (1999, 396 ff.), STEIN (1993, 64 f.).
- TV-Einnahmen: BRANDMAIER/SCHIMANY (1998, 45), ELTER (2003, 169), FRANZKE (1999, 398), KOHL (2001, 221), PARLASCA (1993, 141).

36 Skizzierung des wirtschaftlichen Gefälles zwischen der Fußballbundesliga und den Regionalligen zu Beginn der 70er Jahre (vgl. o.V. 1971, 75; o.V. 1972a, 124; knappe Hinweise zudem in o.V. 1972b, 129):
- Fußballbundesliga: 3 bis 4 Mio. DM Jahresumsatz je Klub (ca. 20000 Zuschauer pro Begegnung).
- Regionalliga: 0,2 bis 0,3 Mio. DM Jahresumsatz je Klub (ca. 3650 Besucher pro Begegnung).

37 Die Südgruppe setzte sich aus den Regionalligen Süd und Südwest zusammen, während die Gruppe Nord von den Regionalligen West, Nord und Berlin gebildet wurde. Ähnlich dem Verfahren zur Einführung der ersten Fußballbundesliga wurde ein Zugangsmodus festgelegt, der dreizehn Vereine aus dem Süden, sieben Klubs aus dem Südwesten, elf Vertreter aus dem Westen, sieben Vereine aus dem Norden sowie zwei Klubs aus Berlin vorsah (ERNING 2000, 34; o.V. 1999b, 59 f.; o.V. 2000d, 81 f.; SWIETER 2002, 23). Mit Erweiterung um eine zweite Profispielklasse wurde zudem auch die Abstiegsregelung geändert. Fortan hatten die drei letzten Vereine der ersten Fußballbundesliga abzusteigen (o.V. 1999b, 60; o.V. 2000d, 82).

STEIN 1993, 75 ff.; SWIETER 2002, 23). 1974 wurden schließlich die zwei Jahre zuvor begonnen Veränderungen des Lizenzspielerstatuts fortgeführt. Die Neuregelung betraf zu jenem Zeitpunkt das Transfersystem in Form eines Wegfalls der bislang festgesetzten Ablösesummen (SCHURIAN 2000a, 251).

Die Freigabe der Spielergehälter sowie der Transferobergrenzen durch den DFB hatte jedoch wiederum drastische Folgen auf die Finanzsituation der Bundesligisten. War diese in einigen Fällen bereits zuvor als angespannt zu bewerten[38], so zog der fortan einsetzende Bieterkampf um die besten Spieler eine sofortige Explosion der Spielerbezüge und Ablösevereinbarungen und somit der Vereinsaufwandsstrukturen mit sich[39], welche die Klubs rasch schon nicht mehr mit ihren Einnahmen auszugleichen vermochten. Zur Verdeutlichung der starken Aufwandszunahmen sei auf Eintracht Frankfurt verwiesen. So stiegen die Gesamtaufwendungen der Lizenzabteilung des Erstligisten zwischen den Geschäftsjahren 1973/1974 und 1974/1975 von 2,5 Mio. DM auf 4,5 Mio. DM an (+ 80 Prozent). Das aufkommende Missverhältnis zwischen Ertrag und Aufwand spiegelt hingegen das Beispiel SV Werder Bremen wieder. Aufgrund überproportional gestiegener Spieleraufwendungen beendete der Bundesligist das Geschäftsjahr 1974 mit einem Verlust von fast einer halben Mio. DM (vgl. KNAUTH 1977, 5 u. 26; ergänzend auch FISCHER 1984, 66).

Ein wichtiger ökonomischer Faktor für die Weiterentwicklung des deutschen Profifußballs in den 70er Jahren stellte zudem die Austragung der Fußballweltmeisterschaft 1974 in Deutschland dar. Finanziert durch Mittel der öffentlichen Hand entstanden (neben dem bereits 1972 errichteten Olympiastadion in München) in neun weiteren Städten[40] moderne Großsportanlagen (Neubauten oder umfangreiche Sanierungsprojekte) mit zeitgemäßem Komfort (überdachte Sitzplätze, ausreichend Parkmöglichkeiten, verbesserte Bewirtschaftungsanlagen). „Nutznießer" dieser Modernisierungsmaßnahmen waren letztlich die ansässigen Bundesligisten, die fortan auf jene Infrastrukturen zurückgreifen und über die damit verbundenen Angebotsmehrwerte ihre Umsätze nachhaltig steigern konnten (v.a. durch Mehreinnahmen aus dem Ticketing)[41]. In der Folge drängten wiederum die Profiklubs der bei der WM-Spielstättenauswahl nicht berücksichtigten Städte ihre Kommunen dazu, die örtlichen Stadien den gehobenen Ansprüchen anzupassen, um nicht in wirtschaftliches Nachsehen zu geraten. Und so folgten

---

38 Exemplarische Schuldenstände einiger Bundesligisten im Jahr 1972: Hannover 96 (3 Mio. DM), Eintracht Frankfurt (2 Mio. DM) (vgl. o.V. 1972a, 134; o.V. 1972d, 108).

39 Zur Verdeutlichung des überproportionalen Anstiegs der Spielergehälter und der Transfersummen in jenen Jahren seien folgende Beispiele angeführt (vgl. dazu FISCHER 1984, 64; KNAUTH 1977, 6; MÜLLER 2000, 28):
- Jahresgehälter für Spitzenspieler: 1973 (bis 100000 DM), 1976 (bis 1 Mio. DM).
- Ablösesummen für Spitzenspieler: 1973 (bis 100000 DM), 1976 (bis 1 Mio. DM).

40 Hamburg, Hannover, Berlin, Dortmund, Gelsenkirchen, Bochum, Köln, Frankfurt, Stuttgart.

41 Jahresumsätze verschiedener Bundesligisten im Geschäftsjahr 1974: FC Bayern München (12 Mio. DM), FC Schalke 04 (8,5 Mio. DM), Eintracht Frankfurt (8,7 Mio. DM) (KNAUTH 1977, 4 f.). Vgl. demgegenüber Fußnote 36.

Stadiensanierungen in fünf weiteren Städten[42] (EISENBERG 1997, 117 f.; MARTIN 1990, 115; vgl. zudem auch DIETL/PAULI 2002, 240). Vor dem Hintergrund einer fast durchweg modernisierten Sportstättenlandschaft sowie der anhaltenden gesellschaftlichen Fußballbegeisterung nach dem Gewinn der Weltmeisterschaft 1974 verzeichnete die Fußballbundesliga ab Mitte der 70er Jahre einen sukzessiven Zuschaueranstieg (Spieljahre 1975/1976 bis 1977/1978: 22100, 24300, 25900 Ø Zuschauer je Spiel) respektive einer kontinuierlichen Einnahmenerhöhung aus den Eintrittskartenabsätzen[43] (Gesamteinnahmen Ticketing Spieljahre 1975/1976 bis 1977/1978: 61,1 Mio. DM; 76,9 Mio. DM; 90,1 Mio. DM; vgl. BRÜNING et al. 1999, 37; FRANZKE 1999, 396; STEIN 1993, 56 u. 65).

Mit den skizzierten infrastrukturellen Modernisierungen fanden zugleich erste Vorformen der Hospitality-Vermarktung Einzug in die Fußballbundesliga. Nachdem im Olympiastadion in München ein Teil der Haupttribüne mit besonders bequemen Sitzgelegenheiten sowie einem Teppichboden ausgestattet worden war (Sitzbereich der Staatsmänner und IOC-Mitglieder während der Olympischen Spiele), vermarktete der FC Bayern München – nach spanischem und italienischem Vorbild – jenen Stadionsektor fortan als VIP-Bereich. Rasch folgten andere Bundesligisten dem Münchner Beispiel mit ähnlichen Angeboten (EMPACHER 2001, 209).

Neben den indirekten staatlichen Subventionen des Profifußballs in Form der skizzierten Sportstättenmodernisierungen wurden die Fußballbundesligisten ab den 70er Jahren zudem verstärkt direkt städtisch oder kommunal subventioniert (Erlass von Pachtgebühren; Gewährung von Darlehen, Krediten, Bürgschaften oder städtischer bzw. kommunaler Gelder[44]; vgl. LINDNER/BREUER 1994, 162).

Die 70er Jahre brachten ferner einen nachhaltigen Wandel auf dem Sportwerbemarkt mit sich. Nach einem fast ein Jahrzehnt andauernden Kampf der deutschen Medien gegen die Präsenz von Werbung auf Sportveranstaltungen legitimiert das Mainzer Landgericht im Januar 1970 die Vermarktungsform des Sportsponsorings (HACKFORTH 1975, 303 f.). In Folge dieses Rechtsentscheids fand daraufhin die Werbebande zunehmend Einzug in die Stadien der Fußballbundesligisten (MICHEL 1999a, 276; SCHURIAN 2000a, 258). Wie intensiv diese Form der werblichen Nutzung der Spielfeldumrandungen in den 70er Jahren jedoch letztlich ausfiel, ist der Literatur nicht zu entnehmen. Doch die nur kurze Zeit nach der Urteilsverkündung fortgesetzten Übertragungsboykotte von ARD und ZDF zur Unterbindung von Werbemaßnahmen auf Sportveranstaltungen (vgl. HACKFORTH 1978, 73 f.; THIEL 1990, 15) sowie die zeitgleiche, enge Kooperation zwischen den öffentlich-rechtlichen Sendern und dem Deutschen Fußball-Bund lassen auf zunächst nur geringe Bandenwerbeaktivitäten der Profi-

42 Mönchengladbach, Kaiserslautern, Nürnberg, Bremen, Leverkusen.

43 Für einen Überblick über die durchschnittlichen Ticketpreiserhöhungen vgl. BRÜNING et al. (1999, 37), FRANZKE (1999, 396), STEIN (1993, 56 u. 65).

44 Fallbeispiel Hertha BSC Berlin: Subvention i.H.v. 450000 DM aus Lottogeldern im Jahr 1977.

klubs schließen[45]. FRANZKE (1999, 400) ist jedoch zu entnehmen, dass Mitte der 70er Jahre für eine Werbebande von sieben Meter Länge in der Fußballbundesliga durchschnittlich 12000 DM pro Saison veranschlagt wurden. Anzufügen verbleibt, dass in jenen Jahren weitere Vermarktungsmöglichkeiten wie die Nutzung der Eintrittskarten sowie der Stadionzeitschriften zu Reklamezwecken sukzessiv von den Bundesligisten erschlossen wurden (KNAUTH 1977, 29; ROHLMANN 1998, 10).

Als zentral für die Entwicklung des Sponsoringmarktes in der Bundesliga ist letztlich die auf dem DFB-Bundestag vom 27. Oktober 1973 verabschiedete Neuregelung für Werbung auf der Spielbekleidung zu sehen. Der DFB legte dabei genaue Richtlinien fest, die im Fall des Verkaufs der Trikotwerberechte die Aktionsparameter Qualität und Quantität bestimmten. So durfte mit nur einem Symbol auf 250 Quadratzentimetern der Vorderseite des Spieldresses geworben werden. Darüber hinaus hatten die Werbemaßnahmen den allgemein gültigen Grundsätzen von Moral und Ethik zu entsprechen. Werbung für Tabakwaren sowie politische Institutionen war untersagt (vgl. insbesondere HACKFORTH 1975, 305 f.; o.V. 1999b, 61; o.V. 2000d, 83; PARLASCA 1993, 154; SCHAFFRATH 1999a, 167[46]).

Vorausgegangen war dem neuen Richtlinienentwurf ein geschickter Marketingzug des Unternehmens Jägermeister. Gegen Ende 1972 trat dieses an den finanziell stark belasteten Bundesligisten Eintracht Braunschweig heran und bot der Vereinsführung für die werbliche Nutzung der Spieltrikots in der bereits begonnenen Saison sowie den folgenden vier Spieljahren jeweils 100000 DM an. Zur Umgehung der diese Maßnahme grundsätzlich unterbindenden DFB-Regularien aus dem Jahr 1967 sollte das Unternehmenslogo zum neuen Vereinssymbol umfunktioniert werden. Als Eintracht Braunschweig in einer außerordentlichen Vollversammlung im Januar 1973 daraufhin die Änderung des Klubzeichens beschloss, versuchte der DFB das Auflaufen der Mannschaft mit entsprechendem Trikotdruck in der Rückrunde der Saison 1972/1973 zunächst vehement zu verhindern. Beanstandet wurden dabei u.a. die Größe des abgedruckten Logos oder die fehlende Einarbeitung der Klubinitialen – nicht jedoch das die Trikots zierende Symbol selbst. Letztlich genehmigte der DFB dem Profiverein die Nutzung der neuen Spielbekleidung zum Bundesligaspiel gegen den FC Schalke 04 am 24. Februar 1973 (vgl. insbesondere PETERS 1998, 101; SCHURIAN 2000a, 258 f.; knappe Hinweise zudem in EMPACHER 2001, 209[47]).

---

45 Für eine Darstellung der Entwicklung des Sportsponsorings ab seinen Ursprüngen Anfang der 60er Jahre und den mit der zunehmenden Verbreitung der Kommunikationsform verbundenen Konflikten mit den Medien bis Ende der 70er Jahre vgl. SCHILHANECK (2006a, 57 f. u. 67).

46 Vgl. ferner BIERWIRTH (2003, 6), BRANDMAIER/SCHIMANY (1998, 52), DINKEL (2002a, 28), ELTER (2003, 30), FRANZKE (1999, 400), ROHLMANN (1998, 11), ROTH (1990, 99), WEBER (1997, 16), ZACHARIAS (1999, 166).

47 Die Einführung der Trikotwerbung in der Fußballbundesliga wird in vielen Literaturquellen ungenau und uneinheitlich, z.T. auch falsch beschrieben. Unterschiedliche Darstellungen ergeben sich v.a. hinsichtlich Einführungszeitpunkt und Höhe des ersten Werbeengagements. Für eine Diskussion dieser Darstellungen vgl. SCHILHANECK (2006a, 68 f.).

Die endgültige Freigabe der Trikotwerbung durch den DFB dauerte jedoch – wie zuvor bereits ausgeführt – noch bis in den Oktober 1973. Die Saison 1973/1974 markiert somit die Einführungsphase dieser Sponsoringform. Der Beginn einer systematischen Vermarktung der Spielerbekleidung war jedoch erst ab dem Spieljahr 1974/1975 zu verzeichnen. So nahmen zu jenem Saisonauftakt bereits sechs Bundesligisten die neu geschaffene Werbefreiheit auf den Trikots war. Die Vertragssummen umfassten dabei zwischen 100000 bis 350000 DM p.a., zusammen verzeichneten die sechs Profiklubs Einnahmen i.H.v. 1,5 Mio. DM. Ein Spieljahr später (1975/1976) erschloss ein weiterer Klub die neue Finanzierungsquelle. Zum Ende des Jahrzehnts kippte das Verhältnis dann zunehmend. So liefen in den Spielzeiten 1976/1977 lediglich fünf Teams ohne einen Trikotsponsor auf, 1977/1978 sowie 1978/1979 verblieben noch zwei Bundesligisten ohne „Werbung am Mann“, ab der Saison 1979/1980 nahmen letztlich alle Bundesligisten regelmäßig mit einem Werbeengagement auf der Spielerbekleidung am Meisterschaftsrennen teil. Zu jenem Zeitpunkt war den Wirtschaftsunternehmen die Abbildung ihrer Schriftzüge und Logos auf den Trikots der Profiklubs insgesamt bereits 7 Mio. DM wert (vgl. insbesondere SCHAFFRATH 1999a, 167 f.; ergänzend BABIN 1995, 27; ERNING 2000, 250; FRANZKE 1999, 400; KOHL 2001, 18 f.; MÜLLER 2000, 44; PARLASCA 1993, 33; ROTH 1990, 99; ZACHARIAS 1999, 166)[48].

Zieht man an dieser Stelle den zum Spieljahr 1979/1980 ausgehandelten TV-Rechtepreis i.H.v. 5,9 Mio. DM[49] mit in die Betrachtungen ein, so verdeutlicht die Gegenüberstellung jener Kennwerte, dass sich die Trikotwerbung zum Ende des betrachteten Jahrzehnts zur zweitbedeutendsten Finanzierungsform der Erstligisten (nach dem Ticketing) entwickelt hatte.

Mitte der 70er Jahre begannen die Bundesligisten, das bislang weitestgehend unbeachtet gebliebene Geschäftsfeld der Fanartikelvermarktung langsam zu erschließen (FRANZKE 1999, 401; SCHURIAN 2000a, 255). Genauere Hinweise auf die erzielten Umsatzzahlen in jenen „Anfangsjahren“ sind der Literatur nicht zu entnehmen, lediglich FRANZKE (1999, 401) führt an, dass der durchschnittlich erwirtschaftete Merchandisingumsatz eines Erstligisten in den 70er Jahren circa 40000 DM betrug (Ligaumsatz: 720000 DM). Folglich war der Bedeutungsgrad jener neuen Finanzquelle zunächst als sekundär zu bewerten.

Abbildung 5 verdeutlicht die Einnahmesituation der Bundesligisten zum Ende der 70er Jahre anhand einer Gegenüberstellung der Umsätze aus dem Eintrittskartenabsatz, der TV-Vermarktung, dem Trikotsponsoring sowie dem Merchandising in der Saison 1979/1980.

---

48 Die Entwicklung der Trikotwerbung in der Fußballbundesliga wird in der Literatur sehr unterschiedlich dargestellt. Für eine Diskussion der abweichenden Literaturausführungen vgl. SCHILHANECK (2006a, 69 f.).

49 Vgl. dazu BRANDMAIER/SCHIMANY (1998, 45), ELTER (2003, 169), FRANZKE (1999, 398), KOHL (2001, 221), PARLASCA (1993, 141).

	Ticketing	TV-Vermarktung	Trikotsponsoring	Merchandising
Saison 1979/1980 (in Mio. DM)	88,8	5,9	7,0	0,7

Abb. 5: Die Einnahmesituation der ersten Fußballbundesliga zum Ende der 70er Jahre[50]

Trotz dieser wirtschaftlich positiven Entwicklungen verschärften sich die Finanzprobleme der Profivereine durch ein ressourcenfernes Kostenmanagement zunehmend. So wurden beispielsweise den beiden Klubs SC Bonn und FC St. Pauli im Jahr 1977 bzw. 1979 die Zweitligalizenz entzogen (DIETL/PAULI 2002, 246). Einen weiteren Hinweis liefert MÜLLER (2000, 53), demzufolge die Bilanzen der Bundesligisten in der Saison 1978/1979 ca. 30 Mio. DM an Verbindlichkeiten aufwiesen.

Fasst man die ökonomische Entwicklung des Lizenzfußballs in den 70er Jahren zusammen, so begründete der Bestechungsskandal von 1971 bzw. der damit verbundene Integritätsverlust einen drastischen Rückgang der Zuschauernachfrage an den folgenden Meisterschaftsrennen mit entsprechenden Einnahmeeinbußen der Fußballbundesligisten. Die Struktur- und Statutenregulierungen als Konsequenz aus den Spielmanipulationen (Einführung einer zweiten Fußballbundesliga, Reform des Lizenzspielerstatuts) prägte die Fortentwicklung des deutschen Profifußballs daraufhin in erheblichem Maße. Insbesondere die Freigabe der Spielergehälter und Ablösesummen bedeutete für viele Bundesligisten den Beginn nachhaltiger Finanzprobleme. Als bedeutsam stellten sich ferner die Liberalisierung der Werbemöglichkeiten im Fußball (gerichtliches Verbot der Unterbindung von Sportsponsoringmaßnahmen, DFB-Neuregelung für Werbung auf der Spielbekleidung) sowie die verbesserten infrastrukturellen Gegebenheiten infolge der Austragung der Weltmeisterschaft im eigenen Lande dar.

2.2.3. Der Lizenzfußball in den 80er Jahren

Mit Beginn der 80er Jahre weiteten die Bundesligisten ihre Vermarktungsmaßnahmen zunehmend aus. Wurden den Klubs die notwendigen Ausrüstungsgegenstände bisweilen kostenlos von den Sportartikelherstellern gestellt, so erhielten die Vereine in jener Zeit erstmals auch monetäre Leistungen aus den Ausstattungsvereinbarungen. Im Jahr 1983 hatten bereits sämtliche Erstligisten jene neue Finanzierungsquelle erschlossen und erwirtschafteten daraus insgesamt 2,5 Mio. DM. Zeitgleich begannen die ersten Klubs konzeptionelle Sponsoringangebote für Wirtschaftsunternehmen zu erstellen (FRANZKE 1999, 401; FISCHER 1984, 59 f.; ROHLMANN 1998, 11 f.). Zudem fanden technische Neuerungen wie die Farb-Video-Matrix-Anzeigentafel gegen Ende der 80er Jahre ihren Einzug in die Stadienlandschaft und

---

[50] Zu den in der Tabelle angegebenen Werten vgl. folgende Quellen:
- Ticketing: FRANZKE (1999, 396 ff.), STEIN (1993, 55 f.).
- TV-Vermarktung: BRANDMAIER/SCHIMANY (1998, 45), ELTER (2003, 169), FRANZKE (1999, 398), KOHL (2001, 221), PARLASCA (1993, 141).
- Trikotsponsoring: SCHAFFRATH (1999a, 167 f.).
- Merchandising: FRANZKE (1999, 401).

wurden als ergänzende Werbemaßnahmen zu den Banden vermarktet (BELLMANN 1990, 232 f.). Auch das Geschäftsfeld des Merchandisings wurde systematisch ausgebaut (Fan-Kollektionen, vereinseigene Fanshops), ferner kamen erste Lizenzvergaben der Bundesligisten hinzu (vgl. EMPACHER 2001, 210; FRANZKE 1999, 401; ROHLMANN 2001, 431 u. 433). Hinweise auf die generierten Ligaumsätze aus dem Merchandising bzw. Licensing in jenen Jahren sind der gesichteten Fachliteratur nicht zu entnehmen[51]. Die Wertigkeit der verschiedenen Werbe- und Marketingrechte der Klubs zu Beginn der 80er Jahre sei anhand folgender Gegenüberstellung verdeutlicht (Stand 1982/1983, jeweils Gesamteinnahmen erste Bundesliga je Geschäftsfeld[52]): Trikotsponsoring 8,1 Mio. DM, Bandenvermarktung 6 Mio. DM, Ausrüsterverträge 2,5 Mio. DM (vgl. dazu FRANZKE 1999, 401; FISCHER 1984, 59; SCHAFFRATH 1999a, 168).

Ab Mitte der 80er Jahre arbeiten die Bundesligisten zunehmend mit spezialisierten Vermarktungsagenturen zusammen. Exemplarisch sei auf die Saison 1988/1989 verwiesen, in der die Stadionwerbeflächen sämtlicher Erstligisten über Agenturen vergeben wurden (BELLMANN 1990, 230 f.).

Trotz der aus der Forcierung der Marketingmaßnahmen generierten Mehreinnahmen entspannte sich die Finanzsituation der Bundesligisten nicht, vielmehr spitzte sich diese weiter zu. Dies zeigen die Ergebnisse einer Untersuchung der Finanzlage der ersten Fußballbundesliga aus dem Jahr 1983. Der Studie zufolge hatten 10 Erstligisten gravierende finanziellen Schwierigkeiten[53] (FISCHER 1984, 56 u. 63). Hintergrund der Verschärfung der Wirtschaftslage der Profiklubs war dabei insbesondere der einschneidende Zuschauerrückgang ab Beginn der 80er Jahre. So nahmen die Besucherzahlen und folglich auch die Einnahmen (trotz sukzessiv erhöhter Ticketpreise[54]) aus dem zentralen Finanzierungsbereich der Eintrittskartenverkäufe in jenen Jahren kontinuierlich ab. Auslöser der Zuschauerdegression jener Tage war dabei mitunter die zunehmende Popularisierung des Tennissports[55].

Abbildung 6 verdeutlicht die rückläufige Entwicklung des Zuschauermarktes der ersten Fußballbundesliga zwischen den Spieljahren 1980/1981 bis 1985/1986 im Überblick.

---

51 Lediglich EMPACHER (2000, 60) führt diesbezüglich an, dass die Traditionsklubs in jenem Geschäftsfeld Umsätze i.H.v. 100000 DM erwirtschafteten.

52 Aufgrund fehlender Daten ist das Merchandising/Licensing der Betrachtung ausgegrenzt.

53 Zu den gefährdeten Klubs zählte dabei u.a auch der Hamburger SV, der in der Saison 1982/1983 sowohl die Deutsche Meisterschaft als auch den Europapokal der Landesmeister bei entsprechenden Mehreinnahmen gewonnen hatte.

54 Zwischen den Spieljahren 1980/1981 und 1985/1986 hoben die Erstligisten ihre durchschnittlichen Eintrittspreise schrittweise von 13,12 DM auf 14,89 DM an. Für einen Überblick über die durchschnittlichen Ticketpreise jener Spieljahre vgl. BRÜNING et al. (1999, 37), FRANZKE (1999, 396), STEIN (1993, 56 u. 65).

55 Hinweise zum „Tennis-Boom" der 80er Jahre in Deutschland in AMSINCK (1997, 63), DEISSENBERGER/MICHLER (2001, 573), EMPACHER (2001, 211), GRÜNITZ/VON ARNDT (2002, 25), MARTIN (1990, 115), TROSIEN (1999, 16 f.), WOLL (2003, 121).

Saison	1980/1981	1981/1982	1982/1983	1983/1984	1984/1985	1985/1986
Ø Zuschauerzahl je Spiel	22500	20500	20200	19300	18800	17700
Abnahme (in %)	- 2,2	- 8,9	- 1,5	- 4,4	- 2,6	- 5,9
Einnahmen (in Mio. DM)	90,5	86,7	87,2	85,0	83,0	80,5
Abnahme (in %)	(+ 1,9)	- 4,2	(+ 0,6)	- 2,5	- 2,4	- 3,0

Abb. 6: Entwicklung der Zuschauerzahlen sowie der Einnahmen aus dem Eintrittskartenabsatz in der ersten Fußballbundesliga ab Beginn bis Mitte der 80er Jahre[56]

Aufgrund der Erkenntnis, dass viele Zweitligisten im Schatten der attraktiven ersten Fußballbundesliga „mehr krankten als gedeihten" (1981: Insolvenz FV 04 Würzburg; 1982: Lizenzentzug TSV 1860 München, Insolvenz Wormatia Worms), einigt sich die DFB-Führung auf einem außerordentlichen Bundestag im Juni 1980, die zweite Liga ab der Saison 1981/1982 nur noch in „eingleisiger" Form mit einem Teilnehmerfeld von 18 Mannschaften durchzuführen. Dass jener Reduzierungsschritt jedoch nur bedingt zu den erhofften „ökonomischen Gesundungseffekten" führte, belegen die anhaltenden Wirtschaftsprobleme vieler Zweitligisten in den Folgejahren. So wurden beispielsweise den Klubs Rot-Weiß Oberhausen und Kickers Offenbach in den Jahren 1988 bzw. 1989 aufgrund drohender Insolvenzen jeweils die Spiellizenz verweigert (vgl. DIETL/PAULI 2002, 246; ERNING 2000, 34; MARTIN 1990, 116 f.; MÜLLER 2000, 26; o.V. 1999b, 66; o.V. 2000d, 88; SWIETER 2002, 23).

Im Jahr 1982 beschloss die UEFA, das bislang geltende Verbot der Trikotwerbung bei Europacupspielen aufzuheben, sodass die Einnahmenquelle des Trikotsponsorings – zumindest für den kleinen Kreis der an diesen Wettbewerben regelmäßig partizipierenden Profiklubs – weiter an Bedeutung gewann (FRANZKE 1999, 400; ROHLMANN 1998, 10; SCHAFFRATH 1999a, 167).

1983 setzte das Unternehmen Jägermeister zu einer weiteren innovativen Marketingmaßnahme an. Gegen umfassende monetäre Unterstützung des erneut in Finanzprobleme geratenen Klubs Eintracht Braunschweig sollte eine Vereinsumbenennung in „Jägermeister Braunschweig" vorgenommen werden. Als die Mitgliederversammlung des Klubs dem Angebot zustimmte, erließ der DFB im Oktober 1983 nach zuvor erfolgtem Dringlichkeitsantrag das Verbot, Vereinsnamen zum Zweck der Werbung zu ändern. Das betroffene Wirtschaftsunternehmen bekämpfte die Entscheidung bis zum Bundesgerichtshof, welcher letztlich die Unwirksamkeit des DFB-Beschlusses feststellte – nicht jedoch, weil dessen Inhalt an sich miss-

[56] Für die in der Tabelle angegebenen Werte vgl. BRÜNING et al. (1999, 37), FRANZKE (1999, 396), STEIN (1993, 56 u. 65), SCHAFFRATH (1999c, 24). Die vermerkten Prozentangaben basieren auf eigenen Berechnungen.

billigt wurde, sondern vielmehr, da die Richter eine Satzungsänderung aus Dringlichkeitsgründen für unangebracht hielten. In einem daraufhin folgenden außerordentlichen DFB-Bundestag wurde die Satzungsanpassung schließlich formal rechtswirksam statuiert[57] (vgl. v.a. EILERS 1999, 531; RÖBKE 2003, 1; SCHAFFRATH 1999a, 169; SCHIMKE 2005, 1; kurze Hinweise auch in EMPACHER 2001, 209; DREES 1992, 54).

Geprägt wurde die Entwicklung der Fußballbundesliga in den 80er Jahren insbesondere durch die Liberalisierung des bundesdeutschen Rundfunksystems ab Januar 1984 (Zulassung privat finanzierter Fernsehanstalten in Deutschland; Sendebeginn RTL: 02.01.1984; Sendestart SAT 1: 01.01.1985). Die Gesetzesänderung war für das Wirtschaftssystem der Bundesligisten insofern von zentraler Bedeutung, da bedingt durch das bislang bestehende TV-Monopol von ARD und ZDF nicht von der Existenz eines differenzierten Sportrechtemarktes gesprochen werden konnte. Erst in Folge der Gründung privater Sendeanstalten und deren Interesse an dem Meisterschaftsgeschehen setzte ein stetig zunehmender Wettbewerb um die Übertragungsrechte ein, der den Klubs rasch bedeutende Einnahmenzuwächse erbrachte (vgl. AMSINCK 1997, 62; BURK 2003, 14 f.; ECKSTEIN 2000, 20; ELTER 2003, 168; HARDENACKE/HUMMELSBERGER 2004, 54; KRUSE 2000, 12). Vergab der DFB die TV-Übertragungsrechte in den Spieljahren 1980/1981 bis 1983/1984 noch für 6,30 Mio. DM, 6,74 Mio. DM, 7,23 Mio. DM und schließlich 8,0 Mio. DM (durchschnittliche Steigerungsrate je Saison: 8,1 Prozent), so konnte der Fußballdachverband in der Saison nach Beginn des dualen Rundfunkwesens (1984/1985) bereits einen Rechtepreis von 10 Mio. DM aushandeln (Mehrwert gegenüber dem Vorvertrag: + 25 Prozent). Auch in den Folgejahren erhöhten sich die Vertragsummen sukzessive weiter (1985/1986: 12 Mio. DM; 1986/1987: 16 Mio. DM; 1987/1988: 18 Mio. DM). Abnehmer der Übertragungsrechte waren dabei jedoch nach wie vor jeweils die öffentlich-rechtlichen Sendeanstalten (vgl. zu den Zahlenangaben BRANDMAIER/SCHIMANY 1998, 45; ELTER 2003, 169; FRANZKE 1999, 398; KOHL 2001, 221; PARLASCA 1993, 141).

1988 lief der letzte Medienvertrag des DFB mit den öffentlich-rechtlichen Sendern aus. In jenem Jahr kam es durch den Eintritt erster Vermarktungsagenturen auf dem TV-Sportrechtemarkt zu einer drastischen Verschärfung des Bieterwettbewerbs. Im Juni 1988 erwarb die Bertelsmann-Tochter UFA Film- und Fernseh GmbH & Co. KG die exklusiven Übertragungsrechte an der Fußballbundesliga für drei Spielzeiten für insgesamt 135 Mio. DM. Der für das Spieljahr 1988/1989 anfallende Teilbetrag dieser Vertragssumme in Höhe von 40 Mio. DM entsprach gegenüber den TV-Einnahmen aus der Vorsaison (18 Mio. DM) einer Steigerung von über 120 Prozent (die weitere Staffelung des UFA-Vertrags gestaltete

57 Randnotiz: Der SV Waldhof Mannheim (ursprünglich als SV 07 Waldhof gegründet) vollzog demgegenüber bereits im Jahr 1972 erfolgreich eine Namensänderung mit einem Vermerk auf ein Wirtschaftsunternehmen. Zwischen 1973 bis 1975 war der Klub als „Chio Waldhof 07“ bzw. von 1975 bis 1978 unter dem Namen „SV Chio Waldhof“ im Vereinsregister eingetragen (vgl. SAND 2003, 32). Gründe für das unterlassene Einschreiten des DFBs in diesem Fall konnten nicht ausfindig gemacht werden.

sich wie folgt: 1989/1990: 45 Mio. DM; 1990/1991: 50 Mio. DM[58]). Zur besseren Refinanzierung der Investitionen kam es erstmalig zu einer Mehrfachverwertung der Rechte, infolge dessen zum ersten Mal ein privater Sender (RTL) einen Teil der Übertragungsrechte erwarb (Erstverwertungsrechte). ARD/ZDF erhielten demgegenüber den Zuschlag für die Nachverwertungsrechte (AMSINCK 1997, 63 f.; DIGEL/BURK 1999, 32; ELTER 2003, 170 f.; SCHEU 1999, 20; SCHEWE/GAEDE 2002, 136 f.[59]).

Abbildung 7 veranschaulicht die beschriebenen Einflüsse der Liberalisierung des Rundfunksystems anhand einer Darstellung der Preisentwicklung der Fernsehübertragungsrechte an der Fußballbundesliga in den 80er Jahren (Spieljahre 1980/1981 bis 1989/1990).[60]

Saison	**1980/ 1981**	**1981/ 1982**	**1982/ 1983**	**1983/ 1984**	**1984/ 1985**	**1985/ 1986**	**1986/ 1987**	**1987/ 1988**	**1988/ 1989**	**1989/ 1990**
Rechtepreis (Mio. DM)	6,30	6,74	7,23	8	10	12	16	18	40	45
Zunahme (in %)	7,5	7,0	7,3	10,7	25	20	33,3	12,5	122,2	12,5

Abb. 7: Der Einfluss der Liberalisierung des Rundfunkwesens auf den Preis der Fernsehübertragungsrechte an der Fußballbundesliga[61]

Eine wirtschaftliche Konsolidierung der Fußballprofiklubs setzte trotz der positiven Entwicklung der Vermarktung der TV-Übertragungsrechte jedoch nicht ein. Ursache dafür waren die zeitgleich überproportional angestiegenen Kosten im Lizenzspielerbereich. Als Indikator seien die Transferausgaben der Erstligisten angeführt, die sich zwischen der Saison 1981/1982

58 Der gesichteten Literatur sind bezüglich jenes TV-Vertrages zudem erstmals Hinweise auf einen Verteilungsschlüssel der Einnahmen aus der TV-Rechtevermarktung zwischen der ersten und zweiten Fußballbundesliga zu entnehmen. MÜLLER (2000, 37) sowie PARLASCA (1993, 143) verweisen dabei auf ein Verhältnis von 64:36, wobei innerhalb der Ligen jedem Verein wiederum der gleiche Anteil zukam.

59 Für weitere Quellen, die sich, wenngleich in weniger detaillierter Weise, mit der Liberalisierung des Rundfunksystems und dessen Folgen auf die Preisentwicklung der TV-Übertragungsrechte an der Fußballbundesliga gegen Ende der 80er Jahre auseinandersetzen, vgl. BABIN (1995, 51), BENNER (1992, 62), BRANDMAIER/SCHIMANY (1998, 44), BRANNASCH (1995a, 5), BRANNASCH (1995b, 139), DEISSENBERGER/MICHLER (2001, 573), DIGEL/BURK (1999, 22 u. 32), DÖRNEMANN (2002a, 73), ECKSTEIN (2000, 25), ERNING (2000, 135 ff.), FRANZKE (1999, 398), GAEDE/GRUNDMANN (2003, 79), HACKFORTH/SCHAFFRATH (2001, 357 f. u. 364), HARDENACKE/HUMMELSBERGER (2004, 54), HEIMANN (1993, 21), KERN/HAAS/DWORAK (2002, 422), KRUSE (2000, 12), PLEITGEN (2000, 29 f.), NIERSBACH (1999, 139), NIERSBACH (2000, 33), NITSCHKE (2003, 19), PAULI (2002, 2 f.), PARLASCA (1993, 27 f. u. 141), REIF (1999, 587), SCHAFFRATH (1999b, 10), SCHEU (1999, 13), SCHURIAN (2000a, 263), SCHURIAN/MENZEN (2000, 354 f.), SWIETER (2002, 35), TROSIEN/PREUß (1999, 211), VENATOR (1998, 1), WADDSACK/WALLERATH (1990, 41), ZIESCHANG/KLIMMER (2004, V).

60 Der Darstellung der Entwicklung der Fernsehrechtevermarktung in den 80er Jahren ist zu ergänzen, dass in der Saison 1989/1990 der Verkauf von einzelnen Spielen im Europapokalwettbewerb erstmalig die Millionengrenze überschritt. Zu jenem Zeitpunkt zahlte das ZDF dem DFB für die Übertragungsrechte an der Begegnung FC Bayern München gegen Juventus Turin rund 1,2 Mio. DM (AMSINCK 1997, 67).

61 Zu den in der Tabelle angegebenen Daten vgl. die Ausführungen von BRANDMAIER/SCHIMANY (1998, 45), ELTER (2003, 169 u. 171), FRANZKE (1999, 398), KOHL (2001, 221) oder PARLASCA (1993, 141).

und dem Spieljahr 1989/1990 von 20,66 Mio. DM auf 50,30 Mio. DM erhöhten (+ 243 Prozent; vgl. KOHL 2001, 212).

Bedingt durch den Wandel im TV-Rechtemarkt kam es sowohl zu einer umfassenden Ausweitung der TV-Berichterstattung über das Bundesligageschehen (u.a. hob der DFB 1988 die bislang geltende Berichterstattungsregulierung auf, welche nur eine begrenzte Anzahl an Spielzusammenfassungen gestattete; vgl. AMSINCK 1997, 64 f.; DIGEL/BURK 1999, 29; PARENSEN 2004, 316; REIF 1999, 585) als auch zu einer zunehmenden Verbesserung der Produktionsstandards sowie der Präsentationsformen (Superzeitlupe, erhöhte Kameraanzahl, Moderation vor Studiopublikum; vgl. ELTER 2003, 172; LAASER 1998, 108). Diese Veränderungen führten zu einer erheblichen Steigerung der Medienkontaktwerte, woraus wiederum beträchtliche Werbeeffekte und somit eine nachhaltige Verbesserung der Vermarktungsmöglichkeiten für die Profiklubs resultierten. Als Beleg sei auf die Entwicklung des Trikotsponsorings zum Ende der 80er Jahre verwiesen. Blieben die Einnahmen nach der geteilten Rechteverwertung durch RTL und ARD/ZDF in der Saison 1988/1989 gegenüber dem Vorjahr noch nahezu unverändert (1987/1988: 11,7 Mio. DM; 1988/1989: 11,6 Mio. DM), so nahmen diese nach den vollzogenen Veränderungen in der TV-Berichterstattung und den dadurch verbesserten Einschaltquoten im Spieljahr 1989/1990 mit 15,4 Mio. DM schlagartig zu (+ 33 Prozent; für die angegebenen Zahlenwerte vgl. SCHAFFRATH 1999a, 168; ähnlich KOHL 2001, 218).

Zieht man letztlich noch die Einnahmen aus dem sich gegen Ende der 80er Jahre wieder stabilisierten Ticketinggeschäft mit in die Betrachtung ein, welche in den Spielzeiten 1987/1988, 1988/1989 und 1989/1990 bei 89,4 Mio. DM, 84,7 Mio. DM und 95,7 Mio. DM lagen (vgl. BRÜNING et al. 1999, 37; FRANZKE 1999, 396; STEIN 1993, 56), wird der Beginn eines Bedeutungswechsels der verschiedenen Finanzierungssäulen deutlich. So gewann die TV-Rechtevermarktung durch die skizzierten Veränderungen auf dem Fernsehmarkt insbesondere ab der Saison 1988/1989 an Wichtigkeit und setzte sich fortan zunehmend von der Wertigkeit der Werbe- und Marketingrechte der Bundesligaklubs ab. Insgesamt betrachtet stellte der Eintrittskartenabsatz zwar nach wie vor das einnahmenträchtigste Geschäftsfeld dar, jedoch deutete sich erstmals eine Gewichtungsverschiebung zugunsten der Fernsehrechtevermarktung an.

Abbildung 8 verdeutlicht jene Argumentationsführung anhand einer Gegenüberstellung der Einnahmen der Klubs der ersten Fußballbundesliga aus den Bereichen Ticketing, TV-Rechtevermarktung sowie Trikotsponsoring in den Spieljahren 1988/1989 und 1989/1990[62].

---

62 Die angeführten Kennzahlen für die TV-Einnahmen der Erstligisten ergeben sich dabei aus den für jene Spieljahre geltenden TV-Vertragssummen sowie dem dabei gültigen Verteilungsschlüssel zwischen erster und zweiter Fußballbundesliga im Verhältnis von 64:36 (MÜLLER 2000, 37; PARLASCA 1993, 143; vgl. auch bereits Fußnote 58).

Saison	Ticketing	TV-Vermarktung	Trikotsponsoring
1988/1989	84,7 Mio. DM	25,6 Mio. DM	11,6 Mio. DM
1989/1990	95,7 Mio. DM	28,8 Mio. DM	15,4 Mio. DM

Abb. 8: Die Einnahmesituation der Erstligisten zum Ende der 80er Jahre[63]

Der fortgesetzte Erwerb der TV-Übertragungsrechte durch Sportrechteagenturen sowie die Verwertung von Rechteanteilen in Privatfernsehanstalten in Verbindung mit der Befürchtung, dass die privaten Rundfunkveranstalter aus Gründen der Exklusivitätssicherung ihrer teuer erworbenen Übertragungsrechte den anderen Sendern zukünftig eine bildunterlegte Bundesligaberichterstattung untersagen könnten, führte gegen Ende der 80er Jahre zu einer Diskussion um das Recht auf eine kurze, unentgeltliche Berichterstattungsmöglichkeit. Zur Gewährleistung der Informationsfreiheit wurde 1989 daraufhin eine entsprechende gesetzliche Vorschrift in den Rundfunkstaatsvertrag der Länder aufgenommen, die jedem Fernsehveranstalter fortan eine unentgeltliche Kurzberichterstattung von bis zu 90 Sekunden unabhängig der TV-Nutzungsverträge zusicherte (AMSINCK 1997, 65; DUVINAGE 2002, 309; KRUSE 2000, 14 f.; kurze Hinweise auch in CORDING/HUG 2007, 40 f.). Für die Profiklubs bedeutete dieser Beschluss einen Beitrag zur Wertsicherung ihrer Marketing- und Werberechte, da die Regelung weiterhin umfassende mediale Kontakte über die Nachrichtensendungen sicherstellte.

Der Entwicklung des Profifußballs in den 80er Jahren ist ergänzend anzuführen, dass ARD und ZDF unter der Prämisse der Konkurrenzlosigkeit auf dem TV-Übertragungsmarkt im Jahr 1982 ein Angebot des DFB ablehnten, die Fernsehrechte an der Bundesliga für zehn Jahre zu einem Preis von 250 Mio. DM zu erwerben. Wie die weitere Preisentwicklung jener Rechte zu Beginn der 90er Jahre noch zeigen wird, verspielten die Sender damit die Chance, sich langfristig wichtige Sportübertragungsrechte zu günstigen Konditionen zu sichern (AMSINCK 1997, 62; ELTER 2003, 169; HACKFORTH/SCHAFFRATH 2001, 357). 1982 trafen DFB und die ARD-Hörfunkanstalten zudem eine Vereinbarung bezüglich der bislang ungeregelten Radioübertragung der Fußballbundesliga. So war fortan eine Live-Berichterstattung im Rahmen der ersten Halbzeit ausgeschlossen, die Übertragung an sich blieb dafür allerdings kostenfrei (WICHERT 2001a, 66). Des Weiteren wurde die bisherige Regelung der eigenständigen Vermarktung der an internationalen Wettbewerben teilnehmenden Bundesligisten ab der Saison 1986/1987 reformiert. Durch eine entsprechende Änderung des Lizenzspielerstatuts sicherte sich der DFB fortan die alleinige Befugnis zur zentralen Fernsehrechtever-

[63] Für die in der Tabelle angegebenen Werte vgl. nachfolgende Literaturquellen:
- Ticketing: BRÜNING et al. (1999, 37), FRANZKE (1999, 396 ff.), STEIN (1993, 55 f.).
- TV-Vermarktung: BRANDMAIER/SCHIMANY (1998, 45), ELTER (2003, 171), FRANZKE (1999, 398), KOHL (2001, 221), PARLASCA (1993, 141).
- Trikotsponsoring: SCHAFFRATH (1999a, 168).

marktung der Wettbewerbe des UEFA-Cups sowie des Europapokals der Pokalsieger (vgl. ERNING 2000, 140; NITSCHKE 2003, 20; SCHAFFRATH 1999d, 63)[64].

2.2.4. Der Lizenzfußball in den 90er Jahren

Mit dem Beitritt des Nordostdeutschen Fußballverbandes NOFV (Folgeorganisation des Deutschen Fußballverbandes DFV der DDR) zum Deutschen Fußball-Bund im November 1990 wird die Vereinigung des deutschen Fußballsports vollzogen. Für den Profibereich wurde diesbezüglich die Aufnahme von zwei Klubs des ehemaligen DFV in die Fußballbundesliga bzw. sechs Klubs in die zweite Fußballbundesliga zur Saison 1991/1992 vereinbart. Teilnahmeberechtigt am Spielgeschehen der ersten Liga waren dabei die zwei erstplatzierten Mannschaften der DDR-Oberliga des Spieljahres 1990/1991[65], während diejenigen Teams, welche in jener Saison die Plätze drei bis acht erringen konnten, die Spielberechtigung zur zweiten Bundesliga erhielten. Infolge der skizzierten Eingliederungsmaßnahmen gilt für die Saison 1991/1992 das Novum, dass die Deutsche Fußballmeisterschaft einmalig unter 20 Klubs ausgetragen bzw. der Spielbetrieb in der zweiten Bundesliga mit 24 Mannschaften in zwei Gruppen durchgeführt wurde (vgl. DIECKMANN 1999, 335; ELTER 2003, 79; ERNING 2000, 32 ff.; FRICK/PRINZ 2006, 61; FLORY 1997, 19; KOHL 2001, 64; MICHEL 1999a, 277; o.V. 1999b, 74; o.V. 2000d, 96 u. 132).

Bis Mitte der 90er Jahre kam es daraufhin zu zahlreichen weiteren Fortentwicklungen bzw. Professionalisierungsschritten der Bundesligisten. Anzuführen ist zunächst der Hamburger SV, der im Jahr 1991 die HSV-Sport-AG gründete (dabei handelte es sich um die ausgegliederte Merchandisingabteilung des Klubs). Angestrebt waren kurzfristige Zusatzeinnahmen durch den Verkauf eines Teils der Aktien. Aufgrund des zu hohen Ausgabepreises (1060 DM), geringer Gewinnaussichten sowie des Selbstverkaufs der Wertpapiere war die Nachfrage jedoch nur gering[66] (BRÜNING et al. 1999, 9; SCHWENDOWIUS 2003, 189 f.; SEGNA 1997, 1902; vgl. zudem KERN/HAAS/DWORAK 2002, 401 f.; LITTKEMANN/SUNDERDIEK 2002, 70; SOHNS 2001b, 38). Ab 1992 bot der SV Werder Bremen als erster Bundesligist in größerem Umfang geschlossene VIP-Logen mit entsprechenden Hospitality-Services an (SOHNS 2003c, 38 ff.). Am 1. Januar 1993 begann der Sportspartenkanal Deutsches Sportfernsehen DSF sein Sendeprogramm. Zur Saison 1993/1994 erwarb der Marktneuling erstmalig die Erstverwertungsrechte an der zweiten Fußballbundesliga und stellte fortan die primäre Präsentationsplattform für den Zweitligafußball (AMNSINCK 1997, 68; EMPACHER 2001, 213; SCHULZE-MARMELING 1992, 117). 1993 kam es zudem zu der ersten Form einer Namingrightvermarktung an einem deutschen Stadion. Für eine Beteilung von

---

64 Die Einführung der Zentralvermarktungsregelung im UEFA-Cup bzw. dem Europapokal der Pokalsieger wird in einigen Beiträgen unkorrekt dargestellt. Den Quellen zufolge wurde die TV-Vermarktung an den beiden Wettbewerben seit jeher zentral durch den DFB durchgeführt (vgl. ELTER 2002b, 261; ELTER 2003, 57; FRANZKE 1999, 399).

65 Hansa Rostock, Dynamo Dresden.

66 Hintergrund des Selbstverkaufs der Aktien war, dass kein Kreditinstitut die Emission des hochspekulativen Wertpapiers übernehmen wollte, sodass der ursprünglich geplante Börsengang nicht zustande kam.

Mercedes-Benz in Höhe von 10 Mio. DM am Umbau des Neckarstadions in Stuttgart anlässlich der Leichtathletik-Weltmeisterschaft erhielt der Konzern als Gegenleistung das unbefristete Namensrecht an der Sportstätte, infolge dessen das Objekt seine aktuelle Bezeichnung als Gottlieb-Daimler-Stadion erhielt[67] (KLEWENHAGEN/HOHENAUER 2006, 39; o.V. 2004d, 20; SÜßMILCH/ELTER 2004, 42). 1994 wurde daraufhin ein in Höhe und Laufzeit bislang einmaliger Kooperationsvertrag zwischen dem insolvenzgefährdeten Bundesligisten Hertha BSC Berlin und der Sportrechteagentur UFA Sports abgeschlossen. Für 4,5 Mio. DM gab der Verein seine gesamten Werbe- und Merchandisingrechte langfristig (zunächst bis 2003) an das Vermarktungsunternehmen ab, wobei eine Erlösverteilung zwischen dem Klub und der Agentur im Verhältnis von 60:40 vereinbart wurde (vgl. ESCHWEILER/MÖLLENHOF 2004, 126; HOENESS 1999, 85; HOFFMANN 2001, 344; SCHAFFRATH 1999b, 13; SCHERZER 1999, 347). 1994 kam es ferner zum erstmaligen Einsatz eines Drehbandensystems bei einem Spiel der deutschen Fußballnationalmannschaft, infolge dessen auch das Bundesligabild nach und nach von dem innovativen Werbemittel geprägt wurde (BIERWIRTH 2003, 8; ISENBART 1993, 18). Schließlich markiert auch das Jahr 1995 einen weiteren bedeutenden Professionalisierungsschritt für die Bundesligisten. In jenem Jahr verabschiedete der DFB einige Rahmenbedingungen für die Satzung eines Lizenzvereins mit dem Ziel, eine einheitliche und den gewachsenen Erfordernissen des Profifußballs gerecht werdende Vereinsführungsstruktur zu erreichen. Zahlreiche Klubs führten in Umsetzung dieser Vorgaben daraufhin einen Aufsichtrat sowie einen Vorstand mit selbstständiger Stellung ein. Jene aufbauorganisatorischen Anpassungen sind dabei als erste Anzeichen des Wandels der traditionellen (ehrenamtlich geführten) Vereinsformen hin zu Sportorganisationen mit unternehmensähnlichen Strukturen zu sehen (SEGNA 1997, 1902 f.; vgl. zudem EMPACHER 2000, 43; MICHALIK 2002, 109)[68].

In den 90er Jahren kam es zudem zu einigen Veränderungen im Rahmen der europäischen Vereinswettbewerbe. So wurde anstelle des traditionsreichen Europapokals der Landesmeister zur Saison 1992/1993 die Champions League mit 24 beteiligten Mannschaften eingeführt. Durch einen Wettbewerbsmodus mit mindestens sechs Gruppenspielen versehen mit einer Startprämie sowie weiteren festgelegten Spiel-, Punkte- und Endrundengeldern in Millionenhöhe (generiert durch ein Zentralvermarktungsverfahren des Turniers durch die UEFA[69])

---

[67] Weitere Fälle von Namensrechtevermarktungen an Fußballstadien in den 90er Jahren:
- 1997: Umbenennung Sportpark Ronhof in Playmobil-Stadion.
- 1998: Umbenennung Ulrich-Haberland-Stadion in BayArena.

[68] Parallel zu der Herausgabe jener Richtlinien griff der DFB erstmals auch die Thematik einer möglichen Zulassung von Kapitalgesellschaften am Bundesligaspielbetrieb auf und richtete eine entsprechende Arbeitsgruppe ein, die mit der Erörterung der Chancen und Risiken einer derartigen Liberalisierung beauftragt wurde (SCHÄFER 1999, 97).

[69] Die Legitimierung der Zentralvermarktung der UEFA basierte auf dem so genannten „Statement of Objections to European Football" der EU-Kommission, welches die Zentralverwaltung unter der Auflage einer getrennten Vergabe der Free- und Pay-TV-Rechte je Land zur Sicherstellung des Wettbewerbs unter den Fernsehanstalten erlaubte (vgl. ELTER 2002a, 86; ELTER 2002b, 262; ELTER 2003, 60; WEILGUNY 2006j, 13). Weiterführendes zur Rechtsproblematik der zentralen Rechtevermarktung im Verlauf des Kapitels.

wurde eine Wettbewerbsteilnahme für die Bundesligisten rein aus finanzieller Perspektive höchst bedeutsam[70]. Zum Spieljahr 1999/2000 wurde die Teilnehmerzahl am Champions League-Turnier auf 32 Wettbewerber erhöht und eine zweite Gruppenphase eingeführt. Durch jene Modifikation nahm die Zahl der Begegnungen (und damit der TV-Ausstrahlungen) von 85 auf 157 zu. Durch die damit einhergehende Erhöhung der Einnahmen aus der Fernsehrechtevermarktung gewann der Wettbewerb weiter an wirtschaftlicher Bedeutung[71]. Im Zuge der Reform der europäischen Klubturniere wurde 1999 ferner die Zusammenlegung des Pokalsiegerwettbewerbs und des UEFA-Cups mit entsprechenden finanziellen Vorteilen für die qualifizierten Klubs durchgeführt (BRÜNING et al. 1999, 22 ff.; DREIZEHNTER/GROLL 1999, 12; EMPACHER 2000, 155; SÜßMILCH 2002, 62; SWIETER 2002, 29; ZACHARIAS 1999, 124 ff.; knappe Hinweise zudem in QUITZAU 2002, 60, SÜßMILCH et al. 2001, 71).

Neben den bislang skizzierten Branchenveränderungen vollzogen sich in den 90er Jahren zudem zahlreiche Weiterentwicklungen in den vier zentralen Klubvermarktungsbereichen der Bundesligisten (Ticketing, TV-Übertragungsrechte, Sponsoring, Merchandising).

Ticketing: Nach der problembehafteten Zuschauerentwicklung über weite Strecken der 80er Jahre bzw. der ansatzweisen Stabilisierung zur Jahrzehntwende leitete der Gewinn der Weltmeisterschaft der deutschen Fußballnationalmannschaft im Jahr 1990 die „Renaissance" dieses für die Profiklubs so wichtigen Absatzmarktes ein. So stiegen die durchschnittlichen Besucherzahlen je Spiel in der ersten Fußballbundesliga ab der Saison 1990/1991 (Ø 20500) kontinuierlich an, im Spieljahr 1994/1995 konnte daraufhin der bisherige Zuschauerrekord (welcher noch aus der Bundesligasaison von 1964/1965 stammte) mit durchschnittlich 27700 Stadiongästen eingestellt werden. Nach einem anschließenden, marginalen Besucherrückgang verzeichneten die Klubs in der Saison 1997/1998 mit einem Mittelwert von über 31000 zahlenden Gästen pro Begegnung ihre bisweilen höchste Zuschauerpartizipation. Gleichermaßen erhöhten die Bundesligisten sukzessive ihre Preise für die Zutrittsrechte zu den Stadien, sodass sich die Einnahmen aus der Ticketing-Vermarktung zwischen 1990/1991 (103,7 Mio. DM, Ø Eintrittspreis: 16,53 DM) bis 1997/1998 (226,8 Mio. DM, Ø Eintrittspreis: 23,82 DM) mehr als verdoppelten (FRANZKE 1999, 396; KOHL 2001, 221). Die weitere Besucherentwicklung in der ersten Fußballbundesliga bis zur Jahrtausendwende war daraufhin wiederum durch leicht abnehmende Werte gekennzeichnet (Schnitt je Spiel 1998/1999: 30900; 1999/2000: 28900). Zurückzuführen ist dies einerseits darauf, dass einige Traditionsklubs mit jeweils hohem Zuschauerpotential (Stadiongröße, Einzugsgebiet) zu diesem Zeitpunkt in der zweiten Fußballbundesliga spielten. Einen weiteren Erklärungsgrund für den Zuschauerrück-

70 So ist für Borussia Dortmund bekannt, dass der Klub für seinen Turniersieg in der Saison 1996/1997 über 31 Mio. DM einnahm (vgl. OPITZ 2003, 129). Im Folgejahr erzielten die qualifizierten deutschen Profiklubs erneut Erlöse in zweistelliger Millionenhöhe (Borussia Dortmund: 15,4 Mio. DM; Bayer Leverkusen: 11,3 Mio. DM; FC Bayern München: 10,7 Mio. DM; vgl. ZACHARIAS 1999, 126).

71 So erzielte der FC Bayern München nach seinem Sieg in der Champions League in der Saison 2000/2001 bereits 81 Mio. DM (SÜßMILCH 2002, 62 u. 64; HARDENACKE/HUMMELSBERGER 2004, 55). Vgl. demgegenüber Fußnote 70.

gang stellen die zum Jahrtausendwechsel vielerorts begonnenen Modernisierungsarbeiten in den Spielstädten dar, welche die Stadionkapazitäten zeitweise erheblich reduzierten. Bedingt durch überproportional gestiegene Eintrittspreise konnten die Ticketingeinnahmen in jenen zwei Spielzeiten hingegen weiter, jedoch nur in geringen Umfängen, gesteigert werden (vgl. FRANZKE 1999, 396; KERN/HAAS/DWORAK 2002, 424; KOHL 2001, 221; SÜßMILCH et al. 2001, 73; SÜßMILCH 2002, 58).

Abbildung 9 veranschaulicht die Entwicklung der Ticketingeinnahmen in der ersten Fußballbundesliga in den 90er Jahren im Überblick (Spieljahre 1990/1991 bis 1998/ 1999[72]).

Saison	1990/ 1991	1991/ 1992	1992/ 1993	1993/ 1994	1994/ 1995	1995/ 1996	1996/ 1997	1997/ 1998	1998/ 1999
Ø Zuschauerzahl je Spiel	20500	22600	24200	26100	27700	29100	28700	31100	30900
Ø Eintritt (in DM)	16,53	16,86	18,20	19,79	20,28	22,28	24,01	23,82	25,31
Einnahmen Ticketing (in Mio. DM)	103,7	145,0 Ligaerweiterung!	134,6	158,1	171,9	198,4	210,7	226,8	239,4

Abb. 9: Die Entwicklung der Ticketingeinnahmen in der ersten Fußballbundesliga in den 90er Jahren[73]

TV-Übertragungsrechte: Wurde die wirtschaftliche Situation der Bundesligisten in den 80er Jahren bereits durch einen überproportionalen Anstieg der Erlöse aus der TV-Vermarktung geprägt, so ist die Weiterentwicklung auf jenem Absatzmarkt auch für das Folgejahrzehnt als zentral zu charakterisieren. In diesem Zusammenhang ist einerseits die Einführung des zunächst analogen Pay-TV (Premiere) im Jahr 1991 anzufügen. Die Erzielung direkter Einnahmen durch den Fernsehzuschauer und der Ausschluss nicht zahlungswilliger Kunden durch die Vergabe von zeitlich befristeten Abonnements stellte eine neue Vermarktungsmöglichkeit dar und leitete weitere Preissteigerungen ein. Jedoch waren die Einnahmen aus der Pay-TV-Rechteverwertung zunächst noch sehr gering. In der Spielzeit 1990/1991 konnte der DFB durch den zusätzlichen Rechteabsatz lediglich 3 Mio. DM generieren, die Folgesaison 1991/1992 brachte daraufhin jedoch bereits 8 Mio. DM ein (ELTER 2002b, 279; FRANCK/MÜLLER 2000, 5; FRANCK/MÜLLER 2001, 236, FRANZKE 1999, 398; HACKFORTH/SCHAFFRATH 2001, 360; SCHEWE/GAEDE 2002, 137)[74]. Neben jenen viel versprechenden Entwicklungen im Pay-TV-Bereich sind die zeitgleichen Aktivitäten auf

[72] Für die Saison 1999/2000 konnte unter der gesichteten Literatur leider keine entsprechenden Wertangaben ausgemacht werden.

[73] Zu den in der Tabelle angeführten Daten vgl. BRÜNING et al. (1999, 37), FRANZKE (1999, 398) sowie KOHL (2001, 221).

[74] Der Literatur sind hinsichtlich der Vermarktungsanfänge der Pay-TV-Rechte an der Fußballbundesliga unterschiedliche Zeit- sowie Wertangaben zu entnehmen. Für eine Diskussion dieser Darstellungen vgl. SCHILHANECK (2006a, 88).

dem Free-TV-Markt als vergleichsweise „gemäßigt“ zu charakterisieren, nahm die UFA doch zunächst die dem für die Spieljahre 1988/1989 bis 1990/1991 gültigen TV-Vertrag eingeräumte Option einer Vertragsverlängerung für die Folgespielzeit 1991/1992 wahr. Dass sich der Rechtepreis dabei jedoch um 10 Mio. DM (gegenüber zuvor 5 Mio. DM pro Vertragsjahr; vgl. 2.2.3.) auf 60 Mio. DM erhöhte[75], war auf den Sonderfall der Erweiterung der Teilnehmerzahl an der ersten und zweiten Fußballbundesliga für die Saison 1991/1992 im Zuge des Beitritts des Deutschen Fußballverbandes der DDR (DFV) zum DFB bzw. der mit der Wiedervereinigung verbundenen Erhöhung der TV-Reichweite zurückzuführen[76] (PARLASCA 1993, 143; vgl. auch BRANDMAIER/SCHIMANY 1998, 45). Die Wertigkeit des anknüpfenden Fernsehvertrages zur Saison 1992/1993 stellte für den Lizenzfußball daraufhin schließlich einen „ökonomischen Quantensprung“ dar. So erwarb die erst 1991 gegründete Internationale Sportrechteverwaltungsgesellschaft ISPR die Exklusivrechte an der Fußballbundesliga für den Zeitraum 1992/1993 bis 1996/1997 (drei Jahre plus zwei Jahre Option) für insgesamt 700 Mio. DM (Ø 140 Mio. DM je Saison)[77]. Folglich musste die Agentur pro Saison im Schnitt fast das Dreifache der Summe entrichten, welche UFA Sports für die vorangegangenen vier Spieljahre im Durchschnitt aufzubringen hatte (Ø 48,75 Mio. DM je Saison; vgl. 2.2.3.). Die Erstverwertungsrechte gingen daraufhin an den eng mit der ISPR verflochtenen Sender SAT 1, die Nachverwertungsrechte wurden hingegen erneut von den öffentlich-rechtlichen Sendern erworben. Dass sich die Preisspirale um die Fernsehrechte des Lizenzfußballs dermaßen schnell weiterentwickeln konnte, war insbesondere auf den Markteintritt der Agentur ISPR zurückzuführen, an der zu jenem Zeitpunkt je zur Hälfte der Springer- sowie der Kirch-Konzern beteiligt waren. Zusammen mit UFA Sports standen sich nunmehr zwei finanzkräftige Nachfrager auf dem deutschen Sportrechtemarkt gegenüber, welche um die Etablierung ihrer angeschlossenen Vollprogramme SAT 1 bzw. RTL kämpften und sich gegenseitig in erheblichen Konkurrenzdruck versetzten[78] (vgl. insbesondere AMSINCK 1997, 66 f.; LAASER 1998, 110; PARLASCA 1993, 143[79]).

[75] Hinsichtlich des Rechtepreises für die Saison 1991/1992 sind in der Literatur zahlreiche unterschiedliche Angaben vermerkt. Eine Diskussion dieser Darstellungen findet sich in SCHILHANECK (2006a, 89).

[76] Auch für jene genutzte Vertragsoption blieb der bisherige Verteilungsschlüssel im Verhältnis von 64:36 zwischen der ersten und zweiten Fußballbundesliga bestehen (MÜLLER 2000, 37; PARLASCA 1993, 143).

[77] Hinsichtlich des Gesamtumfangs des Fünf-Jahres Vertrags der ISPR aus dem Jahr 1992 sind der Literatur unterschiedliche Wertangaben zu entnehmen. Für eine Diskussion dieser Darstellungen vgl. SCHILHANECK (2006a, 89).

[78] Mit jenem TV-Vertragsabschluss kam es zudem auch zu einer Modifikation des Erlösausgleichsmodells zwischen den beiden Fußballbundesligen. Fortan wurden die Einnahmen im Verhältnis von 65:35 zwischen der ersten und zweiten Bundesliga aufgeteilt (NITSCHKE 2003, 41).

[79] Zur ausgeführten Entwicklung der Fernsehvermarktung vgl. ferner, wenngleich in zumeist weniger umfangreicher Darstellungsweise, BRANDMAIER/SCHIMANY (1998, 45), BRANNASCH (1995a, 5), BRANNASCH (1995b, 139), DIGEL/BURK (1999, 32), ECKSTEIN (2000, 25), ELTER (2002b, 282 ff.), ELTER (2003, 172 ff.), ERNING (2000, 136 f.), FRANCK (1995, 111), FRANZKE (1999, 398), HAAS (2002a, 32), HARDENACKE/HUMMELSBERGER (2004, 54), KERN/HAAS/DWORAK (2002, 422), KOHL (2001, 221), NIERSBACH (1999, 139), NIERSBACH (2000, 33 f.), REIF (1999, 587), SCHEU (1999, 14), SCHEWE/GAEDE (2003, 136 f.), SCHURIAN (2000a, 263), SWIETER (2002, 35) sowie VÄTH (1994, 76 u. 178).

Trotz des Verwertungsmonopols des Senders Premiere im Bereich der Pay-TV-Übertragungsrechte erzielte der Lizenzfußball auch auf diesem Teilmarkt zunehmend achtbare Erfolge, nahmen die Einnahmen aus der Vermarktung der Bundesligarechte für das Bezahlfernsehen für die fünf Spieljahre 1992/1993 bis 1996/1997 mit 12, 15, 20, 50 sowie 75 Mio. DM doch in erheblichem Maße zu (+ 525 Prozent). Der überproportionale Preisanstieg zur Saison 1995/1996 (auf 50 Mio. DM) bzw. 1996/1997 (auf 75 Mio. DM) ist dabei auf die Erweiterung des Programmumfangs des Senders ab Februar 1996 von bislang einer übertragenen Partie auf fortan zwei Begegnungen pro Spieltag zurückzuführen, wobei der Pay-TV-Anbieter durch die Angebotsausweitung eine stärkere Marktdurchdringung durchzusetzen versuchte[80] (FRANCK/MÜLLER 2000, 5; FRANCK/MÜLLER 2001, 236).

Und auch der letzte Verkauf der TV-Übertragungsrechte an der Fußballbundesliga in den 90er Jahren sollte den Klubs weitere Mehreinnahmen einbringen. Als bisheriges Novum waren die Pay-TV-Rechte der Ausschreibung dabei erstmalig ausgegliedert, sodass ein gesonderter Absatz jenes Rechtebündels möglich wurde. Hintergrund jener strategischen Maßnahme war mitunter die Weiterentwicklung zur digitalen Fernsehübertragung (Start DF 1: Juli 1996; Start Premiere digital: Sommer 1997; vgl. TROSIEN/PREUß 1999, 210). Durch jene technische Neuerung ergab sich erstmals die Möglichkeit, dem Zuschauer einzelne Fußballspiele gegen eine Gebühr im so genannten pay-per-view-Verfahren anzubieten. Das Bieterrennen um die Free-TV-Rechte entschied letztlich erneut die ISPR für sich. Für die Spielzeiten bis zur Jahrtausendwende (1997/1998 bis 1999/2000) hatte die Agentur dem DFB dabei 540 Mio. DM (Ø 180 Mio. DM je Saison) zu entrichten[81] (vgl. insbesondere AMSINCK 1997, 69 f.; SCHEWE/GAEDE 2002, 137[82]). Die Pay-TV-Rechte für die drei Spielabschnitte gingen demgegenüber zunächst an die UFA (Vorkaufsrecht für die Saison 1997/1998, Verwerter: Premiere), danach direkt an jenen Bezahlfernsehsender. Insgesamt brachte die Vermarktung der Pay-TV-Rechte für jene drei Spielzeiten dem DFB 365 Mio. DM ein. Während für die Saison 1997/1998 nur 75 Mio. DM veranschlagt wurden, belief sich die Vertragshöhe für die beiden Folgespielzeiten auf jeweils 145 Mio. DM. Hintergrund jenes erheblichen Preisanstiegs ab der Saison 1998/1999 war einerseits eine Vergrößerung des Übertragungsrechtepakets auf drei Erstligabegegnungen sowie auf eine Partie der zweiten Liga pro Spieltag, hinzu kam ferner die Nutzung des digitalen Fernsehens für die Bundesligaübertragungsrechte im Pay-TV-Sektor

---

80 Die Werteentwicklung der Pay-TV-Vermarktung jener Jahre wird in der Literatur sehr unterschiedlich dargestellt. Für eine Diskussion verschiedener Beiträge vgl. SCHILHANECK (2006a, 91).

81 Erneut kam es mit jener Vergabe der TV-Übertragungsrechte zu einer Änderung des DFB-Verteilungsschlüssels. So galt für die Saison 1997/1998 zunächst ein Verhältnis von 68:32. Für die beiden weiteren Spielzeiten (1998/1999, 1999/2000) wurde die Umverteilung daraufhin weiter zugunsten der Erstligisten auf 72:28 verschoben (vgl. NITSCHKE 2003, 41; knappe Hinweise auch in ZACHARIAS 1999, 130).

82 Vgl. des Weiteren die jedoch z.T. recht knappen Ausführungen in BRANDMAIER/SCHIMANY (1998, 45), BRANNASCH (1995a, 5), BRANNASCH (1995b, 139), DIGEL/BURK (1999, 32), ECKSTEIN (2000, 25), ELTER (2002b, 282 ff.), ELTER (2003, 172 ff.), ERNING (2000, 136 f.), FRANCK (1995, 111), FRANCK/MÜLLER (2000, 5), FRANZKE (1999, 398), GROLL/KLEWENHAGEN (1999, 15), HAAS (2002a, 32), HARDENACKE/HUMMELSBERGER (2004, 54), KOHL (2001, 221), SCHEU (1999, 14), SWIETER (2002, 35), TROSIEN (2004, 3), ZACHARIAS (1999, 122).

(pay-per-view-Möglichkeit im digitalen Kanal von Premiere für jeweils eine der drei Erstligapartien sowie die Zweitligabegegnung; vgl. dazu FRANCK/MÜLLER 2000, 5; FRANCK/MÜLLER 2001, 236; FRANZKE 1999, 398; ZACHARIAS 1999, 122[83]).

Die Ausführungen verdeutlichen, dass die Pay-TV-Rechte im TV-Rechteportfolio des DFBs in den 90er Jahren zunehmend an Stellenwert gewonnen haben. Die Bedeutungszunahme sei anhand folgender Gegenüberstellung veranschaulicht: Betrug der Anteil des Bezahlfernsehens an der gesamten Fernsehvermarktung während des ISPR-Vertrages zwischen 1992/1993 bis 1996/1997 noch weniger als 20 Prozent (Free-TV: 700 Mio. DM; Pay-TV: 172 Mio. DM), so stieg jene Kennziffer im Rahmen der TV-Rechtevergabe der Spieljahre 1997/1998 bis 1999/2000 auf rund 40 Prozent (Free-TV: 540 Mio. DM; Pay-TV: 365 Mio. DM).

Abbildung 10 zeigt die Entwicklung der Fernsehrechtevermarktung im deutschen Lizenzfußball in den 90er Jahren. Die Darstellung differenziert dabei explizit zwischen den Bereichen Free-TV und Pay-TV.

Saison	**1990/ 1991**	**1991/ 1992**	**1992/ 1993**	**1993/ 1994**	**1994/ 1995**	**1995/ 1996**	**1996/ 1997**	**1997/ 1998**	**1998/ 1999**	**1999/ 2000**
Lizenzkosten Free-TV (Mio. DM)	50	60	140	140	140	140	140	180	180	180
Lizenzkosten Pay-TV (Mio. DM)	3	8	12	15	20	50	75	75	145	145

Abb. 10: Entwicklung der Einnahmen aus der Rechtevermarktung im Free-TV sowie Pay-TV im deutschen Lizenzfußball in den 90er Jahren[84]

Sponsoring: Die einschneidenden Entwicklungen auf dem Fernsehrechtemarkt während der 90er Jahre (anhaltende Preissteigerungen um die Bundesligaübertragungsrechte, Markteintritt des Pay-TV-Senders Premiere bzw. des Sportkanals DSF, Beginn der digitalen Fußballübertragung) beeinflussten auch nachhaltig die Wertigkeit der Sponsoring- und Marketingrechte der Bundesligisten. So weitete sich die TV-Fußball-Berichterstattung sukzessive aus (größere Anzahl an Programmen, welche mehr bzw. längere Spiele/Spielausschnitte sendeten), wodurch die Fernsehpräsenz und damit die erzielten Kontaktwerte der Bundesligisten erheblich

83 Auch für diesen Zeitabschnitt (Saison 1997/1998 bis 1999/2000) werden die Einnahmen aus der Pay-TV-Vermarktung in der Literatur höchst uneinheitlich und widersprüchlich dargestellt. Für eine Diskussion vgl. SCHILHANECK (2006a, 92).

84 Vgl. für die in der Tabelle angeführten Zahlenwerte folgende Quellen:
- Free-TV-Bereich 1990/1991 und 1991/1992: BRANDMAIER/SCHIMANY (1998, 45), PARLASCA (1993, 143).
- Free-TV-Bereich 1992/1993 bis 1999/2000: AMSINCK (1997, 64), FRANZKE (1999, 398), DIGEL/BURK (1999, 32), SCHEU (1999, 20).
- Pay-TV-Bereich: FRANCK/MÜLLER (2000, 5; 2001, 236).

zunahmen[85]. Hinzu kam eine weiter verbesserte Präsentations- und Inszenierungsform des Profifußballs im Fernsehen (z.B. Bilderpräsentation aus unterschiedlichsten Perspektiven, Einsatz von Co-Kommentatoren, Einspielung von Computeranimationen)[86]. In Folge dieser ökonomischen Veränderungen der medialen Rahmenbedingungen konnten die Profiklubs wiederum erhebliche Einnahmezuwächse im Rahmen ihrer Werberechtevermarktung generieren. Zur Verdeutlichung dieser Marktdynamik wird nachfolgend zunächst die Entwicklung der Trikotwerbeeinnahmen zur Zeit jener einschneidenden TV-Marktveränderungen dargestellt, anschließend wird ein kurzer Blick auf die Bandenvermarktung sowie die Ausrüstersituation geworfen.

Belief sich der Trikotwerbewert der Erstligisten zur Saison 1990/1991 noch auf 19,1 Mio. DM, so wuchs dieser nach dem Start des analogen Pay-TVs 1991 im Spieljahr 1991/1992 auf 27,9 Mio. DM an (+ 46 Prozent). Nach einem unveränderten Ergebnis in der Folgesaison (1992/1993) nahm die Trikotvermarktung nach Markteintritt des Senders DSF 1993 zum Spieljahr 1993/1994 mit einem Ergebnis i.H.v. 34,4 Mio. DM deutlich zu (+ 23 Prozent). Auch die Änderungen zur Saison 1998/1999 (Programmerweiterung Pay-TV, Start der digitalen Fußballübertragung) wirkten sich im Trikotsponsoring erneut durch erheblich angestiegene Vermarktungseinnahmen aus. In jener Spielzeit generierten die Profiklubs erstmalig über 100 Mio. DM aus der Vergabe ihrer Spielerbekleidungswerberechte (103,5 Mio. DM), verglichen mit dem Ergebnis der Vorsaison in Höhe von 77,1 Mio. DM entspricht dies einem Zuwachs von weiteren 34 Prozentpunkten (für die angeführten Kennwerte vgl. SCHAFFRATH 1999a, 168). Der umschriebenen positiven Trikotwerbeentwicklung in den 90er Jahren ist anzufügen, dass die Einnahmen der Erstligisten in der Saison 1999/2000 mit 100,6 Mio. DM erstmalig in den 90er Jahren rückläufig im Vergleich zum Vorjahr ausfielen (vgl. KLEWENHAGEN 1999a, 34). Zurückzuführen ist dies auf den Umstand, dass einige Traditionsvereine mit entsprechend hochdotierten Trikotsponsoringverträgen in jener Saison in der zweiten Bundesliga spielten.

Der Entwicklung der Trikotvermarktung verbleibt anzumerken, dass die erzielten Durchschnittseinnahmen der Erstligisten im europäischen Vergleich zum Ende der 90er Jahre den Spitzenwert darstellten (KLEWENHAGEN 2000c, 24; WEILGUNY 2001, 39).

Abbildung 11 verdeutlicht die Entwicklung der Trikotvermarktung in der ersten Fußballbundesliga saisongenau über den Verlauf der 90er Jahre.

85 Näheres dazu in ABEL (2001, 44), CALLMUND (1999, 38), ELTER (2002b, 277), ELTER (2003, 79), FELBOR/OPPERMANN/REICHSTEIN (1999, 10), FRANCK/MÜLLER (2000, 5; 2001, 236) oder PAULI (2002, 3).

86 Vgl. dazu DIGEL/BURK (1999, 36 ff.), HEIMANN (1993, 21), REIF (1998, 587 f.), SCHEU (1999, 14 f.), SCHURIAN (2000a, 265).

Saison	1990/ 1991	1991/ 1992	1992/ 1993	1993/ 1994	1994/ 1995	1995/ 1996	1996/ 1997	1997/ 1998	1998/ 1999	1999/ 2000
Einnahmen Trikot (Mio. DM)	19,1	27,9	27,9	34,4	40,4	45,3	50,5	77,1	103,5	100,6

Abb. 11: Entwicklung der Trikotwerbeeinnahmen in der ersten Fußballbundesliga in den 90er Jahren[87]

Hinsichtlich der Entwicklung der Stadienbandenvermarktung in den 90er Jahren ist die Datenlage äußerst lückenhaft, sodass die vollzogene Wertsteigerung leider nur punktuell abgebildet werden kann. Der gesichteten Literatur ist diesbezüglich zu entnehmen, dass der Durchschnittspreis einer Bande eines Erstligisten zwischen den Spieljahren 1993/1994, 1994/1995 und 1998/1999 von 52000 DM über 58700 DM auf 92600 DM gestiegen ist. Die Gesamteinnahmen aus der Bandenwerbung in der ersten Bundesliga zur Saison 1998/1999 werden dabei auf 54 Mio. DM beziffert (vgl. FELBOR/OPPERMANN/REICHSTEIN 1999, 63; ISENBART 1995, 4).

Mit Blick auf die Ausrüstervermarktung in den 90er Jahren sei angefügt, dass diese Sponsoringform zum Jahrtausendwechsel einschneidende Rückläufe zu verzeichnen hatte. Hintergrund dieser Entwicklung war dabei ein Strategiewechsel der marktführenden Sportartikelunternehmen, welche bislang bei mehreren Bundesligisten zeitgleich vertreten waren, fortan jedoch nur noch die Ausstattung ausgewählter, erfolgreicher Klubs anstrebten. Den von jener Ausschlussentscheidung betroffenen Vereinen verblieb in der Folge nur der mit deutlichen Einbußen verbundene Rückgriff auf kleinere Ausrüster (vgl. v.a. ZACHARIAS 1999, 168; weitere Hinweise in BIERWIRTH 2003, 7; GROLL 2001, 30).

Der Diskussion um die Entwicklung der Vermarktung der verschiedenen Marketingrechte der Fußballbundesligisten ist zu ergänzen, dass deren Professionalitätsgrad zur Jahrtausendwende deutlich zunahm. Dies lässt sich an folgenden Punkten aufzeigen: Einerseits kamen in immer kürzeren Abschnitten neue bzw. verbesserte Bandensysteme und Sonderwerbeformen auf den Markt, welche den Klubs weitere Mehreinnahmen einbrachten[88], zum anderen war das Mana-

---

87 Für die in der Tabelle angeführten Wertangaben vgl. folgende Quellen:
- Saison 1990/1991 bis 1998/1999: SCHAFFRATH (1999a, 168).
- Saison 1999/2000: KLEWENHAGEN (1999a, 34).

Die Entwicklung des Trikotsponsorings in der ersten Fußballbundesliga in den 90er Jahren wird in der Literatur uneinheitlich dargestellt. Für eine Diskussion der Darstellungen vgl. SCHILHANECK (2006a, 94 f.).

88 Beispiele neu eingeführter Bandensysteme: Banden-Power-Packs, Radialbande, Product-Pack-Bande, Dreh-Off-Bande, XXL-Bande, Reiterbande, Rotosystem, Partnerbanden.
Beispiele neuer Sonderwerbeformen: Werbedisplays, Mittelkreisaufleger, Einlaufteppich, Fanbanner mit Werbeaufdruck, Bandenbreaker, Schrägsteller, Inflatables, Get-Ups, Torschussmessanlagen, Outdoor-Luftschiffe, werblich nutzbare Großprojektionswände.
Vgl. dazu FELBOR/OPPERMANN/REICHSTEIN (1999, 76 f.), GROLL/KLEWENHAGEN (1999, 20), HOFFMANN (2001, 341), KLEWENHAGEN (1999b, 35; 1999c, 26; 2000a, 18 ff.; 2000d, 22; 2000e, 36), KLEWENHAGEN/SOHNS (2004, 38), KLEWENHAGEN/WEILGUNY (2001, 37), o.V. (1997, 10 u. 18; 1999d, 9; 1999e, 9; 1999f, 8; 2000b, 12; 2000c, 24; 2001d, 34 ff.; 2002d, 10), SOHNS (2001a, 26 ff.; 2001d, 39; 2002d, 38), WEILGUNY (2003f, 20; 2004i, 28).

gement zunehmend versucht, die Sponsorenanzahl auf eine überschaubare Menge zu reduzieren, um dadurch die Aufmerksamkeitswerte steigern zu können. Ferner wurden die Sponsoringleistungen fortan verstärkt mit weiteren Kommunikationsleistungen vor Ort vernetzt (z.B. Gewinnspiele, Samplings, Fan-Aktionen, Presentings)[89]. Hintergrund dieser Professionalisierungsschritte war mitunter der zunehmende Kooperationsgrad der Bundesligisten mit spezialisierten Vermarktungsagenturen[90]. Der Umfang der Zusammenarbeit gestaltete sich dabei unterschiedlich. So übertrugen einige Klubs die Vermarktung ihrer Marketingrechte gänzlich einem Vermarktungspartner (z.B. Borussia Dortmund, Hamburger SV und Hertha BSC Berlin an die UFA Sports GmbH, TSV 1860 München an die ISPR GmbH). Strategischer Hintergedanke des Outsourcings an einen einzigen, finanzkräftigen Partner war sowohl die wirtschaftliche Unterstützung als auch die Chance auf ein kompaktes Klubmarketing ohne Reibungsverluste und Koordinationsprobleme mit den verschiedenen involvierten Partnern – gegen Inkaufnahme eines entsprechenden Fremdbestimmungsgrades wohlgemerkt. Andere Bundesligisten entschieden sich hingegen lediglich für eine Agenturvermarktung einzelner Segmente (z.B. externe Bandenvermarktung: SV Werder Bremen, Bayer Leverkusen). Demgegenüber führten einige Klubs ihre Vermarktung auch weiterhin eigenverantwortlich durch (z.B. FC Bayern München, SC Freiburg) (vgl. GROLL/KLEWENHAGEN 1999, 16 u. 22; alle ausgeführten Beispiele beziehen sich auf die Saison 1999/2000)[91].

Merchandising: Nach den Anfängen des Merchandising- und Lizenzhandels ab Mitte der 70er Jahre und seiner nur geringfügigen Ausweitung in den 80er Jahren erlebte jenes Geschäftsfeld mit Beginn der 90er Jahre seinen wirtschaftlichen Durchbruch. Eingeleitet durch beeindruckende Merchandising- und Lizenzumsatzzahlen US-amerikanischer sowie britischer Profi-

---

89 Vgl. FELBOR/OPPERMANN/REICHSTEIN (1999, 76 f.), KLEWENHAGEN (2000a, 20; 2001a, 22), o.V. (1999d, 9; 2000b, 12; 2003j, 10).

90 Für eine Übersicht über die verschiedenen mit den Bundesligisten kooperierenden Agenturen im Bereich der Bandenvermarktung in der ersten Fußballbundesliga für die Spieljahre 1996/1997 bis 1999/2000 vgl. FELBOR/OPPERMANN/REICHSTEIN (1999, 73), GROLL/KLEWENHAGEN (1999, 22), o.V. (1997, 20; 1998c, 18) oder ZACHARIAS (1999, 170).

91 Mit der fortschreitenden Vermarktungsintegration der Agenturen bei zahlreichen Fußballbundesligisten (in der Bundesliga war die UFA Sports GmbH im Jahr 1999 beispielsweise bei sieben Klubs in unterschiedlicher Form Vertragspartner) nahm auch die finanzielle Unterstützung der Sportrechteunternehmen zur wirtschaftlichen Konsolidierung bzw. sportlichen Verbesserung ihrer Partner zu (1996/1997 und 1997/1998 investierte UFA Sports insgesamt 15 Mio. DM in Hertha BSC Berlin). Damit einhergehend ließen sich die Agenturen für ihre Investitionen jedoch auch Kontroll- und Steuerungsmöglichkeiten von den Vereinen einräumen, indem Vertreter der Vermarkter in die Klubführungsebene integriert wurden (so wurde z.B. ein UFA-Sports-Angestellter in den Aufsichtsrat von Hertha BSC gewählt, während ein anderer Mitarbeiter des gleichen Vermarktungsunternehmens in den Vorstand des Hamburger SV bestimmt wurde). Diese „Verwurzelung" zwischen Sportrechteagenturen und Bundesligisten in den geschäftsführenden Vereinsgremien wurde vom DFB äußerst kritisch beurteilt, insbesondere vor dem Hintergrund der skizzierten Führungsaufgaben der UFA in unterschiedlichen Lizenzklubs. Hier sah der Dachverband die potentielle Gefahr integritätsschadender Einflussnahmen und Fremdbestimmungen (z.B. Spielabsprachen). In der Folge verabschiedete der DFB eine Änderung des Lizenzierungsverfahrens. Die Neufassung besagte, dass Unternehmen, die mit den Bundesligisten kooperieren, fortan nur noch in den Führungs- und Kontrollorganen eines Klubs vertreten sein durften („Lex UFA"; vgl. HOENESS 1999, 85 ff.; HOLZAPFEL 2003, 77 f.; SCHAFFRATH 1999b, 13 f.; knappe Hinweise auch in ERNING 2000, 208; ELTER 2003, 293; KIPKER 2000, 48; o.V. 1998c, 11; SÜßMILCH et al. 2001, 115).

klubs entstand der Eindruck einer problemlos zu erschließenden Finanzierungssäule mit bislang ungeahntem Wirtschaftspotential. Sukzessiv weiteten die Profiklubs daraufhin ihr Engagement in dem Erfolg versprechendem Geschäftsbereich aus (Vergrößerung des Portfolios an Merchandisingartikeln, Erschließung der Kosten sparenden Vertriebsform des Internets, Kooperationen mit spezialisierten Merchandisingherstellern) und nach anfänglich nur kleinen, jedoch kontinuierlich steigenden Umsatzzahlen nahmen diese ab Mitte der 90er Jahre in immer größerem Maße zu. In der Saison 1997/1998 erwirtschafteten die Klubs der ersten Fußballbundesliga einen Rekordumsatz von 155 Mio. DM, gegenüber dem Referenzwert der Saison 1990/1991 i.H.v. lediglich 6,2 Mio. DM bedeutete dies ein Wachstum von 2400 Prozent! In den Folgespielzeiten kamen daraufhin jedoch erstmals größere Probleme in der Fanartikelvermarktung der Bundesligisten zutage. So hatten weitestgehend unkritisch übernommene Erfolgsbeispiele aus dem Ausland zu Managementfehlentscheidungen in Form zu groß angelegter Lagerbestände bzw. einer teilweise nur gering fußballaffinen Sortimentsgestaltung mit der Folge einer zunehmenden Ansammlung unverkäuflicher Artikel geführt. Hinzu kamen Probleme durch ein gestiegenes Maß an Produktpiraterie (Schwarzhandel mit unlizenzierten Fanartikeln) sowie Schwierigkeiten mit den involvierten Agenturen und Lizenznehmern. Im Zuge dieser Entwicklung gingen die Merchandisingumsätze der Bundesligisten gegen Ende der 90er in erheblichem Maße zurück. So betrug jener Kennwert zur Saison 1999/2000 unter den Erstligisten nur noch 125 Mio. DM, was einem Markteinbruch um circa 20 Prozentpunkte gegenüber dem Rekordumsatzspieljahr 1997/1998 entspricht[92] (vgl. GRAMSE 1997, 10 ff.; ROHLMANN 1998, 103 ff.; ROHLMANN 2001, 431 ff.; ROHLMANN 2002, 382 ff.; SÜßMILCH 2002, 60; WEBER 1996, 83[93]).

Abbildung 12 veranschaulicht die Entwicklung der Fanartikelvermarktung in der ersten Fußballbundesliga in den 90er Jahren im Überblick (Saison 1990/1991 bis 1999/2000).

[92] Ein weiteres Problem des Merchandisings stellte die bisweilen sehr niedrige Umsatzrendite dar, standen den erwirtschafteten Umsätzen doch bedeutende (Grenz-)Kosten gegenüber, sodass die Reingewinne zumeist unter den Erwartungen der Profiklubs blieben. In einigen Fällen entwickelte sich der Geschäftszweig des Merchandisings im Rahmen der skizzierten Entwicklung gar zu einem Defizitgeschäft (BRÜNING et al. 1999, 38; BUSCH 2004, 421; FRANZKE 1999, 401; OPITZ 2003, 138; QUITZAU 2002, 17; ROHLMANN 1998, 22; SCHURIAN/MENZEN 2000, 356; ZACHARIAS 1999, 164 f.).

[93] Vgl. ferner, wenngleich weniger detailliert bzw. nur Einzelaspekte der oben ausgeführten Sachverhalte thematisierend, BRANDMAIER/SCHIMANY (1998, 60), BUSCH (2004, 425), ERNING (2000, 253), FRANZKE (1999, 401), HARDENACKE/HUMMELSBERGER (2004, 56), KOHL (2001, 2), MAUER/SCHMALHOFER (2001, 28), MOSCHKAU (2000, 48 f.), OPITZ (2003, 138), QUITZAU (2002, 17), ROHLMANN (1998, 22), ROHLMANN (2003, 22), SCHURIAN/MENZEN (2000, 356), SCHWENDOWIUS (2003, 181), SWIETER (2002, 41) sowie ZACHARIAS (1999, 164 f.).

Saison	1990/ 1991	1991/ 1992	1992/ 1993	1993/ 1994	1994/ 1995	1995/ 1996	1996/ 1997	1997/ 1998	1998/ 1999	1999/ 2000
Umsatz Fanartikel (Mio. DM)	6,2	6,1	/	/	54	90	147	155	140	125

Abb. 12: Entwicklung der Fanartikelvermarktung in der ersten Fußballbundesliga in den 90er Jahren[94]

Fasst man die vorangegangene Diskussion der Entwicklung um die vier zentralen Erlösquellen der Profiklubs zusammen, so ist einerseits eine Bedeutungsverschiebung bzw. Neuhierarchisierung unter den Einnahmensäulen auszumachen. Stellte das Ticketing seit jeher das lukrativste Geschäftsfeld der Bundesligisten dar, so gewann die Vermarktung der TV-Übertragungsrechte im Zuge der rasanten Marktveränderungen in den 90er Jahre sukzessive an Bedeutung und entwickelte sich zunehmend zu einer gleichwertigen Einnahmendeterminante. Verdeutlicht sei dies an einer Gegenüberstellung der in den beiden Geschäftsfeldern erwirtschafteten Ergebnisse zur Saison 1998/1999. So beliefen sich die Einnahmen der Erstligisten aus der Eintrittkartenvermarktung in jenem Spieljahr auf knapp 240 Mio. DM, während der Anteil der ersten Bundesliga an den Gesamteinnahmen aus der Fernsehrechtevergabe jenes Spieljahres 234 Mio. ausmachte[95]. Ferner ist festzuhalten, dass die stetig gestiegenen Vermarktungsergebnisse letztlich dazu führten, dass die Profiklubs in den 90er Jahren erstmalig Umsatzzahlen im Größenbereich mittelständischer Unternehmen erwirtschafteten und sich damit – zumindest rein kennziffernbezogen – der Wandel vom Verein zum Wirtschaftsbetrieb vollzogen hatte[96].

Neben den bislang beschriebenen Branchenentwicklungen wurde der deutsche Lizenzfußball in den 90er Jahren des Weiteren durch einige Veränderungen ökonomischer bzw. rechtlicher Rahmenbedingungen geprägt (Bosman-Urteil, Verbot der Zentralvermarktung, Zulassung von Kapitalgesellschaften). Im Folgenden werden diese näher betrachtet.

---

94 Für die in der Tabelle angeführten Wertangaben vgl. folgende Quellen:
- 1990/1991: BRANDMAIER/SCHIMANY (1998, 60), ROHLMANN (1998, 23), WEBER (1996, 83).
- 1991/1992: SÜßMILCH (2002, 60).
- 1994/1995: BRANDMAIER/SCHIMANY (1998, 60), ROHLMANN (1998, 23).
- 1995/1996 bis 1999/2000: DINKEL (2002b, 109), ROHLMANN (2001, 428), ROHLMANN (2002, 379).

Anmerkung: Die Entwicklung der Merchandisingumsätze der Bundesligisten in den 90er Jahren wird in der Literatur sehr uneinheitlich und unvollständig abgebildet (so gibt die gesichtete Literatur keine Hinweise auf die Umsatzkennzahlen der Spieljahre 1992/1993 sowie 1993/1994). Für einen Überblick sowie eine kurze Diskussion der Darstellungen vgl. SCHILHANECK (2006a, 99).

95 Gesamteinnahmen TV-Vermarktung Saison 1998/1999: 325 Mio. DM, Anteil erste Fußballbundesliga: 72 Prozent.

96 Vgl. zu dieser Schlussfolgerung auch DÖRNEMANN (2002a, 30), FRÜH/MENTGES/ERNING (2003, 572), GALLI/WAGNER/BEIERSDORFER (2002, 211), HAAS (2002b, 192), LITTKEMANN/SUNDERDIEK (2002, 67), MIKOS (2006, 98), MÜLLER (2000, 33), SCHEWE (2002, 163), SOHNS/WEILGUNY/KLOTZ (2002, 32), ZELTINGER (2004, 1 u. 19) oder ZIEBS (2002, 27 u. 32). Verdeutlichend sei ferner auf PAULI (2002, 2) verwiesen, demzufolge die jährlichen Umsätze eines Erstligisten in den 90er Jahren von durchschnittlich 20,5 Mio. DM (Saison 1989/1990) auf 71,3 Mio. DM (Saison 1998/1999) anstiegen.

Bosman-Urteil: Das Urteil des Europäischen Gerichtshofes vom 25.12.1995 im Fall Bosman hatte schwerwiegende Auswirkungen auf das Transfersystem sowie die Gehaltsstrukturen der Bundesligaklubs[97]. So sorgte der juristische Beschluss für die Abschaffung der Ablösezahlungen für Spieler bei einem Vereinswechsel nach Vertragsablauf, wodurch einerseits ein traditionelles Ertragspotential der Profivereine zum Einsturz gebracht wurde, während sich auf der anderen Seite die Verhandlungsmacht der Spieler gegenüber den Vereinen durch ihre fortan unabhängige Wechseloption nach Vertragsende erhöhte. Im Zuge dieser Entwicklung konnten die Spieler deutlich höhere Gehälter aushandeln, während sich den Klubs die Möglichkeit auf Transfererlöse nur noch bei einem Spielerwechsel während der Vertragslaufzeit ergab. Dies bewegte die Vereine wiederum zu tendenziell längeren Vertragsabschlüssen (vgl. FLORY 1997, 78 f.; GRAMATKE 2003, 133; LEHMANN/WEIGAND 1997b, 382; LEHMANN/WEIGAND 1999, 125; LEMKE 1999, 111 ff.; SCHELLHAAß/ENDERLE 2000, 2). Insgesamt brachte das „Bosman-Urteil" folglich eine Zunahme der Personalkosten[98] und damit einhergehend eine weitere Divergenz zwischen Aufwendungen und Erträgen mit sich[99]. Zudem hob der Urteilsspruch alle Reglementierungen auf, welche Vereinen nur die Mitwirkung einer begrenzten Anzahl von Spielern aus EU-Mitgliedsstaaten erlaubte (sogenannte „Ausländerklauseln"). Für die Bundesligisten äußerte sich dies insofern, als dass in den Mannschaften ab diesem Zeitpunkt beliebig viele EU-angehörige Spieler eingesetzt werden konnten, die Beschränkungen für Spieler mit Nationalitäten außerhalb Europas blieben hinge-

---

97 Hintergrund des so genannten „Bosman-Urteils" waren die juristischen Schritte des belgischen Fußballprofis Jean Marc Bosman gegen das bestehende Transfersystem zu Beginn der 90er Jahre. Dieser stand von 1980 bis 1990 in einem Vertragsverhältnis mit dem belgischen Erstligisten RC Lüttich. Da das Interesse des Vereins an dem Spieler gesunken war, bot man ihm einen neuen Vertrag mit niedrigerem Gehalt an. Bosman lehnte das Angebot ab und wurde mit einer hohen Ablöse auf die Transferliste gesetzt. Ein Wechsel scheiterte aufgrund der Ablöseforderung und Bosman wurde von seinem alten Verein gesperrt. Daraufhin verklagte der Spieler den Verein auf Schadenersatz (vgl. BLANPAIN 1996, 161 ff.; BLANPAIN/INSTON 1996, 2 ff.; BUSCHE 2004, 90 f.; ERICSON 2000, 204 f.; FLORY 1997, 67 ff.; FRANZKE 2003, 95; HÜBL/SWIETER 2002, 109; HAAS 2002a, 6 f.; MORROW 1999, 36; SCHAMBERGER 1999, 58; SCHELLHAAß/MAY 2002, 129; SWIETER 2002, 83 f.).

98 So nahmen die durchschnittlichen Personalausgaben der Erstligisten zwischen den Spieljahren 1995/1996 und 1999/2000 von 18,94 Mio. DM auf 39,81 Mio. DM zu (vgl. FRANZKE 2001, 20; HÜBL/SWIETER 2002, 111; SWIETER 2002, 100; ZIEBS 2002, 51).

99 Belegt sei dies an den im Rahmen der DFB-Lizenzierungsverfahren gegen Ende der 90er Jahre zu Tage gekommenen wirtschaftlichen Problemen vieler Bundesligisten. So konnten in der Saison 1997/1998 lediglich 13 Klubs nach der erstinstanzlichen Überprüfung durch die DFB-Gremien derart solide wirtschaftliche Verhältnisse attestiert werden, dass keine weiteren Bedingungen an die Lizenzerteilung geknüpft wurden. 20 Vereinen wurde diese hingegen nur unter Auflagen zugesprochen, drei Zweitligisten wurde die Lizenz zunächst gar verweigert. Ähnlich gestaltete sich die Situation in der Folgesaison 1998/1999, als in erster Instanz erneut nur 13 Klubs ihre Spiellizenz ohne weitere Einwände erhielten. 21 Vereine hatten hingegen individuell angesetzten Bedingungen und Auflagen nachzukommen, während zwei Zweitligisten die Lizenzverweigerung drohte (vgl. dazu GALLI 1997, 30; MÜLLER 2000, 72).

gen weiterhin rechtsgültig (vgl. insbesondere BÜCH 1998, 283 ff.; LEMKE 1999, 118 f.; SWIETER 2002, 83 ff.[100]).

Verbot der Zentralvermarktung: Zwei Jahre später ist es ein weiteres Rechtsurteil, welches für das Bundesligageschehen nachhaltige Bedeutung erlangte. So wurde dem DFB durch den Beschluss des Bundesgerichtshofes vom 11. Dezember 1997 die zentrale Vermarktung der Heimspiele der deutschen Teilnehmer am UEFA-Cup sowie dem Europapokal der Pokalsieger richterlich untersagt. Nach Auffassung des Gerichts konstatierten die ausschließlichen Vermarktungsrechte des Verbandes ein Kartell, das den freien Wettbewerb um die Übertragungsrechte der einzelnen Vereine beeinträchtige. Damit bestätigte der BGH letztlich gleichlautende Entscheidungen des Bundeskartellamtes vom 02.09.1994 bzw. des Berliner Kammergerichts vom 08.11.1995 (deren Vollzügen sich der DFB jedoch jeweils über den Instanzenweg entzogen hatte). Im Anschluss an das BGH-Urteil beendete der DFB seine Zentralvermarktung der betroffenen Senderechte und stellte damit die individuelle Rechtevergabe in den beiden Turnieren wieder her, wie sie bereits bis zur Saison 1985/1986 bestand (vgl. ERNING 2000, 139 f.; HACKFORTH/SCHAFFRATH 2001, 355; PLEITGEN 2000, 32; QUITZAU 2002, 5 ff.; SCHAFFRATH 1999d, 63 f.; SCHELLHAAß/ENDERLE 1998a, 1; SCHELLHAAß/ENDERLE 1998b, 297; SCHEWE/GAEDE 2002, 146[101]).

Im Nachgang zu jenem BGH-Urteilsspruch musste konsequenterweise damit gerechnet werden, dass auch das bislang gängige Zentralvermarktungsverfahren der TV-Übertragungsrechte an der Fußballbundesliga bzw. dem nationalen Pokalwettbewerb als „wettbewerbswidriges Kartell" eingestuft und in Folge dessen untersagt werden könnte. Folglich konzentrierten sich die Bestrebungen des DFB daraufhin auf einen möglichen Lösungsweg zur Freistellung des Kartellverbots. In Zusammenarbeit mit dem Bundesrat erarbeitete der Fußballdachverband noch im Dezember 1997 eine entsprechende Ausnahmeregelung für den Sport. Im Mai 1998 novellierte der Bundestag schließlich das Gesetz gegen Wettbewerbsbeschränkung (GWB) und nahm mit dem Paragraph 31 eine Sonderregelung in die Gesetzgebung auf, der die zentrale Vermarktung von Fernsehübertragungsrechten von Sportveranstaltungen unter bestimm-

---

[100] Vgl. darüber hinaus die Beiträge von BELLON et al. (2005, 257 ff.), BRÜNING et al. (1999, 37), BUSCHE (2004, 91 ff.), DIETL/FRANCK/ROY (2003, 529), EBEL/KLIMMER (2001, 179), EGNER/WILDNER (2002, 38), EILERS (1999, 523 ff.), ERNING (2000, 173 f.), FEESS/MÜHLHÄUSER (2002, 144), FLORY (1997, 67 ff.), FRANZKE (1999, 399), FRANZKE (2001, 19 f.), FRICK/DILGER/PRINZ (2002, 164), FRICK/WAGNER (1996, 611 ff.), GRÜNITZ/VON ARNDT (2002, 60 f.), HAAS (2002a, 6 ff.), HEINRICH (2000, 200 ff.), HÖDL (2002, 21), HÜBL/SWIETER (2002, 109 ff.), KLEIN (2004, 17 f.), LEHMANN/WEIGAND (1997a, 2), LITTKEMANN (2003, 143 ff.), MAYR-VORFELDER (2004, 11 f.), MOORHOUSE (2002, 72 ff.), MRAZEK/SIMON (2003, 131), MÜLLER (2000, 59 ff.), OPITZ (2003, 2 u. 144 ff.), o.V. (1999b, 80), o.V. (2000d, 102), ROOS (2002, 488), SCHAFFRATH (1999b, 16), SCHELLHAAß/MAY (2002, 128 f.; 2003, 236), SLOANE (2002, 63 ff.), SPOHR (2003, 144), SÜßMILCH et al. (2001, 7), SÜßMILCH/ELTER (2004, 128), WEILGUNY (2006j, 11 u. 14) sowie ZELTINGER (2004, 16 u. 89).

[101] Kurze Hinweise finden sich zudem in ELTER (2002a, 84; 2002b, 261; 2003, 58), FRANZKE (1999, 399), MÜLLER (2000, 39 f u. 63 f.), NITSCHKE (2003, 20), OPITZ (2003, 55), PARLASCA/SZYMANSKI (2002, 84), SROUJI (2004, 43), LINKE (1999, 24), o.V. (1998c, 11), SCHAFFRATH (1999b, 11), SCHELLHAAß (2000, 27 f.).

ten Voraussetzungen („satzungsgemäß durchgeführte Sportveranstaltung") vom Kartellverbot ausnimmt. Kurze Zeit später folgte die entsprechende Zustimmung durch den Bundesrat (vgl. ELTER 2003, 58; MÜLLER 2000, 41; PLEITGEN 2000, 32; SCHELLHAAß/ENDERLE 1998a, 1; SCHELLHAAß/ENDERLE 1998c, 295; SCHEWE/GAEDE 2002, 146). Die Novelle des GWB bewirkte jedoch lediglich eine Problemverschiebung. Da das DFB-Zentralvermarktungsverfahren über eine grenzüberschreitende Wirkung verfügte (Verkauf der Übertragungsrechte in über 150 Länder), griff neben den nationalen Regelungen auch das EU-Wettbewerbsrecht. Zentral war dabei Art. 85 EG (so genannte Zwischenstaatlichkeitsklausel), nach welchem die Zentralvermarktungsvereinbarung des deutschen Fußballdachverbands als nichtig zu betrachten war und folglich ein Normenkonflikt vorlag. Da das EU-Recht jedoch Anwendungsvorrang vor der nationalen Rechtssprechung besitzt, stellte der Ligaausschuss des DFB am 25. August 1998 bei der Europäischen Kommission einen Freistellungsantrag zur Fortsetzung der bisherigen Zentralvermarktungsform (vgl. insbesondere ERNING 1999, 145 f.; ORTH 2003, 134; vgl. zudem ELTER 2003, 60; PLEITGEN 2000, 32; SÜßMILCH/ELTER 2004, 58; ZACHARIAS 1999, 122 ff.). Die Entscheidungsfindung der EU-Kommission zog sich über mehrere Jahre in denen der DFB die zentrale TV-Rechtevergabe an der Bundesliga und dem DFB-Pokal unter Umsetzung des Solidarprinzips[102] weiterführte. Im Jahr 2003 erließ die EU-Kommission schließlich eine Grundsatzentscheidung, der zufolge jenes Verfahren zunächst bis 2006 für zulässig erklärt wurde. Voraussetzung sei jedoch, dass die Übertragungsrechte nicht an einen einzigen Rundfunkveranstalter verkauft werden dürfen. 2005 folgte schließlich eine Zusagenverlängerung bis 2009 (o.V. 2003c, 15; o.V. 2004h, 14; o.V. 2005s, 14; SÜßMILCH/ELTER 2004, 59; knappe Hinweise in WEILGUNY 2006j, 12; WEILGUNY 2007e, 34).

Zulassung von Kapitalgesellschaften: Im Jahr 1998 folgte eine weitere Bestimmung, welche für die Professionalisierung des deutschen Profifußballs von zentraler Bedeutung war. So nahmen, geregelt durch das DFB-Lizenzspielerstatut, seit jeher nur Fußballklubs an dem Spielbetrieb der beiden Fußballbundesligen teil, die in der Rechtsform eines nichtwirtschaftlich eingetragenen Vereins (§ 21 BGB) betrieben wurden. Dies hatte vor allem historische Gründe, da der Fußballsport ursprünglich ausschließlich aus ideellen, nicht jedoch wirtschaftlichen Zwecken ausgeführt werden sollte. Aufgrund des zunehmenden Drängens einiger Profiklubs auf die Möglichkeit des Kapitalmarktzugangs sowie der Tatsache, dass die gegen Ende der 90er Jahre zur Regel gewordenen Umsatzvolumina der Bundesligisten im zwei- bis dreistelligen Millionenbereich den Rahmen des Nebenzweckprivilegs längst überstiegen hat-

102 Solidarprinzip: Gleichmäßige Umverteilung der TV-Vermarktungseinnahmen unter den Lizenzvereinen zur Unterstützung wirtschaftlich schwächer gestellter Wettbewerber als Instrument zur sportlichen Ausgeglichenheit in den Ligen. Vgl. dazu LEHMANN/WEIGAND (1997a, 4), LEHMANN/WEIGAND (1997b, 385), MAYR-VORFELDER (2004, 10), OPITZ (2003, 127).

ten und folglich eine Rechtsformverfehlung vorlag[103], erschien der DFB-Führung jene ideologische Haltung als überholungsbedürftig und eine Lockerung der Statutenregelungen zeitgemäß. Und so wurde (zuvor im so genannten Eckwertpapier vom 20. Juli 1998 begründet) auf dem DFB-Bundestag vom 24.10.1998 neben nichtwirtschaftlichen Vereinen auch Kapitalgesellschaften (Aktiengesellschaft, Kommanditgesellschaft auf Aktien, Gesellschaft mit beschränkter Haftung) für den Bundesligaspielbetrieb zugelassen. Für die Bundesligisten bestand fortan folglich die ihrer Wirtschaftskraft entsprechende Möglichkeit, ihre Lizenzspielerabteilung in eine der drei zulässigen Rechtsformen umzuwandeln. Um die Gefahr der Fremdbestimmung der Vereine in Grenzen zu halten, legte der DFB gleichzeitig jedoch fest, dass eine Mehrheitsbeteiligung des Muttervereins (mehr als 50 Prozent der Stimmanteile) an der Kapitalgesellschaft gegeben sein muss. Lediglich für die Fälle, in denen Wirtschaftsunternehmen einen Fußballklub bereits seit über 20 Jahren umfassend unterstützen (und es folglich anzunehmen ist, dass das Unternehmen den Interessen des Klubs auch zukünftig nicht entgegenstehen wird), wurde eine Umgehung jener Mehrheitsklausel eingeräumt[104] (vgl. insbesondere BRAST/STÜBINGER 2002, 27 f.; ERNING 2000, 195 ff.; OPITZ 2003, 3 u. 162 ff.; SIEBOLD/WIECHERT 2001, 52; SEGNA 1997, 1901; SOHNS 2001b, 38; SÜßMILCH et al. 2001, 4 f. u. 42 f.[105]). Als erster Verein reagierte Borussia Mönchengladbach auf die Satzungsänderung und gründete im Dezember 1998 die VfL Borussia Mönchengladbach Aktiengesellschaft, welche die Umsetzung des anstehenden Stadionneubaus zum Zweck hatte. Anzuführen ist jedoch, dass zu jenem Zeitpunkt eine Einbringung des Profibereichs in die Kapitalgesellschaft noch nicht vorlag (BRÜNING et al. 1999, 9; SOHNS 2001b, 39; SÜßMILCH et al. 2001, 58; ZACHARIAS 1999, 194). Im März 1999 gliederte daraufhin der Zweitligist Tennis Borussia Berlin e.V. seinen Lizenzspielerbereich in eine GmbH & Co. KGaA mit Sitz in Berlin aus. Bayer Leverkusen folgte im Mai desselben Jahres mit der Umwandlung der

[103] In der juristischen Literatur wird bereits seit Mitte der 70er Jahre die Meinung vertreten, dass im Falle der am Spielbetrieb der beiden Fußballbundesligen partizipierenden Klubs eine Rechtsformverfehlung vorliege. Vgl. dazu u.a. DOBERENZ (1980, 1 ff.), HEMMERICH (1982, 78 ff.), KNAUTH (1977, 54 ff.), später auch ALDERMANN (1997, 19 ff.), FUHRMANN (1995, 12 ff.), FUHRMANN (1999, 11 ff.), KEBEKUS (1991, 41 ff.), MADL (1994, 16 ff.), MALATOS (1988, 65 ff.), MAYER/KRETZSCHMAR/OESER (1998, 16 ff.), SEGNA (1997, 1901 ff.).

[104] Bundesligisten bei denen jene Regelung greift:
- Bayer 04 Leverkusen (die als GmbH ausgegliederte Lizenzspielerabteilung ist hundertprozentige Tochter des Bayer Konzerns).
- VFL Wolfsburg (die Volkswagen AG ist Mehrheitsanteilseigner an der als GmbH ausgegliederten Lizenzspielerabteilung des Klubs).

[105] Für knappe Darstellungen jener Thematik vgl. zudem folgende Beiträge: BEDNARZ et al. (2004, 35), BRÜNING et al. (1999, 3), DIETL/PAULI (2002, 253 ff.), DÖRFLINGER (1998, 39), ELTER (2003, 284 u. 287 f.), EMPACHER (2000, 41 f.), FEDDERSEN/MAENNIG (2003, 119 u. 123), FRESENIUS (2002, 17), GROLL/KLEWENHAGEN (1999, 20), HAAS (2002a, 46), HARDENACKE/HUMMELSBERGER (2004, 61), KIPKER (2000, 43), KLIMMER (2003, 1), LEHMANN/WEIGAND (2002, 44), MAUER/SCHMALHOFER (2001, 41), MICHALIK (2002, 109), o.V. (1999b, 85), o.V. (2000d, 107), QUITZAU (2002, 54), SCHAFFRATH (1999b 14), SCHÄFER (1999, 97 ff.), SCHEWE (2002, 164), SCHLÖSSER (1998, 10), SCHWENDOWIUS (2003, 170), SIEBOLD (2005, 45), SIEBOLD/WICHERT (2005, 67), SOHNS (2000, 30), SPOHR (2003, 147), SROUJI (2004, 32), STRAUB/HOLZHÄUSER/GÖMMEL/GALLI (2002, 77), SÜßMILCH (2002, 50), SÜßMILCH/ELTER (2004, 98), SWIETER (2002, 26 f.), THYLL (2004, 168), WEILGUNY (2003b, 32 f.), WEILGUNY (2004b, 45), ZACHARIAS (1999, 195 ff.; 2001, 54 f.).

Profiabteilung in eine GmbH (FRESENIUS 2002, 18; WERTHMANN 2006, 1; ZACHARIAS 1999, 194). Mitte 1999 gab das Management von Borussia Dortmund Pläne zum ersten Börsengang eines deutschen Fußballprofiklubs öffentlich bekannt, Ende des Jahres beschließt die Mitgliederversammlung des Vereins daraufhin die vollständige Ausgliederung des steuerpflichtigen Geschäftsbetriebs (Zeitpunkt Kapitalgesellschaftsgründung: 17. April 2000; erstes Notierungsdatum der BVB-Aktie an der Frankfurter Börse: 31.10.2000; vgl. dazu insbesondere BRÜNING et al. 1999, 9; HOCKENJOS 2002, 87; SÜßMILCH et al. 2001, 4 f.[106]). Der skizzierte Wandel zu Kapitalgesellschaften bedeutete für die betroffenen (bzw. die jenem Umstrukturierungsprozess folgenden[107]) Klubs einen weiteren Professionalisierungsschritt, da sich ihnen fortan der Zugang zu neuen Finanzierungsformen über den Kapitalmarkt eröffnete bzw. veraltete Vereinsorganisationsformen mit ehrenamtlichen Entscheidungsträgern durch moderne Unternehmensstrukturen und hauptamtliche Geschäftsführer ersetzt wurden. Insgesamt ist festzuhalten, dass sich mit der Zulassung von Kapitalgesellschaften am Bundesligaspielbetrieb letztlich der Wandel vom Fußballverein zum Fußballunternehmen auch aus juristischer Perspektive vollzogen hatte.

Weitere Anzeichen der sukzessiven Professionalisierungsbestrebungen der Bundesligisten gegen Ende der 90er Jahre waren einerseits zunehmende Diversifikationsbemühungen. Hintergrund dazu stellte die branchenkennzeichnende Verzahnung des sportlichen und wirtschaftlichen Erfolges dar. So waren die Klubs bestrebt, Einnahmen zu generieren, die auch dann bzw. gerade dann „fließen", wenn ein sportliches Tief zu überwinden war. Dies äußerte sich darin, dass einige Bundesligisten Geschäftsfelder erschlossen, die vom sportlichen Erfolg weitestgehend unabhängig waren (z.B. Hotel- und Restaurantanlagen, Reisebüros, Rehabilitationszentren, Sportartikelherstellung, IT-Dienstleistungen, Internetportale), wobei die Ergebnisse jedoch deutlich hinter den Resultaten der Vermarktungsaktivitäten blieben (vgl. v.a. BORN/MOHR/BOHL 2004, 212; KERN/HAAS/DWORAK 2002, 431; MAUER/SCHMALHOFER 2001, 17 u. 27[108]). Des Weiteren kam es zum Jahrtausendwechsel zu zahlreichen Stadionsanierungs- und Modernisierungsmaßnahmen als auch Neubauten (mitunter initiiert durch die Vergabe der Fußballweltmeisterschaft 2006 nach Deutschland und die Bewer-

---

106 Vgl. ferner BEDNARZ et al. (2004, 35), DIETL/PAULI (2002, 254), EGNER/WILDNER (2002, 39), SOHNS (2001a, 30), SOHNS (2001b, 38), FRESENIUS (2002, 18), GALLI (2002b, 122), HOHENAUER (2005a, 30), KLIMMER (2003, 1), o.V. (2000a, 3), o.V. (2001a, 8), SIEBOLD/WIECHERT (2001, 52), SUCIU-SIBIANU (2002, 35; 2004, 179), SÜßMILCH (2001, 44; 2002, 50), ZACHARIAS (2001, 54 f.).

107 Stand Saison 2006/2007: zehn Kapitalgesellschaften erste Fußballbundesliga, sechs Kapitalgesellschaften zweite Fußballbundesliga (vgl. DFL 2007, 138 ff.).
Zur genauen Entwicklung vgl. BEDNARZ et al. (2004, 35), DFL (2004, 32; 2005, 1), KERN/HAAS/DWORAK (2002, 404), o.V. (2002f, 11), o.V. (2002j, 11), o.V. (2002m, 11), o.V. (2002u, 13), o.V. (2003a, 13), SIEBOLD/WIECHERT (2001, 52), SÜßMILCH (2002, 5), SÜßMILCH/ELTER (2004, 99), WEILGUNY (2004b, 45).

108 Vgl. des Weiteren BIELING/ESCHWEILER/HARDENACKE (2004, 9), CRASSELT (2004, 223), GAEDE/MAHLSTEDT (2003, 92), HOCKENJOS (2002, 90 ff.), HÖDL (2002, 27), KLIMMER (2003, 52), MOHR (2001, 22 f.), o.V. (2000a, 16 ff.), o.V. (2001a, 16 ff.), o.V. (2001b, 6 ff.), o.V. (2002b, 22 ff.), o.V. (2002c, 20 ff.), o.V. (2003d, 29 ff.), o.V. (2003e, 12 ff.), o.V. (2004a, 36 ff.), o.V. (2004b, 17 ff.), o.V. (2005a, 40 ff.), SCHEWE/GAEDE/KÜCHLIN (2002, 19), SCHWENDOWIUS (2003, 186), SÜßMILCH et al. (2001, 53 ff.), SÜßMILCH (2002, 54 u. 65).

bungsbestrebungen der verschiedenen potentiellen Austragungsorte). Im Zuge dieser Aktivitäten fanden dabei verstärkt VIP-Logen und Business-Seats Einzug in die deutsche Sportstättenlandschaft. Da deren Bezugspreise um ein Vielfaches über den regulären Besucherkarten angesetzt wurden, nahm die Vermarktung jener neu geschaffenen Angebotskategorie einen neuen Schwerpunkt im Bereich des Zutrittsrechtemarketings der Profiklubs ein. Die Einnahmen aus diesen Bereichen sollten dabei bald bis zu 50 Prozent der gesamten Ticketingeinnahmen ausmachen (vgl. insbesondere KLEWENHAGEN/KROLL/WEILGUNY 2001, 25 f.; KLINGMÜLLER/SIEBOLD 2004, 54; SOHNS 2006a, 43; SÜßMILCH 2002, 58; SÜßMILCH/ELTER 2004, 40 u. 140 f.[109]). Gleichermaßen brachte die Modernisierung der Stadien zunächst den Einsatz innovativer elektronischer Ticketing- und der Zugangskontrolllösungen mit sich[110], in einem weiteren Schritt folgte daraufhin die Kopplung dieser mit entsprechenden Daten- und Informationsverwertungssystemen (CRM- bzw. ERP-Lösungen) (vgl. dazu SOHNS 2001c, 40 ff.; SOHNS 2002b, 42; KLEWENHAGEN 2004a, 40 f.; KLEWENHAGEN 2004b, 27).

2.2.5. Der Lizenzfußball nach der Jahrtausendwende

Nachdem sich im Laufe der 90er Jahre der Wandel vom Fußballverein zum Fußballunternehmen vollzogen hatte (zentral: Umwandlung in Kapitalgesellschaften, Bilanzmerkmale mittelständischer Wirtschaftsunternehmen), wird im Folgenden ein Überblick über die wichtigsten wirtschaftlichen Entwicklungen im deutschen Lizenzfußball seit der Jahrtausendwende gegeben[111].

Gründung Ligaverband e.V. und Deutsche Fußball Liga GmbH (DFL)

Auf dem außerordentlichen Bundestag des DFB vom 30. September 2000 wurde eine Strukturreform der Fußballbundesliga verabschiedet. Anlass dazu war das Drängen der Bundesligisten, weitestgehende Selbstständigkeit für ihre Belange zu erhalten (v.a. Vermarktung der medialen Übertragungsrechte). Die Strukturreform sah ab der Saison 2001/2002 eine eigenständige, vom DFB gelöste Ligenorganisationsform mit den beiden Gesellschaften Ligaverband e.V. und Deutsche Fußball Liga GmbH vor[112] (zentrale Aufgaben: Umsetzung des

---

[109] Vgl. zudem KLEWENHAGEN (2001b, 14), KLIMMER (2003, 48), KLINGMÜLLER/SIEBOLD (2004, 549), KLOTZ (2003a, 22), KROLL (2002, 44 ff.), MEYER (2001, 18), PETRY (2000, 34), RECKWITZ 2000, 20 f.), SIEBOLD (2004, 46), SOHNS (2002e, 40; 2003a, 44 f.; 2003b, 36 f.; 2003c, 38 ff.; 2003d, 46 f.), STAMML (2002, 40 f.), WILLMS (2004, 66), WEILGUNY (2004a, 19; 2005a, 19).

[110] Z.B. führte der 1. FC Kaiserslautern 1999 als erster Fußballbundesligist ein automatisches Besuchereinlasssystem ein.

[111] Der Beobachtungszeitraum der Arbeit erstreckt sich dabei bis einschließlich Juli 2007.

[112] Gründung Ligaverband e.V.: 18.12.2000.
Gründung DFL: 28.02.2001 (vgl. STRAUB 2004, 31).

Spielbetriebs, Vermarktung und Lizenzierung der beiden Lizenzligen[113]). Der Ligaverband ist ein eigenständiger, stimmberechtigter Mitgliedsverband des DFB. Seine Mitglieder sind die 36 Bundesligisten, wobei die Mitgliedschaft jeweils nur für eine Saison besteht und von der Lizenzerteilung abhängt. Der Vorstand des Ligaverbands setzt sich aus gewählten Vertretern der Bundesligisten zusammen[114]. Die gegenseitigen Rechte und Pflichten zwischen Ligaverband und DFB sind in einem Grundlagenvertrag geregelt[115]. Das operative Geschäft des Ligaverbandes führt die Deutsche Fußball Liga GmbH (wobei der Ligaverband einziger Gesellschafter der DFL ist) (vgl. insbesondere BRAST/STÜBINGER 2002, 25; GAEDE/GRUNDMANN 2003, 74; HARDENACKE/MUHLE 2004, 281 ff.; MÜLLER 2003b, 558 ff.; SIEBOLD/WIECHERT 2001, 52 f.; STRAUB 2004, 31 ff.[116]).

Insgesamt gesehen bedeutete die Strukturreform eine Verselbstständigung des deutschen Lizenzfußballs mit der Folge einer verbesserten Ligenorganisation bzw. eines verbesserten Ligenmanagements (z.B. Ausbau der Servicetätigkeiten für die Lizenzklubs, Investitionen in das Image der Bundesliga im In- und Ausland).

Insolvenz der KirchMedia AG und Folgeverträge

Ausgangslage jener bislang schwerwiegendsten Finanzkrise des deutschen Lizenzfußballs stellte der Vertragsabschluss des DFB mit der KirchMedia AG aus dem Jahr 1999 dar, welcher die Vergabe der Übertragungsrechte in den Bereichen Free-TV, Pay-TV sowie erstmals auch dem Internet an den beiden Fußballbundesligen für die Spieljahre 2000/2001 bis

---

113 Das Lizenzierungsverfahren greift v.a. finanzielle, infrastrukturelle, personelle, administrative sowie rechtliche Kriterien auf. Durch die Vorgabe ökonomischer Mindeststandards soll insbesondere dem insolvenzbedingten Ausscheiden eines Bundesligisten aus dem laufenden Spielbetrieb und dem damit verbundenen Integritätsverlust des Ligawettbewerbs vorgebeugt werden. Bei Nichteinhaltung der gesetzten Mindestauflagen kommt es, in Abhängigkeit des Unterschreitungsgrades, für die Klubs zu Sanktionen in Form von Verweisen, Geldbußen, Sonderuntersuchungen, Punktabzügen oder Spielerverpflichtungsbeschränkungen. Im Extremfall wird dem Bewerber die Lizenz verweigert (vgl. EBEL/KLIMMER 2001, 182 ff.; MÜLLER 2003b, 557; MÜLLER 2004, 26 f.; SCHELLHAAß/ENDERLE 2000, 31; SÜßMILCH/ELTER 2004, 87 f.).

114 Vorstand Ligaverband e.V.: Präsident, Vizepräsident sowie zunächst zehn, später nur noch sechs Vorstandsmitglieder (jeweils zur Hälfte Vertreter aus erster und zweiter Fußballbundesliga).

115 Der Grundlagenvertrag sieht zum einen vor, dass der Ligaverband für die überlassenen Rechte (Durchführung des Spielbetriebs an den beiden Fußballbundesligen einschließlich Vermarktung und Lizenzierung) Ausgleichzahlungen in Form eines Pachtzinses zu leisten hat, der sich anhand der erzielten Medien- und Zuschauervermarktungsergebnisse bemisst und drei Prozent davon beträgt (mindestens jedoch 25 Mio. DM). Im Gegenzug entrichtet der DFB an den Ligaverband 25 Prozent der generierten Länderspieleinnahmen (mindestens jedoch 8 Mio. DM) sowie Abstellungsentschädigungen und Versicherungsprämien für die eingesetzten Nationalspieler. Zum anderen regelt der Vertrag die Verzahnung zwischen dem deutschen Profi- und Amateurfußball in Form festgelegter Auf- und Abstiegsbestimmungen sowie der integrativen Austragung des DFB-Pokal zwischen qualifizierten Amateurmannschaften sowie den Bundesligisten (vgl. MÜLLER 2003b, 559; SIEBOLD/WIECHERT 2001, 53; SWIETER 2002, 25; ergänzend BAUMEISTER/BECHER/ESCHWEILER 2004, 309; FRANCK/MÜLLER 2000, 3; DÖRNEMANN 2002a, 80; DÖRNEMANN 2002b, 150; KLEWENHAGEN 2001b, 16 f.).

116 Vgl. zudem DÖRNEMANN (2002a, 80; 2002b, 150), FRANCK/MÜLLER (2000, 3), GROLL/SCHLÖSSER/SCHULTE (2002, 28 f.), KLIMMER (2004, 136), KLEWENHAGEN/WEILGUNY (2002, 28), KRUSE/QUITZAU (2002b, 64), MEYER (2002, 47), o.V. (2001c, 30), STRAUB/HOLZHÄUSER/GALLI/GÖMMEL (2002, 77), SWIETER (2002, 24).

2003/2004 für insgesamt 3 Mrd. DM (ca. 1,53 Mrd. Euro[117]) zum Gegenstand hatte. Die jährlichen Lizenzkosten für die einzelnen Spielzeiten betrugen dabei 695, 700, 705 sowie 900 Mio. DM (355, 358, 360, 460 Mio. Euro). Der durchschnittliche Rechtepreis lag folglich bei 750 Mio. DM (383,5 Mio. Euro). Gegenüber dem vorausgehenden TV-Vertrag (Laufzeit 1997/1998 bis 1999/2000: Ø ca. 302 Mio. DM/154 Mio. Euro; vgl. 2.2.4.) bedeutete dies eine Ergebniszunahme um 250 Prozent[118] (vgl. insbesondere ELTER 2002a, 83; ELTER 2003, 67 u. 81; KLEWENHAGEN 2000a, 14 ff.; KLOTZ 2003b, 30; NITZSCHKE 2003, 21 f. u. 32 ff.[119]).

Die Refinanzierung der erworbenen Rechte gestaltete sich für das Vermarktungsunternehmen KirchMedia jedoch von Beginn an als problembehaftet. Auch zahlreiche Reformen zur Wertsteigerung der verschiedenen Bundesligarechtepakete (insbesondere für den Pay-TV-Bereich[120]) führten zu keinen nachhaltigen Verbesserungen, mit der Folge, dass die KirchMedia AG im April 2002 Insolvenzantrag stellte. Für die wirtschaftliche Situation der beiden Fußballbundesligen hatte dies einschneidende Auswirkungen. So erhielten die Klubs anstelle der vertragsmäßig vorgesehenen vierten Zahlungsrate der Saison 2001/2002 (Zahlungstermin: 15. Mai 2002) in Höhe von 100 Mio. Euro lediglich 21 Mio. Euro, wodurch viele Bundesligisten (insbesondere in der zweiten Liga) in unmittelbare Insolvenzgefahr gerieten. Zur kurzfristigen Liquiditätssicherung und der damit einhergehenden Gewährleistung der unbeschadeten Fortführung des Spielbetriebes steuerte die DFL die fehlenden Gelder aus einem Rücklagentopf bei. Ferner fielen die vereinbarten Vertragssummen für die Folgespieljahre 2002/2003 und 2003/2004 in Höhe von 1605 Mio. DM (ca. 820 Mio. Euro) aus (KLEWENHAGEN/SOHNS/WEILGUNY 2002, 18 f.; KLOTZ 2003b, 30 f.; vgl. zudem ELTER 2002a, 83 f.; ELTER 2003, 81 f.; WORATSCHEK/SCHAFMEISTER/STRÖBEL 2006, 164 ff.).

Nach der Insolvenz der KirchMedia AG gingen die Übertragungsrechte jedoch nicht automatisch an den Rechteinhaber (inzwischen die DFL) zurück. Da der Vertrag für die Spieljahre 2002/2003 bzw. 2004/2005 zu diesem Zeitpunkt noch von keiner der beiden Partner erfüllt

117 Durch die Euroeinführung zum 1. Januar 2002 werden alle nach diesem Zeitpunkt liegenden Finanzaspekte in Euro angeführt. Für Sachverhalte, welche sowohl in den Zeitraum vor als auch nach der Währungsreform fallen, werden beide Wertangaben vermerkt.

118 Mit der neu geschaffenen Rechteverwertungssituation kam es dabei auch zu einer Modifikation der Verteilungssystematik der generierten Gelder. So flossen fortan 80 Prozent der Summe der ersten Fußballbundesliga und nur noch 20 Prozent der zweiten Liga zu. Ferner wurde erstmalig auch eine leistungsabhängige Komponente in die Umverteilung integriert.

119 Vgl. zudem DIETL/PAULI (2002, 254 f.), ELTER (2002b, 262 f.), FRANCK/MÜLLER (2000, 3), FRANCK/MÜLLER (2001, 235), FRANZKE (2001, 21), HARDENACKE/HUMMELSBERGER (2004, 54), HACKFORTH/SCHAFFRATH (2001, 364), HOFFMANN (2001, 337), KLEWENHAGEN (2001b, 14 f.), KLEWENHAGEN/WEILGUNY (2003a, 34), MAYR-VORFELDER (2004, 8), o.V. (2005k, 51), SCHEWE/GAEDE (2002, 137), SCHWENDOWIUS (2003, 180), SROUJI (2004, 45) oder SWIETER (2002, 35 f.).

120 Beispielsweise wurden zur Wertsteigerung der Pay-TV-Rechte in der Saison 2000/2001 die Begegnungen der ersten Fußballbundesliga stärker über den Wochenendverlauf gestreut: Freitagabend (1 Spiel, Pay-TV), Samstagnachmittag (5 Spiele, pay-per-view), Samstagabend (1 Spiel, Pay-TV), Sonntagnachmittag (2 Spiele, je eine Begegnung Pay-TV bzw. pay-per-view) (vgl. KLEWENHAGEN 2000a, 15).

worden war, nutzte der Insolvenzverwalter gemäß § 103 Insolvenzrecht das Recht, den Vertrag neu zu verhandeln. Zuschlag erhielt die Buli-Vermarktungs-GmbH, eine hundertprozentige Tochtergesellschaft der KirchSport AG / KirchMedia AG. Die Vertragsdauer umfasste zunächst zwei Jahre (Saison 2002/2003 und 2003/2004) bei einem Rechtepreis von jeweils 290 Mio. Euro sowie einer einmaligen Ausgleichszahlung in Höhe von 50 Mio. Euro (für die Ausfälle der Vorsaison sowie die Mindereinnahmen durch die Vertragsneuverhandlung). Ferner enthielt der Vertrag eine einseitige Verlängerungsoption seitens der Rechteagentur für die Spieljahre 2004/2005 und 2005/2006 (Lizenzpreis 295 Mio. Euro und 300 Mio. Euro) (vgl. ELTER 2002a, 83 f.; ELTER 2003, 81 ff.; KLEWENHAGEN 2002a, 34 ff.; KLOTZ 2003b, 30 ff.; SOHNS/WEILGUNY/KLOTZ 2002, 18 f.[121]).

Im Laufe der beiden Vertragsjahre kam es daraufhin zu einigen Konstellationsänderungen. So übernahm im Januar 2003 das Vermarktungsunternehmen Infront die Übertragungsrechte an der Fußballbundesliga. Vorausgegangen war dem ein Management-Buy-Out im Oktober 2002, im Rahmen dessen die KirchSport AG (der u.a. die Buli-Vermarktungs GmbH angehörte) aus der insolventen KirchMedia AG herausgelöst und in Infront Sports & Media AG umfirmiert wurde. Die Rechte an der Fußballbundesliga gingen in das Tochterunternehmen Infront Buli Marketing GmbH über (KLOTZ 2003b, 31; o.V. 2002h, 17; o.V. 2002t, 14; o.V. 2003i, 14). Im September 2003 einigte sich die DFL mit Infront schließlich auf einen um 10 Mio. Euro reduzierten Saisonlizenzpreis für die laufende Saison 2003/2004 (280 Mio. Euro). Hintergrund dafür war, dass das Schweizer Vermarktungsunternehmen durch seine abgeschlossenen Nachverwertungsverträge lediglich ein Ergebnis von rund 270 Mio. Euro erzielen konnte und im Falle des entsprechenden Defizits von ca. 20 Mio. Euro (ursprüngliche Saisonlizenzkosten: 290 Mio. Euro; vgl. Absatz zuvor) drohte, die Infront Buli Marketing GmbH, bei der die Fernsehrechte an der Fußballbundesliga offiziell lagen, in Insolvenz gehen zu lassen. Als Gegenleistung erhielten die Klubs wiederum diverse Internet- und Marketingrechte in den Stadien zurück (vgl. KLOTZ 2003b, 30 ff.; o.V. 2003b, 17; knap-pe Hinweise auch in WEILGUNY 2004c, 17, WEILGUNY 2004f, 38).

Nach jenen unzureichenden Ergebnissen ließ Infront die Option auf eine zweijährige Vertragsverlängerung der Vermarktung der Bundesligaübertragungsrechte zu den gegebenen Konditionen (Gesamtrechtepreis: 595 Mio. Euro) verstreichen. Im Rahmen der Neuverhandlungen bot die Infront Buli Marketing GmbH daraufhin lediglich 545 Mio. Euro für die zwei Spieljahre. Da jenes Angebot von den DFL-Verantwortlichen als zu gering bewertet wurde, entschloss sich die Deutsche Fußball Liga GmbH, die Übertragungsrechte fortan eigenständig zu vermarkten. Für die Spieljahre 2004/2005 und 2005/2006 erzielte die DFL daraufhin Ein-

[121] Vgl. zudem KLEWENHAGEN/WEILGUNY (2003b, 24 ff.), o.V. (2002r, 14).

nahmen i.H.v. jeweils ca. 300 Mio. Euro je Saison[122]. Die Vermarktung der Übertragungsrechte an der Fußballbundesliga für die Spielzeiten 2006/2007 bis 2008/2009 brachte schließlich Lizenzerlöse in Höhe von 420 Mio. Euro p.a. ein[123] (vgl. BEDNARZ et al. 2004, 13; SOHNS/WEILGUNY 2004, 20; WEILGUNY 2004c, 16 f.; WEILGUNY 2004d, 20; WEILGUNY 2006a, 40; WEILGUNY/KLOTZ 2006, 26 ff.; ZORN 2005, 28[124]).

Erschließung neuer Finanzierungsformen

Nach der Jahrtausendwende waren die Fußballbundesligisten bemüht, neue Finanzierungswege zu gehen. Zunächst ist in diesem Zusammenhang die Vermarktung der Stadionnamensrechte anzufügen. Zwar kam es in Deutschland bereits in den 90er Jahren zu einigen Namingrightvergaben (vgl. 2.2.4.), die Erschließung jenes Vermarktungssegments geht jedoch auf das Jahr 2001 zurück. Zu jenem Zeitpunkt hatte der Online-Dienstleister AOL das Namensrecht am Hamburger Volksparkstadion für rund 15,3 Mio. Euro und einer Laufzeit von zunächst fünf Jahren erworben. Nach anfänglichen gesellschaftlichen als auch medialen Akzeptanzschwierigkeiten wurde die Namensänderung jedoch zunehmend angenommen mit der Folge weiterer Namingrightvergaben im Jahr 2002. Bis Mitte der Saison 2005/2006 hatten bereits 17 Bundesligisten das Namensrecht ihrer Spielstätten veräußert[125]. Der erste Wechsel eines Stadionnamingrights in Deutschland vollzog sich schließlich zum Saisonbeginn

---

122 Neuer Verteilungsschlüssel: Einnahmenteilung zwischen erster und zweiter Bundesliga im Verhältnis von 78:22 (vgl. KLEWENHAGEN/KLOTZ/SOHNS/WEILGUNY 2005, 17; o.V. 2006a, 6).

123 Neuer Verteilungsschlüssel: Einnahmenteilung zwischen erster und zweiter Fußballbundesliga im Verhältnis von 79:21.
Zwei Neuheiten brachte der TV-Vertrag der Spieljahre 2006/2007 bis 2008/2009 zudem mit sich:
- Zum einen gingen die Pay-TV-Rechte erstmals nicht an Premiere sondern an arena, einem hundertprozentigen Tochterunternehmen des Kabelnetzbetreibers Unity Media.
- Zum anderen wurde eine über den Live-Pool des DFB-Pokals getragene Finanzunterstützung für die Zweitligaabsteiger eingeführt, welche das ökonomische Gefälle zur Regionalliga abfedern soll (o.V. 2006a, 6; o.V. 2006e, 7; sponsors-newsletter vom 03.02.2006).

Randnotizen:
- Für die Spielzeiten 2007/2008 und 2008/2009 erwarb Premiere im Nachhinein eine Sublizenz der Pay-TV-Rechte von arena. Unity Media, Muttergesellschaft von arena, erhielt dafür 16,7 Prozent Aktienanteile an der Premiere AG. Das Bundeskartellamt stimmte der Kooperation im Juli 2007 zu, forderte Unity Media jedoch auf, ihre Beteiligung an Premiere bis Ende der Spielzeit 2008/2009 abzubauen (vgl. KLEWENHAGEN 2007, 3; KLEWENHAGEN/SOHNS 2007, 13; o.V. 2006c, 40; o.V. 2007j, 40; o.V. 2007k, 46 sowie www.sponsors.de vom 18.07.2007).
- Abnehmer der Internet-Übertragungsrechte (= IP-TV, Übertragung von Fernsehen unter Nutzung des „Internet Protocols") war die Deutsche Telekom. Als der Telekommunikationskonzern Pläne bekannt gab, das Internetsignal neben dem Transportweg DSL auch über Kabel und Satellit zu verbreiten, kam es zu einem Streit mit der DFL, welche die Nutzung der Internetrechte lediglich auf das DSL beschränkt sah, da ansonsten die Exklusivität der Pay-TV-Rechte von arena gefährdet wäre. Beide Parteien einigten sich schließlich auf den Übertragungsweg DSL bei einer Reduzierung der Lizenzkosten (vgl. KLOTZ 2006b, 38; o.V. 2006t, 52; WEILGUNY 2006q, 38; WEILGUNY 2006r, 24; www.sponsors.de vom 01.06.2006).

124 Vgl. ferner HOHENAUER (2006e, 32), o.V. (2004g, 8), o.V. (2005b, 9), o.V. (2005f, 43), o.V. (2005g, 46), PELLIKAN (2006a, 13), WORATSCHEK/SCHAFMEISTER/STRÖBEL (2006, 165), sponsors-newsletter vom 21.12.2005, sponsors-newsletter vom 04.01.2006, www.sponsors.de vom 08.12.2003.

125 Vgl. dazu die Übersichten über vergebene Stadiennamensrechte in der ersten und zweiten Fußballbundesliga in DFL (2006, 118), KLEWENHAGEN/HOHENAUER (2006, 39) in Verbindung mit der Meldung aus dem sponsors-newsletter vom 13.03.2006. Vgl. ergänzend auch die Übersichten in OEDIGER (2006a, 31), SOHNS (2005a, 22 f.), SÜßMILCH/ELTER (2004, 42), WEILGUNY (2006c, 23).

2006/2007 (Umbenennung AOL-Arena in HSH Nordbank Arena) (vgl. insbesondere HOHENAUER 2007b, 36; KLEWENHAGEN 2001c, 42 f.; KLEWENHAGEN/HOHENAUER 2006, 38 f.; KLEWENHAGEN/KROLL/WEILGUNY 2001, 21 f.; WEILGUNY 2003a, 16 f.[126]). Vor dem Hintergrund verschärfter Kreditgewährungsvorschriften (Basel II) wurde von den Bundesligisten ferner eine Reihe von Kapitalmarktprodukten erschlossen. So nutzen einige Klubs alternative Finanzierungsformen wie die so genannte Asset-Backed-Securities-Transaktion (FC Schalke 04), emittierten Genussscheine (1. FC Köln, Werder Bremen, Energie Cottbus) oder brachten öffentliche Anleihen zur Liquiditätsbedarfsdeckung auf den Markt (Hertha BSC Berlin, 1. FC Köln) (vgl. v.a. SÜßMILCH/ELTER 2004, 93 u. 112 ff.; MEINKING 2004, 69 ff.[127]). Als weitere innovative Finanzierungsform ist die strategische Beteiligung der adidas AG an der FC Bayern München AG anzuführen (Beteiligungshöhe: 10 Prozent; Beteiligungspreis: 75 Mio. Euro[128]).

Gerichtliche und politische Entscheidungen

Im Folgenden wird knapp auf bedeutende Gerichtsurteile sowie politische Beschlüsse eingegangen, welche den deutschen Lizenzfußball seit der Jahrtausendwende mitprägten (Neuregelung Sportwetten, Besteuerungsneuregelung Hospitality-Leistungen, Lizenzgebühren private Rundfunkanstalten). Ergänzend werden einige EU-Veröffentlichungen zur zukünftigen Regelung des europäischen Profifußballs vorgestellt.

a) Neuregelung Sportwetten

Zur Sportwettensituation in Deutschland: Sportwetten wurden von Gerichten als Glücksspiele klassifiziert und sind stark limitiert, da es zur Veranstaltung, Vermittlung und Bewerbung von Glücksspielen einer behördlichen Erlaubnis bedarf. Ohne diese macht sich der Anbieter nach § 284 StGB strafbar. Glücksspielkonzessionen wurden bisher lediglich staatlichen Anbietern ausgestellt (im Bereich der Sportwetten: Oddset), wodurch in Deutschland faktisch ein staatliches Wettmonopol besteht. Gestützt wird dieses durch Gemeinwohlziele wie der Bekämpfung von Spiel- und Wettsucht oder dem Schutz vor Betrug. Eine Ausnahme bilden jedoch vier private Sportwettenanbieter (Betandwin/bwin, Sportwetten GmbH, Deutsche Sportwetten-

---

126 Vgl. zudem DINKEL (2002a, 36), ELTER (2003, 35), GAEDE/MAHLSTEDT (2003, 92), GALLI (2002a, 129), HOHENAUER/WEILGUNY (2007, 22), KLEWENHAGEN (2000f, 24 f.), KLEWENHAGEN/ KLOTZ/SOHNS/WEILGUNY (2005, 20), KLIMMER (2003, 48), KLINGMÜLLER (2006, 48), MEYER (2001, 14), MÜLLER et al. (2005, 86), o.V. (2002g, 10), o.V. (2002q, 8), o.V. (2004f, 11), o.V. (2004i, 8), o.V. (2004e, 28), o.V. (2005e, 8), o.V. (2005h, 6), o.V. (2005i, 7), o.V. (2005r, 36), o.V. (2005u, 12), o.V. (2006b, 8), SOHNS (2005a, 22 f.; 2007b, 29), SÜßMILCH (2002, 66), SÜßMILCH/ELTER (2004, 42), WICHERT/LEDA (2001, 54), WEILGUNY (2005a, 19; 2005d, 27), www.sponsors.de vom 14.08.2006.

127 Vgl. darüber hinaus BORN/MOHR/BOHL (2004, 206 ff.), ELTER (2003, 278 ff.), KERN/HAAS/DWORAK (2002, 434 f.), LEKI (2004, 171 ff.), MAUER/SCHMALHOFER (2001, 30 f.), MOHR/MERGET (2004, 112), o.V. (2005d, 12), o.V. (2005j, 8), PAUL/STURM (2004, 201 f.), SCHWENDOWIUS (2003, 216 ff.), SOHNS (2002a, 30 f.), SUCIU-SUBIANU (2004, 196 f.), WEILGUNY (2004g, 25), WEILGUNY (2005c, 32), sponsors-newsletter vom 25.07.2005, sponsors-newsletter vom 26.08.2005, www.sponsors.de vom 29.10.2004.

128 Vgl. ELTER (2003, 293), HARDENACKE/HUMMELSBERGER (2004, 64), HÖDL (2002, 28), KERN/ HAAS/DWORAK (2002, 402 u. 428), MEINKING (2004, 70), MOHR/MERGET (2004, 112), MÜLLER et al. (2005, 72), SOHNS (2002c, 26), SÜßMILCH/ELTER (2004, 119), WEILGUNY (2004l, 34).

Gesellschaft, digibet wetten.de), die ihre Befugnisse aus Erlaubnissen ziehen, die in der ehemaligen DDR vor Beitritt zur Bundesrepublik erteilt wurden (vgl. LEDA 2004, 46; LIEGL 2007, 38; WEILGUNY 2003d, 28 f.; WEILGUNY 2004e, 36; WEILGUNY 2006l, 28; knappe Hinweise in HOHENAUER 2005b, 16). Auf die Verfassungsbeschwerde einer Wettbüroinhaberin aus München, der in mehreren Instanzen das Anbieten und Vermitteln von Sportwetten verboten worden war, erklärte das Bundesverfassungsgericht am 28. März 2006, dass das staatliche Wettmonopol gegen die Berufsfreiheit verstößt und hat den Gesetzgeber angewiesen, den Bereich der Sportwetten bis zum 31.12.2007 verfassungskonform neu zu regeln. Folgende zwei Wege hat das BVG dazu aufgezeigt: 1) Beibehaltung des Wettmonopols bei konsequenter Bekämpfung von Spielsucht (aufgrund der intensiven Werbemaßnahmen von Oddset sei dies bisher nicht gegeben[129]). Fiskalische Interessen des Staates scheiden als Rechtfertigung des Wettmonopols hingegen aus. 2) Liberalisierung des Sportwettenmarktes durch ein gesetzlich normiertes, kontrolliertes Zulassen der gewerblichen Veranstaltung und Vermittlung von Sportwetten durch private Anbieter (vgl. v.a. BIRNSTIEL 2007, 41; LIEGL 2007, 38; SIEBOLD/LEDA 2006, 45; WEILGUNY 2006l, 28 f.; WEILGUNY 2006m, 34[130]).

Folgen des Urteils: Um den Vorgaben des Bundesverfassungsgerichts zur Beibehaltung des Wettmonopols nachzukommen (Bekämpfung der Suchtgefahr), wurden zum einen sämtliche Banden-, Trikot- und Fernsehwerbung des staatlichen Wettanbieters Oddset abgebrochen (dabei übernahm Lotto, der Mutterkonzern von Oddset, einen Großteil der noch laufenden Engagements) sowie diverse Sponsoringmaßnahmen privater Wettanbieter untersagt (Saison 2005/2006: Werbeverbote für bwin bei den Klubs SV Werder Bremen und TSV 1860 München). Zudem erarbeiteten die Bundesländer einen neuen Lotteriestaatsvertrag, der die Zulässigkeit von Werbung und Sponsoring von Sportwettanbieter erheblich einschränkt und die Zulässigkeit der DDR-Lizenzen auf Ende des Jahres 2008 beschränkt (die Ratifizierung des Vertrages stand bei Abschluss der Arbeit jedoch noch aus). Als Konsequenz auf die skizzierten Bemühungen von Bund und Länder, die Voraussetzung zur Aufrechterhaltung des Wettmonopols zu erfüllen, reagierten die privaten Wettanbieter mit einer starken Reduktion ihrer Werbe- und Sponsoringmaßnahmen (Rückgang des Sportsponsoringvolumens privater Wettanbieter in Deutschland zwischen 2006 auf 2007 um 72 Prozent[131]) (vgl. insbesondere HOHENAUER 2006a, 24 f.; HOHENAUER 2006c, 27; HOHENAUER 2007c, 24 f.; LIEGL

---

[129] Z.B. trat Oddset in der Saison 2005/2006 bei 14 Fußballerstligisten als Sponsor auf.

[130] Vgl. ferner HOHENAUER (2006a, 24), KLEWENHAGEN (2006a, 3), WEILGUNY (2006n, 21), WESTERWELLE (2006, 54).

[131] Sportsponsoringvolumen 2006: 25,1 Mio. DM.
Sportsponsoringvolumen 2007: 7,02 Mio. DM.
Fallbeispiel Bwin: Frühzeitige Auflösung des Trikotsponsoringvertrags mit dem SV Werder Bremen, Ausstieg aus den Co-Sponsorships mit Borussia Dortmund und VfL Bochum (HOHENAUER 2006c, 27; HOHENAUER 2007c, 24).
Randnotiz: Der erste Fall eines Sponsoringverbots eines privaten Wettanbieters geht auf August 2003 zurück. Damals untersagte die Stadt Gelsenkirchen dem Klub FC Schalke 04, im Stadion für den Wettanbieter digibet wetten.de zu werben (Grund: Der Wettanbieter sei in Nordrhein-Westfalen nicht zugelassen; vgl. WEILGUNY 2003d, 28; WEILGUNY 2003i, 36).

2007, 39; SIEBOLD/LEDA 2006, 45; WEILGUNY 2006l, 28; WEILGUNY 2006n, 21; NÖTTING 2006, 13[132]).[133]

b) Besteuerungsneuregelung von Hospitality-Leistungen

Konnten die Ausgaben für den VIP-Kundenbereich seit den Anfängen professioneller Hospitality-Maßnahmen in den frühen 90er Jahren (vgl. Kapitel 2.2.4.) weitestgehend problemfrei von den Unternehmen als Betriebsausgaben bzw. Werbekosten steuerlich abgezogen werden, kam es Mitte 2002, vor dem Hintergrund höchst unterschiedlicher Handhabungen jener Ausgabenabzüge seitens der Finanzämter, zu ersten Überlegungen des Bundesfinanzministeriums hinsichtlich einer Vereinheitlichung der entsprechenden Besteuerungsgrundlagen. Da damit einhergehend auch gewisse Abzugseinschränkungen zu erwarten waren, befürchteten die Bundesligisten Einnahmenrückgänge in der Hospitality-Vermarktung. Aufgrund dringlicherer steuerlicher Problemfelder wurde die Initiative der Finanzbehörde jedoch zunächst verschoben. Erst im August 2005 kam es durch einen gemeinsamen Erlass der Bundesländer und des Bundesministeriums für Finanzen zu einer Neuregelung der Besteuerung von VIP-Logen in Sportstätten (der Bereich der Business-Seats wurde hingegen nicht thematisiert). Die von den Klubs befürchteten Abzugseinschränkungen waren darin nicht enthalten, vielmehr wurde eine Vereinfachung in Form einer Pauschalbesteuerungsregelung festgeschrieben. Im Juli 2006 folgte ein Erlass zur Anwendung der Vereinfachungsregeln für ähnliche Sachverhalte (u.a. Business-Seats) (vgl. DEHESSELLES 2004, 46 f.; DEHESSELLES 2005a, 56 f.; DEHESSELLES 2005b, 44 f.; DEHESSELLES 2006, 38 f.; KLEWENHAGEN 2005a, 38; WEILGUNY 2003c, 41; WEILGUNY 2003e, 18 ff.; WEILGUNY/KLEWENHAGEN 2005, 37[134]).

c) Einführung von Lizenzgebühren für private Rundfunkanstalten

In der Saison 2000/2001 erhob die DFL und die veranstaltenden Klubs erstmals eine Lizenzgebühr für den Zutritt privater Rundfunkanstalten zu den Fußballbundesligaspielen zum Zwecke der Radioberichterstattung aus den Stadien. Je nach Übertragungsart und Reichweite der Radiosender lag der veranschlagte Lizenzpreis zwischen 2050 bis 30700 Euro. Im Februar 2002 reichte Radio Hamburg (mit Unterstützung des Verbands Privater Rundfunk und Telekommunikation VPRT und stellvertretend für alle privaten Rundfunkanbieter) daraufhin beim Landgericht Hamburg eine Klage gegen die DFL sowie gegen die Klubs Hamburger SV und FC St. Pauli aufgrund unangebrachter Lizenzkostenerhebung ein, die jedoch abgewiesen wurde. Als der Sender auch in zweiter und dritter Instanz verlor (Oberlandesgericht Hamburg, Bundesgerichtshof), legte Radio Hamburg Anfang 2006 eine Verfassungsbeschwerde beim Bundesverfassungsgericht in Karlsruhe ein. Ein Urteil war bei Abschluss der Arbeit noch

---

[132] Vgl. zudem o.V. (2006o, 51), o.V. (2006p, 9), o.V. (2006q, 8), o.V. (2006r, 8), WEILGUNY (2006j, 14).

[133] Ergänzung: Am 21.06.2006 entschied das Bundesverwaltungsgericht, dass der Geltungsbereich der Erlaubnisse von DDR-Lizenzen auf das Bundesland, für das sie ursprünglich erteilt wurden, begrenzt ist (LIEGL 2007, 38).

[134] Vgl. ferner KLEWENHAGEN/SOHNS (2003, 16), o.V. (2003l, 8), o.V. (2003m, 8), o.V. (2005n, 1 ff.), sponsors-newsletter vom 11.07.2005, sponsors-newsletter vom 18.08.2005.

nicht verkündet[135] (vgl. insbesondere WICHERT 2006, 50 f.; weitere Hinweise in ELTER 2002b, 265; ELTER 2003, 26 f.; o.V. 2006d, 48; SÜßMILCH/ELTER 2004, 71[136]).

d) EU-Veröffentlichungen

Neben jenen Entscheidungen ist zudem auf folgende Veröffentlichungen unterschiedlicher EU-Institutionen hinzuweisen, welche Vorschläge und Empfehlungen für die Regelung verschiedener Punkte im europäischen Fußball beinhalten. Die Veröffentlichungen sind als Grundlage für zukünftige Gesetzes-, Richtlinien- oder Verordnungsentscheidungen zu sehen.

- „Unabhängige Studie zum europäischen Sport"
  (Hrsg.: Verschiedene europäische Innen- und Sportminister, Mai 2006[137])
  Zentrale Empfehlungen: Einführung eines rigiden Lizenzierungsverfahrens für Fußballprofiklubs, Zentralvermarktung kommerzieller Rechte.
- „Zukunft des europäischen Fußballs" (Hrsg.: EU-Parlament, März 2007)
  Kernpunkte: Kennzeichnung der zentralen Vermarktung von Fernsehrechten als grundlegenden Mechanismus für die finanzielle Solidarität im europäischen Fußball (verbunden mit der Empfehlung auf Prüfung des Modells zur Verwendung in Europa), Vorschlag auf Einführung eines modularen Kosten- bzw. Gehaltskontrollsystems.
- „Weissbuch des Sports" (Hrsg.: Europäische Kommission, Juli 2007).
  Den Profifußball betreffende Kernaussage: Auf die Einführung und Beibehaltung von Solidaritätsmechanismen sei zu achten, im Bereich der Sportmedienrechte könne dies die Form einer zentralen Vermarktung oder einer Einzelvermarktung annehmen[138] (zudem: Keine Stellungnahme zur Einführung von Gehaltsbeschränkungssystemen).

(WEILGUNY 2006j, 14 ff.; WEILGUNY 2007g, 18 f.; www.sponsors.de vom 12.07.2007).[139]

Wettbetrugsfall Robert Hoyzer

Nach den Manipulationsvorfällen in den 60er und 70er Jahren (vgl. 2.2.1. und 2.2.2.) wurde die Glaubwürdigkeit des deutschen Lizenzfußballs durch die Bestechungsaffäre um den DFB-

---

135 Von dem dargestellten Streit zwischen den Privathörfunksendern und der DFL sind die öffentlich-rechtlichen Sendeanstalten zu trennen. Hintergrund: Zunächst kam es bereits in den 80er Jahren zu einem Abkommen zwischen dem DFB und den ARD-Hörfunkanstalten, dass deren Radioberichterstattung grundsätzlich kostenfrei sei, eine Live-Übertragung in der ersten Halbzeit jedoch nicht zulässig ist (vgl. dazu bereits Kapitel 2.2.3.). Da jene Absprache in den Folgejahren jedoch zunehmend umgangen wurde, nahm der DFB im Jahr 2000 erneut Verhandlungen mit der ARD auf. Am 21. Juli 2001 einigten sich die Parteien (der Lizenzfußball war nun durch die DFL vertreten) auf eine kostenlose, insgesamt 40-minütige Live-Berichterstattung über die Spiele der ersten und zweiten Fußballbundesliga ungleich aus welcher Halbzeit. Sender, mit einem oder mehreren Zweitligisten in ihrem Sendegebiet, dürfen zusätzlich 10 Minuten von der zweiten Bundesliga live berichten. Ende 2002 schlossen die DFL und die ARD schließlich einen Kooperationsvertrag mit einer Wertigkeit in Höhe von 4,5 Mio. Euro ab (vgl. v.a. WICHERT 2001a, 66; kurze Hinweise in KLEWENHAGEN/WEILGUNY 2002, 29).

136 Vgl. zudem o.V. (2002e, 15; 2002n, 15; 2003f, 14; 2003g, 14; 2005o, 50), www.sponsors.de vom 12.06.2003.

137 So genannte „Arnaut-Studie" (Inoffizieller Auftraggeber: UEFA).

138 Nach den beiden vorausgehenden Veröffentlichungen (Unabhängige Studie zum europäischen Sport, Zukunft des europäischen Fußballs) hatte sich die DFL v.a. eine klare Ausrichtung in Richtung Zentralvermarktung der medialen Rechte erhofft, um die Einnahmenunterschiede zwischen den europäischen Top-Klubs zu reduzieren (in beiden Publikationen wurde die zentrale Medienrechtevermarktung befürwortet). Wie skizziert sprach sich die europäische Kommission in ihrem Weissbuch jedoch weder für noch gegen eine der beiden Vermarktungsformen aus (Zentralvermarktung vs. Einzelvermarktung).

Schiedsrichter Robert Hoyzer im Jahr 2005 erneut in Mitleidenschaft gezogen. So hatte Hoyzer zwischen 22. Mai und 28. November 2004 für die Einflussnahme auf acht von ihm geleiteten Begegnungen (Regionalliga, zweite Liga sowie DFB-Pokal) insgesamt 67000 Euro von organisierten Sportwettenspielern zur Sicherung ihrer Wetteinsätze erhalten. Am 17. November 2005 wurde der Schiedsrichter daraufhin wegen Beihilfe zum gewerbemäßigen Betrug in sechs Fällen von der 12. Strafkammer des Berliner Landgerichts zu einer Freiheitsstrafe von zwei Jahren und fünf Monaten ohne Bewährung verurteilt. Die eingelegte Revision der Verteidigung wurde am 15. Dezember 2006 vom Bundesgerichtshof verworfen (vgl. dazu AHRENS 2005, 1 f.; BERG et al. 2005, 146 ff.; HACKE/RÖBEL/TODT/WULZINGER 2005, 44 ff.; o.V. 2005l, 19; o.V. 2005m, 214; RÖBEL/TODT/WULZINGER 2005, 180 ff. sowie www.spiegel.de vom 15.12.2006).

Neuregelungen UEFA-Cup und Champions League

Nach der Jahrtausendwende kam es zudem zu einigen Reformen der beiden europäischen Vereinswettbewerbe. So wurde in der Champions League zunächst die (erst 1999 eingeführte) Zwischengruppenphase ab der Saison 2003/2004 wieder abgeschafft (SOHNS/WEILGUNY/KLOTZ 2002, 23[140]). Ferner wurde der UEFA-Cup zur Saison 2004/2005 weiter modifiziert (Rückblick: Zusammenlegung von UEFA-Cup und Pokalsiegerwettbewerb im Jahr 1999; vgl. 2.2.4.). Nach einer KO-Runde mit Hin- und Rückspiel wurde fortan eine Zwischenrunde mit acht Gruppen aus je fünf Teams ausgespielt, wobei zwei Heimspiele zur Gewährleistung höherer Mindesteinnahmen garantiert sind. Unter Hinzunahmen der Gruppendrittplatzierten aus dem Champions-League-Turnier folgen anschließend die nach altbekannten Reglement auszuspielenden Viertel- und Halbfinalbegegnungen sowie das Endspiel (o.V. 2003n, 9[141]). Eine weitere Neuregelung des UEFA-Cups folgte schließlich zur Saison 2006/2007. Ab jenem Spieljahr vermarktete der Europäische Fußballverband (entsprechend dem Vorbild der Champions League) den Wettbewerb erstmalig zentral – jedoch erst ab dem Viertelfinale (vgl. SOHNS 2006c, 26 f.; SOHNS 2006d, 22; WEILGUNY 2005f, 28).

Einführung (einteilige) dritte Liga

Auf dem außerordentlichen DFB-Bundestag vom 8. September 2006 wurde eine Neuordnung der Spielklassenstruktur unterhalb der zweiten Fußballbundesliga beschlossen. Diese sieht die Einführung einer einteiligen dritten Liga mit 20 Mannschaften ab der Spielzeit 2008/2009 vor. Getragen und verwaltet wird die neue Liga durch den DFB. Unter den 20 für die dritte

[139] Ergänzend ist im Rahmen der Abhandlung gerichtlicher sowie politischer Entscheidungen auf das Tabakwerbeverbot der EU seit dem 31. Juli 2005 hinzuweisen, das v.a. die Vermarktung der Formel 1 negativ beeinflusste (Zigarettenindustrie als eine der bedeutendsten werbetreibenden Branchen in der Formel 1).
Seit 2007 häufen sich zudem die Meldungen von EU-Plänen zur Einführung eines Alkoholwerbeverbots in den kommenden Jahren – ein Beschluss, der sich äußerst negativ auf die Vermarktung vieler Fußballbundesligisten auswirken würde (Bierbranche als eine der wichtigsten Sponsorengruppen der Klubs) (vgl. dazu HOHENAUER 2005c, 38; HOHENAUER 2007d, 28; KLINGMÜLLER/KIESGEN 2004, 52 f.; PARTEINA 2006, 54; WEILGUNY 2005b, 30; WEILGUNY 2006j, 14).

[140] Vgl. zudem www.dfb.de vom 11.09.2004.

[141] Vgl. zudem www.dfb.de vom 11.09.2004, www.sponsors.de vom 27.08.2004.

Liga der Saison 2008/2009 qualifizierten Teams dürfen sich maximal vier zweite Mannschaften von Lizenzvereinen der beiden Fußballbundesligen befinden (diese erhalten keine TV-Gelder und sind ab jenem Spieljahr auch nicht mehr für die erste Hauptrunde des DFB-Pokals zugelassen). Der Modus der dritten Liga sieht zwei Auf- und Absteiger vor, geplant ist zudem eine Relegation zwischen Drittletztem der zweiten Fußballbundesliga und dem Drittplatzierten der dritten Liga[142] (vgl. primär o.V. 2006l, 1 f.; ergänzend o.V. 2006m, 12; WEILGUNY 2006k, 43; www.sponsors.de vom 08.09.2006). Ziel der Strukturreform ist es, die zukünftigen Drittligisten wirtschaftlich besser zu stellen als die bisherigen Regionalligisten (v.a. über Gelder des TV-Pools). Die Einführung der dritten (Profi-)Liga ist somit als eine weitere Maßnahme zur Abfederung des ökonomischen Gefälles unterhalb der zweiten Fußballbundesliga zu sehen[143] (vorausgegangene Maßnahme 2005: Finanzunterstützung für Zweitligaabsteiger; vgl. bereits Fußnote 123).[144]

Sonstiges

Weitere vollzogene Professionalisierungsschritte nach der Jahrtausendwende:

- Zulassung von Werbung auf den Trikotärmel ab der Saison 2002/2003[145].
- Konsolidierung und Ausweitung der Fanartikelvermarktung[146].
- Zunahme von Kapitalgesellschaftsneugründungen[147].
- Erste Einsätze von LED-Banden[148], zunehmende Verwendung von Drehbandensystemen[149].
- Verstärkte Managementbemühungen zur Vergrößerung der Klubmitgliederzahlen[150].
- Ausweitung der Marketingmaßnahmen der Klubs sowie der DFL auf internationale Kernmärkte wie Nordamerika und Asien (Turnierreisen, Trainingslager, Team- und Ligenkooperationen, mehrsprachige Homepages, Zunahme des TV-Übertragungsumfangs, Transfers von Spielern aus jenen Ländern[151]).

---

142 Die Einführung der Relegationsrunde wird jedoch davon abhängig gemacht, ob ein identisches Verfahren zwischen erster und zweiter Fußballbundesliga eingerichtet wird (Diskussion diesbezüglich führt die DFL bereits seit Frühjahr 2006; vgl. sponsors-newsletter vom 04.05.2006). Kommt es zu keiner Relegationsrunde, gibt es drei Auf- bzw. Absteiger (o.V. 2006l, 2).

143 Skizzierung des ökonomischen Gefälles am Beispiel „durchschnittliche TV-Einnahmen" (Saison 2005/2006): Regionalliga (ca. 0,4 Mio. Euro), zweite Fußballbundesliga (mind. 3 Mio. Euro) (o.V. 2006m, 12).

144 Ein wichtiger, unterstützender Schritt für die Zentralisation der dritthöchsten Spielklasse bzw. die Verbesserung der ökonomischen Situation der Klubs jener Ebene war die erstmalige, regelmäßige Übertragung der Fußballregionalliga in der ARD ab der Spielzeit 2006/2007, die einerseits für erhöhte TV-Einnahmen, zum anderen für gesteigerte Zuschauerkontakte (und damit erhöhte Klubmarketingrechte) sorgte (o.V. 2006n, 52; PELLIKAN 2006b, 14; WEILGUNY 2006k, 43; www.sponsors.de vom 06.12.2006).

145 Vgl. o.V. (2002o, 14), o.V. (2002p, 9). Randnotiz: Der FC St. Pauli war dabei der erste renommierte Klub mit Ärmelwerbung (sponsors-newsletter vom 09.08.2005).

146 Vgl. dazu KERN/HAAS/DWORAK (2002, 429), MÜLLER et al. (2005, 59), o.V. (2004c, 12), o.V. (2005q, 1), ROHLMANN (2002, 379), ROHLMANN (2003, 21), SOHNS (2002f, 34), WEILGUNY (2004j, 17), WEILGUNY (2004k, 18), o.V. (2007g, 44), WEILGUNY (2005e, 26). Kurze Hinweise zudem in HARDENACKE/HUMMELSBERGER (2004, 56), SÜßMILCH/ELTER (2004, 42).

147 Vgl. bereits Fußnote 107.

148 Vgl. BROCK (2001a, 26), GLENDINNING (2004b, 30 f.), SOHNS (2006e, 19), www.sponsors.de vom 15.02.2006, www.sponsors.de vom 14.11.2006.

149 Vgl. SOHNS (2006b, 28), WEILGUNY (2006d, 27).

150 Vgl. BERTRAMS/BIELING/ESCHWEILER (2004, 175 ff.), BIERWIRTH/KARLOWITSCH (2004, 208 ff.), SOHNS (2004d, 26), MUTSCHLER/ROTTHAUS (2004, 1), sponsors-newsletter vom 26.07.2005, www.fcbayern.t-com.de vom 14.11.2005.

- Einführung rigider Controlling-Systeme sowie weiterentwickelter CRM-Systeme im Vereinsmanagement[152].
- Einführung Klub-TV (zunächst: Kooperationen mit Fernsehsendern; später: Nutzung der Klubhomepage als Plattform für Klub-TV)[153].
- Fortschritte in der multimedialen Technik (Spielstandsformationen durch SMS/MMS, Live-Reportagen via Telefon/Handy, Internet-Spielezusammenfassungen, Highlight-Videoclips für mobile Endgeräte, digitales Handy-TV[154]).
- Abschluss von Versicherungen gegen sportlichen Misserfolg (z.B. TSV 1860 München nach Beginn des Stadionbaus[155]).
- Gründung einer gemeinsamen Arbeitsgruppe „Sponsoring" von DFB und DFL[156].

Zudem setzten sich nach dem Jahrtausendwechsel auch einige der gegen Ende der 90er Jahre festgestellten Branchenentwicklungen fort. So erzielten die Erstligisten aus der Verwertung der Trikotwerberechte weiterhin die höchsten Ergebnisse in den europäischen Fußballprofiligen[157], des Weiteren hielten die Bundesligaklubs die intensive Zusammenarbeit mit spezialisierten Vermarktungsagenturen weiterhin aufrecht[158]. Und auch die Modernisierung der Stadien (Neubauten, Sanierungen, Ausbau Hospitality-Bereich) schritt sukzessive voran[159].

Abschließend ist anzufügen, dass sich DFL und Deutsche Telekom im Juni 2006 auf den ersten Liga-Sponsoringvertrag im deutschen Lizenzfußball einigten. Ab der Saison 2006/2007 wurde der Telekommunikationsanbieter so genannter Presenting-Sponsor (Leistung: Werbung

---

151 Vgl. DARBYSHIRE (2004, 5), HÖFT et al. (2005, 181 ff.), KLOTZ (2004, 27), SOHNS (2003e, 26 ff.), o.V. (2004l, 5), o.V. (2005t, 9), o.V. (2007b, 6), www.sponsors.de vom 05.09.2003, www.sponsors.de vom 10.09.2003, www.sponsors.de vom 19.01.2006.

152 Vgl. HOHENAUER (2006b, 26 f.), KEPPLER (2003, 72), o.V. (2005c, 28 f.), QUACK (2006, 39), ROTTHAUS/SROUJI (2005, 114), WELLING (2005, 498).

153 Vgl. BAUMEISTER/KLEWENHAGEN/KLOTZ (2004, 52), HOHENAUER (2007a, 24), OEDIGER (2006b, 28), o.V. (1999c, 7), (o.V. 2002i, 14), (o.V. 2004j, 15), WEILGUNY (2006i, 32) sowie www.sponsors.de vom 08.08.2006, www.sponsors.de vom 09.08.2006, www.sponsors.de vom 25.02.2007. Ergänzend auch GLENDINNING (2004a, 8 f.).

154 Vgl. MÜLLER et al. (2005, 75), o.V. (2002l, 16), o.V. (2002s, 14), o.V. (2003h, 14), o.V. (2003k, 15), o.V. (2004l, 15), o.V. (2005p, 47), o.V. (2006f, 51), WEILGUNY (2004h, 42 f.), WELLING (2004c, 38).

155 Vgl. ROOS (2002, 499), PAUL/STURM (2004, 208), ergänzend auch HÖDL (2002, 29 f.), KERN/HAAS/DWORAK (2002, 431), SÜßMILCH et al. (2001, 34), KLEWENHAGEN (2005b, 30).

156 Vgl. o.V. (2007c, 6).

157 Vgl. APP (2006, 14), ASHELM (2004, 9), BEDNARZ et al. (2004, 15), BÜHLER (2005, 30 f.), HOHENAUER/WEILGUNY (2007, 18), KLEWENHAGEN (2000c, 15 u. 24), MÜLLER et al. (2005, 58), o.V. (2004k, 9), PARENSEN (2004, 313 f.), SOHNS (2004a, 22 ff.), SOHNS/WEILGUNY/KLOTZ (2002, 24), SÜßMILCH et al. (2001, 78), SÜßMILCH/ELTER (2004, 41), WEILGUNY (2001, 39; 2006b, 16; 2006e, 25; 2007a, 30; 2007b, 24 f.).

158 Vgl. BROCK (2001b, 36), ELTER (2002a, 85; 2002b, 290 f.), HACKFORTH (2004, 173), HOHENAUER/WEILGUNY (2007, 22), KLEWENHAGEN (2000a, 22; 2001b, 20), KLEWENHAGEN/KLOTZ/SOHNS/WEILGUNY (2005, 20), KLEWENHAGEN/SOHNS/WEILGUNY (2002, 27), LEHMANN/WEIGAND (2002, 51), o.V. (2002k, 8), OEDIGER (2006a, 31), SOHNS (2004b, 27; 2004c, 30; 2007a, 33), SOHNS/WEILGUNY (2003, 20), SÜßMILCH/ELTER (2004, 36), WEILGUNY (2002, 35; 2004d, 22; 2006c, 23).

159 Eine Studie aus dem Jahr 2006 ermittelte 23 Bauprojekte in den beiden Fußballbundesligen sowie den zwei Regionalligen mit einem Investitionsvolumen von über 500 Mio. Euro (WEILGUNY/KLEWENHAGEN 2006, 38 ff.). Vgl. ferner o.V. (2006h, 11), o.V. (2006i, 8), o.V. (2006j, 8), o.V. (2007d, 10), o.V. (2007e, 12), o.V. (2007f, 10) sowie WEILGUNY (2006f, 35; 2006g, 19; 2006h, 34 f.; 2007c, 16; 2007d, 28).

auf den Ärmeln aller 36 Bundesligaklubs sowie den Auswechseltafeln), für die Saison 2007/2008 und fortfolgende bestand eine Option auf das Namensrecht an der Fußballbundesliga, welche der Konzern aufgrund interner Umstrukturierungen sowie einer Neuausrichtung der Markenstrategie jedoch verstreichen ließ. Für die Spieljahre 2007/2008 und 2008/2009 hatten sich DFL und Telekom daraufhin auf eine Fortführung des bisherigen Engagements geeinigt (Ligaärmelsponsor, Werbung auf den Auswechseltafeln; Wert: ca. 5 Mio. Euro je Saison) (KLEWENHAGEN 2006b, 41; o.V. 2007i, 9; WEILGUNY 2007f, 26[160]).

2.3. Zusammenfassung

Das Kapitel setzte sich mit dem Wandel vom Fußballverein zum Fußballunternehmen auseinander. Untersucht wurden die Veränderungen der Branchenrahmenbedingungen und die sich daraus ergebenden Auswirkungen auf die Fußballklubs. Die Vorgehensweise war zweigeteilt. Zunächst wurde die Entwicklung von den Anfängen des organisierten Fußballs in Deutschland bis zur Einführung der Fußballbundesliga 1963 zusammengefasst. Im Anschluss daran wurden die Entwicklungsprozesse nach Einführung der Fußballbundesliga beschrieben und diskutiert. Abbildung 13 veranschaulicht die bedeutendsten Entwicklungsschritte vom traditionellen Fußballverein zum modernen Fußballunternehmen nochmals im Überblick.

Abb. 13: Die zentralen Eckdaten des Wandels vom Fußballverein zum Fußballunternehmen

Für eine jahrgenaue Entwicklung der Zuschauerzahlen sowie der Vermarktungsergebnisse in den Bereichen Ticketing, Übertragungsrechte sowie Trikotsponsoring vgl. Anhang 1 bis 4.

[160] Vgl. zudem APP (2006, 14), HOHENAUER (2006a, 25; 2006d, 36), o.V. (2006s, 7), o.V. (2007h, 6), WEILGUNY (2006c, 20; 2006o, 28; 2006p, 25; 2006q, 39) sowie sponsors-newsletter vom 12.05.2006.

3. Ökonomische Leitziele von Fußballunternehmen

In der Managementforschung wird die Wechselbeziehung zwischen Zielen (definiert als *erwünschte, zukünftig zu erreichende Zustände*; vgl. BRAUN 2004, 37[161]; DUHNKRACK 1984, 118; FISCHER 1989, 89; SAHLBERG 1996, 2; SCHMIDT 1993, 4794; WILL 1992, 93) und Management wie folgt dargestellt: Ziele sind als Handlungsauslöser zu verstehen, sie stellen die originären bzw. konstitutiven Elemente des Managementprozesses dar (vgl. DUHNKRACK 1984, 60; ähnlich BRAUN 2004, 40; FISCHER 1989, 92 f.; WILL 1992, 2). Dem Management kommt dabei die Aufgabe der Zielerreichung zu (Management als Operator/Bindeglied zwischen der kennzeichnenden Gegenwartssituation und dem erwünschten Zukunftszustand), d.h. Management hat sich an gesetzten Zielen auszurichten (DUHNKRACK 1984, 59 f.; FISCHER 1989, 99). Zielsetzungen sind also wichtige Voraussetzungen für das erfolgreiche Marktagieren von Unternehmen, ohne Zielfestlegungen fehlt dem Management die Orientierung (WITTE 2000, 60).

Aufgabe des Managements von Fußballunternehmen muss es folglich sein, die „richtigen" Leitziele zu setzen. Die vorliegende Arbeit setzt sich deshalb mit der Ermittlung (branchenspezifischer) ökonomischer Leitziele von Fußballunternehmen auseinander[162,163].

Dazu wird zunächst der Stand der Zielforschung im professionellen Teamsport dargestellt und diskutiert (3.1.). Weiterführend wird die Branche der Fußballunternehmen einer Untersuchung unterzogen. Ziel der Analyse ist die Beschreibung und Erklärung der komplexen Wirtschaftssystematik der Fußballunternehmen mit ihren zahlreichen Besonderheiten bzw. Struktur- und Leistungsverflechtungen. In einer anschließenden Diskussion werden ökonomische Leitziele für das Management von Fußballunternehmen begründet (3.2.). Eine Zusammenfassung der vollzogenen Arbeitsschritte und Ergebnisse beendet das Kapitel (3.3.).

---

161 Vgl. ferner die in BRAUN (2004, 8 ff.) vorzufindende Übersicht verschiedener Zieldefinitionen.

162 In der Zielforschung werden unter Leitzielen diejenigen Ziele verstanden, welche die Ordnungsprinzipien und Prioritäten im Unternehmen – und damit ihren betrieblichen Handlungsrahmen – festlegen (BERTHEL 1975, 4; DÜCK 1979, 6; SCHEIBLER 1974, 105; SCHIERENBECK 2000, 81; THOMMEN 1991, 113).

163 *Anmerkung 1:* Bedingt durch die nachweisliche Verzahnung von sportlichem und wirtschaftlichem Erfolg von Fußballunternehmen betreffen auch sportbezogene Gestaltungsaspekte (z.B. Training, Taktik, Scouting, Transferpolitik, Nachwuchsarbeit etc.) die Ökonomie der Klubs. Der Blickwinkel der vorliegenden Arbeit ist jedoch allein auf den wirtschaftlichen Leistungsbereich der Fußballunternehmen gerichtet, sämtliche die sportliche Leistungserstellung betreffenden Prozesse sind der Arbeit ausgegrenzt.
[Zum Zusammenhang von sportlichem und wirtschaftlichem Erfolg im professionellen Teamsport vgl. primär LEHMANN/WEIGAND (1997a, 5 ff.; 1997b, 387 ff.; 1999, 130 ff.; 2002, 45 ff.). Vgl. ergänzend ERNING (2000, 76 f. u. 125 ff.), FRICK (2000b, 61 f.; 2004a, 2 u. 6 ff.; 2004b, 76), FORREST/SIMMONS (2002, 222), GRAMATKE (2004, 133 ff.), GRUNDMANN/HARDENACKE/RÜßMANN (2004, 326), HAAS (2002a, 98), KLIMMER (2003, 43 ff.), OPITZ (2003, 11 f.), PAULI (2002, 6), QUITZAU (2002, 107 f.), SCHELLHAAß/ENDERLE (1998a, 3; 1998b, 299; 2000, 34 f.), SCHMIDT (2004a, 54; 2004b, 255), SPOHR (2003, 145 f.), SWIETER (2002, 66 ff.)].
Anmerkung 2: Mit dem Zusatz der Branchenspezifik werden zudem branchenunabhängige, d.h. für jede Art von Unternehmen geltende, Ziel- bzw. Managementbereiche der vorliegenden Arbeit ausgeklammert (z.B. Auf- und Ablauforganisation, Führung, interne Kommunikation, Controlling etc.). Zur Umsetzung verschiedener branchenunspezifischer Ziel- bzw. Managementbereiche im Profiklubkontext vgl. bereits SCHILHANECK (2004).

3.1. Stand der Zielforschung im professionellen Teamsport

Die Fragestellung nach den das Marktagieren von Profisportorganisationen kennzeichnenden Leitzielen wurde erstmals von ROTTENBERG Mitte der 50er Jahre aufgegriffen und ist seitdem viel diskutiert, allerdings wurde die Diskussion nur sehr eng geführt, da sich die Ausführungen lediglich auf zwei sehr „grobe" Zielausrichtungen beziehen (Gewinnmaximierung vs. Nutzenmaximierung)[164]. Wenn im Folgenden der Stand der Zielforschung im professionellen Teamsport genauer vorgestellt und diskutiert wird, ist die Vorgehensweise zweigeteilt. Zunächst werden die Standpunkte der gesichteten Forschungsbeiträge bis zum Ende der 80er Jahre vorgestellt und hinsichtlich ihres Bezugsfeldes systematisiert (nordamerikanischer vs. europäischer Profiteamsport). In einem zweiten Schritt werden sodann die fortführenden Erkenntnisse ab den 90er Jahren aufgezeigt. Die gewählte zweistufige Analyseabfolge resultiert aus den sich ab Beginn des zweiten Betrachtungszeitraums europa- respektive deutschlandweit zunehmend vollziehenden Rechtsformumwandlungen der Profisportorganisationen und der sich daran anknüpfenden Frage, inwieweit dieser Professionalisierungsprozess Auswirkungen auf die Leitziele der Klubs genommen hat. Abschließend werden die Untersuchungsergebnisse zusammengefasst und diskutiert[165,166].

3.1.1. Die Forschung bis 1990

a) Professioneller Teamsport Nordamerika

Der erste Beitrag zur Leitzielkennzeichnung von US-Profiklubs geht auf ROTTENBERG (1956, 242 ff.) zurück. Im Rahmen einer Untersuchung des nordamerikanischen Arbeitsmarktes für Baseballspieler postuliert ROTTENBERG für die Klubs ein rational gewinnmaximierendes Verhalten[167] (primäre Ausrichtung der Managementaktivitäten auf eine Differenzmaximierung zwischen Einnahmen und Ausgaben). Mit den Beiträgen von NEAL (1964), KOPPET (1967), JONES (1969), DEMMERT (1973) sowie NOLL (1974a, 1974b) folgten weitere

---

164 In der Fachliteratur werden im Rahmen der Diskussion „Gewinn- vs. Nutzenmaximierung" verschiedene (Ziel-)Begrifflichkeiten verwendet. Während PÖTTINGER (1989, 267) in diesem Zusammenhang vom „Selbstverständnis" der Profiklubs spricht, finden sich an anderer Stelle Bezeichnungen wie „vorrangiges Ziel" (HEINEMANN 1984, 23), „primäres Ziel" (BENNER 1992, 90), „übergeordnetes Ziel" (QUITZAU 2002, 61), „Hauptziel" (EMPACHER 2000, 43; KLIMMER 2003, 16; ähnlich DOBSON/GODDARD 2001, 127 „prime objective") oder auch „eigentliches Ziel" (ERNING 2000, 190). Oftmals kommt es auch zu der Nutzung des Terminus „Zielfunktion" (vgl. u.a. DEMMERT 1973, 25; FRICK 1999, 145; FRICK/WAGNER 1998, 329; GARCIA/RODRIGUEZ 2002, 19; HUNT/LEWIS 1976, 936; SCHEWE 2002, 163; SWIETER 2002, 59 u. 171; WORATSCHEK 2002, 19; ZIEBS 2002, 34).
BIERWIRTH/KARLOWITSCH (2004, 203) sprechen in diesem Kontext hingegen von „Zielsystem". Diese Begriffsanwendung ist jedoch nicht korrekt, da ein Zielsystem als die Summe sämtlicher unterschiedlicher Zielsetzungen in einer Organisation und ihrer spezifischen Beziehungen zueinander definiert ist (vgl. u.a. HAHN 1986, 11; HÖRSCHGENS 1992, 474; WILD 1982, 57) und nicht nur allein mit den übergeordneten Zielmaximen gleichzusetzen ist.

165 Die nachfolgende Darstellung und Diskussion des Stands der Zielforschung im professionellen Teamsport wird vornehmlich unter der Perspektive der Ergebnisse der Arbeiten geführt (Auflistung bzw. Gegenüberstellung von Beiträgen mit Belegen für bzw. gegen die Gewinn- bzw. Nutzenmaximierungshypothese). Die jeweiligen methodischen Zugänge der Beiträge werden lediglich knapp skizziert, die sich aus den methodischen Unterschieden der Untersuchungsansätze ergebenden Probleme bzw. Grenzen der Aussagen werden an dieser Stelle nicht weiter ausgeführt.

166 Vgl. zu den folgenden Ausführungen auch SCHILHANECK (2006b).

167 Vgl. genauer ROTTENBERG (1956, 252 f. u. 255).

Arbeiten, welche jene erstformulierte These der bestimmenden Profitzielorientierung der US-Profiklubs mittels Branchenanalysen bzw. Preiselastizitätsuntersuchungen im Bereich des Ticketing unterstützten[168].

Die Wettbewerbsanalyse im Major League Baseball von DAVENPORT (1969) beinhaltete demgegenüber eine erste Gegenposition zu ROTTENBERGs Gewinnmaximierungshypothese. So sei das Profisportengagement der über hohe Finanzressourcen verfügenden Franchiseeigentümer nicht auf Profitgenerierung ausgerichtet, vielmehr seien nichtmonetäre Motive dominierend („psychic income: a desire to own a great team"; vgl. ebenda S. 20)[169]. Vergleichbar argumentierten etwas später auch QUIRK/EL HODIRI (1974). Im Rahmen einer Modellierung des US-Profisports konstatierte das Autorenpaar, dass die Annahme, die Handlungen der Franchiseinhaber wären allein durch Gewinnabsichten zu begründen, als unrealistisch anzusehen sei. Nicht zuletzt bedeute der Besitz eines Major League-Klubs auch Prestige und Publicity, sodass der sportliche Erfolg im Einzelfall durchaus als handlungsbestimmender gegenüber potentiellen Profitzielsetzungen ausfallen könne (vgl. insbesondere QUIRK/EL HODIRI 1974, 42[170]). Weitere Unterstützung fand jene Argumentation schließlich auch durch die Arbeit von MARKHAM/TEPLITZ (1981). So stellten die Autoren im Rahmen einer Diskussion zuvor begründeter materieller als auch immaterieller Eigentümerleitmotive von Major League Baseball-Franchises eine reine Gewinnausrichtung der Profiklubs in Frage (vgl. ebenda S. 24 ff.)[171].

Jenem Diskussionsergebnis von MARKHAM/TEPLITZ (1981) ist jedoch wiederum die Arbeit von BROWNER (1977) gegenüberzustellen. Im Rahmen einer (auf einer Literaturrecherche basierenden) Untersuchung von Leitmotiven US-amerikanischer Teambesitzer ermittelte BROWNER, dass die Absicht des Erwerbs eines US-Major League-Franchises zunächst durchaus auf nicht-monetäre Motive zurückzuführen sei, mit Markteintritt des Sportunternehmens jedoch die ökonomischen Zielsetzungen dominieren würden (vgl. ebenda S. 25) und bestätigt damit ROTTENBERGs originäre Annahme. Einen weiteren, die Gewinnmaximierungshypothese von US-Profiklubs unterstützenden Beitrag, lieferte zudem NOLL (1982), der einige Fallbeispiele skizziert, in denen US-Major League-Franchises Leistungsträger der Mannschaft gewinnbringend verkauften, ohne sich dabei in unmittelbaren Liquiditätsengpäs-

---

168 Die entsprechenden Argumentationen und Annahmen finden sich im Genauen in NEAL (1964, 1), KOPPET (1967, 217), JONES (1969, 2 f. u. 17), DEMMERT (1973, 25) sowie NOLL (1974a, 10 ff.; 1974b, 115 ff. bzw. 154 f.).

169 In dem Beitrag von CAIRNS/JENNET/SLOANE (1986, 9) ist hingegen nachzulesen, dass DAVENPORT (1969) ein weiterer Vertreter der Gewinnmaximierungsannahme sei. Dies ist jedoch, wie gezeigt, nicht der Fall.

170 Vgl. zudem auch QUIRK/EL HODIRI (1984, 123). Dabei handelt es sich um die ins Deutsche übersetzte Version des Artikels aus dem Jahr 1974.

171 Als unterstützenden Argumentationspunkt zur Ablehnung einer reinen Gewinnausrichtung der US-Profiklubs ist auf die hohen negativen Jahresergebnisse einer Vielzahl der US-Major League Franchises in der ersten Hälfte der 80er Jahre hinzuweisen (vgl. COUSENS/BABIAK/SLACK 2001, 343; SCULLY 1989, 135).

sen zu befinden. Jenes Verhalten wertete der Autor dabei als ein Indikator einer ökonomischen Zieldominanz des Klubmanagements gegenüber sportlichen Erfolgen (vgl. NOLL 1982, 375). Ferner sind schließlich auch DALY/MOORE (1981, 77 ff.) anzuführen, die in ihrem Beitrag die (Talent-)Allokationsprozesse „player draft" und „reserve clause" im Major League Baseball untersuchen und im Rahmen einer Diskussion der Zielsetzungen von US-Profiklubs selbst schließlich die Position der Gewinnmaximierung einnehmen (vgl. ebenda S. 78 ff. bzw. insbesondere S. 84).

b) Professioneller Teamsport Europa

Aufgrund der in Europa vorherrschenden Systemunterschiede im Profisport [*Europäisches Modell:* Hierarchische, divisionale Ligenorganisation mit Auf- und Abstiegssystematik sowie vorwiegend in der Rechtsform von „Private Limited Companies" (z.B. Großbritannien[172]) bzw. der Vereinsrechtsform (z.B. Deutschland) firmierenden Ligenteilnehmer; *US-Modell:* Ligamitgliedschaft über Franchisesysteme geregelt, Klubs von Beginn an als Kapitalgesellschaften organisiert] stellte SLOANE (1971[173]) einige Jahre nach der Veröffentlichung des Pionierartikels von ROTTENBERG dessen Annahme der Gewinnmaximierung von Profiklubs für die Teilnehmer der britischen (bzw. im Übertrag: der europäischen) Profisportligen in Frage. Hauptargumentationspunkt waren dabei die sich regelmäßig stark im negativen Bereich befindenden Jahresergebnisse britischer Fußballklubs (vgl. ebenda S. 122 f.). SLOANE untersuchte daraufhin vier hypothetische Leitzielkonstrukte von Profisportorganisationen (Gewinn-, Sicherheits-, Umsatz- sowie Nutzenmaximierung). Ergebnis seiner Ausführungen war letztlich, dass das Agieren der nach dem europäischen System organisierten Profiklubs am treffendsten anhand der Nutzenmaximierungshypothese beschrieben werden kann. So sei der Spielerfolg, also ein möglichst hoher Tabellenplatz, zentraler Nutzen und grundlegende Zielausrichtung aller am Verein involvierten Anspruchsgruppen, welche er in Manager, Trainer, Anhänger als auch Vorstandsmitglieder sowie Anteilseigner/Aktionäre unterteilte[174]. Hinsichtlich der beiden letztgenannten Bezugsgruppen (Vorstand, Anteilseigner/Aktionäre) formulierte SLOANE erklärend, dass diese ihr Geld offensichtlich nicht in Erwartung finanzieller Einnahmen als vielmehr aus Beweggründen wie Macht- und Prestigestreben in die Profivereine investierten. Ergänzend hielt der Autor zudem fest, dass – obgleich einer Dominanz der sportlichen Zielausrichtung – die finanzielle Lebensfähigkeit der Klubs als Nebenbedin-

172 Vgl. dazu CHADWICK/CLOWES (1998, 194) bzw. DOWNWARD/DAWSON (2000, 28).

173 Für die deutsche Version jenes richtungsweisenden Beitrages vgl. SLOANE (1984, 126 ff.).

174 Die Nutzen- bzw. Motivlage der Profispieler zog SLOANE (1971, 135; 1984, 130) seiner Argumentationsführung dabei jedoch nicht mit ein.

gung gewährleistet sein muss, da ansonsten kein langfristiges Verfolgen des sportlichen Erfolgsziels möglich sei (vgl. dazu SLOANE 1971, 132 ff.)[175].

Weitestgehend unbeachtet geblieben sind hingegen die theoretischen Ausführungen zur Ökonomie des deutschen Profifußballs von MELZER/STÄGLIN aus dem Jahr 1965, in denen das deutsche Autorenpaar bereits einige Jahre vor SLOANE die Dominanz des Ziels der Gewinnmaximierung für die Fußballbundesligaklubs ablehnte. So sei „für den Sportverein der Wettbewerb das unmittelbare und anerkannte Ziel", welches, so führen MELZER/STÄGLIN fort, „die Zuschauer anlockt und damit die Einnahmen- und Gewinnmaximierung ermöglicht" (vgl. ebenda S. 120).

Vier Jahre nach SLOANEs Publikation belegte DABSCHEK (1975a) dessen These erstmals auf empirischen Weg. So verdeutlichten die Ergebnisse einer Klubfunktionärsbefragung, dass die Hauptzielsetzung der untersuchten Profisportorganisationen vorwiegend der sportliche Erfolg und nicht das Erzielen eines Residualgewinns sei (vgl. ebenda S. 178). An anderer Stelle zeigte DABSCHEK (1975b, 52 ff.) wiederum über eine Analyse der Gehaltsstrukturgestaltung, dass das Klubmanagementverhalten zutreffender anhand der Nutzenmaximierungshypothese als mit der Gewinnmaximierungsannahme zu beschreiben sei[176].

Und auch WISEMANN (1977, 30) geht in seinen Ausführungen zur Ökonomie des britischen Profifußballs von der Annahme der Nutzenmaximierung als marktverhaltensbeschreibende Maxime aus („The sole aim of these clubs cannot be to make profits…".).

Mit BÜCH (1977, 16 ff; 1979, 452 ff.), BÜCH/SCHELLHAAß (1978, 267 f.) sowie HEINEMANN (1984, 23 ff.) wurde der Ansatz der Nutzenmaximierung schließlich auch auf den deutschen Profisport respektive den Profifußball übertragen[177]. Die von der US-Literatur unterstellte, handlungsleitende Gewinnabsicht wurde demgegenüber insbesondere durch die kennzeichnende Vereinsfassung der deutschen Profiklubs (Fehlen von Gewinnaneignungs- sowie Liquidationsrechten), die Abstiegsregelung sowie den regelmäßig negativen Jahresergebnissen bzw. der Abhängigkeit von Spenden, Subventionen und anderen Zuwendungen abgelehnt.

---

175 SLOANE lehnte bereits in seiner 1969 veröffentlichen Branchenanalyse zum britischen Profifußball ROTTENBERGs Annahme der Gewinnmaximierung ab, wobei die Begründungen bzw. Ausführungen möglicher alternativer Zielsetzungen – verglichen mit dem Beitrag von 1971 – jedoch weitaus weniger umfassend ausfielen (vgl. SLOANE 1969, 182 u. 196 ff.). Mit SLOANE (1980) liegt zudem ein weiterer Beitrag vor der sich – jedoch nur am Rande – mit den Zielsetzungen von Profiklubs auseinandersetzt, wobei im Wesentlichen die Standpunkte des Artikels von 1971 wiederholt werden (vgl. SLOANE 1980, 31 ff.).

176 Anzumerken ist beiden Beiträgen jedoch, dass sich diese jeweils auf die Victorian Football League (VFL) in Australien beziehen. Aufgrund einiger zentraler Verwandtschaften zum britischen Profifußballssystem jener Zeit (so handelte es sich bei den Klubs der Victorian Football League ebenfalls um „privately owned organizsations"; zudem: Ligapyramide mit Auf- und Abstiegssystem) werden die Ergebnisse an dieser Stelle als Bestätigung von SLOANEs Nutzenmaximierungshypothese angeführt.

177 Ergänzend ist zudem FISCHER (1984, 62) anzufügen, der ebenfalls die Profitmaximierung für den deutschen Profisport verneinte und die ökonomische Zielausrichtung vielmehr mit „plus-minus-null" umschreibt. PÖTTINGER (1989, 267) gibt in seinen Ausführungen hingegen lediglich SLOANEs Kernaussagen wieder.

Mit dem Beitrag von BIRD (1982) folgte ein weiterer empirischer Beleg für die Nutzenmaximierungs- bzw. gegen die Gewinnmaximierungshypothese im Rahmen des europäischen Profisportmodells. So untersuchte BIRD die Preiselastizität der Nachfrage nach Eintrittskarten im englischen Profifußball für den Zeitraum von 1948/1949 bis 1979/1980. Er unterstellte dabei die Hypothese, dass Fußballklubs, sofern sie gewinnmaximierende Ziele verfolgen, ihre Preissetzungsmacht als regionale Monopole ausnutzen und einen Ticketingpreis in Höhe der gewinnmaximalen Preiselastizität der Nachfrage von -1 festlegen würden. Jedoch lag die von BIRD ermittelte Preiselastizität im inelastischen Bereich (-0,22), ein Indiz gegen ein gewinnmaximierendes Verhalten der betrachteten Klubs[178]. Und auch die Bilanzanalysen in zwei englischen Profifußballklubs für die Spieljahre 1971/1972 bis 1981/1982 durch ARNOLD/ WEBB (1986, 11 ff.) belegten, dass das Agieren beider Untersuchungsobjekte nicht primär auf Profitzielsetzungen ausgerichtet war, die Klubs jedoch ganz im Sinne der Nutzenmaximierungshypothese um die Einhaltung der ökonomischen Mindestanforderungen bemüht waren.

Hervorzuheben ist ferner die theoretische Arbeit von DOBERENZ (1980). Das Besondere jenes Beitrages ist dabei, dass der Autor als Untersuchungsgegenstand seiner Zielanalyse die „Profifußballgesellschaft in Deutschland“ wählte, eine zu jener Zeit noch nicht zulässige Rechtsform im Verbandssystem des DFB. Im Rahmen eines Abgleichs der Motive und Ziele der verschiedenen potentiellen Organisationsteilnehmer jener Fußballgesellschaft (Fremd- und Eigenkapitalgeber, verbleibender Amateurverein, Vorstandsmitglieder, Zuschauer, Kommune, Management, Arbeitnehmer) leitete DOBERENZ ab, dass die nichtmonetären Anreize gegenüber den monetären Anreizen weitaus bedeutender seien. Insgesamt wurde der sportliche Erfolg als die Hauptzielsetzung identifiziert (vgl. ebenda S. 16 ff.).

Anzumerken verbleibt, dass sich mit SCHOFIELD (1982) jedoch auch ein Vertreter der Gewinnmaximierungshypothese – wenngleich mit gewissen Einschränkungen – im europäischen Profisport findet. So führt SCHOFIELD in seiner Untersuchung der Entwicklung des professionellen Crickets in England zahlreiche primär gewinnausgerichtete („profit-seeking“) Klubverhaltensweisen an (z.B. erste Diversifikationsbemühungen der Klubs, Zunahmen an Vermarktungsmaßnahmen, verbesserte Leistungsangebote, Kostenreduktionsmaßnahmen), relativiert die daraus ableitbare Dominanz jenes Marktverhaltens jedoch um einige kennzeichnende nicht-monetäre und zuweilen mit der Profitorientierung konkurrierende Zielaspekte (v.a. Prestigestreben, Traditionswahrung; vgl. ebenda S. 339 ff.).

---

178 An dieser Stelle muss jedoch auch auf eine Einschränkung der Schlussfolgerung, gewinnmaximierendes Verhalten impliziere eine Preisfestsetzung in Höhe der gewinnmaximalen Preiselastizität, hingewiesen werden. So bestehen Interdependenzen zwischen dem Ticketingpreis und der Zuschauernachfrage bzw. der Zuschauerzahl in den Stadien und der Attraktivität des Klubs für Sponsoren. Die Festlegung eines nicht gewinnmaximalen Eintrittspreises hat eine höhere Zuschaueranzahl zur Folge, was wiederum die Zahlungsbereitschaft der (v.a. nicht TV-relevanten) Sponsoren steigern kann. Des Weiteren sind die mit einer höheren Zuschauerkulisse verbundenen Mehreinnahmen im Bereich der Stadionbewirtschaftung bzw. den Fanshops zu berücksichtigen (in Anlehnung an SWIETER 2002, 66).

3.1.2. Die Forschung nach 1990

a) Professioneller Teamsport Nordamerika

Betrachtet man die weiterführenden ökonomischen Untersuchungen zum professionellen Teamsport in Nordamerika, so wird nach wie vor die Gewinnmaximierungshypothese in der Mehrzahl der Arbeiten als Hauptverhaltensmaxime zur Kennzeichnung des Marktagierens der US-Profiklubs herangezogen (vgl. beispielsweise BOVINET 1999, 44; DEPKEN 2000, 124; DOBSON/GODDARD 2001, 127; MASON 1997, 203; MAWSON/COAN 1994, 37; SCULLY 1989, 129 f.; SCULLY 1995, 115[179]).

Gesondert hinzuweisen ist in diesem Zusammenhang zunächst auf die Arbeit von FERGUSON et al. (1991), die eine Modellbildung zum Preisbildungsverhalten in der National Hockey League (NHL) und deren empirischer Überprüfung zum Gegenstand hat, wobei die Untersuchungsergebnisse belegen, dass das Verhalten der NHL-Klubs sehr gut mit der ökonomischen Zielhypothese der Gewinnmaximierung beschrieben werden kann. Weitere Literaturhinweise auf ein primär gewinnmaximierendes Verhalten der US-Profiklubs sind OWEN (2003, 184 f.) oder QUIRK/FORT (1992, 279 u. 287; 1995, 1266 f.; 1999, 96 f.) zu entnehmen. Alle vier Beiträge gehen von einer dominanten Profitorientierung der US-Profiklubs aus, weisen jedoch gleichermaßen auf das Bestehen nicht-monetärer, immaterieller, jedoch nachrangiger Zielabsichten (z.B. Prestige, Ansehen durch sportlichen Erfolg) hin.

Mit HOWARD (1999, 80 f.) liegt jedoch auch ein Beitrag vor, welcher mittels der Darstellung einiger ökonomischer Entwicklungen in den US-Major Leagues in den 90er Jahren zahlreiche Hinweise auf ein nicht gewinnmaximierendes Verhalten der Teams der nordamerikanischen Profiligen gibt (z.B. kontinuierlich negative Jahresergebnisse der Klubs der MLB und der NHL, einschneidender Profitabilitätsrückgang in der NFL, ligaübergreifender überproportionaler Spielergehälteranstieg). Zudem ist auf HORCH (1999[180]) zu verweisen, der den US-Sportfranchise-Eigentümern neben ihren erwerbswirtschaftlichen Ausrichtungen auch gleichhierarchisierte sportliche sowie Prestige-Ziele und somit nutzenmaximierende Charakteristika unterstellt.

Mit VROOMAN liegt letztlich ein Autor vor, der in seiner Modellabbildung des US-Profisportmarkts (1995) bzw. im Rahmen seiner Untersuchung der Spielergehaltsentwicklung im Major League Baseball (1996) die Klubs zunächst als „Gewinnmaximierer" kennzeichnet (vgl. VROOMAN 1995, 973; VROOMAN 1996, 341). Im Rahmen einer neueren Arbeit zum Major League Baseball, in welcher VROOMAN den Zusammenhang zwischen der Kapitalmarktentscheidungen der Franchiseeigentümer und den Arbeitsmarktentscheidungen der Pro-

179 Als Beleg der Profitorientierung kann zudem die in SCULLY (1995, 118 ff.) ausgeführte Auflistung der überwiegend positiven Jahresergebnisse von 102 Klubs aus den Ligen MLB, NFL, NBA und NHL zur Saison 1990/1991 gesehen werden.

180 Dabei handelt es sich um eine Stellungnahme HORCHs in dem Beitrag „Meinungen zum Thema Sportökonomie" (vgl. o.V. 1999a, 185).

fispieler analysiert, weicht der Autor jedoch von seinen originären Annahmen ab und unterstellt den Teambesitzern eine Dominanz der sportlichen Gewinnabsichten gegenüber der Profitausrichtung (vgl. VROOMAN 1997, 595).

b) Professioneller Teamsport Europa

Im Rahmen der ökonomischen Untersuchungen zum professionellen Teamsport in Europa nach 1990 ist zunächst auf die Umfrage von SWIETER (2002) unter den Klubs der ersten und zweiten Fußballbundesliga hinzuweisen, in der SWIETER die übergeordnete Zielausrichtung der Klubs abfragte (Saison 1999/2000). Der gegebene Antwortbereich sah dabei die Optionen „Nutzenmaximierung" (operationalisiert durch die Maximierung des sportlichen Erfolgs unter Einhaltung von Budgetrestriktionen zur Liquiditätssicherung), „Gewinnmaximierung", „Kostenminimierung" sowie „Sonstiges" vor. Von den 21 erhaltenen Antworten (erste Fußballbundesliga: 11; zweite Fußballbundesliga: 10) kennzeichneten 14 der Klubvertreter das primäre Vereinsziel als Nutzenmaximierung. Lediglich drei der Befragten stimmten der Gewinnmaximierungshypothese zu, während drei Stimmgebungen der Kostenminimierung zugingen. Einer der befragten Klubvertreter gab den Antwortbereich „Sonstiges" an (vgl. SWIETER 2002, 61 ff.).

Zudem liegen zwei weitere Untersuchungen zur Ermittlung der Ticketingpreiselastizität im englischen Profifußball vor. SIMMONS (1992, 139 ff.) bezog seiner Analyse 19 Klubs für den Zeitraum von 1962 bis 1992 ein, SZYMANSKI/SMITH (1997, 135 ff.) untersuchte 48 Teams in dem Betrachtungsraum 1974 bis 1989. In beiden Studien wurden überwiegend Werte im inelastischen Bereich ermittelt, welche das Verhalten der untersuchten Klubs – unter der Berücksichtigung der bereits zu BIRD (1982) ausgeführten Schwächen des Ansatzes (vgl. 3.1.1.) – als nicht-gewinnmaximierend kennzeichnen.

Mit QUITZAU (2002, 60 f.) ist ferner ein weiterer theoretischer Ansatz zur Widerlegung gewinnmaximierendes Verhalten deutscher Fußballbundesligisten zu finden. Die grundlegende Annahme QUITZAUs ist dabei, dass die Teilnahme am UEFA-Cup wirtschaftlich lukrativer sei als die ehemals mögliche Teilnahme am Europapokal der Pokalsieger. Er begründet dies einerseits damit, dass das nationale Pokalturnier häufig von Mannschaften gewonnen wurde, welche es im Saisonverlauf nicht schafften, sich für den UEFA-Cup zu qualifizieren und somit das Spielniveau des europäischen Pokalwettbewerbs als niedriger und folglich auch publikumsunattraktiver anzusehen sei als der UEFA-Cup. Zudem würde diese Tendenz dadurch verstärkt werden, dass im Falle eines Pokalsieges durch den nationalen Meister der Finalgegner in den UEFA-Pokalsiegerwettbewerb nachrückte. Ferner wurde im UEFA-Cup stets eine Runde mehr gespielt, sodass die potentiellen Erlösmöglichkeiten allein aufgrund der größeren Anzahl an Spielen höher ausfielen. Vor dem Hintergrund dieser Vorüberlegungen stellte QUITZAU daraufhin die These auf, dass ein nach Gewinnmaximierung strebender Fußballbundesligist, der zum einen für den UEFA-Cup qualifiziert ist, zum anderen jedoch auch im nationalen Pokalfinale steht, ein wirtschaftliches Interesse haben müsste, das Pokalendspiel zu verlieren, um somit den Verbleib im potentiell ertragreicheren UEFA-Cup in der kommenden Saison sicherzustellen. QUITZAU ermittelte daraufhin acht jenem Szenario entsprechende Finalbegegnungen seit der Saison 1979/1980, wobei jedoch nur einmal die für den UEFA-Cup qualifizierte Mannschaft verlor. QUITZAU wertete dies als Zeichen dafür, dass der Prestigegewinn durch den sportlichen Erfolg für die Klubs bedeutender sei als (kurzfristiger) finanzieller Gewinn. Gleichwohl vermerkte der Autor einschränkend, dass mit einem Sieg des nationalen Pokalwettbewerbs jedoch auch ein gewisses Vermarktungspotential verbunden ist, sodass langfristig zumindest ein Teil der potentiellen Mindererlöse aus der Teilnahme am europäischen Pokalsiegerturnier ausgeglichen werden können.

Als Argumente gegen ein Vorherrschen der Gewinnmaximierungshypothese im europäischen Profifußball zur Jahrtausendwende sind zudem die Verweise verschiedener Autoren auf die mangelnde Rentabilität bzw. den hohen Verschuldungsgrad vieler Fußballprofiklubs zu sehen. Für den englischen Profifußball ist eine derartige Argumentation beispielsweise in SZYMANSKI/KUYPERS (2000, 15 ff.) zu finden, während OPITZ (2003, 102 f.) entsprechende Hinweise für den italienischen Profifußball gibt. Für den deutschen Lizenzfußball ist MÜLLER (1999, 131 f.) anzuführen.

Und auch in einer Reihe weiterer Beiträge wird von einem nutzenmaximierenden Verhalten der Klubs des europäischen Profisportmodells ausgegangen (vgl. BIERWIRTH/KARLOWITSCH 2004, 203; BRANDMAIER/SCHIMANY 1998, 63; CARMICHAEL/THOMAS 1993, 1470; CRASSELT 2004, 229; DÖRNEMANN 2002a, 29; FRÜH/MENTGES/ERNING 2003, 574; GÖMMEL 2002, I; HAAS 2002a, 67; HACHENEY 2003, 166 f.; KIPKER 2000, 45; o.V. 1999a, 185; PARLASCA 1993, 87; KRUSE 1991, 44; ZELTINGER 2004, 99; ZELTINGER/HAAS 2002, 455)[181].

Entgegen den zuvor ausgeführten Literaturstandpunkten einer Nutzenmaximierung führen einige Arbeiten zum professionellen Fußball jedoch auch Argumente für eine zunehmende Gewinnmaximierung der Fußballbundesligaklubs an. So induziere sowohl die zunehmende ökonomische Bedeutung des Profifußballs als auch der sich sukzessiv vollziehende Rechtsformwandel der Bundesligisten zu Kapitalgesellschaften eine stärkere Gewinnorientierung. Ferner sei die zunehmende Involvierung von Sportrechtevermarktern in den Bundesligaklubs als Hinweis auf eine Forcierung der Profitausrichtung des Klubmanagements zu sehen, da die Agenturen an einer entsprechenden Verzinsung ihres eingesetzten Kapitals interessiert sind (vgl. ENDERLE 2000, 12; ESCHWEILER/MÖLLENHOFF 2004, 121; KOHL 2001, 28 u.

[181] Ferner ist auf EMPACHER (2000, 43) hinzuweisen. Sichtlich bemüht um eine neue Begriffsfindung wird in dem Beitrag von „Produktmaximierung" gesprochen. Bei näherer Betrachtung der damit verbundenen Inhalte (kontinuierliche sportliche Verbesserung unter Einhaltung wirtschaftlicher Mindestanforderungen) wird jedoch ersichtlich, dass es sich lediglich um eine Wiederholung der Nutzenmaximierungshypothese in anderem Wortgewand handelt.

33; SCHEWE 2002, 163 u. 167; STOKVIS 2006, 137 f.; SWIETER 2002, 63 f.; ZELTINGER 2004, 26 f.; ZELTINGER/HAAS 2002, 455; ZIEBS 2002, 34; für den englischen Profifußball vgl. CHADWICK/CLOWES 1998, 194; DOWNWARD/DAWSON 2000, 30).

Der vehementeste Vertreter der Gewinnmaximierung im deutschen Profifußball ist ERNING (2000, 191 f. u. 264). Er argumentiert, dass die durch SLOANE (1971) geprägte Sichtweise der Nutzenmaximierung der Tatsache widerspricht, dass fast alle Fußballbundesligaklubs um positive Residualgewinne bemüht sind. Die Praxis zeige zudem, dass ein Bundesligist seine (sportliche) Wettbewerbsfähigkeit gegenüber seinen Ligakonkurrenten nur dann aufrecht erhalten bzw. gar erhöhen kann, wenn es ihm gelingt, dauerhaft eine positive Differenz zwischen Einnahmen und Ausgaben zu realisieren, um so in weitere Spielstärke investieren zu können[182]. Für die hinsichtlich einer Gewinnmaximierung problembehafteten Vereinsverfassungsform fügt ERNING ferner an, dass Gewinnüberschüsse auch in Rücklagen für zukünftige Investitionstätigkeiten transformiert werden könnten, sodass jene Rechtsform nicht zwangsläufig eine Gewinnmaximierung ausschließe[183].

Ein mit ERNING vergleichbarer Argumentationsansatz ist von LEHMANN/WEIGAND (1997a, 4 f.; 1997b, 386 f.) formuliert. Aufgrund der Konstruktion als „gemeinnützige Organisation" sei der deutsche Verein vordergründig zunächst nicht gewinnorientiert. Für Klubs, die in einer Profiliga wie der Fußballbundesliga langfristig überleben möchten, gelte jedoch, dass sie Gewinne zur Finanzierung der notwendigen Investitionen in die Spielstärke erwirtschaften müssen. Zur Beschreibung des Marktverhaltens erfolgsorientierter, d.h. am Ligaverbleib interessierter Profiklubs, könne daher vereinfachend die Hypothese der Gewinnmaximierung herangezogen werden[184].

Auch KLIMMER (2003) vertritt das Prinzip der Gewinnmaximierung für Fußballunternehmen. Sie begründet dies dadurch, dass Fußballunternehmen – vergleichbar mit jedem anderen Wirtschaftsunternehmen – verschiedene Ziele verfolgen würden, die jedoch alle darauf ausgerichtet seien, wirtschaftlich mindestens so erfolgreich zu sein, um am Markt langfristig überleben zu können. KLIMMER leitet daraus ab (wobei die Argumentationsführung einige Fra-

182 SWIETER (2002, 64) vermerkt diesbezüglich jedoch, ERNINGs Argumentationsweise ließe außer Acht, dass derartige Investitionen ebenfalls durch Verschuldung oder Mäzenzahlungen erreichbar seien.

183 Auch FRANCK (1995, 211) führt aus, dass die Verfassungsform „Idealverein mit wirtschaftlichem Nebenzweck" einem Gewinnziel im Rahmen des Nebenzweckbetriebs „Lizenzspielerabteilung" nicht entgegensteht.

184 Randnotiz: ELTER (2003, 132) formuliert demgegenüber, dass LEHMANN/WEIGAND die Gewinnmaximierungshypothese ablehnen und verweist dabei auf S. 4 in LEHMANN/WEIGAND (1997a). Dies ist jedoch nicht korrekt und zeigt, dass ELTER die Ausführungen von LEHMANN/WEIGAND entweder nicht verstanden oder zumindest nicht zu Ende gelesen hat. So handelt es sich bei den von LEHMANN/WEIGAND auf jener Seite abgehandelten Inhalten lediglich um Vorüberlegungen, welche sich auf Aussagen anderer Literaturquellen beziehen (NEALE 1964, DAVENPORT 1969, DALY/MOORE 1981, CAIRNS/JENNET/SLOANE 1986). Erst die Folgeseite jener Arbeit (LEHMANN/WEIGAND 1997a, 5) beinhaltet die für das Autorenpaar maßgebende Annahme, und diese ist – wie im Fließtext ausgeführt – ROTTENBERGs Gewinnmaximierungspostulat.

gen offen lässt), dass die Gewinnmaximierung innerhalb jenes Gefüges die Hauptzielsetzung der Fußballunternehmen darstelle (vgl. ebenda S. 16).

3.1.3. Diskussion des Forschungsstandes

Betrachtet man zunächst den Forschungsstand bis 1990, so ist festzuhalten, dass die Argumentations- und Beweisführung in der nordamerikanischen Literatur den Klubs der US-Major Leagues eine stark gewinnmaximierende Zielorientierung unterstellt, während diejenigen Beiträge, welche den professionellen Teamsport in Europa zum Gegenstand haben, fast geschlossen Belege für eine nutzenmaximierende Zielausrichtung der Profiklubs i.S.e. Maximierung des sportlichen Erfolgs unter Einhaltung eines existenz- bzw. liquiditätssichernden Postulats anführen (die jenen Ergebnissen zugrunde liegenden methodischen Zugänge waren dabei sowohl Preiselastizitätsuntersuchungen, Bilanzanalysen, theoretische Branchen- bzw. Wettbewerbsuntersuchungen, Branchenmodellkonzeptionen sowie Schlussfolgerungen basierend auf Markt- und Branchenentwicklungen). Die deutlich unterschiedliche Hierarchisierung von sportlichen und wirtschaftlichen Zielsetzungen in den ökonomischen Untersuchungen zum nordamerikanischen bzw. europäischen Profiteamsport ist dabei auf die in jener Zeitperiode vorherrschenden System- und Organisationsunterschiede in den beiden Profisportmodellen zurückzuführen (vgl. 3.1.1.).

Betrachtet man dagegen den Stand der Forschung zur Gegenwart, so ist den Forschungsergebnissen zufolge eine Annäherung bzw. Angleichung der Zielorientierung der Profiklubs beider Profisportsysteme festzustellen. Während in den (empirischen sowie theoretischen) Beiträgen zum nordamerikanischen Teamsport nach wie vor eine Dominanz von ROTTENBERGs originärem Gewinnmaxierungskalkül vorherrscht (nur wenigen der gesichteten Beiträge sind gegensätzliche Argumentationsführungen zu entnehmen), stellt sich der Forschungsstand zum professionellen Teamsport in Europa weitaus uneinheitlicher dar. So begründen sowohl Umfrageergebnisse, Preiselastizitätsanalysen (wenngleich lediglich aus der englischen Premiere League) als auch plausible Schlussfolgerungen aus Branchen- bzw. Marktentwicklungen (regelmäßige negative Jahresergebnisse, deutliche Zunahme der Verbindlichkeiten) die Nutzenmaximierung als kennzeichnende Zielausrichtung europäischer Profiklubs, gleichermaßen liegen jedoch auch überzeugende Argumente vor, die für eine starke Bedeutungszunahme einer Profitzielorientierung sprechen. Als zentral ist dabei das mittlerweile vorliegende Übergewicht kapitalgesellschaftlich organisierter Profiklubs und die damit z.T. einhergegangene Nutzung der Kapitalmarktfinanzierung anzuführen. Jener Schritt bindet das Klubmanagement nunmehr, den Investoren eine gewisse Rentabilität ihrer Einlage zu sichern. Als wirtschaftliche Leitkomponente kann folglich nicht länger nur dem Liquiditätspostulat gefolgt werden, vielmehr gewinnt die Gewinnorientierung als Zielsetzung an Dominanz.

Fazit

Die vorausgegangenen Ausführungen zeigen, dass in der Fachliteratur zahlreiche Beiträge vorzufinden sind, welche sich mit der Frage nach den Zielen professioneller Sportorganisationen auseinandersetzen. Jedoch laufen alle gesichteten Arbeiten darauf hinaus, die Ziele von Profiklubs lediglich durch die Postulate der Gewinnmaximierung bzw. der Nutzenmaximierung zu beschreiben. Weiterführende Konkretisierungen sind in keinem der Beiträge ausgearbeitet[185]. Für das europäische Profisportmodell ist zudem ein breiter Dissenz darüber auszumachen, ob die Profiklubs nun primär nutzen- oder (gemäß dem US-Profisportmodell) gewinnorientiert handeln. Aus den überzeugenden Argumenten auf beiden Positionsseiten ist letztlich schlusszufolgern, dass sich die Zielausrichtung jener Profisportorganisationen aktuell wohl weder allein durch die Nutzenmaximierungshypothese noch durch das Gewinnmaximierungspostulat beschreiben lässt, vielmehr scheint eine Kombination aus beiden Marktverhaltenspostulaten i.S.e. *Sieg- und Gewinnoptimierung*[186] vorzuliegen.[187]

---

185 *Exkurs:* Gerade dieser Arbeitsschritt wäre jedoch interessant gewesen, sowohl aus praxeologischer Sicht, als auch aufgrund der Tatsache, dass sich beide Zielausrichtungen durch die gemeinsame Komponente der Umsatzmaximierung auszeichnen. Hieraus ergibt sich wiederum die Frage nach den Parallelen im Rahmen der Zielkonkretisierung bzw. der Zielverfolgung: Wie ausgeführt geht die Nutzenmaximierung davon aus, dass entsprechend ausgerichtete Klubs in erster Linie versuchen werden, ihren Spielerfolg zu maximieren. Ein sportliches „Hinterherlaufen" als bewusste Verhaltensform würde keineswegs hingenommen werden, wobei jedoch alle dazu notwendig erachteten Maßnahmen unter der Einhaltung gewisser Budgetrestriktionen erfolgen (vgl. SLOANE 1971, 136 f.; SLOANE 1984, 133). Eine wichtige Teilvoraussetzung für ein derartiges Agieren ist dabei die Generierung möglichst hoher Einnahmen auf den Absatzmärkten. Die damit einhergehende Ressourcenerweiterung ermöglicht einerseits eine Steigerung der Spielstärke, zum anderen trägt sie Anteil am Erhalt des wirtschaftlichen Gleichgewichts. Insofern müssen nutzenmaximierende Profiklubs u.a. bestrebt sein, ihre Umsätze nachhaltig zu maximieren (vgl. zu dieser Schlussfolgerung insbesondere auch BENNER 1992, 90 f.; PARLASCA 1993, 87; QUITZAU 2002, 61; SLOANE 1971, 137; SLOANE 1984, 133; ähnlich lautende Argumentationen finden sich ferner in BRANDMAIER/SCHIMANY 1998, 63; FRÜH/MENTGES/ERNING 2003, 574 f. u. 578; HAMMANN 2004, 349). Betrachtet man demgegenüber die Gewinnmaximierungshypothese, die ROTTENBERG (1956) ursprünglich als Differenzmaximierung zwischen Einnahmen und Ausgaben kennzeichnet, so ist augenfällig, dass auch im Rahmen dieser Zielsetzung die Umsatzmaximierung als zentral bedeutsame Teilkomponente beinhaltet ist. Es ist folglich festzuhalten, dass für Profiklubs, unabhängig davon, ob sich deren Marktagieren nun durch eine primäre Nutzen- oder Gewinnorientierung auszeichnet, hohe Anreize zur Maximierung ihrer Umsätze auf den für sie relevanten Absatzmärkten bestehen.

186 Vgl. ähnlich auch bereits VROOMAN (1997, 618), der die Zielsetzung eines Eigentümers an einem US-Major League Franchise auch als „sportsman owner(ship) who seeks to jointly optimize profits and winning" umschreibt. Vgl. ferner SCHWIER/SCHAUERTE (2006, 15), die in ihrem Beitrag die europäischen Profifußballklubs als „Nutzen- und Gewinnmaximierer" kennzeichnen.

187 Anmerkung: Wie dargestellt wird die Frage nach den Zielen von Profiklubs in der Literatur v.a. über eine Zuordnung zu den beiden Hypothesen der Gewinn- bzw. Nutzenmaximierung vollzogen. Darüber hinaus finden sich jedoch auch einige weitere Ansätze, die nachfolgenden kurz skizziert werden:

- FRICK/WAGNER (1998, 329), KESENNE (1996, 15), WORATSCHEK (2002, 19): Annahme der Maximierung der Anzahl der Siege als Zielfunktion von Profivereinen.
- MOHR/BOHL (2001a, 142): Annahme einer dualen Zielstruktur von Profiklubs. Dimension 1: „Sportlicher Erfolg (Nutzenmaximierung)"; Dimension 2: „Wirtschaftlicher Erfolg (Profitmaximierung)". [Ähnlich auch ESCHWEILER/RUDHART 2004, 234; ELTER 2003, 132 f.].
- BENNER (1992, 89 ff. insbesondere 92): Kennzeichnung der Zielausrichtung von Profiklubs durch ein mehrdimensionales Konstrukt mit den Komponenten „Sieg", „Gewinn", „Umsatz" und „Sicherheit", wobei das sportliche Erfolgsziel bestimmend sei.
- GALLI/WAGNER/BEIERSDORFER (2002, 222 f.): Leitziel von Profiklubs „Prämisse des Überlebens", keine weiteren Konkretisierungen.

3.2. Analyse der Wirtschaftssystematik von Fußballunternehmen und Begründung ökonomischer Leitziele

Mit der in Kapitel 3.1. durchgeführten Untersuchung des Stands der Zielforschung im professionellen Teamsport wurde ein erster Zugang zur Frage nach ökonomischen Leitzielen von Fußballunternehmen vorgenommen. Wie der Arbeitsschritt zeigte, fällt der Forschungsstand sehr undifferenziert und nur gering anwendungsorientiert aus. Hinweise auf konkrete ökonomische Leitziele von Fußballunternehmen konnten den gesichteten Beiträgen nicht entnommen werden. Im Folgenden wird deshalb die Wirtschaftssystematik der Fußballunternehmen mit ihren zahlreichen Besonderheiten sowie Struktur- und Leistungsverflechtungen untersucht. Im Genauen werden zunächst die Prozesse der Leistungserstellung und Leistungsverwertung von Fußballunternehmen beschrieben und systematisiert (3.2.1.). Weiterführend werden die ökonomischen Rahmenaspekte und Branchenbesonderheiten von Fußballunternehmen erläutert (3.2.2.). Ausgehend von den Untersuchungsergebnissen ist es möglich, ökonomische Leitziele von Fußballunternehmen zu begründen. Dies wird im Rahmen einer abschließenden Diskussion durchgeführt (3.2.3.).

3.2.1. Leistungserstellung und Leistungsverwertung von Fußballunternehmen

Ausgangspunkt für die Analyse der Wirtschaftssystematik von Fußballunternehmen ist die Grundstruktur des betrieblichen Transformationsprozesses. Diese ist durch die drei Ebenen Input, Bearbeitungsprozess und Output gekennzeichnet. Den Input bilden die so genannten Produktionsfaktoren, die im Verarbeitungsprozess gezielt kombiniert werden (Faktorkombination), um die angestrebten Outputgüter hervorzubringen (CORSTEN 1997, 120; SCHMALEN 1996, 39). Da der professionelle Teamsport jedoch eine (Unterhaltungs-)Dienstleistung darstellt, ist diese Systematik um das kennzeichnende Merkmal des Einbezugs externer Faktoren zu erweitern[188]. Bei der Integration externer Faktoren handelt es sich um Beteiligungsakte, die der freien Disposition des Leistungserstellers entzogenen sind und im Produktionsprozess erst nach Absatz der Dienstleistung möglich sind[189]. Aus diesem Grund wird die Phase der Faktorkombination bei Dienstleistungen in eine Vor- und eine Endkombination unterteilt (vgl. BENNER 1992, 40 f.; CORSTEN 1997, 120 ff.; CORSTEN 1998, 59; HAAS 2002a, 54;

188 Auf eine Charakterisierung der Fußballprofiklubs als Dienstleistungsunternehmen anhand einer Überprüfung/Diskussion der verschiedenen in der Betriebswirtschaftslehre vorzufindenden DL-Typologisierungsmodelle und konstitutiven Abgrenzungskriterien (vgl. dazu z.B. CORSTEN 1997, 21 ff.; ENGELHARDT/KLEINALTENKAMP/RECKENFELDERBÄUMER 1993, 415 ff.; KLEINALTENKAMP 1998, 38 ff.; KLOSE 2003, 98 ff.; MALERI 1991, 38 f.; WORATSCHEK 1996, 60 ff.) wird unter Verweis auf die bereits mehrfach vorgenommene Abhandlung dieser Thematik in der Fachliteratur an dieser Stelle verzichtet (vgl. BENNER 1992, 44 f.; ERNING 2000, 53 ff.; HAAS 2002a, 62; HERMANNS/RIEDMÜLLER 2001, 63 f.; PÖTTINGER 1989, 254 ff.; SWIETER 2002, 51; WORATSCHEK 1998, 347 ff.; WORATSCHEK 2002, 2 ff.; ZELTINGER 2004, 33 ff.).

189 Die Erscheinungsform des externen Faktors bei Dienstleistungsproduktionen kann wie folgt systematisiert werden: (1) Materielle und/oder immaterielle Güter, die von außen, zumeist von Seiten des Leistungsabnehmers, in den Produktionsprozess mit eingebracht werden. (2) Der Abnehmer der Leistung beteiligt sich passiv an der Produktion der Dienstleistung. (3) Der Abnehmer der Leistung beteiligt sich aktiv an der Produktion der Dienstleistung (vgl. MALERI 1991, 108).

KLOSE 2003, 117; KLEINALTENKAMP 1998, 32; MALERI 1991, 140; STUHLMANN 1998, 2 f.). Der Vorkombination obliegt dabei der Aufbau des so genannten Leistungspotentials. Dieses wird durch den geeigneten Einsatz der zur Disposition stehenden, internen Produktionsfaktoren erzeugt und befähigt das Unternehmen, im Rahmen der ausstehenden Endkombination absetzbare Leistungen zu erstellen. Damit hat die Vorkombination einen vorbereitenden Charakter. In der Endkombination führt der Einsatz der Leistungsbereitschaft in Verbindung mit weiteren notwendigen internen Produktionsfaktoren sowie der Integration des externen Faktors zur Erstellung der eigentlichen Dienstleistung (CORSTEN 1997, 136 f.; KLOSE 2003, 119 ff.; MALERI 1991, 140; STUHLMANN 1998, 2).

Aufgrund dieser Dienstleistungscharakteristika wird die Wirtschaftssystematik von Fußballunternehmen nachfolgend hinsichtlich

- der Leistungsvoraussetzungen (Inputfaktoren),
- dem Leistungserstellungsprozess (Kombinationsprozesse) sowie
- dem Leistungsergebnis (Output) untersucht.

Weiterführend werden die Leistungsverwertungsprozesse sowie die Einflussfaktoren auf die Leistungserstellung- bzw. Leistungsverwertung betrachtet. Abschließend wird ein zusammenfassender Branchensystematisierungsansatz vorgestellt und diskutiert.

3.2.1.1. Leistungsvoraussetzung: Die Produktionsfaktoren (Input)

Wie ausgeführt, benötigen Fußballunternehmen zur Leistungserstellung verschiedene Produktionsfaktoren. Eine grundlegende Differenzierung ist dabei zwischen internen und externen Produktionsfaktoren vorzunehmen. Während die internen Produktionsmittel in der freien Verfügungsgewalt der Fußballunternehmen stehen, bringen sich die externen Produktionsfaktoren autonom durch eine – wie auch immer geartete Interaktion – in den Leistungserstellungsprozess mit ein, d.h. sie sind der Disposition durch die Fußballunternehmen entzogen. Zentrales Kennzeichen der externen Produktionsfaktoren ist des Weiteren, dass sie diejenigen Marktpartner darstellen, an denen bzw. für die die Leistungen erbracht werden (BENNER 1992, 39 f.; CORSTEN 1997, 124 f. u. 127; KLOSE 2003, 117; MALERI 1991, 106; ZELTINGER 2004, 30). Unter den internen Produktionsfaktoren sind hingegen alle real materiellen (Betriebsmittel) bzw. immateriellen (menschliche Arbeitsleistung) sowie nominalen Güter (Darlehens- und Beteiligungswerte, Kapital) zu subsumieren (CORSTEN 1997, 129; MALERI 1991, 129 ff.).

Übertragen auf die Branche der Fußballunternehmen stellen die internen Produktionsfaktoren die „Human Resources" der Klubs (Spieler, Trainer, Betreuer, Management, Geschäftsstellenpersonal etc.), die Gebrauchsgüter (Sportstätten, Sportgeräte, Geschäftsräume, Büroausstattung, Transportmittel etc.), die fremdbezogenen Dienstleistungen (Vermarktungs- oder Beratungsunternehmen, Versicherungsleistungen, Ordnerdienste, Polizei, Feuerwehr, Rotes

Kreuz, Cateringservice etc.), die Veranstaltungerechte[190] sowie die notwendigen Kapitalaufwendungen dar (vgl. u.a. BABIN 1995, 41; BENNER 1992, 36 ff.; BRANDMAIER/SCHIMANY 1998, 38; FRÜH/MENTGES/ERNING 2003, 576[191]). Hingegen sind die Zuschauer, welche den sportlichen Wettbewerb einerseits konsumieren, andererseits aber auch durch ihr Mitwirken und ihre Unterstützung direkt prägen, sowie die Medien und Sponsoren, die das Sportgeschehen ebenfalls nachfragen, jedoch auch durch ihre Einbringung materieller sowie immaterieller Produktionsgüter (Sendewagen, Kamerateams, Werbebotschaften) in den Leistungsprozess eingreifen, als externe Produktionsfaktoren zu charakterisieren (vgl. BENNER 1992, 39 f.; BRANDMAIER/SCHIMANY 1998, 38).

3.2.1.2. Leistungserstellung: Die Kombination der Produktionsfaktoren sowie weitere nachgelagerte Kombinationsprozesse

Die Leistungserstellung von Fußballunternehmen ist grundsätzlich an den in 3.2.1. dargestellten zweistufigen Produktionsprozess von Dienstleistungen über Vor- und Endkombination angelehnt. Doch während diese Produktionssystematik davon ausgeht, dass ein einzelnes Unternehmen die Dienstleistung an dem Endkunden erbringt, liegt eine der zentralen Besonderheiten der Leistungserstellung von Fußballunternehmen darin, dass mindestens zwei Organisationen zur Austragung eines sportlichen Wettkampfes beteiligt sein müssen (Koproduktion, Teamproduktion), wodurch sich der beschriebene, idealtypische Produktionsablauf von Dienstleistungen verändert (vgl. stellvertretend für viele DÖRNEMANN 2002a, 31 f. u. 46; GLADDEN/SUTTON 2003, 300; KURSCHEIDT 2004, 32; RECKENFELDERBÄUMER

---

190 In der Literatur finden sich unterschiedliche Aussagen darüber, wer die Veranstaltungsrechte besitzt. Folgende drei Positionen lassen sich ausmachen:

- Veranstalter ist die Dachorganisation, die Veranstaltungsrechte liegen bei der Dachorganisation (BENNER 1992, 38).
- Veranstalter sind die gastgebenden Profiklubs, die Veranstaltungsrechte liegen bei den spielausrichtenden Fußballunternehmen (KRUSE 2000, 20; KRUSE/QUITZAU 2002a, 3f.).
- Veranstalter sind sowohl die Dachorganisation als auch die ausrichtenden Fußballklubs, die Veranstaltungsrechte liegen bei beiden Parteien (DUVINAGE 2002, 306 f.; LINKE 1999, 24; SCHELLHAAß/ENDERLE 2000, 29).

Hintergrund dieser wiedersprüchlichen Ausführungen sind zeitlich auseinander liegende, gerichtliche Definitionsansätze. So beschloss der Bundesgerichtshof am 11.12.1997 zunächst, dass der Veranstalter eines sportlichen Wettbewerbs derjenige ist, der in organisatorischer und finanzieller Hinsicht für die Veranstaltung verantwortlich ist, wer deren Vorbereitung übernimmt und das unternehmerische Risiko trägt. Entsprechend dieser Definition wären folglich die Heimklubs als alleinige Veranstalter zu sehen, da sie die Kosten der Veranstaltung tragen (Stadionkosten, Security, Betreuer, Vertrieb, Marketing etc.), die Arbeit vor Ort leisten (Vorbereitung und Koordination Spieltag) sowie die direkten Erlöse einnehmen (Eintrittsgelder, Merchandising, Catering etc.). Allerdings ist diese Begriffsbestimmung für den professionellen Ligasport ungeeignet, da sie dem Wertsprung der Einbettung eines Spiels in den Meisterschaftswettbewerb nicht Rechnung trägt (vgl. die noch folgenden Ausführungen zum einfachen und komplexen Produktionssystem der Fußballunternehmen) und folglich nur für Freundschaftsspiele anwendbar ist. Aufgrund dieses Defizits wurde ein modifizierter Veranstaltungsbegriff eingeführt. Veranstalter ist demnach, wer in organisatorischer und finanzieller Hinsicht für die Veranstaltung verantwortlich ist oder durch äquivalente Leistungen die Veranstaltung zu einem vermarktungsfähigen Produkt macht. Im Übertrag auf den professionellen Teamsport bedeutet dies, dass die Veranstalter sowohl die gastgebenden Klubs als auch die Dachorganisation sind und die Veranstaltungsrechte bei beiden Parteien liegen (vgl. WICHERT 2002, 40 f.).

191 Vgl. darüber hinaus BÜCH (1977, 4), ERNING (2000, 53 f.), FLORY (1997, 22), HEINEMANN (1984, 34), OPITZ (2003, 40), PARLASCA (1993, 64), PÖTTINGER (1989, 258), PUTSCHERT (1999, 99), STEIN (1993, 24).

2004, 362; vgl. zudem bereits NEALE 1964, 4; ROTTENBERG 1956, 254 f.[192]). So hat im Rahmen der Vorproduktion zunächst jedes partizipierende Fußballunternehmen durch den Einsatz und die Kombination der internen Produktionsfaktoren sein sportliches Leistungspotential aufzubauen. Hierbei werden die menschlichen Arbeitsleistungen der Spieler, Trainer, Betreuer und Organisatoren unter Nutzung der Betriebsmittel möglichst effizient kombiniert, sodass das Fußballunternehmen „wettbewerbsfähig" wird bzw. bleibt. Der folgende Endkombinationsprozess versteht das Messen der sportlichen Leistungsvorbereitung zweier Teams unter gleichzeitiger Integration weiterer Produktionsfaktoren. So hat der das Fußballspiel ausrichtende Klub zusätzliche Produktionsmittel einzusetzen, da dieser für die Bereitstellung, Funktionsfähigkeit und Sicherheit der Sportstätte verantwortlich ist. Des Weiteren kommt die Einbindung der externen Faktoren (Zuschauer, Medien, Sponsoren) hinzu. Im Rahmen dieses Koproduktionsprozesses wird zunächst ein den einzelnen Fußballunternehmen direkt zurechenbares Leistungsergebnis erstellt (vgl. BENNER 1992, 40 ff. u. 99; BIELING/ESCHWEILER/HARDENACKE 2004, 11; BRANDMAIER/SCHIMANY 1998, 38; LEHMANN/WEIGAND 2002, 52; OPITZ 2003, 40 u. 94; QUITZAU 2002, 22; ZELTINGER 2004, 31).

Nach FRANCK (1995, 125) stellt der bislang beschriebene Leistungserstellungsprozess das einfache Produktionssystem von Fußballunternehmen dar, da die Profiklubs nur zusammenhangslose Einzelspiele produzieren und vermarkten. Ein entscheidendes Charakteristikum für Fußballprofiklubs bzw. deren Liga ist jedoch die Produktion von Meisterschaftsrennen (BAUER/SAUER/SCHMITT 2004, 7; GAEDE/BECKER/MÜLLER 2003, 48; LEHMANN/WEIGAND 1997b, 384; PARLASCA 1993, 46; QUITZAU 2002, 22; VÄTH 1994, 137 f.; vgl. auch bereits NEALE 1964, 4[193]). Greift man also das für die Teamsportindustrie konstitutive Merkmal des Positionswettbewerbs im Rahmen des Ligageschehens auf (FRANCK 2000b, 11; FRICK 1999, 145; OPITZ 2003, 36), so ist die bisher dargestellte Leistungsstruktur der Fußballunternehmen um die Einbettung der einzelnen Spiele in einen geographischen und temporalen Kontext aus Platzierungen, Punkten, Abstieg sowie dem Meisterschaftskampf zu erweitern (FRANCK 2000b, 17; FRANCK/MÜLLER 2000, 9; HARDENACKE/MUHLE 2004, 275; SCHELLHAAß/ENDERLE 2000, 28). Ist das einzelne Spiel zweier Mannschaften bereits ein Koprodukt, so trifft dies in noch viel stärkerem Maße auf das Meisterschaftsrennen

---

192 Vgl. zudem BABIN (1995, 41 f.), BAUER/SAUER/SCHMITT (2004, 7), BENNER (1992, 52), BIELING/ESCHWEILER/HARDENACKE (2004, 17), BRANDMAIER/SCHIMANY (1998, 38), BÜCH (1977, 4), DABSCHEK (1975a, 53; 1975b, 175), FRANCK (1995, 8 f. u. 125; 2000a, 47; 2000b, 17), FRANCK/JUNGWIRTH (1999, 122), FRANCK/MÜLLER (2000, 8 f.), FREYER (2003, 87 f.), FRICK (1999, 145), FRICK/DILGER/PRINZ (2002, 169), FLORY (1997, 22), HARDENACKE/HUMMELSBERGER (2004, 52), HARDENACKE/MUHLE (2004, 274), KOHL (2001, 34), LEHMANN/WEIGAND (1997b, 384; 2002, 45), MARKHAM/TEPLITZ (1981, 19), MAUWS/MASON/FOSTER (2003, 148), MORROW (1999, 8), OPITZ (2003, 40 u. 94), PARLASCA (1993, 10 u. 65), PARLASCA/SZYMANSKI (2002, 84), RECKENFELDERBÄUMER (2003, 54), RIEDMÜLLER (2001, 274), SWIETER (2002, 60), SZYMANSKI/KUYPERS (2000, 11), VROOMAN (1996, 341), WELLING (2003, 30 u. 36; 2004a, 272 u. 289; 2004c, 34), WORATSCHEK (2004a, 9), ZELTINGER (2004, 31).

193 "We may conclude that the product of professional sporting activity is not merely the match, but also the league standings or championship" (NEALE 1964, 4).

einer Liga zu. Alle partizipierenden Klubs tragen mit ihren Spieleinsätzen dazu bei (Metaproduktion, Bündel an Teamprodukten). Es ist folglich festzuhalten, dass die Ligaebene im Teamsport eine weitere, nachgelagerte Produktions- bzw. Wertschöpfungsstufe bedeutet. Die Einzelleistungen der partizipierenden Fußballunternehmen werden dabei in weiteren Kombinationsschritten zu einem komplexen Produktionssystem zusammengefasst[194] (vgl. FRANCK 1995, 9 u. 125; OPITZ 2003, 40 u. 94; QUITZAU 2002, 22; SWIETER 2002, 60; knapp auch DÖRNEMANN 2002b, 157; ZELTINGER 2004, 33)[195].

Abbildung 14 veranschaulicht die beschriebenen Kombinationsprozesse im Überblick.

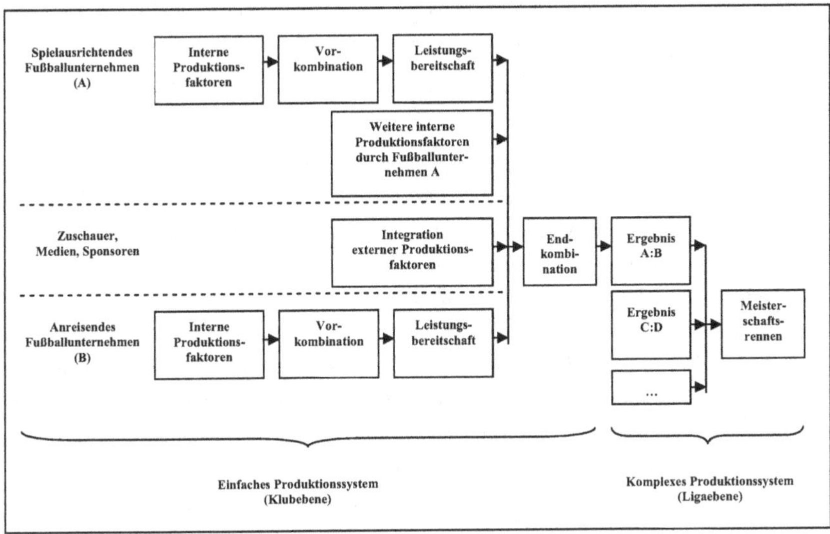

Abb. 14: Die Kombinationsprozesse von Fußballunternehmen[196]

194 Im Profifußball ist grundsätzlich zwischen Meisterschafts- und Freundschaftsspielen zu unterscheiden. Da Freundschaftsspiele ohne Bezug zueinander bzw. den Spielen anderer Teams stehen, handelt es sich, wie ausgeführt, um ein einfaches Produktionssystem. Jedoch kann auch ein Meisterschaftsspiel, sofern man das Ligageschehen ausklammert, zunächst ein einfaches Produktionssystem darstellen (z.B. USA-Tourist, der ein NBA-Spiel besucht, ohne sich über das Meisterschaftsrennen zu informieren bzw. sich für dieses zu interessieren). Erst die zusätzliche Einbringung des Spielverlaufs/des Spielergebnisses in den Meisterschaftskontext lässt die Leistungserstellung Bestandteil eines komplexen Produktionsprozesses werden.

195 Neben der Koproduktion/Teamproduktion liegt eine weitere Besonderheit der Leistungserstellung von Fußballunternehmen darin, dass zwei auf den ersten Blick in Konkurrenz stehende Organisationen eine gemeinsame Leistung erbringen („*Kooperenz*" = Kooperation unter Konkurrenten/Wettbewerbern; synonym auch „Coopetition"/„Koopetition"). Ein Fußballunternehmen ist zur Erbringung seiner Kernleistung folglich auf die Zusammenarbeit mit einem konkurrierenden Klub (Fall des Einzelspiels) bzw. gar mit mehreren konkurrierenden Klubs (Fall des Meisterschaftsrennens) angewiesen (vgl. RECKENFELDERBÄUMER 2003, 54 u. 65; RECKENFELDERBÄUMER 2004, 362 f. u. 371 f.; WELLING 2004c, 34; WORATSCHEK 2002, 19; WORATSCHEK 2004a, 12; WORATSCHEK/SCHAFMEISTER 2005, 33).
Vgl. auch bereits HEINEMANN (1984, 34 f.), der vermerkte, dass innerhalb einer Profiliga kooperierende Konkurrenten vereint sind und in diesem Zusammenhang den Begriff „assoziative Konkurrenz" einführte.

196 Die Darstellung des einfachen Produktionssystems ist an das Grundmodell der Dienstleistungsproduktion nach CORSTEN (1997, 139) angelehnt und auf den Profifußball übertragen (vgl. dazu auch HAAS 2002a, 55; STUHLMANN 1998, 4).

Exkurs: Wertschöpfungskonfigurationen im professionellen Teamsport
Die Leistungs- und Kombinationsprozesse im professionellen Teamsport können auch anhand von Wertschöpfungskonfigurationen aufgezeigt werden. Dazu sei auf den Beitrag von WORATSCHEK (2004a, 19 ff.) verwiesen[197].

Zur Darstellung der Produktion eines einzelnen Fußballspiels (= einfaches Produktionssystem) greift WORATSCHEK auf die Wertkette von PORTER[198] zurück. Ausgehend von einer Diskussion kennzeichnender Dienstleistungsspezifika von Profiklubs (Absatz der Leistung vor der Produktion, Notwendigkeit des Aufbaus von Reputation aufgrund von Verhaltensunsicherheit) modifiziert WORATSCHEK zunächst die Wertkette eines Einzelklubs und verknüpft diese basierend auf der Produktionsbesonderheit der Koproduktion im professionellen Teamsport mit der Wertkette des Gegnerklubs („modifizierte Wertkette der Teamproduktion").

Bezüglich der Produktion von Meisterschaftsrennen durch die Ligainstanz (= komplexes Produktionssystem) argumentiert WORATSCHEK, dass die zentrale Aufgabe jener Dachorganisation (und damit auch deren Wertschöpfungsaktivität) in der Meisterschaftsorganisation, d.h. der Wettbewerbskoordination der Teams und ihrer einzelnen Koproduktionen, besteht. Die Liga übernehme somit eine Intermediärsfunktion, wobei eine derartige Wertschöpfungslogik durch das Wertnetz abgebildet wird[199]. Von den drei möglichen Wertnetzwerkformen[200] sei für den Ligafall bzw. die Meisterschaftsproduktionsebene das Vertriebsübernahmemodell (Aspekt der Zentralvermarktung) als auch das Kontraktanbahnungsmodell (Liga organisiert und koordiniert mittels verschiedenen simultan erfolgenden Netzwerkpromotions, Netzwerkservices sowie der Netzwerkinfrastruktur eine Plattform, welche den Klubs eine hochwertigere Vermarktung ihrer Koproduktionen ermöglicht) zutreffend.

---

197 Vgl. ergänzend auch WORATSCHEK/SCHAFMEISTER (2005, 30 ff.).

198 Vgl. für jenes klassische Schema der Wertschöpfungsabbildung linear-sequentiell produzierender Unternehmen PORTER (1985, 37). Grundgedanke des Ansatzes ist, dass jedes Unternehmen als eine Ansammlung von Prozessen angesehen werden kann. Die verschiedenen Unternehmensfunktionsbereiche tragen dabei mit allen von ihnen durchgeführten Tätigkeiten zur Erreichung des Unternehmenszwecks bei. Hinsichtlich der durchzuführenden Tätigkeiten wird nach primären Aktivitäten (Aktivitäten, die direkt am Wertschöpfungsprozess beteiligt sind) und unterstützenden Aktivitäten (tragen nur indirekt zur Wertschöpfung bei, stehen den direkten Aktivitäten hilfestellend zur Seite) unterschieden. Gewinne werden dann erwirtschaftet, wenn der am Markt erzielte Wert der Unternehmenstätigkeiten die angefallenen Tätigkeits- bzw. Prozesskosten übersteigt.

199 Vgl. dazu u.a. auch WORATSCHEK/SCHAFMEISTER (2005, 39 f.): Wertnetze sind Intermediäre, die vor allem koordinierend tätig sind und deren Tätigkeiten simultan durchgeführt werden.

200 Dabei unterschiedet man zwischen dem Wertnetz der Kontaktanbahnung (Kontaktanbahnungsmodell), dem Wertnetz der Vertragsvermittlung (Kontraktvermittlungsmodell) sowie dem Wertnetz der Vertriebsübernahme (WORATSCHEK 2004a, 22).

Die Abbildungen 15 und 16 veranschaulichen die beiden Wertschöpfungsformen des professionellen Teamsports (einfaches Produktionssystem: modifizierte Wertkette; komplexes Produktionssystem: Wertnetzwerk) in graphischer Darstellung.[201]

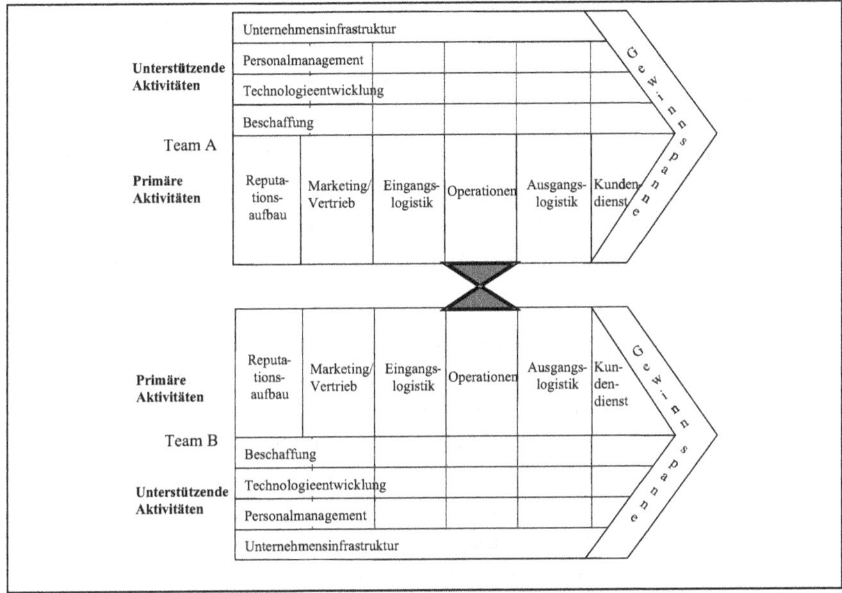

Abb. 15: Wertschöpfung einfaches Produktionssystem: Modifizierte Wertkette der Teamproduktion (Quelle: WORATSCHEK 2004a, 21; WORATSCHEK/SCHAFMEISTER 2005, 34)

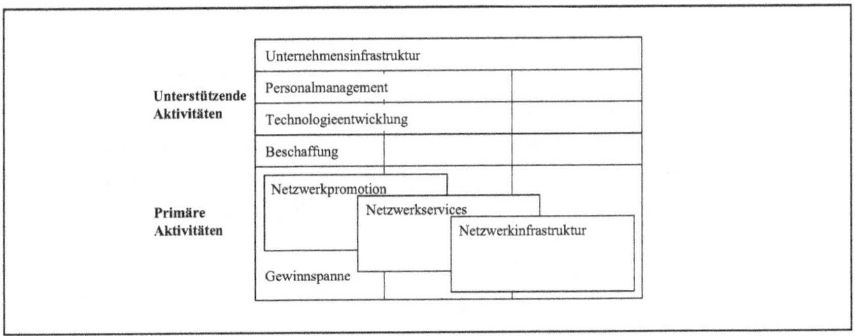

Abb. 16: Wertschöpfung komplexes Produktionssystem: Logik des Wertnetzes (Quelle: WORATSCHEK 2004a, 23; WORATSCHEK/SCHAFMEISTER 2005, 40)

[201] Weitere, wenngleich weitaus weniger differenzierte Skizzierungsänsatze der Wertschöpfungslogik von Fußballunternehmen finden sich in HAAS (2002a, 61) sowie HÖFT et al. (2005, 158).

3.2.1.3. Leistungsergebnis: Output auf Klub- und Ligaebene

Aus produktionstheoretischer Sicht ist der Output das Resultat des Transformationsprozesses und kann als das letztlich angestrebte Ausbringungsergebnis der Produktion gesehen werden. Wird ergänzend auch die absatzwirtschaftliche Perspektive miteinbezogen, stellt die Outputleistung ein Mittel zur Bedürfnisbefriedigung Dritter dar und ist somit als „Gut" zu charakterisieren[202] (vgl. zu den Ausführungen BENNER 1992, 51; CORSTEN 1997, 141; SCHMALEN 1996, 44).

Für die Branche der Fußballunternehmen sind jedoch folgende Präzisierungen zum korrekten Verständnis des Leistungsergebnisses notwendig. Entsprechend den vorangehenden Ausführungen ist zwischen dem Leistungsergebnis der beiden Mannschaften, die ein Spiel bestreiten (einfaches Produktionssystem) und der Einbindung der Begegnung in den Ligakontext (komplexes Produktionssystem) zu unterscheiden.

Im Rahmen des einfachen Produktionssystems erstellen beide gegeneinander antretende Fußballklubs durch die Kombination verschiedener Produktionsfaktoren zunächst das unmittelbare Spiel selbst. Diese Outputform ist als eine Unterhaltungsleistung mit den Dimensionen Spannung, Begeisterung, Ablenkung sowie Erholung zu charakterisieren. Folglich ist der gesamte Verlauf der Koproduktion – also der sportliche Wettkampf an sich, und nicht nur das letztlich sportliche Endergebnis desselben – als das Leistungsergebnis der Fußballunternehmen auf der Klubebene zu sehen (BENNER 1992, 51; BRANDMAIER/SCHIMANY 1998, 38, GLADDEN/MILNE/SUTTON 1998, 4; SCHELLHAAß/ENDERLE 2000, 28; ähnlich WELLING 2003, 11).

Die Folge des Zusammenschlusses verschiedener Mannschaften zur Durchführung eines Meisterschaftsrennens (Ligaebene) ist, dass die einzelnen Spiele in der Wahrnehmung des Zuschauers nicht mehr isoliert nebeneinander stehen, sondern aufeinander bezogen werden können (FRANCK 1995, 125; FRANCK 2003, 225; vgl. zudem BAUER/SAUER/SCHMITT 2004, 7). Durch den stetigen Positionswettbewerb erlangen dabei auch die Spiele der Drittmannschaften eine Bedeutung (QUITZAU 2002, 23). Der Übergang von einem einfachen zu einem komplexen Produktionssystem bedeutet somit einen „Wertsprung". Das Titelrennen wirkt dabei wie ein hinzukommender Goodwill, der jedem Spiel eine zusätzliche, den Nach-

[202] Als Güter werden grundsätzlich all jene Mittel bezeichnet, die direkt oder indirekt zur Befriedigung menschlicher Bedürfnisse eingesetzt werden (vgl. BÜNTING 1996, 141; ERNING 2000, 55; STEIN 1993, 24 f.).

fragewert steigernde Dimension verleiht[203] (FRANCK 1995, 127; ähnlich FRANCK 2002, 30; FRANCK 2003, 225). Insgesamt bieten sich dem Konsumenten durch die Spieleeinbettung in den Ligawettbewerb also eine Reihe von Zusatznutzen, die den Unterhaltungswert und damit auch den wirtschaftlichen Wert der einzelnen Spiele deutlich erhöhen[204]. Der Output einer Sportliga sind folglich nicht nur die einzelnen Spielgeschehen, sondern das Meisterschaftsrennen an sich, welches sich durch die Gesamtheit aller Spiele auszeichnet (vgl. BAUER/SAUER/SCHMITT 2004, 7; FRANCK 1995, 125; FRANCK 2003, 225; GAEDE/BECKER/MÜLLER 2003, 51; HAAS 2002a, 63; KLEIN 2004, 16; QUITZAU 2002, 22 f.; NITSCHKE 2003, 17; SCHELLHAAß/ENDERLE 2000, 28 ff.; SWIETER 2002, 30 u. 60; WELLING 2004a, 295).

Zur Einordnung des Leistungsergebnisses der Fußballunternehmen in den Rahmen der Gütertheorie wird im Folgenden zunächst auf die klassische Differenzierung zwischen freien und wirtschaftlichen Gütern zurückgegriffen. So stehen freie Güter unbegrenzt zur Verfügung, während Wirtschaftsgüter konstitutiv durch eine relative Knappheit gekennzeichnet sind, was wiederum eine Aufwandsleistung für den Nutzungs- bzw. Eigentumserwerb des wirtschaftlichen Gutes mit sich bringt. Das Leistungsergebnis der Fußballunternehmen (sowohl im einfachen als auch komplexen Produktionsprozess) ist Gegenstand zahlreicher ökonomischer Transaktionen mit weiteren Wirtschaftseinheiten (Zuschauer, Medien, Sponsoren), wobei die offenkundige Knappheit des Outputs die Marktpartner zur Entrichtung bestimmter Abnahmesummen zwingt. Folglich ist das Leistungsergebnis der Fußballunternehmen als ein Wirtschaftsgut zu charakterisieren (BENNER 1992, 43 f.; ERNING 2000, 55 f.; HEINEMANN 1984, 29 ff.; STEIN 1993, 24 ff.).

3.2.1.4. Leistungsverwertung: Vermarktung des Outputs

Unter der Verwertung des Outputs sind schließlich die mit dem Leistungsergebnis verbundenen Vermarktungsprozesse im Sinne einer entgeltlichen Vergabe der verschiedenen Nut-

[203] Zurückzuführen ist dieser Wertsprung auf den so genannten Teameffekt der Metaproduktion „Ligameisterschaft". Dies ist so zu verstehen, als dass sich das Ergebnis des gemeinschaftlichen Produktionsprozesses nicht additiv aus der Summe der Einzelbeiträge der beteiligten Klubs zusammensetzt, sondern ein zusätzlicher Mehrwert aus der Gemeinschaftsproduktion gegenüber den isolierten Einzelspielen generiert wird, der jedoch nur schwer verursachungsgerecht dem Einsatz der einzelnen Inputlieferanten zugerechnet werden kann (ALCHIAN/DEMSETZ 1972, 779; FRANCK 2000a, 48; SWIETER 2002, 60). Als Beleg dafür sei der weitaus geringere Zuschauerzuspruch (TV, Stadionbesuch) im Rahmen eines Freundschaftsspiels zweier Profiklubs im Vergleich zu der gleichen Partie während des Ligawettbewerbs angeführt. Die Einbettung des zweiten Spiels in das Meisterschaftssystem stellt folglich die angesprochene wirtschaftliche Aufwertung dar (PARLASCA 1993, 46; QUITZAU 2002, 22 f.; SCHELLHAAß/ENDERLE 2000, 29; WICHERT 2002, 41; WORATSCHEK/SCHAFMEISTER/STRÖBEL 2006, 169 u. 176).

[204] FRANCK/JUNGWIRTH (1999, 123) fügen in diesem Zusammenhang an, dass gerade die zeitliche und räumliche Überbrückung durch die Fernsehübertragungen jene Nutzensteigerung unterstützt (konsumgerechte Aufbereitung der Ligaspiele durch Zusammenfassungen und Berichterstattungen, Inszenierung von mehreren zeitgleichen Nebenrennen).

zungsrechte[205] des Outputs zu verstehen (z.B. Vermarktung Übertragungsrechte, Vermarktung Werbe- und Lizenzrechte, Vermarktung Zutrittsrechte). Allerdings unterscheidet sich die Verwertung des Outputs dahingehend, als dass eine Nachfrageseite den Output zur unmittelbaren Bedürfnisbefriedigung konsumiert (Stadionbesucher), während die anderen Abnehmer (Medien, Sponsoren, Lizenznehmer) das Leistungsergebnis der Fußballunternehmen in unterschiedlicher Form weiterbeschaffen, um durch ihren Einsatz weitere Güter für die Fremdbedarfsdeckung zu erstellen (BABIN 1995, 95; BRANDMAIER/SCHIMANY 1996, 39; OPITZ 2003, 40).

Aufgrund dieser unterschiedlichen Verwertungsweise des originären Wirtschaftsguts ist der Leistungsoutput der Fußballunternehmen im Rahmen der Gütertheorie weitergehend sowohl als Konsumgut (Gut wird direkt konsumiert) bzw. Investitionsgut (Gut dient der Erstellung weiterer Güter) zu kennzeichnen[206] (ERNING 2000, 60; FREYER 2003, 82; HEINEMANN 1984, 30 ff.; PÖTTINGER 1989, 251 f.). HEINEMANN (1984, 32) spricht in diesem Zusammenhang auch von einem Güterbund.[207]

Anzumerken ist, das einige Fußballunternehmen zur besseren Erfüllung der Vermarktungsaufgaben spezialisierte Intermediäre der Transaktionsbeziehungen zu den Medien, Sponsoren, Lizenznehmern sowie den Zuschauern zwischenschalten (vgl. u.a. SCHAEKE/ZINNENLAUF/DELONGA 2003, 100 ff.).

3.2.1.5. Einflussfaktoren auf die Leistungserstellung und Leistungsverwertung

Die Leistungserstellung und Leistungsverwertung der Fußballunternehmen wird von folgenden zwei Faktoren beeinflusst:

a) Umweltfaktoren

Da Fußballunternehmen nicht nur innerhalb ihrer eigenen Grenzen operieren, sondern durch Austauschprozesse in enger Verflechtung mit den für sie relevanten Märkten stehen, stellen die dort vorherrschenden Umwelt- bzw. Situationsbedingungen (politisch-rechtliche, ökono-

---

205 Im Genauen sind darunter die den Rundfunk- und Fernsehanstalten gewährten Übertragungsrechte, Verfügungsrechte zur Werbung im Stadion, Konzessionsrechte zum Produktabsatz in der Sportstätte, Lizenzierungsrechte zur Werbung mit Namen und Logo der Fußballunternehmen, die Zutrittsrechte für die Besucher/Hospitalitykunden sowie die Internet/New Media-Verwertungsrechte zu subsumieren (vgl. u.a. BABIN 1995, 46; ELTER 2003, 22 ff.; HEINEMANN 1984, 31; HEINEMANN 2003, 297; HERMANNS 1997, 158 f.; PÖTTINGER 1989, 248 u. 251; WICHERT 2002, 40).

206 Die ökonomische Gütertheorie kennt neben den beiden erläuterten Klassifikationsstufen (freie vs. wirtschaftliche Güter, Konsum- vs. Investitionsgüter) noch weiterführende Unterteilungen an Güterarten. Vgl. dazu ERNING (2000, 55 ff.), HEINEMANN (1984, 29 ff.), PÖTTINGER (1989, 245 ff.) oder STEIN (1993, 24 ff.).

207 Anmerkung: Bei den unterschiedlichen Verwertungsformen handelt es sich um keine neuen Outputleistungen. Obwohl die verschiedenartigen Nutzungsrechte an sich eigenständige Verhandlungsgegenstände marktwirtschaftlicher Transaktionen sind, können die Rechtebündel nicht losgelöst von den ihnen zugrunde liegenden, originären Outputleistungen betrachtet werden (vgl. BENNER 1992, 48 u. 51 f.).

mische, technische, gesellschaftliche sowie geographisch-infrastrukturelle Faktoren[208]) Einflussvariablen dar, welche sich mittelbar auf die Leistungserstellung und die Leistungsverwertung auswirken.

b) Managemententscheidungen

Darüber hinaus beeinflussen die Entscheidungen im Rahmen der Managementfunktionen (Planung, Organisation, Koordination, Kontrolle, Mitarbeiterführung[209]) die Leistungserstellungs- und Leistungsverwertungsprozesse der Fußballunternehmen.

3.2.1.6. Zusammenfassender Systematisierungsansatz und Diskussion

Wie die vorausgegangenen Ausführungen verdeutlichen, unterscheidet sich die Wirtschaftssystematik von Fußballunternehmen aufgrund der komplexen Produktionsstruktur (Teamproduktion, Meisterschaftsrennen) sowie den vielfältigen Vermarktungsprozessen (zahlreiche, heterogene Kundengruppen) von klassischen Zulieferer-Abnehmer-Geschäftsstrukturen.

Der in Abbildung 17 dargestellte Systematisierungsansatz hebt dies nochmals hervor und skizziert die Wirtschaftssystematik der Fußballunternehmen anhand einer Darstellung der kennzeichnenden Austauschprozesse der Fußballunternehmen mit den direkt vor- sowie nachgelagerten Transaktionspartnern (Real- vs. Nominalgüterströme)[210]. Der Aufbau ist an die in den Abschnitten 3.2.1.1. bis 3.2.1.4. beschrieben Phasen der Leistungserstellung bzw. Leistungsverwertung sowie deren Einflussfaktoren (3.2.1.5.) angelehnt und erschließt sich, wenn die einzelnen Beziehungszusammenhänge noch einmal nachvollzogen werden.

---

[208] Als bedeutende politisch-rechtliche Entscheidung sind beispielsweise das „Bosman-Urteil", die Liberalisierung des deutschen Rundfunkwesens oder die Zulassung von Kapitalgesellschaften am Spielbetrieb der Fußballbundesliga zu nennen. Unter ökonomische Einflüsse fallen z.B. die Veränderungen der Kreditabsicherungsvorschriften im Rahmen des Basel II-Beschlusses und damit einhergehend die Entwicklung neuer Finanzierungsformen. Unter Technikaspekten sind beispielsweise die Einführung von CRM-Technologien im Klubmanagement sowie Neuerungen in dem Bereich New Media zu sehen. Einen gesellschaftlichen Einfluss stellt z.B. der Zuschauerrückgang in den 80er Jahren aufgrund der zunehmenden Popularität des Tennissports dar. Der geographisch-infrastrukturellen Rahmenkomponente sind wiederum Aspekte wie Einzugsgebiet oder infrastrukturelle Gegebenheiten (z.B. Subventionierung Stadienbau, Nutzung städtischer Stadionanlagen) zu subsumieren.

[209] Vgl. BÜHNER (2001, 458), GAEDE/MAHLSTEDT (2003, 88), NIESSEN (1998, 18 ff.), PIEPER (1992, 233), SCHEWE/LITTKEMANN (2002, 2).

[210] Wie jedem Abbild komplexer Sachverhalte liegen auch diesem Systematisierungsansatz vereinfachende und einschränkende Realitätsreduzierungen zugrunde. So erfasst der Ansatz die ökonomischen Transaktionen aller direkt am Leistungserstellungsprozess der Fußballunternehmen beteiligten Wirtschaftseinheiten durch die Darstellung ihrer güterlichen Austauschakte (Finanz- und Leistungsströme). Den Beziehungsdarstellungen nicht inbegriffen sind demgegenüber diejenigen Institutionen, welche die mit der Leistungserstellung der Fußballunternehmen verbundenen „externen Effekte" als Trittbrettfahrer nutzen, ohne die Produzenten für die empfangenen, indirekten Leistungen zu entlohnen. Darunter einzuordnen sind zum einen Wirtschaftszweige wie die Sportartikelbranche, die Sportzeitschriftenbranche, Wettanbieter oder Reise- und Transportunternehmen, deren Umsätze von den Aktivitäten der Fußballunternehmen nachhaltig beeinflusst werden, zum anderen die Städte, Regionen oder Länder, die von der Außenwirkung und dem Bekanntheitsgrad der Fußballunternehmen profitieren. Zudem sind Subventionsleistungen an die Fußballunternehmen (z.B. Miet- und Pachtminderungen für die Nutzung städtischer Einrichtungen wie dem Stadion) nicht weiter berücksichtigt.

Abb. 17: Die Wirtschaftssystematik von Fußballunternehmen[211]

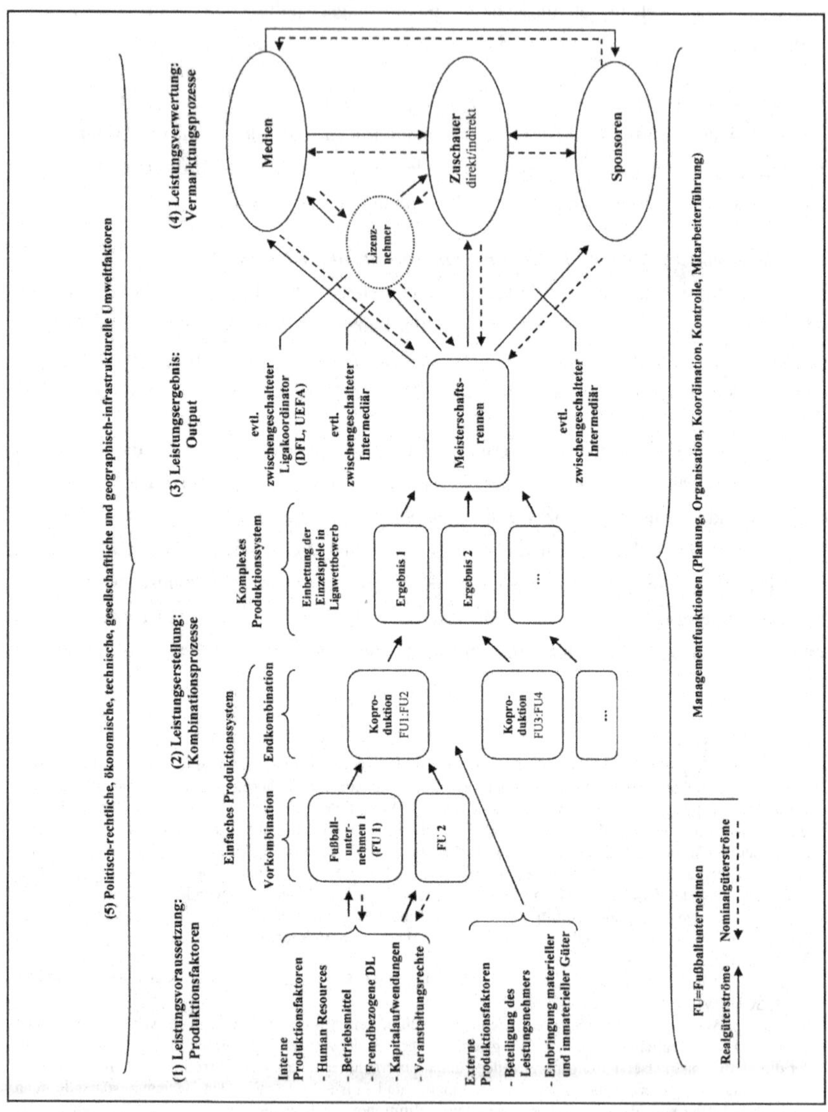

211 Abbildung 17 ist in seinen Grundzügen an den Ansatz von BENNER (1992, 30) angelehnt. Erweiterungen stellen insbesondere die Differenzierung zwischen dem einfachen und komplexen Produktionssystem der Fußballunternehmen sowie die Berücksichtigung von Lizenznehmern, Intermediären, externen Umweltfaktoren bzw. internen Managemententscheidungen dar. Weitere Branchenmodellierungen, die den eigenen Ausführungen als Orientierungsrahmen dienten, waren DÖRNEMANN (2002a, 84; 2002b, 153) sowie KRUSE (1991, 28).

Da in den bisherigen Ausführungen nur wenige Erläuterungen zu dem Transaktionsgeflecht auf der Ebene der Vermarktungsprozesse ausgeführt wurden, werden im Folgenden die in Abbildung 17 skizzierten, wechselseitigen Beziehungszusammenhänge zwischen den Fußballunternehmen, den (direkten/indirekten) Zuschauern, den Medien, den Sponsoren und den Lizenznehmern näher erläutert. In der Fachliteratur wird das Beziehungsgefüge zwischen (Profi-)Sport, Medien und Wirtschaft mit dem Zuschauer als Zielparameter auch als „magisches Dreieck des Profisports" bezeichnet (vgl. dazu BREHM 2002, 8 ff.; BRUHN 1991, 29; DINKEL/KRATZ 1998, 15; SCHMID 2005, 42).

Aus Sicht der Fußballunternehmen bestehen direkte Marktbeziehungen

- mit den Stadionbesuchern (= direkte Zuschauer), welche das Leistungsergebnis „professioneller Klubfußball" vor Ort gegen Zahlung eines Entgelts konsumieren (zurückgestellt war dabei bisher eine nähere Differenzierung der Stadionbesucher, welche sich in Dauerkartenkunden und Tageskartenkunden im klassischen Sitz- und Stehplatzbereich der Stadien bzw. den Logen- und Business-Seats-Kunden im Hospitality-Bereich unterteilen lassen),
- mit den Medien, welche die Übertragungsrechte[212] zur Ausstrahlung der Sportveranstaltungen gegen Entgelt erwerben,
- mit den Sponsoren, welche von den Fußballunternehmen Werberechte zur kommunikationspolitischen Nutzung gegen Entrichtung eines Entgelts erhalten sowie
- den Lizenznehmern, welche Lizenzierungsrechte zur Kennzeichnung von Waren gegen Vergütungszahlungen eingeräumt bekommen[213].

Die Ausführungen verdeutlichen bereits, dass die Leistungen der Fußballunternehmen, obwohl nur einmal erstellt, auf unterschiedlichen Märkten in unterschiedlichen Formen mehrfach vermarktet werden. Es ist folglich festzuhalten, dass das „Metaprodukt" Meisterschaftsrennen in eine komplexe Marktstruktur mit vielen Marktteilnehmern eingebettet ist (vgl. WORATSCHEK 2002, 26 f.; WORATSCHEK 2004a, 17 f. u. 24).

---

[212] Die in Abbildung 17 dargestellte direkte Beziehung zwischen Fußballunternehmen und den Medien ergibt sich lediglich im Sonderfall der Einzelvermarktung (UEFA-Cup bis Viertelfinale, UI-Cup, Freundschaftsspiele). Fußballbundesliga, Pokalwettbewerb sowie Champions-League werden hingegen zentral von der DFL bzw. der UEFA vermarktet. In diesen Fällen sind die Liga- bzw. Wettbewerbskoordinatoren (DFB, UEFA) den Fußballklubs und den Medien zwischengeschaltet.

[213] Vgl. zu den Ausführungen auch BABIN (1995, 45), BREHM (2002, 10), BRUHN (1991, 29), BENNER (1992, 46 f.), BRANDMAIER/SCHIMANY (1998, 39), BÖLL (2001, 21 f.), DÖRNEMANN (2002a, 138 ff.; 2002b, 138 ff.), HAMMANN (2004, 349), HEINEMANN (1989, 171), HERMANNS (1997, 50 f.), KRUSE (1991, 28 u. 34 ff.), PFAFF (2002, 80 ff.; 2003a, 26 ff.), WELLING (2004a, 288), WORATSCHEK (2002, 26 f.; 2004a, 17 f.), VENATOR (1998, 7).

Die Beziehungsverflechtungen zwischen den vier zentralen Marktpartnern der Fußballunternehmen (Zuschauer, Medien, Sponsoren, Lizenznehmer) gestalten sich wiederum wie folgt:

- Sowohl für die Medien, Sponsoren als auch die Lizenznehmer stellen die Zuschauer in ihrer Eigenschaft als Endkonsument der von jenen Wirtschaftsunternehmen angebotenen Sach- und Dienstleistungen die jeweilige Zielgröße dar.
- Die Sponsoren erhoffen sich durch ihr Werbeengagement bei den Fußballunternehmen positive Bekanntheits-, Image- bzw. Absatzwirkungen in den Zielgruppen. Neben Werbeeffekten vor Ort (Stadionbesucher) erfolgt die Übermittlung der Kommunikationsbotschaft insbesondere über die Medien (Einblendung/Abbildung Banden- und Trikotsponsoring)[214]. Direkte Marktbeziehungen zwischen Sponsoren und Medien liegen dann vor, wenn die Sponsoren neben ihrem Sponsoringengagement (Sonder-)Werbeformen (Spotwerbung, Presentings, Gewinnspiele etc.) einsetzen.
- Auch die Lizenznehmer der Fußballunternehmen erhoffen sich durch die Warenmarkierung einen Mehrabsatz bei ihren Endkunden. Vergleichbar mit den Sponsoren profitieren auch sie von der medialen Präsenz des Lizenzgebers. Marktbeziehungen der Lizenznehmer mit den Medien ergeben sich aus (unterstützenden/begleitenden) Werbeaktivitäten der Lizenznehmer.
- Im Umkehrschluss profitieren die Medien von den Sponsoren und Lizenznehmern (sowie weiterer, im Rahmen der Sportübertragungen werbender, Unternehmen), da sie für die Fremdnutzung der Sendezeit Entgelte zur Refinanzierung der Übertragungsrechte erhalten. Weitere Finanzzuflüsse erhalten die Medien von den Zuschauern, die für exklusive Sportübertragungen bezahlen (Pay-TV)[215].

In dem dargestellten Gefüge tragen die Medien für die Fußballunternehmen somit insgesamt eine Doppelrolle. Neben ihrer Eigenschaft als Abnehmer der Übertragungsrechte sind sie zugleich ein Multiplikator, der die Leistung der Fußballprofiklubs einem breiten Publikum zugänglich macht. In Folge dieses medialen „Veredelungseffekts" steigt der Kooperationswert der Fußballklubs mit Drittunternehmen (Sponsoren und Lizenznehmern) erheblich an (vgl. BABIN 1995, 14; BRANNASCH 1995a, 5; BRANNASCH 1995b, 139; DREES 1989, 58; ELTER 2003, 277; HEINEMANN 1989, 173[216]).

Die Höhe der jeweiligen Finanzströme zwischen den Marktpartnern ist durch ein sachliches Zusammenspiel der beteiligten Transaktionsträger gekennzeichnet. Veränderungen auf Seiten eines Marktakteurs können zu Auswirkungen für alle Transaktionsbeteiligten führen. Zentral ist das Zuschauerverhalten. So sinkt mit abnehmender Zuschauerreichweite der Wert der

---

214 HERMANNS bezeichnet die Medien aufgrund dieser Eigenschaft auch als Transmissionsriemen der Werbebotschaft zum Zielpublikum (1997, 51).

215 Vgl. dazu BABIN (1995, 14 u. 49), BENNER (1992, 34 f.), BRANDMAIER/SCHIMANY (1998, 40), BÖLL (2001, 21 f.), BREHM (2002, 10), DÖRNEMANN (2002a, 73; 2002b, 144), ELTER (2003, 277), HEINEMANN (1989, 173 f.), OPITZ (2003, 40), WALLISER (1995, 74 f.), ZELTINGER (2004, 81 ff.).

216 Vgl. auch DÖRNEMANN (2002a, 84; 2002b, 153), der die Medien als „Absatzveredeler" der Profisportorganisationen bezeichnet.

Übertragungs-, Sponsoring- sowie Lizenzierungsrechte der Fußballunternehmen. Ferner führen rückläufige Zuschauerzahlen bei Fernsehsendern zu Refinanzierungsproblemen der erworbenen Übertragungsrechte, da die bisherige Höhe der Werbezeitpreise nicht gehalten werden kann (vgl. BABIN 1995, 50 u. 55; BRANDMAIER/SCHIMANY 1998, 40; SCHELLHAAß/ENDERLE 2000, 56). Im Umkehrschluss greift die dargestellte Wirkungsspirale auch in positiver Richtungsweise.

Die Sensibilität der skizzierten Wirkungszusammenhänge sei durch folgendes Beispiel verdeutlicht: Im Rahmen der Neuverhandlungen der TV-Rechte an der Fußballbundesliga für die Spieljahre 2006/2007 bis 2008/2009 bot der Sender Premiere 300 Mio. Euro für die Pay-TV-Übertragungsrechte, koppelte jenes Angebot jedoch an die Bedingung, dass die Free-TV-Erstverwertung der Bundesligaspiele am Samstag Abend erstmalig auf den späten Abend verschoben werden sollte. Strategische Überlegung war dabei, eine bewusste Angebotsverknappung des Produkts Lizenzfußball im Free-TV durchzusetzen, um dadurch eine höhere Nachfrage im eigenen Bereich des Bezahlfernsehens zu erlangen. Die DFL entschied sich jedoch gegen das Angebot von Premiere und nahm die um 80 Mio. Euro niedrigere Offerte des Senders arena unter Beibehaltung der bisherigen, frühabendlichen Verwertungszeiten im Free-TV an (vgl. bereits 2.2.5., Fußnote 123). Bei Betrachtung der ökonomischen Folgen einer Annahme des Premiere-Angebots für die Fußballunternehmen bzw. die Liga werden die Interdependenzen zwischen (Profi-)Sport, Medien, Wirtschaft und Zuschauer deutlich. Augenfällig ist zunächst der weitaus höhere Absatzpreis des Pay-TV-Rechtepakets, wobei diese Einnahmesteigerung zunächst um die damit einhergehende Wertminderung der Erstverwertungsrechte im Free-TV zu relativieren ist. Darüber hinaus sind auch die Auswirkungen auf das Wirkungsgefüge zwischen den Profiklubs und ihren (zukünftigen) Sponsoren bzw. Lizenznehmern mit ins Kalkül zu ziehen. So hätte die Premiere-Vertragskonstellation eine insgesamt geringere kumulierte Zuschauerreichweite zur Folge gehabt (Anzahl der verlorenen Free-TV-Zuschauer aufgrund des späteren Sendetermins > Anzahl der Neukunden im Pay-TV), wodurch wiederum die Wertigkeit der Werbe- und Lizenzrechte der Fußballunternehmen negativ beeinträchtigt worden wäre[217].

[217] Weitere Fallbeispiele:
- Der Bundesligaskandal 1971 führte zu einem drastischen Rückgang der Zuschauernachfrage in der Fußballbundesliga. Folge: Stagnation der Erlöse aus den TV-Rechteverkäufen nach zuvor deutlichen Einnahmezuwächsen (vgl. 2.2.3. bzw. Anhang 3).
- Der Popularitätsanstieg des Tennissports in Deutschland Mitte der 80er Jahre bewirkte einen weiteren Zuschauerrückgang in der Fußballbundesliga. Folge: Abnahme der Sponsoringeinnahmen durch gesunkene Kontaktwerte (ein Rückgang der TV-Erlöse trat durch den im Zuge der Liberalisierung des Rundfunksystems Mitte der 80er Jahre entbrannten „Rechtekampf" hingegen nicht ein) (vgl. 2.2.4. bzw. Anhang 2).
- Der Wechsel der TV-Übertragung der Champions-League von RTL auf tm3 (Saison 1999/2000) bzw. des UEFA-Cups von ARD zu DSF (Saison 2005/2006) führte zu sinkenden TV-Quoten der beteiligten Klubs und folglich zu einer verminderten Sponsoring-Attraktivität (vgl. KLEWENHAGEN 2000b, 26; SOHNS 2005b, 36 f.).
- Die erstmalige, regelmäßige Übertragung der Fußballregionalliga in der ARD ab der Saison 2006/2007 brachte den Klubs gesteigerte Zuschauerkontaktzahlen und damit einhergehend eine Wertsteigerung der Klubmarketingrechte (vgl. 2.2.5.).

3.2.2. Ökonomische Rahmenaspekte und Branchenbesonderheiten von Fußballunternehmen

Wie in 3.2.1.2. ausgeführt, können Fußballunternehmen nicht isoliert voneinander produzieren, da bereits ein einzelnes Spiel (einfache Produktionsstruktur) das Zusammentreffen mit einem zweiten Klub voraussetzt. Dieser Umstand gilt umso mehr für das Meisterschaftsrennen, das sich aus der Summe der Einzelspiele der beteiligten Teams während einer Saison zusammensetzt. Jedoch ist die bloße Existenz einer Gruppe gegeneinander antretender Klubs für die erfolgreiche Austragung bzw. Vermarktung einer Meisterschaft nicht allein ausreichend. Vielmehr gilt es, sowohl

- eine Reihe weiterer ökonomischer Grundvoraussetzungen zu erfüllen,
- die Nachfragedeterminanten der Transaktionspartner zu beachten als auch
- kennzeichnende ökonomische Probleme der Leistungserstellung und Leistungsverwertung zu berücksichtigen.

Im Folgenden werden diese Punkte näher betrachtet. Aus der Erfüllung der ökonomischen Grundvoraussetzungen sowie den Ansätzen zur Lösung der ökonomischen Probleme resultiert jedoch ein Dilemma, auf das abschließend kurz eingegangen wird.

3.2.2.1. Grundvoraussetzungen für eine ökonomisch erfolgreiche Leistungserstellung und Leistungsverwertung

Zunächst bedarf es einer geeigneten Vergleichsbasis der erbrachten Leistungen der Fußballunternehmen. Konstitutive Bedingung dazu stellt die Bildung eines Wettkampfsystems dar, das die Einzelspiele anhand von stabilen Spielregeln, einem Spielplan sowie einem einheitlichen Spielpensum in einen übergeordneten, zusammenhängenden Kontext bringt und die Bestimmung einer relativen Rangfolge ermöglicht[218] (vgl. BENNER 1992, 72; FRANCK 1995, 125; FRANCK 2000b, 17; HAAS 2002a, 65; KOHL 2001, 35; PARLASCA 1993, 10; QUITZAU 2002, 24; SWIETER 2002, 49; WORATSCHEK 2004a, 12).

Des Weiteren gilt es, die sportliche Integrität des Wettkampfes sicherzustellen. (a) Manipulationen in Form von Absprachen, Bestechungen u.ä. reduzieren den Wert der Gemeinschaftsproduktion „Meisterschaftsrennen", da das Ziel des Ligabetriebs, die Ermittlung der relativen Spielstärke der beteiligten Teams, in Frage gestellt wird. Wie der Bundesligabestechungsskandal aus dem Jahr 1971 verdeutlicht (vgl. 2.2.2.), führt der Zweifel an der Ernsthaftigkeit des Siegeswillens der beteiligten Mannschaften bzw. der Verdacht, der Ausgang des Wettkampfes werde gerade nicht unter gleichen Bedingungen ausgetragen, zu einem Verlust an Integritätsreputation und damit verbunden zu Erlöseinbußen auf den Absatzmärkten. (b) Auch ist der Wettbewerbsverlauf vor dem Ausfall einer oder mehrerer Mannschaften während der

---

[218] Klubs, die sportliche Wettkämpfe nach unterschiedlichem Regelwerk, Spielzeit bzw. Schwierigkeitsgrad absolvieren, verlieren aufgrund der Nichtvergleichbarkeit der Ergebnisse die Möglichkeit, ein Meisterschaftsrennen auszutragen und können in der Folge nur zusammenhangslose Einzelspiele vermarkten (FRANCK 1995, 125 f.).

Spielzeit aus wirtschaftlichen Gründen abzusichern. Derartige Zwischenfälle würden die erbrachten Leistungen der Mannschaften entwerten, da eine eindeutige Vergleichbarkeit nicht mehr gegeben wäre. Ein entsprechend integritätssicherndes Instrument im deutschen Profifußball stellt das Lizenzierungsverfahren der DFL dar. Durch die Vorgabe ökonomischer Mindeststandards zur Erlangung der Spielberechtigung soll dem insolvenzbedingten Ausscheiden eines Klubs vorgebeugt werden[219] (vgl. zu den Ausführungen u.a. FRANCK 1995, 126; FRANCK 2002, 30; PARLASCA 1993, 58; GAEDE/BECKER/MÜLLER 2003, 51 f.; MÜLLER 2004, 21 ff.[220]).

Schließlich muss auch die Aussagekraft des auszuspielenden Meistertitels gewährleistet sein. Primäres Ziel eines Meisterschaftsrennens ist die Ermittlung des spielstärksten Klubs innerhalb der vorgegebenen Gruppenkategorisierung. Übertragen auf die Fußballbundesliga gilt es demnach, den einen deutschen Meister zu bestimmen. Dieses Vorhaben würde jedoch dann in Frage gestellt werden, wenn nicht alle Teams der hierzu hinzuzurechnenden Kategorie beteiligt wären, beispielsweise, weil einige Mannschaften in einer parallel organisierten Profiliga zusammengefasst sind und eine weitere, eigene Meisterschaft austragen. Aufgrund der Unvergleichbarkeit der beiden Ligen bliebe die Frage nach dem wirklichen Meister offen[221,222]. Festzuhalten verbleibt demnach, dass eine Liga als Zusammenschluss von Klubs das Teamprodukt „Meisterschaft" nur dann effizient produzieren und vermarkten kann, wenn sie ein Monopol in der entsprechenden, kennzeichnenden Qualitätskategorie von Teams darstellt (vgl. u.a. FRANCK 1995, 126; FRANCK/JUNGWIRTH 1999, 123 f.; FRANCK/MÜLLER 2000, 11; vgl. zudem bereits JONES 1969, 6; NEALE 1964, 4[223]).[224]

---

219 Näheres dazu bereits in 2.2.5., Fußnote 113.

220 Vgl. ferner FRANCK (2000a, 50; 2000b, 18), FRANCK/MÜLLER (2000, 10), HARDENACKE/MUHLE (2004, 275), KIPKER (2000, 49), KOHL (2001, 35), QUITZAU (2002, 23), SCHELLHAAß/ENDERLE (2000, 30 f.), SCHMIDT (2004a, 53), SWIETER (2002, 52), WORATSCHEK (2004a, 12).

221 Ein berechtigter Einwand ist, dass man die koexistenten Ligen in einer Endrunde zusammenfassen kann. Nur für diesen Fall würde man den Meisterschaftscharakter retten, da faktisch erneut eine Monopolliga entstanden wäre (FRANCK 1995, 126 f.).

222 Die dargestellte Situation ist beispielsweise im Profiboxsport vorzufinden. Hier leidet die Transparenz bzw. der Aussagewert der Meisterschaften unter dem „Nebeneinander" verschiedener Verbände und Weltmeistertitel. Eine vergleichbare Problematik ergab sich auch aus den politisch bedingten Boykotten verschiedener Länder an olympischen Spielen. Durch die Nichtteilnahme einiger Favoriten wurde die Aussagekraft des olympischen Titels reduziert (FRANCK 1995, 126; OPITZ 2003, 38; QUITZAU 2002, 24).

223 Vgl. ferner DREWES (2003, 244; 2004, 8), FRANCK (2000a, 52; 2000b, 20 f.; 2002, 33), HARDENACKE/MUHLE (2004, 274), HEINEMANN (1989, 177), KOHL (2001, 35), KURSCHEIDT (2004, 39), NITSCHKE (2003, 17), OPITZ (2003, 37 f.), QUITZAU (2002, 24), SCHELLHAAß (2003a, 15; 2003b, 524), SCHELLHAAß/ENDERLE (2000, 50), SWIETER (2002, 50).

224 Nach SCHELLHAAß (2003a, 16; 2003b, 525) kann es nur dann zu der Bildung einer Konkurrenzliga kommen, wenn die bestehende Liga ihr Vermarktungspotential nicht optimal ausschöpft oder die sportlich erfolgreichen Klubs aufgrund ligainterner Solidaritätsausgleichszahlungen zu sehr belastet werden. Als Beispiel verweist der Autor auf das alte Champions League-System, dessen solidarische Finanzverfassung den Spitzenklubs einen Großteil der generierten Mittel entzog. In einer derartigen Situation sei es nicht schwierig, jene Topklubs zu einem Wechsel zu einem Konkurrenzanbieter mit einer attraktiveren Umverteilungsregelung zu veranlassen. Dies waren auch die ökonomischen Anreize, die zu Überlegungen der Gründung einer „Europaliga" mit den führenden Klubs Europas im Jahr 1998 geführt hatten. Erst durch eine Reform von Wettbewerbsform sowie Finanzverfassung der Champions League wurden die Pläne der Europaligagründung wieder verworfen.

3.2.2.2. Nachfragedeterminanten der Transaktionspartner der Fußballunternehmen

Selbst wenn die drei Grundvoraussetzungen für eine ökonomisch erfolgreiche Leistungserstellung und Leistungsverwertung der Fußballunternehmen erfüllt sind (Vergleichbarkeit, Integrität und Aussagekraft des Meisterschaftsrennens), so ist eine umfassende Nachfrage in den vier Hauptkundengruppen (direkte/indirekte Zuschauer, Medien, Sponsoren, Lizenznehmer) noch nicht gewährleistet. Vielmehr beeinflusst eine Vielzahl weiterer Einflussfaktoren das Transaktionsverhalten der Marktpartner der Fußballunternehmen.

Nachfragedeterminanten der Zuschauer

Die Zuschauernachfrage wird durch verschiedene Faktoren bestimmt. Im Folgenden ist eine Systematisierung nach qualitativen und sonstigen Nachfragedeterminanten vorgenommen.

(1) Qualitative Nachfragedeterminanten

Der Unterhaltungswert einer Sportveranstaltung (und damit die Nachfrage nach dieser) hängt für den Zuschauer von Faktoren ab, welche sich auf die zu erwartende Qualität des Sportereignisses beziehen. Es ist dabei zwischen direkten sowie indirekten Qualitätskomponenten zu unterscheiden.

- Direkte Qualitätskomponenten: Faktoren, welche Aufschluss über die zu erwartende Qualität des Konsumguts „Ligaspiel“ geben.
- Indirekte Qualitätskomponenten: Faktoren, welche die Bedingungen festlegen, unter denen die Spiele produziert bzw. vom Stadionbesucher konsumiert werden.

(In Anlehnung an GÄRTNER/POMMEREHNE 1977, 5 ff.; vgl. zudem BENNER 1992, 58; DOBERENZ 1980, 54; HEINEMANN 1999, 31 f.; PARLASCA 1993, 49 f.; QUITZAU 2002, 42; ZELTINGER 2004, 68 ff.).

Die direkten Qualitätskomponenten sind somit sowohl für den Besuch von Ligaspielen als auch das Verfolgen von Spielübertragungen relevant, während die indirekten Qualitätskomponenten lediglich die Nachfrage nach Ligaspielen im Stadion betreffen.

Direkte Bestimmungskomponenten:

Als zentrale direkte Qualitätskomponente ist die „positionale Qualität“ anzuführen. Hierbei lassen sich drei Arten positionaler Qualität unterscheiden[225]:

- Rang der Liga: Die erwartete Spielqualität und damit die Nachfrage nach einem Ligaspiel ist umso größer, je höher die Liga in der vorherrschenden Ligenhierarchie einzuordnen ist (Ligareputation).

---

[225] Grundlage der „positionalen Qualität“ von Sportveranstaltungen stellt die (historisch-kulturell gewachsene) Popularität der Sportart in der Bevölkerung dar (z.B. Popularität Fußball vs. Basketball vs. Badminton in Deutschland; vgl. ELTER 2003, 49 u. 51; KRUSE 1991, 39; PARLASCA 1993, 47).

- Relative Position der am Ligaspiel beteiligten Teams: Sowohl die aktuelle positionale Qualität der Heim- bzw. Gastmannschaft als auch zurückliegende, sportliche Erfolge[226] beeinflussen die Erwartungen der Konsumenten hinsichtlich der Spielqualität und tragen folglich zur Spielnachfrage bei (Klubreputation).
- Status der Spieler: Die Zuschauererwartung/-nachfrage wird zudem durch die individuelle Qualität der Spieler, insbesondere durch Starspieler, beeinträchtigt (Spielerreputation).

(Vgl. u.a. BENNER 1992, 58 f.; GÄRTNER/POMMEREHNE 1977, 7 f.; MORROW 1999, 8 f.; PARLASCA 1993, 50; ZELTINGER 2004, 69[227]).

Eine weitere direkte Qualitätskomponente stellt der Spannungsgrad dar, welcher durch die ex-ante vorherrschende Unsicherheit des Wettkampfausgangs determiniert ist (vgl. stellvertretend für viele DOWNWARD/DAWSON 2000, 21; KURSCHEIDT 2004, 36; MORROW 1999, 8 f. oder auch bereits NEALE 1964, 3; ROTTENBERG 1956, 258[228]). Grundsätzlich lassen sich dabei zwei Formen der „Ergebnisunsicherheit" unterscheiden. Einerseits kann sich diese rein auf das Resultat des verfolgten Spiels beziehen, andererseits auch auf den Einfluss der Partie auf den Saisonausgang als Ganzes. Insgesamt beinhaltet jedes Einzelspiel umso mehr Spannungselemente, je bedeutender das Ergebnis für das Meisterschaftsrennen, den Abstiegskampf oder die Qualifikation für die internationalen Vereinswettbewerbe ist. Im Umkehrschluss nimmt der Spannungsgrad zunehmend ab, je mehr diese Tabellenpositionen endgültig ermittelt wurden (CAIRNS 1990, 11; PARLASCA 1993, 55)[229].

Als dritte direkte Qualitätskomponente ist die Siegwahrscheinlichkeit des favorisierten Klubs anzuführen (BÜCH 1977, 5; DOBERENZ 1980, 57 f.; PARLASCA 1993, 53).

---

226 Je weiter die sportlichen Erfolge jedoch zurückliegen, desto geringer ist ihr Einfluss auf die Erwartungshaltung (vgl. KRUSE/QUITZAU 2002a, 13; PARLASCA 1995, 51).

227 Vgl. ergänzend BOYD/KREHBIEL (1999, 24), BÜCH (1977, 5), CAIRNS (1990, 14), DIETL/PAULI (2002, 244), ELTER (2003, 48), GAEDE/BECKER/MÜLLER (2003, 51), HEINEMANN (1999, 33), KOHL (2001, 36), KRUSE (1991, 40 f.), KRUSE/QUITZAU (2002a, 13), WELLING (2004a, 293). Mit CZARNITZKI/STADTMANN (1999, 101 ff.) liegt zudem ein empirischer Nachweis vor, dass die Reputation der Fußballbundesligisten einen signifikanten Einfluss auf die Stadionbesucherzahl hat.

228 Vgl. darüber hinaus BABIN (1995, 43 u. 104), BENNER (1992, 58), BOYD/KREHBIEL (1999, 24), BÜCH (1977, 5), CAIRNS (1990, 11), DREWES (2004, 18), DOBBSON/GODDARD (2001, 125), DOBERENZ (1980, 57), FRANCK (2002, 33), FREYER (2003, 78), FRICK (1999, 145), FRICK/WAGNER (1996, 615), FLORY (1997, 26), GAEDE/BECKER/MÜLLER (2003, 51), GÄRTNER/POMMEREHNE (1977, 8), HAAS (2002a, 65), HEINEMANN (1984, 35; 1986, 191; 1989, 174; 1999, 34), KOCHMAN (1995, 9 f.), NITSCHKE (2003, 17), OPITZ (2003, 37), PARLASCA (1993, 55), PFAFF (2002, 16), PÖTTINGER (1999, 276), PUTSCHERT (1999, 24), QUITZAU (2002, 42), RIEDMÜLLER (2001, 274), SCHEWE/GAEDE (2002, 156), SWIETER (2002, 52 ff.), WELLING (2004a, 292) sowie ZELTINGER (2004, 30 u. 67 ff.).

229 Die Unterhaltungsdimension des Spannungsgrades im Profisport wird in der Literatur zumeist „im Großen" über die Unsicherheit des Spielausgangs gekennzeichnet. Spannung kann jedoch auch „im Kleinen", beispielsweise durch die Unsicherheit des Ausgangs individueller „Spieler-Match-Ups", zustande kommen (z.B. Luis Figo vs. David Beckham im WM-Viertelfinale 2006 Portugal-England, Dirk Nowitzki vs. Dwane Wayde in den NBA-Finals 2006).
Spannungssteigerungen werden ferner durch das Aufeinandertreffen benachbarter Teams („Derbies") und dem darin ausgetragenen Wettkampf um die sportliche Dominanz in der Region geschaffen (vgl. BENNER 1992, 59; GÄRTNER/POMMEREHNE 1977, 9; KRUSE 1991, 42).

Indirekte Qualitätskomponenten:

Zu den indirekten Qualitätskomponenten zählen folgende Aspekte:

- Stadienkomfort (z.B. vorhandene Parkkapazitäten, öffentliche Verkehrsanbindung, Überdachungen, Sitzplatzangebot, sanitäre Anlagen).
- Rahmenprogramm (Pre-Game-Show, Pausengestaltung, After-Game-Show).
- Sonstige Serviceleistungen (z.B. Bewirtschaftungsangebot, Kinderbetreuung, Hospitality-Services, Informationseinrichtungen, Anzahl Ordnerpersonal).
- Stadionatmosphäre.
- Witterungsverhältnisse.

(Vgl. BENNER 1992, 59; ELTER 2003, 276; GÄRTNER/POMMEREHNE 1977, 8; HAAS 2002a, 65; HEINEMANN 1999, 33; KRUSE 1991, 41; MORROW 1999, 8 f.; PARLASCA 1993, 59; PAULI 2002, 10; QUITZAU 2002, 42; ZELTINGER 2004, 70 f.).

(2) Sonstige Nachfragedeterminanten

Wie auch in anderen Wirtschaftsbereichen stellen die Faktoren „Eintrittspreis“ und „Einkommen“ grundsätzliche Bestimmungsgrößen der Zuschauernachfrage dar.

Als weitere Einflussfaktoren sind darüber hinaus folgende Aspekte anzuführen:

- Transport- und zeitliche Opportunitätskosten.
- Qualität, Preis und Angebot alternativer Unterhaltungsdienstleistungen.
- Marketingmaßnahmen der Klubs.
- Spielplangestaltung.
- Regionale Marktgrößeneffekte.

(Vgl. BENNER 1992, 58; BOYD/KREHBIEL 1999, 24; BÜCH 1977, 5; DESCHRIVER/JENSEN 2002, 321 f.; FISCHER 1984, 61; HEINEMANN 1999, 32 f.; KLIMMER 2003, 50; QUITZAU 2002, 42; PARLASCA 1993, 60 f.; ZELTINGER 2004, 67 u. 71; ZHANG/LAM 2003, 33).[230,231]

---

230 Die dargestellte Systematisierung der Nachfragedeterminanten der Zuschauer von Profisportveranstaltungen basiert v.a. auf deutschsprachigen Arbeiten und kategorisiert die Zuschauernachfrage in direkte sowie indirekte Qualitätskomponenten sowie sonstige Einflussfaktoren. In der englischsprachigen Fachliteratur ist demgegenüber ein anderer Systematisierungsansatz vorzufinden. So werden die Nachfragedeterminanten der Zuschauer in folgende drei Faktorengruppen unterteilt:
- Game attractiveness: e.g. athletic skills, team records, league standing, record-breaking performance, closeness of competition, team history in a community, schedule, convenience, stadium quality.
- Marketing promotions: e.g. publicity, special events, entertainment programs, give-aways.
- Economic considerations: e.g. ticket price, substitute forms of entertainment, income, competition of other events (vgl. dazu ZHANG/LAM 2003, 33 f. bzw. die darin angeführte Literatur).

Ein Abgleich jener Faktoren mit den Ausführungen im Fließtext zeigt, dass beide Systematisierungsansätze inhaltlich weitestgehend identisch sind.

231 Ein anderer Zugang zur Beschreibung der Zuschauernachfrage an Profisportveranstaltungen besteht in der Betrachtung der Zuschauermotive. Weiterführendes dazu beispielsweise in FUNK et al. (2001, 291 ff.), GLADDEN/FUNK (2002, 59 ff.), HAMMANN (2004, 350 f.), SCHMID (2005, 50 ff.) oder PFAFF (2002, 77 ff.).

Nachfragedeterminanten der Medien

Im Folgenden wird die Mediennachfrage nach den Leistungen der Fußballunternehmen aus zwei Perspektiven betrachtet. (1) Zum einen wird der Erwerb von Übertragungsrechten thematisiert. Hierbei stehen die Bestimmungsgrößen für den Rechtepreis im Fokus der Betrachtung. (2) Zum anderen kann die Nachfrage der Medien auch als Grad der Einbeziehung der Klubs in die freie Sportberichterstattung (TV, Print, Radio, New Media etc.) ausgelegt werden. Unter diesem Blickwinkel werden diejenigen Determinanten betrachtet, welche Umfang und Häufigkeit der Nachberichterstattung beeinflussen.

Zu 1) Die Refinanzierung erworbener Übertragungsrechte an Sportveranstaltungen basiert in erster Linie auf dem Absatz von Werbeblöcken während der entsprechenden Sendezeit. Da diese Erlöse zentral davon abhängen, wie viele Zuschauer bei der Übertragung erreicht werden, korreliert die Zahlungsbereitschaft der Sender (bzw. der zwischengeschalteten Rechteagenturen) positiv mit den erwarteten Einschaltquoten (vgl. BABIN 1995, 89; BENNER 1992, 62 f.; DINKEL 2002a, 68; DÖRNEMANN 2002a, 73 f.; DÖRNEMANN 2002b, 144 f.; KRUSE 2000, 12; PARLASCA 1993, 26; QUITZAU 2002, 43; WALLISER 1995, 74; ZELTINGER 2004, 81 bzw. bereits die Diskussion in 3.2.1.6.). Die Einschaltquoten werden wiederum von Faktoren wie den Anhängerzahlen, den Bekanntheits- bzw. Imagewerten sowie der „positionalen Qualität" der Sportart, des Wettbewerbs bzw. der Klubs determiniert.

Zu 2) Grenzt man die Medienberichte aufgrund regionaler Zugehörigkeiten aus, so bestimmt sich der Einbeziehungsgrad von Profiklubs in die freie Sportberichterstattung (i.S.v. Häufigkeit, Dauer bzw. Länge der Beiträge) neben dem sportlichen Erfolg auch durch Merkmale wie Bekanntheitsgrad, Klubimage, Tradition und Anhängerzahl (vgl. SÜßMILCH/ELTER 2004, 94 f.; HOFFMANN 2001, 343 f.; knapp auch GLADDEN/MILNE 1999, 23; ROSS 2006, 28 f.).

Nachfragedeterminanten der Sponsoren

Die Zahlungsbereitschaft der Sponsoren richtet sich einerseits nach der medialen Präsenz der Fußballunternehmen und der damit verbundenen (indirekten) Multiplikation der Werbebotschaft an den Zielparameter der Zuschauer. Des Weiteren sind auch Faktoren wie Image, Bekanntheitsgrad, Fanpotential sowie Reputation (vergangener bzw. aktueller sportlicher Erfolg) der Fußballunternehmen für die Sponsorennachfrage mitentscheidend (vgl. u.a. DINKEL 2002a, 85 u. 93; ELTER 2003, 51 f.; KERN/HAAS/DWORAK 2002, 428; PARLASCA 1993, 30; QUITZAU 2002, 43; SWIETER 2002, 40[232] bzw. die Erläuterungen in 3.2.1.6.).

[232] Vgl. ferner BABIN (1995, 53), BENNER (1992, 63 f.), DREES (1989, 58), DREIZEHNTER/GROLL (1999, 21), DREYER (1994, 77), GLADDEN/MILNE (1999, 23), HERMANNS (2002, 339), KLEIN (2004, 16), MANZ (2001, 37), ROSS (2006, 28 u. 32), SÜßMILCH/ELTER (2004, 95), VENATOR (1998, 10), VENTER et al. (2005, 27), WALLISER (1995, 75), WELLING (2004c, 45).

Nachfragedeterminanten Lizenznehmer

Dem Sponsoring vergleichbar orientiert sich die Nachfrage der Lizenznehmer an den Lizenzrechten der Fußballunternehmen sowohl an der Medienpräsenz als auch an Faktoren wie Image, Bekanntheitsgrad, Fanpotential sowie dem sportlichen Erfolg der Profiklubs (vgl. MANZ 2001, 37; KRUSE/QUITZAU 2002a, 5; ZELTINGER/HAAS 2002, 461[233] sowie die Diskussion in 3.2.1.6.).

3.2.2.3. Problembereiche der Leistungserstellung und Leistungsverwertung

Die Organisation eines Sportmarktes in Form eines Zusammenschlusses verschiedener Teams zu einer Liga führt sowohl zu produktionstechnischen als auch zu wettbewerbspolitischen Besonderheiten. Im Zusammenhang mit der Leistungserstellung und der Leistungsverwertung der Fußballunternehmen sind dabei folgende drei Sachverhalte zu erörtern:

1) Das Problem der Produktionsexternalitäten.
2) Die Gefahr der sportlichen Überproduktion.
3) Die Problematik einer dauerhaften sportlichen Dominanz eines Profiklubs.

Zu 1) Problem der Produktionsexternalitäten:

Grundsätzlich erhöhen Verstärkungen des Kaders die Spielstärke einer Mannschaft und versprechen dadurch eine höhere sportliche Erfolgswahrscheinlichkeit sowie ein höheres Attraktivitätspotential, woraus wiederum ein ökonomischer Mehrwert für den Klub resultiert. Da die Produktion des Meisterschaftsrennens jedoch eine Gemeinschaftsproduktion ist, kommt es durch Verstärkungsmaßnahmen zu so genannten Produktionsexternalitäten oder negativen, externen Folgeeffekten. Erhöht beispielsweise eine Mannschaft durch Neuverpflichtungen isoliert ihre relative Spielstärke, geht dadurch die relative Spielstärke aller übrigen Teams der Liga zurück. Die Verstärkung des Teams hat also einen negativen externen Effekt auf alle anderen Ligateilnehmer. Insgesamt haben relative Verbesserungen eines Teams folglich stets relative Verschlechterungen der anderen Mannschaften zur Folge[234] (vgl. ERNING 2000, 109; FRANCK 1995, 150 f.; FRICK 1999, 146 f.; KIPKER 2000, 51; SWIETER 2002, 60 f.).

[233] Vgl. zudem AAKER (1991, 8) sowie TOMCZAK/ZUPANCIC (2004, 1360), die den Einfluss eines positiven Unternehmensimages/einer starken Unternehmensmarke auf die Nachfrage bzw. die Zahlungsbereitschaft von Lizenznehmer jedoch aus einer allgemeinen, branchenunabhängigen Perspektive beschreiben.

[234] Betrachtet man den Zuschauernutzen als Funktion der relativen Spielstärke, so hat eine isolierte Verstärkung eines Profiklubs direkte ökonomische Folgen. Beispielsweise erhöht sich die Zuschauernachfrage nach den Heimspielen, da das gestiegene Spielerpotential zu einer Zunahme der Siegeswahrscheinlich beiträgt. Tritt die verbesserte Mannschaft auswärts an, so sind verschiedene Effekte möglich. Schließt das verstärkte Team beispielsweise an die Spielstärke der Heimmannschaft an, so ist aufgrund des Spannungszuwachses mit einer Nachfragesteigerungen zu rechnen. Wird die Differenz der relativen Spielstärke hingegen größer, ist eine Nachfrageabnahme bedingt durch den Spannungsverlust sowie der Unwahrscheinlichkeit eines Heimsieges anzunehmen. Lediglich das Auflaufen von Starspielern kann in diesem Fall wiederum zu einer Interessenszunahme führen. Hinsichtlich der verbleibenden Drittspiele ergeben sich durch die isolierte Verstärkung eines Teams ebenfalls ökonomische Negativauswirkungen. Da eine Verbesserung eines Teams automatisch zu einer Schwächung aller anderen Ligateilnehmer führt, handelt es sich bei den Drittpartien folglich um Spiele zwischen insgesamt „rangschwächeren Mannschaften". Die abgenommene positionale Qualität dieser Spielpaarungen bewirkt wiederum einen Rückgang der Zuschauernachfrage (vgl. FRANCK 1995, 150 f.; FRICK 1999, 146 f.; HEINEMANN 1999, 33; MÜLLER 1999, 134; SWIETER 2002, 72).

Zu 2) Gefahr der sportlichen Überproduktion:
Im gleichzeitigen Streben der Fußballunternehmen nach sich gegenseitig ausschließendem positionalen Ligaerfolg kommt es zunehmend zu ruinösen Investitionsanstrengungen der Profiklubs. Zur Verdeutlichung dieses Überproduktions- und Ineffizienzproblems im Bereich der Herstellung des sportlichen Leistungspotentials der Fußballunternehmen ist die Vorstellung eines „Rattenrennens" hilfreich. Hierbei veranstalten mehrere Akteure ein Wettrennen um ein Stück Käse (Erlös), das bezogen auf den Kalorienverbrauch (Inputeinsatz) nicht oder nur unterproportional ansteigt. Gleichwohl verstärken die Teilnehmer zunehmend ihre Anstrengungen, das Rennen zu gewinnen. Unter ökonomischen Gesichtspunkten ist es jedoch höchst ineffizient, wenn alle „Ratten" immer schneller rennen, ohne dass sich der Käse, um dessen Verteilung gerannt wird, entsprechend vergrößert, da es zunehmend zu einer Abnahme der Grenzerträge kommt[235] (vgl. DREWES 2004, 10; FRANCK 1995, 160; FRANCK 2000b, 22; QUITZAU 2002, 28; KIPKER 2000, 50 f.; KLIMMER 2003, 47; MÜLLER 1999, 134; MÜLLER 2004, 24; WORATSCHEK/SCHAFMEISTER/STRÖBEL 2006, 164; ZELTINGER 2004, 11 ff.).

Der Kern dieser Problematik besteht in der Ranginterdependenz zwischen den Wettbewerbern um die platzierungsabhängigen Erlöse. Im übertragenen Sinn kann kein Klub eine bessere Tabellenposition erreichen, ohne nicht gleichzeitig einen Konkurrenten auf einen schlechteren Rang zu verdrängen. Da Erlöse und Platzierungen positiv miteinander korrelieren, sichern sich Fußballunternehmen, die andere „überholen", grundsätzlich einen größeren „Käseanteil" und haben dabei keinen Anlass, die damit verbundenen Effekte auf Dritte in ihrem individuellen Kalkül zu berücksichtigen. Für den in der Tabelle um eine Platzierung abgerutschten Klub ergibt sich durch das Überholmanöver jedoch eine Auswirkung in Form einer „Käseeinbuße" in entsprechender Höhe. Jede Rangverbesserung ist folglich mit dem Abladen eines negativen externen Effekts auf ein anderes Fußballunternehmen verbunden, woraus sich wiederum die generelle Notwendigkeit ergibt, sich gegen die Überholversuche zu wehren (DIETL/PAULI 2002, 249; FRANCK 1995, 152; FRANCK 2000b, 23; QUITZAU 2002, 35 u. 57; MÜLLER 1999, 133 f.). Die Gefahr besteht insgesamt nun darin, dass es aus Sicht der einzelnen Klubs rational erscheint, eine Erhöhung der Teamspielstärke zur Platzierungsverbesserung bzw. Rangverteidigung anzustreben. Für die Liga bedeutet dies jedoch eine Abnahme des kollektiven Wohlstands, da die zusätzlichen, individuellen Investitionen in das sportliche Leistungspotential der Fußballunternehmen aufsummiert über alle Klubs nicht durch einen entsprechenden Anstieg der Ligaeinnahmen aufgewogen werden (Abnahme der Grenzerträge). Es kommt demnach zu einer ineffizienten Ressourcenvernichtung (vgl. ERNING 2000, 109;

[235] In der Fachliteratur wird die beschrieben Überproduktionsproblematik auch als Hyperaktivität, ruinöser Rüstungswettbewerb oder Eskalationstendenz bezeichnet (vgl. ALCHIAN/DEMSETZ 1972, 790 f.; FRANCK 2000a, 56; FRANCK 2000b, 22; GRAMATKE 2003, 136; QUITZAU 2002, 29; MÜLLER 1999, 134; MÜLLER 2003, 556; MÜLLER 2004, 24; SCHEWE/GAEDE 2002, 154; SWIETER 2002, 72; ZELTINGER 2004, 13). Die Rattenrennen-Analogie geht auf AKERLOF (1976, 603) zurück.

FRANCK 1995, 152 f.; FRANCK 2000a, 56; FRANCK/MÜLLER 2000, 13; FRICK 1999, 148; MÜLLER 1999, 133 f.; SWIETER 2002, 73[236]).[237]

Zur Abschwächung derartiger Überinvestitionsanreize bieten sich zahlreiche Maßnahmen der Inputreglementierungen an. So sind beispielsweise in den US-Major Leagues „Rooster Restrictions“ (Begrenzungen des Spielerkaders), „Salary Caps“ (Teamgehaltsobergrenzen) oder „Reverse Order Drafts“ (schlechterplatzierte Klubs erhalten das Zugriffsrecht auf die besseren Nachwuchsspieler) seit langem praktizierte Instrumente zur Begrenzung des einsetzbaren Inputs (vgl. insbesondere FRANCK 1995, 157 ff.; MÜLLER 2003b, 556 f.; SCHELLHAAß/ENDERLE 2000, 40 ff.; SWIETER 2002, 74 u. 165 ff.[238]). Als vorherrschende Einsatzregulierungsmaßnahme im deutschen Profifußball ist einerseits die solidarische Erlösumverteilungsregelung aus der zentralen TV-Rechtevermarktung anzuführen, welche v.a. dem „Winner-takes-all“-Effekt entgegenwirkt. Ferner dämpft auch das Lizenzierungsverfahren der DFL mit seinen wirtschaftlichen Mindestauflagen (insbesondere den rigiden Budgetrestriktionen) die ausgeführte Überproduktionsproblematik (vgl. v.a. MÜLLER 2003b, 556 f.; SCHELLHAAß/ENDERLE 2000, 42 ff.[239]).

---

[236] Weiterführendes zur Überproduktions- und Ineffizienzproblematik im professionellen Teamsport in
- DIETL/FRANCK/ROY (2003, 532 f.), die in ihren Ausführungen darauf eingehen, warum die Ligaeinnahmen (also die „Größe des Käsestücks“) nicht oder kaum von den Investitionen der Klubs in Spielertalent in einer bestimmten Meisterschaftssaison abhängen sowie
- KOHL (2001, 40 ff.), der die Überproduktionsproblematik im professionellen Teamsport mathematisch darstellt (anhand von Kosten-, Erlös- und Gewinnfunktionen der Rennteilnehmer) und auf die Fußballbundesliga überträgt.

[237] Das konstitutive Merkmal des „Rattenrennes" – sinkende Grenzerträge respektive Grenzerträge in Höhe von Null – ist jedoch nur eine notwendige, nicht jedoch hinreichende Bedingung für dessen Entstehen. Im Normalfall wird das Inputniveau nämlich nur soweit ausgeweitet, bis der jeweilige Grenzertrag den Grenzkosten entspricht. Übersteigen die Grenzkosten den Grenzertrag, wird die Aktivität nicht durchgeführt. Im Normalfall kommt es also zu keiner Rüstungsspirale (QUITZAU 2002, 29; ähnlich FRICK 1999, 147 f.). Die im Profifußball jedoch jahrelang festzustellenden Investitionseskalationen sind auf folgende zwei Aspekte zurückzuführen: So konkurrieren die am Meisterschaftsrennen teilnehmenden Klubs einerseits um auf wenige Ränge verteilte Haupterlöse (insbesondere die Qualifikationsränge der Champions League und des UEFA-Cups). Erhöht nun ein Kontrahent seine Anstrengungen, die Prämie für sich zu gewinnen, über das normale Maß hinaus, sind die direkten Mitkonkurrenten zu vergleichbaren Investitionen gezwungen, möchten sie den Wettkampf nicht verlieren. Ein Abschätzen der getätigten Investitionen in das sportliche Leistungspotential im Sinne einer Wirkungsanalyse ist dabei jedoch faktisch nicht durchzuführen, da neben der Erhöhung der eigenen Spielstärke auch die relative Schwächung der Konkurrenz einzubeziehen ist. Da dies aufgrund der vorherrschenden asymmetrischen Informationsverteilungen nicht möglich ist, müssen die Klubs im Zweifel also dazu neigen, überhöhte Spielstärkeinvestitionen vorzunehmen. Im Rahmen dieses Investitionsdilemmas kommt es folglich zu einer ineffizienten Überproduktion an Spielstärke (ERNING 2000, 109; FRANCK 1995, 152 f.; FRICK 1999, 148; MÜLLER 1999, 134). Insgesamt lassen sich derartige Eskalationseffekte v.a. in Verbindung mit so genannten „Winner-takes-all“-Märkten bringen (QUITZAU 2002, 29; SWIETER 2002, 74).

[238] Vgl. ferner ALCHIAN/DEMSETZ (1972, 791), DIETL/PAULI (2002, 255), DOBSON/GODDARD (2001, 125), DREWES (2004, 10 f.), ELTER (2003, 359), FRANCK (2000a, 56; 2002, 28 u. 37), FRICK (1999, 144; 2000a, 50), GAEDE/BECKER/MÜLLER (2003, 59 ff.), GLADDEN/SUTTON (2003, 304 f.), GRAMATKE (2003, 136), HÖDL (2002, 19), KIPKER (2004, 1), KOHL (2001, 55), KLINGMÜLLER (2001, 49), MAUWS/MASON/FOSTER (2003, 148), MÜLLER (1999, 138; 2003b, 556).

[239] Vgl. zudem FRANCK (2000a, 56), GAEDE/BECKER/MÜLLER (2003, 51 f.), HEINEMANN (1989, 178), KRUSE/QUITZAU (2002a, 14 f.; 2002b, 74), KIPKER (2002, 14 ff.), KOHL (2001, 64), KURSCHEIDT (2004, 51), MÜLLER (1999, 139 f.; 2004, 24 f.), OPITZ (2003, 199), QUITZAU (2002, 38), SCHAFFRATH (1999d, 68 ff.), SCHEWE/GAEDE (2002, 154 ff.), SWIETER (2002, 157).

Zu 3) Problematik einer dauerhaften sportlichen Dominanz eines Profiklubs:
Hinsichtlich der Leistungsverwertung ist anzufügen, dass sich ein Verdrängungswettbewerb mit dem Ziel einer Monopolbildung bzw. monopolähnlichen Stellung, wie dies Unternehmen auf herkömmlichen Gütermärkten anstreben, im professionellen Teamsport ökonomisch kontraproduktiv auswirkt. Ist ein einzelnes Team dauerhaft sportlich dominant und kommt es folglich zu einem Monopol an sportlichen Titeln, so führt dies zwangsläufig zu wirtschaftlich problematischen Konsequenzen in Form von Nachfragerückgängen auf den verschiedenen Teilmärkten, da eines der konstitutiven Qualitätsmerkmale der Meisterschaftsproduktion, der Spannungsgrad, aufgehoben wird und das Publikumsinteresse am sportlichen Wettstreit sinken würde[240] (vgl. stellvertretend für viele FRICK 1999, 149; SWIETER 2002, 60 f. sowie bereits MELZER/STÄGLIN 1965, 115; NEALE 1964, 1 f.[241]). Der Profifußball zeichnet sich folglich durch den Spezialfall aus, dass sich Monopolisten innerhalb der Liga aufgrund der vorherrschenden „assoziativen Konkurrenzsituation" (= Ligateilnehmer sind Konkurrenten, die im Rahmen der Leistungserstellung zur Kooperation gezwungen sind und vor dem Hintergrund der Vermarktungsoptimierung großes Interesse an gleichen relativen Spielstärken haben müssten[242]) ihrer Existenzgrundlage entziehen. Mehr als in anderen Konsumgüterbranchen kommt der Wettbewerbsregulierung im Profiteamsport zur Gewährleistung der sportlichen Ausgeglichenheit folglich eine zentrale Bedeutung zu (BÜCH 1977, 5; ERNING 2000, 78 f.; FRANCK 2000a, 56; FRICK 1999, 149; HAAS 2002a, 77 f.; PUTSCHERT 1999, 248; SWIETER 2002, 60).

Anzumerken ist, dass bislang noch keine gesicherten Hinweise darüber vorliegen, ab welcher Zeitspanne ein Monopol an sportlichen Titeln zu den skizzierten, negativen ökonomischen Auswirkungen führt. Beispielsweise gewann der FC Bayern München zwischen den Spieljahren 1984/1985 und 1989/1990 fünfmal die deutsche Fußballmeisterschaft, ein Rückgang der Zuschauerzahlen in der Fußballbundesliga aufgrund der sportlichen Dominanz des Klubs war in dieser Zeit jedoch nicht der Fall (vgl. Kapitel 2.2.3.[243]).

[240] Diese Besonderheit der ökonomisch negativen Auswirkungen einer sportlichen Monopolstellung über mehrere Wettkampfperioden wurde in der Literatur erstmalig von NEALE (1969, 1 f.) eingebracht. Mit Blick auf die Situation im Profiboxsport bezeichnete er jene Wettbewerbssituation als „Louis-Schmeling-Paradoxon" (in Anspielung an den spektakulären Boxkampf in den 30er Jahren zwischen den gleich starken Kontrahenten Joe Louis und Max Schmeling). Ökonomisch betrachtet war es für Louis am besten, mit Schmeling einen Gegner zu haben, der ihn ernsthaft herausfordern konnte, da mit der damit einhergehenden Unsicherheit des Kampfausganges ein hohes Zuschauerinteresse gewährleistet wurde und sich die Siegprämien folglich maximieren ließen. Dieses aus ökonomischer Sicht durchaus nachvollziehbare Prinzip steht jedoch in Wiederspruch zu dem sportlichen Ziel, möglichst lange ungeschlagen zu bleiben, da dies umso einfacher zu erreichen ist, je schwächer der Kontrahent ist (vgl. zu den Ausführungen neben NEALE 1969, 1 f. auch BENNER 1992, 59 f.; FRANCK 2002, 35; KOHL 2001, 34; KURSCHEIDT 2004, 38 f.; QUITZAU 2002, 44; WELLING 2004a, 290; ZELTINGER 2004, 11).

[241] Vgl. darüber hinaus ERNING (2000, 78 f.), FLORY (1997, 24), HAAS (2002a, 67), HÖDL (2002, 18 f.), KOHL (2001, 34), MORROW (1999, 8), PARLASCA/SZYMANSKI (2002, 84), PAUL/STURM (2004, 204 f.), QUIRK/EL HODERI (1984, 113), QUITZAU (2002, 18 f.), SCHELLHAAß/ENDERLE (2000, 35), SCHLÖSSER (1998, 12), ZELTINGER (2004, 10 f.).

[242] Vgl. dazu HEINEMANN (1984, 34 f.) bzw. bereits Fußnote 195.

[243] Vgl. zu dieser Argumentationsführung auch ZELTINGER (2004, 14 f.).

3.2.2.4. Regulierungsdilemma des professionellen Teamsports (Verhinderung der Bildung von Konkurrenzligen vs. Hyperaktivitätsunterbindung)

In den vorausgehenden Darstellungen der ökonomischen Rahmenaspekte und Branchenbesonderheiten der Fußballunternehmen wurde in der Diskussion der ökonomischen Grundvoraussetzungen ausgeführt, dass eine Liga ihr Produkt „Meisterschaftsrennen" nur dann effizient produzieren und vermarkten kann, wenn sie ein Monopol in ihrer abgegrenzten Teamqualitätskategorie darstellt (keine Konkurrenzliga; vgl. 3.2.2.1.). Zu einem Markteintritt einer Konkurrenzliga kann es jedoch dann kommen, wenn, vereinfacht dargestellt, die bestehende Liga (a) ihr Vermarktungspotential nicht optimal ausschöpft oder (b) die Spitzenklubs aufgrund zu hoher ligainterner Einnahmenumverteilungsmechanismen zu sehr belastet werden. Als adäquate Schutzmaßnahme gegen einen Austritt der sportlich erfolgreichen Klubs und Bildung einer Konkurrenzliga wird in der Literatur eine Abkehr von zu solidarisch angelegten Einkommensverteilungen angeführt (vgl. Fußnote 224 bzw. SCHELLHAAß 2003a, 15 f.; SCHELLHAAß 2003b, 524 f.).

Im weiteren Verlauf der Arbeit wurden verschiedene Problembereiche des Produktionsprozesses von Fußballunternehmen ausgeführt (vgl. 3.2.2.3.). Mitunter wurde dabei die Überproduktions- oder Hyperaktivitätsproblematik der am Meisterschaftsrennen teilnehmenden Profiklubs erläutert (= ineffizient hoher Ressourceneinsatz der Klubs). Entstehungsbedingungen jenes ökonomischen Problems sind die Konzentration großer Gewinne auf die Top-Plätze bzw. hohe Erlössprünge zwischen benachbarten Rängen in einer Liga. Je „schiefer" bzw. „treppenförmiger" die Einnahmenverteilung einer Liga also ausfällt, desto wahrscheinlicher ist das Szenario des ruinösen „Rattenrennens". Als möglichen Lösungsansatz zur Unterbindung derartiger Überinvestitionsanreize werden in der Literatur (neben weiteren, möglichen Schutzmechanismen) „geglättete" bzw. „abgeflachte" Finanzumverteilungen angeführt (vgl. FRANCK 2000b, 22 f.; MÜLLER 2003b, 556).

Betrachtet man nun die beiden Problemfelder „Bildung einer Konkurrenzliga" vs. „Klubhyperaktivität" und die ausgeführten Schutzmaßnahmen, so fällt auf, dass hierbei ein Umsetzungs- bzw. Regulierungsdilemma vorherrscht. Entscheidet sich eine Ligakommission beispielsweise für eine hohe Gewinnkonzentration auf die Top-Ligaränge, wird damit zwar der Konkurrenzligabildung entgegengewirkt (Beispiel Champions League-Reform zur Verhinderung der angedachten Europaligagründung), gleichwohl verstärkt jene Regelung wiederum die Hyperaktivitätsproblematik. Verständigt sich eine Liga hingegen auf eine umfassend solidarische Einnahmenumverteilung, wird damit zwar dem Überinvestitionsproblem vorgebeugt, jedoch erhöht sich die Gefahr des Ligaaustrittes der Spitzenmannschaften aufgrund zu hoher Erlösverteilungen (vgl. altes Champions League-Modell und „Beinahegründung" einer Europaliga).

3.2.3. Diskussion: Begründung ökonomischer Leitziele von Fußballunternehmen

In den vorausgegangenen Arbeitsschritten wurde die Wirtschaftssystematik von Fußballunternehmen schrittweise analysiert. Dazu wurden zunächst die Prozesse der Leistungserstellung und Leistungsverwertung von Fußballunternehmen beschrieben und in einem Systematisierungsansatz zusammengefasst. Ein besonderer Fokus lag dabei auf der Darstellung und Diskussion der komplexen Vermarktungs- und Beziehungsverflechtungen der Fußballunternehmen mit den Medien, der Wirtschaft sowie den Zuschauern (3.2.1.). Weiterführend wurden ökonomische Rahmenbedingungen und Branchenbesonderheiten von Fußballunternehmen ausgeführt (3.2.2.).

Ausgehend von diesen Systemdarstellungen wird die Perspektive im Folgenden auf das Klubmanagement gerichtet und ökonomische Leitziele für das Management von Fußballunternehmen begründet. Hinsichtlich des Bezugsrahmens für die Leitzielbegründung wird eine Einschränkung auf die Systemebene der Leistungsverwertung (Leistungsvermarktung) vorgenommen.

Diese Einschränkung erklärt sich daraus, dass eine Betrachtung der gesamten Leistungsprozesse der Fußballunternehmen (Leistungserstellung und Leistungsverwertung) den Rahmen der Arbeit übersteigen würde, da der weitere Verlauf der Arbeit zudem eine Ausarbeitung von Managementkonzepten zur Realisierung der begründeten Leitziele (Kapitel 4) sowie eine empirische Überprüfung der Leitziele und Managementkonzepte (Kapitel 5) vorsieht.

Die Wahl des Systembereichs der Leistungsvermarktung für die Begründung ökonomischer Leitziele von Fußballunternehmen resultiert daher, dass v.a. jener Bereich durch wirtschaftliche Managementprozesse gekennzeichnet ist, während im Rahmen der Leistungserstellung hingegen sportbezogene Managementaufgaben dominieren. Hinzu kommt, dass in der Analyse der Wirtschaftssystematik von Fußballunternehmen ein Schwerpunkt auf der Betrachtung der Leistungsvermarktung der Fußballunternehmen lag.

Leitziel 1: Erfolgreiches Markenmanagement (Aufbau u. Pflege einer starken Klubmarke)

Die Untersuchung der Nachfragedeterminanten der Transaktionspartner der Fußballunternehmen (Zuschauer, Medien, Sponsoren, Lizenznehmer; vgl. 3.2.2.2.) hat gezeigt, dass die Klubmarke ein in jeder dieser Kundengruppen vorzufindendes Nachfragekriterium darstellt.

a) Im Bereich der Zuschauer wurde dies vor allem darin ersichtlich, dass die Leistungsnachfrage u.a. von Image und Reputation der Klubs bestimmt wird (Image: subjektive Wahrnehmung/Bewertung einer Unternehmensmarke; Reputation: zentrale Bestimmungsgröße von Unternehmensmarken). Da auch weitere Zuschauernachfragedeterminanten wie Stadienkomfort, Rahmenprogramm, Eventisierungsmaßnahmen, Serviceleistungen sowie Marketingmaßnahmen Teilkomponenten bzw. Mitbestimmungsgrößen von Fußballunternehmensmarken darstellen, ist festzuhalten, dass eine starke Klubmarke zu einer Nachfragezunahme im Bereich der (direkten/indirekten) Zuschauer beiträgt bzw. sich durch eine starke Klubmarke höhere Leistungspreise durchsetzen lassen.

b) Im Rahmen der Analyse der Nachfragedeterminanten der Medien wurde deutlich, dass Faktoren wie Klubbekanntheit, Klubimage, Anhängerzahl, sportlicher Erfolg (= verschiedene Kennzeichen der Markenstärke von Fußballunternehmen) sowohl die Zahlungsbereitschaft für die Übertragungsrechte als auch Umfang und Häufigkeit der Nachberichterstattung positiv beeinflussen.

c) Auch die Betrachtung der Nachfragedeterminanten der Sponsoren und Lizenznehmer zeigte, dass die Wertigkeit der Werbe- bzw. Lizenzrechte der Fußballunternehmen von kennzeichnenden Merkmalen der Klubmarke (Image, Reputation, Bekanntheitsgrad, Anhängerzahl, sportlicher Erfolg) mitbestimmt wird.

Wurde bislang die Wirkung starker Klubmarken auf die einzelnen Transaktionsbeziehungen mit den unterschiedlichen Marktpartnern der Fußballunternehmen skizziert, so wird die ökonomische Bedeutung der Klubmarke insbesondere aus deren Einordnung in die Beziehungsverflechtungen zwischen Sport, Medien und Wirtschaft mit dem Zuschauer als Zielparameter ersichtlich (sog. „magisches Dreieck des Profisports"; vgl. 3.2.1.6.). Wie erläutert, bringen starke Klubmarken positive Mengeneffekte im Bereich der Zuschauer mit sich. Da die Zuschauer jedoch gleichermaßen die Zielgröße der Medien sowie der werbetreibenden Unternehmen darstellen, erhöht sich durch die Massenattraktivität starker Klubmarken und den damit einhergehenden positiven Einschaltquoteneffekten gleichzeitig auch die Wertigkeit der Übertragungs- bzw. Werberechte der Fußballunternehmen, da die Medien und die Wirtschaft ihre ökonomischen Interessen umfassender realisieren können. Starke Klubmarken wirken also medialisierend, zudem intensivieren sie den von den werbetreibenden Wirtschaftsunternehmen angestrebten Imagetransfer. Insgesamt gilt: Die Klubmarke stellt eine die Wirkungsspirale des magischen Dreiecks des Profisports verstärkende Einflussgröße dar („Katalysator").

Die Ausführungen verdeutlichen, dass Managementanstrengungen der Fußballunternehmen zum Aufbau einer starken Klubmarke in allen relevanten Märkten nachhaltige Ergebnissteigerungen mit sich bringen. Es ist folglich festzuhalten, dass die Markenführung einen zentralen Stellenwert im Klubmanagement einnehmen muss und der Aufbau bzw. die Pflege einer starken Klubmarke als ein ökonomisches Leitziel von Fußballunternehmen zu kennzeichnen ist[244].

---

[244] Bekräftigt wird die Leitzielbegründung auch durch die empirischen Untersuchungen von GLADDEN/MILNE (1999) und BAUER/SAUER/SCHMITT (2004), die einen signifikant-positiven Einfluss des Klubmarkenwerts (GLADDEN/MILNE) bzw. der Klubmarkenstärke (BAUER/SAUER/SCHMITT) auf den wirtschaftlichen Erfolg von Profiklubs zum Ergebnis haben.
Vgl. darüber hinaus die theoretischen Überlegungen zur ökonomischen Bedeutung der Klubmarke in HACHENEY (2002, 168), KELLER (2005, 23 ff.), SÜßMILCH/ELTER (2004, 94 f.), ZELTINGER (2004, 23 u. 26), ZELTINGER/HAAS (2002, 455).

Leitziel 2: Erfolgreiches Kundenbindungsmanagement (Pflege und Sicherung langfristiger Kundenbeziehungen)

Die Untersuchung der Wirtschaftssystematik von Fußballunternehmen zeigte, dass die Klubs ihre Leistung auf unterschiedlichen Märkten verwerten und ein komplexes Transaktionsgeflecht mit zahlreichen, heterogenen Kundengruppen aufspannen. Der aktiven und intensiven Pflege dieser Kundenbeziehungen kommt aus folgenden Gründen eine besondere strategische Bedeutung zu:

a) So ist der Ertragswert im Fall eines „Erstkaufs" noch relativ gering, erst mit Zunahme der Beziehungsdauer steigt die Profitabilität der Kunden zunehmend an bzw. wird das Kundenertragspotential zunehmend ausgeschöpft[245].

b) Zudem liegen die Kosten für die Neukundenakquisition nachweislich um ein Vielfaches höher als die Aufwendungen zur Pflege des Kundenstamms (Kosten Kundenpflege/Kundenbindung = ca. 1/5 Kosten Neukundenakquisition)[246].

c) Treue Kunden sind ferner wichtige Unternehmensmultiplikatoren (Erlebnis- und Erfahrungsberichte, Weiterempfehlungen[247]), in Krisenzeiten bilden sie darüber hinaus eine verlässliche Kundenbasis (Kunde nimmt kurzfristig Nachteile und „Opfer" in Kauf, um die Verbindung aufrecht zu erhalten; Vertrauensbonus bzw. „fehlerverzeihender" Toleranzbereich treuer Kunden[248]).

Die Ausführungen zeigen, dass für Fußballunternehmen zahlreiche Anreize vorliegen, die vielfältigen Transaktionsbeziehungen gezielt aufrechtzuerhalten und zu pflegen, da dies in allen Zielmärkten zu nachhaltigen Ergebnisverbesserungen führt[249]. Ist die Kundenpflege bzw. Kundenbindung bereits bei Unternehmen mit klassischen Zulieferer-Abnehmer- bzw.

---

245 Vgl. dazu v.a. die Untersuchung von REICHHELD/SASSER (1990, 106 ff.; 1991, 109 ff.). Vgl. ferner BRUHN (2000b, 35), GRUND (1998, 5), HIPPNER/WILDE (2001, 5), HOLLAND (2004, 41), HOLLAND/HEEG (1998, 16), HUBER/HERRMANN/BRAUNSTEIN (2000, 60), MEFFERT (2005, 148), SIEBEN (2001, 301).

246 Vgl. dazu insbesondere die Studie von MÜLLER/RIESENBECK (1991, 67 ff.). Vgl. ferner BERRY (1983, 25), BRUHN (2000b, 35), DYCHE (2001, 4), ESCH (2003, 25), ERBER (2000, 40), GERDES (2005, 381), GÜNDLING (1998, 81), HANSEN/JESCHKE/SCHÖBER (1995, 78), HIPPNER/WILDE (2003, 11), HOLLAND (2004, 43), HOLLAND/HEEG (1998, 21), LACHOWETZ et al. (2001, 181), MEFFERT (2005, 148), MEYER/OEVERMANN (1995, 1340 f.), MEYER/BLÜMELHUBER (2000, 273), MCDONALD/MILNE (1997, 29), SCHMID/BACH/ÖSTERLE (2000, 19), SCHUMACHER/MEYER (2004, 22 f.), TOMCZAK/DITTRICH (1999, 65), WORATSCHEK/HORBEL (2004, 280), ZELTINGER (2004, 74), ZELTINGER/HAAS (2002, 451). Ähnliche Argumentationsführungen zudem in DREYER (2000, 12 f.), GRUND (1998, 3), RAPP (2001, 95).

247 Vgl. dazu u.a. BRAEKLER/DIEHL/WORTMANN (2003, 153), BRUHN (2001, 4), BRUHN/HOMBURG (2004, 430), DILLER (1996, 82), FOSCHT (2002, 51), GERDES (2005, 381), GRUND (1998, 6), HIPPNER/WILDE (2001, 11; 2003, 12), HOLLAND (2004, 40 u. 43), HOLLAND/HEEG (1998, 21), HOMBURG/BRUHN (2005, 9), HUBBER/HERRMANN/BRAUNSTEIN 2000, 59), KRAFFT (2001, 31), MEYER/BLÜMELHUBER (2000, 274), TOMCZAK/DITTRICH (1999, 63), WICHER (2001, 41).

248 Vgl. dazu insbesondere DILLER (1996, 88), GERDES (2005, 383), MÜLLER/RIESENBECK (1991, 69), OLIVER (1997, 20), ansatzweise auch SCHUMACHER/MEYER (2004, 22), THELEN/KOLL/MÜHLBACHER (2000, 233).

249 Vgl. zu dieser Schlussfolgerung auch MCDONALD/SUTTON/MILNE (1995, 14).

Dienstleister-Kunde-Beziehungen als ökonomisch erfolgsrelevanter Managementbereich zu kennzeichnen[250], so trifft dies aufgrund der komplexen Struktur- und Leistungsverflechtungen sowie den kennzeichnenden Abhängigkeitsverhältnissen (Sport – Wirtschaft – Medien – Zuschauer) umso mehr für Fußballunternehmen zu (wurde die Klubmarke zuvor als „Katalysator“ der Wirkungsspirale des magischen Dreiecks des Profisports bezeichnet, so ist das Bindungsmanagement als dessen „Stabilisator“ zu verstehen).

Weitere strategische Bedeutung erlangt das Kundenbindungsmanagement für Fußballunternehmen unter dem Blickwinkel der Demographieproblematik in Deutschland. Aufgrund der seit Jahren niedrigen Geburtenrate ist davon auszugehen, dass die durchschnittliche Neukundengewinnung im Kinder- und Jugendlichenbereich in den kommenden Jahren zunehmend geringer ausfallen wird. Aktivitäten zur Kundenbeziehungspflege bzw. zur Kundenbindung sind für Fußballunternehmen folglich besonders erfolgskritisch.

Im Idealfall kommt es unabhängig von Gegner und Tabellensituation zu einem regelmäßigen Leistungskonsum, sodass die Abhängigkeit vom sportlichen Erfolg und somit das ökonomische Risiko der Fußballunternehmen reduziert wird. Es gilt also, die Beeinflussung der Kunden-Klub-Beziehungen durch entsprechende Bindungs- bzw. Pflegemaßnahmen in institutionelle Form zu bringen und im Klubzielsystem zu verankern. Ein erfolgreiches Kundenbindungsmanagement i.S.e. Pflege und Sicherung langfristiger Kundenbeziehungen in allen charakteristischen Zielgruppen (direkte/indirekte Zuschauer, Medienpartner, Sponsoren, Lizenznehmer) ist demnach als ein weiteres ökonomisches Leitziel für Fußballunternehmen festzuhalten[251].

[250] Vgl. dazu z.B. BRUHN (2001, 3 u. 267; 2002, 132), BRUHN/HENNIG-THUIRAU/HADWICH (2004, 398), DILLER (1996, 81 u. 92), GERDES (2006, 381), GRUND (1998, 8), GÜNDLING (1998, 80 u. 85), HOLLAND (2004, 43), HOMBURG/BRUHN (2005, 16 f.), JAMES/KOLBE/TRAIL (2002, 215), MEFFERT (2005, 146 u. 148) oder PLINKE/SÖLLNER (2005, 86).

[251] Vgl. zu dieser Zielformulierung auch BERTRAMS/BIELING/ESCHWEILER (2004, 168). In einer Umfrage unter 12 Klubs der ersten und zweiten Fußballbundesliga zum Ende der Saison 2002/2003 gaben alle 12 Klubvertreter an, dass die Bedeutung der Kundenbindung in den letzten fünf Jahren stetig gestiegen sei und auch zukünftig weiter ansteigen werde.

4. Managementkonzepte zur Umsetzung der ökonomischen Leitziele von Fußballunternehmen

Am Ende des dritten Kapitels wurden die ökonomischen Leitziele „Erfolgreiches Markenmanagement“ (Aufbau und Pflege einer starken Klubmarke) und „Erfolgreiches Kundenbindungsmanagement“ (Pflege und Sicherung langfristiger Kundenbeziehungen) für Fußballunternehmen begründet. In den folgenden zwei Abschnitten (4.1., 4.2.) werden Managementkonzepte erarbeitet, mit deren Hilfe die beiden Leitziele bestmöglich anzusteuern sind. Eine Zusammenfassung sowie eine kritische Methodenreflexion beenden das Kapitel (4.3.).

4.1. Das ökonomische Leitziel „Erfolgreiches Markenmanagement“ (Aufbau und Pflege einer starken Klubmarke)

Zunächst werden die betriebswirtschaftlichen Grundlagen des Markenmanagements ausgeführt (4.1.1.). Im Anschluss daran werden die aus den ökonomischen Besonderheiten des Profifußballs resultierenden Probleme für das Markenmanagement von Fußballunternehmen diskutiert und Managementansätze zur Problemlösung aufgezeigt (4.1.2.). Davon ausgehend wird ein branchenunspezifischer Markenmanagementansatz modifiziert und ein Konzeptrahmen für das Markenmanagement von Fußballunternehmen erstellt (4.1.3.). Mit Bezug auf den erstellten Konzeptrahmen werden schließlich Managementmaßnahmen sowie Strategieempfehlungen zur Umsetzung des Leitziels „Erfolgreiches Markenmanagement“ (Aufbau und Pflege einer starken Klubmarke) ausgearbeitet (4.1.4.)[252].

4.1.1. Grundlagen des Markenmanagements

Nachfolgend werden zuerst die begrifflichen Grundlagen sowie die Konzepte des Markenwerts und der Markenstärke erläutert. Weiterführend werden die Funktionen der Marke aus Nachfrager- und Anbieterperspektive beschrieben sowie der branchenunspezifische Markenführungsansatz von MEFFERT/BURMANN (1996a, 2002a) vorgestellt.

4.1.1.1. Begriffliche Grundlagen

Grundsätzlich muss bei der Untersuchung von Marken zwischen der Marke als Schutzrecht, der Marke als reines Leistungsmarkierungsinstrument und der Marke im Sinne eines subjektiven, nachfragerbezogenen Markenverständnisses unterschieden werden (vgl. BAUMGARTH 2004, 2; ESCH 2003, 19 ff.; KRIEGBAUM 2001, 27 ff.). Da die Sicherung gewerblicher Schutzrechte zur Absicherung der Investitionen in die Marke sowie die Markierung der Leistung mittels Markenname, Markenlogo oder sonstigen Parametern (Branding) als markenpoli-

---

252 In den Abschnitten 4.1.3. sowie 4.1.4. werden u.a. geeignete Markenmanagementinstrumente für Fußballunternehmen begründet sowie die zum Markenaufbau bzw. zur Markenpflege erforderliche Ausgestaltung jener Instrumente erläutert. Damit schließt die Arbeit eine vorherrschende Forschungslücke, da das operative Markenmanagement von (Fußball-)Profiklubs bislang lediglich rudimentär abgehandelt wurde (genaueres zu diesem Problem später in Fußnote 285).

tische Grundvoraussetzungen zu kennzeichnen sind[253] (BRUHN/HENNIG-THURAU/HADWICH 2004, 402), wird der Frage nach der Markenführung im Folgenden ausschließlich auf Basis der dritten Begriffsauffassung nachgegangen. Im Sinne von MEFFERT/BURMANN/KOERS (2002, 6) sind Marken in diesem Zusammenhang als ein „in der Psyche des Konsumenten und sonstiger Bezugsgruppen der Marke fest verankertes, unverwechselbares Vorstellungsbild von einem Produkt oder einer Dienstleistung" zu verstehen, wobei jenes geistige Abbild die affektiven (gefühlsmäßige Einschätzungen), kognitiven (subjektives Wissen) sowie konativen (Verhaltensabsichten, Kaufbereitschaft) Einstellungskomponenten gegenüber der Marke repräsentiert. Voraussetzung dazu ist, dass die markierte Leistung sowohl langfristig, in gleichartigem Auftritt als auch in gleich bleibender oder verbesserter Qualität angeboten werden muss.[254]

Marken stellen also Wahrnehmungs- und Interpretationsphänomene dar, die über keine objektive Realität verfügen und in den Köpfen der Rezipienten in Form von Überzeugungen, Vorstellungen und Kenntnissen leben[255] (MEYER/BLÜMELHUBER 2004, 1635; BLÜMELHUBER/MAIER/MEYER 2004, 1370). Sie resultieren aus einer Vielzahl über einen längeren Zeitraum durchgeführter Marketingmaßnahmen und der sich daraus ergebenden Erfahrungen der Leistungsabnehmer[256]. Die Planung, Koordinierung und Kontrolle dieser Maßnahmen wird als Markenmanagement bezeichnet (MEFFERT/BURMANN/KOERS 2002, 8). Ziel des Markenmanagements ist die Steigerung des (ökonomischen) Markenwerts (ESCH 2003, 63 u. 66; MEFFERT/BURMANN/KOERS 2002, 8).

4.1.1.2. Die Konzepte des Markenwerts und der Markenstärke

Im Folgenden werden die Konzepte des Markenwerts und der Markenstärke vorgestellt sowie deren Zusammenhang aufgezeigt.

---

[253] Die Leistungsmarkierung stellt dabei insofern eine Grundvoraussetzung des Markenmanagements dar, da erst über jene Markenerkennungsmöglichkeiten Produkte bzw. Leistungen mit gelerntem Markenwissen verknüpft werden können. Die Markierung von Leistungen schafft also die notwendigen Bezugspunkte, sodass die mit einer Marke verbundenen Assoziationen im Bewusstsein der Kunden abgespeichert werden können (BLÜMELHUBER/MAIER/MEYER 2004, 1368 u. 1373).
Vgl. zudem ADJOURY/STASTNY (2006, 63 f.), die den Markenentstehungsprozess über folgende zwei Prozessschritte darstellen, wobei die Markierung der Leistung als Basiskomponente zu sehen ist:
1. Stufe: Leistung + Markierung = Markierte Leistung.
2. Stufe: Markierte Leistung + Bedeutung = Marke.

[254] In der Fachliteratur gibt es grundsätzlich eine Vielzahl an Markendefinitionen. Für einen Überblick vgl. BAUMGARTH (2004, 2 ff.), BRUHN (1994, 5 ff.), KRIEGBAUM (2001, 27 ff.). Die angeführte Definition nach MEFFERT/BURMANN/KOERS (2002) ist dabei als weitläufig akzeptiert zu kennzeichnen (Verwendungen u.a. in BAUER/EXLER/SAUER 2005, 13; BRUHN 2004c, 2307; ESCH 2003, 23; MEFFERT/BRUHN 2003, 395).

[255] FOURNIER (1998, 345) umschreibt die Unternehmensmarke auch als „simply a collection of perceptions held in the mind of the consumer".

[256] Die Markenbildung als Gedächtnisstruktur ist ein kognitiver Prozess, in dessen Verlauf die Ziel- und Anspruchsgruppen lernen, bestimmte Vorstellungen mit einer Marke zu verbinden. Alle direkten/indirekten Markenerlebnisse (= Situationen, in denen der potentielle Kunde und die Marke interagieren bzw. in Kontakt treten; EGGLI 2004, 2200) tragen dabei zum Aufbau der Gedächtnisspeicherungen bei den Rezipienten bei. Zur erfolgreichen Vermittlung und Festigung der angestrebten Inhalte sind zahlreiche Wiederholungen notwendig (ESCH/LANGNER 2004, 1133; ESCH/REDLER 2004, 1471).

Markenwert

Zur Erfassung des Konzepts des Markenwerts ist zwischen einer konsumerbezogenen und einer unternehmensbezogenen Sichtweise zu unterscheiden. Betrachtet man zunächst die Konsumerperspektive, kommt dem Markenwert ein verhaltenssteuernder Charakter zu. So beeinflusst die Marke als Vorstellungsbild im Gedächtnis der Marktteilnehmer nur dann das Kaufverhalten positiv, wenn mit ihr ein Mehrwert bzw. Zusatznutzen verbunden wird. Dieser Mehrwert basiert auf einem von dem Nachfrager vollzogenen Vergleich zwischen einer markierten sowie einer unmarkierten Leistung mit den jeweils gleichen tangiblen und intangiblen Leistungsmerkmalen (z.B. T-Shirt weiß: 20 Euro; identisches T-Shirt mit Klub-Logo-Bestickung: 30 Euro). Der wahrgenommene Zusatznutzen der Marke (z.B. Imageübertrag, Prestigeerfüllung, Identitätskonstruktion durch „Markennutzung") repräsentiert den Markenwert aus Konsumentensicht und schlägt sich im Kaufverhalten nieder (Kauf vs. Nicht-Kauf). Im Rahmen der Unternehmensperspektive ist der Markenwert hingegen ökonomisch zu interpretieren. Der ökonomische Markenwert basiert auf dem von den Konsumenten wahrgenommenen Zusatznutzen der Marke und wird als Preisprämie operationalisiert, die der Nachfrager für ein mit einem Markenzeichen versehenen Produkt gegenüber dem identischen, unmarkierten Produkt zu zahlen bereit ist. Hochgerechnet ist der ökonomische Markenwert demnach als jener Teil des Gewinns zu verstehen, der auf die Leistungsmarkierung zurückzuführen ist[257] (vgl. v.a. BIEL 2001, 66; ESCH 2003, 63; MEFFERT/BURMANN/KOERS 2002, 7 f.[258]).

Markenstärke

Grundlage des zuvor umschriebenen ökonomischen Markenwerts ist die Markenstärke. Diese definiert sich anhand der tatsächlichen Kaufverhaltensrelevanz der im Gedächtnis der Konsumenten abgespeicherten Vorstellungen (BRUHN/HENNIG-THURAU/HADWICH 2004, 408; MEFFERT/BURMAN/KOERS 2002, 8). Die Markenstärke wird über die interdependenten Dimensionen der Markenbekanntheit, der Markenassoziationen sowie der Markentreue bestimmt (in Anlehnung an MEFFERT/BURMAN/KOERS 2002, 8[259]).

a) Markenbekanntheit: Die Markenbekanntheit beschreibt die Fähigkeit des Konsumenten, sich an eine Marke unter verschiedenen Umständen zu erinnern bzw. diese zu identifizieren. Markenbekanntheit bedeutet, einer Leistung eine Grundidentität zu geben, indem die Markierungselemente wie Name und Logo mit einer bestimmten Leistungs- und Nutzenkategorie verbunden werden (best-case-scenario: Konsumenten denken an die betreffende Marke, wenn

257 Verdeutlichendes Beispiel des Zusatznutzens von Marken (konsumentenbezogener Markenwert) und den damit einhergehenden Kapitalisierungseffekten (ökonomischer Markenwert): Anfang der 90er Jahre brachten die Unternehmen Sony, Nikon und Rikoh mit Ausnahme des Markennamens identische Camcorder auf den Markt. Obwohl das Sony-Gerät deutlich teurer verkauft wurde als die Nikon- bzw. Rikoh-Version, fand der Sony-Camcoder den höchsten Absatz. Zurückzuführen ist jenes Marktergebnis auf den höheren Zusatznutzen der Marke Sony gegenüber den Marken Nikon bzw. Rikoh.

258 Vgl. zudem AAKER (1991, 16; 1996, 8), BAUER/EXLER/SAUER (2004, 10), BAUER/SAUER/SCHMITT (2004, 3 f.), BOONE/KOCHUNNY/WILKINS (1995, 33), BRUHN/HENNIG-THURAU/HADWICH (2004, 400 u. 408).

259 Ähnlich Ansätze: AAKER (1991, 1996), AAKER/JOACHIMSTHALER (2001), KELLER (1993, 1998).

sie von der jeweilige Leistungs- oder Nutzenkategorie bzw. Branchenart hören; = aktive Markenbekanntheit[260]). Die Bedeutung der Markenbekanntheit für die Markenstärke beruht v.a. auf folgenden zwei Aspekten: Markenbekanntheit muss gegeben sein, damit eine Marke für eine Kaufentscheidung überhaupt berücksichtigt werden kann. Nur wenn Markenbekanntheit vorhanden ist, kann der Konsument weitere Assoziationen bilden und speichern (vgl. v.a. AAKER 1991, 61; BRUHN/HENNIG-THURAU/HADWICH 2004, 403; ESCH 2003, 71; KELLER 1993, 3; KELLER 1998, 48 ff.[261]). Jedoch zeigen Untersuchungen, dass die Markenbekanntheit als isolierte Größe nur eine gering positive Korrelation zu nachgelagerten, erfolgskritischen Größen wie der Kaufwahrscheinlichkeit oder der zusätzlichen Zahlungsbereitschaft aufweist (BRUHN/HENNIG-THURAU/HADWICH 2004, 403; KELLER 1998, 50 u. 91)[262]. Dies bedeutet folglich, dass die Markenbekanntheit zwar eine notwendige, jedoch nicht hinreichende Bedingung für die Markenstärke ist[263] (vgl. BRUHN/HENNIG-THURAU/HADWICH 2004, 403; ESCH 2003, 73; MEFFERT/BURMAN/KOERS 2002, 7; ähnlich BAUER/EXLER/SAUER 2004, 10 f.; BAUER/SAUER/SCHMITT 2004, 5 f.; ESCH/NICKEL 1998, 97; ESCH/REDLER 2004, 1469).

b) Markenassoziationen: Markenassoziationen sind all das, was Kunden mit einer Marke in Verbindung bringen. Sie reflektieren direkte Charakteristika der Marke sowie Merkmale, welche die Bedeutung der Marke für den Kunden widerspiegeln[264,265]. Markenassoziationen entstehen in komplexen Prozessen im Kopf von Individuen, wobei diese Vorgänge durch direkte sowie indirekte Erfahrungen mit der Marke beeinflusst und gesteuert werden. Je nach

---

260 Grundsätzlich ist zwischen aktiver und passiver Markenbekanntheit zu unterscheiden. Unter aktiver Markenbekanntheit ist die ungestützte Markenerinnerung zu verstehen, d.h. der Nachfrager erinnert sich bereits bei Erwähnung eines Begriffs oder einer Branchen-/Leistungsnennung an die betreffende Marke (Markenrecall). Passive Markenbekanntheit meint hingegen die gestützte Markenerinnerung, d.h. der Nachfrager erinnert sich an die Marke, nachdem er mit einem oder mehreren Markenelementen konfrontiert wurde (Markenrecognition) (vgl. BAUER/SAUER/SCHMITT 2004, 5; ESCH 2003, 216; KELLER 1993, 3).

261 Vgl. des Weiteren AAKER (1996, 10), AAKER/JOACHIMSTHALER (2001, 27), BAUER/EXLER/SAUER (2004, 10 f.), BAUER/SAUER/SCHMITT (2004, 5 f.), ROSS (2006, 30).

262 So kann ein Transaktionspartner trotz guter Erinnerung an den Markennamen nur über ein diffuses Markenvorstellungsbild verfügen. Damit besitzt die Marke nur eine begrenzte Kaufverhaltensrelevanz. Andererseits kann der erinnerte Markenname mit klaren, jedoch negativen Vorstellungen verbunden sein, sodass auch in diesem Fall keine Abnahmebereitschaft zu erwarten ist (vgl. MEFFERT/BURMANN/KOERS 2002, 8).

263 Vgl. dazu auch AAKER (1991, 69): „Awareness, although a key brand asset, cannot by itself create sales".

264 Markenassoziationsformen von Fußballunternehmen sind z.B. bildliche Vorstellungen von den Markenproduzenten (Spieler, Trainer, Management), den Markenkonsumenten (Fans, VIPs) oder dem Umfeld in dem die Marke genutzt wird (Stadion), leistungsbezogene Attribute (technisch, ästhetisch, kampfbetont usw.), mit der Klubmarke verbundene Gestaltungsparameter (Vereinsfarben, Logo etc.) aber auch emotionale Ausdrucksformen wie die Klubsympathie (in Anlehnung an die Markenassoziationssystematisierungen von AAKER/JOACHIMSTHALER 2001, 28; BRUHN/HENNIG-THURAU/HADWICH 2004, 404 u. 406).

265 Eine besondere Art der Markenassoziationen stellt die Qualitätswahrnehmung dar. Sie beschreibt die subjektive, ganzheitliche und vergleichsweise stabile Kundenbeurteilung einer Leistung auf Basis bisheriger Erfahrungen. Die Hervorstellung dieser Assoziationsart vieler Autoren (u.a. AAKER 1991, 1996; AAKER/JOACHIMSTHALER 2001; BRUHN/HENNIG-THURAU/HADWICH 2001) ist auf folgende beiden Besonderheiten zurückzuführen: Zum einen beeinflusst die Qualitätswahrnehmung andere mit der Marke verbundene Assoziationen direkt, zum anderen wurde empirisch nachgewiesen, dass ein positiver Zusammenhang zwischen Qualitätswahrnehmung und Rentabilität besteht (vgl. AAKER 1991, 85; AAKER 1996, 17; AAKER/JOACHIMSTHALER 2001, 28; BRUHN/HENNIG-THURAU/HADWICH 2004, 404; KIRMANI/ZEITHAML 1993, 144 f.; TROMMSDORFF/ASAN/BECKER 2004, 544).

Qualität und Quantität der Markeninformationen und Markenerfahrungen erreichen die Markenassoziationen ein bestimmtes Ausprägungs- bzw. Stärkeniveau[266]. Die Summe der wahrgenommenen und im Gedächtnis gespeicherten Assoziationen bildet das Markenimage (vgl. u.a. AAKER 1991, 109; BENTELE/HOEPFNER 2004, 1542 f.; KELLER 1998, 49 ff.[267]). Insgesamt gilt: Je lebendiger, klarer, angenehmer und eigenständiger die Markenassoziationen in den Köpfen der Rezipienten leben, desto größer ist ihr Einfluss auf das menschliche Verhalten (ESCH/LANGNER 2004, 1133). In Anknüpfung an die Formulierung zur Markenbekanntheit sind die Markenassoziationen als die hinreichende Größe der Markenstärke zu kennzeichnen (vgl. auch BAUER/EXLER/SAUER 2004, 11; ESCH 2003, 73 u. 75).

c) Markentreue: Starke Marken zeichnen sich insbesondere durch eine hohe Markentreue aus. Von Markentreue bzw. Markenloyalität wird dann gesprochen, wenn der Marktpartner eine positive Einstellung gegenüber der Marke besitzt und diese wiederholt nachfragt. Neben der charakteristischen Wiederabnahme der Leistung zeichnen sich markentreue Kunden des Weiteren durch folgende absatzrelevante Eigenschaften aus: Sie verfügen über eine hohe Kaufbereitschaft gegenüber anderen Leistungen des Markeneigners, weisen eine geringe Aufgeschlossenheit und Wechselbereitschaft gegenüber Konkurrenzangeboten auf, besitzen eine hohe Preistoleranz und sind als wichtige Mund-zu-Mund-Kommunikatoren (Weiterempfehlungen) der Marke zu sehen. Im Gegensatz zu den beiden zuvor erläuterten Dimensionen setzt die Markentreue einen Leistungskonsum und somit eine Gebrauchserfahrung voraus. Markenloyalität stellt die finale Konsequenz des Aufbaus starker Marken dar (vgl. AAKER 1991, 39 ff.; AAKER 1996, 21 f.; AAKER/JOACHIMSTHALER 2001, 28; BRUHN/HENNIG-THURAU/HADWICH 2004, 408; ESCH 2003, 78; MEFFERT/BURMAN/KOERS 2002, 8).

Die beschriebenen Dimensionen der Markenstärke (Markenbekanntheit, Markenassoziationen, Markentreue) sind als managementnahe Markenbezugsgrößen zu verstehen. An diesen hat das Klubmarkenmanagement anzusetzen. Gleichzeitig geben Veränderungen in jenen Dimensionen Aufschluss über den Erfolg der ausgeführten Marketingmaßnahmen[268].

---

266 Indikatoren für das Stärkeniveau von Markenassoziationen stellen folgende Merkmale dar (ESCH 2003, 74):
- Eine hohe Anzahl an emotionalen, non-verbalen (= bildlichen) Assoziationen.
- Die Klarheit und Einzigartigkeit dieser Vorstellungsbilder.
- Zudem: Positive Richtung der Assoziationen, Relevanz der Assoziationen (Kundenmotivkonformität), Zugriffsfähigkeit/Nachhaltigkeit der Assoziationen (unvergesslicher, unverwechselbarer Abruf).

267 Vgl. zudem AAKER (1996, 10), AAKER/JOACHIMSTHALER (2001, 28), BAUER/EXLER/SAUER (2004, 11), BAUER/SAUER/SCHMITT (2004, 6), BRUHN/HENNIG-THURAU/HADWICH (2004, 404), KELLER (1993, 3 f.), ROSS (2006, 30), TROMMSDORFF/ASAN/BECKER (2004, 544).

268 Die Ausführungen zum Konstrukt der Markenstärke zeigen, dass die Managementempfehlung von ELTER (2003, 356), Fußballprofiklubs sollten eine Steigerung von Bekanntheitsgrad und Markensympathie anstreben, nur bedingt richtig ist. So ist die Markenbekanntheit, wie erläutert, lediglich eine notwendige Voraussetzung starker Marken und die Markensympathie nur eine von zahlreichen Markenassoziationen (vgl. Fußnote 264). Das Ziel der Klubmarkenführung muss es daher vielmehr sein, die drei Dimensionen der Markenstärke (Markenbekanntheit, Markenassoziationen, Markentreue) gleichermaßen auszubauen bzw. zu festigen. Zu beachten ist dabei jedoch, dass (a) die Fußballprofiklubs i.d.R. bereits über sehr hohe Markenbekanntheitswerte verfügen (genaueres dazu in 4.1.2.1.) bzw. (b) ein Fokus auf der Bildung prägnanter und einzigartiger, da in dieser Form kaufverhaltensrelevanter, Markenassoziationen liegen sollte (mehr dazu in 4.1.4.2.).

4.1.1.3. Funktionen der Marke aus Nachfrager- und Anbietersicht

Die vorausgehenden Ausführungen deuten bereits an, dass die Marke sowohl für das Unternehmen als auch die Konsumenten unterschiedliche Funktionen erfüllt. Im Folgenden werden diese beiden Perspektiven näher erläutert.

a) Funktion von Marken aus Nachfragersicht

Marken übernehmen für die Konsumenten folgende Funktionen:

- Orientierungsfunktion/Entlastungsfunktion: Das Wiedererkennen einer Marke erleichtert die Orientierung in der Vielfalt der Angebote (Leistungsidentifizierungshilfe). Die Orientierungsfunktion der Marke kommt somit dem Bequemlichkeitsstreben der Nachfrager entgegen (Entlastung durch Reduktion von Such- und Informationsaufwand).
- Vertrauensfunktion/Qualitätsfunktion: Starke Marken signalisieren eine bestimmte Leistungsqualität. Das der Marke dadurch entgegengebrachte Vertrauen reduziert bestehendes Kaufrisiko und erleichtert die Kaufentscheidung[269].
- Prestigefunktion: Die Nutzung exklusiver Marken kann für den Nachfrager zu einer Prestigeerfüllung im sozialen Umfeld beitragen (z.B. Rolex, Jaguar, Hugo Boss).
- Identifikationsfunktion/Identitätsfunktion: Marken kommen verschiedene identitätsstiftende Wirkungen zu. Einerseits überträgt der Konsument bestimmte Attribute der Marke, mit der er sich identifiziert, durch deren Nutzung auf sich selbst und formt dadurch sein Eigenbild. Weitere Beiträge zur Identitäts-/Selbstkonzeptkonstruktion erfährt der Nachfrager dadurch, dass Marken sowohl soziale Gruppenzugehörigkeit als auch bestimmte Wertvorstellungen/Einstellungen ausdrücken.

(Vgl. zu den Ausführungen insbesondere BRUHN 1994, 22 f.; BIEL 2001, 69 f.; ESCH 2003, 25; KRIEGBAUM 2001, 47 f.; MEFFERT/BURMANN/KOERS 2002, 9 ff.[270]).

Je nach Branche bzw. Leistungs-/Produktart kommt den ausgeführten Markenfunktionen eine unterschiedliche Bedeutung zu. So entfallen bei Versicherungsunternehmen beispielsweise die Prestige- sowie die Identifikationsfunktion, vielmehr spielt die Orientierungs- und Entlastungsfunktion sowie die Qualitäts- und Vertrauensfunktion eine entscheidende Rolle. Bei Lebensmitteln des täglichen Bedarfs sind wiederum Orientierungs-, Entlastungs- und Qualitätsfunktion als kennzeichnende Markenfunktionen herauszustellen, während in der Automobilindustrie die Qualitäts- und Vertrauensfunktion, die Prestigefunktion sowie die Identifika-

269 Die Qualitäts- und Vertrauensfunktion von Marken ist v.a. bei Leistungen mit einem hohen Anteil an Vertrauenseigenschaften von Bedeutung (Eigenschaften, die auch nach Vertragsabschluss noch nicht zweifelsfrei beurteilt werden können, z.B. Unternehmensberatung, Finanzdienstleister, Reiseveranstalter). Hier steht die Unternehmensmarke für ein bestimmtes Leistungsqualitätsniveau, welches zur Minderung des empfundenen Risikos beiträgt.

270 Vgl. darüber hinaus BAUMGARTH (2004, 22), BECKER (1994, 465), BRUHN (2000a, 216), KINDERVATER (2000, 226 f.), KÖHLER (2004, 2775), RÜSCHEN (1994, 124 f.), SCHIERL (2006, 156 f.), WELLING (2004b, 395), WICHERT (2001b, 7 ff.).

tionsfunktion der Automarke von primärer Kaufrelevanz sind[271]. Auch im Untersuchungsfeld der Fußballunternehmen sind einige der ausgeführten Markenfunktionen hervorzuheben: So ist für die Fans und Anhänger v.a. die Identifikationsfunktion der Klubmarke bestimmend (Übertrag von Klubmarkenassoziationen zur Eigenidentitätskonstruktion, Zugehörigkeitsausdruck zur Fangemeinschaft). Im Fall von Hospitality-Kunden ist neben der Identifikationsfunktion v.a. die Prestigefunktion der Markennutzung hervorzuheben. Die Qualitäts- und Vertrauensfunktion von Klubmarken (z.B. FC Bayern München) ist demgegenüber wiederum bei finanzintensiven Sponsoringengagements verhaltensentscheidend.

Vor dem Hintergrund dieser Ausführungen kommt einer Leistung/einem Produkt/einem Unternehmen/einer Organisation nach Auffassung des Autors dann ein *Markenstatus* zu, wenn die branchenrelevanten, nachfragerseitigen Markenfunktionen erfüllt werden. Vgl. zu dieser Überlegung auch WEINBERG (1993, 2681). Dem Autor zufolge erlangt ein Produkt oder eine Leistung dann Markenstatus, wenn ein positives und unverwechselbares Image beim Konsumenten aufgebaut und Verbraucherbedürfnisse befriedigt werden. Als Verbraucherbedürfnisse sind dabei wiederum Aspekte wie Eigenidentitätskonstruktion, Prestige, soziale Zugehörigkeit oder Qualitätsverlangen (= Markenfunktionen aus Nachfragersicht) zu sehen[272].

b) Funktion von Marken aus Anbietersicht

Für Unternehmen erfüllen (starke) Marken ebenfalls eine Vielzahl an Funktionen:

- Differenzierungsfunktion: Eine starke Unternehmensmarke dient dem Anbieter zur Differenzierung bzw. Profilierung des eigenen Angebots gegenüber dem der Konkurrenz (Markenimage als Differenzierungsinstrument).
- Präferenzbildungsfunktion: Kaufentscheidung zugunsten des Anbieters aufgrund positiver Markenassoziationen (Markenimage als Präferenzbildungsinstrument).
- Kundenbindungsfunktion: Starke Marken realisieren eine höhere Markentreue als schwache Marken (Planungssicherheit durch Kundenbindungseffekte starker Marken).
- Stabilisationsfunktion: Starke Marken schützen die unternehmenseigenen Produkte/Leistungen vor Krisen (Fehlertoleranz, starke Marken erhalten eine zweite Chance). Sie stärken die Wettbewerbsposition und schaffen Wettbewerbsbarrieren.
- Erweiterungsfunktion: Starke Marken bieten eine Plattform für neue Produkte/Leistungen bzw. können für Lizenzierungen genutzt werden.

---

271 Nach SCHIERL (2006, 156) wird die Qualitätsfunktion/Vertrauensfunktion von Marken für den Konsumenten zunehmend unwichtiger. Nach Ansicht des Verfassers ist diese Aussage (zumindest in dieser allgemeinen Form) jedoch nicht korrekt, da jener Funktion, wie die ausgeführten Fallbeispiele bereits zeigen, in vielen Branchen durchaus eine zentrale Bedeutung zukommt (z.B. Finanzdienstleister, Versicherungsbranche).

272 Ein in eine andere Richtung gehender, undifferenzierterer, dafür jedoch äußerst pragmatischer Ansatz zur Markenstatusüberprüfung findet sich in ADJOURI/STASTNY (2006, 67 ff.) in Form einer Checkliste mit zehn Kriterien (Name, Logo, Differenzierung, Bekanntheit, konkrete Leistung, Alter > 10 Jahre, langfristiger Erfolg, kontinuierliche Entwicklung, klare Botschaft, positive Assoziationen). Sind diese Punkte erfüllt, liegt nach Aussage des Autorenpaares eine Marke vor.

- Preispolitischer Spielraum: Je besser es Unternehmen gelingt, ihre Marke im Vergleich zur Konkurrenz als „einzigartig" zu positionieren, desto höher fällt der preispolitische Spielraum aus.

(Vgl. in erster Linie BRUHN 1994, 21 f.; BIEL 2001, 68 f.; ESCH 2003, 25; KRIEGBAUM 2001, 45 f.; MEFFERT/BURMANN/KOERS 2002, 12[273]).

Fasst man die Ausführungen zu den Markenfunktionen aus Anbietersicht zusammen, so ist festzuhalten, dass diese jeweils einen Beitrag zur Wertsteigerung des Unternehmens liefern.

4.1.1.4. Der Markenführungsansatz von MEFFERT/BURMANN (1996a, 2002a)

Aufgrund der ständig wechselnden Veränderungen der Markt- und Umweltbedingungen hat das Markenmanagement im Laufe der Zeit zahlreiche Neuausrichtungen durchlaufen. Die letzte Entwicklungsstufe ist dabei durch eine starke Identitätsorientierung gekennzeichnet (identitätsorientierte Markenführung)[274,275]. Zurückzuführen ist dieser Ansatz auf die sozialwissenschaftliche Interpretation des Markenkonstrukts, im Rahmen dessen die Kaufverhaltensrelevanz einer Marke insbesondere durch die Ausprägung der Markenidentität erklärt wird. Das Modell von MEFFERT/BURMANN (1996a, 2002a) stellt einen anerkannten Ansatz der identitätsorientierten Markenführung dar und wird nachfolgend genauer vorgestellt.

Grundansatz

Basierten die wissenschaftlichen Aussagen zur Markenführung bislang dominant auf einer externen Marktperspektive, wodurch die Beziehung der Marke zu den Ressourcen des Markeneigners als auch die Wechselwirkungen zwischen internen und externen Anspruchsgruppen unbeachtet blieben, so erweitern MEFFERT/BURMANN (1996a, 2002a) die Sichtweise um eine innengerichtete Ressourcenorientierung[276]. Sie kennzeichnen die Markenidentität dabei als Folge der Wechselwirkung zwischen den marktbezogenen Handlungen des Markeneigners entsprechend seiner Ressourcenkompetenz und der Wahrnehmung dieser Aktivitäten durch die Marktpartner (vgl. MEFFERT/BURMANN 1996a, 13 f.; MEFFERT/BURMANN 1996b, 378 f.; MEFFERT/BURMANN 2002a, 40 f.; MEFFERT/BURMANN 2002b, 28 f.; TOMCZAK/ZUPANCIC 2004, 1355).

---

[273] Vgl. des Weiteren BAUMGARTH (2004, 22), BRUHN (2000a, 216), RÜSCHEN (1994, 123 f.).

[274] Für die verschiedenen Entwicklungsstufen der Markenführung vgl. MEFFERT/BURMANN (1996a, 3 ff.; 1996b, 373 ff.; 2002b, 18 ff.).

[275] Das Konzept der identitätsorientierten Markenführung geht auf KAPFERER (1992) zurück. Darauf aufbauend waren es insbesondere die Arbeiten von AAKER (1996) und MEFFERT/BURMANN (1996a) sowie deren Erweiterungen (AAKER/JOACHIMSTHALER 2001, MEFFERT/BURMANN 2002a), welche zur heutigen Akzeptanz und Etablierung jenes Markenführungsverständnisses führten.

[276] Theoriefundament des identitätsorientierten Markenführungsansatzes von MEFFERT/BURMANN (1996a, 2002a) ist folglich der „market-based-view" (Unternehmens- bzw. Markenerfolg wird primär durch die Marktkonstellationen geprägt; Outside-In-Betrachtung) sowie der „ressource-based-view" (Unternehmens- bzw. Markenerfolg wird durch unternehmensspezifische und einzigartige Ressourcen determiniert; Inside-Out-Betrachtung) der strategischen Managementforschung (weiterführendes zu den beiden Konzepten beispielsweise in RASCHE 1994, 35 ff.).

Grundlegend für das Verständnis der Markenidentität im Modell von MEFFERT/BURMANN (1996a, 2002a) ist die sozialwissenschaftliche Interpretation des Identitätskonstrukts[277]. Dabei ist die Identität zunächst als das Vorhandensein eines selbstbezogenen Vorstellungsbildes des Identitätseigners zu verstehen. Sie stellt ein Werte- und Normensystem dar, welches dem Identitätsträger als Orientierungsrahmen seines Handelns dient und sich durch eine hohe zeitliche Konstanz auszeichnet. Ein Identitätswechsel vollzieht sich folglich stets sehr langsam. Aufgrund der natürlichen Interaktionsprozesse steht diesem Eigenverständnis der Identität jedoch eine Fremdauffassung gegenüber. Hierbei wird dem Identitätseigner von außen, also durch andere Personen, eine individuelle Identität im Sinne eines spezifischen Merkmalsbündels zugeschrieben. Eine als stark wahrgenommene Identität spiegelt die Verlässlichkeit des Identitätsträgers nach außen wieder, sie schafft Glaubwürdigkeit und stellt eine Voraussetzung für das Entstehen von Vertrauen dar[278] (vgl. MEFFERT/BURMANN 1996a, 23 f.; MEFFERT/BURMANN 2002a, 41 f. u. 68; SCHLEUSER 2002, 270 ff.). Entscheidend ist nun, dass die dargestellten Zusammenhänge neben dem kennzeichnenden Personenbezug in vergleichbarer Weise auch auf Marken übertragbar sind. MEFFERT/BURMANN (1996a, 31; 2002a, 47) definieren Markenidentität als „eine in sich widerspruchsfreie, geschlossene Ganzheit von Merkmalen einer Marke (…), die diese von anderen Marken dauerhaft unterscheidet". Der Autorengruppe zufolge entsteht die Markenidentität erst in der wechselseitigen Beziehung zwischen internen und externen Bezugsgruppen der Marke und bringt die spezifische Persönlichkeit einer Marke zum Ausdruck[279]. Aufgrund der Wechselseitigkeit müsse zwischen Selbstbild und Fremdbild der Identität unterschieden werden. Einig ist sich die einschlägige Literatur dabei, dass die Stärke der Markenidentität ganz wesentlich von dem Über-

277 Nachfolgende Ausführungen beschreiben das sozialwissenschaftlich begründete Identitätskonstrukt in einer vereinfachten Form. Auf eine wie in der Fachliteratur vorzufindende Differenzierung der Identitätsauffassung nach dem Gegenstand der Identitätszuscheibung (Individuum, Gruppe, Objekt) unter Berücksichtigung des Blickwinkels aus der die Identität festgestellt wird (Innen- vs. Außenperspektive) sowie eine Diskussion der Problematik des Transfers der definitorisch subjektgebundenen Identität auf empfindungslose Objekte (wie sie u.a. Marken darstellen), wird an dieser Stelle nicht weiter eingegangen. Vgl. diesbezüglich MEFFERT/BURMANN (1996a, 23 ff.; 2002a, 41 ff.) oder SCHLEUSER (2002, 270 f.).

278 Vertrauen hat in diesem Zusammenhang nicht nur eine sozialwissenschaftliche Bedeutung. Für Anbieter und Nachfrager ergeben sich vielmehr auch ökonomische Folgen, führt Vertrauen doch zu einer Reduktion der Transaktionskosten auf Seiten beider Marktpartner. Während der Anbieter Aufwendungen im Bereich der Kommunikation und der Risikoabsicherung einspart, reduziert sich für den Nachfrager mit wachsendem Vertrauen das wahrgenommene Risiko, vom Anbieter und dessen Leistungen enttäuscht zu werden. Folglich werden auf Nachfragerseite diejenigen Einsätze eingespart, die zur Risikoreduzierung anfallen würden. Für den Anbieter ist Vertrauen zudem als Wettbewerbsvorteil gegenüber der Konkurrenz zu sehen, der sich in entsprechenden ökonomischen Erfolgsgrößen niederschlägt (vgl. MEFFERT/BURMANN 1996a, 13 f. u. 27; 1996b, 378; 2002a, 43 f.). Vgl. ansatzweise auch bereits die Ausführungen zur Vertrauensfunktion der Marke (4.1.1.3.).

279 Vgl. dazu auch ESCH (2003, 84): „Die Markenidentität bringt zum Ausdruck, wofür eine Marke stehen soll. Sie umfasst die essenziellen, wesensprägenden und charakteristischen Merkmale einer Marke."

einstimmungsgrad zwischen Selbst- und Fremdbild bestimmt wird (vgl. BRUHN 2004c, 2307; ENGH 2004, 27; MEFFERT/BURMANN 1996a, 31; MEFFERT/BURMANN 2002a, 47; MEYER/BLÜMELHUBER 2004, 1635; SCHLEUSER 2002, 274)[280].

Konzeptionelle Ausgestaltung

Wie zuvor erläutert ist zwischen einem Selbstbild der Markenidentität aus organisationsinterner Perspektive und einem Fremdbild der Markenidentität aus Sicht der externen Anspruchsgruppen zu differenzieren. Während das Selbstbild festlegt, wie die Marke im Umfeld auftreten soll und von Unternehmensseite auf Basis der Kernkompetenzen der Marke sowie ergänzender Markenkomponenten aktiv konstituiert wird[281] („Konzeptions- und Aktionsebene"), formt sich das Fremdbild unter den externen Anspruchsgruppen erst langsam aus der Summe der direkten und indirekten Markenerfahrungen und schlägt sich letztlich in einem bestimmten Markenimage nieder („Wirkungsebene") (vgl. zu den Ausführungen BRUHN 2004c, 2307; ESCH 2003, 84 ff.; LINXWEILER 2004, 95 f.; MEFFERT/BURMANN 2002a, 49 f.; SCHLEUSER 2002, 273 f.).

Nach KAPFERER (1992, 44) ist das Markenselbstbild auch als „Aussagekonzept" (Idee, Inhalt, Werte und Eigenschaften der Marke werden vom Unternehmen spezifiziert und mittels geeigneter Maßnahmen kommuniziert), das Fremdbild hingegen als „Akzeptanzkonzept" (Markenimage als Dekodierung der verschiedenen vom Unternehmen ausgehenden Markenimpulse) zu verstehen.

Abbildung 18 zeigt den Ansatz der identitätsorientierten Markenführung nach MEFFERT/ BURMANN (1996a, 2002a) im Überblick. Auf die verschiedenen Modellelemente und ihre Interdependenzen wird nachfolgend näher eingegangen.

---

[280] Vergleichbar mit der Identität von Personen zeichnet sich die Markenidentität durch folgende vier konstitutive Merkmale aus:
- Wechselseitigkeit (Identität kann nur in Wechselwirkung entstehen).
- Kontinuität (Aufrechterhaltung wesentlicher Markenmerkmale über einen längeren Zeitraum).
- Konsistenz (Vermeidung von Widersprüchen im Marktauftritt)
- Individualität (Einzigartigkeit bestimmter Markenmerkmale).

Vgl. dazu BAUMGARTH (2004, 23), MEFFERT/BURMANN (1996a, 28 ff.; 2002a, 44 f.), LINXWEILER (2004, 95), SCHLEUSER (2002, 270 ff.).

[281] Die Kernkompetenzen der Marke stellen die essentiellen, wesensprägenden und somit der Kontinuitätsbedingung unterliegenden Markeneigenschaften dar. Demgegenüber handelt es sich bei den ergänzenden Komponenten um akzidenzielle Merkmale, welche die Markenidentität anreichern und bis zu einem bestimmten Grad verändert werden können (MEFFERT/BURMANN 2002a, 50).

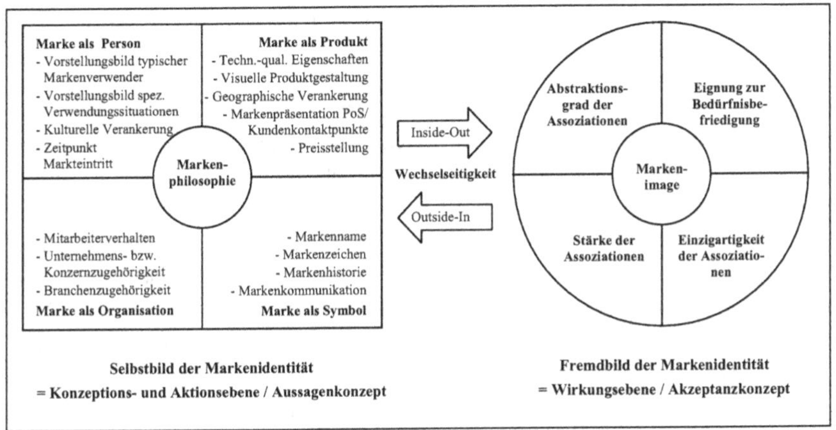

Abb. 18: Identitätsorientierter Markenführungsansatz nach MEFFERT/BURMANN (1996a, 35; 2002a, 51)

a) Das Selbstbild der Markenidentität: Kern des Aussagenkonzepts bildet die Markenphilosophie, welche die zentralen Werte, Inhalte und Eigenschaften der Marke festlegt. Bei der Formulierung der Markenphilosophie sind die spezifischen Kompetenzen der Marke, die Visionen, die grundlegenden Werte, Ziele und Normen sowie das Verhältnis der Marke zu den zentralen internen und externen Bezugsgruppen zum Ausdruck zu bringen (MEFFERT/BURMANN 1996a, 38; MEFFERT/BURMANN 2002a, 52; vgl. auch LINXWEILER 2004, 97). Konkretisiert wird das Selbstbild der Markenidentität durch die Dimensionen „Marke als Produkt", „Marke als Symbol", „Marke als Organisation" sowie „Marke als Person", welche wiederum in weitere Subkomponenten unterteilt sind. Durch die spezifische Ausprägung der verschiedenen Subkomponenten wird die Identität einer Marke bestimmt und für den Kunden wahrnehmbar und erlebbar.

Der Produktdimension subsumieren MEFFERT/BURMANN (1996a, 37 ff.; 2002a, 52 ff.) die technisch-qualitativen Markeneigenschaften, die visuelle Produktgestaltung, die geographische Verankerung, die physische Markenpräsentation am Point-of-Sale sowie die Preisstellung. Der Symboldimension gehören die Subkomponenten Markenname, Markenzeichen, Markenhistorie sowie Markenkommunikation an. Unterpunkte der Organisationsdimension stellen das Verhalten der Mitarbeiter, die Unternehmens- bzw. Konzernzugehörigkeit sowie die Branchenangehörigkeit dar. Die Personendimension setzt sich schließlich aus den Vorstellungsbildern der typischen Markenverwender bzw. der spezifischen Markenverwendungssituationen, der kulturellen Verankerung sowie dem Zeitpunkt des Markteintritts zusammen.

Anzumerken ist, dass die Bedeutung der verschiedenen Subinstrumente für die Entwicklung einer starken Markenidentität nicht pauschal festgelegt werden kann, sondern branchen- bzw.

situationsspezifisch zu bewerten ist (vgl. KAPFERER 1992, 111; MEFFERT/BURMANN 1996a, 37 u. 50; MEFFERT/BURMANN 2002a, 65 u. 80).

b) Das Fremdbild der Markenidentität: Gegenüber dem Selbstbild der Markenidentität stellt das Markenimage als das Ergebnis der subjektiven Wahrnehmung, Dekodierung und Akzeptanz der von der Marke ausgehenden Impulse das Fremdbild der Markenidentität dar. Dieses Fremdbild resultiert aus dem spezifischen Ressourceneinsatz bzw. dem Marktauftreten des Markeneigners (MEFFERT/BURMANN 1996a, 34; MEFFERT/BURMANN 2002a, 65). Das Markenimage ist als ein mehrdimensionales Einstellungskonstrukt zu verstehen, welches die Summe aller subjektiven Vorstellungen und Eindrücke einer Person von einer Marke auf Basis der wahrgenommen Eigenschaften sowie der durchlaufenen Erfahrungen beschreibt. Markenimages können sprachlich kodiert, bildhaft, episodisch, kognitiv, emotional, erlebnisbezogen oder auch wertend ausfallen. Sie schaffen dadurch Präferenzen und beeinflussen somit das Kaufverhalten (vgl. BENTELE/HOEPFNER 2004, 1542 f.; TROMMSDORFF/ASAN/BECKER 2004, 544[282]).

In Anlehnung an KELLER (1993, 1 ff.) wird das Markenimage in dem Ansatz von MEFFERT/BURMANN (1996a, 2002a) durch folgende Komponenten konzeptualisiert:

- Eignung der Markenimpulse zur Befriedigung individueller Bedürfnisse.
- Einzigartigkeit der markenbezogenen Vorstellungen.
- Stärke der mit der Marke verbundenen Assoziationen.
- Abstraktionsgrad der mit der Marke verbundenen Assoziationen.

Insgesamt betrachtet ist der Ansatz von MEFFERT/BURMANN (1996a, 2002a) als eine Managementhilfe zu sehen, der sowohl Hinweise auf die Entstehung von Marken (Markenbildung als wechselseitiger Prozess zwischen Unternehmensmaßnahmen und Marktteilnehmerwahrnehmungen) als auch Ansatzpunkte für die operative Markenführung (Auflistung an Maßnahmen zur Markeninszenierung; Hinweise auf charakteristische, zu kommunizierende Inhalte, Werte und Eigenschaften der Marke) zu entnehmen sind.

4.1.2. Problemfelder des Markenmanagements von Fußballunternehmen

Im Folgenden wird auf verschiedene Problemfelder des Markenmanagements von Fußballunternehmen eingegangen. Dazu werden zunächst einige Hinweise auf bestehende Praxisdefizite im Markenmanagement von Fußballunternehmen ausgeführt. Im Anschluss daran werden die Gründe für jene Defizite erörtert. Dies geschieht zum einen über eine Betrachtung branchenunspezifischer Problembereiche, mit denen die Markenführung konfrontiert ist, zum anderen werden die sich aus den kennzeichnenden ökonomischen Besonderheiten des professionellen Teamsports ergebenden Probleme für das Klubmarkenmanagement diskutiert und Managementlösungen abgeleitet.

[282] Vgl. dazu z.T. auch bereits die Ausführungen in Abschnitt 4.1.1.2. (Markenassoziationen).

4.1.2.1. Defizite im Markenmanagement von Fußballunternehmen

Die wirtschaftliche Bedeutung der Klubmarke wird insbesondere durch die empirischen Untersuchungen von GLADDEN/MILNE (1999) bzw. BAUER/SAUER/SCHMITT (2004) belegt. In beiden Studien konnte jeweils ein signifikanter Einfluss der Klubmarke auf den ökonomischen Erfolg nachgewiesen werden. Gleichzeitig deuten Marktforschungsergebnisse regelmäßig und unmissverständlich auf schwere Defizite im Markenmanagement von Fußballunternehmen hin. So zeigen Umfrageresultate, dass die deutschen Fußballprofiklubs zwar einen relativ hohen nationalen Bekanntheitsgrad erzielen, das mit den Klubmarken verbundene Vorstellungsbild in den meisten Fällen jedoch sehr unscharf und diffus ausfällt. Eigenständige und prägnante Klubmarkenpositionierungen werden nur selten erreicht (UFA SPORTS 1998, 2000; SPORTFIVE 2002, 2004).

Darüber hinaus weisen auch einige Wissenschaftler[283] sowie Praxisvertreter[284] auf bestehende Mängel im Markenmanagement von Profiklubs im Allgemeinen bzw. Fußballunternehmen im Speziellen hin[285].

4.1.2.2. Branchenunspezifische Erklärungsansätze für die Defizite im Markenmanagement von Fußballunternehmen

In der Fachliteratur werden verschiedene Erklärungsansätze für die unzureichende Durchsetzung der Markenführung in der Unternehmenspraxis diskutiert (hoher Ressourcenaufwand, Missinterpretation der Aufgabe des Markenmanagements, Streben nach kurzfristigen Erfolgen). Nachfolgend werden die Kerninhalte dieser Erklärungspositionen kurz erläutert und auf das Analysefeld der Fußballunternehmen übertragen.

a) Hoher Ressourcenaufwand

Ein häufig angeführter Erklärungsgrund für Mängel im Markenmanagement vieler Unternehmen ist der hohe finanzielle, personelle und zeitliche Ressourcenaufwand, der mit dem Markenaufbau bzw. der Markenpflege verbunden ist. Problematisierend wirkt sich zudem der Umstand aus, dass die Investitionen erheblichen Risiken unterliegen, der resultierende Wert

---

283 Vgl. dazu BOONE/KOCHUNNY/WILKINS (1995, 33 u. 42), COUVELAERE/RICHELIEU (2005, 24), GLADDEN/MILNE/SUTTON (1998, 4), MOHR (2001, 6), MOHR/BOHL (2001a, 142; 2001b, 32), ROSS (2006, 23), WELLING (2005, 498).

284 Vgl. dazu HOFFMANN (2001, 344), KLEWENHAGEN (2003, 30), KLOTZ/KLEWENHAGEN (2005, 38), MEYER (2001, 14 u. 20), ZILS (2002, 12).

285 Neben den skizzierten praktischen Defiziten im Markenmanagement von Profiklubs bestehen zudem auch Lücken in der Forschung. Zwar liegen einige Beiträge vor, die sich mit dem Markenmanagement im professionellen Teamsport auseinandersetzen (vgl. APOSTOLOPOULOU 2002; BAUER/EXLER/SAUER 2004, 2005; BAUER/SAUER/SCHMITT 2004; BOONE/KOCHUNNY/WILLKINS 1995; CHADWICK/CLOWES 1995; COUVELEAERE/RICHELIEU 2005; GLADDEN/FUNK 2001, 2002; GLADDEN/IRWIN/SUTTON 2001; GLADDEN/MILNE 1999; GLADDEN/MILNE/SUTTON 1998; GLADDEN/WONG 2003; MOHR 2001; MOHR/BOHL 2001a-2001e, 2002a-2002d; WELLING 2004b, 2005), auffällig ist jedoch die bisweilen rudimentäre Behandlung des operativen Klubmarkenmanagements. So steht eine Erstellung eines umfassenden Instrumentenkatalogs für das Markenmanagement von Profiklubs, Managementempfehlungen zur Ausgestaltung der Instrumente bzw. Managementempfehlungen zur Reihung/Hierarchisierung der Instrumente bislang noch aus. Dies wird mitunter in den folgenden Kapiteln (4.1.3., 4.1.4.) für das Bezugsfeld der Fußballunternehmen ausgeführt.

als schwer zu ermitteln gilt und sich darüber hinaus negative Bilanzauswirkungen ergeben, wodurch sich wiederum die Außenwirkung der Organisation reduziert[286] (KRIEGBAUM 2001, 10 ff.; vgl. ergänzend AAKER 1996, 333 ff.; AAKER/JOACHIMSTHALER 2001, 24). Vor diesem Hintergrund erscheinen Investitionen in den immateriellen Vermögenswert der Unternehmensmarke generell schwer durchsetzbar zu sein, im spezifischen Kontext der Fußballunternehmen wirken sich zudem begrenzte Finanz- als auch Personalressourcen sowie zuweilen unzureichende Managementkompetenzen (fehlendes Bewusstsein der ökonomischen Erfolgswirkungen der Klubmarke, fehlendes Markenmanagementwissen) zusätzlich erschwerend aus (vgl. MOHR 2001, 38; MOHR/BOHL 2001a, 149; MOHR/BOHL 2002d, 28).

b) Missinterpretation der Aufgabe des Markenmanagements

Als weitere Erklärung für vorherrschende Defizite im Markenmanagement wird in verschiedenen Beiträgen das Problem der Missinterpretation der Aufgaben der Markenführung angeführt (vgl. dazu BRUHN 1994, 17 f.; BRUHN 2004a, 1448; BLÜMELHUBER/MAIER/MEYER 2004, 1367; KRIEGBAUM 2001, 10). So sei regelmäßig erkennbar, dass dem Markenmanagement in der Praxis lediglich die markenpolitischen Grundmaßnahmen (Sicherung des Schutzrechts, Leistungsmarkierung) sowie gelegentliche, isolierte Einsätze einzelner Inszenierungsinstrumente zugeordnet werden. Diese eingeschränkte Sichtweise der Markenführung ist es auch, die MEYER (2001, 20) so provokativ als mangelndes Verständnis der Klubverantwortlichen für den „Verein als Marke“ verurteilt. BRUHN (1994, 17 f.) fordert gegenüber dieser engen, z.T. nur auf die Belange der Produktpolitik reduzierten Haltung des Markenmanagements letztlich eine dem Nutzenpotential der Marke angepasste, weite Auffassung, welche die Markenführung als übergeordnetes, ganzheitliches Marketingkonzept kennzeichnet, dem die Planung und Steuerung des gesamten marketingpolitischen Instrumentariums obliegt (vgl. diesbezüglich auch BECKER 1994, 466; BRUHN/HENNIG-THURAU/HADWICH 2004, 403; RÜSCHEN 1994, 126; SCHLEUSER 2002, 269).

c) Streben nach kurzfristigen Erfolgen

Ferner wird in der Literatur bemängelt, dass die Unternehmensverantwortlichen oftmals zu sehr durch ein Streben nach kurzfristigen Erfolgen geleitet werden mit der Folge kurzfristig-reaktiver Marketingmaßnahmen zur Margenerweiterung. Ein derartiges Marktagieren ist insofern als problematisch zu bewerten, da die Gefahr besteht, dass der bereits vollzogene Markenaufbau dadurch verwässert wird, zudem beruht das ökonomische Nutzenpotential von Marken v.a. auf langfristig-kontinuierlichen Marketingkonzepten (vgl. AAKER 1991, 11 ff.; AAKER 1993, 333 f.; ESCH 2003, 57 ff.; KRIEGBAUM 2001, 10 f.; MEFFERT/BUR-

---

[286] So senkt eine Erhöhung der Ausgaben für den Markenaufbau bzw. die Markenpflege das Periodenergebnis, da Investitionen in immaterielle Vermögensgegenstände (*) nicht aktiviert werden dürfen und deshalb als Aufwand das Jahresergebnis schmälern (AAKER/JOACHIMSTHALER 2001, 24; KRIEGBAUM 2001, 12). [* Ausnahme Profisport: Basierend auf dem BFH-Urteil vom 26.08.1992 (I R 24/91) ist im Rahmen der Bilanzierungspraxis bislang eine Aktivierung der Spielerwerte als immaterielle Wirtschaftsgüter zulässig. Diese rechtliche Legitimation wird juristisch jedoch zunehmend kritisiert. Vgl. dazu beispielsweise KAISER (2004, 1109 ff.), LITTKEMANN (2003, 141 ff.), MÜLLER (2003a, 191 ff.), PARENSEN (2003, 168 ff.)].

MANN 1996a, 2). Bezogen auf das Analysefeld der Fußballunternehmen ist in diesem Zusammenhang v.a. auf das Problem der Dominanz des kurzfristigen sportlichen Erfolgs hinzuweisen. So führen die kennzeichnenden Investitionsanstrengungen der Klubs in ihre Spielstärke (Hyperaktivität; vgl. 3.2.2.) oftmals zu einem unzureichenden Ressourcenverbleib zur Marktbearbeitung. Während die übrigen Mittel daraufhin i.d.R. zunächst in die Bewältigung der elementaren, ökonomischen Aufgaben („daily-business") fließen, übersteigen investitionsträchtige, strategische Maßnahmen zum Markenaufbau bzw. zur Markenpflege hingegen zumeist den Rahmen des Möglichen.

4.1.2.3. Branchenspezifische Erklärungsansätze für die Defizite im Markenmanagement von Fußballunternehmen

Neben den zuvor ausgeführten, allgemeinen Problembereichen der Markenführung ist die Branche des Profifußballs darüber hinaus durch einige spezifische ökonomische Besonderheiten gekennzeichnet (vgl. 3.2.1.), welche zusätzliche Probleme für das Klubmarkenmanagement darstellen. Folgende Aspekte sind in diesem Zusammenhang anzuführen: Die hohe Kundengruppenheterogenität der Fußballunternehmen, die kennzeichnenden Dienstleistungsspezifika (Immaterialität, notwendige Einbringung eines externen Faktors, Erfahrungsgutcharakter) sowie Besonderheiten in der Leistungserstellung der Fußballunternehmen (Koproduktion). Im Folgenden werden diese Punkte näher ausgeführt und erste Managementimplikationen abgeleitet.

a) Kundengruppenheterogenität

Wie in 3.2.1. aufgezeigt, verfügen Fußballunternehmen im Wesentlichen über folgende zentrale, jedoch äußerst heterogene Leistungsnachfragegruppen: direkte Zuschauer (Zuschauer vor Ort: Fans, Hospitalitykunden und Tagesbesucher wie Familien/Kinder), indirekte Zuschauer (TV-Publikum), Sponsoren, Lizenznehmer, Agenturen sowie Medien[287]. Für das Klubmanagement leitet sich aus jenem Spannungsfeld unterschiedlicher zielgruppenspezifischer Wahrnehmungen ab, eine weitreichende Markenintegration in allen genannten Nachfragegruppen zu realisieren. Integration bedeutet dabei, möglichst viele konsensuelle Bereiche zwischen den verschiedenen Rezipienten zu schaffen und sie gleichermaßen an der Marke zu beteiligen, um ihnen ein gleichgerichtetes, „integriertes" Vorstellungsbild zu ermöglichen (corporate branding). Hier deutet sich bereits die Notwendigkeit eines umfassenden und verzahnten Einsatzes an geeigneten Marketingmix-Instrumenten an. GAVIN/FOMBRUN (2000, 18) sprechen in diesem Zusammenhang auch von einem integrierten Ansatz der Anspruchsgruppenberücksichtigung[288].

---

[287] Die Medien als Marktpartner sind dabei sowohl als Nachfrager der medialen Rechtebündel sowie als Verwerter des Sportgeschehens im Rahmen der Nachberichterstattungen (TV, Radio, Print) zu sehen.

[288] Vgl. zudem MEFFERT/BIERWIRTH (2005, 143 ff.), ergänzend auch GLADDEN/IRVIN/SUTTON (2001, 300), WELLING (2004b, 398).

b) Dienstleistungsspezifika

Ein offensichtliches markentechnisches Problem resultiert daraus, dass die Immaterialität der von den Fußballunternehmen angebotenen Dienstleistungen eine direkte Markierung nicht zulässt. Aufgrund dieses (Visualisierungs-)Problems müssen alternative Markierungswege gefunden werden, die für eine Kennzeichnung im physischen Sinne zur Verfügung stehen. In diesem Zusammenhang erhalten alle internen sowie externen Kontaktsubjekte bzw. Kontaktobjekte eine zentrale markenpolitische Bedeutung (vgl. dazu BRUHN 2000a, 215; BRUHN 2004c, 2308; BENKENSTEIN/SPIEGEL 2004, 2754; BURMANN/SCHLEUSER/WEERS 2005, 414; FASSNACHT 2004, 2168; KÖHLER 2004, 2773; SCHLEUSER 2002, 266; SCHMID 2005, 145; STAUSS 1994, 94). Im Kontext von Fußballunternehmen sind darunter beispielsweise Aspekte wie Dresscodes der Mitarbeiter, Markierung von Bezugsobjekten (Eintrittskarten, Merchandising, Plakatierungen, Drucksorten, Fuhrpark, Sitzplätze) sowie die Infrastrukturgestaltung (Stadion, Geschäftsstelle, Trainingsgelände, Fanshops, Vorverkaufsstellen, Klubheim; erdenkliche Brandingmöglichkeiten: Beflaggung, Beschilderung sowie sonstige Farb- und Logointegration in die Innen- und Außenraumgestaltung) zu subsumieren[289].

Da sich die von Fußballprofiklubs angebotenen Dienstleistungen vorwiegend durch Erfahrungs- und Vertrauenseigenschaften auszeichnen, ist es aufgrund der damit verbundenen schweren Beurteilung des Leistungsergebnisses vor Leistungsinanspruchnahme sinnvoll, im Rahmen der Markenpolitik auch den Aufbau von Reputation anzustreben. Dies kann jedoch nur durch mehrmaliges Signaling verbunden mit positiven Erfahrungen der Nachfrager über die Eigenschaften, Aktivitäten und Verhaltensweisen der Anbieter erreicht werden (vgl. dazu BRUHN/HENNIG-THURAU/HADWICH 2004, 407; FASSNACHT 2004, 2163; ROSS 2006, 26; SCHLEUSER 2002, 267; WORATSCHEK/ROTH 2004, 363). Für Fußballunternehmen ist der Reputationsgrad insbesondere im Bereich der Managementkompetenzen von Bedeutung. Betrachtet man beispielsweise das Erlösmodell des Sponsorings, so kann die Klubführung durch aufgebaute und signalisierte Managementreputation vorherrschende Unsicherheiten auf der Seite der werbetreibenden Unternehmen über mögliches opportunistisches Klubverhalten nach Vertragsabschluss (z.B. geringe Service- und Kooperationsbereitschaft) bereinigen[290].

c) Besonderheiten in der Leistungserstellung

Die gleich bleibende Qualität wurde in Abschnitt 4.1.1.1. als ein zentrales Merkmal von Marken angeführt. Nun sind Dienstleistungsunternehmen im Allgemeinen bereits dem Problem ausgesetzt, dass das Leistungsergebnis aufgrund der konstitutiven Kundenbeteiligung kaum konstant zu halten ist (vgl. dazu BRUHN 2000a, 214 f.; BRUHN 2004c, 2308 f.; BENKENSTEIN/SPIEGEL 2004, 2759 f.; STAUSS 1994, 97). Da sich der Leistungserstellungsprozess

289 Vgl. dazu auch GLADDEN/FUNK (2002, 73), WELLING (2004b, 407 f.).

290 Vgl. dazu auch HAAS (2002b, 184), WEILGUNY (2006c, 20 ff.), ZELTINGER (2004, 18 u. 39).

im professionellen Teamsport ferner durch die Besonderheit auszeichnet, dass mindestens zwei Organisationen zur Austragung eines sportlichen Wettkampfes beteiligt sein müssen (Koproduktion; vgl. 3.2.1.2.), stellt die Aufrechterhaltung eines gleich bleibenden Qualitätsniveaus insgesamt eine besondere Herausforderung an das Klubmarkenmanagement dar[291]. Zur Problemlösung sollten Fußballunternehmen ihr Leistungsspektrum, welches das sportliche Geschehen umrahmt, weitestgehend standardisieren, da auf diese Weise Substitutbezugspunkte für eine gleich bleibende Qualitätswahrnehmung geschaffen werden.

Für Leistungsstandardisierungen bieten sich Fußballklubs folgende Ansatzpunkte an[292]:

- Standardisierung materieller bzw. immaterieller Inputfaktoren (z.B. Erlebnismarketing für Stadionbesucher[293], angebotene Servicequantität und -qualität[294], Homepage Content).
- Standardisierung personeller Inputfaktoren (einheitlich gutes Ausbildungs- und Erfahrungsniveau der Mitarbeiter, Erscheinungsbild der Mitarbeiter[295], Verhaltensregeln Kundenkontakt, hohe Anzahl an Stadionpersonal).
- Standardisierung ausgewählter Leistungsprozesse bzw. Leistungsteilergebnisse (z.B. Sponsoringumsetzung, Sponsorenbetreuung, Beschwerdemanagement, Fixierung von Wartezeiten in Bereichen wie Ticketing, Einlass, Catering, Parkplätze).

Insbesondere tragen auch alle infrastrukturellen Gegebenheiten im Stadionbereich („reines" Fußballstadion, Gestaltung Hospitality-Bereich, Großbildleinwände, Kindererlebnispark, Überdachung, Parkplätze, Verkehrsanbindung, Situation öffentliche Verkehrsmittel etc.) sowie die Fangemeinde als Produzent der Stadionatmosphäre zu einer einheitlichen Qualitätswahrnehmung bei.

4.1.2.4. Zwischenfazit

Die aus den ökonomischen Branchenbesonderheiten der Fußballunternehmen abgeleiteten Markenmanagementanforderungen verdeutlichen, dass branchenübergreifende Markenführungsansätze den Spezifika der Fußballunternehmen lediglich eingeschränkt gerecht werden (so sind beispielsweise nur wenige dieser Managementanforderungen in dem branchenunspezifischen Markenführungsansatz von MEFFERT/BURMANN enthalten). Zudem zeigt die knappe Diskussion vorliegender Literaturbeiträge zum Markenmanagement im professionellen Teamsport (vgl. Fußnote 285), dass das operative Klubmarkenmanagement der wissenschaftlichen Betrachtung bislang weitestgehend ausgegrenzt wurde mit der Folge, dass sich

---

291 Vgl. dazu auch SCHIERL (2005, 254): „Eine gleich bleibende Qualität wiederum kann für den Sport generell nicht garantiert werden, denn Sport ist per se riskant und das Produkt „sportliche Leistung" in Bezug auf Höchstleistung oder Sieg mit hoher Unsicherheit behaftet".

292 In Anlehnung an die Richtlinien zur Standardisierung von Dienstleistungen (vgl. dazu BRUHN 2000a, 214 f.; BRUHN 2004c, 2308 f.; BENKENSTEIN/SPIEGEL 2004, 2759 f.; STAUSS 1994, 97).

293 Komponenten: z.B. Rahmenprogramm, Arena-TV.

294 Vgl. dazu auch HOWARD/BURTON (2002, 35), die umfassende Serviceangebote von Profiklubs als einen möglichen Strategieansatz zur teilweisen Behebung des Problems der nicht zu standardisierenden sportlichen Leistungsqualität kennzeichnen.

295 Z.B. Business-Dresscodes, Uniformen für operatives Personal im Stadion.

die vorzufindenden Abhandlungen ebenfalls nur bedingt für die Begründung von Managementmaßnahmen zum Aufbau starker Klubmarken eignen. Für die Erarbeitung eines Managementkonzepts zur Umsetzung des gesetzten Leitziels „Erfolgreiches Markenmanagement" (Aufbau und Pflege einer starken Klubmarke) ist es folglich erforderlich, einen geeigneten Konzeptrahmen zu entwickeln. Anforderung an diesen muss es sein, diejenigen Elemente, Instrumente und Kombinationsprozesse abzubilden, die für den Klubmarkenbildungsprozess kennzeichnend sind. Die Erstellung eines solchen Konzeptrahmens für das Markenmanagement von Fußballunternehmen ist Gegenstand des folgenden Abschnitts.

4.1.3. Entwicklung eines Konzeptrahmens für das Markenmanagement von Fußballunternehmen

Im Folgenden wird der in 4.1.1.4. vorgestellte identitätsorientierte Markenführungsansatz von MEFFERT/BURMANN (1996a, 2002a) auf das Analysefeld der Fußballunternehmen übertragen und kontextbezogen modifizieren. Ziel dieser Vorgehensweise ist es zunächst, Gestaltungsoptionen für das Klubmarkenmanagement zu begründen. In einem weiteren Arbeitsschritt erfolgt eine Systematisierung der Modifikationsergebnisse zu einem Managementprozessmodell[296,297].

4.1.3.1. Branchenbezogene Modifikation des Markenführungsansatzes von MEFFERT/BURMANN (1996a, 2002a)

Ansatzpunkte für die Modifikation des Markenführungsansatzes von MEFFERT/BURMANN (1996a, 2002a) sind

- die Bedeutsamkeit der verschiedenen Subinstrumente für das gewählte Bezugsfeld,
- die im Rahmen der Diskussion der ökonomische Besonderheiten des Markenmanagements von Fußballunternehmen abgeleiteten Managementanforderungen,
- in der Fachliteratur angeführte Markenmanagementmaßnahmen, welche im Ansatz von MEFFERT/BURMANN nicht berücksichtigt sind sowie
- Spezifizierungen von für Fußballunternehmen bedeutenden Komponenten, die im Bezugskonzept lediglich rudimentär thematisiert werden.

Von jenen Modifizierungsaspekten ausgehend wird im Folgenden diskutiert, wie die fünf Kategorien des Selbstbildes der Markenidentität (Kern, Produktdimension, Symboldimension, Organisationsdimension, Personendimension; vgl. 4.1.1.4.) im Hinblick auf das gewählte Untersuchungsfeld inhaltlich zu erweitern bzw. zu reduzieren sind.

---

296 Diese Vorgehensweise steht damit im Einklang mit WORATSCHEK/SCHAFMEISTER (2005, 29), die darauf verweisen, dass der (Profi-)Sport eine Branche ist, die – wie andere Branchen auch – durch zahlreiche ökonomische Besonderheiten gekennzeichnet ist. Obgleich dieser Besonderheiten könnten die Grundprinzipien der allgemeinen Betriebswirtschaft grundsätzlich angewendet werden, jedoch seien branchenspezifische Anpassungen und Modifikationen notwendig.

297 Vgl. zu den folgenden Ausführungen auch SCHILHANECK (2005c, 2006c, 2006d, 2008a-2008c).

Kern

Bereits hinsichtlich des Kerns des Selbstbildes der Markenidentität, den MEFFERT/BURMANN (1996a, 35; 2002a, 51) lediglich mit der Markenphilosophie ausfüllen, sind in der Fachliteratur einige Positionen vorzufinden, die eine Erweiterung begründen. So ist es vor allem BRUHN (2000a, 222), der nicht die Markenphilosophie allein als Orientierungsrahmen für Inhalt und Eigenschaften der Marke sieht, sondern vielmehr die Entscheidungen im Rahmen der Markenziele, der Markenpositionierung sowie der Markenstrategie diesbezüglich mit einbezieht (vgl. auch BAUMGARTH 2004, 116; BRUHN 2004c, 2320; ENGH 2001, 29; ESCH/REDLER 2004, 1470; FASSNACHT 2004, 2168; TOMCZAK/ZUPANCIC 2004, 1354[298]). Da jenen drei markenpolitischen Entscheidungsbereichen folglich eine vergleichbar steuernde Funktion hinsichtlich der Ausprägung der Markenidentitätsmerkmale wie der Markenphilosophie zukommt, wird der Kern im modifizierten identitätsorientierten Markenführungsansatz für Fußballunternehmen um die Elemente der Markenziele, der Markenpositionierung sowie der Markenstrategie erweitert.

Produktdimension

Die Produktgestaltung (Verpackungs- bzw. Produktdesign) ist in der Konsumgüterbranche zweifelsfrei von besonderer Bedeutung für das Markenimage. Bei Fußballunternehmen kann aufgrund der Immaterialität der Kernleistung der Klubs jedoch auf diesen Punkt verzichtet werden. Demgegenüber stellen alle weiteren angeführten Subkomponenten mögliche Markenidentitätsquellen des gewählten Analysefelds dar. So stehen die qualitativen Eigenschaften für die aktuelle Spielstärke des Teams bzw. ihren momentanen sportlichen Erfolg und prägen folglich das Markenbild in erheblichem Maße. Exemplarisch sei in diesem Zusammenhang auf sportlich kontinuierlich erfolgreiche Klubs wie den FC Bayern München, Manchester United, Real Madrid, FC Barcelona, AC Mailand etc. verwiesen (vgl. u.a. BAUER/SAUER/SCHMITT 2004, 11; COUVELAERE/RICHELIEU 2005, 26; MOHR 2001, 13[299]). Auch die klare geographische Verankerung der Fußballunternehmen und die darin immanente Chance des Übertrags der Zugehörigkeit zu einer bestimmten Region (z.B. FC Hansa Rostock als langjährig einziger Fußballerstligist aus den neuen Bundesländern) ist als weitere potentielle Markenidentitätsquelle von Fußballklubs zu kennzeichnen (vgl. BAUER/EXLER/SAUER 2004, 14 u. 16; BAUER/EXLER/SAUER 2005, 13; BAUER/SAUER/SCHMITT 2004, 11; GLADDEN/MILNE/SUTTON 1998, 8; WELLING 2004b, 401). Die markenpolitische Bedeutung einer stringenten Klubpräsentation am Point-of-Sale bzw. allen sonstigen Kunden-

298 So kennzeichnen BAUMGARTH (2004, 116) als auch ESCH/REDLER (2004, 1470) die Markenpositionierung als Ausgangspunkt sämtlicher Markenhandlungen, während BRUHN (2004c, 2320) sowie FASSNACHT (2004, 2168) die Markenstrategie als weiterführende Leitlinie der markenbezogenen Aktivitäten charakterisieren. Als Grundlage der Positionierungs- als auch Strategiefestlegungen sind in Anlehnung an BRUHN (2004c, 2320), ENGH (2001, 29) und TOMCZAK/ZUPANCIC (2004, 1354) dabei wiederum die Markenziele zu sehen.

299 Vgl. ferner BAUER/EXLER/SAUER (2004, 13 ff.; 2005, 13), BECCARINI/FERRAND (2006, 13), GLADDEN/FUNK (2001, 73 f.; 2002, 57), GLADDEN/MILNE (1999, 25 f.), IRWIN et al. (2002, 155 f.), MOHR/MERGET (2004, 116).

kontaktpunkten mittels Surrogatmarkierungen wurde bereits in Abschnitt 4.1.2.3. herausgearbeitet. Letztlich trägt auch die Preisstellung der Fußballunternehmen und die damit einhergehenden Exklusivitäten/Positionierungen zur Markenidentitätsbildung bei (z.B. high price-strategy des FC Bayern München, Borussia Dortmund)[300].

Während die Produktdimension dem Ansatz von MEFFERT/BURMANN (1996a, 2002a) entsprechend an dieser Stelle abgehandelt ist, weisen sowohl die Ausführungen in Abschnitt 4.1.2.3. als auch ausgewählte Positionen der Marketingliteratur auf eine notwendige Erweiterung dieser Markenidentitätsdimension hin.

So wurde im Rahmen der Diskussion der spezifischen Anforderungen an das Klubmarkenmanagement das Erlebnismarketing für Stadienbesucher[301] (z.B. Rahmenprogramm, Arena-TV) sowie das Serviceangebot[302] (z.B. Sponsorenbetreuung, Hospitalitykundenbetreuung, Kinderbetreuung, Tickettauschbörse, Fantelefon/Fanaktionen) bereits als mögliches Instrument zur Markeninszenierung bzw. Markenprofilierung von Fußballunternehmen gekennzeichnet.

Die Fachliteratur zum Markenmanagement verdeutlicht zudem, dass neben den bereits ergänzten Aspekten weitere produkt- bzw. leistungsbezogene Sachverhalte charakterisierende Markenidentitätsmerkmale darstellen können. So wird in diesem Zusammenhang immer wieder auf das Customer Relationship Management verwiesen (vgl. COUVELAERE/RICHELIEU 2005, 34; GLADDEN/IRWINE/SUTTON 2001, 302; GLADDEN/MILNE/SUTTON 1998, 16; MOHR/BOHL 2001a, 146). Zwar richten sich die Marketingaktivitäten im Rahmen dieses Ansatzes in erster Linie auf die Pflege/Bindung ausgewählter Kunden und die stetige Profitabilitätserhöhung dieser Kundenbeziehung (vgl. SIEBEN 2001, 298 f.), jedoch ist gerade in den Individualisierungsbestrebungen und Bedürfnisanpassungen der damit verbundenen Serviceleistungen auch eine potentielle Markenidentitätsquelle zu sehen (BRUHN/HENNIG-THURAU/HADWICH 2004, 413; ähnlich auch AAKER 1996, 25; WEHRMEISTER 2001, 31)[303]. Zudem leistet auch die Vertriebspolitik einen Beitrag zur Klubmarkenidentität. Zu begründen ist dieser Zusammenhang durch das allgemeine Ziel der Distribution, die Leistungen am richtigen Ort, zur richtigen Zeit sowie in der vorgesehenen Präsentationsform bereitzustel-

300 So unterschieden sich beispielsweise die Preise für Logen- und Business Seats in der ersten Fußballbundesliga um mehr als 100 Prozent (vgl. dazu SÜßMILCH 2002, 49 ff.).

301 Vgl. dazu auch COUVELAERE/RICHELIEU (2005, 36), GLADDEN/MILNE/SUTTON (1998, 7), PFAFF (2002, 54). Für einen empirischen Nachweis der Bedeutung der Eventisierung des Spieltages für die Bildung nachhaltiger Markenassoziationen vgl. zudem GLADDEN/FUNK (2001, 73).

302 Vgl. dazu auch MEYER/BLÜMELHUBER (2004, 1638), die den Beitrag von Serviceleistungen zur Profilschärfung von Marken wie folgt erklären: Sind angebotene Serviceleistungen für den Kunden relevant und werden diese von ihm wahrgenommen, dann tragen die Services dazu bei, um auf die Marke aufmerksam zu machen, sie zu profilieren sowie ihr einen zusätzlichen Wert beim Kunden bzw. einen Imagegewinn zu verschaffen. An anderer Stelle vermerkt das Autorenpaar zudem, dass es in vielen Fällen erst die Serviceleistungen sind, die Waren bzw. Dienstleistungen „ein klares Profil und eine eindeutige Positionierung" geben (MEYER/BLÜMELHUBER 2000, 276).

303 Die Ausführungen verdeutlichen bereits, dass der Ansatz des Customer Relationship Managements und das Serviceangebot eng miteinander verbunden sind. In den weiteren Ausführungen dieses Kapitels werden die beiden Sachverhalte zur Vermeidung von Redundanzen deshalb miteinander verknüpft *(Serviceleistungen)*.

len, um so das angestrebte Markenerscheinungsbild in den Anspruchsgruppen zu unterstützen (vgl. v.a. BRUHN 2004c, 2324; ergänzend COUVELAERE/RICHELIEU 2005, 33 u. 40; BRUHN 1994, 37; MEFFERT/BURMANN 1996b, 376; MOHR 2001, 25; SWOBODA/GIERSCH 2004, 1707). Des Weiteren ist die Produktdimension um das Klubmerchandising zu erweitern, welches, so ROHLMANN (2003, 21), eine weitere „unterstützende Säule der Klubmarkenbildung" darstellt[304] (Abnahme unterstützt die Klubmarkenpräsenz, Merchandising als Instrument zur Markenpositionierung wie z.B. die „Werkself"-Kollektion von Bayer 04 Leverkusen). Ergänzend ist schließlich noch auf die Durchführung von internationalen Turnier- bzw. Freundschaftsspielreisen außerhalb des Ligabetriebes hinzuweisen („Showspiele"). So greifen beispielsweise viele der europäischen Top-Fußballprofiklubs seit Jahren regelmäßig auf derartige Marketingmaßnahmen zurück, um auch in ihren außereuropäischen Kernmärkten kurzzeitig präsent zu sein (z.B. jährliche USA- oder Asienreisen von Klubs wie Manchester United, Real Madrid oder dem FC Bayern München; Gegenbeispiel NBA: Regelmäßige Durchführung von Saisonvorbereitungsspielen in Europa; vgl. COUVELAERE/ RICHELIEU 2005, 41; DARBYSHIRE 2004, 5; HÖFT et al. 2005, 185 ff.; www.nba.com vom 04.09.2006).

Symboldimension

Grundsätzlich sind allen vier von MEFFERT/BURMANN (1996a, 2002a) angeführten Subkomponenten jener Dimension auch im Rahmen der Fußballunternehmen eine für die Ausprägung der Markenidentität zentrale Bedeutung zuzuschreiben. So stellen Klubname bzw. Klublogo sowie die Vereinsfarben die primären „Bezugsanker" für jeden Marktauftritt der Fußballunternehmen dar und sind folglich als charakteristische Markenidentitätselemente zu kennzeichnen[305]. Gerade im Profifußball sind zudem die Vereinsgeschichte und die Vereinstradition (Verwurzelung in bestimmten Gesellschaftsschichten wie beispielsweise im Fall des „Arbeiterklubs" FC Schalke 04; vergangene sportliche Erfolge, z.B. FC Bayern München oder Borussia Mönchengladbach; Konzernzugehörigkeiten wie bei den Werksmannschaften Bayer 04 Leverkusen und VfL Wolfsburg) als besonders bedeutende Identitätsquelle zu charakterisieren (vgl. u.a. GLADDEN/MILNE/SUTTON 1998, 7; IRWIN et al. 2002, 155 u. 159; MOHR/MERGET 2004, 116[306]). Letztlich stellt auch die Markenkommunikation mit ihrer Aufgabe der Botschaftsgestaltung und -übermittlung ein identitätsstiftendes Instrumentarium für Fußballunternehmen dar. Wird der Markenkommunikation bereits allgemein eine

304 Vgl. diesbezüglich auch APOSTOLOPOULOU (2002, 206), CHADWICK/CLOWES (1999, 200 f.), COUVELAERE/RICHELIEU (2005, 33 f.), KERN/HAAS/DWORAK (2002, 428), ROHLMANN (2001, 426; 2002, 376). Andeutungsweise auch ZELTINGER/HAAS (2002, 460).

305 Für einen empirischen Nachweis der Bedeutung des Klublogos für die Bildung prägnanter und nachhaltiger Markenassoziationen vgl. GLADDEN/FUNK (2001, 67 ff.; 2002, 54 ff.). Vgl. ergänzend die Ausführungen in BAUER/EXLER/SAUER (2004, 13 ff.; 2005, 13), BAUER/SAUER/SCHMITT (2004, 11), GLADDEN/ MILNE (1999, 22), IRWIN et al. (2002, 155 u. 157).

306 Vgl. zudem BAUER/EXLER/SAUER (2004, 14 u. 16; 2005, 13), BAUER/SAUER/SCHMITT (2004, 11), GLADDEN/FUNK (2001, 73 f.; 2002, 58 f.).

Schlüsselfunktion im Rahmen der Markeninszenierung beigemessen[307], so trifft dies in besonderem Maße für den von Medialisierungsprozessen geprägten Profifußball zu. Da sich die Kommunikationspolitik jedoch aus zahlreichen Instrumenten zusammensetzt, gilt es zu überprüfen, inwiefern die klassischen Kommunikationsmittel (Public Relations, Werbung, Verkaufsförderung, persönliche Kommunikation) bzw. ergänzende Sonderformen (Eventmarketing, Sponsoring, Internet, Direct Marketing, Messen/Ausstellungen, Product Placement) zum Markenaufbau bzw. zur Markenpflege von Fußballunternehmen beitragen[308].

Marken – insbesondere Klubmarken – sind als öffentliche, kommunikative Phänomene zu sehen: Medien berichten regelmäßig von ihnen, Individuen reden über sie, „nutzen" sie, definieren sich über sie (in Anlehnung an BENTELE/HOEPFNER 2004, 1546). Aufgrund dieser öffentlichen Komponente von Marken tragen gerade die (jene Prozesse beeinflussenden) PR-Aktivitäten[309] der Fußballunternehmen in entscheidendem Maße zur Ausprägung der Klubmarkenidentität bei (BIEL 1993, 76; BIEL 2001, 79). Ein vergleichbarer Einfluss ist auch der Werbung zuzurechnen. Diese reflektiert die Unternehmensmarke bzw. kennzeichnende Markenmerkmale nach außen und schafft für den Marktteilnehmer somit weitere Bezugspunkte, die seine Markenvorstellungen formen bzw. prägen[310] (vgl. dazu u.a. BIEL 2001, 76 f.; ESCH 2003, 219 f.; KRISHNAN/CHAKRAVARTI 1993, 214 f.; LÖBLER/MARKGRAF 2004, 1493 u. 1510; im Profisportkontext IRWIN et al. 2002, 139 ff. [311]). Die Verkaufsförderung nimmt in Anlehnung an GEDENK (2004, 1515) hingegen eine wichtige Brückenfunktion zwischen jenen beiden klassischen Kommunikationsmitteln (PR und Werbung) zur Markenbildung ein. Zwar erscheinen nur wenige der möglichen Ausprägungsformen der Verkaufsförderung für die Profifußballbranche geeignet (z.B. gelegentliche Preisaktionen, Gewinnspiele, Free-Give-Away-Aktionen, Fanmobileinsatz), diesen sind jedoch weitere identitätsverleihende Wirkungen zuzuschreiben (vgl. allgemein AAKER 1991, 10 f.; AAKER 1996, 23 ff.; BIEL 1993, 75; BIEL 2001, 78; im Profisportkontext COUVELAERE/RICHELIEU 2005, 34; GLADDEN/FUNK 2002; 74; PRITTCHARD/NEGRO 2001, 319 ff.). Hingegen

---

307 Vgl. für jenen Konsens in der Fachliteratur BAUMGARTH (2004, 194), BENKENSTEIN/SPIEGEL (2004, 2757), BRUHN (1994, 35; 2000a, 222; 2004a, 1443; 2004c, 2324), ESCH/LANGNER (2001, 448), ESCH/REDLER (2004, 1469), KINDERVATER (2000, 227), MEFFERT/BURMANN (2002a, 61), ROSSITER/PERCY (2001, 532), RÜSCHEN (1994, 127), SCHLEUSER (2002, 280), WEINBERG/DIEHL (2001, 195).

308 Für die angeführte Systematisierung der Kommunikationsinstrumente vgl. BÖHLER (2002, 46 f.).

309 Die Public Relations haben die planmäßige Gestaltung der Beziehungen zwischen einem Unternehmen und den externen Anspruchsgruppen zum Gegenstand und verfolgen dabei das Ziel, das unternehmensbezogene Erscheinungs- und Vorstellungsbild zu pflegen (vgl. MEFFERT 1998, 704 f.; MÜHLBACHER 1993, 3616 f.; KOCH 1999, 391).

310 Anzufügen ist jedoch, dass klassische Werbemaßnahmen (TV-, Kino-, Hörfunkspots; Annoncen, Plakatierungen) im deutschen Profisport nur geringfügig Anwendung finden und der Eindruck entsteht, dass die Sportorganisationen die kostenfreie mediale Präsenz als ausreichend erachten. Ein Blick in die US-Major Leagues zeigt jedoch, dass unterstützende Werbemaßnahmen an anderer Stelle durchaus umfassend zum Einsatz kommen (vgl. SCHILHANECK 2004, 136 f.).

311 Zum Beitrag der Werbung im Prozess der Markenbildung vgl. ferner AAKER (1991, 10), AAKER/BIEL (1993, 5), BIEL (1993, 74 f.), ROSSITER/PERCY (2001, 525 f.).
AAKER/JOACHIMSTHALER (2001, 173 ff.) und BIEL (1993, 75; 2001, 76) weisen jedoch mehrfach darauf hin, dass Werbung allein zum Aufbau bzw. zur Pflege von Marken nicht ausreicht.

werden die persönlichen Kommunikationsmaßnahmen (Außendienst als Informationsträger) einerseits aufgrund ihrer eingeschränkten Reichweite (so ROSSITER/PERCY 2001, 526), zum anderen aufgrund ihrer grundsätzlich geringen Bedeutung für das vorliegenden Bezugsfeld der Modifikation ausgegrenzt.

Hinsichtlich der Sonderformen der Kommunikationspolitik bietet das Eventmarketing (= Inszenierung von Events zu instrumentell-kommunikativen Zwecken[312]; z.B. Street Soccer Turnier, Fansaisonabschlussfeier) aufgrund seines hohen Interaktionspotentials bzw. der gemeinsamen Wahrnehmung von Event und Marke die Möglichkeit, die Klubmarke über zusätzliche Aktionsparameter zu prägen (z.B. Spielerkontaktmöglichkeit für Eventbesucher als bleibende Erinnerung; vgl. dazu insbesondere BURMANN/NITSCHKE 2005, 393 f.; ESCH/NICKEL 1998, 96; WEINBERG/NICKEL 1998, 73[313]). Zahlreiche Literaturbeiträge weisen darüber hinaus daraufhin, dass auch Sponsoringmaßnahmen einen wichtigen Beitrag zur Markenschärfung leisten (vgl. u.a. ADJOURI/STASTNY 2006, 24; BURMANN/NITSCHKE 2004, 9 ff.; BURMANN/NITSCHKE 2005, 388 u. 393 f.; IRWIN et al. 2003, 131[314]). Hinsichtlich des vorliegenden Bezugsfelds ist zunächst jedoch berechtigterweise einzuwenden, dass es gerade die Fußballunternehmen sind, die als gesponserte Partei auf dem Markt auftreten. Da neben dem Sportsponsoring jedoch weitere Erscheinungsformen existent sind (z.B. Sozio- oder Ökosponsoring), bietet das Sponsoring auch für Profisportorganisationen potentielle Ansatzpunkte zur Profilschärfung ihrer Marke (z.B. Unterstützung karitativer Einrichtungen[315]). Eine derartige Leistungsvermarktung mittels sozialer – alternativ: ökologischer – Ansätze wird auch als Cause-Related Marketing (bei Regionalbezug: community-based Cause-Related Marketing) bezeichnet (vgl. dazu STEINERT/KLEIN 2001, 21; IRWIN et al. 2003, 285 sprechen in diesem Zusammenhang auch von „*cause branding*, a strategic, stakeholder-based approach to integrating social issues into business strategy, brand equity and organizational identity“)[316]. Des Weiteren stellt auch der Internetauftritt (Homepage) ein das Markenimage

---

312 Da der Gegenstand des Eventmarketings und des Erlebnismarketings auf den ersten Blick nur schwer zu differenzieren ist, wird an dieser Stelle eine grobe Abgrenzung der beiden Ansätze vorgenommen. So ist unter dem Eventmarketing die Durchführung von Events zur Kommunikationsunterstützung zu verstehen („Marketing mit Veranstaltung“, z.B. Saisonauftaktfeier oder Klubjubiläumsfeier zur Beziehungspflege, Bekanntheitssteigerung, Assoziationsförderung), während das Erlebnismarketing auf die bewusste Inszenierung von Erlebnissen im Rahmen der Veranstaltungsorganisation („Marketing von Veranstaltungen“, z.B. Rahmenprogrammgestaltung) ausgerichtet ist (vgl. PFAFF 2002, 47).

313 Vgl. zudem BERTRAMS/BIELING/ESCHWEILER (2004, 185), ESCH (2003, 230), GÜNDLING (1998, 86 f.), JOWDY/MCDONALD (2003, 295), PFAFF (2002, 47 f.).

314 Vgl. zudem AAKER (1996, 147), AAKER/JOACHIMSTHALER (2001, 212 f.), BRUHN (2004b, 1602), VENTER et al. (2005, 15).

315 Fallbeispiel FC Barcelona: Jährliche Spende des spanischen Klubs i.H.v. 1,5 Mio. Euro über 5 Jahre für UNICEF-Hilfsprojekte sowie kostenloses UNICEF-Trikotsponsoring (vgl. www.unicef.de vom 16.01.2007).

316 Vergleichbar dem Kommunikationstool der Werbung kommt auch das Sponsoring als mögliches Markeninszenierungsinstrument im deutschen Profisport nur selten zum Einsatz. Hingegen haben die US-Profiklubs die Chancen dieser Kommunikationsform im Bereich der Akzeptanz- und Vertrauensbildung unter den Anspruchsgruppen lange erkannt und z.T. äußerst umfangreiche, zumeist regionale Sozio-Sponsoringprogramme implementiert (vgl. dazu SCHILHANECK 2004, 140 u. 232; SCHILHANECK 2005a, 68). Derartige Cause-Related Marketingprogramme sind dabei als eine Form der Danksagung der US-Klubs an ihr Einzugsgebiet bei gleichzeitig positiver Imagebildung zu sehen (vgl. ROY/GRAEFF 2003, 163 u. 168).

unterstützendes Instrument dar – einerseits aufgrund der charakterisierenden Interaktivität bzw. Multimedialität (z.B. Chat-Rooms, Fan-Foren, Audio- und Videodownloads), zum anderen aufgrund der sich dem Interessierten dadurch bietenden Möglichkeit der regelmäßigen und ungebundenen Kontaktaufnahme (AAKER/JOACHIMSTHALER 2001, 239 ff. u. 252; COUVELAERE/RICHELIEU 2005, 36; ESCHWEILER/RUDHART 2004, 234; GLADDEN/FUNK 2001, 85). Die verbleibenden Kommunikationssonderformen werden der Modifikation hingegen entweder aufgrund ihres unzureichenden Bedeutungsgrades für das Untersuchungsfeld (Messen/Ausstellungen), aufgrund dienstleistungsimmanenter Besonderheiten (Product Placement und Immaterialitätsproblem) oder Redundanzen mit bereits ausgeführten Instrumenten (Direct Marketing: Überschneidung mit Werbung und CRM) ausgegrenzt.

Allgemein ist im Rahmen der Markenkommunikation zudem auf die Notwendigkeit einer einheitlichen sowie ineinander greifenden Instrumentenausrichtung hinzuweisen. Ist diese nicht gegeben, so muss in Anlehnung an ESCH/REDLER (2004, 1469) mit hohen Wirkungsverlusten gerechnet werden. Insgesamt bedarf es also einer integrierten Markenkommunikation, die darauf ausgerichtet ist, aus den verschiedenen Kommunikationsquellen eine Einheit zu formen (= zeitliche, inhaltliche und formale Maßnahmenabstimmung), um so einen bestmöglichen Beitrag zur Markenprofilierung zu gewährleisten (vgl. BRUHN 2004a, 1445; ESCH 2003, 222 ff.).

Schließlich ist die symbolische Dimension im spezifischen Kontext der Fußballunternehmen noch um eine weitere Subkomponente zu erweitern. So verkörpern nach MOHR (2001, 28) gerade die Wettkampfstätten einen Teil der Klubidentität. Sie stehen für Emotionen, für glorreiche Siege als auch tragische Niederlagen und prägen daher in einem nicht unerheblichen Maße die Wahrnehmung der Vereinsmarke mit (ähnlich WESTERBEEK/SHILBURY 2003, 17). MOHR/BOHL (2001b, 53) bezeichnen das Stadion auch als „Markenanker“ der Fußballunternehmen[317].

Organisationsdimension

Die Inhalte der Organisationsdimension des Aussagenkonzepts können im Übertrag auf Fußballunternehmen umfassend reduziert werden. So kennzeichnen MEFFERT/BURMANN (1996a, 45; 2002a, 63) die Unternehmens- und Konzernzugehörigkeit lediglich im Zusammenhang mit divisionalisierten Großunternehmen als potentielle Quelle der Identitätsbildung. Der Branchenangehörigkeit rechnen MEFFERT/BURMANN (1996a, 44; 2002a, 64) hingegen lediglich für den Fall der Erweiterung etablierter Marken auf Produkte in anderen Branchen im Rahmen von Markentransferstrategien eine identitätsprägende Wirkung zu. Aus den gegebenen Subkomponenten verbleibt für Fußballunternehmen letztlich nur das Mitarbeiter-

[317] Zur Kennzeichnung des Stadions als Klubmarkenelement vgl. zudem BAUER/EXLER/SAUER (2004, 13 ff.; 2005, 13), BAUER/SAUER/SCHMITT (2004, 11), GLADDEN/FUNK (2001, 73 f.; 2002, 58 f.), GLADDEN/MILNE (1999, 22), IRWIN et al. (2002, 155 u. 159), MOHR/MERGET (2004, 116) sowie GALLI/WAGNER/BEIERSDORFER (2002, 217).

verhalten. Hier müssen im Kontext der Fußballunternehmen jedoch zwei Perspektiven angesetzt werden. Einerseits ist an das sportliche Agieren der Profispieler als auch deren Auftreten in den Medien sowie der Öffentlichkeit zu denken. All jene Verhaltensaspekte sind eng mit der Wahrnehmung der Klubmarke verbunden. Zum anderen ist das Kontaktpersonal der Sportorganisationen anzuführen, da Marken aus Kundensicht u.a. auch durch die in den Interaktionen (persönlicher Kontakt, Telefonat, Schriftwechsel etc.) gesammelten Erfahrungen konstituiert wird (FASSNACHT 2004, 2176). Ferner ist in diesem Zusammenhang auf die externen, unabhängigen Kooperationspartner der Fußballunternehmen hinzuweisen (z.B. Cateringanbieter, Sicherheitsdienst, Reinigungsdienst, entfernt auch Vermarkter). In Anlehnung an RECKENFELDERBÄUMER (2003, 69 f.; 2004, 373 f.) bilden diese mit dem spielausrichtenden Fußballklub ein so genanntes Dienstleistungsnetzwerk, wobei der Kunde jedoch i.d.R. das Fußballunternehmen als einzigen bzw. zentralen Leistungsanbieter sieht („Netzwerk- oder Systemkopf"), auf den er sodann sein insgesamt wahrgenommenes Qualitätsurteil bezieht. Das Mitarbeiterverhalten der Kooperationspartner hat folglich großen Einfluss auf die Klubmarkenwahrnehmung der Stadionbesucher als auch der Sponsoren (vgl. ebenda sowie BUSCH 2004, 426 f.; DÖRNEMANN 2002a, 140; WELLING 2005, 506 f.).

Neben den vorausgegangenen Reduzierungen bzw. Ausdifferenzierungen ist die Organisationsdimension im Bezug auf die Branche der Fußballunternehmen zudem über den von MEFFERT/BURMANN gegebenen Rahmen zu erweitern. So weisen einige markenwissenschaftliche Beiträge auf eine enge Verzahnung von Unternehmensidentität (Corporate Identity) und Markenidentität hin. Diese Verzahnung ist dabei insbesondere im Dienstleistungsbereich stark ausgeprägt, da der Kunde durch seine charakteristische Integration in den Leistungserstellungsprozess einen besonders prägenden Eindruck von der Unternehmensidentität (CI) erfährt. Folglich trägt die Ausgestaltung der Corporate Identity von Fußballunternehmen unmittelbar zur Wahrnehmung der Klubmarke bei (vgl. SCHLEUSER 2002, 273 u. 277; WIEDMANN 2004, 1413 f.; ansatzweise auch DÖRNEMANN 2002a, 140). Ferner ist auf die Möglichkeit hinzuweisen, mittels strategischer Kooperationen zur Erweiterung der Markenidentität beizutragen (z.B. Manchester United und New York Yankees, FC Bayern München und Urawa Red Diamonds, Real Madrid und Real Salt Lake[318]; vgl. COUVELAERE/RICHELIEU 2005, 41; GLADDEN/IRWIN/SUTTON 2001, 304 ff.; KARLE 2001, 51; MOHR/BOHL 2001a, 148; o.V. 2006g, 62). Auch die Klubpartner/Sponsoren leisten – in Abhängigkeit von der Markenstärke der Partner (Sponsor als mögliche zusätzliche Klubassoziation, z.B. VfL Wolfsburg und VW), den Sponsoringumsetzungsformen (TV-Spots der Deutschen Telekom mit Spielern und Manager des FC Bayern München als Hauptdarsteller) bzw. der Marketingmaßnahmengestaltung (Microsoft Deutschland als strategischer Partner des FC Bayern Mün-

[318] Weitere bekannte Kooperationsbeispiele im professionellen Teamsport:
- Strategische Allianz zwischen den Los Angeles Dodgers (MLB), den Los Angeles Kings (NHL) und Los Angeles Galaxy (MLS).
- Strategische Allianz zwischen den Toronto Raptors (NBA) und den Toronto Maple Leafs (NHL).
- Fusion der New York Yankees (MLB) und den New Jersey Nets (NBA).

chen: Videospiel-Konsole Xbox 360 im FCB-Design) – einen Beitrag zur Klubmarkenprofilierung (vgl. u.a. COUVELAERE/RICHELIEU 2005, 33; MOHR/MERGET 2004, 116; KLOTZ 2007, 37[319]). Ferner ist auf die Jugendförderung und die damit verbundene Chance der Wertanreicherung der Klubmarke zu verweisen (z.B. Ajax Amsterdam, SC Freiburg, VfB Stuttgart). SÜßMILCH et al. (2001, 90) kennzeichnet die Jugendarbeit der Fußballunternehmen auch als einen zentralen „Prestigebringer der Branche“[320]. Abschließend ist zudem auf den Aspekt der Managementreputation als weitere organisationsbezogene Bestimmungsgröße der Klubmarke hinzuweisen (z.B. Managementreputation FC Bayern München; vgl. dazu auch die Ausführungen in 4.1.2.3.).

Personendimension

Auch im Rahmen der Personendimension kann bei der Anwendung des Konzeptansatzes auf die Branche der Fußballunternehmen zunächst eine Reduktion vorgenommen werden. So sehen MEFFERT/BURMANN (1996a, 48; 2002a, 55) in dem Zeitpunkt des Markteintritts eines Produkts (Pionier vs. Folger bezogen auf den Produktlebenszyklus) eine beeinflussende Determinante der Markenwahrnehmung. Für das betrachtete Analysefeld der Fußballunternehmen ist dieser Argumentationsansatz jedoch unrelevant und wird den weiteren Ausführungen ausgegrenzt (zudem: Redundanzproblematik mit der Subkomponente „Klubhistorie“ der Symboldimension im Falle einer Interpretation des Markteintritts als „Zeitpunkt der erstmaligen Bundesligateilnahme“). Hingegen stellen die verbleibenden Subparameter des Bezugskonzepts potentielle Markenidentitätsquellen für Fußballklubs dar. So ist die kulturelle Verankerung ein wesentlicher Bestandteil der Vereinsmarkenidentität (z.B. „Karnevalklubs“ 1. FC Köln oder 1. FSV Mainz 05, „Kietzklub“ FC St. Pauli). Zudem tragen auch die Vorstellungen vom typischen Verwender – sofern die Assoziationen trennscharf ausgebildet sind wie im Fall des FC St. Pauli („alternatives“ Gesellschaftsmilieu) – oder die Vorstellungen der Nutzungssituation (z.B. farbig leuchtende Allianz-Arena, überdachte Veltins-Arena) zu einer spezifischen Wahrnehmung der Klubmarke bei.

Zu ergänzen ist die Personendimension hingegen um folgende Subparameter. So sind v.a. die Personen des öffentlichen Interesses, die durch ihre Vergangenheit oder ihr aktuelles Auftreten mit der Organisation in Verbindung gebracht werden (Spieler, Trainer, ehemalige Idole, Manager), als zusätzliche identitätsgebende Elemente der Klubmarke zu kennzeichnen[321] (vgl. u.a. BAUER/SAUER/SCHMITT 2004, 11; BECCARINI/FERRAND 2006, 13; IRWIN et al. 2002, 155 ff.; ROBINSON/MILLER 2002, 56 ff.[322]). Eng verbunden mit jenem Aspekt

---

319 Vgl. ferner BAUER/EXLER/SAUER (2004, 14 u. 16; 2005, 13), o.V. (2007a, 7), www.sponsors.de vom 11.12.2006.

320 Weitere knappe Hinweise zur Kennzeichnung der Jugendarbeit als eine mögliche Markenkomponente von Profifußballklubs finden sich in BELLON et al. (2005, 249), HAAS (2002, 95) sowie PFEIFFER/FREIENSTEIN (2004, 138 ff.).

321 MOHR/MERGET (2004, 115) sprechen in diesem Zusammenhang auch von „Markenmultiplikatoren“.

322 Vgl. zudem BAUER/EXLER/SAUER (2004, 13 ff.; 2005, 13), COUVELAERE/RICHELIEU (2005, 34), GLADDEN/FUNK (2001, 73 f.; 2002, 57 f.), MOHR/MERGET (2004, 115 f.).

sind strategische Spielertransfers, die nicht nur allein der Verbesserung von Spielstärke dienen sollen, sondern auch aufgrund von absatz- bzw. imagebezogenen Gründen vorgenommen werden (z.B. Real Madrid 2003: Verpflichtung von David Beckham; FC Bayern München 2006: Verpflichtung von Lukas Podolski; vgl. dazu auch BAUER/SAUER/SCHMITT 2004, 1; HÖFT et al. 2005, 185). Zudem ist die Fangemeinde anzuführen, welche einerseits durch die Nutzung von Merchandising bzw. durch Erlebnisberichte an Dritte zur externen Klubmarkenwahrnehmung beiträgt, zum anderen über die Faktoren „Anzahl" und „Verhalten" ganz entscheidend die Stadionatmosphäre mitprägt (vgl. v.a. WESTERBEEK/SHILBURY 2003, 15 u. 24[323]). BIERWIRTH/KARLOWITSCH (2004, 204) weisen darüber hinaus, den Aspekt der Fangemeinde gewissermaßen ausdifferenzierend, auf die Stärkung der Klubmarke durch hohe Mitgliederzahlen hin.

Abbildung 19 fasst die ausgeführten Modifizierungen des auf die Branche der Fußballunternehmen übertragenen Ansatzes der identitätsorientierten Markenführung nach MEFFERT/ BURMANN (1996a, 2002a) im Überblick zusammen.

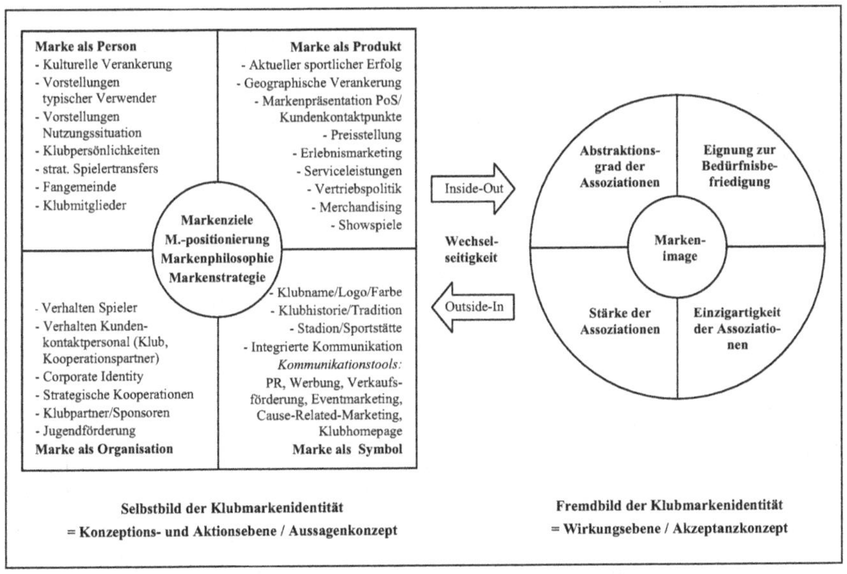

Abb. 19: Komponenten der identitätsorientierten Markenführung für Fußballunternehmen

[323] Vgl. zudem BAUER/EXLER/SAUER (2004, 14 u. 16; 2005, 13), MCDONALD/MILNE (1997, 29), ZELTINGER/HAAS (2002, 455).

4.1.3.2. Systematisierung der Modifikationsergebnisse: Ein Konzeptrahmen für das Markenmanagement von Fußballunternehmen

Der auf das Analysefeld adaptierte identitätsorientierte Markenführungsansatz nach MEFFERT/BURMANN (1996a, 2002a) beinhaltet zahlreiche Ansatzpunkte für das Klubmarkenmanagement (vgl. Abb. 19). Da diese jedoch noch weitestgehend bezugslos zueinander stehen, bedarf es weiterführend der geeigneten Systematisierung und Anordnung der verschiedenen Elemente. Zu diesem Zweck werden die Elemente in einen (idealtypischen, prozessorientierten) Konzeptrahmen gebracht, welcher Abfolge und Zusammenwirken der verschiedenen Markenmanagementkomponenten berücksichtigt und den potentiellen Ergebnissen gegenüberstellt. Anspruch des Konzeptrahmens ist es, diejenigen Komponenten und Kombinationsprozesse abzubilden, die für ein erfolgreiches Klubmarkenmanagement von Relevanz sein können.

Abbildung 20 zeigt den Konzeptrahmen zunächst im Überblick. Im Weiteren wird der Ansatz über die drei unterschiedenen Ebenen näher erläutert.

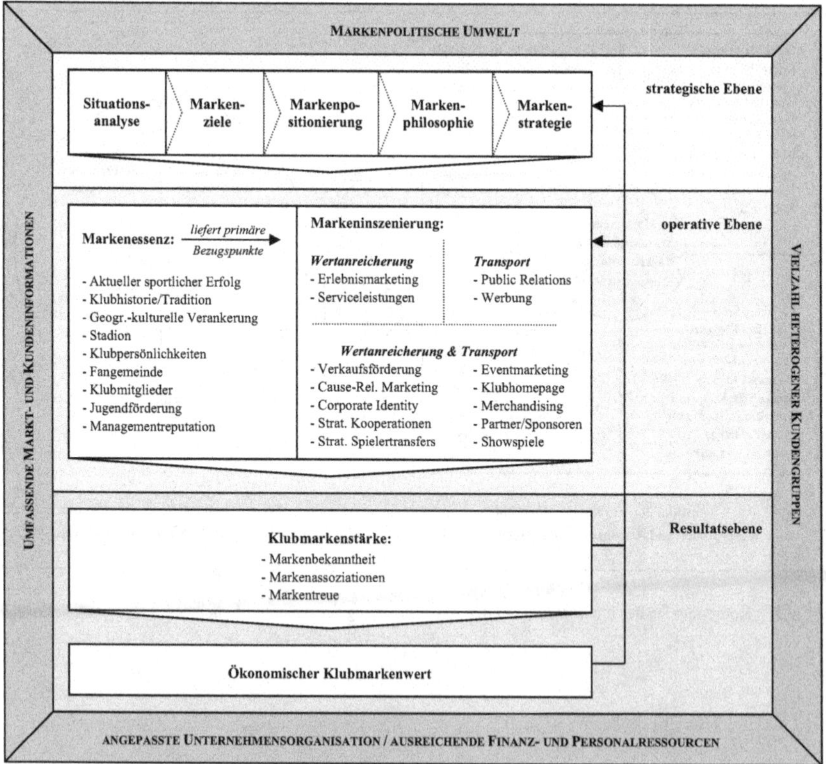

Abb. 20: Konzeptrahmen für das Markenmanagement von Fußballunternehmen

Strategische Ebene

Die strategische Ebene des Konzeptansatzes setzt sich primär aus den Kernelementen des Selbstbildes der Klubmarkenidentität zusammen (Markenziele, Markenpositionierung, Markenphilosophie, Markenstrategie). In der Fachliteratur[324] wird als Vorbereitung dieser markenpolitischen Basisentscheidungen eine umfassende Situationsanalyse empfohlen (z.B. Erfassung von Eigen- und Fremdverständnis der Klubmarke, Wettbewerberbetrachtung) auf deren Basis sodann Markenziele zu formulieren sind (psychographische Ziele: Markenbekanntheit, Markenassoziationen[325], Markentreue; ökonomische Ziele: Markenumsatz, Marktanteil). Mit der Fixierung der erwünschten Markenassoziationen wird gleichermaßen die Markenpositionierung festgelegt (= angestrebte Stellung der Marke in den Köpfen der Konsumenten i.S.e. Definition von Kernassoziationen, welche von den Zielgruppen entwickelt werden sollen). Anforderung an die Markenpositionierungsmerkmale muss es sein, eine möglichst trennscharfe und dauerhafte Abgrenzung gegenüber den Konkurrenzmarken zu realisieren, um entsprechende Differentialrenten abschöpfen zu können („Unique Selling Proposition"[326]). Die Abgrenzung beruht dabei auf der Eigenständigkeit, Unverwechselbarkeit, Authentizität sowie Bedürfnisrelevanz der definierten Klubmarkenassoziationen. Insgesamt gibt die Markenpositionierung mit ihrer Aufgabe, die Stellung der Marke im Markt festzulegen, eine erste Richtungsweisung für die qualitative und quantitative Ausgestaltung der markenpolitisch relevanten Marketingmix-Instrumente vor, da fortan geeignete Programme geschaffen werden müssen, welche eine zukünftige Verbindung jener Assoziationen mit der Klubmarke gewährleisten[327] (vgl. dazu BRUHN 2000a, 222; BRUHN 2004c, 2320; ESCH 2003, 86 u.120 f.; ESCH/REDLER 2004, 1470; FASSNACHT 2004, 2168; TOMCZAK/ZUPANCIC

---

324 Vgl. dazu AAKER (1996, 193 ff.), AAKER/JOACHIMSTHALER (2001, 50), BRUHN (2000a, 222; 2004c, 2321), MEFFERT/BURMANN (1996a, 50; 2002c, 76), knappe Hinweise zudem in SOHNS/WEILGUNY/ KLOTZ (2002, 31).

325 Bei den assoziationsbezogenen Markenzielen ist es zweckmäßig, bereits von Anfang an in „big pictures" zu denken, da rein verbal-merkmals- bzw. eigenschaftsbezogene Vorgaben als unzureichend zu bewerten sind (in Anlehnung an ESCH 2004, 75).

326 So wie es beispielsweise die Marke Marlboro geschafft hat, fest in einem „Western"-Umfeld verankert zu sein, muss es Ziel der Fußballunternehmen sein, in einer definierten, differenzierbar-klubspezifischen Bilder- und Vorstellungswelt gesehen zu werden.

327 WELLING (2004b, 400 ff.) argumentiert in seinem Beitrag, dass die Positionierungsmöglichkeiten von Klubmarken stark eingeschränkt sind. Restriktionsfaktoren seien einerseits die Klubhistorie sowie die regionale Verwurzelung, problematisch wirke sich ferner eine mangelnde Differenzierungsfähigkeit kennzeichnender Klubmarkenelemente aus (ähnliche Vereinsfarben, überwiegend rund konzipierte Klublogos, gleiche Buchstaben- oder Zahlenanreicherungen wie FC, TSV, VfB, 04 etc.).
Die vorliegende Arbeit schließt sich zum Großteil der Argumentation von WELLING an. So geben die Klubtradition, die regionale Verwurzelung sowie die Vereinsfarben einen determinierenden Rahmen für die Klubpositionierung vor. Aspekte wie „ähnliche Logoformen" (rund vs. eckig) bzw. „gleiche Buchstaben- und Zahlenanreicherungen im Markennamen" sind für die skizzierte Positionierungsproblematik nach Auffassung des Autors jedoch unbedeutend, da diese keine Kernassoziationen der Klubs darstellen. (Liegt das Problem nicht vielmehr darin, dass den Klubs sonstige eigenständige Markenelemente und somit eigenständige Assoziationen fehlen? Für charakteristische Klubmarkenelemente neben den zuvor diskutierten Aspekten vgl. die Abbildungen 19 und 20).
Anzumerken ist zudem, dass Klubmarkenelemente wie die Klubhistorie sowie die regionale Verwurzelung jedoch auch als Chance zu betrachten sind (vgl. z.B. den „Arbeiterklub" FC Schalke 04, dessen zentrale Markencharakteristika u.a. die Vereinsgeschichte und der Regionenbezug sind).

2004, 1354; ergänzend AAKER/JOACHIMSTHALER 2001, 28; BRUHN/HENNIG-THURAU/HADWICH 2004, 404). Die daraufhin zu formulierende Markenphilosophie ist als unterstützendes Instrument zur Umsetzung der Markenpositionierung zu sehen, welches die zentralen Positionierungsmerkmale gebündelt reflektiert (LINXWEILER 2004, 97 f.; MEFFERT/BURMANN 2002c, 79). An die Entscheidung der Markenpositionierung schließt sich letztlich die Festlegung der Markenstrategie[328] an, welche anhand ihrer Bestimmungskomponenten (*Breite und Tiefe des Strategieansatzes*: regionale Markenstrategie des SC Freiburg, „Inselklub" im Breisgau, z.B. 3-Länder-Pokal; nationale Markenstrategie des FC Schalke 04, z.B. deutschlandweites Fanturnier zum 100-jährigen Klubjubiläum; internationale Markenstrategie des FC Bayern München, z.B. jährliche internationale Turnier- und Freundschaftsspielreisen, strategischer Spielertransfer Ali Karimi; *Zielgruppenfokussierung*: z.B. „alternatives" Gesellschaftsmilieu im Fall des FC St. Pauli) den Zusammenhang zwischen der Marke und den Leistungen weiter konkretisiert (vgl. BAUMGARTH 2004, 127 ff.; FASSNACHT 2004, 2168).[329]

Fazit: Die detaillierte Ausarbeitung der strategischen Ebene des Konzeptrahmens ist als Grundvoraussetzung für ein erfolgreiches Klubmarkenmanagement zu kennzeichnen.

Operative Ebene

Auch wenn die Klubmarke im Kopf der Rezipienten entsteht, so bringt das Fußballunternehmen das entsprechende „Rohmaterial" ein, aus dem sich letztlich das Markenbild zusammensetzt. In diesem Zusammenhang sind zwei Komponenten von Bedeutung,

a) die Markenessenz sowie
b) der Instrumenteneinsatz.

Zu a) Markenessenz

Die Markenessenz beinhaltet alle Werte, für die eine Marke primär steht (AAKER/JOACHIMSTHALER 2001, 55)[330]. Sie ist als das Fundament des „Markenproduktionsprogramms" zu verstehen und liefert die zentralen inhaltlichen Bezugspunkte für alle Markenmanagementmaßnahmen (BLÜMELHUBER/MAIER/MEIER 2004, 1375). Als kennzeichnende Elemente der Klubmarkenessenz sind in Anlehnung an den auf die Branche der Fußballunternehmen übertragenen und modifizierten Ansatz der identitätsorientierten Markenführung (vgl. Abb. 19) sowohl der aktuelle sportliche Erfolg als auch die Klubhistorie, die geographisch-kulturelle Verankerung, das Stadion sowie die mit dem Klub in Verbindung gebrachten Per-

---

328 MEFFERT/BURMANN (2002c, 77) definieren Markenstrategie als „langfristigen Verhaltensplan ... zur Erreichung der Markenziele" (ähnlich BRUHN 1994, 18; SATTLER 2001, 66).

329 In der Fachliteratur sind hinsichtlich der zeitlichen Abfolge von Markenpositionierung und Markenstrategiefestlegung unterschiedliche Ansätze nachzuschlagen. So gehen nach MEFFERT/BURMANN (2002c, 75 ff.) die markenstrategischen Entscheidungen der Markenpositionierung voraus, während BAUMGARTH (2004, 115 ff.), BRUHN (2000a, 222; 2004c, 2321) oder ESCH (2003, 120 ff.) Positionierungsbeschlüsse vor der Strategiefestlegung empfehlen. Für den eigenen Ansatz wird den mehrheitlichen Darstellungen gefolgt.

330 AAKER (1996, 87) kennzeichnet die Markenessenz auch als all jene Elemente, „that make the brand both unique and valuable".

sönlichkeiten (Spieler, Trainer, ehemalige Idole, Manager) zu kennzeichnen. Ergänzende potentielle Markenessenzwerte stellen die Fangemeinde, die Klubmitglieder, die Jugendförderung sowie die Managementreputation dar. Jene Sachverhalte liefern die zentralen Kernwerte, auf welche die Fußballunternehmen (bei entsprechender Ausprägung bzw. Differenzierung) im Rahmen der Markenführung in erster Linie zurückgreifen sollten (IRWIN et al. 2002, 155 sprechen im Zusammenhang mit den Klubmarkenessenzwerten auch von „key brand associations“)[331].

Zu b) Instrumenteneinsatz

Eine ausreichend attraktive Markenessenz stellt jedoch nur eine Grundvoraussetzung für ein erfolgreiches Markenmanagement dar. Zudem bedarf es der systematischen Anreicherung der Markenessenz um Zusatzwerte sowie der umfassenden Kommunikation all jener Werte an die Anspruchsgruppen (vgl. AAKER 1996, 85 ff.; MEFFERT/BURMANN 2002a, 50[332]; andeutungsweise auch DÖRNEMANN 2002a, 139; MICHAEL 2003, 12 ff.). Vor dem Hintergrund der durchgeführten Modifikation des identitätsorientierten Markenführungsansatzes von MEFFERT/BURMANN auf die Branche des Profifußballs sind das Erlebnismarketing und die zur Beziehungspflege durchgeführten Serviceleistungen als ergänzende, wertstiftende Elemente anzuführen. Reine Transport- bzw. Kommunikationsfunktion übernehmen wiederum die Public Relations sowie Werbemaßnahmen. Als sowohl wertanreichernde als auch kommunikative Parameter sind hingegen die als geeignet gekennzeichneten Verkaufsförderungsmaßnahmen, das Eventmarketing, Cause-Related Marketingmaßnahmen, der Internetauftritt (Klubhomepage), die Corporate Identity, (kreative) Merchandising-Kollektionen, die umschriebenen Kooperationsformen (Strategische Kooperationen, Partner/Sponsoren), strategische Spielertransfers sowie die Durchführung von Showspielen zu sehen.

Resultatsebene

Die Resultatsebene umfasst die Ergebnisse der zuvor skizzierten Markenmanagementprozesse. So äußert sich das Zusammenwirken der strategisch-konzeptionellen Vorarbeiten, der Markenessenz sowie der Maßnahmen der Wertanreicherung und des Transports letztlich in der Klubmarkenstärke (Bestimmungsgrößen: Markenbekanntheit, Markenassoziationen, Markentreue) bzw. dem daraus folgenden ökonomischen Klubmarkenwert (vgl. dazu die Ausfüh-

331 Vgl. zu den Ausführungen auch den Ansatz in MOHR/MERGET (2004, 115 f.). Synonym zur (Klub)Markenessenz spricht das Autorenpaar von (Klub)Markensubstanz. Dieser subsumieren sie alle (dinglichen, infrastrukturellen und emotionalen) Werte, aus denen Fußballunternehmen schöpfen können. Sie systematisieren diese Werte anhand der Kategorien „Multiplikatoren“ (Spielertypen, Idole, Prominente, Management/Angestellte), „Plattformen“ (Infrastrukturen, eigene Medien, Vertriebskanäle, Sponsoren) und „Historie“ (Sportlicher Erfolg, Sportartendiversifikation, Gesellschaftliche Bedeutung).

332 AAKER (1996, 87) kennzeichnet die Markenessenz als Kern der Markenidentität („core identity“), weist aber zugleich auf einen erweiterten Identitätsbereich hin („extended brand identity“), welcher all jene Elemente und Merkmale umfasst, die eben nicht der Markenessenz selbst angehören, jedoch zur Vervollständigung der Markenidentität beitragen. Auch MEFFERT/BURMANN (2002a, 50) argumentieren vergleichsweise und differenzieren zwischen einem essentiellen Markenidentitätskern und einem um akzidentielle Merkmale anreicherbaren Identitätsbereich (vgl. bereits Fußnote 281).

rungen in 4.1.1.2). Allerdings darf der bis zu diesem Punkt erläuterte Prozess der Klubmarkenführung nicht als statisch verstanden werden. So bedarf es eines regelmäßigen Abgleichs der erreichten Ergebnisse mit den gesetzten Zielen (z.B. regelmäßige Analyse der aktiven bzw. passiven Klubmarkenbekanntheit, Abgleich der definierten Soll-Klubmarkenassoziationen mit den tatsächlich erzielten Ist-Klubmarkenassoziationen, Untersuchung von Indikatoren der Markentreue wie Dauerkartenabsatz-, Vereinsmitgliedschafts- oder Fanklubmitgliedschaftsentwicklung; *Marktforschungsbedarf!)*. In Abhängigkeit von den Kontrollresultaten ist der Klubmarkenmanagementzyklus daraufhin entweder gänzlich neu zu durchlaufen (in diesem Fall sind grundlegende strategische Veränderungen wie Ziel- bzw. Positionierungsanpassungen, Veränderung des Zielgruppenfokus, Veränderung der Strategieansatztiefe mit entsprechenden Anpassungen der operativen Maßnahmen vorzunehmen) oder es ist lediglich auf der operativen Ebene anzusetzen (reaktive Anpassungen wie z.B. verstärkte PR- und Werbeaktivitäten, Ausbau des Erlebnismarketings etc.).

Rahmenfaktoren

Anzumerken verbleibt, dass die markenpolitischen Gestaltungsoptionen der Fußballunternehmen von folgenden Rahmenfaktoren bestimmt werden:

- So bedarf es einer angepassten Unternehmensorganisation (klare Verantwortlichkeitsverteilungen) sowie ausreichender Personal- und Finanzressourcen[333].
- Generell hängt die Effizienz der markenpolitischen Entscheidungen von der Qualität und Quantität der vorliegenden Markt- und Kundeninformationen ab[334].
- Erschwerend wirkt sich dabei die für Fußballunternehmen charakteristische Vielzahl an heterogenen Kundengruppen mit jeweils unterschiedlichen Bedürfnissen aus[335].
- Letztlich bedingen auch die fortlaufenden gesellschaftlichen und ökonomischen Umweltveränderungen Neuausrichtungen im Rahmen des Markenmanagements der Fußklubs[336].

4.1.4. Managementkonzept zur Umsetzung des ökonomischen Leitziels „Erfolgreiches Markenmanagement“ (Aufbau und Pflege einer starken Klubmarke)

Zunächst werden verschiedene Maßnahmen zur Umsetzung des ökonomischen Leitziels „Erfolgreiches Markenmanagement“ (Aufbau und Pflege einer starken Klubmarke) beschrieben. Bezugsrahmen dazu ist die operative Ebene des erstellten Rahmenkonzepts für das Markenmanagement von Fußballunternehmen (Abb. 20). Erweitert wird das Instrumentenset um die Maßnahme der Situationsanalyse (vorbereitender Arbeitsschritt des Markenmanagements;

---

333 Vgl. dazu MOHR/MERGET (2004, 115), TOMCZAK/ZUPANCIC (2004, 135), MEFFERT/BURMANN (2002c, 85).

334 Vgl. dazu GLADDEN/IRWINE/SUTTON (2001, 309 f.), MOHR (2001, 18).

335 Vgl. dazu bereits die Ausführungen in den Anschnitten 3.2.1. bzw. 4.1.2.3..
Vgl. zudem die Erläuterungen in BRUHN (2004c, 2304) bzw. EGGLI (2004, 2189), die einmal für den Dienstleistungsbereich allgemein (BRUHN) bzw. für den Bankensektor im Speziellen (EGGLI) zeigen, dass Umfang und Komplexität der Markenführung in besonderem Maße von der Anzahl und dem Homogenitätsgefüge der Anspruchsgruppen abhängt (je mehr Anspruchsgruppen bzw. je heterogener deren Zusammensetzung, desto problembehafteter die Aufgabe des Markenmanagements).

336 Vgl. dazu BRUHN (2004a, 1444), MEFFERT/BURMANN (2002c, 82).

vgl. strategische Ebene des Rahmenkonzepts). Anschließend werden Strategieempfehlungen ausgeführt, welche Kriterien zur Hierarchisierung sowie Ausgestaltung der Markenmanagementmaßnahmen beinhalten. Grundlage der Strategieempfehlungen stellen Erkenntnisse aus den vorausgehenden Kapiteln zum Markenmanagement (insbesondere 4.1.1.) sowie ergänzende Positionen der Marketingliteratur dar.

In Abbildung 21 sind die verschiedenen Maßnahmen und Strategieempfehlungen zur Umsetzung des ökonomischen Leitziels „Erfolgreiches Markenmanagement“ (Aufbau und Pflege einer starken Klubmarke) im Überblick angeführt. In den folgenden Abschnitten 4.1.4.1. und 4.1.4.2. werden diese in der Übersichtsreihenfolge abgehandelt. Anzumerken ist, dass die Abfolge, in der die Maßnahmen in Abbildung 21 aufgelistet sind, nicht hierarchisch geordnet ist. Zudem erhebt der Maßnahmen- und Strategieempfehlungskatalog keinen Anspruch auf Vollständigkeit.

Managementmaßnahmen
1) Situationsanalyse
2) Erlebnismarketing
3) Serviceleistungen
4) Verkaufsförderung
5) Eventmarketing
6) Cause-Related Marketing
7) Klubhomepage
8) Corporate Identity
9) Merchandising
10) Strategische Kooperationen
11) Sponsoren-/Partnerwahl
12) Strategische Spielertransfers
13) (Internationale) Showspiele
14) Public Relations
15) Werbung
16) Mitgliedergewinnung (Mutterverein/Fanklubs)
Strategieempfehlungen:
1) Instrumenteneinsatz Markenaufbau
2) Instrumenteneinsatz Markenpflege
3) Anreicherung der Markenessenz
4) Logo-Redesign
5) Integrierte Markenkommunikation
6) Kontaktmöglichkeiten mit Klubpersönlichkeiten
7) Balance zwischen emotionalen und rationalen Werten der Klubmarke

Abb. 21: Managementmaßnahmen und Strategieempfehlungen zur Umsetzung des ökonomischen Leitziels „Erfolgreiches Markenmanagement“ (Aufbau und Pflege einer starken Klubmarke)

4.1.4.1. Markenmanagementmaßnahmen von Fußballunternehmen

Im Folgenden wird auf die praktische Umsetzung der Markenmanagementmaßnahmen von Fußballunternehmen eingegangen (vgl. Abb. 21). Der Fokus der Ausführungen liegt auf der Beschreibung von Umsetzungs- bzw. Gestaltungsanforderungen, sodass die Maßnahmen eine markenunterstützende Wirkung entfalten. Jedes der folgenden Instrumente ist dabei als ein Baustein im komplexen Markenbildungsprozess der Fußballunternehmen zu verstehen, der erst in der Summe und Verzahnung mit den anderen Instrumenten (Bausteinen) eine nachhaltige, markenförderliche Wirkung erzielt.

Managementmaßnahme 1: Situationsanalyse

Wie in 4.1.3.2. erläutert, sollten Fußballunternehmen als Grundlage für alle markenbezogenen Managementmaßnahmen eine umfassende Situationsanalyse zur Abbildung der Markt-, Wettbewerbs- bzw. Unternehmenssituation und eine daran anknüpfende Definition der angestrebten Markenpositionierung ausführen. Folgende Arbeitsgänge sind in diesem Zusammenhang umzusetzen (vgl. dazu AAKER 1996, 193 ff.; AAKER/JOACHIMSTHALER 2001, 50 f.; MEFFERT/BURMANN 2002c, 76; SOHNS/WEILGUNY/KLOTZ 2002, 31; ergänzend BRUHN 2000a, 222; BRUHN 2004c, 2321; IRWIN et al. 2003, 150):

Markt-/Kundenanalyse

Ein wichtiger Ausgangspunkt für das Markenmanagement von Fußballunternehmen ist die Erfassung der gegenwärtigen (verbalen und bildlichen) Klubmarkenassoziationen der verschiedenen Kundengruppen (Fans, Hospitalitykunden, Tagesbesucher wie Familien/Kinder, Vereinsmitglieder, Sponsoren, Lizenznehmer, Medien) mittels entsprechender explorativer/qualitativer Marktforschungsmethoden (Fragestellungen: Welche Assoziationen verbinden Sie spontan mit der Klubmarke? Welche visuellen Vorstellungsbilder fallen Ihnen spontan zur Klubmarke ein? Welche Unterschiede sehen Sie zu den anderen Fußballbundesligisten?).

Wettbewerbsanalyse

Im Rahmen der Wettbewerberanalyse sind gegenwärtige und potentielle Konkurrenzklubs hinsichtlich ihrer Stärken, Schwächen, Strategien und Positionierungen (Kernassoziationen, Kernmarkenelemente) zu untersuchen, um sicherzustellen, dass die eigenen Ansätze zu einer weitreichenden Profilabgrenzung beitragen.

Eigenanalyse

Ergänzende Anhaltspunkte für das Klubmarkenmanagement ergeben sich letztlich aus einer kritischen Eigenanalyse. Zu betrachten sind dabei die kennzeichnenden Markenessenzwerte, die vorhandenen Ressourcen, die organisationscharakteristischen Stärken und Schwächen als auch die Eigenwahrnehmung der Klubmarke[337].

Definition Klubmarkenprofil

Basierend auf einem Abgleich der Ergebnisse/Erkenntnisse aus der Markt-, Wettbewerbs- und Eigenanalyse ist schließlich ein authentisches und von dem Klub dauerhaft „lebbares" Markenprofil mit entsprechend zu realisierenden Kernassoziationen („big pictures", „key brand associations") unter Angabe eines Erreichungszeitraums zu definieren, woran sich fortan alle markenpolitischen Maßnahmen auszurichten haben (vgl. 4.1.3.2.; Teilabschnitt Markenpositionierung[338]).

Managementmaßnahme 2: Erlebnismarketing

Der positive Einfluss des Erlebnismarketings[339] auf die Wahrnehmung der Klubmarke unter den Stadionbesuchern wurde in den vorausgehenden Kapiteln bereits mehrmals dargestellt (vgl. 4.1.2.3., 4.1.3.1.). Die operativen Gestaltungsbereiche des Erlebnismarketings stellen dabei das Rahmenprogramm sowie ergänzend das (Besucher-)Zeitmanagement dar.

---

[337] Für Markenanalysen von Fußballunternehmen (Erhebung und Abgleich von Fremd- und Eigenbild der Klubmarke) vgl. ADJOURI/STASTNY (2006, 121 ff.; Fallbeispiel FC Wacker Tirol) sowie WELLING (2005, 514 ff.; Fallbeispiel VfL Bochum). Vgl. ergänzend OPPENHUISEN/VAN ZOONEN (2006, 175 ff.; jedoch lediglich Fremdbilderhebung verschiedener niederländische Profifußballklubs).

[338] Theoretisches Fallbeispiel Zweitligaaufsteiger: Positions-/Profilvorgabe der unbedingten gedanklichen Verknüpfung der Klubmarke mit einigen ausgewählten charakteristischen Markenessenzwerten innerhalb von zwei Jahren. In den Folgejahren sind sodann verbleibende Markenessenzwerte sowie weitere, „künstlich" zu schaffende Klubmarkenbilder unwiderruflich in den Köpfen der Kundengruppen zu festigen.

[339] Unter dieser noch recht jungen Teildisziplin des Marketings ist in Anlehnung an PFAFF (2002, 47) die bewusste Inszenierung von Erlebnissen im Rahmen der Veranstaltungsorganisation zu verstehen („erlebnisorientiertes Marketing von Veranstaltungen"). ERBER (2000, 39) spricht in diesem Zusammenhang auch von der konsequenten Erweiterung des Produktkerns um zusätzliche Erlebnis- bzw. Entertainmentelemente. Der Ansatz ist also darauf ausgerichtet, Erlebniswelten zu schaffen, die dem Veranstaltungsbesucher neben der eigentlichen Hauptleistung das Durchlaufen weiterer, ergänzender Erlebnisformen ermöglichen.
Grundlegender Ansatzpunkt des Erlebnismarketings von (Sport-)Veranstaltungen ist eine Untersuchung des Besucher-Erlebnispfades. Hierbei wird der komplette Weg des Besuchers, angefangen mit der Anreise zum Veranstaltungsort über den Eintrittsprozess, dem Beiwohnen der eigentlichen Veranstaltung bis hin zur Rückfahrt auf relevante Anhaltspunkte überprüft, die zur Verbesserung des Erlebnischarakters des Events beitragen könnten. Der Besucherpfad wird dabei unter zwei Perspektiven analysiert. Da die nachträgliche Veranstaltungs- und Erlebnisbewertung bedeutend davon abhängt, wie unterhaltsam und erlebnisreich die Sportveranstaltung wahrgenommen wurde, besteht ein erster Ansatzpunkt in der „künstlichen" Inszenierung zusätzlicher Unterhaltungs- und Spannungsmomente rund um das sportliche Hauptereignis. Das Rahmenprogramm ist dabei als zentraler Gestaltungsparameter zu sehen. Ferner bestimmt sich der Erlebniseindruck der Besuchergruppen jedoch auch durch eine unterbewusste Bewertung der durchlaufenen Prozesse in Bezug zur dafür aufgewandten Zeit. Ein in diesem Zusammenhang als unangenehm empfundenes Teilerlebnis (z.B. überlange Wartezeiten an der Kasse, einem Cateringstand oder bei der Parkplatzausfahrt) kann die Wahrnehmung des Gesamterlebnisses nachhaltig negativ beeinflussen. Folglich darf der Ansatz des Erlebnismarketings nicht nur auf eine reine Unterhaltungserweiterung gerichtet sein, sondern muss des Weiteren auch eine Zeitoptimierung im Sinne einer Minimierung negativer Wartezeiten bzw. einer „Versüßung" dieser durch angepasste Maßnahmen zum Gegenstand haben (vgl. PFAFF 2002, 88 ff.; PFAFF 2003a, 16 ff.; ergänzend auch MIKUDA 1996, 66 f.; PFAFF 2003d, 28; SCHMID 2005, 94).
Anmerkung: Im ökonomischen Gesamtkontext betrachtet ist die hier thematisierte Markenpflege durch das Erlebnismarketing nur ein wirtschaftliches Nebenziel des Ansatzes. Primäre ökonomische Ziele des Erlebnismarketings sind vielmehr (a) die Umsatz- bzw. Gewinnsteigerung durch die Verlängerung der Verweildauer der Besucher im Stadion bzw. eine verstärkte Aktivierung von Cross-Selling-Potentialen bei den Besuchern sowie (b) die Kapazitätsauslastung (vgl. dazu genauer PFAFF 2002, 20; PFAFF 2003a, 8; PFAFF 2003b, 28; ergänzend SCHMID 2005, 90).

Entsprechend dieser zwei Ansatzpunkte des Erlebnismarketings werden im Folgenden gesondert Managementmaßnahmen zu den Bereichen „Rahmenprogrammgestaltung" und „Zeitmanagement" ausgeführt.

Rahmenprogrammgestaltung

Ziel des Rahmenprogramms sollte es sein, dem Besucher in Verbund mit der sportlichen Kernleistung eine von Eintritt bis zum Verlassen der Sportstätte durchgängige Eventdramaturgie zu bieten, die ein emotionales Erleben auf unterschiedlichen Hierarchiestufen mit verschiedenen Spannungsbögen und -inhalten ermöglicht (Zusammenspiel einzelner dramaturgischer Elemente; vgl. ERBER 2000, 85 u. 141 ff.; SCHILHANECK 2004, 59 f.; SCHILHANECK 2005a, 70[340]). Bei der Programmausgestaltung müssen dabei folgende drei Grundprinzipien beachtet werden:

a) So werden gerade in kulturell geprägten, traditionsreichen Sportarten wie dem Fußball Eventisierungsmaßnahmen als problematisch angesehen (insbesondere unter den Fans: Vorwurf der „Ver-Show-lichung" bzw. „Amerikanisierung"). Als Lösungsansatz empfiehlt es sich, einerseits möglichst fußball-affine, authentische Rahmenaktivitäten anzubieten[341] (z.B. Hamburger SV: Fanaktivitäten wie Schussgeschwindigkeitsmessung oder Torwandschießen vor Heimspielen zur Qualifikation für die „Fan-Elf des Jahres"[342]), zum anderen ist bewusst auf eine Differenzierung des Programmangebots zugeschnitten auf die verschiedenen Motive und Bedürfnisse der kennzeichnenden Besuchergruppen der Fußballunternehmen zu achten (Fans, Familien, Kinder, Jugendliche, Hospitalitykunden; Gestaltungsgrundregel: Für jeden etwas!) (vgl. ERBER 2000, 83; PFAFF 2002, 80 ff. u. 165; PFAFF 2003a, 26 ff.; PFAFF 2003b, 28; PFAFF 2003c, 36; SOHNS/WEILGUNY/KLOTZ 2002, 26 f.).

b) Des Weiteren ist das Rahmenprogramm von Spieltag zu Spieltag möglichst abwechslungsreich zu gestalten. D.h. Einsatz und Anordnung der verschiedenen zur Auswahl stehenden Programmelemente sind möglichst flexibel und in abwechselnder Reihenfolge anzuordnen, um auch dem Jahreskartenbesitzer (Fan, Hospitalitykunde) neue Unterhaltungs-, Überraschungs- und Spannungsmomente bieten zu können. Als best practise-Beispiel ist in diesem Zusammenhang auf den NHL-Klub der Washington Capitals zu verweisen. So verfügt der Klub über ein über Jahre erarbeitetes Set an variabel einsetzbaren Programmelementen, die zusammen mit den kennzeichnenden Standardprogrammkomponenten wie Videointro, effektunterlegte Spielerpräsentation etc. für jeden Spieltag zu einer in ihrer Reihungsfolge einmaligen, abwechslungsreichen „Total-Entertainment-Show" angeordnet werden. Zu ergänzen ist

340 Vgl. in diesem Zusammenhang auch den Begriff „out of home-experience" („Ich muss den Besuchern etwas bieten, was sie nicht über andere Medien beziehen können. Wir nennen das „out of home experience" – Erfahrungen und Erlebnisse, die einmalig und nicht wiederholbar sind."; in KLEWENHAGEN 2002b, 43).

341 Vgl. diesbezüglich v.a. ERBER (2000, 83). Der Autorin zufolge müssen die (Rahmen-)Programminhalte zur Sicherung der Glaubwürdigkeit einen „authentischen Bezug zu Sender und Empfänger" aufweisen.

342 Vgl. demgegenüber das Authentizitäts- und Glaubhaftigkeitsproblem des kurzzeitig recht verbreiteten Einsatzes von Cheerleadern im deutschen Profifußball.

ferner, dass die Marketingabteilung des Klubs jede Saison zehn neue Programmelemente zu entwerfen hat, um weiterhin einen hohen Abwechslungsgrad in der Rahmenprogrammgestaltung gewährleisten zu können (vgl. SCHILHANECK 2004, 136 u. 175 f.; SCHILHANECK 2005a, 70 f.).

c) Ferner ist auf eine hohe, aktive Einbindung der Zuschauer bei der Angebotsgestaltung des Rahmenprogramms zu achten (Zuschauerinvolvement). So erhöht sich mit Zunahme des Einbeziehungsgrades des Besuchers in die Side-Events einerseits der wahrgenommene Wert der Unterhaltungsleistung, insbesondere wird dadurch jedoch auch die Erinnerungsleistung nachhaltig gesteigert (Verankerung bildlicher Vorstellungen; vgl. ERBER 2000, 80 ff.; WEINBERG/NICKEL 1998, 73; ergänzend auch BRUHN 2004b, 1603; PFAFF 2002, 89; PFAFF 2003a, 16; SCHMID 2005, 116).

Abbildung 22 zeigt mögliche Rahmenprogrammelemente für Fußballunternehmen.

- Veranstaltung fußballbezogener Spielmöglichkeiten/Wettbewerbe im Vorfeld der Begegnung (z.B. Schussgeschwindigkeitsmessanlage, Torwandschießen, Fußballtennis, Kleinfeldturnier, Dribbling-Parkur, Jonglierwettbewerb, Futsal, 7m-Schießen, Human Table Soccer, Spielkonsolenwettbewerb).
- Kopplung dieser Aktivitäten mit weiterführenden Teilnahmeanreizen (z.B. Finale der zuvor skizzierten Wettbewerbe im Stadion während der Halbzeit, Wettbewerbssieger kommen in die „Fanelf des Jahres", „Meet your favourite player"-Aktion für die besten drei Teilnehmer, Finale Spielkonsolenwettbewerb über Stadion-Großbildleinwand während der Halbzeit etc.).
- Organisation von Sonderveranstaltungen vor Spielbeginn (Versteigerung handsignierter Merchandisingartikel; Spendenaktionen; Sonderaktionen zu Anlässen wie Valentinstag, Ostern, Vatertag, Helloween, Advent, Nikolaus, Weihnachten etc.; Spielerehrungen).
- Ausgestaltung von Freizeitbereichen im Stadionareal (betreuter Kinderspielpark: Mini-Fußballfeld, Hüpfburg, Rutsche, Kletterturm, Maskottchen etc.; gesponserte Spielkonsolenstationen, z.B. „Playstation/EA Sports-Corner", best practise: MCI Center Washington).
- Arena-TV[343]: Umfassende Entertainment- und Infotainmentbeiträge[344].

343 Arena-TV-Systeme gehören seit einigen Jahren zum Ausstattungsstandard vieler deutscher Fußballarenen. Die Systeme umfassen i.d.R. mehrere großformatige Video-Anzeigetafeln, die über unterschiedlichen Tribünen- und Sitzplatzbereichen angebracht und auch von entfernten Plätzen einsehbar sind, sowie zahlreiche Monitore und Bildschirme im Hospitality-Bereich bzw. in zentralen Zuschauerbereichen wie den Kassen, Cateringstellen und Sanitäranlagen (vgl. PFAFF 2002, 108 f.; PFAFF 2003a, 22).

344 Entertainmentelemente: Darunter sind passiv zu konsumierende Beiträge wie Musik- und Videoclips, Werbespots, Kurzcomics aber auch aktive, involvierende Maßnahmen wie Quizfragen/Rätsel (z.B. zwei Schwierigkeitsstufen; Fans vs. Kids) oder Kurzanimationen (z.B. „Kiss me", "kids-dance-competition", „fan of the game"-Einblendung, Verlosung von Sponsoren-Give-Aways) zu subsumieren.
Infotainmentelemente (Infotainment = Vermengung von informations- und unterhaltungsorientierten Inhalten; FRIEDRICH/STIEHLER 2006, 188): Darunter fallen z.B. Beiträge wie Liga-/Team-/Spielerstatistiken, Spielervorstellungen, Spieler-/Trainer-/Manager-/Faninterviews, Gastteam-Informationen (Trainer, Manager, Stars, Stärken/Schwächen-Illustration), Rückblicke auf die letzten Begegnungen, sportliche Highlights der bisherigen Saison, Trainingsausschnitte, Klub-Imagetrailer.
Während die Entertainmentelemente lediglich der Unterhaltung dienen, erfüllen die Infotainmentbeiträge zwei Funktionen. Sie beinhalten einerseits Unterhaltungswerte, gleichermaßen vermitteln sie dem Besucher jedoch auch eine verbesserte Kenntnis über Details des Sportgeschehens. Durch die dargestellte Inszenierung von Hintergrundgeschichten und Rahmenszenarios werden Spannung geschaffen und Erwartungen geweckt mit der Folge einer intensiveren Einbindung des Besuchers in das sportliche Geschehen (z.B. Verweis auf kritische Momente bisheriger „Match-Ups" wie hohe Niederlagen, unberechtige Platzverweise oder vergebene Elfmeter; Schaffung von „Feindbildern"; Stilisierung der Partie zum Kampf „Gut gegen Böse").

- Inszenierung historischer „Klubmeilensteine" (Klubgeschichte, Fotos der größten sportlichen Erfolge, Spielerportraits, Dokumentationsfilme) in einem abgegrenzten Stadionbereich oder einem gesondert eingerichteten „Klubmuseum" (so genanntes „Story-Telling"; vgl. dazu genauer PFAFF 2002, 62).
- Standardmaßnahme „Heimteamvorstellung" ist mit hoher Umsetzungsqualität durchzuführen (Inszenierungsmaßnahmen: Musik-/Videoclipunterlegung, Moderation; bei Abendspielen: Light-Show, Pyrotechnik).
- Einführung emotionalisierender Rituale (z.B. FC St. Pauli: „Hymne" für Spielereinlauf, AC/DC - Hells Bells; Songausschnitt bei Torerfolg, Blur - Song 2).
- Dezente Verstärkung der Fangesänge über die Stadionanlage zur Unterstützung der Stadionatmosphäre (Fallbeispiele: Bayer 04 Leverkusen, Hertha BSC Berlin).
- Halbzeitpausengestaltung: Veranstaltung fußballaffiner Aktionen auf dem Spielfeld (z.B. „1000 € Schuss", kommentiertes Jugend-Spiel mit Spielereinlauf/Spielervorstellung, Dribbling-/Jonglierwettbewerb etc.), Kurzauftritte bekannter Künstler (Musik, Artisten, Tänzer, Comedy), Merchandising-Vergabe (z.B. Maskotchen schießt in jeder Halbzeit T-Shirts in das Publikum) sowie TV-Entertainment- und Infotainment-Elemente.
- Rahmenprogrammangebote nach Spielende zur Vermeidung eines abrupten Veranstaltungsabklangs: Zuschauerwahl „Spieler des Tages" bzw. „Spielzug des Tages", Autogrammecke, Übertragung von Interviews sowie der Pressekonferenz über Arena-TV-System.

Abb. 22: Rahmenprogrammelemente für Fußballunternehmen[345]

Mit den in Abbildung 22 angeführten Maßnahmen können sportlich ereignisreiche Spiele mit zusätzlichen positiven Erlebnissen angereichert bzw. an sportlichen Höhepunkten arme Begegnungen kompensatorisch mit Spannung, Abwechslung und nachhaltigen Erlebnismomenten versehen werden. Alle ausgeführten Ansatzpunkte stellen für den Besucher direkte Klubmarkenerlebnisse dar.

(Besucher-)Zeitmanagement

Im Rahmen des Besucherzeitmanagementansatzes ist zwischen der Transferzeit und der Wartezeit der Stadiongäste zu unterscheiden. Die Transferzeit der Besucher ist dabei mittels infrastrukturellen bzw. verkehrspolitischen Maßnahmen so zu steuern, dass diese den Weg zur Veranstaltung möglichst unbelastend empfinden. Dazu müssen in Absprache mit den Kommunen und Städten v.a. verkehrsleittechnische bzw. verkehrspolitische Lösungsansätze zur Regelung des Besucherandranges bei den Heimspielen gefunden werden (ausreichende Parkmöglichkeiten, bedarfsgerechte An- und Abfahrmöglichkeiten der Parkplätze, genügend Ordnerpersonal, Einrichtung von Sonderlinien des öffentlichen Personalverkehrs, Erweiterungen des Leit- bzw. Beschilderungssystems, möglicherweise Ausbau von Zubringerstraßen oder Öffnen von Autobahnsonderauffahrten; vgl. PFAFF 2002, 91; PFAFF 2003a, 19; SCHILHANECK 2005b, 168; SCHMID 2005, 95; ZELTINGER 2004, 135).

Im Rahmen der Besucherwartezeit sind folgende zwei ineinander greifende Lösungsansätze zu berücksichtigen. Einerseits sind die Wartezeiten mittels geeigneter Vorkehrungen auf ein Möglichstes zu reduzieren (am Spitzenbedarf ausgerichtete Anzahl an Ticketingkassen, Sta-

345 In Anlehnung an BOYD/KREHBIEL (2003, 175), KROLL (2002, 44 f.), MIKUDA (1996, 19 f.), PFAFF (2002, 62 u. 108 f.; 2003a, 21 ff.; 2003d, 28), SCHILHANECK (2004, 175 ff.; 2005a, 70 f.; 2005b, 171 ff.), SOHNS/WEILGUNY/KLOTZ (2002, 20 ff.), SUSSEBACH (2005, 1).

dioneinlässen, Merchandisingständen, Cateringstellen, Sanitäranlagen; zudem: elektronisches Einlasssystem, am Spitzenbedarf ausgerichteter Personaleinsatz, übersichtliche Stadionpläne in den Eingangsbereichen; vgl. PFAFF 2002, 109; PFAFF 2003a, 19; SCHMID 2005, 95; SCHILHANECK 2005b, 169; ZELTINGER 2004, 135). Zum anderen sind anfallende, nicht weiter zu reduzierende Wartezeiten (kennzeichnend: Kassen und Einlass vor Spielbeginn, Catering und Sanitäranlagen in der Halbzeit) durch kleine Erlebnismomente, die zu einer positiven Bewertung der Situation beitragen, auszugestalten. Ansatzpunkte dazu liefern die nachfolgend beschriebenen Time-Line-Techniken, welche die Wahrnehmung des Besuchers bezüglich der aufzubringenden Wartezeit positiv beeinflussen. Um bestmögliche Effekte zu erzielen, sollten diese kombiniert zum Einsatz kommen.

a) Zeitversprechen: Unter Zeitversprechen sind Maßnahmen zu verstehen, welche die noch ausstehende Wartezeit kennzeichnen. Hintergrund dazu ist, dass Hinweise auf das Ausmaß der noch zu absolvierenden Zeit in der Warteschlange positiver aufgenommen werden als grundsätzliche Unwissenheit über die verbleibende Verweildauer. Ähnlich den Freizeitparks bietet es sich beispielsweise an, per Hinweisschilder die noch ausstehende Wartezeit anzuzeigen (Hauptkassen, Haupteingang, zentrale Cateringstellen, Parkplätze).

b) Transparente Veränderung: Der Wartebereich sollte so organisiert sein, dass jeder Schritt der anstehenden Besucher deutlich wahrnehmbar ist und somit das Gefühl des „Vorwärtskommens“ vermittelt wird (z.B. Einsatz enger Warteschlangengassen, Kurven). Der Nutzen jener Maßnahme ist, dass es mit jedem Schritt zu einer unmittelbaren Veränderung räumlicher Bezugspunkte kommt und das Gefühl des Endes der Wartezeit dabei merklich gefördert wird.

c) Zäsuren: Die Durchführung von Zäsuren zerteilt lange Zeitintervalle in kleine Einheiten und verändert damit die Wahrnehmung des Besuchers zum Positiven. Jede Überraschung wirkt hierbei als willkommene Unterbrechung des langsam wahrgenommenen Zeitflusses (z.B. Vergabe von Sponsorenpromotions, Verteilung der Stadionzeitschrift, Arena-TV-Programm, Showeinlagen) (vgl. zu den Ausführungen PFAFF 2002, 59 f.; PFAFF 2003a, 19 f.; MIKUDA 1996, 69 f.; SCHILHANECK 2005b, 169 ff.; SCHMID 2005, 96).

Managementmaßnahme 3: Serviceleistungen

Sind die von Fußballunternehmen angebotenen Serviceleistungen[346] kundenbedürfnisrelevant und werden sie von den Nachfragern wahrgenommen bzw. in Anspruch genommen, so tragen die Services dazu bei, die Klubmarke zu stärken, da sowohl ein zusätzlicher Wert für den Kunden als auch neue Markenassoziationen geschaffen werden. Markenwirksame Effekte durch Serviceleistungen werden v.a. dann erzielt, wenn die angebotenen Services eine Teil-

[346] Serviceleistungen haben den Charakter einer Zusatzleistung. Sie sind nicht die Kernleistung eines Anbieters, sondern additive Elemente von Leistungsbündeln. Vgl. MEYER/BLÜMELHUBER (2000, 277; 2004, 1633).

nahme an der Markenwelt ermöglichen bzw. die Marke erlebbarer machen (vgl. MEYER/ BLÜMELHUBER 2004, 1636 u. 1638).

Beispiele markenrelevanter Serviceleistungen von Fußballunternehmen[347]:

- Besondere Homepageangebote (Video-Downloads, Fan-Messageboard, Chat-Room)
- Kundengeschenke
- Kundenkarte
- Finanzierungshilfen
- Ticketaustauschprogramm/Ticketfreischaltungssystem für Dauerkartenkunden
- Beschwerdemanagement
- Fanbeauftragte
- Fanworkshops
- Zudem: Individuelle Angebotsgestaltung, Kundeneinbindungsmaßnahmen, Rabatt- und Bonussysteme, Key Account Management.[348]

Managementmaßnahme 4: Verkaufsförderung

Das breite Ausprägungsspektrum an (endnachfragergerichteten) Verkaufsförderungsmaßnahmen[349] ist nur in eingeschränktem Maße für Fußballunternehmen geeignet (vgl. bereits 4.1.3.1.). Da an dieser Stelle zudem nur diejenigen Verkaufsförderungsmaßnahmen von Relevanz sind, die neben ihrer originären Funktion der Absatzsteigerung auch einen Beitrag zur Klubmarkenpflege leisten, reduziert sich der Gestaltungsbereich auf folgende Instrumente: Price-Promotions, Produktzugaben, Gewinnspiele, Fanmobileinsatz (vgl. zu den folgenden Ausführungen BOYD/KREHBIEL 2003, 175; BRENNER 1997, 33; BUSCH 2004, 429; COUVELAERE/RICHELIEU 2005, 34; SCHILHANECK 2004, 137 ff.; SCHILHANECK 2005a, 71).

Price-Promotions

Price-Promotions bieten die Möglichkeit einer Leistungserfahrung zu günstigen Bezugspreisen. Im Fall von Fußballunternehmen werden Price-Promotions i.d.R. in Form von Sonderticketaktionen ausgeführt. Neben der damit primär angestrebten Kapazitätsauslastung bietet die Verkaufsförderungsmaßnahme durch die in den Spielbesuchen gesammelten Erfahrungen und Eindrücke jedoch auch Chancen zur Markenbildung/Markenschärfung (v.a. unter den über Price-Promotions erreichten Erstbesuchern). Aufgrund der mit dem Spielverlauf verbundenen Unsicherheiten ist zur Gewährleistung möglichst nachhaltiger Klubmarkenerfahrung an jenen

347 Neben ihrer markenpolitischen Wirkung haben Serviceangebote v.a. kundenbindungsbezogene Auswirkungen. Da im Rahmen der Umsetzung des zweiten ökonomischen Leitziels „Erfolgreiches Kundenbindungsmanagement" (Pflege und Sicherung langfristiger Kundenbeziehungen) die nachfolgend angeführten Serviceleistungen jeweils als Einzelinstrumente aufgegriffen werden, wird im Folgenden zur Vermeidung von Redundanzen auf vertiefende Ausgestaltungshinweise der Services verzichtet (näheres dazu in 4.2.4.1.).

348 Entfernt sind auch Event- und Erlebnismarketingmaßnahmen als Serviceleistungen von Fußballunternehmen zu sehen (= „additive" Angebotselemente zur Kernleistung).

349 Für eine Systematisierung zielgruppenspezifischer Verkaufsförderungsmaßnahmen vgl. GEDENK (2004, 1516 f.), HADELER/WINTER (2000, 3257 f.).

Spieltagen folglich auf eine attraktive, zielgruppenspezifische Rahmenprogrammgestaltung zu achten (z.B. kinderfreundliches Programm an Familientagen, lifestylebezogenes Programm an Schüler- und Studententagen)[350].

Produktzugaben

Bei Produktzugaben erhält der Kunde ein zusätzliches Geschenk zur eigentlichen Leistung. Im US-Profisport findet die Maßnahmen im Rahmen so genannter Free-Give-Away-Aktionen statt, die i.d.R. in Kooperation mit verschiedenen Sponsoren/Partnern mehrmals pro Saison vor Spielbeginn durchgeführt werden (z.B. Vergabe von kleinen Geschenken wie magnetischer Heimspielplan, Spieler-Poster, Klub-Mütze, Klub-Shirt, Klub-Fahne etc.[351]). Zur Erhöhung des Besucherinvolvements wird die Produktzugabe dabei oftmals mit Fanaktivitäten gekoppelt (NBA: z.B. face-paint, mini-shoot-out, team-trivia). Ansätze dieser Art sind auch für Fußballunternehmen überlegenswert.

Gewinnspiele

Gewinnspiele mit attraktiven Preisen (z.B. Spielertreff, Begleitung zu einem Auswärtsspiel, Hospitality-Karten, handsignierte Spielertrikots, reizvolle Sponsorenleistungen) regen die Teilnehmer zur Beschäftigung mit der Klubmarke an. Fußballunternehmen können Gewinnspiele beispielsweise als Rahmenprogrammelement, als Homepage-Asset, als Zugabe zu Ticket-/Merchandisingaktionen oder als saisonbegleitende Sonderaktion in Kooperation mit Sponsoren durchführen[352].

Fanmobil

Der Einsatz von Fanmobilen als Anlaufstelle bzw. zur Klubmarkenpräsenz bei Auswärtsspielen wird von einigen Fußballbundesligisten bereits seit einigen Jahren umgesetzt. Zu überdenken ist jedoch eine weitaus breitere Verwendung des Verkaufsförderungsinstruments. So ist bereits zu erkennen, dass Klubfanmobile zunehmend auch auf einigen „fußballfernen“

---

350 *Best Practise:* Price-Promotions Memphis Grizzlies, Saison 2006/2007 (www.nba.com vom 30.09.2006).
- Spartickets (limitierte Anzahl an 5 Dollar Tickets, Verkauf ab jedem ersten Monatstag).
- Familienangebot an vier Spieltagen (4 Tickets sowie 4 Essens- und Getränkegutscheine in drei Ticketpreiskategorien bei 50 Prozent Preisvorteil ggü. der Aufsummierung der Einzelpreise).
- Dienstag-Special (Sonderpreis für jedes Dienstag-Spiel der Saison für zwei Ticketpreiskategorien).
- Freitag-Special (Gutschein über 5 Dollar für ein Partner-Fast-Food-Restaurant für die ersten 1000 Besucher eines Freitagsspiels; Dauer: gesamte Saison 2006/2007).
- Gruppenangebot an drei Spieltagen (Gruppen über 20 Personen: Ticket, Essensgutschein und Kinoeintrittskarte für 20 Dollar; zudem: Memphis Grizzlies T-Shirt für die ersten 1000 Teilnehmer).

351 *Best Practise:* Give-Aways Memphis Grizzlies, Saison 2006/2007 (www.nba.com vom 30.09.2006). Vergabe folgender Fanartikel an 12 Spieltagen in limitierter Zahl (zumeist für die ersten 5000 Besucher): Magnetischer Spielplan, Spielerposter, Cheerleaderposter, Klubmedaille, Replica Jersey verschiedener Spieler, Mini-Basketball, Mütze, T-Shirt.

352 *Best practise:* Zu Beginn der Saison 2005/2006 startete Borussia Dortmund in Zusammenarbeit mit dem Sponsor Warsteiner das Gewinnspiel „BVB-Warsteiner-Fan-Team-Aktion“. In der ersten Phase konnten sich die Fans mittels Teilnahmekarten bewerben. Im Frühjahr 2005 wurden unter allen Teilnehmern 90 Kandidaten für ein Qualifikationsturnier ausgelost. Nach dem Turnier bestimmten Talentscouts eine 17-köpfige Fan-Mannschaft. Bei der Eröffnungsfeier der Saison 2006/2007 spielte das Fan-Team nach vorausgehenden, von BVB-Trainern geleiteten Trainings- und Taktikeinheiten gegen die Profimannschaft des BVB im Signal Iduna Park (www.bvb.de vom 24.07.2006).

Veranstaltungen präsent sind (z.B. Stadtfest, Weihnachtsmarkt), jedoch sollte dieser Ansatz konsequent auf strategisch wichtige regionale/nationale Großevents[353] (z.B. Musikfestivals, Trendsportevents, Sportmessen) bzw. die klubspezifischen Zielregionen ausgeweitet werden.

Managementmaßnahme 5: Eventmarketing

Aufgrund folgender Aspekte kommt der Veranstaltung von Events im Rahmen der Markenführung eine besondere Bedeutung zu: Das direkte, interaktive Erleben der Marke bei einem Event schafft zusätzliche bildliche Markenassoziationen[354] und verstärkt die Verbindung zwischen Eventteilnehmer und Marke (emotionale Beziehungsintensivierung, Steigerung der Identifikation mit der Marke; BURMANN/NITSCHKE 2005, 394; GÜNDLING 1998, 86[355]). Zudem ist anzuführen, dass emotionale Ereignisse in der heutigen Erlebnisgesellschaft zu einem wesentlichen Baustein der Wirklichkeitskonstruktion der Konsumenten dienen. Instrumente wie Events tragen in diesem Zusammenhang dazu bei, eine Marke als Teil der Wirklichkeit zu empfinden (WEINBERG/NICKEL 1998, 71). Damit die skizzierten Nutzenpotentiale von Events auch ausgeschöpft werden können, ist es jedoch notwendig, dass Event und Marke gemeinsam wahrgenommen werden. Um dies zu gewährleisten, ist eine merkliche Positionierung der Marke im Eventablauf notwendig (die Marke muss im Mittelpunkt des Events stehen bzw. klar mit dem Event verknüpft sein, Bedarf positionskonformer Markeninszenierung; vgl. ESCH 2003, 230).

Folgende Auflistung gibt einen knappen Überblick über mögliche Eventformen für Fußballunternehmen[356].

- Saisoneröffnungsfeier/Saisonabschlussfeier
- Fan-Appreciation-Events
- Kids-Soccer-Events
- Weihnachtsfeier
- VIP-Events
- Media-Day

353 *Best Practise:* Der NHL-Klub der Washington Capitals fährt mit seinem Fanmobil in der Sommerpause zwischen 20 und 25 Großevents in der Region Washington DC/Baltimore/Richmond an und intensiviert die Eventpräsenz mit Auftritten des Klub-Show-Teams (vgl. SCHILHANECK 2004, 137 u. 233).

354 Hintergrund: Events lösen positive emotionale Reaktionen beim Konsumenten aus, welche fest mit der Unternehmensmarke verknüpft werden und den Rezipienten als nachhaltig abrufbare Erinnerungen verbleiben. Die Erinnerungsleistung ist dabei insofern als sehr hoch einzuschätzen, da diese durch eine aktive Erlebnisteilnahme, wie sie Events ermöglichen, gesteigert werden. Positiver Markenbildungseffekt ist zudem, dass derartige Erinnerungen einen hohen Anteil an bildlichen Vorstellungen aufweisen (in Anlehnung an WEINBERG/NICKEL 1998, 73).

355 Eventorganisationen bieten dem Veranstalter aufgrund der kennzeichnenden Interaktivität bzw. dem kennzeichnenden direkten Kundenkontakt zudem die strategisch bedeutsame Chance, von den Zielgruppen ein unmittelbares Feedback über die Glaubwürdigkeit und Relevanz der Marke einzuholen. Hierzu ist jedoch ein systematisches Erfassen und Weiterleiten der Feedback-Informationen erfolgskritisch (vgl. BURMANN/NITSCHKE 2005, 393).

356 Neben den skizzierten markenpolitischen Wirkungen hat das Eventmarketing aufgrund seiner flexiblen Ausgestaltungsmöglichkeiten v.a. kundenbindungsbezogene Chancen und stellt demzufolge ein zentrales Instrument zur Ansteuerung des Leitziels „Erfolgreiches Kundenbindungsmanagement" (Pflege und Sicherung langfristiger Kundenbeziehungen) dar. Vor diesem Hintergrund wird nachfolgend zur Vermeidung von Redundanzen von umfassenden Beispielaufzählungen bzw. vertiefenden Umsetzungserläuterungen abgesehen (weiterführendes dazu später in 4.2.4.1.).

Managementmaßnahme 6: Cause-Related Marketing

Cause-Related Marketing drückt Sozial- und Gesellschaftsverantwortung aus und ist somit als eine weitere Möglichkeit zur Profilschärfung der Klubmarke zu sehen[357]. Zur Gewährleistung von Glaubwürdigkeit und Akzeptanz der Cause-Related Marketingmaßnahmen sind diese möglichst authentisch und unternehmensaffin anzusetzen (ROY/GRAEFF 2003, 165 sprechen in diesem Zusammenhang auch von einem „logical fit" von Maßnahmen und Unternehmenskerngeschäft).

Abbildung 23 veranschaulicht mögliche Cause-Related Marketingmaßnahmen für Fußballunternehmen[358].

- Klubspendenprogramm (definierter Spendenbetrag je gewonnenes Heimspiel, je erzieltem Auswärtspunkt etc.) bzw. Spielerspendenprogramme (definierter Spendenbetrag für jedes erzielte Tor, jede Torvorlage, jeden gehaltenen Elfmeter etc.) zur Unterstützung von Sozialeinrichtungen (z.B. Krebshilfe, Rotes Kreuz, Unicef, Kinderkliniken, Schulen etc.).
- Veranstaltung von Zuschauerspendenaktionen, Fanauktionen (z.B. Versteigerung von handsigniertem Spielerequipment bzw. Merchandisinggegenständen), Sammelaktionen (z.B. Spielzeug, Schulmaterial, haltbare Lebensmittel, Kleidung) an Heimspieltagen zur Unterstützung von Sozialeinrichtungen.
- Organisation von Gesundheit-und-Fitness-Veranstaltungen (z.B. Jedermanns-Lauf, Vortragsreihen).
- VIP-Veranstaltungen für einen guten Zweck (z.B. Golfturnier, Erlöse gehen an Sozialeinrichtungen).
- Organisation von Wohltätigkeitsprogrammen für Schulen (Leseförderungsprogramm, Fitnessprogramm, Rechenhilfe etc. mit Maskottchen und Spielern).
- Veranstaltung von „Retterspielen" für insolvenzgefährdete (Traditions-)Klubs (z.B. FC Bayern München und FC St. Pauli im Jahr 2003).
- Aufgriff nationaler sowie internationaler Notfälle für gesonderte Spenden- und Hilfemaßnahmen[359]
- Einrichtung einer Ausbildungsplatzinitiative im Sponsoren- und Partnerbereich (ein derartiges Engagement wurde beispielsweise bereits einmal durch den 1. FC Köln umgesetzt).
- Vermittlung von Schirmherrschaften und Patenschaften durch Spieler, Management und Altstars für soziale/karitative Einrichtungen

Abb. 23: Cause-Related Marketingmaßnahmen für Fußballunternehmen

[357] Unter Cause-Related Marketing ist die Leistungsvermarktung mittels sozialer (sowie ökologischer) Argumente zu verstehen (vgl. STEINERT/KLEIN 2001, 21). Vgl. auch ROY/GRAEFF (2003, 163): "Consumers tend to have favourable attitudes towards businesses that support charities or causes. In professional sports, cause-related marketing is being employed by many (...) teams as a way of "giving back" to communities and forging a bond between themselves and their target markets." (ähnlich IRWIN et al. 2003, 131).

[358] Vgl. dazu APOSTOPOPOULOU (2002, 205 u. 207), COUVELAERE/RICHELIEU (2005, 36), IRWIN et al. (2003, 131 f.), ROHLMANN (1998, 111 f.), ROY/GRAEFF (2003, 164 f.), SCHILHANECK (2004, 140 u. 232; 2005a, 68; 2005b, 114).

[359] Best practise: Im Zuge der Flutkatastrophe in Südostasien 2005 gründete der FC Bayern München den Verein „FC Bayern hilft e.V.". Bereits bei der Gründung standen dem Verein ca. 600000 Euro Spendengelder zur Verfügung (Spielerspenden, Versteigerungen eines Torwarttrainings mit Sepp Maier, Versteigerung eines „FC Bayern-Trabbi"). Der Verein kooperierte nachfolgend mit der Deutschen Welthungerhilfe sowie der Vereinigung Malteser International (www.fcbayern.t-com.de vom 24.07.2006).

Managementmaßnahme 7: Klubhomepage

Nachfolgend wird dargestellt, welche Maßnahmen im Rahmen der Homepagegestaltung von Fußballunternehmen umzusetzen sind, um mit der Web-Präsenz einen nachhaltigen Beitrag zur Markenpflege zu leisten[360]. Folgende Gestaltungsbereiche sind dabei von zentraler Bedeutung: Das Inhaltsangebot sowie ergänzend der Aspekt der Benutzerfreundlichkeit[361] (vgl. zu den folgenden Ausführungen v.a. AAKER/JOACHIMSTHALER 2001, 252 ff.; ESCHWEILER/RUDHART 2004, 239 ff.[362]).

Inhaltsangebot

Zentraler Interessensgegenstand jedes Internetauftritts ist deren Inhalt. Ziel des Inhaltsangebots muss es dabei sein, eine so genannte *Unique Content Proposition*, also einen einzigartigen Inhaltsvorteil gegenüber den Wettbewerbern zu erreichen. Der Inhalt ist dabei medienspezifisch auszugestalten und nicht unbearbeitet vom Print- ins Onlinemedium zu überführen, um dem User einen entsprechenden Nutzungsanreiz bzw. Mehrwert zu bieten. Es gilt, positive (Marken-)Erlebnisse mittels einer multimedialen, interaktiven Inhaltsangebotsgestaltung zu vermitteln. Im Kontext der Fußballunternehmen muss es zudem übergeordnete Handlungsmaxime sein, dem Nutzer jeden Tag eine neue Story, einen neuen, attraktiven „Content" anzubieten, um Anreize zu schaffen, dass dieser die Homepage möglichst täglich aufsucht. Durch eine entsprechend inhaltsattraktiv ausgestaltete Website bekommen Fußballklubs somit die Chance, zu einem festen Teil des Lebens fußballinteressierter Menschen zu werden (z.B. „ritualisierter" Homepagebesuch des Lieblingsklubs während der Mittagspause).

Ausgehend von diesen Erläuterungen sollten Fußballunternehmen die in Abbildung 24 aufgeführten Inhalte für eine markenförderliche Ausgestaltung ihrer Homepage berücksichtigen.

---

[360] Ein Internetauftritt kann nur dann zur Markenpflege beitragen, wenn die Charakteristika des Internets, die damit verbundenen Potentiale sowie die markenpolitischen Wirkungsweisen verstanden werden. So ist das Internet durch die Merkmale der Multimedialität (unterschiedliche Inhaltsdarstellungsmöglichkeiten über Text, Bild, Audio oder Grafik) und der Interaktivität (Eingriffs- und Steuerungsmöglichkeiten, Möglichkeit der zweiseitigen Kommunikation) gekennzeichnet. Als zentrale Chance eines Internetauftritts ist die aktive Teilnahme/Einbezugnahme der Homepagebesucher sowie die umfassende, detaillierte Informationsvermittlung an den Nutzer anzuführen. Resultierende markenpolitische Wirkungen aus den Nutzungserfahrungen sind die Intensivierung des Verhältnisses zwischen User und Marke sowie eine Verstärkung der Assoziationen, die der Nutzer bereits im Vorfeld mit der Marke verbunden hat. Im Optimalfall können sogar zusätzliche Markenassoziationen verankert werden (vgl. dazu insbesondere AAKER/JOACHIMSTHALER 2001, 243 ff. u. 252 ff.; ergänzend auch ESCHWEILER/RUDHART 2004, 234 ff.).

[361] Die gewählte Systematisierung ist eng an ESCHWEILER/RUDHART (2004, 243 ff.) angelehnt, die in ihrem Bewertungsmodell für Web-Präsenzen von Fußballunternehmen von sechs Gestaltungsdimensionen ausgehen (Informationsangebot, Transaktionsangebot, Interaktionsangebot, Erlebniskonzept, Designkonzept, Benutzerfreundlichkeit). In den eigenen Ausführungen sind die Dimensionen Informationsangebot, Transaktionsangebot, Interaktionsangebot und Erlebniskonzept vereinfachend zu einem übergeordneten Bereich zusammengefasst worden (= Inhaltsangebot). Der Aspekt des Designkonzepts wurde hingegen zur Vermeidung von Redundanzen mit den noch folgenden Ausführungen zum Corporate Design-Ansatz (siehe Markenmanagementmaßnahme 8, Corporate Identity) an dieser Stelle ausgegrenzt.

[362] Vgl. ergänzend zudem BERTRAMS/BIELING/ESCHWEILER (2004, 178), COUVELAERE/RICHELIEU (2005, 36), GLADDEN/FUNK (2001, 75), KLOTZ (2006a, 36 f.), KOLBE/JAMES (2000, 24 u. 32), MÜLLER et al. (2005, 73 ff.), SOHNS/WEILGUNY/KLOTZ (2002, 31), www.sponsors.de vom 05.09.2003, www.sponsors.de vom 10.09.2003.

Die Empfehlungen sind nach Informations-, Interaktions-, Unterhaltungsangebot sowie Transaktionsangebot systematisiert.

Informationsangebot:
- Einrichtung eines News/Schlagzeilen-Boards (aktuellste Tagesmeldungen, zentrale Termine). - Umfassende Berichterstattung über das sportliche Geschehen des Klubs (Berichte, Reportagen, Interviews, Spielanalysen, Rückblicke, Previews etc.). - Multimedial inszenierte Darstellung von Spielerkader, Klubmanagement, Klubhistorie (Text, Bilder, Kurzvideos), ergänzend auch Unternehmens- und Vereinsstrukturen. - Einrichtung einer Stellenanzeigen-Rubrik. - Aktualisierung der Homepage mindestens einmal pro Tag.
Interaktionsangebot:
- Einrichtung eines Fanforums/Messageboards sowie eines Chatrooms mit freien sowie gegebenen Diskussionsthemen (z.B. Transferpolitik, aktuelles Liga- bzw. Klubgeschehen etc.) für den zeitgleichen bzw. zeitversetzten Meinungsaustausch unter Fans. - Einrichtung von Items wie Newsletter-Angebot und Kontakt- bzw. Beschwerdeformular, um dem Kundenbedürfnis nach persönlicher Ansprache bzw. Feedback nachzukommen.
Unterhaltungsangebot:
- Audio- und Videodownloads (Highlight-Spielausschnitte, Interviews, Pressekonferenzen, „behind-the-scenes"-Reportagen, täglicher Audio-Fanbericht mit Spiel- und Trainingskommentaren, Game Previews, Gegneranalysen[363]). - Pay-Content-Bereich: Internet-TV bzw. Internet-Radio mit Programminhalten wie Live-Übertragung von Testspielen, Spielzusammenfassungen, erweiterte Hintergrundberichterstattung ggü. regulärem Videodownloadangebot[364]. - Downloadmöglichkeit von Handyfeatures (Klublogo, Klingeltöne, Spiele) und PC-Features (Screensaver, Mannschaftsfoto, Computerspiele). - Angebot einer multimedialen Kids-Fan-Corner (z.B. kindergerechte Spieler- und Maskotchenpräsentation, Hinweise auf Kids-Aktionen an Spieltagen, Nachrichten-Ecke an das Klubmaskotchen, Lese- und Rechenspiele, Spieler-Rätsel usw.). - Zudem: Angebot von Gewinnspielen, Mannschaftsrätseln, Fanabstimmungen (Spieler des Monats, Spieler des Jahres, Dreamteam).
Transaktionsangebot (Online-Kaufmöglichkeiten von Tickets und Merchandising):
- Einrichtung eines virtuellen 360°-Stadionrundblicks bzw. eines dem Sitzplatz entsprechenden Spielfeldblicks. - Einrichtung virtueller Produktansichten (z.B. Darstellung von Merchandisingartikeln in Nutzungssituationen durch verschiedene Klubspieler).

Abb. 24: Markenbildungsrelevante Inhalte von Klubhomepages

363 *Best practise:* Die Klubhomepage der Memphis Grizzlies bietet sämtliche der zuvor skizzierten Unterhaltungs- und Infotainmenttools an. Darüber hinaus (Stand Saison 2006/2007): Downloadangebote zu Themen wie Media Day, NBA Rookie Transition-Programm, vierteiliger Play-Off-Report, achtteilige Dokumentation „Grizzlies Insider" (Inhalte: Play-Off-Rückblicke, Rookie-Workouts, Draft-Analysis, Draft Day, Summer Pro League, Training Camp/Saisonvorbereitung, Spielerportraits, Reportagen über verletzte Spieler; des Weiteren: zahlreiche Interviews mit Spielern, Management, Trainern, Journalisten), Dance-Team-Special, Stadion-Special (vgl. www.nba.com vom 22.12.2006).

364 *Best practise:* Umfangreicher Internet-Pay-Content-Bereich des FC Bayern München mit Live/Re-Live-Übertragungen bzw. Zusammenfassungen von Liga- bzw. Freundschaftsspielen; zudem: Newsberichte, Sonderinterviews, Spiel-Previews (KLOTZ 2006a, 36 f.).

Benutzerfreundlichkeit

Wie zuvor ausgeführt sind es v.a. die Inhalte einer Homepage, die deren Besuch zu einem (ergänzenden) Markenerlebnis werden lassen. Als Grundvoraussetzung dazu ist jedoch eine hohe Benutzerfreundlichkeit sicherzustellen. Folgende Kriterien sollten Fußballunternehmen in diesem Zusammenhang beachten:

- Allgemein: Überschaubarkeit der Menüpunkte, Suchfunktion und Homebutton, Einrichtung einer Sitemap, schneller Seitenaufbau, geringe Einspielung von Werbung.
- Unter dem Aspekt der Benutzerfreundlichkeit ist zudem das (strategisch bedeutsame) Angebot verschiedener Sprachdarstellungen der Homepageinhalte anzuführen. So bieten eine Vielzahl der Fußballbundesligisten ihren Web-Auftritt bereits in Englisch an (u.a. FC Schalke 04, Borussia Dortmund), einige Klubs darüber hinaus auch in Chinesisch und/oder Japanisch (z.B. FC Bayern München, Hamburger SV).
- Im weiteren Sinn sind dem Aspekt der Benutzerfreundlichkeit auch Personalisierungsmaßnahmen wie die individuelle Ansprache des Kunden und die kontinuierliche Anpassung der Internetseiten an die individuellen Bedürfnisse/Präferenzen durch Items wie Registrierung oder elektronischen Agenten[365] zu subsumieren[366].

Managementmaßnahme 8: Corporate Identity

Im Folgenden wird ausgeführt, welche CI-Maßnahmen zu einer Verbesserung der Klubmarkenwahrnehmung beitragen[367]. Von Relevanz sind dabei insbesondere die Gestaltungsbereiche Corporate Design und Corporate Behaviour“[368].

Corporate Design

Wie bereits in Kapitel 4.1.3.2. herausgearbeitet, müssen Fußballunternehmen aufgrund der mangelnden Markierungsmöglichkeit ihrer angebotenen Unterhaltungsdienstleistung auf al-

---

365 Elektronische Agenten merken sich bei jedem Besuch der Homepage die Seiten und passen das Navigationssystem dem Userverhalten an.

366 Personalisierungsmaßnahmen der Homepage sind in Anlehnung an AAKER/JOACHIMSTHALER (2001, 247) auch direkte markenpolitische Wirkungsmechanismen zuzuordnen, da die der Web-Site zukommende Aufgabe der Markenpflege (Verstärkung bisheriger Assoziationen, Schaffung neuer Assoziationen) dadurch effektiver ausgeführt werden könne.

367 Unter Corporate Identity (CI) ist die Gesamtheit all jener Maßnahmen zu verstehen, die das Erscheinungsbild eines Unternehmens bestimmen, formen und steuern, um eine möglichst einheitliche, dem formulierten Selbstverständnis entsprechende Präsentation des Unternehmens gegenüber den relevanten Anspruchsgruppen zu gewährleisten (vgl. BRAUN 1983, 186; FENKART/WIDMER 1987, 15; MAIER 2000, 140).
Die Corporate Identity eines Unternehmens stellt ein hypothetisches Konstrukt dar, das erst durch die Unterteilung in ihre Einzelkomponenten operationalisierbar wird (GLÖCKLER 1995, 24). Als Teilelemente der Corporate Identity differenziert man zwischen der Corporate Philosophy (Grundvorstellung des Unternehmens ausgedrückt in Werten, Zielen, Idealen, Normen), der Corporate Behaviour (Umsetzung der Corporate Philosophy auf der „Verhaltensebene“ von Unternehmen und Mitarbeiter), dem Corporate Design (im Rahmen der Corporate Identity geplante Designstrategie, optischer Ausdruck der Corporate Identity) und den Corporate Communications (mit der Corporate Philosophy abgestimmter Einsatz sämtlicher Kommunikationsinstrumente) (vgl. ACHTERHOLT 1991, 43 ff.; BIRKIGT/STADLER 2000, 19; GLÖCKLER 1995, 24; KELLER 1990, 10; KIESSLING/SPANNAGL 2000, 15 f.; MEFFERT 1998, 687 f.).

368 Grundsätzlich beeinflussen auch die „Corporate Communications“ die Prozesse des Markenaufbaus bzw. der Markenpflege. Aufgrund unvermeidbarer Redundanzen mit bereits ausgeführten bzw. noch ausstehenden, kommunikationspolitischen Markenmanagementmaßnahmen (Eventmarketing, Internetauftritt, Public Relations, Werbung) wird an dieser Stelle nicht näher auf jenes CI-Teilelement eingegangen.

ternative Visualisierungs- bzw. Markierungsansatzpunkte zurückgreifen. Die möglichen „Visual-Identity-Elements" von Fußballunternehmen wurden an gleicher Stelle bereits in „Kontaktsubjekte", „Kontaktobjekte" sowie die „ Klubinfrastrukturen" systematisiert. Für alle darunter zu subsumierenden Komponenten gilt es, diese stringent mittels einer einheitlichen Designstrategie zu markieren (Orientierungspunkte: Klubfarben, Klublogo/-symbole).

- Kontaktsubjekte: Dresscodes für Mitarbeiter, Funktionäre, Spieler, Trainer.
- Kontaktobjekte: Eintrittskarten, Merchandising, Plakatierungen, Drucksorten, Homepage, Fuhrpark.
- Infrastruktur: Stadion, Geschäftsstelle, Trainingsgelände, Fanshops, Vorverkaufsstellen, Klubheim.

Corporate Behaviour

Wie in 4.1.3.1. erläutert sind sowohl das sportliche Verhalten der Profispieler als auch deren Auftreten in den Medien sowie der Öffentlichkeit eng mit der Wahrnehmung der Klubmarke verbunden. Für das Klubmanagement ist daraus die Anforderung abzuleiten, jene Verhaltensbereiche bestmöglich zu steuern. In diesem Zusammenhang sind einerseits entsprechende problem-sensibilisierende Aufklärungsmaßnahmen (i.S.v. Erläuterungen zu den externen Wahrnehmungszusammenhängen zwischen Spielerverhalten und Klubimage), die Definition eines verbindlichen Spielerverhaltenskodexes mit Sanktionen bei Zuwiderhandlungen sowie der regelmäßige Besuch von Medienseminaren zur Förderung eines „publikumsgerechten" Auftretens der Spieler (v.a. im Nachwuchsbereich) anzuführen.

Darüber hinaus ist auch das Verhalten der Klubmitarbeiter sowie der Angestellten der Kooperationspartner der Fußballunternehmen zu steuern, da mitunter auch die in diesen Interaktionen gesammelten Erfahrungen das Klubmarkenbild der Kunden beeinflussen (vgl. 4.1.3.1.). Operative Ansatzpunkte zur Gewährleistung eines die Klubmarkenwahrnehmung unterstützenden Personalverhaltens im Bereich der unternehmensangehörigen Mitarbeiter stellen beispielsweise das Qualitäts- und Zeitmanagement zentraler Arbeitsprozesse, Aufzeichnungen und Auswertung von Kundengesprächen zur Qualitätssicherung, eine bedarfsgerechte Mitarbeiterauswahl, Personalfortbildungsmaßnahmen sowie definierte Kundenkontaktverhaltensregeln dar. Demgegenüber fällt die markenwahrnehmungsgerechte Steuerung des Mitarbeiterverhaltens der Kooperationspartner weitaus problembehafteter aus. So ist es dem Klubmanagement zwar möglich, die Arbeitsprozesse jener Mitarbeiter stichprobenhaft oder auch regelmäßig zu prüfen, Ansatzpunkte wie Mitarbeiterauswahl, Verhaltensregelvorgaben sowie Personalschulungsmaßnahmen sind jedoch ungleich schwerer zu beeinflussen, da diese dem unmittelbaren Einflussbereich des Klubs entzogen sind. Jedoch können jene Aspekte beispielsweise bereits im Vorfeld des Kooperationsbeginns in die Vertragsgestaltung integriert werden (z.B. Verpflichtung seitens des Netzwerkpartners, kein unterqualifiziertes Personal einzusetzen; Verpflichtung zu umfassenden Verhaltensmaßregeln sowie regelmäßigen Fortbildungsmaßnahmen; entsprechende Regelungen im Falle derartiger Vertragsverletzungen) (vgl. dazu

RECKENFELDERBÄUMER 2003, 70; RECKENFELDERBÄUMER 2004, 374; WELLING 2005, 507).

Managementmaßnahme 9: Merchandising

Die Nutzung von Klubmerchandising bietet den Fans/Anhängern die Möglichkeit, ihrer Klubidentifikation Ausdruck zu verleihen. Das Klubmerchandising ist somit zunächst als ein die Klubmarkenpräsenz unterstützendes Instrument zu kennzeichnen (z.B. PKW-Aufkleber, Shirts, Trikots, Mütze etc.). Darüber hinaus ist das Klubmerchandising bei entsprechend kreativem Designansatz jedoch auch als ein Tool zur Markenpositionierung im Sinne einer Verankerung neuer, spezifischer Markenassoziationen zu sehen. Fallbeispiele stellen einerseits der Klub Bayer 04 Leverkusen dar, der zur Saison 2006/2007 die so genannten „Werkself" und "Pillendreher" Merchandising-Kollektionen einführte (Übernahme jener den Klub charakterisierenden Schlagwörter als Leitmotive der Kollektionsdesigns[369]), zum anderen ist auf den FC St. Pauli und dessen mit Totenkopf-Symbolen oder dem Slogan „Weltpokalsiegerbesieger" versehene Merchandising-Serien zu verweisen.

Managementmaßnahme 10: Klubkooperationen

Wie in 4.1.4.1. skizziert eignen sich Kooperationsformen mit branchenverwandten Organisationen zur Markenpflege von Fußballunternehmen. Nachfolgende Ausführungen skizzieren verschiedene Kooperationsformen und deren markenpolitisches Potential.

Internationale Klubkooperationen

Die Vorteile derartiger Kooperationen (best practise: Manchester United und New York Yankees, FC Bayern München und Urawa Red Diamonds, Real Madrid und Real Salt Lake) liegt sowohl in der Möglichkeit des Management-Know-How-Austausches, der Nutzung von bestehenden Netzwerken des Kooperationspartners zur eigenen Markenexpansion (z.B. Erschließung des Merchandisingmarktes) als auch der gegenseitigen Markenunterstützung bzw. Markenassoziationsanreicherung (New York Yankees als eine Markenassoziation von Manchester United et vice verca)[370].

Klubfreundschaften

Entfernt bieten auch die von den Fans ausgehenden Klubfreundschaften markenpolitische Chancen. Sind diese entsprechend tief verwurzelt und bekannt, so können daraus profilschärfende Klubmarkenassoziationen resultieren. Als Praxisbeispiele sind die traditionsreichen Freundschaften der Klubs FC Schalke 04 und 1. FC Nürnberg, TSV 1860 München und 1. FC Kaiserslautern oder Hertha BSC Berlin und Karlsruher SC anzuführen (international: z.B. Borussia Mönchengladbach und FC Liverpool). Managementansätze bestehen nun in der Vertiefung bzw. Ausgestaltung der Fanverbindung (z.B. Inszenierung der Hintergründe der

[369] Vgl. dazu o.V. (2006k, 11), www.bayer04.de vom 27.07.2006 sowie www.sponsors.de vom 03.09.2006.

[370] Vgl. COUVELAERE/RICHELIEU (2005, 41), GLADDEN/IRWIN/SUTTON (1999, 304 ff.), KARLE (2001, 51), MOHR/BOHL (2001a, 148), o.V. (2006g, 62) sowie www.sponsors.de vom 19.01.2006.

Klubfreundschaft über Homepage und Stadionzeitschrift, Organisation von Freundschaftsspielen, Fan-Events nach Spielbegegnungen, gemeinsame Merchandising-Projekte, Unterstützung des Austausches unter den Fanklubs, gemeinsame Fanprojekte).

Managementmaßnahme 11: Sponsoren-/Partnerwahl

Wie in 4.1.4.1. gezeigt, bietet die Wahl markenstarker und werbeaktiver Sponsoren/Partner für Fußballunternehmen die Chance auf eine Anreicherung des Klubmarkenprofils um weitere, prägnante Assoziationen (z.B. VfL Wolfsburg und VW, FC Bayern München und T-Com, FC Bayern München und Microsoft Xbox 360) bzw. zusätzliche Markenmedienpräsenz (z.B. TV-Werbespots des Sponsors mit Klubbeteiligung). Jener Mehrwert ist bei der Akquise bzw. der Auswahl von Sponsoren und Partnern mit ins Kalkül zu ziehen.

Managementmaßnahme 12: Strategische Spielertransfers

Spielertransfers werden in erster Linie vor dem Hintergrund einer Verbesserung der Spielstärke vorgenommen. Jedoch können die Transfers auch absatz- bzw. imagebezogene Gründe haben. Beispielsweise verpflichtete der TSV 1860 München im Jahr 2002 den Chinesen Jiavi Shao, woraufhin die Live-Übertragungen des Klubs in China in jener Saison insgesamt 230 Mio. TV-Kontakte erbrachten. Als weiteres Beispiel ist der Wechsel David Beckhams von Manchester United zu Real Madrid im Jahr 2003 anzufügen. Der Transfer des „beliebtesten Spieler Asiens" trug nachhaltig dazu bei, dass Real Madrid in den Folgejahren sukzessiv seine Sympathie- und Beliebtheitswerte unter den asiatischen Fußballinteressierten ausbauen konnte (weitere Praxisbeispiele: Ende 2002 verpflichtete der Hamburger SV Japans „Spieler des Jahres 2002" Naohiro Takahara, 2005 nahm der FC Bayern München mit Ali Karimi „Asian's Player of the Year 2004" unter Vertrag)[371].

Managementmaßnahme 13: (Internationale) Showspiele

Vergleichbar mit dem ausgeführten Ansatz strategischer Kooperationen zwischen Profiklubs unterschiedlicher Nationen eignen sich auch Showspiele i.S.v. internationalen Turnier- bzw. Freundschaftsspielreisen in Kombination mit Pressekonferenzen und PR-Teamauftritten zur Markenexpansion in selten frequentierten, ausländischen Zielmärkten. Derartige Maßnahmen werden seit einigen Jahren vornehmlich von den großen „Branchenplayern" durchgeführt (z.B. Asia-Tour 2001 Manchester United, Asia-Tour 2003 Real Madrid, Asia-Tour 2004/2005/2006 bzw. USA-Tour 2006 FC Bayern München[372,373]).

371 Vgl. insbesondere HÖFT et al. (2005, 184), ergänzend auch BAUER/SAUER/SCHMITT (2004, 1), COUVELAERE/RICHELIEU (2005, 41), MÜLLER et al. (2005, 80).

372 Weitere Beispiele für internationale Turnier- und Freundschaftsspielreisen: Champions World Series Soccer Tour 2004 durch Nordamerika (beteiligte Klubs: Manchester United, FC Liverpool, FC Chelsea London, AC Milan, AS Rom, FC Bayern München, Celtic Glasgow), Freundschaftsspielserie „Visiting Friends"-Tour 2005 des FC Bayern München in Osteuropa (Warschau, Zagreb), Freundschaftsspiel des FC Bayern München gegen Teheran im Jahr 2005.

373 Vgl. dazu COUVELAERE/RICHELIEU (2005, 41), DARBYSHIRE (2004, 5), HÖFT et al. (2005, 185 f.), KLOTZ (2004, 27; 2006a, 36), SOHNS (2003e, 26 ff.), www.fcbayern.t-com.de vom 04.09.2006.

Managementmaßnahme 14: Public Relations

Durch die Aufgabe der zielgerichteten Informationsvermittlung an die verschiedenen Anspruchsgruppen stellen die Public Relations einen zentralen Baustein im Markenmanagementprozess der Fußballunternehmen dar[374]. Die Darstellung des sportlichen Geschehens stellt dabei jedoch nur die Basisaufgabe dar. Vielmehr ist die PR-Arbeit als ein Instrument zu sehen, welches durch die Aufarbeitung von Hintergrundinformation weitere, ergänzende Zugänge zur Klubmarke ermöglicht sowie durch seine Multiplikationsfunktion das markenpolitische Wirkungspotential der anderen durchgeführten Markenpflegemaßnahmen verstärkt[375].

Nachfolgend wird dargestellt, welche Managementmaßnahmen Fußballunternehmen berücksichtigen sollten, um die zuvor genannten, markenrelevanten Nutzenpotentiale der Public Relations ausschöpfen zu können. In der von Medialisierungsprozessen lebenden Branche des Profifußballs ist dabei insbesondere die „Pressearbeit" von Bedeutung, ergänzend werden die Gestaltungsbereiche „Veröffentlichungen" und „Veranstaltungen" kurz skizziert[376] (vgl. zu den nachfolgenden Erläuterungen KROLL 2002, 45; SCHILHANECK 2004, 139 f.; SCHILHANECK 2005a, 72 f.; SCHMID 2005, 87; SOHNS/WEILGUNY/KLOTZ 2002, 31).

Pressearbeit

Unter „Pressearbeit" ist die gezielte Informationsaufbereitung und Informationsvermittlung für die öffentlichkeitswirksamen Medien (Printmedien, Rundfunk, Fernsehen, New Media) zu verstehen. Im Kontext von Fußballunternehmen sind als Ausgestaltungsbereiche das Schreiben und Verbreiten von Pressemitteilungen/Presseberichten sowie die Organisation von Pressekonferenzen und Interviews anzuführen. Ziel der Pressearbeit von Fußballunternehmen sollte es sein, täglich einen Bericht über den Klub in den Medien zu platzieren. Da die Berichterstattung über die Spieltage dazu i.d.R. jedoch nicht ausreicht (v.a. in spielfreien Zeiten wie der Sommer- bzw. Winterpause[377]), besteht der „Zwang" zur Kreierung ergänzender, authentischer Rahmenbeiträge (Leitgedanke: Biete der Öffentlichkeit Klubmarkenzugänge über die sportlichen Markenessenzwerte hinaus).

---

374 Die Public Relations umfassen dabei alle Maßnahmen, die das Ansehen der PR-betreibenden Institution in der Öffentlichkeit fördern und eine Interessensidentität des Trägers mit der Zielgruppe herstellen sollen. Kennzeichnendes Merkmal der Public Relations ist die interessens- und zweckgerichtete Informationsvermittlung an die verschiedenen Anspruchsgruppen (ENGEL 2000, 2552 f.). Zur markenpolitischen Wirkung der Public Relations vgl. auch BIEL (1993, 76; 2001, 79).

375 So richten sich viele der zuvor ausgeführten Markenmanagementmaßnahmen oftmals direkt nur an einen eingeschränkten Leistungsempfängerkreis – solange die Öffentlichkeit über jene Klubaktivitäten jedoch nicht hinreichend informiert ist, verlieren die Managementansätze an Wirkung auf den Markenbildungsprozess. Beispielsweise erübrigen sich Cause-Related Marketingmaßnahmen von Fußballunternehmen, wenn der Einsatz nicht umfassend kommunikationspolitisch begleitet/inszeniert wird (Public Relations = „glue" for all club branding activities!).

376 Die vorgenommene Systematisierung der weiteren Vorgehensweise richtet sich dabei nach der in der Betriebswirtschaftslehre gängigen Unterteilung der operativen PR-Arbeit in die Gestaltungsbereiche „Veröffentlichungen", „Veranstaltungen" sowie „Pressearbeit" (vgl. u.a. KOTLER/BLIEMEL 1995, 1042; MÜHLBACHER 1993, 3620; PFLAUM 1998, 21 u. 108 ff.).

377 Vgl. dazu auch APOSTOLOPOULOU (2002, 209): „communicate with the people during off-season".

Abbildung 25 gibt einen Überblick über markenbildungsförderliche Maßnahmen im Rahmen der Pressearbeit von Profifußballklubs. Die Aufgaben sind nach den Ausgestaltungsbereichen „Schreiben und Verbreiten von Pressemitteilungen/Presseberichten" und „Organisation von Pressekonferenzen und Interviews" sowie den Inhaltsperspektiven „Sportliches Geschehen" bzw. „Zusatzinformationen" systematisiert.

Maßnahmenset: Schreiben und Verbreiten von Pressemitteilungen/Presseberichten
a) Perspektive "Sportliches Geschehen" - Maximale Aufbereitung des Spieltages (Vorbericht zum nächsten Spiel: Statistiken, voraussichtliche Spieleraufstellung, Leistungstrends, Rückblick letzte Begegnungen, Kurzinterviews etc.; Spielbericht; Interviews zum Spiel; Rückblick) und Versenden der Berichte an die Medienliste. - Maximale Aufbereitung der Saisonvorbereitung (laufende Berichterstattung: Trainingslager, Testspiele; Specials: Vorstellung Neuzugänge, Trikotvorstellung, Rückblick „Urlaubsreportage" etc.) und Versenden der Berichte an die Medienliste. - Informationszusammenstellung zur eigenen Mannschaft und Übermittlung dieser an die wichtigsten Medien in der Region der gegnerischen Mannschaft mindestens drei Tage vor dem Spieltag (unabhängig ob Heim- oder Auswärtsspiel).
b) Perspektive "Zusatzinformationsangebot" - Verfassen von Personality-Berichtsreihen zu den Spielern (ergänzendes Special: z.B. Spielerfrauen) und Versenden der Berichte an die Medienliste. - Regelmäßiges Verfassen von nostalgischen PR-Specials (z.B. „Historische Spieler des Klubs", „Historische Spiele/Momente des Klubs" etc.) und Versenden dieser an die Medienliste. - Inszenierung der Jungstars durch PR-Specials („Rookie-Report", „Rookie-Diary", „Youngsters im Leistungstest" etc.) und Versenden dieser an die Medienliste[378]. - Begleitung/Inszenierung/Multiplikation der übrigen Markenpflegemaßnahmen durch regelmäßige Verfassung von Berichten und Versendung dieser an die Medienliste (z.B. besondere Rahmenprogrammaktivitäten, Sonderserviceleistungen, Klub-/Sponsorenpromotions, Eventveranstaltungen, Cause-Related Marketingaktivitäten, Klubkooperationsprogramme, Klubfreundschaftsprojekte, Turnier- und Freundschaftsspielreisen, Vereins- bzw. Fanklubmitgliedergewinnungsmaßnahmen). - Angebot exklusiver/individueller PR-Specials mit den wichtigsten Medienpartnern (z.B. Sonderinterviews, Sonderreportagen).
Maßnahmenset: Organisation von Pressekonferenzen und Interviews
a) Perspektive "Sportliches Geschehen" - Maximale Aufbereitung des Spieltages (Pressekonferenz/Interviewmöglichkeiten vor und nach dem Spiel). - Angebot Pressekonferenz/Interviewmöglichkeiten nach dem Training.
b) Perspektive " Zusatzinformationsangebot" - Begleitung/Inszenierung/Multiplikation der übrigen Markenpflegemaßnahmen mittels Pressekonferenzen/ Interviewmöglichkeiten (z.B. Cause-Related Marketingaktivitäten, Klubkooperationen, Showspiele etc.; siehe Aufzählung zuvor), Einladung der Vertreter der Medienliste.

Abb. 25: Markenbildungsrelevante Ansatzpunkte der Pressearbeit von Profifußballklubs[379]

Da die Journalisten einen erheblichen Einfluss darauf haben, ob, wann und mit welcher Tonalität ein Thema veröffentlicht wird, müssen Fußballunternehmen ergänzend zu der bisher um-

[378] *Best practise:* Über ein Kurzvideo sowie einer Fotoserie „promotete" der NBA-Klub Memphis Grizzlies seinen First Round Draft Pick 2006 Rudy Gay mehrere Wochen sowohl auf der eigenen Klubhomepage als auch über diverse Sport-Websites (u.a. ESPN: „Watch Rudy Gay in action").

[379] Vgl. dazu v.a. SCHILHANECK (2004, 139 f. und 231 ff.; Analyse der PR-Arbeit des NHL-Klubs Washington Capitals).

schriebenen Pressearbeit auch in Aufbau und Pflege eines umfassenden Medien/Presse-Netzwerks investieren (weiterführendes dazu in Kapitel 4.2.4.1.).

Veröffentlichungen

PR-Maßnahmen beinhalten i.d.R. auch institutionsseigene Veröffentlichungen zur gezielten Ansprache der kennzeichnenden Anspruchsgruppen. Im Kontext von Fußballunternehmen sind darunter Veröffentlichungsarten wie Stadionzeitschrift, Mitgliederzeitschrift, Fanguide oder monatlicher Online-Newsletter zu subsumieren[380]. Ergänzend sind zudem die Veröffentlichungsformen eines Geschäfts-/Jahresberichts (Auskunft über Geschäftstätigkeit, finanzielle Lage und anstehende Entwicklung) bzw. eines Sponsoren-Branchenbuches anzuführen.

Veranstaltungen

PR-Veranstaltungen bieten Unternehmen die Möglichkeit, sich und ihre Leistungen Teilöffentlichkeiten gezielt vorzustellen. Aus dem breiten Ausprägungsspektrum unternehmerischer PR-Veranstaltungen (Ausstellungen, Messen, Konferenzen, Verbraucherinformationsveranstaltungen[381]) sind für Fußballunternehmen vor dem Hintergrund der zahlreichen im Rahmen der Pressearbeit abgehaltenen Pressekonferenzen letztlich nur folgende, ergänzende Veranstaltungsarten sinnvoll:

- Tag der offenen Tür (Einblicke in das „daily business" eines Fußballprofiklubs).
- Media-Day: Die Teams der US-Major Leagues veranstalten zur Saisoneröffnung jeweils einen so genannten „Media Day" mit allen Spielern, dem „Coaching-Staff" sowie dem „Upper Management". Hauptgegenstand der PR-Veranstaltung sind umfassende Interview- und Fotosessions mit allen Beteiligten (www.nba.com vom 04.10.2006).

Managementmaßnahme 15: Werbung

Auch die Werbung stellt für Fußballunternehmen einen Ansatzpunkt zur Verstärkung bekannter bzw. Verankerung neuer Markenassoziationen dar und sollte deshalb begleitend zu den bereits ausgeführten Markenmanagementmaßnahmen umgesetzt werden[382,383].

Einen Überblick über charakteristische Werbemaßnahmen im professionellen Teamsport gibt die nachfolgende Auflistung (vgl. dazu v.a. IRWIN et al. 2002, 163 ff.; ROTTHAUS/SROUJI 2005, 107 ff.; ergänzend AAKER/JOACHIMSTHALER 2001, 175 ff.; SCHILHANECK 2004, 136).

---

380 *Synergiepotential:* Als Teilinhalte lassen sich dabei die im Rahmen der Pressearbeit erstellenden Presseberichte weiterverwerten.

381 Vgl. dazu u.a. KOTLER/BLIEMEL (1995, 1042), MÜHLBACHER (1993, 3620), PFLAUM (1998, 21).

382 Zur Wirkung der Werbung auf den Klubmarkenbildungsprozess vgl. IRWIN et al. (2002, 139 ff.). Für eine allgemeine, branchenunspezifische Betrachtungsweise des Einflusses der Werbung auf die Unternehmensmarke vgl. AAKER (1991, 10), AAKER/BIEL (1993, 5), BIEL (1993, 74 f.; 2001, 76 f.), ESCH (2003, 219 f.), KRISHNAN/CHAKRAVARTI (1993, 214 f.), LÖBLER/MARKGRAF (2004, 1493 u. 1510), ROSSITER/PERCY (2001, 525 ff.).

383 Da Fußballunternehmen im Gegensatz zu herkömmlichen Konsumgüter- und Dienstleistungsunternehmen bereits Gegenstand umfassender medialer Berichterstattungen sind, stellen Werbemaßnahmen lediglich ein ergänzendes (marken-)kommunikationspolitisches Instrument dar.

- Lokale Werbekampagnen über Litfasssäulen, städtische Großplakatflächen, Aufsteller an zentralen Autobahnstellen sowie öffentliche Verkehrsmittelwerbung über Stadtbusse und S-/U-Bahnen (z.B. hat der VfB Stuttgart zum Saison-Beginn 2003/2004 zwei verschiedene Werbeplakatmotive für 20 Tage auf 1500 Littfasssäulen in Baden-Würtemberg sowie ein 100 qm großes Anzeigenmotiv auf dem Stuttgarter Schlossplatz angebracht).
- Flächendeckende Anbringung von Ankündigungsplakaten bzw. Verteilung von Handflyer.
- Printkampagnen (Tageszeitungen, Wochenblätter).
- Radiokampagnen bzw. Radio-Ankündigungsspots für die verschiedenen Heimspiele.
- Dezente Post- sowie Mailwerbung für erfasste Kunden.
- Imagetrailer mit Positionierungsmöglichkeiten wie Fernsehen (DSF, Premiere, Regionalfernsehen), städtischen/regionalen Kinos sowie Arena-TV-Programm (strategischer Ansatz: Produktion unterschiedlicher Versionen um dem Aufkommen von Langeweile bei mehrmaligem Sehen des Trailers entgegenzuwirken, z.B. bei regelmäßigem Heimspiel- oder Kinobesuch).

Zur Gewährleistung einer die Markenbildung unterstützenden Wirkung sollte sich die inhaltliche Gestaltung der Werbemaßnahmen an folgenden Ansatzpunkten orientieren:
- Aufgriff bereits bekannter bzw. gelernter Klubmarkenassoziationen (Ziel: Festigung bzw. Verstärkung jener Assoziationen).
- Thematisierung von im Rahmen der Markenziele definierter, zukünftig erwünschter Klubmarkenassoziationen (Ziel: Verankerung neuer Assoziationen[384]).
- Ausführung innovativer Werbebotschaften (i.S.v. witzig, pfiffig), die aufgrund ihrer Kreativität nachhaltige Erinnerungspunkte schaffen[385].

Managementmaßnahme 16: Mitgliedergewinnung (Mutterverein/Fanklubs)

Die Mitglieder bilden den Kern jedes Vereines und verkörpern das ursprüngliche gemeinschaftliche Vereinsleben. Im Kontext des Profifußballs ist jedoch zwischen den Mitgliedern des Muttervereins sowie den Mitgliedern der Fanklubs zu unterscheiden[386]. In beiden Fällen ist die erreichte Mitgliederzahl Ausdruck für die Klubmarkenstärke bzw. die Bedeutung des Profiklubs im Marktumfeld und wirkt wie eine „Visitenkarte" (in Anlehnung an BIERWITH/KARLOWITSCH 2004, 204)[387].

---

[384] Fallbeispiel: Begleitend zur Einführung der „Werkself" bzw. "Pillendreher" Merchandising-Kollektionen (vgl. Managementmaßnahme 9: Merchandising) initiierte Bayer 04 Leverkusen eine regionale Werbekampagne („Pillendreher vom Rhein"/„Doppelpass mit der Werkself") mit folgenden Werbemaßnahmen: Print-Anzeigen, Plakatierungen, Kino-Spot, Brückenverkleidung (vgl. www.bayer04.de vom 27.07.2006, www.sponsors.de vom 03.09.2006).

[385] Fallbeispiel: Plakataktion des VfB Stuttgart zum Heimspiel gegen Hertha BSC Berlin. Plakatheadline: „Spiel auf ein Tor". Plakatbild: Brandenburger Tor.

[386] Oftmals liegen dabei auch Doppelmitgliedschaften vor (Mitgliedschaft in Mutterverein und einem Fanklub).

[387] Die markenstrategische Bedeutung einer großen Mitgliederzahl in beiden Bereichen wird einerseits in der damit einhergehenden Verstärkung der Klubmarkenrepräsentanz deutlich (Merchandisingnutzung, Quelle positiver Erlebnisberichte), zum anderen tragen hohe (Vereins-/Fanklub-)Mitgliederzahlen auch für ausgelastete Stadien und eine eindrucksreiche Stadionatmosphäre bei, wodurch wiederum eine Intensivierung der Erlebniswelt „Stadion" geschaffen wird.

Im Folgenden werden zunächst mögliche Ansätze zur Mitgliedergewinnung im Mutterverein aufgelistet, daraufhin werden Maßnahmen (i.S.v. Beitragsleistungen von Seiten der Fußballunternehmen) zur Mitgliedergewinnung in den (registrierten/offiziellen) Fanklubs ausgeführt.

Mitgliedergewinnung Mutterverein

Eine umfassende Gewinnung von Mitgliedern im Mutterverein kann nicht durch isolierte Einzelaktivitäten realisiert werden, vielmehr bedarf es einer Reihe gezielter, ineinander greifender Maßnahmen (vgl. zu den folgenden Ausführungen u.a. BIERWIRTH/KARLOWITSCH 2004, 204 ff.; LANGEN et al. 2005, 210 ff.; MUTSCHLER/ROTTHAUS 2005, 1; ZELTINGER 2004, 74 f. u. 100[388]).

a) Startkonzept Mitgliedergewinnungskampagne:

Ausgangspunkt aller Mitgliedergewinnungsmaßnahmen sollte ein Kampagnenkonzept mit definiertem Zielwert sowie gesetztem Erreichungszeitraum sein. Fallbeispiel VfB Stuttgart: Im Herbst 2003 startete der Klub mit 7500 Vereinsmitgliedern die Kampagne „Die Region bewegt sich – jetzt Mitglied werden" (www.wirpackenschalke.de[389]). Zielsetzung: 40000 Mitglieder bis Juni 2005. Stand März 2005: Über 30000 Mitglieder mit der Folge der Weiterführung der Kampagne.

b) Kommunikation Mitgliedergewinnungskampagne:

Grundvorrausetzung zur erfolgreichen Umsetzung von Mitgliedergewinnungskampagnen sind zudem umfassende Kommunikationsbemühungen. An folgende Maßnahmen sind in diesem Zusammenhang zu denken:

- Durchführung von massenwirksamen Werbemaßnahmen (Anzeigen, Spotwerbung).
- Verteilung von Mitgliedschaftsanträgen und Info-Flyern an den Kassen und Eingangsbereichen während der Heimspiele.
- Durchführung personalisierter Mailing- bzw. Postaktionen an alle erfassten Kunden.

Ferner sind Mitgliederkampagnen regelmäßig medial zu begleiten (i.S.e. Berichterstattung über die durchgeführten Maßnahmen sowie die erzielten Fortschritte[390]).

---

[388] Vgl. zudem BAUER/EXLER/SAUER (2004, 1), BERTRAMS/BIELING/ESCHWEILER (2004, 181 f.), ROTTHAUS/SROUJI (2005, 118), SCHILHANECK (2005b, 99), KLINGMÜLLER/SIEBOLD (2004, 55), ZELTINGER/HAAS (2002, 465 f.).

[389] Ursprüngliche Zielsetzung der Mitgliederoffensive des VfB Stuttgart war es, den zweiten Platz in der „Mitglieder-Tabelle der Fußballbundesligisten", hinter dem FC Bayern München und vor dem FC Schalke 04, einzunehmen. Daraus ergab sich daraufhin das angeführte zweite, unterstützende Kampagnenmotto „Wir packen Schalke".

[390] Mögliche Plattformen: Klubhomepage, Sonderhomepage für die Mitgliedergewinnungskampagne, Mitgliederzeitschrift, Stadionzeitschrift, Berichte/Beiträge in den mit dem Klub kooperierenden Medien (Zeitungen, Radiosender, regionale TV-Sender).

c) Beitrittsanreize:

Der Erfolg von Mitgliedergewinnungskampagnen hängt des Weiteren von den im Rahmen der Kampagnen angebotenen Beitrittsanreizen sowie der Attraktivität der generell eingeräumten Mitgliedschaftsvorteilen ab. In Abbildung 26 sind dazu mögliche Gestaltungsoptionen ausgeführt.

Kampagnenbezogene Beitrittsanreize
- Verzicht auf Aufnahmegebühren. - Beitritts-/Begrüßungsgeschenk (z.B. T-Shirt, Mütze, Schal, Freikarte, kostenlose Stadionführung etc.; alternativ: Erwerbsmöglichkeit handsignierter Spielertrikots zum Sonderpreis). - Mitglieder-werben-Mitglieder-Aktionen (attraktive Prämien für erfolgreiche Mitgliederwerbung wie „Meet your favourite Player", handsigniertes Klubmerchandising, Pool an Sponsorenleistungen)
Generelle Mitgliedschaftsvorteile
- Monatliche sowie jährliche Preisverlosungen (monatliche Verlosung: handsigniertes Merchandising und Spielerequipment, Sponsorenleistungen; jährliche Preisverlosung: wenige, jedoch attraktive Hauptgewinne wie z.B. Begleitung internationales Auswärtsspiel, Einladung Weihnachtsfeier, Hospitality-Karten etc.[391]). - Veröffentlichung der Mitgliedernamen auf dem Stadionareal/Vereinsgelände. - Monatlicher Mitgliederstammtisch (mit Spielerbeteiligung). - Wöchentlicher Online-Mitglieder-Newsletter. - Gesonderter Homepage-Mitgliederbereich. - Personalisierte Klub-Email-Adresse (ehemaliges Mitgliedschaftsangebot des FC St. Pauli). - Personalisierte Mitgliedsausweiskarte. - Personalisierte Mitgliedschaftsurkunde. - Preisvergünstigungen auf Klubleistungen (Eintrittskarten, Merchandising sowie weiteren Klubgeschäftsfeldern wie Reisebüro, Hotel etc.) und Sponsoren-/Partnerleistungen[392]. - Freier Eintritt zu den Spielen der Amateurmannschaften. - Teilnahmemöglichkeit an der Mitgliederversammlung (welche ihrerseits wiederum mit zahlreichen Anreizen attraktiv auszugestalten ist: Spieler-/Managementpräsenz mit Autogrammmöglichkeit, Rahmenprogramm etc.) - Bevorzugte Behandlung bei der Kartenzuteilung bei attraktiven Spielen durch ein eingerichtetes und vorreserviertes Mitgliederkartenkontingent. - Möglichkeit zum Erwerb einer „Personal/Permanent Seat Licence" (= Recht, einen bestimmten Sitzplatz im Stadion langfristig zu belegen; evtl. mit Namensschild). - Angebot einer speziellen Merchandising-Kollektion für Vereinsmitglieder. - Organisation spezieller Veranstaltungen für Vereinsmitglieder.

Abb. 26: Kampagnenbezogene Beitrittsanreize und generelle Mitgliedschaftsvorteile

Anzumerken ist, dass zur Aktivierung des Akquisepotentials der Beitrittsanreize (Kampagnenboni, generelle Mitgliedschaftsvorteile) diese gezielt und umfassend an die Anspruchsgruppen zu kommunizieren sind (= Verzahnung mit den zuvor ausgeführten kommunikationspolitischen Maßnahmen).

---

[391] *Best practise:* Der VfB Stuttgart verloste beispielsweise unter allen Neumitgliedern 2004 eine Mercedes A-Klasse sowie eine Platzkarte in der Ehrenloge des Gottlieb-Daimler-Stadions, wobei der Eintrittskartengewinner zudem persönlich von dem Präsident des Klubs zu Hause abgeholt und zum Stadion gebracht wurde (vgl. MUTSCHLER/ROTTHAUS 2005, 1).

[392] Z.B. erhalten die Mitglieder von Hertha BSC Berlin Vergünstigungen für diverse Sponsoren-/Partnerleistungen (z.B. Telefon- und Handyzubehör, Sportartikel; vgl. BIERWITH/KARLOWITSCH 2004, 218).

Mitgliedergewinnung Fanklubs

Zur Vergrößerung der die Klubmarkenstärke mitbestimmenden Anhängerzahlen ist neben der Gewinnung von Vereinsmitgliedern zudem gezielt ein Ausbau der Mitgliedschaften in den (offiziellen) Fanklubs zu fördern. Es gilt demnach, die Fanklubs mittels geeigneter Anreize zu Eigenakquisemaßnahmen zu motivieren bzw. derart zu unterstützen, dass eine Mitgliedschaft in den Fanklubs attraktiv wird.

In Abbildung 27 sind mögliche Gestaltungsansätze zusammengefasst[393].

- Fanklub-Wettbewerb (Prämien für die Klubs mit den meisten aquirierten Eigenmitgliedern pro Saison, z.B. Einladung zu einem Treffen in der Geschäftsstelle, Merchandising für Klubveranstaltungen etc.; Einführung eines Fanklubrankings).
- Vermittlung von Spieler/Management/Trainer zu besonderen Fanklubveranstaltungen (z.B. Weihnachtsfeier, Jubiläum).
- Vermittlung von Spieler/Management/Trainer als Fanklub-Ehrenmitglieder.
- Zuteilung von (handsigniertem) Klubmerchandising zu besonderen Fanklubveranstaltungen.
- Bevorzugte Behandlung im Rahmen der Kartenzuteilung bei attraktiven Spielen durch ein eingerichtetes und vorreserviertes Fanklubkartenkontingent.
- Preisnachlässe auf Fanartikel.
- Bereitstellung eigener Stadionblöcke für die Fanklubs.
- Fanklub-Newsletter.
- Durch Fußballunternehmen „lizenzierter", personalisierter Fanklub-Mitgliedsausweis.
- Einsatz von Fanbeauftragten (Aufgaben: z.B. Organisation von Veranstaltungen für Fanklubs, Unterstützung von Fanklubinitiativen, Hilfestellungen für Fans aller Art).
- Einrichtung einer übergeordneten Fanklub-Vertretung (z.B. Arbeitsgemeinschaft der Fanklubs des TSV 1860 München, ARGE e.V.[394]).

Abb. 27: Ansätze zur Mitgliedergewinnung in Fanklubs

4.1.4.2. Strategieempfehlungen für das Markenmanagement von Fußballunternehmen

Im folgenden Abschnitt werden Strategieempfehlungen für das Klubmarkenmanagement ausgeführt. Diese beinhalten Hinweise zur Hierarchisierung sowie inhaltlichen Ausgestaltung der zuvor beschriebenen Markenmanagementmaßnahmen und bilden somit einen Orientierungsrahmen für die erfolgreiche Maßnahmenumsetzung.

Strategieempfehlung 1: Instrumenteneinsatz Markenaufbau

Für den Klubmarkenaufbau ist ein spezifischer Instrumenteneinsatz notwendig. Die Maßnahmenwahl begründet sich aus folgenden Überlegungen. Wie in Abschnitt 4.1.1.2. ausgeführt, sind die kaufverhaltensrelevanten Markenassoziationen nachweislich eng mit der Markenbe-

---

393 In Anlehnung an BAUER/EXLER/SAUER (2004, 1), BERTRAMS/BIELING/ESCHWEILER (2004, 182), ROHLMANN (1998, 110), ZELTINGER (2004, 76 f. u. 100 f.), ZELTINGER/HAAS (2002, 465). Zudem: Telefonisches Kurzinterview mit einem Funktionär eines offiziellen Fanklubs des FC Bayern München (Interviewtag: 24.06.2006).

394 In der ARGE e.V., der Arbeitsgemeinschaft der Fanklubs des TSV 1860 München, sind knapp 500 Fanklubs mit etwa 53000 Mitgliedern zusammengefasst. Aufgaben der Organisation: Gegenseitige Fanklub-Unterstützung, gegenseitiges Kennenlernen, Mitgliederbetreuung/Mitgliederberatung sowie die gemeinsame Interessenvertretung gegenüber dem Hauptverein (www.tsv1860.de vom 04.09.2006).

kanntheit verknüpft, wobei eine ausreichend hohe Markenbekanntheit die Grundvoraussetzung für scharfe Gedächtnisprojektionen darstellt. Aus dieser zeitlichen Wirkungsdifferenz ist folglich die Notwendigkeit abzuleiten, dass Klubs in der Phase des Markenaufbaus („New-Player") zunächst die Markenbekanntheit sowie erste prägnante Klubmarkenassoziationen (basierend auf den kennzeichnenden Klubmarkenessenzwerten[395]) ausreichend zu fördern haben. Der Aufbau von Klubmarkenbekanntheit bedeutet, die Marke zu thematisieren und „ins Gespräch zu bringen", idealerweise sollte sie im Einzugsgebiet nach ausreichendem Zeitraum hohe aktive Markenbekanntheitswerte erzielen[396]. Für den Aufbau von Markenbekanntheit sowie der Festigung erster klarer Klubmarkenassoziationen bedarf es eines umfassenden Einsatzes von Massenkommunikationsmaßnahmen, da sowohl zur Bekanntmachung der Marke als auch zur Vermittlung und Festigung erster Markeninhalte eine Vielzahl an Kontakten bzw. zahlreiche Wiederholungen erforderlich sind. Als zentral sind dabei die Public Relations (v.a. Pressearbeit) sowie die Werbung zu sehen, die flächendeckend sowie mit hoher Kontaktfrequenz anzusetzen sind. Ergänzend sind zudem erste (erlebnisvermittelnde) Sonderkommunikationsmaßnahmen wie z.B. Eventveranstaltungen in Betracht zu ziehen. Die damit erzielten direkten Kontakte wirken i.d.R. stärker als mediale Kontakte, wodurch ein schnellerer Aufbau von Markenbekanntheit erfolgt, allerdings ist der Rezipientenkreis eingeschränkt.

Strategieempfehlung 2: Instrumenteneinsatz Markenpflege

Der Phase des Markenaufbaus folgt der Abschnitt der (kontinuierlichen) Markenpflege. Diese richtet sich an die Fußballunternehmen mit etablierten Klubmarken, d.h. an konsolidierte Bundesligisten, die bereits über eine hohe Klubmarkenbekanntheit sowie einige gefestigte Klubmarkenassoziationen verfügen. Unter Markenpflege ist die Stärkung der bestehenden, kennzeichnenden Markenassoziationen sowie die gezielte Anreicherung ergänzender Markenassoziationen zu verstehen[397]. Auch die Markenpflege der Fußballunternehmen bedarf eines gezielten Instrumenteneinsatzes.

395 Fallbeispiel: Klubmarkenessenzwerte FC Augsburg, Zweitliganeuling Saison 2006/2007: „Augsburger Kinder" Ulrich Biesinger, Helmut Haller, Bernd Schuster, Karlheinz Riedle; Stadionprojekt Augsburg Arena; traditionsreiches Rosenaustadion; Mäzen Walter Seinsch; erstligaerfahrener Teammanager Andreas Rettig; „Starzugänge" Momo Diabang, Mourad Hdiouad, Felix Luz, Imre Scabics, Michael Thurk.

396 Wie in 4.1.1.2. erläutert, ist zwischen aktiver Markenbekanntheit (ungestützte Markenerinnerung, Markenrecall) und passiver Markenbekanntheit (bloßes Wiedererkennen einer Marke, Markenrecognition) zu unterscheiden. Je nach Leistungskategorie haben die beiden Markenbekanntheitsarten eine unterschiedliche Bedeutung für das Kaufverhalten. Bei Marken, deren Kaufentscheidung am Point-of-Sale fällt (z.B. Konsumgüter des täglichen Bedarfs), ist die Wiedererkennung der Marke relevant (passive Markenbekanntheit; zentral: visuelle Reize wie Produktdesign, Verpackung, Logo). Ist die Kaufentscheidung hingegen vom Point-of-Sale getrennt (Leistungsbedarf wird erkannt und man überlegt sich mögliche Handlungsoptionen), ist die aktive Markenerinnerung ausschlaggebend, da diese dafür sorgt, dass die betreffende Marke überhaupt zu den wahrgenommenen und akzeptierten Alternativen gehört (z.B. Dienstleistungen wie Versicherungen, Beratungen, Fachärzte etc.; vgl. ESCH 2003, 216 f.; ROSSITER/PERCY 2001, 528 f.). Fußballunternehmen haben demzufolge eine hohe aktive Markenbekanntheit anzusteuern.

397 Vgl. dazu auch die knappen Ausführungen in BAUER/EXLER/SAUER (2004, 11) bzw. BAUER/SAUER/SCHMITT (2004, 26).

Für die Massenkommunikationsbereiche (PR sowie ergänzende Werbemaßnahmen) ist daraus neben der Aufrechterhaltung von Reichweite und Kontaktfrequenz eine zusätzliche qualitative Anforderungskomponente ableitbar, indem z.B. über „nostalgische" PR- und Werbekampagnen oder regelmäßige Personality-Berichte „künstliche" Zusatzassoziationen inszeniert und verbreitet werden. An dieser Stelle setzt schließlich auch der umfassende Einsatz wertanreichernder Instrumente und die Verzahnung/Begleitung dieser mit kommunikativen Maßnahmen an, in dem z.B. über Cause-Related Marketingprogramme, Erlebnis- und Eventmarketingmaßnahmen, attraktive Verkaufsförderungsprogramme oder einer Servicestrategie zusätzliche Markenbilder bzw. Markenzugänge erzeugt und konsequent über die Kommunikationsmaßnahmen verbreitet werden.

Strategieempfehlung 3: Anreicherung der Markenessenz

Wie im Rahmen der operativen Ebene des Markenmanagementkonzepts für Fußballunternehmen (vgl. 4.1.4.2.) erläutert wurde, liefert die Markenessenz die zentralen inhaltlichen Bezugspunkte für alle Positionierungsmaßnahmen. Diesbezüglich ist jedoch anzumerken, dass im Profifußball augenfällige qualitative als auch quantitative Differenzen unter den jeweiligen Klubmarkenessenzen auszumachen sind. Während ein Topklub wie der FC Bayern München in allen genannten Kategorien über identifikations- und assoziationsträchtige Essenzelemente verfügt (zahlreiche Persönlichkeiten in Kader, Management sowie Präsidium; kontinuierliche nationale und internationale Erfolge; modernes Fußballstadion; erfolgreichster europäischer Klub Mitte der 70er Jahre; größte Anhängerschaft unter den Bundesligisten), haben es „traditions- und erfolgsärmere" Profifußballklubs bedeutend schwerer (z.B. Werksverein VfL Wolfsburg). Hier steht das Klubmanagement vor der Herausforderung, mögliche additive Kernwerte zu identifizieren bzw. ggf. zu kreieren, um durch diese weitere Ansatzpunkte für eine differenzierbare Markenpositionierung zu erschaffen[398].

Strategieempfehlung 4: Logo-Redesigns

Der Corporate Design Ansatz vieler deutscher Fußballprofiklubs zeichnet sich durch äußerst identische Symbolanreicherungen und Farbgestaltungen aus[399], notwendige Differenzierungspositionen werden dadurch nur in den wenigsten Fällen erreicht (ein Ausnahmefall stellt beispielsweise der FC St. Pauli dar, der sich visuell über das Symbol eines Totenkopfes sowie die prägnante Vereinsfarbe „braun" von den anderen Klubs deutlich abgrenzt). Vor diesem Hintergrund sind als Strategieempfehlung, insbesondere für die „jungen Branchenplayer" (New-Player) ohne allzu große Traditionsverankerungen auf nationaler Ebene (z.B. Aufsteiger in die zweite Bundesliga, Klubfusionsprojekte), vorsichtige Logo-Redesignmaßnahmen

398 Fallbeispiel VfL Wolfsburg (mögliche Klubmarkenessenzquellen Saison 2007/2008): Volkswagen-Arena, enge Verflechtung mit dem VW-Konzern, Image der klassischen Betriebsmannschaft, seit Jahren auf argentinische Spieler ausgerichtete Transferstrategie, „Diven"-Klub der Bundesliga (Stefan Effenberg, Andrés Dàlessandro, Marcelinho), starke Trainerpersönlichkeit (Felix Magath), „Wolf/Wölfe"-Assoziation.

399 Beispielsweise ist die Klubfarbenkombination „rot/weiß" im deutschen Lizenzfußball weit verbreitet, übergeordnet wird die Farbwahl jedoch durch den FC Bayern München belegt. Vgl. zu dieser Problematik auch WELLING (2004b, 405 f.).

angeraten. Diese Vorgehensweise ist in Europa bisweilen nicht sonderlich verbreitet, in den US-Major Leagues gilt jene Handlungsoption hingegen als anerkannte Marketingstrategie. Zahlreiche Beispiele stehen dabei für gelungene und ökonomisch erfolgreiche Klubrepositionierungen (NFL: Tampa Bay Buccaneers; NBA: Memphis Grizzlies; MLB: Chicago White Sox oder Colorado Rockies; vgl. dazu BOONE/KOCHUNNY/WILLKINS 1995, 39; GLADDEN/MILNE 1999, 22; ROSS 2006, 22). Jedoch zeigt der Fall Red Bull Salzburg (mit Übernahme des Klubs hat der Getränkehersteller die traditionellen Klubfarben violett-weiß durch die Unternehmensfarben rot, weiß, blau ersetzt mit der Folge intensiver Fanproteste gegen das neue Branding), dass die Übernahme dieser Managementmaßnahme durchaus problembehaftet ist. Derartige Repositionierungen müssen folglich bei geringsten Authentizitätsverlusten sowie unter Einbezug der zentralen Stakeholder sowie umfassenden Vorteilserläuterungen durchgeführt werden (z.B. Vereinsfarbe Rot wird zu Weinrot oder Orange, Dunkelblau zu einem „Retro-Blau"; dezentes Redesign der Klublogosymbole).

Strategieempfehlung 5: Integrierte Markenkommunikation

In Kapitel 4.1.3. wurde bereits auf die Notwendigkeit einer Integration der Markenkommunikationsmaßnahmen zur Wirkungsoptimierung hingewiesen. Integration bedeutet dabei, aus den verschiedenen Kommunikationsinstrumenten eine Einheit zu schaffen, d.h. diese inhaltlich, zeitlich und formal konsistent aufeinander abzustimmen und zu vernetzen. Ist eine derartige Integration nicht gegeben, sind oftmals Wirkungsverluste die Folge (z.B. durch Widersprüche in den jeweiligen Kommunikationsbotschaften; vgl. dazu BRUHN 2004a, 1445; ESCH 2003, 222 ff.; ESCH/REDLER 2004, 1469; FRIEDRICHSEN/KONERDING 2004, 5 ff.). Fußballunternehmen haben demzufolge darauf zu achten, ihre kennzeichnenden Markenkommunikationsmaßnahmen (Homepage, Pressemitteilungen, Werbung, Promotions, Events, Cause-Related Marketing) entsprechend den umschriebenen Kriterien (Inhalt, zeitlicher Einsatz, formale Darstellung) aufeinander abzustimmen.

Strategieempfehlung 6: Kontaktmöglichkeiten mit Klubpersönlichkeiten

Viele der in 4.1.4.1. ausgeführten Markenmanagementmaßnahmen zielen darauf ab, in den Anspruchs- bzw. Zielgruppen der Fußballunternehmen bestehende Markenassoziationen zu festigen bzw. neue Markenassoziationen zu verankern. Bei einigen dieser Maßnahmen[400] ist davon auszugehen, dass sich deren (Marken-)Wirkung durch den Einbezug von Klubpersönlichkeiten wie Spieler, Trainer, Manager oder Altstars erhöht (z.B. Fanevent mit Spielerbeteiligungen wie Autogrammstunde und Getränkeausschank, Angebot von Spieler-Live-Chats auf der Homepage, Mannschaftskontakt als Teil des VIP-Rahmenprogramms an Spieltagen). Hintergrund dazu ist, dass die Klubpersönlichkeiten die zentralen Identifikationsbezugspunkte der Fußballunternehmen sind und Kontakte mit Ihnen eine besondere Erfahrung bzw. eine bleibende Erinnerung darstellen, die das Klubmarkenbild dauerhaft mitprägen. Eine regelmäßige

[400] Im Genauen handelt es sich um folgende Maßnahmen: Eventmarketing, Erlebnismarketing, Cause-Related Marketing, Klubhomepage, Promotions, Serviceleistungen.

Integration von Klubpersönlichkeiten in die Markenmanagementmaßnahmen ist folglich als eine weitere Strategieempfehlung für Fußballunternehmen festzuhalten.

Strategieempfehlung 7: Balance zwischen emotionalen und rationalen Klubmarkenwerten
Starke Marken lösen rationale und emotionale Empfindungen im Kopf der Rezipienten aus, die auf der gleichen Stärke der beiden Komponenten beruhen (Theorie der „Balance of Values"). Ist diese Wertebalance nicht gegeben, hat dies (mittelfristig) negative Auswirkungen auf die Wertschöpfung der Marke (vgl. MICHAEL 2003, 12).

Geht man von dieser Anforderung an starke Marken aus („Ratio-Emotio-Balance"), so ist für Fußballmarken jedoch anzunehmen, dass diese kennzeichnenderweise v.a. emotionale Reaktionen bzw. Reflexe in den Köpfen der Konsumenten auslösen, rationale Empfindungen hingegen nachrangiger Art sind. Vor diesem Hintergrund ist im Rahmen der Markenpflege folglich auch ein Fokus auf die Vermittlung kennzeichnender rational-substantieller Bestandteile der Klubmarke an die Anspruchsgruppen zu legen[401]. Als solche sind einerseits historisch-traditionsbezogene Klubwissenskomponenten (= Akquirierung des historischen Markenkapitals), aktuelles Klubwissen (Vermittlung von Leitbild bzw. Leitwerten des Klubs, Hintergrundinformationen über gegenwärtige Marketingaktionen[402]) als auch eine fußballbezogene Normen- und Wertevermittlung zu sehen (Fußball ist deutsches Kulturgut; Prägung von rahmenkonformen Verhalten, z.B. Väter sind fürsorglich und nehmen ihre Söhne zu einem Bundesligaspiel mit). Die Umsetzung dieser Anforderung betrifft primär das kommunikative Markeninstrumentarium (Public Relations, Werbung, Klubhomepage).

4.2. Das Leitziel „Erfolgreiches Kundenbindungsmanagement" (Pflege und Sicherung langfristiger Kundenbeziehungen)

Im Folgenden werden zunächst die betriebswirtschaftlichen Grundlagen des Kundenbindungsmanagements erläutert (4.2.1.). Daraufhin werden die sich aus den ökonomischen Besonderheiten der Branche der Fußballunternehmen ergebenden Problemfelder als auch Chancen für das Kundenbindungsmanagement von Fußballunternehmen diskutiert und Managementkonsequenzen erörtert (4.2.2.). Davon ausgehend wird ein spezifischer Maßnahmenkatalog für das Kundenbindungsmanagement von Fußballunternehmen erstellt (4.2.3.). In einem letzten Arbeitsschritt werden schließlich operative Managementmaßnahmen sowie strategische Empfehlungen zur Umsetzung des Leitziels „Erfolgreiches Kundenbindungsmanagement" (Pflege und Sicherung langfristiger Kundenbeziehungen) ausgeführt (4.2.4.).

---

401 Vgl. dazu auch KOHL/SIEGEL (2000, 498): Emotionale Marken brauchen auch rationale Werte.

402 Oftmals „verpuffen" innovative Marketingmaßnahmen von Fußballprofiklubs aufgrund mangelhaft kommunizierter Hintergrundinformationen. Als Fallbeispiel ist der TSV 1860 München anzuführen, der in der Saison 2006/2007 für das Design der Auswärtstrikots die seltene Farbkombination grün-gold wählte. Dabei versäumte es der Klub, ausreichend zu kommunizieren, dass es sich dabei um die Farben des Gesamtvereins handelt (die bekannte, traditionelle Farbkombination weiß-hellblau ist hingegen die Farbwahl der Fußballabteilung) und verpasste damit die Chance auf eine neue, eigenständige Klubassoziation.

4.2.1. Grundlagen des Kundenbindungsmanagements

Einleitend werden die beiden Begriffe „Kundenbindung“ bzw. „Kundenbindungsmanagement“ definiert und von verwandten Konstrukten abgegrenzt. Weiterführend wird die ökonomische Bedeutung der Kundenbindung erörtert, ein Typologisierungsansatz von Kundenbindungsarten vorgestellt und die Wirkungskette der Kundenbindung erläutert. Abschließend wird auf das Instrumentarium des Kundenbindungsmanagements eingegangen.

4.2.1.1. Begriffliche Grundlagen

Bezugspunkt des Konstrukts „Kundenbindung“ ist die Geschäftsbeziehung zwischen einem Anbieter und einem Kunden[403] (vgl. DILLER 1996, 81; ergänzend auch BRUHN/HOMBURG 2001, 344; HOMBURG/BECKER/HENTSCHEL 2005, 100; HOMBURG/GIERING/HENTSCHEL 1999, 177 f.). Vor diesem Hintergrund sind zwei unterschiedliche Sichtweisen und folglich auch zwei Begriffsverständnisse der Kundenbindung möglich: Eine *anbieterbezogene Perspektive*, in welcher der Kundenbindung ein instrumenteller Charakter zukommt (d.h. Instrumente der Kundenbindung sind von Seiten des Anbieters förderlich zu steuern; Kundenbindung als unternehmerische, managementbezogene Aufgabe), sowie eine *nachfrageorientierte Perspektive*, in deren Rahmen Kundenbindung verhaltensorientiert interpretiert wird (Betrachtung der Verhaltenskonsequenzen der Kundenbindung beim Nachfrager auf der ex-post und ex-ante Zeitebene) (vgl. u.a. BRUHN/HOMBURG 2001, 344; DILLER 1996, 82 f.; HOMBURG/BECKER/HENTSCHEL 2005, 100; HOMBURG/GIERING/HENTSCHEL 1999, 177 f.; KRÜGER 1997, 16 f.; WEINBERG/TERLUTTER 2005, 43[404]).

Betrachtet man zunächst die *Anbieterperspektive*, so umfasst die Kundenbindung „alle Aktivitäten, die auf die Herstellung oder Intensivierung der Bindung aktueller Kunden gerichtet sind und die somit geeignet erscheinen, Geschäftsbeziehungen zu Kunden enger zu gestalten“ (HOMBURG/GIERING/HENTSCHEL 1999, 178; HOMBURG/BECKER/HENTSCHEL 2005, 100). Kundenbindung aus Unternehmenssicht ist also ein Marketing- bzw. Managementansatz, der darauf abzielt, langfristige Kundenbeziehungen aufzubauen bzw. zu erhalten (DILLER 1996, 84; STAUSS 2005, 318; ähnlich GÖTZ et al. 2006, 419; KRÜGER 1997, 21; MÜLLER/RIESENBECK 1991, 68; MEFFERT 2005, 149). Kundenbindungsmanagement wird dabei definiert als „systematische Analyse, Planung, Durchführung sowie Kontrolle sämtlicher auf den aktuellen Kundenstamm gerichteter Maßnahmen mit dem Ziel, dass diese Kunden auch in Zukunft die Geschäftsbeziehung aufrechterhalten oder intensiver pflegen“ (HOMBURG/BRUHN 2005, 8; nahezu identisch BRUHN/HOMBURG 2001, 347; BRUHN/HOMBURG 2004, 428).

---

403 Unter Geschäftsbeziehungen sind dabei „von ökonomischen Zielen geleitete, auf mehrmalige Transaktionen ausgerichtete Interaktionsprozesse“ zwischen einem Anbieter und einem Nachfrager zu verstehen (DILLER 1997a, 573; ähnlich BRUHN/HOMBURG 2004, 275; DILLER 1996, 82; PLINKE/SÖLLNER 2005, 69).

404 Vgl. des Weiteren HOMBURG/BRUHN (2005, 8), KRAFFT (2001, 22), MEFFERT (2005, 149), MEYER/BLÜMELHUBER (2000, 273 f.), MEYER/OEVERMANN (1995, 1341 in Verbindung mit 1344). Zur theoretischen Fundierung des Kundenbindungskonstrukts vgl. HOMBURG/BRUHN (2005, 12 ff.)

Bei Bezugnahme auf den Kunden (*Nachfragerperspektive*) ist die Kundenbindung mit dessen Loyalität gleichzusetzen (d.h. ein Kunde ist „gebunden", wenn er gegenüber dem jeweiligen Anbieter loyal ist). Die Loyalität bezieht sich dabei sowohl auf das bisherige Verhalten als auch auf die Absicht zu zukünftigem Verhalten (vgl. BRUHN/HOMBURG 2001, 344; BRUHN/HOMBURG 2004, 434; HOMBURG/BECKER/HENTSCHEL 2005, 100; HOMBURG/BRUHN 2005, 8; HOMBURG/GIERING/HENTSCHEL 1999, 178; ähnlich auch FOSCHT 2002, 42 u. 48 f.; KRÜGER 1997, 16 f.). Die Bindung bzw. Loyalität eines Kunden ist dabei jedoch nicht nur über sein Kaufverhalten zu interpretieren (Kunde ist loyal, wenn er ein Produkt, eine Leistung wiederholt nachfragt), vielmehr ist auch die positive Einstellung des Kunden gegenüber dem Anbieter von Bedeutung (Kunde ist loyal, wenn er den Anbieter weiterempfiehlt bzw. bereit ist, auch andere Produkte, Leistungen des Anbieters bei Bedarf nachzufragen; vgl. BRUHN/HOMBURG 2001, 344; HOMBURG/BECKER/HENTSCHEL 2005, 100 f.; HOMBURG/GIERING/HENTSCHEL 1999, 178 f.; ähnlich HOLLAND 2004, 41; KRÜGER 1997, 17 f.). Fasst man die bisherigen Ausführungen zusammen, so lässt sich die nachfragerbezogene Kundenbindung wie folgt konzeptualisieren: Die Kundenbindung ist ein Konstrukt mit den beiden Dimensionen „Bisheriges Verhalten" und „Verhaltensabsichten". In Anlehnung an MEYER/OEVERMANN (1995, 1341) ist erstgenannter Dimension sowohl das bisherige Kaufverhalten als auch das bisherige Weiterempfehlungsverhalten zu subsumieren. Die Verhaltensabsichtsdimension wird hingegen über die Faktoren der zukünftigen Wiederkaufs-, Zusatzkaufs- und Weiterempfehlungsabsicht des Kunden konkretisiert[405] (vgl. dazu auch BAUER/EXLER/SAUER 2004, 6; BRUHN/HOMBURG 2001, 344; HOMBURG/BECKER/HENTSCHEL 2005, 101; HOMBURG/FASSNACHT/WERNER 2000, 508 f.; HOMBURG/GIERING/HENTSCHEL 1999, 179; KRAFFT 2001, 24 f.[406]). Kundenbindung aus Nachfragersicht ist also ein äußerst komplexes – da mehrdimensionales – Konstrukt[407].[408]

Abbildung 28 verdeutlicht die ausgeführte Konzeptualisierung der nachfragerorientierten Perspektive der Kundenbindung im Überblick.

[405] Überträgt man die skizzierte Konzeptualisierung der nachfragerbezogenen Kundenbindung auf den professionellen Teamsport respektive der Branche des Profifußballs, so sind als Elemente loyalen Kunden- bzw. Fanverhaltens folgende Aktivitäten anzuführen (in Anlehnung an BAUER/EXLER/SAUER 2004, 6): Besuch von Spielen im Stadion; Konsum von Spielen über die Medien; Konsum sonstiger Berichterstattungen über den Klub über die Medien; Kauf/Nutzung von Klubmerchandising; Gespräche, Diskussionen, Erfahrungsberichte über den Klub.

[406] Vgl. zudem HOMBURG/BRUHN (2005, 8 f.): Modifikation/Erweiterung der dargestellten Konzeptualisierung des Kundenbindungskonstrukts. Weiterführendes in KRAFFT (2001, 24 ff.): Diskussion alternativer Konzeptualisierungs- bzw. Operationalisierungsansätze des Kundenbindungskonstrukts.

[407] Für Ansätze zur Messung der Kundenbindung aus Nachfragersicht vgl. insbesondere die Ausführungen von DILLER (1996, 84 ff.), HOMBURG/FASSNACHT/WERNER (2000, 509 ff.), ergänzend BRUHN/HOMBURG (2004, 425 f.), MEYER/OEVERMANN (1996, 1342 ff.).

[408] Randbemerkung: In der Marketingliteratur ist grundsätzlich eine Vielzahl an Kundenbindungsdefinitionen zu finden. Auffällig ist, dass in vielen Fällen Kundenbindung jeweils nur aus der Perspektive der Nachfrager definiert wird (vgl. BRUHN 2001, 73; GEORGI 2005, 232; GRUND 1998, 11) bzw. einige „perspektivneutrale" Definitionsansätze vorliegen (vgl. DILLER 1996, 84; KRAFFT 2001, 22).

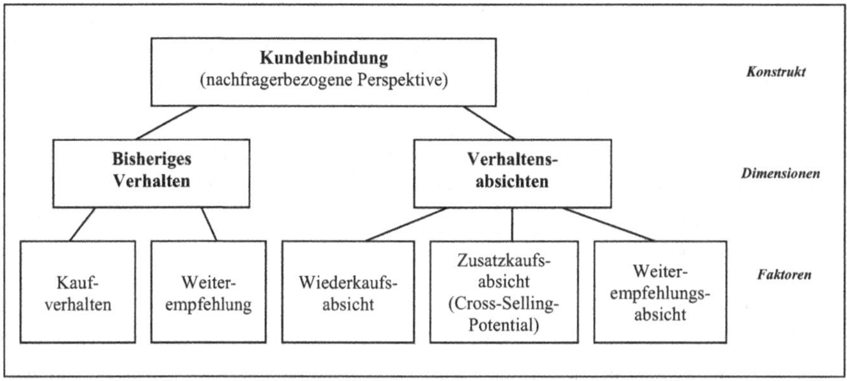

Abb. 28: Konzeptualisierung des Konstrukts der nachfragerbezogenen Kundenbindung[409]

Nach den vorausgegangenen Erläuterungen bedarf es einer Abgrenzung des Kundenbindungsmanagements zu ansatzverwandten, kundenorientierten Managementkonzepten wie dem Kundenmanagement, dem Relationship Marketing sowie dem Customer Relationship Management. Dies ist deshalb notwendig, da sich die vier Ansätze in einigen Inhalten überschneiden (so ist die Geschäftsbeziehung jeweils zentraler Bezugspunkt der Managementkonzepte) mit der Folge, dass die Begriffe in der Literatur entweder fälschlicherweise synonym verwendet werden[410] oder aufgrund unscharfer Begriffsbestimmungen Unklarheiten über die Unterschiede der verschiedenen Managementansätze entstehen[411,412]. Vor diesem Hintergrund werden im Folgenden die drei zuvor angeführten kundenorientierten Managementansätze trennscharf definiert und die Zusammenhänge mit bzw. Unterschiede zu dem Kundenbindungsmanagement kurz erläutert.

a) Kundenmanagement

DILLER (1995b, 1363) definiert Kundenmanagement als „alle Aufgaben der Planung, Durchführung und Kontrolle beim Aufbau, der Gestaltung und Erhaltung der Geschäftsbeziehung zu bestimmten Kunden(gruppen)". Nach BRUHN/HOMBURG (2004, 434) umfasst das Kun-

409 Vgl. BRUHN/HOMBURG (2001, 345), HOMBURG/BECKER/HENTSCHEL (2005, 101), HOMBURG/FASSNACHT/WERNER (2000, 509), HOMBURG/GIERING/HENTSCHEL (1999, 179).

410 So verwendet beispielsweise GERDES (2005, 381) in seinem Beitrag die Begriffe Beziehungsmarketing und Kundenbindungsmanagement synonym. Ähnlich auch GRUND (1998, 67), der Retention Marketing (= engl. für Kundenbindungsmanagement) mit Relationship Marketing gleichsetzt.

411 Beispielsweise kennzeichnen SCHUMACHER/MEYER (2004, 18 f.) den Schwerpunkt des Relationship Marketing als „Entwicklung partnerschaftlicher Kunden-Unternehmens-Beziehungen", unter Kundenmanagement versteht das Autorenpaar die „gezielte Bearbeitung und Gestaltung von Kundenbeziehungen", während das Customer Relationship Management als die „umfassende Gestaltung der Anbieter-Kunden-Beziehungen eines Unternehmens zu dessen Kunden und Interessenten" definiert wird. Betrachtet man die drei Begriffsbestimmungen nach SCHUMACHER/MEYER (2004, 18 f.), so stellt sich die Frage nach den konzeptionellen Unterschieden der drei Managementansätze.

412 Vgl. in diesem Zusammenhang auch HOMBURG/BRUHN (2005, 8), LINK (2001, 2) oder MEFFERT (2005, 149), die ebenfalls auf die in der Literatur vorherrschende Differenzierungsproblematik der angeführten kundenorientierten Managementansätze verweisen.

denmanagement, weitestgehend in Einklang mit DILLER (1995b), „sämtliche Steuerungs- und Koordinationsaufgaben, die sich mit dem Aufbau sowie dem Ausbau des Kundenstamms beschäftigen, wobei als Zielgruppe des Kundenmanagements sowohl die aktuellen als auch die potenziellen und ehemaligen Kunden zu betrachten sind". Ferner sei auch die gezielte Auflösung von Geschäftsbeziehungen Gegenstand des Kundenmanagements. Das Kundenmanagement beinhaltet folglich die Aufgaben der Kundenakquisition, der Kundenbindung, der Kundenrückgewinnung sowie der Geschäftsbeziehungsauflösung. Das Kundenbindungsmanagement ist demnach als ein Teilbereich des Kundenmanagements zu kennzeichnen.

b) Relationship Marketing

BRUHN (2001, 9) definiert Relationship Marketing als "sämtliche Maßnahmen der Analyse, Planung, Durchführung und Kontrolle, die der Initiierung, Stabilisierung, Intensivierung und Wiederaufnahme von Geschäftsbeziehungen zu den Anspruchsgruppen des Unternehmens – insbesondere zu den Kunden – mit dem Ziel des gegenseitigen Nutzens dienen" (vgl. auch BRUHN/HOMBURG 2004, 729). Im weiteren Sinn betrifft das Relationship Marketing dabei die Beziehungsgestaltung des Unternehmens zu sämtlichen Anspruchsgruppen (Konzeption einer strategisch orientierten „Gesamtaußenpolitik", Unternehmensbeziehungsgestaltung „in all ihren Facetten"; vgl. BRUHN 2001, 11; DILLER 1995a, 286; DILLER 1995b, 573; GRUND 1998, 69; HOMBURG/BECKER/HENTSCHEL 2005, 97: HOMBURG/GIERING/HENTSCHEL 1999, 176; MEFFERT 2005, 149). Da die Steuerung der Kundenbeziehungen jedoch der Kerngegenstand des Relationship Marketings ist (vgl. den zuvor angeführten Definitionsansatz sowie BRUHN/HOMBURG 2004, 423) bezieht sich das Relationship Marketing in einer engeren Sichtweise ausschließlich auf den Kunden (BRUHN 2001, 10). Die Kundenbeziehungsgestaltung umfasst dabei wiederum, entsprechend dem Kundenbeziehungslebenszyklus, die Bereiche der Neukundenakquisition, der Kundenbindung sowie der Kundenrückgewinnung (vgl. BRUHN 2001, 12 u. 46 ff.; BRUHN 2002, 134 f.; BRUHN/HOMBURG 2004, 730 f.). In diesem engen Verständnis ist Relationship Marketing folglich dem Kundenmanagement gleichzusetzen, während das Relationship Marketing im weiten Sinn über diesen Ansatz hinausgeht, da es, wie ausgeführt, auch andere Anspruchsgruppen als jene der Kunden mit einbezieht. Mit Blick auf das Kundenbindungsmanagement gilt demnach, dass dieses lediglich einen Teilbereich des Relationship Marketings darstellt. Anzumerken verbleibt, dass die Begriffe Beziehungsmarketing, Beziehungsmanagement sowie Relationship Management Synonyme für den Ansatz des Relationship Marketings sind (vgl. BRUHN/HOMBURG 2004, 97 u. 424; MEFFERT 2005, 149)[413].

[413] In der Fachliteratur ist eine „verwirrende" Begriffsführung des Relationship Marketings auszumachen. Hintergrund dazu ist, dass in einigen Definitionsansätzen lediglich Teilaspekte des umfassenden Ansatzes des Relationship Marketing-Konzepts angesprochen werden (zumeist die enge, kundenbezogene Perspektive, oftmals dabei wiederum nur die Komponente bestehender Kundenbeziehungen) und daraus eine unzureichende Differenzierung zum Ansatz des Kundenmanagements bzw. des Kundenbindungsmanagements resultiert (vgl. z.B. BERRY 1983, 25; BICKELMANN 2001, 27; HOLLAND/HEEG 1998, 16; SCHUMACHER/MEYER 2004, 18 bzw. die auf BERRY 1983 bezugnehmenden Arbeiten von LACHOWETZ et al. 2001, 182; LACHOWETZ et al. 2003, 22; MCDONALD/MILNE 1997, 27; SHANI 1997, 11).

c) Customer Relationship Management (CRM)

Seit einigen Jahren wird im Rahmen der Auseinandersetzung mit Kunden- bzw. Geschäftsbeziehungen auch der Ausdruck des „Customer Relationship Managements" verwendet. Der Ansatz bezieht sich dabei v.a. auf den informationstechnischen Rahmen des Managements der Kundenbeziehungen. So definieren BRUHN/HOMBURG (2004, 141) Customer Relationship Management auch als „Planung, Durchführung, Kontrolle und Anpassung aller Unternehmensaktivitäten, die unter Nutzung von Informations- und Kommunikationstechnologien zu einer Steigerung der Profitabilität von Geschäftsbeziehungen beitragen" (ähnlich HOMBURG/SIEBEN 2005, 437 f.; SIEBEN 2001, 299). HIPPNER/WILDE (2001, 6) und WESSLING (2001, 11) heben in ihren weitestgehend inhaltsidentischen Definitionsansätzen zudem den Aspekt des Aufbaus „langfristig profitable(r) Kundenbeziehungen" hervor (vgl. zudem auch PEELEN 2005, 6: developing longterm, mutually profitable customer relationships). Das Customer Relationship Management gleicht in seiner konzeptionellen Grundausrichtung somit z.T. dem Leitgedanken des Kundenbindungsmanagement, da der CRM-Ansatz im Kern auch Bindung und Profitabilitätssteigerung von Kunden zum Gegenstand hat (vgl. zu dieser Schlussfolgerung auch BRUHN/HOMBURG 2004, 141; HOMBURG/BRUHN 2005, 7). Zentrales Differenzierungskriterium ist jedoch, wie eingangs bereits ausgeführt, der CRM-ansatzimmanente, konstitutive IT-Einbezug[414,415].

4.2.1.2. Ökonomische Bedeutung der Kundenbindung

Die ökonomische Bedeutung der Kundenbindung wird durch verschiedene Untersuchungen verdeutlicht (auf die jeweiligen methodischen Zugänge wird an dieser Stelle nicht weiter eingegangen, vgl. dazu die angeführte Primärliteratur).

---

414 Hinweise auf die charakteristische IT-Integration im Rahmen des Customer Relationship Managements geben zudem BRENDEL (2003, 46), GERTH (2001, 104), HANDEN (2000, 16), HOLLAND (2004, 5 u. 7), KINCAID (2003, 41), LINK (2001, 3), ZIPSER (2001, 36 ff.).

415 Auch bezüglich des Customer Relationship Managements herrscht in der Fachliteratur eine z.T. undifferenzierte Begriffsführung vor. Da zahlreiche CRM-Begriffsbestimmungen sehr weit formuliert sind und zudem die konstitutive IT-Verwendung ausgrenzen (z.B. GÖTZ et al. 2006, 412; SCHUMACHER/MEYER 2004, 19; WEHRMEISTER 2001, 16), ergeben sich in diesen Fällen Unschärfen und Abgrenzungsprobleme zu den Konzepten des Kundenbindungsmanagements und des Kundenmanagements (bzw. der engen Sichtweise des Relationship Marketings).
Randdiskussion: Zur weiteren Verdeutlichung der engen Ansatzverwandschaft der umschriebenen kundenorientierten Managementansätze sei abschließend auf BRUHN (2002) verwiesen. In jenem Beitrag nutzt BRUHN zur CRM-Begriffsklärung seinen Definitionsansatz des Relationship Marketings (vgl. BRUHN 2002, 133 mit BRUHN 2001, 9). So seien unter CRM bzw. eCRM bislang „zwar primär informationstechnologische Lösungen zur Steuerung von Kundenbeziehungen behandelt worden", „da abzusehen ist, dass sich diese Begriffe mit der Zeit jedoch von selbst abnutzen, wird im Folgenden einheitlich von Relationship Marketing gesprochen". Diese (aus Verfassersicht aufgrund des in der Literatur so häufig angeführten CRM-Differenzierungskriteriums der IT-Verwendung nicht ganz nachvollziehbare Gleichsetzung) hat beispielsweise zur Folge, dass ZELTINGER (2004) in seiner Dissertation zum Thema „Customer Relationship Management in Fußballunternehmen" bei seiner CRM-Begriffsbestimmung den originären Definitionsansatz des Relationship Managements anführt (unter Bezugnahme auf BRUHN 2002) und den informationstechnologischen Bezug des CRM-Ansatzes unberücksichtigt lässt (hierbei stellt sich wiederum die Frage, warum ZELTINGER jene „leicht problembehaftete" Begriffsbestimmung für seine Promotionsarbeit ohne Diskussion weiterer Definitionsansätze übernimmt).

- REICHHELD/SASSER (1990, 1991) zeigen in ihrer Studie, dass die Senkung der Kundenabwanderungsrate um fünf Prozent in unterschiedlichen Branchen zu Gewinnsteigerungen zwischen 25 bis 85 Prozent führen kann[416] (ähnlich REICHHELD 1993a, 1993b; Fallbeispiel einer US-Bankgesellschaft: Durch eine Verringerung der Kundenabwanderung um fünf Prozent wurde in fünf Jahren eine Gewinnzunahme von 60 Prozent realisiert[417]).
- KALWANI/NARAYANDAS (1995) ermitteln in ihrer Untersuchung, dass langfristige Kundenbeziehungen (in Zulieferer-Hersteller-Geschäftsbeziehungen auf Zuliefererseite) u.a. höhere Umsatzergebnisse sowie einen höheren Return of Investment zur Folge haben[418].
- MÜLLER/RIESENBECK (1991) zeigen am Fallbeispiel eines US-Gebrauchsgüterherstellers, dass sich eine Steigerung der Kundentreue in einem deutlichen Gewinnzuwachs niederschlug[419].[420]

Die Gründe für die zuvor skizzierten, positiven Auswirkungen der Kundenbindung auf den ökonomischen Unternehmenserfolg sind vielfältig. So wirkt sich eine nachfragerbezogene Kundenbindung sowohl auf die Erlös- als auch auf die Kostenseite der Unternehmen aus, zudem sind indirekte Erfolgswirkungen erkennbar. Erfolgspotentiale durch loyale Kunden sind dabei im Einzelnen

- eine Steigerung der Preisbereitschaft,
- eine Steigerung der Kauffrequenz bzw. Kaufmenge (bezogen auf die bisher nachgefragten Produkte/Leistungen),

---

416 Vgl. im Genauen REICHHELD/SASSER (1990, 110 ff.; 1991, 107 ff.). Folgende Branchen wurden dabei untersucht: Autokundendienst, Depotverwaltung, Kreditkartenorganisation, Kreditversicherung, Versicherungsagentur, Großhandel, (Groß-)Wäscherei, Bürogebäudeverwaltung, Software. Kurze Verweise auf die Untersuchung zudem in BRUHN (2001, 5), HIPPNER/WILDE (2001, 10 f.; 2003, 11 f.), MEYER/BLÜMELHUBER (2000, 274).

417 Vgl. im Genauen REICHHELD (1993a, 107; 1993b, 65). Knappe Hinweise finden sich ferner in BRUHN (2001, 4).

418 Vgl. im Genauen KALWANI/NARAYANDAS (1995, 8 ff.). Eine kurze Diskussion der Untersuchung findet sich zudem in KRAFFT (2001, 32).

419 Vgl. im Genauen MÜLLER/RIESENBECK (1991, 70).

420 Kurze Hinweise auf einen positiven Zusammenhang zwischen Kundenbindung und ökonomischem Unternehmenserfolg finden sich zudem in HOMBURG/BRUHN (2005, 17), HOMBURG/BUCERIUS (2006, 65 f.), HUBER/HERRMANN/BRAUNSTEIN (2000, 59 f.), WORATSCHEK/HORBEL (2005, 44).
Kritische Randnotiz: KRAFFT (2001, 31 ff.) diskutiert in seiner Arbeit u.a. den Forschungsstand zu den ökonomischen Konsequenzen der Kundenbindung. Bezüglich zwei der im Fließtext angeführten Untersuchungen (REICHHELD/SASSER 1990, REICHHELD 1993b) vermerkt er, dass es sich dabei lediglich „um eine Sammlung von Fallstudien (handelt), denen die nötige empirische Breite fehlt, um verallgemeinernde Schlüsse ziehen zu können" (vgl. ebenda S. 31, Fußnote 137). Zudem diskutiert er weitere Beiträge, die sich mit jener Thematik auseinandersetzen (u.a. auch KALWANI/NARAYANDAS 1995). Letztlich kommt er zu dem Schluss, dass „die bisher vorliegenden Studien zur Wirkung von kundenbindenden Maßnahmen eher anekdotischer Natur sind, kleinzahlige Stichproben umfassen und methodisch mit teilweise inadäquaten statistischen Verfahren vorgehen. Summa summarum ist keineswegs erwiesen, dass Kundenbindung unter dem Strich positiv wirkt".

- eine Aktivierung von Cross-Selling- bzw. Up-Selling-Potentialen[421],
- Kosteneinsparungen (sinkende Kundenbetreuungskosten durch Erfahrungseffekte auf Kunden- sowie Unternehmensseite[422], geringere Streuverluste von Marketingaktivitäten),
- eine Steigerung des Weiterempfehlungsverhaltens bzw. der positiven Erfahrungsberichterstattung an Dritte (= kostenlose und v.a. sehr effektive – da glaubhafte – Werbung) sowie
- eine ökonomische Risikoabgrenzung (Fehlertoleranz und Vertrauensbonus).

(vgl. v.a. BRUHN 2001, 3 f.; DILLER 1996, 82; GERDES 2005, 383; HIPPNER/WILDE 2001, 11 f.; HIPPNER/WILDE 2003, 12; HOMBURG/BRUHN 2005, 17 f.; SIEBEN 2001, 301; TOMCZAK/DITTRICH 1999, 63[423]).

4.2.1.3. Kundenbindungsarten

Die Bindung eines Kunden an ein Unternehmen ist auf verschiedene Ursachen bzw. Gründe zurückzuführen. Das Wissen um jene Einflussfaktoren ist als grundlegende Voraussetzung für die Erarbeitung eines Kundenbindungsmanagementkonzepts zu sehen.

Der in der Literatur vorherrschende Ansatz der Typologisierung von Kundenbindungsarten besteht in der Differenzierung zwischen

- unfreiwilliger Kundenbindung (Gebundenheit) und
- freiwilliger Kundenbindung (Verbundenheit)

(vgl. BIERWIRTH/KARLOWITSCH 2004, 202; BRUHN 2001, 74; BRUHN/HOMBURG 2004, 424 f.; DILLER 1996, 87 f.; FOSCHT 1998, 49; GEORGI 2005, 232 ff.; HELM 2005, 130; HOMBURG/BRUHN 2005, 10; KRAFFT 2001, 26; MEFFERT 2005, 149).

Gebundenheit stellt einen Bindungszustand dar, der sich auf einen bestimmten Zeitraum bezieht. Zwar kann der Kunde in diesen Zustand freiwillig eintreten, während dieser Zeitperiode ist er jedoch aufgrund von bestimmten Parametern in seiner Entscheidungsfreiheit hinsichtlich der Nutzung von Leistungen des entsprechenden Anbieters eingeschränkt. Gebundenheit wird somit durch den Aufbau von Wechselbarrieren erreicht (BRUHN 2001, 74; GEORGI 2005,

---

[421] *Cross-Selling:* Aktivierung von vorhandenen Kundenkontakten für weitere Produktkäufe bzw. Leistungsinanspruchnahmen anderer Art wie bisher (z.B. Versicherungsbranche: Kunde schließt auch Versicherungen anderer Art bei gleichem Versicherungsanbieter ab).
Up-Selling: Aktivierung von vorhandenen Kundenkontakten für höherwertige Produktkäufe bzw. Leistungsinanspruchnahmen gleicher Art wie bisher (z.B. Automobilindustrie: Kunde erwirbt bei Autoneukauf jeweils ein höherwertiges Modell, Audi A3 → A4 → A6).
(Vgl. zu den Ausführungen HADELER/WINTER 2000, 661; HIPPNER/WILDE 2001, 11 f.; ZELTINGER 2004, 137 f.; knapp auch BAUER/EXLER/SAUER 2004, 6).

[422] Kundenseite: Abnehmende Anzahl an Problemen und Fragen.
Unternehmensseite: Kenntnis von Kundenwünschen, -bedürfnissen und -präferenzen.

[423] Vgl. zudem BRUHN (2002, 132), BRUHN/HENNIG-THURAU/HADWICH (2004, 408), BRUHN/HOMBURG (2004, 430), GRUND (1998, 5 ff.), HUBER/HERRMANN/BRAUNSTEIN (2000, 58 f.), REICHHELD/SASSER (1990, 106 f.; 1991, 109), ZELTINGER/HAAS (2002, 464). Knappe Hinweise auch in BRAEKLER/DIEHL/WORTMANN (2003, 153), GEORGI (2005, 231) sowie MEYER/BLÜMELHUBER (2000, 274).
Vgl. des Weiteren BAILOM et al. (1996, 117), HUBER/HERRMANN/BRAUNSTEIN (2000, 51 f.), HOLLAND (2004, 40), KRÜGER (1997, 86), WICHER (2001, 41), wobei sich jene Beiträge jedoch auf das Kundenzufriedenheitskonstrukt beziehen.

236; ZELTINGER 2004, 108). Folgende Formen der Gebundenheit sind dabei zu unterscheiden:

a) Unter ökonomischer Gebundenheit sind ökonomische Wechselbarrieren zu verstehen, die ein finanzielles Verlustpotential im Falle einer Abwanderung des Kunden vom Anbieter bedeuten würden (ein Wechsel findet aufgrund von zu hoch empfundener Wechselkosten nicht statt; z.B. sehr hohe, einmalige Aufnahmegebühr wie im Fall von Golfklubs oder der Verlust von attraktiven Boni/Rabatten bei einem Anbieterwechsel) (vgl. GEORGI 2005, 236; HOMBURG/BRUHN 2005, 11; MEFFERT 2005, 158 f.; ergänzend auch HOLLAND 2004, 44; MEYER/OEVERMANN 1995, 1341; WEINBERG/TERLUTTER 2005, 44).

b) Vertragliche Gebundenheit besteht, wenn der Kunde aufgrund einer rechtsverbindlichen Vereinbarung (juristische Wechselbarriere) sich über einen längeren Zeitraum verpflichtet hat, die Leistungen eines Anbieters in Anspruch zu nehmen (z.B. Mobiltelefonvertrag, Fitness-Studiovertrag) (vgl. GEORGI 2005, 236; HOMBURG/BRUHN 2005, 11; MEFFERT 2005, 157; knappe Hinweise zudem in TOMCZAK/DITTRICH 1999, 66; HOLLAND 2004, 44; MEYER/OEVERMANN 1995, 1341; WEINBERG/TERLUTTER 2005, 44).

c) Situative Gebundenheit liegt vor, wenn situativ-äußere Faktoren wie der günstige Standort eines Anbieters aus Sicht des Kunden oder das Fehlen von Angebotsalternativen in der Region bewirken, dass ein Kunde einen Anbieter primär frequentiert (vgl. HOMBURG/BRUHN 2005, 11; MEYER/OEVERMANN 1995, 1341).

d) Eine technisch-funktionale Gebundenheit wird durch die Errichtung technisch-funktionaler Wechselbarrieren erreicht, welche die Funktionsfähigkeit der Leistungen betreffen. Sie ist beispielsweise dann gegeben, wenn Abhängigkeiten in technischer Hinsicht bestehen und ein Anbieterwechsel Kompatibilitätsprobleme mit sich bringt (z.B. Mobiltelefon mit Netlock: Netlock-Verfahren verhindert das Benutzen einer Sim-Karte eines anderen Netzanbieters) (GEORGI 2005, 236; HOMBURG/BRUHN 2005, 11; MEFFERT 2005, 158; vgl. darüber hinaus HOLLAND 2004, 44; MEYER/OEVERMANN 1995, 1341; WEINBERG/TERLUTTER 2005, 44).

Gebundenheit wird in der Literatur häufig auch als faktische Kundenbindung bezeichnet (vgl. TOMCZAK/DITTRICH 1999, 68; FOSCHT 1998, 49; HOMBURG/BRUHN 2005, 11; MEFFERT 2005, 149).

Verbundenheit ist hingegen ein Bindungszustand, der auf psychologische Ursachen zurückzuführen ist. Über Verbundenheit wird eine „freiwillige Kundenbindung“ hervorgerufen. Sie resultiert aus einer vom Kunden wahrgenommenen Vorteilhaftigkeit der Beziehungen zu einem Unternehmen im Vergleich zur Nichtexistenz dieser Beziehung bzw. zur Beziehung zu anderen Unternehmen (BRUHN 2001, 74; GEORGI 2005, 233; ZELTINGER 2004, 108).

Ausgehend von den betriebswirtschaftlichen Darstellungen zählen zu den psychologischen Bindungsursachen die Zufriedenheit, das Commitment sowie das Vertrauen der Kunden[424] (vgl. insbesondere DILLER 1996, 87 ff.; GARBARINO/JOHNSON 1999, 71 f.; MEFFERT 2005, 149 u. 159; TOMCZAK/DITTRICH 1999, 68 f.[425,426]).

a) Kundenzufriedenheit: In der Literatur wird mehrfach darauf hingewiesen, dass eine Erhöhung der freiwilligen Kundenbindung vor allem über die Kundenzufriedenheit zu erreichen ist (Kundenzufriedenheit als zentrale Determinante der Kundenbindung; vgl. u.a. BERTRAMS/ BIELING/ESCHWEILER 2004, 169 f.; BRUHN 2000b, 37; GRUND 1998, 16; HELM 2005, 130; HOMBURG/BRUHN 2005, 11; KRÜGER 1997, 42[427]). Zur Erklärung der Entstehung von Kundenzufriedenheit wird dabei in erster Linie auf das Confirmation-Disconfirmation-Paradigma (C/D-Paradigma) zurückgegriffen[428]. Dem populären Beschreibungsansatz zufolge resultiert Kundenzufriedenheit im Wesentlichen aus Vergleichen von Erwartungen (Soll-Leistungen) mit wahrgenommenen Leistungsniveaus (Ist-Leistungen). Entsprechen sich Soll- und Ist-Leistung, liegt eine „Confirmation" und demzufolge Zufriedenheit vor. Übertrifft die Ist-Leistung die Erwartung (positive Disconfirmation), erfolgt ebenfalls Zufriedenheit, während eine Untererfüllung (negative Disconfirmation) zu Unzufriedenheit führt (vgl. u.a. GÖTZ et al. 2006, 415; HOMBURG/STOCK-HOMBURG 2006, 20; KRAFFT 2001, 15 f.; KRÜGER 1997, 48 u. 58[429]). Kundenzufriedenheit ist folglich als das Ergebnis einer ex-post

424 In der Psychologie (Verhaltensveränderung) sowie der Sportwissenschaft (Gesundheitssport) werden das Bindungsphänomen bzw. psychologische Bindungsfaktoren hingegen weitaus differenzierter dargestellt. Vgl. dazu z.B. die Beiträge von BREHM/EBERHARDT (1995, 175 ff.), BREHM et al. (2006, 28 ff.), DUAN (2006, 13 ff.), PAHMEIER (1994, 121 ff.; 2006, 223 ff.), PROCHASKA/MARCUS (1994, 162 ff.), PROCHASKA/NORCROSS/DICLEMENTE (1995, 38 ff.), RAMPF (1999, 53 ff.), RAMPF/BREHM (2000, 10 ff.), WAGNER (2000, 12 ff. bzw. 55 ff.) bzw. die darin vermerkte, weiterführende Literatur.

425 Für einzelne der drei angeführten psychologischen Bindungsursachen vgl. zudem BERTRAMS/BIELING/ESCHWEILER (2004, 170), FOSCHT (1998, 49 f.), HOLLAND (2004, 45), HOMBURG/BRUHN (2005, 11), MEYER/OEVERMANN (1995, 1341), WEINBERG/TERLUTTER (2005, 44).

426 DILLER (1996, 87) und BERTRAMS/BIELING/ESCHWEILER (2004, 169) führen in Zusammenhang mit den psychologischen Bindungsursachen zudem das (Kunden-)Involvement an. Im Rahmen der vorliegenden Arbeit wird jener Aspekt kurz im Bereich des Commitment-/Identifikationskonstrukts betrachtet (vgl. Fußnote 433 u. 461).

427 Vgl. zudem BRUHN (2001, 71), DILLER (1996, 90), MEFFERT (2005, 159), MCDONALD/SUTTON/ MILNE (1995, 14), TOMCZAK/DITTRICH (1999, 75).

428 Für die Herausstellung des C/D-Paradigmas gegenüber anderen Erklärungsansätzen der Zufriedenheitsbildung vgl. BRUHN/HOMBURG (2004, 442), GÖTZ et al. (2006, 415), HOLLAND (2004, 39), HOMBURG/BECKER/HENTSCHEL (2005, 96), HOMBURG/GIERING/HENTSCHEL (1999, 176), HOMBURG/STOCK-HOMBURG (2006, 19), KRAFFT (2001, 15), STAUSS (2000, 278; 2005, 321), THELEN/KOHL/MÜHLBACHER (2000, 234), WEINBERG/TERLUTTER (2005, 51).

429 Vgl. darüber hinaus BRUHN (2001, 71), GRUND (1998, 17), HOLLAND (2004, 39), HOMBURG/BECKER/HENTSCHEL (2005, 96 f.), HOMBURG/FASSNACHT/WERNER (2000, 508), HOMBURG/GIERING/HENTSCHEL (1999, 175 f.), STAUSS (2000, 278), THELEN/KOHL/MÜHLBACHER (2000, 234), WEINBERG/TERLUTTER (2005, 51). Vgl. ferner folgende Beiträge, welche Kundenzufriedenheit den Ausführungen im Fließtext entsprechend umschreiben, jedoch ohne Verweis auf das jenem Verständnis zugrunde liegende C/D-Paradigma: BAILOM et al. (1996, 117), DREYER (2000, 13), GÜNDLING (1998, 83), HANSEN/JESCHKE/SCHÖBER (1995, 80), LINGENFELDER/SCHNEIDER (1991, 110), NAGEL (2006, 35), SCHUMACHER/MEYER (2004, 29).

Beurteilung zu sehen und setzt eine vorausgehende Situation einer Kauf- bzw. Leistungsinanspruchnahme voraus[430].

Die kennzeichnenden Bezugspunkte zur Entstehung von Kundenzufriedenheit sind dabei die Zufriedenheit mit dem Geschäftsergebnis (rein ergebnisbezogenes Urteil) sowie die Zufriedenheit mit der Geschäftsbeziehung (Wahrnehmung und Beurteilung der verschiedenen Interaktionen: Pre-Sales-Services, After-Sales-Services). Kundenzufriedenheit beschränkt sich also nicht nur auf die Qualität des erworbenen Produkts bzw. der in Anspruch genommenen Leistung[431], vielmehr bezieht sich das Zufriedenheitsurteil auf die Gesamtheit der im Beziehungsverlauf erlebten Erfahrungen (= ganzheitlicher, kumulativer Bezugsrahmen; Kundenzufriedenheit als Funktion der Kundenwahrnehmung mit den beiden Dimensionen „Geschäftsergebnis" und „Geschäftsbeziehung") (vgl. zu den Ausführungen GÜNDLING 1998, 83; MÜLLER/RIESENBECK 1991, 68; WEINBERG 2000, 43; WEINBERG/TERLUTTER 2005, 53; ähnlich GEORGI 2005, 233; GRUND 1998, 233; HOLLAND/HEEG 1998, 16; WICHER 2001, 44)[432]. Da das Leistungsergebnis im Kern jedoch von produktions- bzw. leistungserstellungstechnischen Prozessen determiniert wird, ist Kundenzufriedenheit im Rahmen des Kundenbindungsmanagements v.a. über die Geschäftsbeziehungsebene anzusteuern. Es sind also diejenigen Maßnahmen zu ergreifen, die zur positiven Geschäftsbeziehungswahrnehmung bzw. -beurteilung beitragen.

b) Commitment: Im Rahmen von Geschäftsbeziehungen ist unter Commitment der Wunsch nach einem stabilen Geschäftsverhältnis, die Bereitschaft zu kurzfristigen Opfern zu Gunsten der langfristigen Aufrechterhaltung der Geschäftsbeziehung sowie das Vertrauen in die Stabilität der Beziehung zu verstehen (vgl. DILLER 1996, 88; ähnlich GARBARINO/JOHNSON 1999, 71; MORGAN/HUNT 1994, 23; OLIVER 1997, 20; WEINBERG 2000, 42[433]). Commitment beinhaltet somit weit mehr als nur eine Bewertung von Erwartungen und wahrgenommenen Leistungen wie im Fall der Zufriedenheitsbildung, Zufriedenheit ist jedoch als eine Voraussetzung für Commitment zu sehen (SÖLLNER 1993, 93). Commitment entsteht aus der zunehmenden Präferenz einer bestimmten Beziehung, wobei sich diese Präferenz im Laufe der Beziehung entwickelt. Die gesammelten Erfahrungen aus den Interaktionen tragen

430 Für eine ausführliche Erläuterung der verschiedenen Theorieansätze zur Erklärung des Konstrukts Kundenzufriedenheit vgl. insbesondere HOMBURG/STOCK-HOMBURG (2006, 19 ff.), ergänzend auch KRÜGER (1997, 58 ff.). Ein einführender Überblick ist in GÖTZ et al. (2006, 415) zu finden.

431 Diese eingeschränkte Sichtweise ist beispielsweise in DREYER (2000, 18) zu finden („Kundenzufriedenheit ist als Folge von Dienstleistungsqualität anzusehen und wird durch hohe Dienstleistungsqualität erreicht").

432 Für eine Diskussion weiterer Konzeptualisierungsansätze des Kundenzufriedenheitskonstrukts vgl. GÖTZ et al. (2006, 417 f.), HOMBURG/STOCK-HOMBURG (2006, 34 ff.), KRAFFT (2001, 19 ff.), KRÜGER (1997, 70 ff.).

433 Ergänzung: Nach BRUHN/HOMBURG (2004, 124) werden im Marketing unter Commitment Einstellungen des Kunden verstanden, die mit den Attributen „Engagement", „Einsatz", „Verbindlichkeit" und „Verpflichtung" in Einklang stehen und im positiven Fall zugunsten des Fortbestehens der Geschäftsbeziehung wirken.

zunehmend zu einer Stabilisierung der Beziehung bei. So sind beispielsweise positive Erinnerungen und Erlebnisse oder eingespielte Verhaltensmuster als Beziehungselemente zu verstehen, die eine zusätzliche Belohnung aus der Beziehung darstellen und bestimmte Kosten/ Anstrengungen/Einsätze der Beziehung rechtfertigen bzw. reduzieren. Die stabilisierende Wirkung jener Elemente liegt vor allem darin, dass sie in einer neuen Beziehung zunächst nicht vorhanden sind (SÖLLNER 1993, 103).

BRUHN (2001, 72) spricht im Fall des oben eingeführten Commitmentverständnisses auch von „Fortsetzungscommitment". Besteht neben jenen Komponenten zusätzlich auch eine emotionale Verbundenheit des Kunden zum Anbieter (z.B. Interesse/Spaß an der Leistungsnutzung, Selbstdarstellung/-verwirklichung durch die Leistungsnutzung), handelt es sich nach BRUHN (2001) hingegen um affektives Commitment[434]. Der für das vorliegende Untersuchungsfeld der Fußballunternehmen bedeutende „Geschäftsbeziehungssonderfall" der Identifikation des Kunden mit dem Anbieter (Fanidentifikation) ist somit als „affektives Commitment" zu verstehen (kennzeichnende Komponenten: Wille der Beziehungsfortsetzung, Opferbereitschaft, tiefe emotionale Verbundenheit).

c) Kundenvertrauen: Kundenvertrauen ist die Bereitschaft des Kunden, sich auf ein Unternehmen im Hinblick auf dessen zukünftiges Verhalten ohne weitere Prüfung zu verlassen (vgl. BRUHN 2001, 69; GEORGI 2005, 235[435]). Kundenvertrauen ist also eine zukunftsgerichtete, komplexitätsreduzierende Komponente der Geschäftsbeziehung (Vertrauen als ein funktionales Äquivalent für fehlende Informationen; vgl. u.a. DILLER 1996, 89; SEIFERT 2001, 109[436]). Die Vertrauenswürdigkeit eines Unternehmens basiert dabei auf Faktoren wie Kompetenz, Reputation, Seriosität, Beständigkeit oder Zuverlässigkeit (GARBARINO/JOHNSON 1999, 71; MOORMAN/DESHPANDE/ZALTMAN 1993, 81; ergänzend BRUHN/HENNIG-THURAU/HADWICH 2004, 407; MEFFERT/BURMANN 2002a, 42 f.). Wichtige Voraussetzung für die Vertrauensbildung von Kunden ist die Vertrautheit, die dem

434 MEYER/ALLEN (1991, 67) umschreiben affektives Commitment im Rahmen ihres der Organisationspsychologie zuzuordnendem Modellansatzes („A three-component conceptualization of organizational commitment") auch folgendermaßen: „Affective commitment refers to the employee's emotional attachment to, identification with, and involvement in the organization. Employees with a strong affective commitment continue employment with the organization because they *want* to do so." (ähnlich MEYER/ALLEN 1991, 75 f.; MEYER/ALLEN/SMITH 1993, 539).
Kurzerläuterung des Modell von MEYER/ALLEN (1991): Dem Ansatz zufolge bestimmen drei Commitment-Komponenten die Aufrechterhaltung der Mitarbeit in einer Organisation. Dabei handelt es sich um „affective commitment" (emotionale Verbundenheit, Verlangen nach Mitarbeit), „continuance commitment" (Arbeitsfortsetzung aufgrund der mit einem Organisationsaustritt verbundenen Kosten) sowie „normative commitment" (Verpflichtung zu weiterer Mitarbeit aufgrund von persönlichen Werten, Einstellungen). Die Ausprägungen der drei Commitmentformen variieren dabei je nach Person und Situation.

435 Ähnlich GARBARINO/JOHNSON (1999, 71), GRÖPPEL-KLEIN (2004, 863), MOORMAN/DESHPANDE/ZALTMAN (1993, 81), MORGAN/HUNT (1994, 23). Vgl. ferner auch die knappen Ausführungen in BRUHN/HENNIG-THURAU/HADWICH (2004, 407), ESCH (2003, 79).

436 Vgl. ferner BRUHN (2001, 69), GEORGI (2005, 235), GRÜNINGER (2001, 69 f. u. 81), LANGUSCH (2004, 11 u. 36), WEINBERG (2000, 48).

Individuum durch die Projektion von Eigenerfahrungen (alternativ: Erfahrungen Dritter) in die Zukunft eine Einschätzung der Fähigkeit des Unternehmens hinsichtlich der gewünschten Aufgabenerfüllung ermöglicht (z.B. vorausgegangene Leistungszufriedenheit als Kenntnisfundament des Vertrauens; vgl. v.a. LANGUSCH 2004, 37; ergänzend auch BRUHN 2001, 70; GEORGI 2005, 235; GRÜNINGER 2001, 81).

Der Zusammenhang zwischen Vertrauen und Commitment wird in der Literatur dabei recht eng dargestellt (so genannter „Echo-Effekt"): Vertrauen führt zu Stabilität und Harmonie, die ihrerseits wiederum Vertrauen bewirken (DILLER 1996, 89; MOORMAN/DESHPANDE/ ZALTMAN 1993, 81; WEINBERG 2000, 48 f.).

Verbundenheit wird in der Literatur oftmals auch als emotionale oder psychologische Kundenbindung bezeichnet (FOSCHT 1998, 49 f.; HOMBURG/BRUHN 2005, 10 f.; MEFFERT 2005, 149; TOMCZAK/DITTRICH 1999, 68 f.).

Nach der ausgeführten Differenzierung zwischen Gebundenheit (faktische Kundenbindung) und Verbundenheit (freiwillige, emotionale/psychologische Kundenbindung) stellt sich die Frage nach der strategischen Bedeutung der beiden Bindungsformen für das Kundenbindungsmanagement. Eine Bewertung ist einerseits in BRUHN (2001) zu finden. Der Verfasser argumentiert, dass die Verbundenheit „im Vergleich zur Gebundenheit ... einen stärkeren Einfluss auf die Kundenbindung" ausübe (vgl. ebenda, S. 74). So könne sich Gebundenheit ohne das Vorhandensein von Verbundenheit nur solange auf das wichtige Unternehmensziel der Kundenbindung auswirken, wie ökonomische, vertragliche oder technisch-funktionale Bindungsursachen greifen. Demgegenüber führe Verbundenheit hingegen auch ohne die Existenz von faktisch bindenden Maßnahmen zu Kundenbindung. Ein weiterer Bewertungsansatz findet sich in WEINBERG/TERLUTTER (2005, 44 f.). Dem Autorenpaar zufolge seien die emotionalen/psychologischen Bindungsursachen insofern von besonderer Bedeutung, da sie implizit auch bei allen faktischen Bindungsursachen beteiligt sind (Einwilligung zu faktischen Bindungsverhältnissen wie Vertragsabschluss aufgrund von Zufriedenheit, Commitment oder Vertrauen). WEINBERG/TERLUTTER (2005) verweisen zudem auf Untersuchungsergebnisse der Universität des Saarlandes, die zeigen, dass Unternehmen (n=686) die emotionalen/ psychologischen Aspekte einer Kundenbindung wichtiger als die faktischen Bindungsursachen bewerten. Ein entscheidendes Kriterium ist aus Verfassersicht zudem, dass ein Großteil der im vorausgehenden Abschnitt angeführten Erfolgspotentiale der Kundenbindung lediglich über eine Verbundenheit zu realisieren sind (z.B. höhere Preisbereitschaft, Steigerung von Kauffrequenz und Kaufmenge, Cross-Buying- bzw. Up-Buying-Bereitschaft etc.). Emotionaler/psychologischer Kundenbindung ist folglich ein weitaus größerer Anteil an Erfolgswirkungen beizumessen wie faktischer Kundenbindung.

Vor dem Hintergrund dieser Argumentationsansätze ist festzuhalten, dass ein effektives Kundenbindungsmanagement v.a. auf eine Erhöhung der freiwilligen, emotional-psychologischen Kundenbindung ausgerichtet sein sollte (*Verbundenheitsstrategie*; vgl. zu dieser Schlussfolgerung auch HOMBURG/BRUHN 2005, 11; ähnlich BERTRAMS/BIELING/ESCHWEILER 2004, 169; BRUHN/HOMBURG 2004, 425; DILLER 1996, 88 f.; HOLLAND 2004, 45; MEYER/BLÜMELHUBER 2000, 279). Die zentralen Ansätze stellen dazu, wie bereits ausgeführt, die Bindungsdeterminanten „Kundenzufriedenheit“, „Commitment“ und „Vertrauen“ dar.

TOMCZAK/DITTRICH (1999, 67 ff.) ergänzen jedoch, dass es strategisch sinnvoll sei, die Ausrichtung des Kundenbindungsmanagements auf eine freiwillige, emotional-psychologische Kundenbindung auch um einige geeignete faktische Bindungskomponenten zu ergänzen (Ziel: Optimaler Mix aus verbundenheits- sowie gebundenheitsfördernden Maßnahmen).

4.2.1.4. Die Wirkungskette der Kundenbindung

Ausgehend von dem erarbeiteten Verständnis des Kundenbindungskonstrukts wird im Folgenden die Wirkungskette der Kundenbindung kurz skizziert.

Die Grundüberlegung einer Wirkungskette ist die inhaltliche Verknüpfung von Variablen, die miteinander in Zusammenhang stehen. Im Übertrag auf das Konstrukt der Kundenbindung gilt es also, die Verbindung zwischen den zentralen anbieter- und kundenbezogenen Konstruktgrößen abzubilden. Eine derartige Wirkungskette der Kundenbindung kann somit als eine weitere Bezugsgrundlage für die Entwicklung eines Kundenbindungsmanagementkonzepts gesehen werden.

Geht man von der übergeordneten Unternehmenszielgröße „Ökonomischer Erfolg“ aus (Kenngrößen: z.B. ROI, Gewinn, Umsatz), so ist diese, wie in Abschnitt 4.2.1.2. skizziert, mitunter durch die positiven Wirkungseffekte langfristiger (v.a. freiwilliger) Kundenbindung zu erreichen. Zur Steigerung der Kundenbindung ist wiederum die Sicherstellung einer hohen Kundenzufriedenheit notwendig, weitere Bestimmungsfaktoren stellen zudem das Ausmaß an Commitment und Vertrauen dar (vgl. 4.2.1.3.). Ausgangspunkt bzw. Grundlage jener Konstrukte ist wiederum der Erstkontakt des Kunden mit dem Anbieter durch den Kauf eines Produkts oder der Inanspruchnahme einer Dienstleistung sowie alle Folgekäufe bzw. Folgekontakte.

Basierend auf diesen Ausführungen kann die Wirkungskette der Kundenbindung stark vereinfacht in vier Gliedern dargestellt werden:

- Erstkontakt/Folgekontakte,
- Kundenzufriedenheit (alternativ/ergänzend: Commitment und Vertrauen),
- Kundenbindung,
- ökonomischer Erfolg[437].

Mit dem Hinweis auf eine vereinfachte Zusammenhangsdarstellung der Wirkungskette der Kundenbindung sei darauf verwiesen, dass die Beziehung bzw. Abhängigkeit zwischen den einzelnen Gliedern nicht immer eindeutig ist (i.S.v. nicht immer gleich stark ausgeprägt). So beeinflusst eine unabhängige Größe eine abhängige nicht immer zu 100 Prozent, zudem können die Variablenzusammenhänge aufgrund von moderierenden Faktoren unterschiedlich ausfallen. Beispielsweise stellt die Heterogenität der Kundenerwartungen einen moderierenden Faktor des Zusammenhangs zwischen Erstkontakt bzw. Folgekontakten und der Kundenzufriedenheit dar. Das Ausmaß des Phänomens „Variety-Seeking-Behaviour" bzw. der Wettbewerbsintensität bestimmt wiederum das Verhältnis zwischen Kundenzufriedenheit und Kundenbindung, während beispielsweise das Ertragspotential oder die Preisbereitschaft der Kunden den Zusammenhang zwischen Kundenbindung und dem ökonomischen Erfolg determiniert. Je nach individueller Ausprägung jener Moderatoren sind jeweils unterschiedliche Zusammenhangsfunktionen die Folge (vgl. dazu sowie für weitere moderierende Faktoren BRUHN 2000b, 28; BRUHN 2001, 58; BRUHN 2002, 134; BRUHN/HENNIG-THURAU/HADWICH 2004, 402; HOMBURG/BRUHN 2005, 10; HOMBURG/BECKER/HENTSCHEL 2005, 111 f.; HOMBURG/GIERING/HENTSCHEL 1999, 185 ff.; KRAFFT 2001, 24 f.; WORATSCHEK/HORBEL 2004, 281 f.).

Abbildung 29 veranschaulicht die zuvor umschriebene Wirkungskette der Kundenbindung und mögliche unternehmensinterne bzw. -externe moderierende Faktoren der Beziehungszusammenhänge der einzelnen Kettenglieder im Überblick[438].

---

437 Die dargestellte Wirkungskette leitet sich inhaltlich aus den vorausgehenden Ausführungen (4.2.1.2., 4.2.1.3.) ab. Als weitere Bezugspunkte sind zudem folgende Beiträge anzuführen:
- BERTRAMS/BIELING/ESCHWEILER (2004, 170): Erfolgskette des Kundenbindungsmanagements.
- BRUHN (2000b, 28): Erfolgskette der Kundenorientierung.
- BRUHN (2001, 58): Erfolgskette des Relationship Marketing (vgl. dazu auch BRUHN 2002, 134).
- HOMBURG/BRUHN (2005, 9f.): Wirkungskette der Kundenbindung.
- KRAFFT (2001, 47): Beziehungskette „Kundenkonstrukte und ökonomischer Erfolg".
- MEYER/BLÜMELHUBER (2000, 273): Wirkungskette der Kundenbindung.
- WORATSCHEK/HORBEL (2004, 280 ff.; 2005, 46): Service Profit Chain.

Vgl. ergänzend auch HUBER/HERRMANN/BRAUNSTEIN (2000, 52) und VENOHR/ZINKE (2000, 157).

438 Bei den in Abbildung 29 angeführten moderierenden Faktoren zwischen den ersten drei Kettengliedern handelt es sich einigen Bezugsquellen zufolge (BRUHN 2000b, 28; BRUHN 2001, 58) um spezifische vor- bzw. nachgelagerte Moderatoren des Konstrukts der Kundenzufriedenheit. Nach Meinung des Verfassers wirken sich diese jedoch auch moderierend auf die Bindungsdeterminanten „Commitment" und „Vertrauen" aus. Vgl. diesbezüglich z.B. auch den Beitrag von HOMBURG/BRUHN (2005, 10), in dem die Autoren die kennzeichnenden moderierenden Faktoren des Zusammenhangs zwischen Kundenzufriedenheit und Kundenbindung auch auf das Konstrukt Vertrauen beziehen.

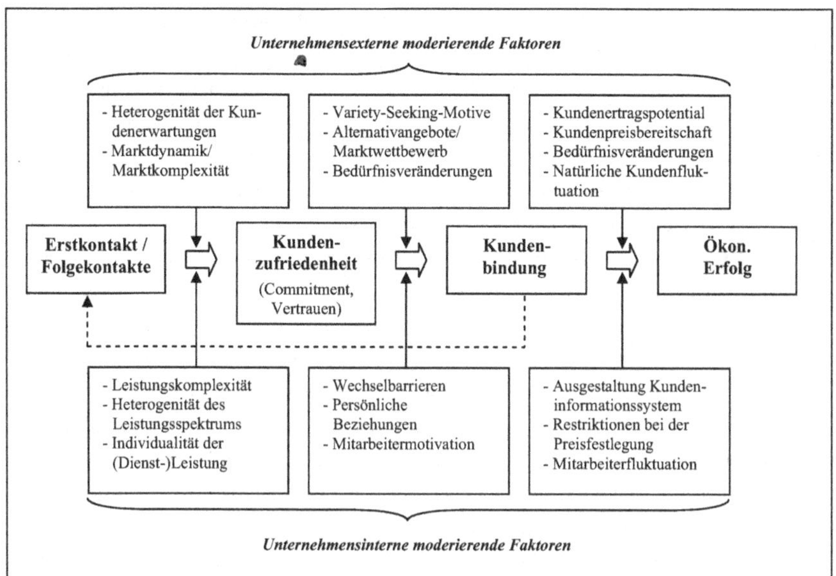

Abb. 29: Wirkungskette der Kundenbindung[439]

Exkurs: Zusammenhang zwischen Kundenzufriedenheit und Kundenbindung

Diskussionsbedürftig ist im Rahmen der dargestellten Wirkungskette insbesondere der Zusammenhang zwischen der Kundenzufriedenheit und der Kundenbindung (Kundenloyalität), da sich dieser keineswegs so einfach und plausibel (i.S.v. positiv-linear) darstellt wie in der (trivialen) Managementliteratur oft postuliert wird[440]. Grundsätzlich liegen zahlreiche empirische Untersuchungen vor, die einen positiven Zusammenhang zwischen Kundenzufriedenheit und Kundenbindung belegen (vgl. v.a. die Übersichten in HOMBURG/BECKER/HENTSCHEL 2005, 105 f.; HOMBURG/BUCERIUS 2006, 57 ff.; HOMBURG/GIERING/HENTSCHEL 1999, 182 f.; KRÜGER 1997, 97 ff.[441]). Eine Reihe von Studien zeigen demgegenüber jedoch, dass Kunden trotz Zufriedenheit den Anbieter wechseln (vgl. REICHHELD

[439] Die abgebildete Wirkungskette ist in ihren Grundzügen bzw. in ihrer Darstellungsform an die Ansätze von BERTRAMS/BIELING/ESCHWEILER (2004, 170), BRUHN (2000b, 28), BRUHN (2001, 58), HOMBURG/BRUHN (2005, 9), KRAFFT (2001, 47), MEYER/BLÜMELHUBER (2000, 273) sowie WORATSCHEK/HORBEL (2004, 280 u. 282; 2005, 46) angelehnt. Inhaltlich vgl. auch die Ausführungen der Abschnitte 4.2.1.2. und 4.2.1.3..

[440] Vgl. beispielsweise DANGELMAIER/UEBEL/HELMKE (2002, 5: „Eine erhöhte Kundenzufriedenheit führt zu einer stärkeren Kundenbindung…"), ZELTINGER/HAAS (2002, 451: „Mit gezielten Maßnahmen wird die Zufriedenheit der Kunden gestärkt und diese langfristig an das Unternehmen gebunden.") oder ZELTINGER (2004, 44: „Des Weiteren liegt den Zielen des CRM zugrunde, dass eine erhöhte Kundenzufriedenheit durch gezieltes Eingehen auf die Bedürfnisse zu einer stärkeren Kundenbindung führt.").
Vgl. demgegenüber LACHOWETZ et al. (2001, 182): „However, an effective relationship marketer would be mistaken to focus solely on customer satisfaction, as satisfaction is only marginally related to … loyalty."

[441] Vgl. ergänzend auch BRUHN/HOMBURG (2004, 442), HUBER/HERRMANN/BRAUNSTEIN (2000, 56), TOMCZAK/DITTRICH (1999, 75), KRAFFT (2001, 42 ff.).

1993b[442] bzw. die in STAHL et al. 2000, 179 f. angeführten Untersuchungen) – eine a priori Annahme des positiven Zusammenhanges der beiden Größen scheint der Realität folglich nicht immer gerecht zu werden. Ein Erklärungsgrund für diese Ergebnisdiskrepanz ist, dass die in der Argumentationskette zuerst angeführten Arbeiten einen linearen Funktionszusammenhang zwischen Kundenzufriedenheit und Kundenbindung unterstellen. Untersuchungen, die sich mit dem funktionalen Verlauf des Zusammenhangs jener zwei Größen auseinandersetzen, belegen jedoch eine nichtlineare Zusammenhangsstruktur zwischen Kundenzufriedenheit und Kundenbindung (vgl. dazu sowie im Folgenden die Übersichten/Ausführungen in HOMBURG/BECKER/HENTSCHEL 2005, 107 ff.; HOMBURG/BUCERIUS 2006, 59 f.; HOMBURG/GIERING/HENTSCHEL 1999, 183 ff.; ergänzend auch WORATSCHEK/HORBEL 2004, 283 f.). Allerdings besteht kein Konsens über den genauen Zusammenhangsverlauf – vier mögliche Funktionsverläufe konnten bislang ermittelt werden (progressiv, sattelförmig, degressiv, S-förmig), wobei sich die Arbeiten, geht man von der bloßen Anzahl aus, auf einen progressiven bzw. sattelförmigen Verlauf verdichten. Es wird argumentiert, dass die unterschiedlichen Funktionsverläufe auf eben jene zuvor bereits kurz angesprochenen Moderatorvariablen (= spezifische Merkmale des Marktumfeldes, des Anbieters, des Produkts, des Kunden bzw. der Geschäftsbeziehung[443]) zurückzuführen sind, die den Zusammenhang zwischen Zufriedenheit und Bindung der Kunden situationsspezifisch verstärken oder abschwächen. Die Untersuchung von JONES/SASSER (1995, 91 ff.) zeigt beispielsweise, dass die Beziehung zwischen Kundenzufriedenheit und Kundenbindung in Abhängigkeit von der Wettbewerbsintensität der jeweiligen Branche variiert[444]. Auf Märkten mit hohem Wettbewerb ist ein progressiver (konvexer) Funktionsverlauf charakteristisch, während das Autoren-

---

[442] REICHHELD (1993b, 71) verweist einerseits darauf, dass Befragungsergebnissen zufolge 65 bis 85 Prozent abgewanderter Kunden in verschiedenen Branchen als zufrieden bzw. sehr zufrieden mit ihrem vorausgehenden Anbieter einzustufen waren. In der Automobilbranche ergaben Zufriedenheitsumfragen durchschnittlich 85 bis 95 Prozent zufriedener Kunden, während die Wiederkaufsrate jener Kunden jedoch nur bei einem Durchschnitt von 40 Prozent lag.

[443] Im Genauen handelt es sich dabei um folgende Moderatoren:
- Merkmale der Geschäftsbeziehung: Vertrauen zum Anbieter, gegenseitiger Informationsaustausch, kooperative Zusammenarbeit, Flexibilität des Anbieters, Dauer der Geschäftsbeziehung.
- Merkmale des Kunden: a) Unternehmen als Kunden: Zentralisierung, strukturelle Unruhe, Risikoaversion des Managements. b) Individuum als Kunde: Kognitive Unsicherheitsorientierung, Variety Seeking, Involvement, soziale Beeinflussbarkeit.
- Merkmale des Produkts: Produktbedeutung, Produktkomplexität.
- Merkmale des Anbieters: Reputation, Generierung von Zusatznutzen.
- Merkmale des Marktumfeldes: Wettbewerbsintensität auf dem Absatzmarkt, Verfügbarkeit von Alternativen, technische Dynamik.

Vgl. dazu HOMBURG/BECKER/HENTSCHEL (2005, 111), ergänzend HOMBURG/GIERING/HENTSCHEL (1999, 185 ff.), MEFFERT (2005, 159).

[444] Im Genauen wurden folgende Branchen untersucht: Automobilhersteller, Computerhersteller, Krankenhäuser, Flugliniengesellschaften, lokale Telefongesellschaften (weiterführendes dazu in JONES/SASSER 1995, 91 ff.).

paar auf Märkten mit nur geringer Wettbewerbsintensität einen degressiven (konkaven) Zusammenhang nachweisen konnte[445,446].

Abbildung 30 zeigt die verschiedenen ermittelten funktionalen Zusammenhänge zwischen Kundenzufriedenheit und Kundenbindung im Überblick.

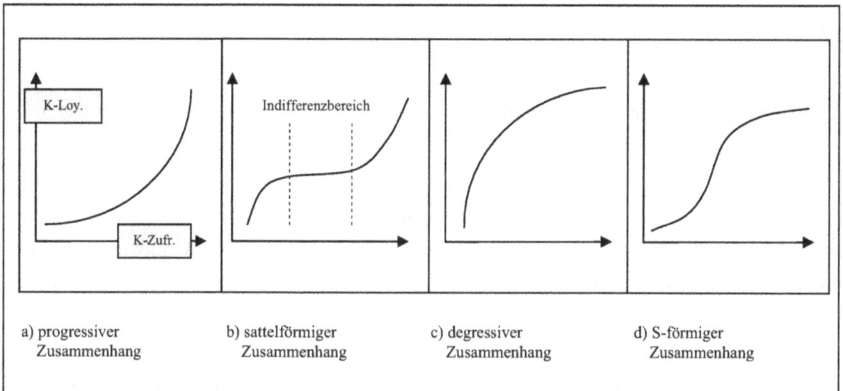

Abb. 30: Funktionale Zusammenhänge zwischen Kundenzufriedenheit und Kundenbindung

Es ist folglich festzuhalten, dass der Zusammenhang zwischen Zufriedenheit und Bindung von Kunden nicht so eng und eindeutig ist, wie er vielfach in der Literatur dargestellt wird. Aufgrund eines nicht-linearen Funktionsverlaufs sowie der Existenz moderierender Faktoren ist die Kundenzufriedenheit als notwendige jedoch nicht hinreichende Bedingung für die (freiwillige) Kundenbindung zu kennzeichnen (vgl. zu dieser Schlussfolgerung auch HOLLAND 2004, 44; WEINBERG/TERLUTTER 2005, 52; ähnlich HOMBURG/BECKER/HENTSCHEL 2005, 95; HOMBURG/GIERING/HENTSCHEL 1999, 175).

In der Fachliteratur wird aus dem nicht-linearen Zusammenhangsverlauf zwischen Kundenzufriedenheit und Kundenbindung mehrfach die Forderung abgeleitet, Kunden nicht nur zufrieden zu stellen, sondern zu begeistern („delighted customers"; vgl. MEYER/BLÜMELHU-

445 Kurze Hinweise auf die Existenz eines nicht linearen Zusammenhangs zwischen Kundenzufriedenheit und Kundenbindung finden sich zudem in GÖTZ et al. (2006, 411), HELM (2005, 130), HOLLAND (2004, 41 f.), HOLLAND/HEEG (1998, 15), HUBER/HERRMANN/BRAUNSTEIN (2000, 56 ff.), KRAFFT (2001, 45 ff.), MEYER/BLÜMELHUBER (2000, 274), SCHUMACHER/MEYER (2004, 31 f.), STAHL et al. (2000, 179 f.), WEINBERG/TERLUTTER (2005, 51), VENOHR/ZINKE (2000, 157).

446 Zur theoretischen Fundierung des Zusammenhangs zwischen Zufriedenheit und Bindung von Kunden vgl. v.a. HOMBURG/BECKER/HENTSCHEL (2005, 102 ff.), HOMBURG/GIERING/HENTSCHEL (1999, 179 ff.). Vgl. ergänzend GÖTZ et al. (2006, 417), HOMBURG/BRUHN (2005, 14 f.), HOMBURG/STOCK-HOMBURG (2006, 36 ff.), KRAFFT (2001, 21).

BER 2000, 274; STAHL et al. 2000, 180; WORATSCHEK 2003, 172; ähnlich BAILOM et al. 1996, 117)[447].

4.2.1.5. Kundenbindungsinstrumente

Zunächst werden mögliche Formen des Instrumenteneinsatzes diskutiert (isolierter vs. integrierter Instrumenteneinsatz), anschließend wird ein Überblick über branchenunspezifische Kundenbindungsinstrumente gegeben.

a) Isolierter vs. integrierter Instrumenteneinsatz

Die Umsetzung der mit dem Kundenbindungsmanagement verfolgten Ziele und Strategien ist Gegenstand des operativen Kundenbindungsmanagements. Ein Blick auf den Instrumenteneinsatz in der Praxis zeigt jedoch, dass Maßnahmen oftmals isoliert voneinander umgesetzt werden. „Isoliert" bedeutet in diesem Zusammenhang, dass die Unternehmen keinen Versuch unternehmen, die einzelnen, ausgeführten Kundenbindungsmaßnahmen aufeinander abzustimmen, mit der Folge, dass die Instrumentpotentiale nicht voll ausgeschöpft und mitunter nur geringe Bindungserfolge erzielt werden. Zur Realisierung nachhaltiger Kundenbindung ist es vielmehr notwendig, einen kombinierten, aufeinander abgestimmten und zu einem Gesamtkonzept integrierten Instrumenteneinsatz vorzunehmen. Die Grundüberlegung eines integrierten Kundenbindungsprogramms ist es, die Bindungswirkungen der einzelnen Instru-

[447] In diesem Zusammenhang bietet der Modellansatz von KANO (1984) eine Orientierungshilfe. KANO differenziert in seinem Modell drei Arten von Leistungsanforderungen, deren Erfüllung unterschiedliche Auswirkungen auf die Kundenzufriedenheit haben (1984, 39 ff.).
a) *Basisfaktoren*: Die Erfüllung jener Leistungsbereiche wird von den Kunden als selbstverständlich vorausgesetzt. Ein Erfüllen führt nicht zu Zufriedenheit, ein Nicht-Erfüllen jedoch zu Unzufriedenheit.
b) *Leistungsfaktoren*: Jene Leistungskomponenten werden von den Kunden ausdrücklich verlangt. Ein Erfüllen führt zu Zufriedenheit, ein Nicht-Erfüllen zu Unzufriedenheit.
c) *Begeisterungsfaktoren*: Jene Leistungsparameter werden vom Kunden nicht eingefordert. Die Realisierung derartiger Leistungskomponenten führt zu überproportionaler Zufriedenheit, ein Nicht-Erfüllen jedoch nicht zu Unzufriedenheit (vgl. BAILOM et al. 1996, 118; BRUHN/HOMBURG 2004, 371; HUBER/HERRMANN/BRAUNSTEIN 2000, 54; HOMBURG/STOCK-HOMBURG 2006, 32 ff.; MATZLER/SAUERWEIN/STARK 2000, 254; SCHUMACHER/MEYER 2004, 25; STAHL et al. 2000, 180; vgl. ergänzend die an KANO angelehnten Ansätze in BEUTIN 2005, 302 f.; GRUND 1998, 21 f.; MEYER/BLÜMELHUBER 2000, 280).
Die Ausprägung der drei Faktorenarten ist dabei grundsätzlich branchenspezifisch. Folgende Grobzuteilungen sind jedoch festzuhalten: Begeisterungsfaktoren sind der Service- und Beziehungsebene zuzuordnen (z.B. besondere Zusatzleistungen, Kulanz), Leistungsfaktoren beziehen sich hingegen in erster Linie auf die Kernleistung (z.B. Langlebigkeit, Defektlosigkeit, Funktionalität von Produkten). Die Basisfaktoren betreffen sowohl Service-, Beziehungs- als auch die Kernleistungsebene, jedoch lediglich die damit verbundenen, offensichtlichen/selbstverständlichen Leistungsbereiche (z.B. Aspekte wie Leistungspünktlichkeit, Wartezeiten, Grundfunktionssicherung) (vgl. z.T. STAHL et al. 2000, 182).
Bezogen auf die Anforderung der Kundenbegeisterung zur Sicherstellung möglichst hoher Kundenbindungswerte sind aus dem Ansatz nach KANO (1984) folgende Implikationen abzuleiten: Basisfaktoren sind so auszugestalten, dass jene Anforderungen gerade erfüllt werden. Die Konzentration des Ressourcen-Inputs gilt den verbleibenden Faktorenarten. Leistungs- und v.a. mögliche Begeisterungsfaktoren sind derart umzusetzen, dass die Anforderungen übermäßig erfüllt werden, denn erst in der erfolgreichen Realisierung von Leistungs- und Begeisterungsfaktoren besteht die Chance, hohe Zufriedenheitswerte und damit Begeisterung beim Kunden zu erzielen.
Anzumerken ist ferner, dass sich hinter der Forderung nach Kundenbegeisterung und den damit verbundenen Anstrengungen/Investitionen insbesondere im Bereich der Begeisterungsfaktoren jedoch auch eine Kostenfalle verbirgt, v.a. dann, wenn die Bemühungen zu ehrgeizig ausfallen und die Kosten den Nutzen übersteigen (vgl. STAHL et al. 2006, 182; knapp auch MEFFERT 2005, 161).

mente synergetisch zu verstärken (vgl. primär HOMBURG/BRUHN 2005, 20 ff.; ergänzend BRUHN 2004d, 427; MEYER/OEVERMANN 1995, 1347 f.; SIEBEN 2001, 297 f.).

In Anlehnung an HOMBURG/BRUHN (2005, 24) sind folgende Integrationsansätze zu unterscheiden:

- Unter instrumenteller Integration ist die sinnvolle Abstimmung und Kombination verschiedener Kundenbindungsinstrumente zu verstehen (z.B. Kundenklub: Kommunikation mit den Mitgliedern über Zeitschriften und Mailings, attraktive Mitgliederveranstaltungen, Zusatznutzen durch Kundenkarten mit Rabatt- und/oder Zahlungsfunktion).
- Der Ansatz der inhaltlichen Integration meint eine inhaltlich-thematische Abstimmung der einzelnen Kundenbindungsmaßnahmen, um ein in sich geschlossenes Gesamtbild des Programmansatzes sicherzustellen (z.B. konsequente Umsetzung eines Kampagnenthemas im Rahmen verschiedener Programminstrumente wie Eventveranstaltung, Kundenzeitschrift, Mailings etc.).
- Eine funktionale Integration konzentriert sich auf die Frage, ob eine bestimmte Funktionserfüllung, z.B. die Interaktionsfunktion, für bestimmte Zielgruppen einen besonders hohen Bindungsanreiz aufweist, mit der Folge einer Konzentration auf einen entsprechenden, jene Funktion erfüllenden Instrumenteneinsatz (z.B. Sportfans und Kontaktmöglichkeit mit Profisportlern).[448]

Neben jenen Integrationsansätzen sind zudem folgende Grundgestaltungsprinzipien zur Gewährleistung eines wirkunsgsvollen Instrumenteneinsatzes zu beachten:

- Kundenbindungsmaßnahmen sollten in ihrer formalen Gestalt aufeinander abgestimmt werden (Einheitliche Nutzung von visuellen Gestaltungselementen wie Logo, Unternehmensfarben etc.; Grundgedanke des Corporate Designs; vgl. ESCH 2003, 239; HOMBURG/BRUHN 2005, 24).
- Hinsichtlich der Affinität bzw. des thematischen Bezugs der Kundenbindungsmaßnahmen zur Kernleistung des Unternehmens gilt: Je stärker die Affinität bzw. je enger der thematische Bezug, desto eher ist damit zu rechnen, dass die Maßnahmen auch in Anspruch genommen werden und damit ein Zufriedenheitstransfer bzw. eine Bindungswirkung überhaupt erst möglich wird (in Anlehnung an MEYER/BLÜMELHUBER 2000, 280; knappe Hinweise auch in ERBER 2000, 40).
- Die Interaktion ist als eine wesentliche Voraussetzung für die Effektivität und das Funktionieren von Kundenbindungsinstrumenten bzw. Kundenbindungsprogrammen zu sehen (HOMBURG/ BRUHN 2005, 23).

---

[448] HOMBURG/BRUHN (2005, 24) führen des Weiteren die Integrationsansätze „Horizontale Integration" und „Formale Integration" aus. Erster Aspekt wird aufgrund seiner Nachrangigkeit für das vorliegende Untersuchungsfeld der Fußballunternehmen den Ausführungen im Fließtext ausgegrenzt (Horizontale Integration = Verbindung der Kundenbindungsinstrumente über verschiedene Marktstufen, z.B. Automobilindustrie: Kunde wird sowohl von Hersteller als auch Vertragshändler identisch angesprochen). Die „formale Integration" der Maßnahmen wird demgegenüber als eine grundlegende Gestaltungsanforderung des Kundenbindungsmanagements gesehen und im folgenden Abschnitt abgehandelt.

- Der kennzeichnende Wertewandel der heutigen Gesellschaft hin zu einer zunehmenden Erlebnisorientierung (der erlebnisorientierte Mensch will sich emotional verwirklichen, er sucht nach Möglichkeiten, sein persönliches Wertegefühl auszuleben) hat zur Folge, dass es v.a. die emotionalen Komponenten sind, die ein Angebot in den Augen der Kunden attraktiv machen. Folglich sollten auch Kundenbindungsmaßnahmen auf eine verstärkte Erlebnisorientierung ausgerichtet sein. Es gilt: Je stärker der Erlebniswert, desto höher die Bindungswirkung (vgl. zu den Ausführungen primär WEINBERG 2000, 45; WEINBERG/TERLUTTER 2000, 54 f.; ergänzend auch ESCH 2003, 35 f.; KOHL/SIEGEL 2000, 503; WEINBERG/NICKEL 1998, 62).

b) Instrumente des operativen Kundenbindungsmanagements

Abbildung 31 gibt einen Überblick über branchenunspezifische Kundenbindungsinstrumente. Die Instrumente sind hinsichtlich ihrer Bindungsart (faktische vs. emotionale/psychologische Bindung) systematisiert. Innerhalb dieser beiden Kategorien wird weiterführend eine Instrumentenzuordnung auf die vier klassischen Marketingmix-Bereiche vorgenommen (Produkt-, Preis-, Kommunikations- und Distributionspolitik). Die Inhalte lehnen sich an die in HOMBURG/BRUHN (2005, 22) angeführte Übersicht an[449,450].

Gebundenheit (faktische Kundenbindung)	**Verbundenheit (emotionale/psychologische Kundenbindung)**
Produktpolitische Maßnahmen: - individuelle, technische Standards - spezifische Value-Added-Leistungen (z.B. system- bzw. technikabhängiger Kundendienst, systemabhängige Schulung)	**Produktpolitische Maßnahmen:** - Individuelle Angebote - Leistungsgarantien - gemeinsame Produktentwicklung (Kundeneinbindung) - Qualitäts-/Servicestandards - Produktdesign
Preispolitische Maßnahmen: - Rabatt- und Bonussysteme - Preissetzung/Preisdifferenzierung - Preisbundling - Kundenkarte (bei Rabatt- bzw. Bonusfunktion)	**Preispolitische Maßnahmen:** - Kundenkarte (Ausweisfunktion, Zahlungsfunktion) - (Zufriedenheitsabhängige) Preisgarantien
Kommunikationspolitische Maßnahmen: - Aufbau kundenspezifischer Kommunikationskanäle	**Kommunikationspolitische Maßnahmen:** - Eventmarketing - Online-Marketing - Direct Mail - Gewinnspiele/Online-Gewinnspiele - Beschwerdemanagement - Kundenklub, Kundenforum, Kundenzeitschrift - Servicenummern/Hotlines - Telefonmarketing/Persönliche Kommunikation
Distributionspolitische Maßnahmen: - Ubiquität/(kundenorientierte) Standortwahl - Abonnement/Vertrag über Leistungsinanspruchnahme	**Distributionspolitische Maßnahmen:** - Product Sampling - Online-Bestellung - Katalogverkauf - Direktlieferung

Abb. 31: Branchenunspezifische Kundenbindungsinstrumente (in Anlehnung an HOMBURG/BRUHN 2005, 22)

449 Anzumerken ist jedoch, dass für die eigene Arbeit eine unterschiedliche Systematisierungsweise der Kundenbindungsinstrumente gewählt wurde.

450 Für weitere, wenngleich weniger umfassende Übersichten/Aufzählungen an Kundenbindungsinstrumenten vgl. BRUHN (2000, 36; 2001, 145; 2004d, 426 f.), GEORGI (2005, 243), GERDES (2005, 387), HOLLAND (2004, 27), MEFFERT (2005, 157 ff.), MEYER/OEVERMANN (1995, 1347 ff.).

4.2.2. Problemfelder und Chancen des Kundenbindungsmanagements von Fußballunternehmen

Die Ausgestaltung der Geschäftsbeziehungen zu einer stabilen Partnerschaft ist ein problembehafteter Managementprozess, da die Kundenbindung ein komplexes Konstrukt mit z.T. schwer beeinflussbaren Determinanten darstellt (u.a. Commitment). Neben dieser grundlegenden Schwierigkeit ist die Branche des Profifußballs zudem durch einige spezifische ökonomische Besonderheiten gekennzeichnet, welche zusätzliche Problembereiche für das Kundenbindungsmanagement von Fußballunternehmen darstellen. Gleichzeitig verfügt der Profifußball jedoch auch über Merkmale, welche förderlich auf den Kundenbindungsprozess wirken.

4.2.2.1. Problembereiche des Kundenbindungsmanagements von Fußballunternehmen

Problemfelder für das Kundenbindungsmanagement von Fußballunternehmen resultieren aus folgenden Branchenspezifika (vgl. 3.2.1.):

a) Hohe Kundengruppenheterogenität der Fußballunternehmen.
b) Besonderheiten in der Leistungserstellung der Fußballunternehmen (Koproduktion).
c) Erfahrungsgutcharakter der angebotenen Dienstleistung.

Ferner ist auch die Wettbewerbsintensität der Branche des Profifußballs und die Auswirkungen auf das Kundenbindungsmanagement zu diskutieren (d).

Nachfolgend werden diese Aspekte näher ausgeführt und erste Managementanforderungen abgeleitet.

Zu a) Kundengruppenheterogenität

Fußballunternehmen verfügen kennzeichnenderweise über mehrere zentrale, jedoch sehr heterogene Kundengruppen: Direkte Zuschauer (Zuschauer vor Ort), indirekte Zuschauer (TV-Publikum), Sponsoren/Lizenznehmer, Agenturen sowie Medien. Für das Kundenbindungsmanagement leitet sich aus dieser Kundengruppenvielfalt bzw. Kundengruppenheterogenität die Notwendigkeit eines umfassenden, integrierten jedoch auch kundengruppenspezifisch differenzierten Instrumentenmix ab. „Insellösungen" im Sinne einer Konzentration der Maßnahmen auf nur eine Kundengruppe oder ein lediglich punktueller, vereinzelter bzw. unabgestimmter Instrumenteneinsatz für die verschiedenen Kundengruppen sind hingegen nur wenig Erfolg versprechend.

Zu b) Besonderheiten in der Leistungserstellung

Wie in Abschnitt 4.2.1.3. erläutert, haben Fußballunternehmen im Rahmen des Kundenbindungsmanagement v.a. eine Erhöhung der freiwilligen Kundenbindung zu verfolgen. Die Sicherstellung einer hohen Kundenzufriedenheit wurde in diesem Zusammenhang als eine notwendige Grundvoraussetzung dargestellt (vgl. 4.2.1.4.). Als kennzeichnende Bezugspunkte zur Entstehung von Kundenzufriedenheit wurden die Zufriedenheit mit dem Leistungsergebnis sowie die Zufriedenheit mit der Beziehung angeführt. Da sich der Leistungserstellungsprozess von Fußballunternehmen jedoch durch die Besonderheit der Beteiligung von mindestens zwei Klubs zur Austragung eines sportlichen Wettkampfes auszeichnet (Koproduktion; vgl. 3.2.1.2.), unterliegt gerade das (Kern-)Leistungsergebnis Qualitätsschwankungen und ist nicht immer konstant zu halten. Zur Problemlösung bieten sich den Fußballunternehmen nun folgende zwei Managementansätze an:

a) Zur Gewährleistung eines gewissen Grades an vom sportlichen Geschehen unabhängiger Unterhaltungsqualität am Spieltag sollten Fußballunternehmen ein attraktives, das sportliche Geschehen umrahmendes Leistungsspektrum anbieten (z.B. Rahmenprogrammgestaltung als Teilansatz des Erlebnismarketings; vgl. auch bereits 4.1.2.3.). Auf diese Weise werden Zusatzerlebnisse geschaffen, die auch im Falle einer enttäuschenden sportlichen Leistung einen Unterhaltungswert bieten und zumindest für die Sicherstellung einer Grundzufriedenheit sorgen, im Falle positiver sportlicher Leistungen hingegen zum Optimalfall der Kundenbegeisterung beitragen. Ergänzende, zufriedenheitsbildende Ansatzpunkte sind in diesem Zusammenhang zudem Personalaspekte (einheitlich gutes Ausbildungs- und Erfahrungsniveau des Stadionpersonals, Verhaltensregeln Kundenkontakt, ausreichend hohe Anzahl an Stadionpersonal) bzw. Zeitmanagementaspekte (Minimierung und Ausgestaltung der anfallenden Kundenwartezeiten in den Bereichen Parkplätze, öffentliche Verkehrsmittel, Ticketing, Einlass, Catering; Zeitmanagement als weiterer Teilbereich des Erlebnismarketingansatzes; vgl. ebenfalls 4.1.3.2.).

b) Neben jenen, den Spieltag betreffenden Maßnahmen hat das Kundenbindungsmanagement von Fußballunternehmen seinen Fokus insgesamt jedoch auf eine möglichst positive Ausgestaltung der Beziehungen zu den Kundengruppen zu legen. In diesem Zusammenhang sind alle Maßnahmen und Instrumente von Bedeutung, welche die Interaktionsprozesse mit den Kundengruppen unterstützen, fördern bzw. angenehmer gestalten (v.a. Zusatz- bzw. Serviceleistungen wie z.B. Eventveranstaltungen, Informationsaufbereitungsmaßnahmen, Kundeneinbindungsmaßnahmen, Beschwerdemanagement)[451].

Die Ausführungen dürfen jedoch nicht den Eindruck erwecken, dass eine Minderqualität im Leistungsergebnis (= geringer sportlicher Erfolg) durch die ausgeführten Maßnahmen gänz-

[451] Zur Kennzeichnung des hohen Kundenbindungspotentials von Maßnahmen, die an der Ausgestaltung und Pflege der Geschäftsbeziehungsebene ansetzen, vgl. auch die Ausführungen in WEINBERG/TERLUTTER (2005, 54). Dem Autorenpaar zufolge kommt der positiven Geschäftsbeziehungsgestaltung eine höhere Kundenbindungsbedeutung zu als dem Geschäftsergebnis selbst.
Vgl. ergänzend auch Abschnitt 4.2.1.3. (Kundenzufriedenheit ist im Rahmen des Kundenbindungsmanagements v.a. über die Beziehungsebene anzusteuern).

lich kompensiert werden kann[452]. In Anlehnung an das Modell von KANO (1984)[453] gilt:

- Das Leistungsergebnis ist als Leistungsfaktor zu sehen. Jene Leistungsart wird von dem Kunden ausdrücklich verlangt, ein Erfüllen führt zu Zufriedenheit, ein Nicht-Erfüllen zu Unzufriedenheit.
- Die zuvor ausgeführten Kundenbindungsmaßnahmen sind hingegen entweder als Basisfaktoren oder als Begeisterungsfaktoren zu charakterisieren. Basisfaktoren sind Leistungen, die der Kunde vorausgesetzt. Ein Erfüllen führt nicht zu Zufriedenheit, ein Nicht-Erfüllen jedoch zu Unzufriedenheit (z.B. Zeitmanagementaspekte, Informationsversorgung). Begeisterungsfaktoren stellen demgegenüber Leistungen dar, die der Kunde nicht erwartet. Ein Erfüllen führt zu überproportionaler Zufriedenheit, ein Nicht-Erfüllen jedoch nicht zu Unzufriedenheit (z.B. Rahmenprogramm an Spieltagen). Ein Zufriedenheitsausgleich eines problembehafteten Leistungsergebnisses über Basis- und Begeisterungsfaktoren ist folglich nur eingeschränkt möglich.

Zu c) Erfahrungsgutcharakter

Aufgrund der kennzeichnenden Erfahrungs- und Vertrauenseigenschaften der Dienstleistung von Fußballunternehmen (Integration externer Faktoren, insbesondere Koproduktion; Folge: Unsicherheit des Spielausgangs; vgl. 3.2.1.2.), welche eine Leistungsbeurteilung vor Leistungsinanspruchnahme erschweren, sowie der für die freiwillige Kundenbindung bedeutsamen psychologischen Bindungsursache des Vertrauens, muss im Rahmen eines effektiven Kundenbindungsmanagements von Fußballprofiklubs auch in den Aufbau von Reputation für Vertrauenswürdigkeit investiert werden[454].

Für Fußballunternehmen relevante Ansätze zum Aufbau von Vertrauen im Rahmen der Beziehungsqualität sind in Anlehnung an die allgemeinen Ausführungen von GEORGI (2005, 243) folgende Aspekte:

- Signalingmaßnahmen (PR, Werbung; entfernt: Förderung von Empfehlungsverhalten).
- Beschwerdemanagement.
- Leistungsstandardisierungen (für Leistungsstandardisierungen von Fußballunternehmen vgl. bereits 4.1.3.2.: Standardisierung materieller bzw. immaterieller Inputfaktoren wie Erlebnismarketing oder Servicequantität und -qualität; Standardisierung personeller Input-

[452] Dass eine Kompensation von einzelnen Elementen des Kundenzufriedenheitskonstrukts durch andere grundsätzlich möglich ist, darauf verweisen die Ausführungen von WICHER (2001, 45). Dem Autor zufolge setzt sich das Zufriedenheitskonstrukt auf der untersten Ebene aus mehreren Einzelzufriedenheiten zusammen. Die Aggregation mehrerer Einzelzufriedenheiten bildet daraufhin die Gesamt- oder „Overall"-Zufriedenheit. Im Falle einer schlechten Beurteilung eines Leistungs- oder Beziehungsmerkmals besteht die Möglichkeit eines Ausgleichs durch eine positive Einschätzung eines anderen Merkmals. Jedoch bestehen hinsichtlich einiger Merkmale bestimmte, subjektiv tolerierbare Mindesterwartungsniveaus. Die Unterschreitung dieser Niveaustufen bedingt daraufhin ein globales Urteil der Unzufriedenheit, das auch nicht mehr anderweitig zu kompensieren ist.

[453] Vgl. dazu bereits Fußnote 447.

[454] Vgl. zu dieser Forderung, jedoch aus einer allgemeinen, branchenunspezifischen Perspektive, GRÜNINGER (2001, 75 u. 81) sowie SEIFERT (2001, 102).

faktoren wie Ausbildungs- und Erfahrungsniveau der Mitarbeiter und Personalanzahl; Standardisierung ausgewählter Leistungsprozesse wie Sponsoringumsetzung bzw. Sponsorenbetreuung).

- Möglichkeiten der Kundeneinbindung (z.B. Einbezug von Fans in Rahmenprogramm-, Trikot- oder Merchandisinggestaltung[455]; Integration von Kundenwünschen in die Logen-Gestaltung bzw. Individualisierung von Hospitality-Maßnahmen[456]).
- Kooperatives und kulantes Klubverhalten (z.B. Tickettauschbörse für Dauerkartenbesitzer[457], Service- und Kooperationsfreundlichkeit gegenüber Sponsoren).

Mehrere Quellen weisen im Zusammenhang mit dem Aufbau von Kundenvertrauen zudem auf die Notwendigkeit von Kundenkontaktpersonalschulungen hin (vgl. BRUHN 2001, 266; LACHOWETZ et al. 2002, 403; LACHOWETZ et al. 2003, 23; ZELTINGER 2004, 119).

Zu d) Wettbewerbsintensität

Im Rahmen der in Abschnitt 4.2.1.4. eingeführten Wirkungskette der Kundenbindung wurde insbesondere der Zusammenhang zwischen Kundenzufriedenheit und Kundenbindung diskutiert. Als eine der zentralen Moderatorvariablen jener Zusammenhangsfunktion wurde die Wettbewerbsintensität gekennzeichnet. Um Hinweise auf den Funktionsverlauf zwischen Kundenzufriedenheit und Kundenbindung für das Analysefeld der Fußballunternehmen zu erhalten, wird nachfolgend das Wettbewerbsausmaß jener Branche kurz beschrieben. Aufgrund

- der eingeschränkten Teilnahme von lediglich 36 Klubs in den beiden Fußballbundesligen,
- einer zumeist breiten geographischen Verteilung der Klubs (so genannte regionale Monopolisten[458]) sowie
- institutioneller Markteintrittsbarrieren durch die DFL (Relegationssystem, Lizenzierungsvorschriften)

ist die Wettbewerbsintensität in der Branche der Fußballunternehmen als gering zu kennzeichnen (für einzelne der zuvor aufgeführten Wettbewerbscharakteristika vgl. auch BERTRAMS/BIELING/ESCHWEILER 2004, 174; ELTER 2003, 134 f.; KOHL 2001, 78)[459].

---

455 Vgl. dazu BERTRAMS/BIELING/ESCHWEILER (2004, 177), SCHILHANECK (2004, 59 u. 174).

456 Vgl. dazu BERTRAMS/BIELING/ESCHWEILER (2004, 186 ff.).

457 Vgl. BERTRAMS/BIELING/ESCHWEILER (2004, 180), BIERWIRTH/KARLOWITSCH (2004, 219), SCHILHANECK (2004, 188)

458 Vgl. zu jener Formulierung ZELTINGER (2004, 28 u. 103) sowie ZELTINGER/HAAS (2002, 453). Ähnlich auch MÜLLER (1999, 131), der von „geborenen lokalen Monopolisten" spricht.

459 Die vorgenommene Bewertung der Wettbewerbsintensität bezieht sich dabei rein auf die Branche der Fußballunternehmen (enge Betrachtung). ZELTINGER (2004) zieht bei seiner Analyse der Wettbewerbssituation von Profifußballklubs hingegen auch das Angebot sonstiger Unterhaltungsdienstleistungsanbieter mit ein (Konzerte, Museen, Theater, Kino etc.; weite Betrachtung) und kommt zu dem Ergebnis, dass sich Fußballklubs in einem wettbewerbsintensiven Markt befinden, fügt einschränkend jedoch an, dass sich die Interessen und Motive der Kunden von Fußballunternehmen von den Angeboten jener alternativer Unterhaltungsdienstleister unterscheiden (ZELTINGER 2004, 40 f., 103 u. 140).
Als „Paradebeispiel einer wettbewerbsintensiven Wirtschaftsbranche" ist beispielsweise der Automobilsektor anzuführen (vgl. HUBER/HERRMANN/BRAUNSTEIN 2000, 57).

In Anlehnung an die Ausführungen in 4.2.1.4. ist für die Branche der Fußballunternehmen folglich von einem degressiven Zusammenhangsverlauf zwischen Kundenzufriedenheit und Kundenbindung auszugehen (JONES/SASSER 1995: geringe Wettbewerbsintensität → degressiver Zusammenhang zwischen Zufriedenheit und Bindung der Kunden).

Abbildung 32 verdeutlicht jene Funktionsform nochmals im Überblick. Folgende Interpretationen sind daraus zu ziehen: Werden bei den Kunden eines Fußballunternehmen niedrige (Gesamt-)Zufriedenheitswerte ermittelt, so führen bereits geringe Steigerungen der Zufriedenheit (z.B. Marketingsmaßnahmen oder sportliche Leistungsverbesserung) zu einem starken Anstieg der Kundenbindung. Ist die Beziehung der Kunden zum Fußballunternehmen hingegen durch ein hohes Zufriedenheitsniveau gekennzeichnet, so führen weitere Maßnahmen zur Zufriedenheitssteigerung hingegen nur noch zu geringen Ergebnisverbesserungen hinsichtlich der Kundenbindung. Indifferenzbereiche, in denen eine Steigerung der Zufriedenheit zu unverändertem Bindungsverhalten führt (vgl. sattelförmiger Funktionsverlauf in 4.2.1.4.), sind nicht anzunehmen.

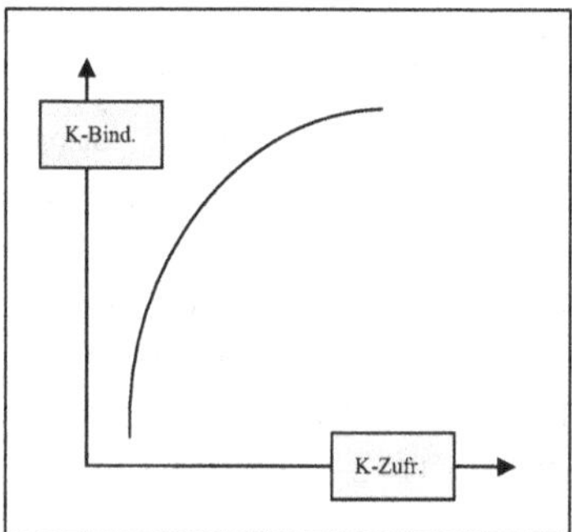

Abb. 32: Degressiver Funktionsverlauf zwischen Kundenzufriedenheit und Kundenbindung

4.2.2.2. Chancen für das Kundenbindungsmanagement von Fußballunternehmen

Kennzeichnendes Merkmal des Profifußballs ist es u.a., dass die „Kunden" in überdurchschnittlich hohem Maße eine tiefe emotionale Verbundenheit mit einzelnen Anbietern der Unterhaltungsleistung aufweisen (Team, Spieler, Trainer) bzw. sich in vielen Fällen mit diesen sogar identifizieren. Konsumanreize sind in diesen Fällen zum einen durch Ausdruck und Gefühl der Zugehörigkeit zu den Identifikationsobjekten, zum anderen durch den psychologischen/emotionalen Wert, den die Kunden aus den Interaktionen mit ihren Identifikationsobjekten und den damit gewonnen Erfahrungen/Erlebnissen erhalten, zu erklären (vgl. v.a. MILNE/MCDONALD 1999a, 13; PRITCHARD/NEGRO 2001, 320; SUTTON et al. 1997, 15[460]). Als Hintergrund für diesen „Bindungssonderfall" kann einerseits der attraktive Gegenstand des Profifußballs angeführt werden, der an anderer Stelle auch als „perfektes Produkt zwischen Emotionen und Entertainment" umschrieben wurde (vgl. KARLE 1998, 18[461]). Eng verbunden mit diesen Leistungs- bzw. Vermarktungscharakteristika ist die umfassende media-

[460] Knappe Hinweise auf die kennzeichnende emotionale Bindung der Kunden von Fußballunternehmen geben zudem BERTRAMS/BIELING/ESCHWEILER (2004, 172 u. 195), BIERWIRTH/KARLOWITSCH (2004, 202), ZELTINGER (2004, 1), ZELTINGER/HAAS (2002, 453). Vgl. zudem MUSSLER (1999, 279).

[461] Vgl. diesbezüglich auch BAUER/EXLER/SAUER (2004, 15 u. 29). Der Autorengruppe zufolge ist der Profifußball durch folgende Nutzendimensionen für den (direkten/indirekten) Zuschauer gekennzeichnet: Emotionen, Unterhaltung, Ablenkung vom Alltag, soziale Kontakte/Gemeinschaftserlebnis, Erweckung angenehmer Erinnerungen.

le Multiplikation der Profisportart (Profifußball als attraktiver – da in starkem Maße gesellschaftsbedeutender – Programminhalt), welche wiederum eine hohe, mehrkanalige Kontaktfrequenz zwischen Fan und Teams sicherstellt. Zudem bietet der Profifußball den Vorteil, dass der (direkte oder indirekte) Zuschauer unmittelbar in das Ereignis involviert wird und an Emotionen teilhaben kann (in Anlehnung an GLADDEN/IRWIN/SUTTON 2001, 310). Ferner übernimmt der Profifußball eine Sozialfunktion. So werden Klubanhänger durch das gemeinsame Erleben von Profifußballspielen (sei es im Stadion oder am Fernseher) sowie durch Diskussionen und Erlebnisberichte über das sportliche Geschehen in ein soziales Umfeld eingebunden (Nutzen: Zusammengehörigkeitsgefühl, Gewährleistung sozialer Kontakte; vgl. dazu MILNE/MCDONALD 1999a, 13; NAGEL 2006, 38; SUTTON et al. 1997, 15; knappe Hinweise auch in BAUER/EXLER/SAUER 2004, 15 f. u. 29; WOLL 2003, 125). Unterstützend wirkt sich des Weiteren der Umstand aus, dass i.d.R. nur ein Fußballprofiklub einer Region bzw. Stadt angehörig ist, sodass sich bereits durch den Standort eine natürliche Zugehörigkeit bzw. emotionale Grundbindung sowohl im Bereich der (direkten/indirekten) Zuschauer als auch der Business-Partner an den lokal/regional ansässigen Klub ergibt („hometown team"; vgl. dazu BERTRAMS/BIELING/ESCHWEILER 2004, 174 u. 195; KOLBE/JAMES 2000, 28 ff.; vgl. zudem 4.2.2.1., Fußballunternehmen als regionale Monopolisten).

An dieser Stelle erscheint es notwendig, das den Profisport kennzeichnende Phänomen der „Fanidentifikation" näher zu erläutern[462]. In 4.2.1.3. wurde die Kundenidentifikation bereits als Sonderfall des Commitments eingeordnet („affektives Commitment"; kennzeichnende Merkmale: Wille der Beziehungsfortsetzung, Opferbereitschaft, tiefe emotionale Verbundenheit). Allgemein hängt die Identifikation von Kunden mit Unternehmen dabei von Faktoren wie der Zufriedenheit mit dem Unternehmen, der Unternehmensreputation, der Kontaktfrequenz sowie der Partnerschaftsdauer ab. Im Profisport wird die Fanidentifikation hingegen durch folgende Parameter determiniert:

- Teambezogene Merkmale (v.a. sportlicher Erfolg).
- Organisationsbezogene Merkmale (Tradition; Image/Reputation des Klubs, der Spieler, der Liga).

[462] SUTTON et al. (1997, 15) definieren Fanidentifikation als „the personal commitment and emotional involvement customers have with a sport organization" (daran angelehnt u.a. APOSTOLOPOULOU 2002, 209; MCDONALD/MILNE 1997, 28 f.; MILNE/MCDONALD 1999a, 13). Unter Involvement ist nach HOMBURG/GIERING/HENTSCHEL 1999, 187 dabei "das Interesse eines Individuums an einem Produkt" zu verstehen.
Weitere Definitionsansätze:
- GREENWOOD et al. (2006, 253 u. 254): Fan identification is "the degree to which an individual feels psychologically linked to a team".
- PRITCHARD/NEGRO (2001, 321): Fan identification „is viewed as a "oneness with the organization", where fans adopt the successes and failures of the team". FINK/TRAIL/ANDERSON (2002, 196) greifen jene Begriffserläuterung auf und ergänzen: "Members become identified with an organization, when they embody the attributes they ascribe to their organization into their own self-concept.".

- Verbindungsbezogene Merkmale (Angebote zur Befriedigung der Bedürfnisse nach Zugehörigkeit, Kommunikation und Interaktion; Verankerung des Klubs mit der Region).
- Aktivitätsbezogene Merkmale (Teilnahme an Spielen und Events; Mediennutzung).

(in Anlehnung an MILNE/MCDONALD 1999a, 13 ff.; SUTTON et al. 1997, 16 ff.; knappe Hinweise auch in KOLBE/JAMES 2000, 24 f.).

Aus den Ausführungen lassen sich nun folgende Implikationen für das Kundenbindungsmanagement von Fußballunternehmen festhalten. So sollten die Kundenbindungsmaßnahmen das Interesse bzw. die emotionale Verbundenheit der „Kunden" zu ihrem Klub aufgreifen und entsprechend attraktive Inhalte mit Klubbezug zum Gegenstand haben (z.B. umfassende Hintergrundinformationsversorgung; Einbezug von Spieler, Trainer oder Management in die Kundenbindungsaktivitäten; vgl. auch HOWARD/BURTON 2002, 43: build „on the uniquely genuine affinity fans have for their favourite team"). Aus den Determinanten der Fanidentifikation ist zudem eine hohe Interaktionsfrequenz über verschiedene Kanäle (Events, PR, Internet) abzuleiten. Insgesamt gilt, ein anreizstarkes, involvementförderndes Kontaktprogramm zu entwerfen, welches eine permanente, jedoch nicht aufdringliche Präsenz des Klubs im Anspruchsgruppenfeld sicherstellt, um auf diese Weise (attraktive Inhalte und definierte Kontakthäufigkeit) die emotionale Verbundenheit der Fans/Anhänger/Kunden mit dem Klub systematisch auszubauen.

4.2.3. Instrumente für das Kundenbindungsmanagement von Fußballunternehmen

Im Folgenden wird die in 4.2.1.5. vorgestellte Übersicht branchenunspezifischer Kundenbindungsinstrumente (vgl. Abb. 31) auf das gewählte Analysefeld übertragen und inhaltlich den Anforderungen bzw. ökonomischen Besonderheiten der Fußballunternehmen angepasst. Es wird überprüft, inwieweit die in der Übersicht gegebenen Instrumente für das Kundenbindungsmanagement von Fußballunternehmen von Relevanz sind bzw. welche weiteren Maßnahmen zu ergänzen sind. Ansatzpunkte für die Erweiterung sind die im Rahmen der Diskussion der Branchenbesonderheiten abgeleiteten Umsetzungshinweise für das Kundenbindungsmanagement von Fußballunternehmen (4.2.2.) sowie in der Fachliteratur angeführte Kundenbindungsinstrumente, welche weder in der Bezugsübersicht noch in der Diskussion der Branchenbesonderheiten erfasst wurden, für Fußballunternehmen jedoch von Bedeutung sind. Ziel der Vorgehensweise ist es, einen möglichst umfassenden Maßnahmenkatalog für das Kundenbindungsmanagement von Fußballunternehmen zu erstellen[463].

Gebundenheit (faktische Kundenbindung)

Die in Abbildung 31 angeführten produktpolitischen Instrumente mit faktischer Bindungswirkung sind aufgrund ihres überwiegenden Technikbezuges (technische Standards, technikspezifische Value-Added-Leistungen) im Übertrag auf die Branche der Fußballunternehmen ohne Bedeutung und werden den weiteren Ausführungen ausgegrenzt.

---

[463] Vgl. zu den folgenden Ausführungen auch SCHILHANECK (2007a, 2007b).

Hingegen sind die aufgelisteten preispolitischen Maßnahmen auf Profifußballklubs übertragbar (*Rabatt-/Bonussysteme*[464]: z.B. Preisnachlässe für Mitglieder und Dauerkartenkunden auf Fanartikel; *Preisdifferenzierung*: z.B. unterschiedliche Ticketpreise differenziert nach Rangqualität sowie Alter und Ausbildungsstand des Kunden; *Preisbundling*: z.B. Kombi-Angebot Eintrittskarte und Fanartikel[465]). Eine Einschränkung ist jedoch hinsichtlich des Instruments der Preisdifferenzierung vorzunehmen. So sind die entsprechenden Maßnahmen der Fußballunternehmen ausschließlich der vertikalen Preisdifferenzierungsart zuzuordnen (= ein Unternehmen bietet auf einem Markt für eine ähnliche Leistung nacheinander unterschiedliche Preise, z.B. gestaffelte Ticket-, Hospitality- oder Sponsoringpreise), der Ansatz der horizontalen Preisdifferenzierung ist hingegen weitestgehend unrelevant (= ein Unternehmen setzt für eine gleiche Leistung auf verschiedenen Märkten unterschiedliche Preise an, z.B. unterschiedliche Preise für ein Gut in Deutschland gegenüber den USA). Für die weiteren Ausführungen zum Kundenbindungsmanagement von Fußballunternehmen wird demzufolge lediglich der Ansatz der vertikalen Preisdifferenzierung übernommen[466].

Als kommunikationspolitische Maßnahmen mit faktischer Bindungswirkung ist in der Instrumentenübersicht der Aufbau kundenspezifischer Kommunikationskanäle angeführt, ein Aspekt, der in angepasster Form auch für Fußballunternehmen von Bedeutung ist (z.B. Nutzungsmöglichkeit der Klubdatenbank für den Hauptsponsor oder exklusive Klubhomepagebereiche mit log-in-Funktion für Vereinsmitglieder, Dauerkartenkunden, Sponsoren/Partner).

Der im Rahmen der Distributionspolitik zunächst vermerkte Punkt der Ubiquität ist in dieser Form für Fußballunternehmen nicht zutreffend, da eine ubiquitäre Distribution (Strategieansatz einer hohen Marktabdeckung/eines hohen Distributionsgrades, omnipräsente Verkaufsstellen) i.d.R. nur von Unternehmen mit Produkten des täglichen Bedarfs umgesetzt wird (vgl. BRUHN/HOMBURG 2004, 185). Im Fall von Fußballunternehmen ist zur Schaffung von faktischer Bindung vielmehr ein bedarfsgerechter, selektiver Distributionsansatz zu verfolgen (selektive Distribution: gezielte und begrenzte Auswahl an Absatzwegen[467]; z.B. Fanshops, Sportläden, VVK-Stellen, Online-Vertrieb[468]). Der Aspekt der vertraglichen Leistungsabnahmeregelung wird den weiteren Ausführungen hingegen ausgegrenzt, da die wesentlichen bindungsrelevanten Vertragsausgestaltungsgegenstände wie Bonus- und Rabattpolitik, Preisdif-

---

464 Das in der Bezugsübersicht vermerkte Instrument der Kundenkarte mit Rabattfunktion ist als eine mögliche Ausgestaltungsform des Bereichs „Rabatt- und Bonussystem" zu sehen und wird jenem Aspekt fortan untergeordnet.

465 Vgl. zu den Beispielaufzählungen auch BAUER/EXLER/SAUER (2004, 1), BERTRAMS/BIELING/ESCHWEILER (2004, 179 ff. u. 191), BIERWIRTH/KARLOWITSCH (2004, 219), BRENNER (1997, 33 f.), COUSENS/BABIAK/SLACK (2001, 332), HOWARD/BURTON (2002, 34), SHANI (1997, 14), ZELTINGER (2004, 100), ZELTINGER/HAAS (2002, 465).

466 Für die vorgenommene Grobskizzierung der beiden Preisdifferenzierungsarten vgl. WORATSCHEK (2004b, 640 f.).

467 Vgl. dazu BRUHN/HOMBURG (2004, 186).

468 Vgl. zu den Beispielaufzählungen auch BERTRAMS/BIELING/ESCHWEILER (2004, 181).

ferenzierung, Preisbündelung, Leistungsindividualisierungen etc. jeweils als Einzelaspekte abgehandelt werden.

Verbundenheit (emotionale/psychologische Kundenbindung)
Von den in der Bezugsübersicht in der Kategorie der emotionalen/psychologischen Kundenbindung angeführten produktpolitischen Instrumenten ist im Übertrag auf die Branche der Fußballunternehmen zunächst das Produktdesign aufgrund der kennzeichnenden Immaterialität der (Kern-)Leistung der Profifußballklubs auszugrenzen. Demgegenüber stellen alle weiteren angeführten Instrumente mögliche operative Ansatzpunkte für das Kundenbindungsmanagement von Fußballunternehmen dar. So sind sowohl individuelle Angebotsgestaltungen (*Zuschauer:* z.B. Mehrspieleticket mit z.T. individuell wählbaren Terminen; ein derartiges Angebot ist beispielsweise bei den Klubs der NBA oder NHL die Regel; vgl. SCHILHANECK 2004, 173; *Sponsoren:* individuelle Paketzusammensetzungen; vgl. BERTRAMS/BIELING/ESCHWEILER 2004, 186 f.) als auch das Angebot von Leistungsgarantien anwendbar (Belege praktischer Umsetzung von Leistungsgarantien im professionellen Teamsport liefern jedoch lediglich die nachfolgend skizzierten Fallbeispiele, sodass im weiteren Verlauf der Arbeit von einem Übertrag des Instruments auf die Branche der Fußballunternehmen abgesehen wird. *New Jersey Nets*: „Money-Back-Guarantee" für Logen- und Businesseatkunden, falls das Engagement nicht zur Kundenzufriedenheit führe; vgl. HOWARD/BURTON 2002, 35; *1. FC Köln*: „Geld-Zurück-Garantie" beim Heimspiel des 1. FC Köln gegen RW Oberhausen in der Zweitligasaison 2002/2003 im Falle des Nicht-Aufstiegs; vgl. dazu BERTRAMS/BIELING/ESCHWEILER 2004, 180). Die Bedeutung der Ansatzpunkte der Kundeneinbindung sowie der Einführung von Leistungsstandards (u.a. Erlebnismarketing, Servicequantität und -qualität, Quantität und Qualität Homepagecontent, Mitarbeiterausbildung und Mitarbeiteranzahl) wurden demgegenüber bereits im Rahmen der vorausgehenden Diskussion der Branchenbesonderheiten und den daraus resultierenden Anforderungen an das Kundenbindungsmanagement von Fußballunternehmen hervorgehoben. Zu ergänzen ist die produktpolitische Instrumentebene der Bezugsübersicht hingegen um folgende Instrumente: So ist im spezifischen Fall der Fußballunternehmen insbesondere das Angebot von Fanartikeln zu integrieren (Merchandising als Instrument zur Förderung der Fanbindung/Fanidentifikation, Nutzung drückt Verbundenheit und Zugehörigkeit zu dem sympathisierten Profiklub aus; vgl. BERTRAMS/BIELING/ESCHWEILER 2004, 177 u. 183; ZELTINGER/HAAS 2002, 460). Eine Ergänzung stellt zudem die Einrichtung eines Ausgleichsangebots für Dauerkartenkunden für nicht besuchte Spiele i.S.e. Ticketaustauschprogramms bzw. eines Ticketfreischaltungssystems dar (Serviceleistung zur Erhöhung der Kundenzufriedenheit; vgl. dazu BIERWIRTH/KARLOWITSCH 2004, 219). Darüber hinaus ist der von BRUHN (2001, 145) vermerkte Ansatzpunkt der Kundengeschenke auf Fußballunternehmen übertragbar (z.B. exklusive „Appreciation"-Merchandisingartikel für Dauerkartenkunden und Businessklub-Kunden, Vergabe

von Sponsoren-Promotions an Zuschauer; vgl. u.a. MCDONALD/MILNE 1997, 31; JAMES/KOLBE/TRAIL 2002, 223[469]).

Im preispolitischen Instrumentbereich wird zunächst eine Reduktion um den Aspekt zufriedenheitsabhängiger Preisgarantien aufgrund der augenfälligen Redundanzen mit der zuvor ausgeführten Maßnahme der Leistungsgarantie vorgenommen. Demgegenüber kann das Instrument der (personifizierten) Kundenkarte mit Ausweis- bzw. Zahlungsfunktion auf Fußballunternehmen übertragen werden (beispielsweise verdeutlicht eine personifizierte Klubkundenkarte emotionale Verbundenheit bzw. Zugehörigkeit des Nutzers zu dem Fußballunternehmen[470]; Praxisbeispiele: FC Schalke 04, FC Bayern München; vgl. BERTRAMS/BIELING/ESCHWEILER 2004, 180 f.; BIERWIRTH/KARLOWITSCH 2004, 222 f.; ZELTINGER 2004, 140 f.). Eine sinnvolle Instrumentergänzung stellt ferner das Angebot von Finanzierungshilfen dar (z.B. Ratenzahlung Dauerkarte; vgl. SCHILHANECK 2004, 188; allgemeine Hinweise zu jenem Bindungsinstrument in DANGELMAIER/UEBEL/HELMKE 2002, 11; MEYER/OEVERMANN 1995, 1347).

Im Rahmen der Kommunikationspolitik werden zunächst die beiden Instrumente des Telefonmarketings sowie der persönlichen Kommunikation (i.S.v. Außendienstmaßnahmen) den weiteren Ausführungen ausgegrenzt, da beide Ansätze vielmehr der Kundenakquisition als der Kundenbindung zuzuordnen sind. Auch die Einrichtung einer Servicenummer/Hotline, wie man sie beispielsweise von Computerherstellern, Kreditkartenanbietern etc. kennt, ist für Profisportunternehmen nicht relevant. Jedoch wird in der Literatur mehrfach auf die Gewährleistung einer bedarfsgerechten Erreichbarkeit hingewiesen (Auslegung für Fußballprofiklubs: Persönliche Erreichbarkeit während der Geschäftszeiten; Integration der Kommunikationskanäle Telefon, Fax, Mail, Post; bei personeller Mehrfachbesetzung: Communication-Center), sodass für das Bezugsfeld weiterführend jene angepasste Kommunikationsmaßnahme festgehalten wird[471]. Alle verbleibenden kommunikationspolitischen Maßnahmen der Bezugsübersicht sind hingegen uneingeschränkt auf die Branche der Fußballunternehmen übertragbar (jedoch werden, wie im Folgenden noch näher erläutert wird, einige Instrumente aufgrund von Funktionsüberschneidungen zusammengefasst):

- So sind die Bindungsinstrumente Kundenklub, Kundenzeitschrift und Direct-Mailing seit Jahren verwendete Instrumente der Fußballunternehmen (*Formen von Kundenklubs*: Businessklub, Fanklubs, Fanprojekte, im weiteren Sinne auch Vereinsmitgliedschaft; *Kundenzeitschriften:* Stadionzeitschrift, Mitgliederbroschüre, im Handel befindliche Fanzeit-

[469] Vgl. des Weiteren BAUER/EXLER/SAUER (2004, 1), BERTRAMS/BIELING/ESCHWEILER (2004, 190), BIERWIRTH/KARLOWITSCH (2004, 213), ZELTINGER (2004, 100), ZELTINGER/HAAS (2002, 465).

[470] Ist die Kundenkarte zudem in ein Rabatt- und Bonussystem eingebunden, so verfügt das Instrument ferner über eine faktische Bindungswirkung. Vgl. dazu auch die Bezugsübersicht bzw. Fußnote 464.

[471] Vgl. primär ZELTINGER (2004, 136), ergänzend auch OTTO/SURMONT (2001, 434). Knappe Hinweise zudem in DANGELMAIER/UEBEL/HELMKE (2002, 11), GEORGI (2005, 243), SCHMID/BACH/ÖSTERLE (2000, 40).

schrift; *Direct-Mailing:* z.B. elektronischer Klub-Newsletter an News-Group-Mitglieder[472]).

- Die Bedeutung des Eventmarketings, des Homepageinhalts sowie die Einrichtung eines Beschwerdemanagements für Profifußballklubs wurden bereits im Rahmen der Diskussion der Brachenbesonderheiten herausgearbeitet. Dem Homepageinhalt sind dabei wiederum bindungsrelevante, interaktive Angebote wie Diskussionsforen, Messageboards oder Chatrooms unterzuordnen[473]. Ferner sind die in der Übersicht angeführten Aspekte der Veranstaltung von Gewinnspielen bzw. Online-Gewinnspielen als Teilinhalte der Instrumente Eventmarketing, Erlebnismarketing bzw. Klubhomepage zu sehen.

Während die kommunikationspolitische Instrumentebene der Bezugsübersicht an dieser Stelle abgehandelt ist, weisen sowohl die Fachliteratur als auch die Diskussionsergebnisse der Problemfelder des Kundenbindungsmanagements von Fußballunternehmen auf eine notwendige Instrumentenerweiterung hin. So ist einerseits die PR-Arbeit anzuführen, welche die sukzessive Aufbereitung und Multiplikation klubrelevanter Informationen zu den Anspruchsgruppen zum Gegenstand hat und auf diese Weise wesentlich zur emotionalen Bindung der Interessensgruppen beiträgt (Informationsversorgung, Assoziationsförderung; vgl. BERTRAMS/ BIELING/ESCHWEILER 2004, 178; BRUHN 2001, 145; DILLER 1997a, 574[474]). Eine wichtige (Bindungs-)Funktion kommt im Fall von Fußballunternehmen zudem dem Einsatz von Fanbeauftragten/Fanbetreuern zu. Den kennzeichnenden Aufgabenfelder (Betreuung und Organisation der Klubanhänger, Interaktionsförderung) sind dabei sowohl zufriedenheits- als auch commitmentunterstützende Wirkungen zuzuordnen (vgl. BAUER/EXLER/SAUER 2004, 1; BERTRAMS/BIELING/ESCHWEILER 2004, 182; ZELTINGER 2004, 101; ZELTINGER/HAAS 2002, 465). Ein weiteres in der Literatur aufgeführtes kommunikationspolitisches Bindungsinstrument, welches der Förderung der emotionalen Bindung des Kunden dient, ist das Angebot von Kundenseminaren bzw. Kundenworkshops (beispielsweise bieten zahlreiche NBA oder NHL-Klubs regelmäßige Coachingseminare für Amateurtrainer oder Fanworkshops mit Spieler-/Trainer-/Managementteilnahme an; vgl. SCHILHANECK 2004, 138; für allgemeine Hinweise zu jenem Bindungsinstrument vgl. BRUHN 2001, 145; BRUHN/HENNIG-THURAU/HADWICH 2004, 415; DANGELMAIER/UEBEL/HELMKE 2002, 11). Schließlich ist noch auf den aus dem US-Profisport stammenden Ansatz der „Community Relations“ bzw. „Community Involvement Activities“ hinzuweisen (= Maßnahmen zum Ausdruck von Sozialverantwortung und Gesellschaftsengagement der Klubs;

---

[472] Vgl. zu jenen Beispielsaufzählungen auch BERTRAMS/BIELING/ESCHWEILER (2004, 179 ff. u. 190 ff.), BIERWIRTH/KARLOWITSCH (2004, 213), ZELTINGER (2004, 100), ZELTINGER/HAAS (2002, 465).

[473] Vgl. zu jenen z.T. über die Bezugsabbildung hinausgehenden Subinstrumentaufzählungen BERTRAMS/ BIELING/ESCHWEILER (2004, 177), GERDES (2005, 387), HOLLAND (2004, 27), KOLBE/JAMES (2000, 24 u. 34), MEFFERT (2005, 160).

[474] Da die für Fußballunternehmen skizzierten Formen des Direct-Mailings (z.B. Klub-Newsletter) bzw. Kundenzeitschriften (z.B. Stadien- bzw. Mitgliederzeitschrift) als Teilbereiche der PR-Arbeit einzuordnen sind (PR-Instrument „Veröffentlichungen“), werden die beiden Aspekte im Folgenden den Public Relations untergeordnet.

z.B. Fundraising-Events, Schulprogramme, Cause-Related Sponsoringprogramme). Derartige Maßnahmen stärken Ansehen und Position des Klubs im Einzugsgebiet und wirken sich bindungsfördernd bzw. sympathieunterstützend aus (vgl. MILNE/MCDONALD 1999a, 18 f.; SUTTON et al. 1997, 20 f.; ergänzend auch IRWIN et al. 2002, 271 f.).

Die angeführten Instrumente der distributionspolitischen Dimension der emotionalen/psychologischen Bindungsart können im Übertrag auf die Branche der Fußballunternehmen gänzlich reduziert werden. So besitzen das v.a. konsumgüterspezifische Product Sampling, die Serviceleistung der Direktlieferung sowie der Katalogverkauf für das gewählte Bezugsfeld keine (Product Sampling) bzw. lediglich geringe Relevanz (Direktlieferung, Katalogverkauf) und werden im Folgenden nicht weiter aufgegriffen. Der Aspekt der Online-Bestellungsmöglichkeit wird hingegen als unterstützendes Teilinstrument des Klubhomepageangebots jenem Bereich untergeordnet und nicht weiter explizit, wie in der Bezugsübersicht, als Einzelinstrument aufgelistet. HOMBURG/SIEBEN (2005, 449) führen in ihrem Beitrag zudem die distributionspolitische Maßnahme „Versteigerungen/Auktionen“ an. Als sportspezifisches Fallbeispiel sei dazu der FC Bayern München genannt, der regelmäßig von Spielern handsigniertes Merchandising oder Sonderfanartikel über eine homepageeigene Auktionsplattform vertreibt (vgl. dazu www.fcb-auktion.de). Auch diese Leistungsoption wird im Folgenden dem Instrument der Klubhomepage subsumiert.

Abschließend sind zudem einige personalpolitische Maßnahmen zu ergänzen. So wurde im Rahmen der Diskussion der Problembereiche des Kundenbindungsmanagements von Profifußballklubs mehrfach auf den Bedarf von Personalschulungen der Klubs im Kundenkontaktbereich hingewiesen, da das Mitarbeiterverhalten aus Kundensicht einen wesentlichen Faktor im Rahmen der Bewertung der Geschäftsbeziehung darstellt. Da Fußballunternehmen jedoch in ein weites Dienstleistungsnetzwerk eingebunden sind (externe, unabhängige Kooperationspartner: z.B. Cateringanbieter, Sicherheitsdienst, Reinigungsdienst, Vermarktungsagenturen), wobei der Kunde jedoch den Klub als einzigen bzw. zentralen Leistungsanbieter sieht, auf den er sämtliche Erfahrungen bezieht (vgl. bereits 4.1.3.1., 4.1.4.1.), wird die Beziehungsbewertung des Kunden zum Fußballunternehmen auch durch das Mitarbeiterverhalten der Kooperationspartner mitgeprägt. Folglich gilt es, auch in jenem Personalbereich ein hohes Qualitätsniveau sicherzustellen (z.B. durch vertragliche Vereinbarung regelmäßiger Mitarbeiterschulungen seitens der Kooperationspartner; vgl. dazu WELLING 2005, 506 f.). In der Fachliteratur wird des Weiteren gefordert, dass wichtigen Kunden spezielle und v.a. gleichbleibende Mitarbeiter zur intensiveren Kundenbetreuung zugeteilt werden (Key Account Manager; vgl. BERTRAMS/BIELING/ESCHWEILER 2004, 190; BRUHN 2002, 138 f.; DILLER 1995b, 1365; ZELTINGER 2004, 19 u. 125 f.; ansatzweise auch BRUHN 2001, 145; GEORGI 2005, 243; ZELTINGER/HAAS 2002, 465). Ein für Fußballunternehmen spezifischer personalpolitischer Ansatz zur Kundenbindung stellt zudem der Aspekt strategischer

Spielertransfers dar (z.B. Real Madrid: Verpflichtung von David Beckham in der Saison 2003/2004; vgl. dazu HÖFT et al. 2005, 185).

Die ausgeführte Modifizierung der Bezugsübersicht für das Analysefeld der Fußballunternehmen wird in Abbildung 33 im Überblick zusammengefasst. Anzumerken ist, dass die Instrumente Businessklub, Fanklub, Fanprojekt sowie Vereinsmitgliedschaft aufgrund ihres integrativen Charakters (Kombination verschiedener faktischer sowie emotionaler Bindungselemente) in einer Sonderspalte angeführt werden.

Faktische Kundenbindung	Emotionale/psychologische Kundenbindung
Preispolitische Maßnahmen: - Rabatt- und Bonussysteme - (Vertikale) Preisdifferenzierung - Preisbundling **Kommunikationspolitische Maßnahmen:** - Kundenspezifische Kommunikationskanäle **Distributionspolitische Maßnahmen:** - Selektive Distribution	**Produktpolitische Maßnahmen:** - Individuelle Angebotsgestaltung - Kundeneinbindung - Erlebnismarketing - Merchandising - Ticketaustauschprogramm/ Ticketfreischaltungssystem für Dauerkartenkunden - Kundengeschenke **Preispolitische Maßnahmen:** - Kundenkarte - Finanzierungshilfen **Kommunikationspolitische Maßnahmen:** - Eventmarketing - Public Relations - Homepage - Beschwerdemanagement - Fanbeauftragte - Kundenseminare/Kundenworkshops - Gesellschaftsengagement (Community-Relations/ Community Involvement Activities) - Communication-Center **Personalpolitische Maßnahmen:** - Personalschulungen - Key Account Management - Strategische Spielertransfers
Faktische sowie emotionale/psychologische Kundenbindung	
- Businessklub - Fanklubs - Fanprojekte - Mitgliedschaft Mutterverein	

Abb. 33: Kundenbindungsinstrumente von Fußballunternehmen

4.2.4. Managementkonzept zur Umsetzung des ökonomischen Leitziels „Erfolgreiches Kundenbindungsmanagement“ (Pflege und Sicherung langfristiger Kundenbeziehungen)

Zunächst wird die praktische Umsetzung der verschiedenen Kundenbindungsinstrumente von Fußballunternehmen erläutert (Anforderungs- bzw. Umsetzungskriterien, Beispielveranschaulichungen). Bezugssystematik dazu ist der in Kapitel 4.2.3. erarbeitete Katalog an Kundenbindungsinstrumenten für Fußballunternehmen (vgl. Abb. 33). Ergänzt wird jenes Instrumentenset um die Maßnahme der Situationsanalyse (Basisarbeitsschritt des Kundenbindungsmanagements[475]). Im Anschluss daran werden Strategieempfehlungen formuliert, welche Kriterien zur Reihung und Hierarchisierung der Kundenbindungsinstrumente von Fußballunternehmen beinhalten (Orientierungsrahmen für den erfolgreichen Instrumenteneinsatz). Die Strategieempfehlungen begründen sich aus Erkenntnissen des Grundlagenkapitels zum Kundenbindungsmanagement (4.2.1.) sowie recherchierten Forschungsergebnissen zum US-Profiteamsport. Abschließend wird der Kundenbindungsmanagementprozess von Fußballunternehmen modelltheoretisch zusammengefasst.

Abbildung 34 gibt einen Überblick über die verschiedenen Instrumente und Strategieempfehlungen, welche Fußballunternehmen zur Realisierung des ökonomischen Leitziels „Erfolgreiches Kundenbindungsmanagement“ (Pflege und Sicherung langfristiger Kundenbeziehungen) berücksichtigen sollten. In den folgenden Abschnitten (4.2.4.1., 4.2.4.2.) werden die Punkte in der Reihenfolge der Übersicht abgehandelt. Anzumerken ist, dass die ausgeführte Instrumentreihenfolge keiner hierarchischen Ordnung unterliegt. Zudem stellt der Maßnahmenkatalog als auch das Set an Strategieempfehlungen kein abgeschlossenes System mit Anspruch auf Vollständigkeit dar.

Kundenbindungsinstrumente
1) Situationsanalyse
2) Individuelle Angebotsgestaltung
3) Kundeneinbindung
4) Erlebnismarketing
5) Merchandising
6) Ticketaustauschprogramm/Ticketfreischaltungssystem für Dauerkartenkunden
7) Kundengeschenke
8) Kundenkarte
9) Finanzierungshilfen
10) Eventmarketing
11) Public Relations

[475] Vgl. dazu BRUHN (2000, 29), BRUHN (2001, 81), BRUHN/HOMBURG (2004, 731), VENOHR/ZINKE (2000, 162).

12) Homepage
13) Beschwerdemanagement
14) Fanbeauftragte
15) Kundenseminare/Kundenworkshops
16) Gesellschaftsengagement
17) Communication-Center
18) Personalschulungen
19) Key Account Management
20) Strategische Spielertransfers
21) Rabatt- und Bonussysteme
22) (Vertikale) Preisdifferenzierung
23) Preisbundling
24) Kundenspezifische Kommunikationskanäle
25) Selektive Distribution
26) Integrative Kundenbindungsmanagementansätze von Fußballunternehmen: Businessklub, Fanklubs, Fanprojekte, Vereinsmitgliedschaft.
Strategieempfehlungen:
1) Verbundenheitsstrategie
2) Interaktionsstrategie
3) Kontaktmöglichkeiten mit Klubpersönlichkeiten
4) Inszenierung der Klubhistorie (Reinforce Club History)
5) Maßnahmenfokus „Kinder und Jugendliche" sowie „Vater-Kind-Aktivitäten"

Abb. 34: Instrumente und Strategieempfehlungen zur Umsetzung des ökonomischen Leitziels „Erfolgreiches Kundenbindungsmanagement" (Pflege und Sicherung langfristiger Kundenbeziehungen)

4.2.4.1. Umsetzung der Kundenbindungsinstrumente von Fußballunternehmen

Im Folgenden werden Gestaltungs- und Umsetzungsanforderungen der verschiedenen Kundenbindungsinstrumente von Fußballunternehmen beschrieben sowie Beispielveranschaulichungen aus der Praxis angeführt.

Instrument 1: Situationsanalyse

In der Fachliteratur wird mehrfach auf die Notwendigkeit regelmäßiger Situationsanalysen als Grundlage aller Kundenbindungsaktivitäten hingewiesen. Im Rahmen dieser sollten Kundenzufriedenheitswerte und Kundenbedürfnisse erhoben sowie eine Wettbewerberanalyse vorgenommen werden. Ziel ist die Generierung von Anhaltspunkten zur positiven Steuerung bzw. Verbesserung des Bindungsverhältnisses der Kunden (vgl. BRUHN 2000a, 29 ff.; BRUHN 2001, 81; BRUHN/HOMBURG 2004, 731; VENOHR/ZINKE 2000, 162).

Kundenzufriedenheitsanalyse

Ein erster wichtiger Ausgangspunkt für das Kundenbindungsmanagement von Fußballunternehmen ist die Generierung von Informationen zur Zufriedenheit der Kunden (insbesondere in den Hauptkundengruppen). In der Marketing-Literatur werden dazu v.a. so genannte subjektiv-explizite Verfahrensmethoden empfohlen (z.B. direkte Kundenbefragungen unter Zuhilfenahme von Zufriedenheitsskalen; Abfrage verschiedener profiklubspezifischer Einzelleistungsmerkmale wie Rahmenprogramm, Wartezeiten, Eventveranstaltungen, Homepagecontent, Spielerkontaktmöglichkeiten, Sozialverantwortung/Gesellschaftsengagement des Klubs etc.)[476]. Ermittelte Unzufriedenheitsbereiche bzw. Leistungsdefizite können daraufhin gezielt behoben werden (Folge: positive Bindungswirkung).

Kundenbedürfnisanalyse

Neben der Informationsgewinnung zur Kundenzufriedenheit ist auch das Wissen über die Kundenbedürfnisse ein wichtiger Faktor für die Realisierung eines erfolgreichen Kundenbindungsmanagements in Fußballunternehmen (v.a. in den Hauptkundengruppen). Auch hier bieten sich wiederum direkte Kundenbefragungsformen an (z.B. Einsatz standardisierter Fragenbogen, explorative Tiefeninterviews, Fokusgruppen-Interviews). Identifizierte Kundenbedürfnisse, die das Fußballunternehmen bislang noch nicht bzw. lediglich über ein geringes Leistungsangebot bedient, können sodann durch entsprechende Maßnahmeneinleitungen gezielt befriedigt werden mit der Folge positiver Bindungseffekte.

Wettbewerberbetrachtung/Benchmarking

Eine weitere Informationsquelle stellen die konkurrierenden Fußballunternehmen sowie andere (Profi-)Sportorganisationen dar. Diese sind hinsichtlich der ausgeführten Maßnahmen zur

---

476 Zur Messung von Kundenzufriedenheit existieren grundsätzlich verschiedene Ansätze.
a) Objektive Verfahren basieren auf der Annahme, dass die Kundenzufriedenheit über Indikatoren, welche mit der Zufriedenheit der Kunden eng zusammenhängen, ausreichend gemessen werden kann (z.B. Umsatz, Marktanteil, Wiederkaufsrate). Problematisch ist jedoch, dass jene Kennziffern nur zeitlich verzögert als Konsequenz der Kundenzufriedenheit messbar sind, zudem werden jene Indikatoren auch von zahlreichen anderen Faktoren stark beeinflusst.
b) Subjektive Verfahren richten sich hingegen auf die Erfassung von vom Kunden subjektiv empfundener Kundenzufriedenheit. Es ist dabei zwischen expliziten und impliziten Methoden zu differenzieren.
Subjektiv-implizite Verfahren: Ermittlung von Leistungsdefiziten aus Beschwerdeanalysen oder Problem-Panels. Das Verfahren setzt jedoch ein aktives Beschwerdeverhalten der Kunden voraus, was nur selten der Fall ist (so äußern i.d.R. die Mehrheit der unzufriedenen Kunden keine Beschwerde gegenüber dem Unternehmen).
Subjektiv-explizite Verfahren: Hierunter ist die im Fließtext ausgeführte Form der direkten Befragung unter Zuhilfenahme von Zufriedenheitsskalen bezüglich unterschiedlicher Leistungsmerkmale oder auch der Gesamtzufriedenheit zu subsumieren (alternativ: Messung des Erfüllungsgrades von Erwartungen, ex-ante/ex-post bzw. nur ex-post). Der Vorteil jener Verfahren ist, dass – sofern nicht nur die Gesamtzufriedenheit thematisiert wird – sich hierbei auch Hinweise auf Teilzufriedenheiten mit einzelnen Leistungselementen generieren lassen, woraus wiederum Managementhandlungsanforderungen abgeleitet werden können. Vor diesem Hintergrund sind gerade subjektiv-explizite Verfahren als geeignete Instrumente zur Identifizierung von Ansatzpunkten zur Leistungsverbesserung sehen.
Vgl. dazu sowie weiterführend GÖTZ et al. (2006, 415 f.), HINTERHUBER et al. (2001, 11), HOMBURG/FASSNACHT/WERNER (2000, 505 ff.), KRAFFT (2001, 16 ff.), KRÜGER (1997, 61 ff.), LINGENFELDER/SCHNEIDER (1991, 110), MATZLER/BAILOM (2000, 197 ff.).

Kundenbindung zu untersuchen, um mögliche Angebotslücken im eigenen Maßnahmenmix zu identifizieren.

Best Practise: Der NHL-Klub der Washington Capitals führt jede Saison verschiedene Arten von Kundenbefragungen durch, die z.T. auch der Ermittlung der Kundenzufriedenheit in verschiedenen Leistungsbereichen bzw. der Identifizierung von Kundenbedürfnissen und Kundenerwartungen dienen (z.B. Zuschauerbefragungen an Spieltagen, Brief-/Email-/Homepage-Umfragen, Fokusgruppen-Interviews mit Vertretern der Hauptkundengruppen des Klubs; vgl. dazu SCHILHANECK 2004, 171 f.; SCHILHANECK 2005a, 69 f.).

Instrument 2: Individuelle Angebotsgestaltung

Eine Individualisierung des Leistungsangebots i.S.e. Anpassung der Leistungen an die Anforderungen und Wünsche der Kunden schafft Kundenzufriedenheit und trägt somit zur Festigung der Kundenbeziehung bei. Eine den heterogenen Kundengruppen der Fußballunternehmen angepasste Angebotsgestaltung stellen beispielsweise die verschiedenen Leistungsarten im Bereich des Ticketings dar (Ober- vs. Unterrang, Sitz- vs. Stehplätze, Hospitality-Angebote, Fanblock, evtl. Familienblock, personenbezogene Sondertarife; ergänzendes dazu in Instrument 22). Eine weitergehende Leistungsindividualisierung ist im Geschäftsfeld „Sponsoring/Hospitality“ der Fußballprofiklubs zu finden. Hier wird den Kunden die individuelle Zusammenstellung von Sponsoringpaketen und Hospitalityleistungen ermöglicht (vgl. BERTRAMS/BIELING/ ESCHWEILER 2004, 176 u. 186 ff.).

Mögliche Ansatzpunkte zur Erhöhung der Angebotsindividualisierung im Ticketing der Fußballunternehmen stellen die von zahlreichen Klubs der US-Major Leagues angebotenen „Game-Packs" sowie „Personal Seat Licenses“ dar. Unter „Game-Packs“ ist die Zusammenfassung ausgewählter Heimspiele zu einem Kombi-Ticket zu verstehen (Washington Capitals, NHL: 11-Spielepaket, Wochenendpaket; Memphis Grizzlies, NBA: zwei unterschiedliche 5-Spiele-Pakete, zwei unterschiedliche 11-Spiele-Pakete sowie ein 20-Spiele-Paket; vgl. dazu SCHILHANECK 2004, 173 u. 180; www.nba.com vom 01.12.2006). Personal Seat Licenses geben den Inhabern das Recht, jede Saison eine Dauerkarte für einen bestimmten Platz im Stadion zu erwerben. Sie verfallen, wenn die Eigentümer ihre Dauerkarten zu Beginn einer Saison nicht erneuern. Gültig sind die Personal Seat Licenses i.d.R. so lange, wie das Team in dem entsprechenden Stadion spielt (vgl. primär www.seasonticketrights.com vom 06.12.2006; knappe Hinweise zudem in BIERWIRTH/KARLOWITSCH 2004, 217; KLINGMÜLLER/SIEBOLD 2004, 53).

Instrument 3: Kundeneinbindung

Kundeneinbindung beschreibt den Sachverhalt, dass ein Kunde in den Prozess der Produktbzw. Leistungsgestaltung aktiv eingebunden wird, d.h. einen persönlichen Beitrag, beispielsweise durch Informations- und Ideenaustausch, erbringt. Einer derartigen Kundeneinbindung in ausgewählte Leistungsgestaltungsprozesse der Fußballunternehmen kommen insofern positive Bindungseffekte zu, da den Klubanhängern damit die Möglichkeit der Partizipation geboten wird, wodurch wiederum die Befriedigung von Bedürfnissen wie Selbstverwirklichung, Prestige, Differenzierung und Organisationszugehörigkeit/Organisationsakzeptanz ermöglicht wird. Zudem trägt eine Kundeneinbindung dazu bei, dass die Leistungen den Wünschen und Bedürfnissen der Kunden in möglichst optimalem Maße entsprechen (vgl. z.T. BRUHN/ HOMBURG 2004, 431 u. 433).

Einige Profiklubs haben die Chancen jenes Bindungsansatzes bereits erkannt und erste Maßnahmen ergriffen, ihre Kunden/Fans auf unterschiedliche Weise in die Leistungserstellung mit einzubinden. Beim VfL Bochum können die Anhänger beispielsweise an der Gestaltung des Rahmenprogramms mitwirken (BERTRAMS/BIELING/ESCHWEILER 2004, 177). Der FC Schalke 04 hat seinen Fans hingegen die Möglichkeit gegeben, sich symbolisch am Stadionneubau zu beteiligen. Im Rahmen der Aktion „Wir bauen" konnten die Anhänger 30000 Bausteine zu je 250 Euro erwerben (Teilrückerstattung des Betrags: über 10 Jahre in jährlichen Fanshop-Gutscheinen je 25 Euro). Der zentrale Bindungswert der Aktion lag dabei in der Namensnennung jedes Käufers an einem Stadionmauerabschnitt („1000-Freunde-Mauer"; vgl. BRANNASCH 2001, 291; BERTRAMS/BIELING/ESCHWEILER 2004, 177; BIERWIRTH/KARLOWITSCH 2004, 222). Als Fallbeispiel einer Businesskundeneinbindung ist der VfB Stuttgart anzuführen. So hat der Klub Wünsche und Anregungen seiner Partner bei der Planung/Gestaltung der Logen und Lounges im Business Center aufgegriffen (u.a. Einarbeitungen des Corporate Designs einiger Partnerunternehmen in die Logen; vgl. BERTRAMS/BIELING/ESCHWEILER 2004, 188). Ergänzend ist zudem der NHL-Klub der Washington Capitals anzuführen. Das Unternehmen führt zu zwei Zeitpunkten während der Saison Fokusgruppen-Interviews mit Vertretern der Hauptkundengruppen durch und diskutiert/prüft Präferenzen dieser bezüglich anstehender, zentraler Marketingentscheidungen (z.B. Designkonzept Trikotneueinführungen, Werbe-/Imagekampagnenthemen; vgl. dazu SCHILHANECK 2004, 172 u. 174; SCHILHANECK 2005a, 70).

Weitreichende Einbindungsmöglichkeiten bietet zudem der Print-Medienbereich der Fußballprofiklubs, beispielsweise indem Abschnitte in der Stadion- bzw. Mitgliederzeitschrift oder eine Sonderrubrik auf der Homepage für Beiträge von Fans, Mitglieder, Fanklubs und die Fanprojekte eingerichtet werden. Grundsätzlich ist auch die Mitgliedschaft im Mutterverein der Fußballunternehmen (Aspekt Stimmrecht/Einflussnahme) bzw. die Mitgliedschaft in einem Fanklub oder Fanprojekt als eine Form der Einbindung/Mitwirkung zu sehen (vgl. dazu auch BERTRAMS/BIELING/ESCHWEILER 2004, 182).

Instrument 4: Erlebnismarketing

Wie in den Abschnitten 4.2.2. bzw. 4.2.3. erläutert, trägt das Erlebnismarketing von Veranstaltungen positiv zur Kundenbindung bei. Die operativen Ansatzpunkte des Erlebnismarketingansatzes stellen das Rahmenprogramm sowie das Besucherzeitmanagement dar. Um möglichst hohe Bindungs- bzw. Zufriedenheitswirkungen zu erzielen, sind die beiden Komponenten wie folgt auszugestalten (aufgrund der detaillierten Umsetzungshinweise zur Rahmenprogrammgestaltung sowie dem Besucherzeitmanagement in Kapitel 4.1.5.2. werden zur Vermeidung von Redundanzen an dieser Stelle lediglich die zentralen Managementansatzpunkte nochmals knapp skizziert):

Rahmenprogramm
Bei der Gestaltung des Rahmenprogramms sind zum einen bestimmte Grundgestaltungsprinzipien zu beachten (Angebot fußballaffiner/authentischer Rahmenaktivitäten, keine „Ver-Show-lichung“, Variation der Rahmenprogrammleistungen von Spieltag zu Spieltag, differenzierte Programmangebote für die verschiedenen Besuchergruppen, aktive Zuschauereinbindung), zum anderen ist auf eine angemessene Dichte an Zusatzunterhaltungsleistungen über die Besucherverweildauer im Stadion zu achten (Pre-Game-Programmangebote, betreuter Kids-Club, Klubmuseum bzw. Stadionbereich mit Dokumentation der Klubhistorie, multimediale Inszenierung der Teamvorstellung, Arena-TV, After-Game-Programmangebote). Ziel sollte es sein, dem Zuschauer durch die Erzeugung zusätzlicher, das sportliche Geschehen umrahmender Erlebnismöglichkeiten eine vom Betreten bis zum Verlassen der Sportstätte durchgängige Eventdramaturgie zu bieten.

Besucherzeitmanagement
Im Rahmen des Besucherzeitmanagements gilt es einerseits, die Anreise der Kunden zur Spielstätte mittels infrastruktureller/verkehrspolitischer Maßnahmen möglichst unbelastend zu gestalten (relevante Aspekte: Beschilderungssysteme, Parkmöglichkeiten, Ordnerpersonal, öffentliche Verkehrsmittelanbindung/Sonderlinien), zum anderen sind die Besucherwartezeiten im unmittelbaren Stadionbereich zu minimieren (ausreichende Anzahl an Kassen, Stadioneinlässen, Merchandising- und Cateringstellen sowie Sanitäranlagen; Platzbeschilderung; Stadionpersonal). Für Problembereiche, in denen sich Wartezeiten nicht weiter reduzieren lassen, sollten so genannte Time-Line-Techniken (Zeitversprechen, transparente Veränderung, Zäsuren) zur Anwendung kommen.

Instrument 5: Merchandising
Die Nutzung der Merchandisingartikel von Fußballunternehmen stellt für die Klubanhänger eine Möglichkeit dar, Ihrer Identifikation und Organisationszugehörigkeit Ausdruck zu verleihen und trägt somit zur Befriedigung von Selbstverwirklichungs-, Differenzierungs- und Sozialbedürfnissen bei. Gerade durch diesen immateriellen Zusatznutzen bzw. psychologischen Mehrwert ist das Merchandising ein Instrument, welches wesentlich zur Stärkung der emotionalen Kundenbindung beiträgt (ähnlich BERTRAMS/BIELING/ESCHWEILER 2004, 177 u. 183; GLADDEN/MILNE/SUTTON 1998, 9; GRÜNITZ/VON ARNDT 2002, 124; ROHLMANN 1998, 46 f.). Zur Ausschöpfung jenes Potentials sollten Fußballunternehmen folglich ein der kennzeichnenden Kundenheterogenität angepasstes Merchandisingsortiment

anbieten (spezifische Fanartikel sowohl für Kinder, männliche sowie weibliche Fans im Jugend- bzw. Erwachsenenalter sowie Businesskunden). Sensibilisierend sei in diesem Zusammenhang jedoch auf die bei den deutschen Fußballprofiklubs gegen Ende der 90er Jahre aufgetretene Fanartikelvermarktungsproblematik zu groß angelegter Lagerbestände, zu breiter Sortimentangebote bzw. teilweise nur geringer Fußballaffinität vieler Merchandisinggegenstände hingewiesen, welche eine zunehmende Ansammlung unverkäuflicher Fanartikel zur Folge hatte (vgl. zu jener Problematik die umfassenden Ausführungen in Kapitel 2.2.4. bzw. die dort vermerkte Literatur).

Instrument 6: Ticketaustauschprogramm/Ticketfreischaltungssystem Dauerkartenkunden
Aufgrund der Häufigkeit und Regelmäßigkeit der Heimspiele ist davon auszugehen, dass Dauerkartenkunden nicht jedes Spiel besuchen können. Maßnahmen der Klubs, Saisonkartenbesitzern für nicht besuchte Spiele eine Ausgleichsmöglichkeit einzuräumen, sind als Beitrag zur Steigerung der Zufriedenheit dieser wichtigen Kundengruppe zu sehen. Als Praxisbeispiele sind das Dauerkartenfreischaltungssystem des FC Schalke 04 (Weitergabe des Dauerkartenplatzes in den freien Verkauf bei vorheriger Benachrichtigung) oder das Ticketaustauschprogramm der Washington Capitals (Möglichkeit des Eintausches ungenutzter Eintritte an festgelegten Spieltagen) anzuführen (zu den Praxisbeispielen vgl. BERTRAMS/BIELING/ESCHWEILER 2004, 180; BIERWIRTH/KARLOWITSCH 2004, 219; SCHILHANECK 2004, 188).

Instrument 7: Kundengeschenke
Kundengeschenke sind Ausdruck der Wertschätzung der Geschäftsbeziehung, sie erfreuen den Kunden und tragen auf diese Weise zur Festigung der Geschäftsbeziehung bei. Ansatzpunkte für Kundengeschenke von Fußballunternehmen sind beispielsweise

- von den Sponsoren gebrandete „Give-Aways“ für die Stadionbesucher,
- „Appreciation“-Sonder-Merchandising für Sponsoren und Hospitality-Kunden, evtl. auch für Dauerkartenbesitzer oder auch
- kleine Geschenke an die mit dem Klub eng zusammenarbeitenden Medienvertreter.

(Vgl. dazu v.a. MCDONALD/MILNE 1997, 31; JAMES/KOLBE/TRAIL 2002, 223; ergänzend auch BAUER/EXLER/SAUER 2004, 1; BERTRAMS/BIELING/ESCHWEILER 2004, 190; SCHILHANECK 2005b, 97; ZELTINGER 2004, 100; ZELTINGER/HAAS 2002, 465.)

Best practise: Die Washington Capitals organisieren jedes vierte Heimspiel „Free Give-Away“-Aktionen für die Stadionbesucher (limitierte Promotiongeschenke, z.B. Baseball-Cap, T-Shirt, Poster). Hospitalitykunden sowie Dauerkartenbesitzer erhalten von dem NHL-Franchise nach Abschluss jedes Spieljahres zudem ein besonderes Kundengeschenk (Saison 2002/2003: exklusiver Klub-Fleecepullover) (vgl. dazu SCHILHANECK 2004, 137, 175 u. 188; SCHILHANECK 2005a, 71).

Instrument 8: Kundenkarte

Je nach Ausgestaltung erfüllen Kundenkarten unterschiedliche Funktionen, die den Kunden verschiedene Zusatznutzen zu den Unternehmensgrundleistungen bieten (Ausweis-, Rabatt-, Bonus-, Service-, Zahlungs- oder Kreditfunktion[477]). Aus Unternehmenssicht kommen Kundenkarten hingegen vor allem zwei Funktionen zu. So stellen Kundenkarten bei entsprechend technischer Ausstattung (v.a. Zahlungs- und Kreditfunktion) einerseits wichtige Kundeninformationsträger dar, da sie die Verknüpfung soziodemographischer Kundendaten (Stammdaten wie Name, Geschlecht, Adresse, Telefon, E-Mail, Beruf etc.) mit Kaufverhaltensvariablen (Kaufmenge, Kauffrequenz, Art und Kombination von Leistungen, Zahlungsverhalten, Nutzung von Sonderangeboten etc.) ermöglichen. Auf der anderen Seite tragen Kundenkarten jedoch auch zur Kundenbindung bei (faktisch: Preisvorteile, Sonderservices; emotional: v.a. Ausweisfunktion, Darstellung der Zugehörigkeit nach außen; vgl. TOMCZAK/REINECKE/DITTRICH 2005, 287 f.; ergänzend auch BIERWIRTH/KARLOWITSCH 2004, 222; BRUHN/HOMBURG 2004, 433).

Im Kontext der Fußballunternehmen ist insbesondere die mit der Kundenkarte verbundene Ausweis- bzw. Selbstdarstellungsfunktion hervorzuheben, da die Kundenkarte unabhängig sonstiger Zusatzausstattungen die Anhängerschaft des Kunden zu "seinem" Fußballunternehmen nach außen dokumentiert (Kundenkarte als Ausdrucksmittel der Zugehörigkeit, Steigerung der Verbundenheit durch Ansprache von Sozial- bzw. Differenzierungsbedürfnissen wie Organisationszugehörigkeit oder Prestige). Grundvoraussetzung zur Erfüllung dieses Bindungseffektes ist jedoch die Integration von Klublogo/Klubfarben in das Kartendesign (so erfüllt die Bezahlkarte in der Allianz Arena diese Anforderung beispielsweise nicht, ein co-branding der Karte durch den FC Bayern München oder den TSV 1860 München ist nicht gegeben, wodurch die Karte keine der zuvor ausgeführten Kundenmotive anspricht). Weitere Bindungssteigerungen sind durch Personalisierungsmaßnahmen der Kundenkarte zu erzielen (Name, Passbild).

Als Praxisbeispiel ist die „Knappenkarte" des FC Schalke 04 anzuführen (Chip-Karte mit Zahlungsfunktion), die als Zahlungsmedium bei allen Veranstaltungen in der Veltins-Arena dient (Heimspiele FC Schalke 04 sowie sonstige Events wie z.B. Konzerte, Biathlon, Stock Car Racing)[478]. Sie ermöglicht den bargeldlosen Zahlungsverkehr im Stadionareal (zentraler Vorteil: Verkürzung der Wartezeiten an den Konzessionsständen durch schnellere Bezahlung;

---

477 Für eine Karte mit Kreditfunktion bzw. Zahlungsfunktion im Sinne einer Debitkarte (EC-Karte) ist aufgrund der hohen Kosten und des hohen Aufwands i.d.R. eine Kooperation mit einem Finanzdienstleister notwendig, wobei diese Anbieter ihrerseits wiederum bestimmte Anforderungen an die Zusammenarbeit stellen (Auflagen, Konditionen), welche zumeist nur die großen Fußballunternehmen erfüllen können (in Anlehnung an TOMCZAK/REINECKE/DITTRICH 2005, 288).

478 Skizzierung des Knappenkarteneinsatzes: Kostenlose Ausgabe an stationären sowie mobilen Stadionausgabestellen bzw. der Geschäftsstelle sowie den Vorverkaufsstellen des Klubs; Aufladung der Karte in 5-Euro-Schritten; Restbeträge können entladen werden bzw. in der Geschäftsstelle zurückgetauscht werden (www.veltins-arena.de vom 04.12.2006).

Folge: Steigerung der Kundenzufriedenheit), zudem wird die Knappenkarte zu jedem Großereignis in einem neuen, speziellen Design herausgegeben (Integration von Spielerportraits, Kartendesign jeweils in Klubfarbe). Dauerkartenkunden dient die Knappenkarte ferner als elektronische Eintrittskarte (vgl. dazu primär www.veltins-arena.de vom 04.12.2006, ergänzend auch BERTRAMS/BIELING/ESCHWEILER 2004, 180 f.; BIERWIRTH/KARLOWITSCH 2004, 222 f.; ZELTINGER 2004, 141)[479].

Instrument 9: Finanzierungshilfen

Finanzierungshilfen bieten Kunden die Chance, die erwünschte Leistung trotz momentan fehlender finanzieller Möglichkeiten in Anspruch nehmen zu können. Sie wirken bei den Kunden somit zufriedenheits- bzw. beziehungsfördernd. Beispielsweise bieten die Washington Capitals ihren Dauerkartenkunden (regular season ticket holder, VIP-season ticket holder) die Möglichkeit, diese in monatlichen Raten zu bezahlen, Manchester United bietet seinen Kunden hingegen eine Darlehensaufnahme zur Finanzierung von Saisondauerkarten an (vgl. dazu SCHILHANECK 2004, 188; www.manutd.com vom 04.12.2006).

Instrument 10: Eventmarketing

Events nehmen im Rahmen der Kundenbindung eine besondere Stellung ein. Sie tragen zur Beziehungspflege bei und sind Ausdruck der Kundenwertschätzung.

Zentrale Bindungswirkung von Events ist, dass sie den Kunden positive Erlebnisse ermöglichen und auf diese Weise die Partnerschaft zwischen Unternehmen und Kunden verstärken (Hintergrund: Events stellen Ereignisse dar, die positive emotionale Reaktionen bei den Teilnehmern auslösen. Das Erlebte wird dadurch fest mit dem Unternehmen verbunden und zukünftig bei der Bewertung der Geschäftsbeziehung miteinbezogen).

---

[479] Weitere Beispiele für Kundenkarten im Profifußball sind u.a. die FC Bayern-Mastercard (HypoVereinsbank), die Manchester United UK Credit Card (MBNA) oder die Hertha BSC-BankCard (Berliner Volksbank). Es handelt sich dabei entweder um eine Kreditkarte (FC Bayern München, Manchester United) oder eine Debitkarte (Hertha BSC Berlin), die von den Vereinen in Zusammenarbeit mit den genannten Finanzdienstleistungsunternehmen betrieben wird. Zwar werden die Karten in erster Linie von den Partnerbanken zur Kundenakquise eingesetzt, für die beteiligten Klubs ergeben sich daraus jedoch die im Fließtext skizzierten emotionalen sowie faktischen Bindungswirkungen. So sind beide Kartenarten personalisiert sowie dem Corporate Design der Klubs angepasst, zudem werden den Karteninhabern neben den eigentlichen Grundfunktionen der Karten (Zahlungs- bzw. Kreditfunktion) diverse Sonderleistungen eingeräumt (*FC Bayern München:* Premium-Ticket-Service für alle Heimspiele des FC Bayern München, „FCB.tv" drei Monate gratis, fünf Prozent Rabatt auf Fanartikel, zehn Euro Gutschrift bei jedem zehnten Bundesliga-Heimtor pro Saison, monatliche Preisverlosung. *Manchester United:* Monatliche RedReward-Verlosung mit Exklusivpreisen wie einer geleiteten Klub-Tagestour für zwei Personen, signiertes Merchandising sowie „limited edition"-Spielerfotoserien; für je 50 Pfund Umsatz über die Kreditkarte erhält der Kunde eine weitere RedReward-Gewinnchance; zudem: Rabatte im Cafe/Museum des Old Trafford Stadions sowie im klubeigenen Reiseunternehmen MU Travel. *Hertha BSC Berlin:* Fünf Prozent Nachlass auf Fanartikel und Dauerkarte, Sonderaktionen für Karteninhaber bei Heimspielen wie z.B. Ermäßigung von Speisen und Getränken, exklusive Stadionführung; Zusatzleistungen für Vereinsmitglieder: 30 Euro-Fanartikel-Gutschein sowie 15 Prozent Rabatt auf Fanartikel und Dauerkarte).
Vgl. zu den Ausführungen primär www.herthabsc.de, www.hypovereinsbank.de sowie www.manutd.com jeweils vom 04.12.2006, ergänzend auch BERTRAMS/BIELING/ESCHWEILER (2004, 180 f.), BIERWIRTH/KARLOWITSCH (2004, 223) sowie PRICE (2004, 58).

Ziel des Eventmarketings muss es folglich sein, den Anspruchsgruppen mittels geeigneter Leistungsangebote besondere Erlebniswerte zu vermitteln, um die Beziehung zwischen Unternehmen und Kunden bewusst zu festigen bzw. zu intensivieren (Event als „emotionales Konsumerlebnis"; vgl. GÜNDLING 1998, 86; WEINBERG/NICKEL 1998, 62 u. 73).

Da Fußballunternehmen über sehr heterogene Kundengruppen verfügen, bedarf es eines differenzierten Eventmarketingansatzes. So ist zwischen öffentlichen (i.S.v. kundengruppenunspezifischen) sowie kundengruppenspezifischen Eventveranstaltungen (Kundenbereiche: Sponsoren, Dauerkartenkunden, Vereinsmitglieder, Kinder/Jugendliche/Familien, Medien) zu unterscheiden. Ergänzend wird die Möglichkeit der Nutzung fremdorganisierter Großveranstaltungen zur Verstärkung der Klubpräsenz ausgeführt (vgl. zu den folgenden Ausführungen u.a. APOSTOLOPOULOU 2002, 209; JOWDY/MCDONALD 2003, 295 ff.; KOLBE/JAMES/ TRAIL 2002, 223; MCDONALD/MILNE 1997, 31[480]).

Kundengruppenunspezifische Events (Events für die breite Öffentlichkeit)
Ziel jener Eventveranstaltungsart ist es, eine hohe Kontaktreichweite zu erzielen. Es gilt folglich, gleichermaßen (fußballaffine) Unterhaltungsangebote für Kinder, Jugendliche und Erwachsene in das Eventprogramm zu integrieren (z.B. Live-Musik, Verlosungen/Gewinnspiele sowie Spielstationen wie Schussgeschwindigkeitsmessanlage, Torwandschießen, Fußballtennis, Kleinfeldfußball, Dribbling-Parkur, Jonglierwettbewerb, Futsal, 7m-Schießen, Human Table Soccer, Kinderhüpfkissen; zudem: Mannschaftsintegration, z.B. Getränkeausschank, Essensvergabe, Spielstationenteilnahme etc.).

Beispiele: Saisoneröffnungsfeier, Saisonabschlussfeier, Weihnachtsfeier, Aufgriff von Sonderanlässen wie Vereinsjubiläen oder besondere sportliche Erfolge (Meisterschaftsgewinn, Pokalgewinn, Qualifikation für ein internationales Turnier etc.), PR-Veranstaltung „Tag der offenen Tür".

Best practise: Saisoneröffnungsfeier und Vereinsjubiläum FC Schalke 04
Die Eröffnungsfeier des FC Schalke 04 zur Saison 2006/2007 setzte sich aus zwei Veranstaltungsteilen zusammen. Zunächst wurde ein Vorprogramm im „alten" Parkstadion mit unterschiedlichen Unterhaltungselementen angeboten (Autogrammstunden, Talk-Runden/Interviews, offizielle Vorstellung der Spielerneuzugänge, Showtraining mit dem Cheftrainer, verschiedene Spielstationen). Hauptevent war daraufhin ein Abschiedsspiel für einen langjährigen Klubspieler in der Veltins-Arena. Insgesamt nahmen ca. 100000 Fans/Anhänger an der Saisoneröffnungsfeier teil. Eventteilnehmer, die keine Karten für das Abschiedsspiel erhalten hatten, konnten dieses auf einer Großbildleinwand mitverfolgen.

480 Vgl. des Weiteren BERTRAMS/BIELING/ESCHWEILER (2004, 178 ff.), SCHILHANECK (2004, 137 f. u. 233 f.; 2005a, 68 ff.; 2005b, 98 ff.), www.100-schalker-jahre.de vom 26.11.2006 sowie www.fc-koeln.de vom 20.12.2006.

Hervorzuheben ist auch die Inszenierung des 100-jährigen Vereinsjubiläums des FC Schalke 04, im Rahmen dessen der Klub folgende Events umsetzte:

- Von April bis September 2004 gastierte die Jubiläums-Tour „Schalke unterwegs" an 100 verschiedenen Orten im gesamten Bundesgebiet (Eventangebot: 600m^2 Erlebnisfläche, sechsstündiges Programm mit Unterhaltungselementen wie Schussgeschwindigkeitsmessanlage, Torwandschießen, Human Table Soccer, Hüpfburg, Maskottchenauftritt, Gewinnspiel, Eventmoderation, Eventserienwettbewerb in den Disziplinen „Schussgeschwindigkeitsmessung" und „Torwandschießen" sowie der Anwesenheit mindestens einer Vereinspersönlichkeit). Der Klub erreichte mit der Eventserie insgesamt rund 850000 Fußballinteressierte bei ca. 100000 Teilnehmern an den beiden Wettbewerben.
- Zwischen April und Juli 2004 organisierte der Verein zudem an 16 auf Deutschland verteilten Austragungsorten die Kleinfeld-Turnierserie „Schalke kickt" (14000 Teilnehmer, 1186 Mannschaften, 35000 Turnierzuschauer).
- Am Tag des 100-jährigen Vereinsbestehens veranstaltete der Klub eine Jubiläumsfeier in der Veltins-Arena (65000 Anwesende, Mitwirken zahlreicher Klubpersönlichkeiten, Auftritte bekannter Künstler und Show-Acts, Sportgespräche und Programmführung durch TV-Moderatoren, TV-Übertragung im WDR, Abschlussfeuerwerk).
- Begleitend zu den ausgeführten Jubiläumsevents organisierte der FC Schalke 04 in Zusammenarbeit mit dem „Musiktheater im Revier" das Fußballmusical „nullvier" (21 Aufführungen), zudem wurde das Klubmuseum erweitert.

Anzumerken ist, dass sowohl die Endrunde der beiden Wettbewerbe der „Schalke unterwegs"-Eventserie als auch die Abschlussrunde des „Schalke kickt"-Kleinfeld-Turnieres als Rahmenprogrammaßnahmen in ein Bundesligaheimspiel des FC Schalke 04 eingebunden wurden (Austragung Finale Schussgeschwindigkeitsmessung bzw. Finale Torwandschießen jeweils in einer Halbzeitpause; Turnierendrunde im Vorfeld eines Bundesligaheimspiels, Austragung der beiden Halbfinale bzw. des Finales jeweils in der Veltins-Arena).

Kundengruppenevents „Sponsoren"

Aufgrund der großen ökonomischen Bedeutung der Sponsoren sollten Fußballunternehmen im Rahmen ihres Eventmarketingansatzes einen besonderen Schwerpunkt auf jene Kundengruppe richten.

Beispiele: Speziell für Sponsoren organisierte Veranstaltungen zu Anlässen wie Saisoneröffnung, Saisonabschluss, Weihnachten, Klubjubiläen oder sportlichen Teamerfolgen. Organisation von Sonderveranstaltungen (z.B. Sponsoren-Golfturnier, Sponsoren-Fußballturnier, Sponsorenausflüge zu Auswärtsspielen).

Best practise: Der 1. FC Köln organisiert für seine Sponsoren jedes Jahr ein Kleinfeld- oder Hallenfußballturnier. Jedes Team wird dabei von einem Profispieler „gecoacht". Der NHL-Klub der Washington Capitals veranstaltet für seine Sponsoren demgegenüber jede Saison eine exklusive „Meet-and-Greet-Party“ mit den Spielern und dem Management sowie ein Golfturnier, an dem ebenfalls Spieler und Klubmanagement teilnehmen.

Kundengruppenevents „Dauerkartenkunden/Vereinsmitgliedern“
Angesichts ihres kennzeichnenden Commitments sowie der stetigen Klubunterstützung sollte ein weiterer Fokus des Eventmarketings von Fußballunternehmen den Dauerkartenkunden sowie Vereinsmitgliedern gelten (z.B. „Appreciation-Party“ zu Anlässen wie Saisoneröffnung, Saisonabschluss oder Weihnachten speziell für Dauerkartenkunden/Klubmitglieder unter Mitwirkung von Spielern und Management; Veranstaltung eines Bowling-Turniers für Dauerkartenkunden/Klubmitglieder).

Best practise: Der NHL-Klub der Washington Capitals organisiert für seine Dauerkartenkunden beispielsweise jedes Jahr eine „Draft Day“-Party, eine „Meet the Team“-Party sowie vier „Private Skate“-Parties.

Kundengruppenevents „Kinder/Jugendliche/Familien“
Vor dem Hintergrund der hohen Bindungschancen von Kindern und Jugendlichen an Profiklubs (v.a. Altersspanne zwischen 6 bis 15 Jahre; vgl. KOLBE/JAMES 2000, 31 f. bzw. die in Abschnitt 4.2.4.2. folgenden Strategieempfehlungen, im Genauen: Strategieempfehlung 5) sollten Fußballunternehmen auch spezielle Eventveranstaltungen für Kinder, Jugendliche und Familien anbieten. Im Folgenden werden dazu einige Ansatzpunkte skizziert:

- Street-Soccer-Turnier für die verschiedenen Jugendaltersklassen.
- Eventorganisation zu Anlässen wie z.B. Fasching, Ostern, Halloween, Nikolaus, Weihnachten, Kinderwelttag.
- Spielkonsolenwettbewerb (evtl. mit Teilnahme von Spielern).
- Informationsveranstaltung bzw. „Tag der offenen Tür“ für Kinder und Jugendliche.
- Angebot von Kindergeburtstagsfeiern im Stadion.
- Maskotchenbesuche bei privaten Kindergeburtstagsfeiern.
- Angebot eines Betreuungsprogramms für Schulklassen bzw. Jugendabteilungen von Fußballvereinen (z.B. Stadionbesichtigung, Besuch einer Trainingseinheit, Autogrammstunde mit Fragerunde).
- Einrichtung eines Kids-Klubs (Spieltagsbetreuung: Bindungseffekte sowohl für Kinder durch klubnahes Spiele- und Unterhaltungsangebot als auch für Erwachsene, die durch jene Serviceleistung zum Spiel gehen können; Sonderaktionen: Lesestunden mit Spielern, Kids-Klub-Kino, Malwettbewerbe, Basteltage, Kinderausflüge wie Zoo- oder Freizeitparkbesuche usw.).

Best practise: Erneut ist das NHL-Franchise der Washington Capitals als benchmark anzuführen. So veranstaltet der Klub beispielsweise jede Saison eine Street-Hockey-Turnierserie für Kinder und Jugendliche im Einzugsgebiet Washington DC/Baltimore/Richmond (10 bis 15 Turniere, die Siegerteams werden jeweils zu Einlagespielen bei Heimspielen der Washington

Capitals eingeladen). Eine weitere Veranstaltung stellt das in Kooperation mit der NHL veranstaltete Familienevent „NHL Break Out“ dar (mehrtägige Veranstaltung mit zahlreichen Kinderattraktionen wie z.B. NHL Street Course, NHL Slapshot Cage, NHL Kids Zone, NHL Race for the Cup). Als gelungenes Praxisbeispiel für einen Kinderklub eines Fußballunternehmens ist der „FC-Kids-Club“ des 1. FC Köln anzuführen (FC-Kinderland mit zahlreichen Spielmöglichkeiten, Kinderbetreuung, Organisation von Kindergeburtstagen für Mitglieder, eigenes Maskottchen, regelmäßige Spielerbesuche, Kids-Klub-Mitglieder als Begleiter der Spieler beim Stadioneinlauf; vgl. dazu www.fc-koeln.de vom 20.12.2006).

Medienveranstaltungen
Die Medien sind in ihrer Funktion als Informationsmultiplikator ein wichtiger Wirtschaftspartner der Fußballunternehmen. Die Beziehungspflege mit Journalisten ist dabei insofern von Bedeutung, da diese wesentlichen Einfluss darauf haben, ob, wann, in welcher Form, in welchem Umfang bzw. mit welcher Tonalität ein Thema veröffentlicht wird (Gatekeeper-Funktion[481]). Für den Eventmarketingansatz von Fußballunternehmen gilt folglich, auch der Beziehungsverflechtung mit den Medien Rechnung zu tragen, beispielsweise durch die Organisation eines speziellen Medienevents (best practise: Media-Party der Washington Capitals mit Sonderaktionen wie Bowling-Turnier oder Mini-Golf-Challenge; Veranstaltungshäufigkeit: Zwei Mal pro Saison).

Ergänzung: Klubpräsenz auf „Fremdevents“
Neben der bislang umschriebenen, eigenverantwortlichen Eventorganisation sollten Fußballunternehmen zudem versuchen, auf (Groß-)Events im Einzugsgebiet präsent zu sein (z.B. Trendsportevent, Musikveranstaltung, städtischer Weihnachtsmarkt etc.; Präsenz durch Promoter, Promotionsstand oder Fanmobil[482]).

Instrument 11: Public Relations
Die Public Relations stellen in ihrer Funktion der Informationsaufbereitung und -vermittlung einen wichtigen Grundbaustein für die Kundenbindung von Fußballunternehmen dar, da die PR-Arbeit wesentlich zur Befriedigung des Informationsbedürfnisses der Interessensgruppen der Fußballprofiklubs (insbesondere der Fans/Anhänger) beiträgt. Im Folgenden wird skizziert, welche Maßnahmen Profiklubs zur Erfüllung jener Informationsfunktion umzusetzen haben. Zentrales Instrument ist die Pressearbeit, unterstützend wirken die beiden PR-Tools „Veröffentlichungen“ und „Veranstaltungen“ (da jene PR-Aufgabenbereiche bereits in 4.1.4.1. ausführlich erläutert wurden, werden im Folgenden lediglich die Kernanforderungen nochmals knapp wiederholt).

---

481 Unter der „Gatekeeper-Funktion“ ist die Publikationsmacht der Journalisten zu verstehen, im Rahmen der Pressefreiheit bestimmen zu können, was die Leserschaft lesen, die Zuhörer hören bzw. die Zuschauer sehen werden (vgl. PFLAUM 1998, 107).

482 Fallbeispiel Washington Capitals: Einsatz des Klubfanmobils auf 20 bis 25 regionalen Großevents je Saison (vgl. auch bereits Fußnote 353).

Pressearbeit

Ziel der Pressearbeit sollte es sein, täglich eine Klubnachricht zu „produzieren“ und diese in den Medien zu „platzieren“. Um dies zu realisieren, kann die Pressearbeit folglich nicht nur auf die Darstellung des sportlichen Geschehens reduziert werden, sondern muss in umfassendem Maße auch das Rahmengeschehen der Fußballprofiklubs einbeziehen (Ansatzpunkte: Maximale Aufarbeitung des sportlichen Geschehens wie Spieltag, Saisonvorbereitung, Transfers etc.; Aufbereitung von Hintergrundinformationen: Verfassen von Personality-Berichten, nostalgische PR-Specials, Rookie-PR-Reportage; Berichterstattung über die Marketingaktivitäten des Klubs).

Klubeigene Veröffentlichungen

Beispiele für klubeigene Veröffentlichungen zur gezielten Ansprache der Interessensgruppen der Fußballunternehmen stellen Stadionzeitschrift, Mitgliederzeitschrift, Fanguide, Media-Guide, monatlicher Online-Newsletter, Sponsoren-Branchenbuch oder der Business-Newsletter dar.

PR-Veranstaltungen

Diese lassen sich im Kontext von Fußballunternehmen auf die im Rahmen der Pressearbeit abzuhaltenden Pressekonferenzen sowie die Informationsveranstaltung „Tag der offenen Tür“ reduzieren.

Instrument 12: Homepage

Auch die Klubhomepage ist ein wichtiges Instrument zur Kundenbindung. Ist sie attraktiv ausgestaltet (i.S.e. multimedialen, interaktiven Inhaltsangebots), trägt sie zur Befriedigung von Informations- und Unterhaltungsbedürfnissen der User bei und festigt auf diese Weise deren Beziehung zu dem Klub. Vorteil des Kommunikationsinstruments ist insbesondere, dass es keiner redaktionellen Zensur unterliegt und sich der Klub im Rahmen seiner Web-Präsenz (weitestgehend) uneingeschränkt darstellen kann.

Nachfolgend wird skizziert, welche Inhaltsangebote eine Klubhomepage zur Erfüllung der Informations- und Unterhaltungsfunktion beinhalten muss (vor dem Hintergrund der ausführlichen Erläuterungen zur Inhaltsgestaltung der Klubhomepage in Abschnitt 4.1.5.2. werden nachfolgend lediglich die wichtigsten Ansatzpunkte nochmals stichpunktartig angeführt). Grundsätzlich gilt – vergleichbar der Anforderung an die PR-Arbeit – dem User jeden Tag eine neue Story, einen neuen Inhalt als Anreiz zum täglichen Homepagebesuch anzubieten.

- Informationsangebot: Umfassende Berichterstattung „sportliches Klubgeschehen“ sowie „Rahmenaktivitäten“, Sonderreportagen, multimediale Darstellung von Spielerkader/ Klubmanagement/Klubhistorie, tägliche Homepageaktualisierung.
- Interaktionsangebot: Fanforum, Messageboard, Chatroom.

- Unterhaltungsangebot: Audio- und Videodownloads, Handy-/PC-Features, Gewinnspiele, multimediale Kids-Fan-Corner.
- Konsumangebot: Online-Shop, Online-Auktion.

Zudem: Mehrsprachige Ausführung der Homepage.

Instrument 13: Beschwerdemanagement

Das Beschwerdemanagement ist ein speziell auf das Marketingziel der Kundenbindung ausgerichtetes Instrument. Es dient dazu, Kundenzufriedenheit wieder herzustellen und gefährdete Kundenbeziehungen dadurch zu stabilisieren[483]. Nachfolgend wird dargestellt, welche Ausgestaltungsaspekte Fußballunternehmen für ein professionelles Beschwerdemanagementsystem umsetzen müssen. Von Relevanz sind dabei insbesondere die Teilprozesse „Beschwerdestimulierung", „Beschwerdeannahme" sowie „Beschwerdebearbeitung/Beschwerdereaktion" (zu den theoretischen Inhalten der folgenden Ausführungen vgl. insbesondere BRUHN 2004e, 89 f.; BRUHN/HOMBURG 2004, 88 ff.; GÜNTER 2006, 381 ff.; STAUSS 2000, 284 f. u. 290; STAUSS 2005, 319[484]; für die Praxisbeispiele vgl. SCHILHANECK 2004, 185 f.; SCHILHANECK 2005a, 71 f.).

Beschwerdestimulierung

Die Beschwerdestimulierung umfasst sämtliche Maßnahmen, die den Kunden zur Artikulation einer Beschwerde aufgrund bestehender Unzufriedenheit bewegen. Die Hauptaufgabe der Beschwerdestimulierung liegt darin, die Voraussetzungen für eine leichte sowie unkomplizierte Beschwerdeäußerung zu schaffen (z.B. Einrichtung von Service-Hotlines sowie einer

[483] Unter Beschwerdemanagement sind sämtliche Maßnahmen der Analyse, Planung, Durchführung und Kontrolle zu verstehen, die ein Unternehmen im Zusammenhang mit Beschwerden der Kunden bzw. sonstiger Anspruchsgruppen ergreift. Zentrale Zielsetzung ist es dabei, auf artikulierte Kundenbeschwerden so zu reagieren, dass die Kundenzufriedenheit wieder hergestellt wird (sog. Reparaturfunktion; vgl. zu den Ausführungen v.a. BRUHN 2004e, 89; STAUSS 2005, 318; ergänzend auch BORN 2000, 5; GÜNTER 2006, 374 f.; HANSEN/JESCHKE/SCHÖBER 1995, 77; HOMBURG/BECKER/HENTSCHEL 2005, 99; HOMBURG/GIERING/HENTSCHEL 1999, 177; STAUSS 2000, 290; TOMCZAK/DITTRICH 1999, 76).
Als (strategische) Begleitziele lassen sich zudem folgende Aspekte festhalten:
- Vermeidung von für das Unternehmen negativer Reaktionen unzufriedener Kunden (Abwanderung zu Wettbewerbern, negative Mund-zu-Mund-Kommunikation, Einschaltung von Medien).
- Erzeugung zusätzlicher akquisitorischer Effekte (Weiterempfehlung/Mundkommunikation nach Unternehmensanstrengungen zur Wiederherstellung der Kundenzufriedenheit).
- Beitrag zur Erschaffung eines kundenorientierten Unternehmensimages.
- Auswertung und Nutzung der in Beschwerden enthaltenen Informationen zur Leistungsverbesserung, Ermittlung von Verbesserungspotentialen aus Beschwerden („Lernfunktion").
- Reduzierung interner/externer Fehlerkosten durch Einleitung von Korrekturmaßnahmen.

(Vgl. dazu BRUHN 2004e, 89; GÜNTER 2006, 377; HANSEN/JESCHKE/SCHÖBER 1995, 81 f.; STAUSS 2000, 290; STAUSS 2005, 318; ZELTINGER 2004, 147).
Zur Realisierung dieser Beschwerdemanagementziele ist es einerseits erforderlich, leicht zugängliche Beschwerdekanäle einzurichten, die eingehenden Beschwerden sachgerecht anzunehmen, zu bearbeiten und entsprechend zu reagieren. Zudem bedarf es der systematischen Informationsauswertung bzw. Nutzung der Erkenntnisse zur Leistungsverbesserung (vgl. STAUSS 2000, 290; STAUSS 2005, 319; ähnlich BRUHN 2004e, 90).

[484] Vgl. zudem BORN (2000, 6), DREYER (2000, 27), MÜLLER/RIESENBECK (1991, 71 f.), ZELTINGER (2004, 147 ff.).

Service-Mail-Adresse, Bereitstellung von Meinungskarten und Beschwerdekästen, Hinweise auf Beschwerdemöglichkeiten, Anreizsysteme zur Beschwerdeäußerung wie z.B. Gewinnspiele).

Best practise: Der NHL-Klub der Washington Capitals verfügt über eine eigenständige Kundendienstabteilung (Guest Services, drei Mitarbeiter), der u.a. die Aufgabe des Beschwerdemanagements zugeordnet ist. Zur Beschwerdeäußerung stehen den Kunden eine Service-Telefonnummer/Faxnummer sowie eine Service-Mail-Adresse zur Verfügung. Als Anlaufpunkte bei Problemen während der Heimspiele sind zwei ab Arenaöffnung durchgehend besetzte Kundendienstbüros eingerichtet[485]. Zudem stellt der Klub auf allen drei Arenastockwerken mehrere Beschwerdekästen mit beiliegenden „Comment Cards" auf. Als Beteiligungsanreiz veranstaltet der Klub monatliche Preisverlosungen/Gewinnspiele unter allen eingegangenen Meinungskarten[486]. Hinweise zu den skizzierten Beschwerdestimulierungsmaßnahmen des Klubs findet der Kunde in den verschiedenen Klubveröffentlichungen (z.B. Stadionmagazin, Dauerkartenbroschüre, Heimspielplan, Fan Guide), der Homepage bzw. an Spieltagen über Videowürfelanzeigen sowie Stadiondurchsagen.

Beschwerdeannahme

Im Vordergrund jenes Arbeitsschrittes steht die systematische und vollständige Erfassung und Dokumentation/Sicherung der Kundenbeschwerdeinformationen (Notwendigkeit entsprechender IT-Systeme!). Ergänzend ist ein situationsangepasstes Mitarbeiterverhalten bei der persönlichen/mündlichen Beschwerdeäußerung des Kunden erforderlich (Sozialkompetenzen wie Freundlichkeit, Höflichkeit, Verständnis, Einfühlungsvermögen, Hilfsbereitschaft).

Weiterführung des Fallbeispiels „Washington Capitals": Sämtliche an den NHL-Klub herangetragenen Probleme und Anfragen (Anrufe, Faxmitteilungen, Mails, Meinungskarten, persönliche Äußerungen wie beispielsweise an Spieltagen in den Arenakundendienstbüros) werden von den Mitarbeitern der Kundendienstabteilung für die spätere Auswertung in einer Datenbank vermerkt. Zur Gewährleistung eines kundenfreundlichen Mitarbeiterverhaltens bei persönlichen/mündlichen Beschwerdeäußerungen nehmen alle Guest Services-Mitarbeiter einmal pro Saison an einem Trainingsseminar teil.

Beschwerdebearbeitung/Beschwerdereaktion

Im Mittelpunkt jenes Prozessabschnittes steht zunächst die Ergreifung kundenindividueller Problemkompensationsmaßnahmen. Dabei ist auf die Gewährleistung von Reaktionsschnel-

485 Bei Heimspielen wird die Guest Services-Abteilung der Washington Capitals durch zehn Teilzeitangestellte unterstützt. Diese sind als erste Ansprechpartner für Kundenprobleme in den Gängen positioniert. Hinweise auf diese „Service Crew" der Washington Capitals (z.B. Standorte, Bekleidung zur Orientierung) werden jeweils über Stadionzeitschrift, Videowürfel sowie Stadiondurchsagen gegeben.

486 Neben der Beschwerdeerfassung nutzt der NHL-Klub das Comment Card-System auch zur sukzessiven Erhebung demographischer Kundendaten (Angabe der Kundendaten als Voraussetzung für eine Teilnahme an den Preisverlosungen).

ligkeit (Vorgabe konkreter Bearbeitungszeiten, Eindeutigkeit der Handlungskompetenzen der Beschwerdemanagementmitarbeiter) sowie auf Angemessenheit bzw. Fairness der angebotenen Problemlösung zu achten. Weiterführend sind die Beschwerdeursachen systematisch und kontinuierlich zu analysieren (Informationsauswertung) und in verdichteter Form an die übergeordneten Entscheidungsträger weiterzuleiten (Beschwerdereporting), um letztendlich angepasste Verbesserungen im Leistungsprogramm einleiten zu können (Beschwerdeinformationsnutzung).

Weiterführung des Fallbeispiels „Washington Capitals“: Formulierte Philosophie der Guest Service-Abteilung des NHL-Klubs ist es, eine Bearbeitung der herangetragenen Kundenanliegen innerhalb von 24 Stunden vorzunehmen. Eine Beschwerdeauswertung bzw. ein Beschwerdereporting liegt in der Form vor, als dass die Mitarbeiter der Guest Service-Abteilung alle erfassten Probleme und Beschwerden monatlich auszuwerten und in verdichteter Form dem Abteilungsmanager zu übergeben haben. Zielsetzung ist es dabei, Leistungsbereiche, mit welchen die Kunden unzufrieden sind, zu identifizieren (z.B. Wartezeiten Ticketing oder Catering, Sauberkeit Sanitärbereich etc.), um entsprechende Verbesserungsmaßnahmen einleiten zu können.

Instrument 14: Fanbeauftragte

Durch den Einsatz von Fanbeauftragten können sich Fußballunternehmen weitere Chancen zur Kundenbindung erschließen. Fanbeauftragte sind die direkten Ansprechpartner der Klubanhänger, ihre Hauptaufgaben umfassen die Interessensvermittlung zwischen Fans und Klub sowie Betreuungs- und Beratungsaktivitäten (z.B. Organisation von Klubveranstaltungen wie Fanfußballturnier oder Fanstammtisch, Vermittlung von Spielern an Fanklubs, Equipmentverlosung, Hilfeleistung bei Fanklubneugründungen; vgl. BERTRAMS/BIELING/ESCHWEILER 2004, 182; ROHLMANN 1998, 110; ZELTINGER 2004, 101; ZELTINGER/HAAS 2002, 465; ergänzend RECKENFELDERBÄUMER 2003, 74; RECKENFELDERBÄUMER 2004, 377).

Instrument 15: Kundenseminare/Kundenworkshops

Kundenseminare/Kundenworkshops werden im Allgemeinen zur Vermittlung von Anwenderwissen für komplexe Leistungsangebote durch den Anbieter durchgeführt, um dadurch Anwendungsprobleme und somit Unzufriedenheit vorzubeugen bzw. die Bindung der Kunden zu stärken (HADELER/WINTER 2000, 1901). Im Kontext von Fußballunternehmen übernehmen Seminare bzw. Workshops hingegen die Funktion der Vermittlung von Fach- bzw. Hintergrundwissen, zudem bieten sie den Teilnehmern die Chance, besondere Einblicke hinter die Kulissen des Interessens-/Identifikationsobjekts „Fußballprofiklub“ zu nehmen. Klubseminare/Klubworkshops sind somit als Instrument der Identifikations- bzw. Zugehörigkeitssteigerung zu sehen. Um jenes Bindungspotential ausschöpfen zu können, sollten Fußballunternehmen neben den bekannten Veranstaltungsformen der Stadionführungen oder dem „Tag der offenen Tür" auch andere Angebote wie Trainings-, Coaching- oder Fitnessseminare bzw. Sponsoring- oder PR-Workshops anbieten.

Best practise: Das NHL-Franchise der Washington Capitals organisiert für seine Fans beispielsweise jede Saison ein „Coaching Symposium" (Seminar für Amateurtrainer mit Teilnahme verschiedener Coaches der Washington Capitals), das so genannte „Caps Youth Counsil"-Programm (monatlich stattfindende Lern- und Informationsveranstaltung für Jugendliche; Inhalt: Schulung über die wirtschaftlichen Aktivitäten der Washington Capitals) sowie das dreitägige Hockey-Seminar „Caps University" (sieben Termine pro Saison; Teilnahme von Spielern, Trainern und Managern als Referenten). Für Eishockey-Unkundige hat der Klub zudem das „Hockey 101"-Programm eingerichtet (Informationsserie über NHL-Regeln bzw. Standardspielzüge; Häufigkeit: Informationsstand bei jedem Heimspiel, je eine Lernsession pro Woche auf der Klubhomepage, je eine Lernsession pro Heimspiel in der Stadionzeitschrift, Informationsstand bei jedem „Caps Caravan"-Auftritt; vgl. zu den Ausführungen SCHILHANECK 2004, 138).

Instrument 16: Gesellschaftsengagement

Gesellschaftliches Engagement von Fußballunternehmen in ihrem Einzugsgebiet stellt einen weiteren Ansatz zur Förderung der Kundenbindung dar (z.B. Unterstützung karitativer/sozialer Einrichtungen, Fundraising-Maßnahmen, Schulförderprogramme). Derartig wohltätige Maßnahmen sind Ausdruck von Sozial- und Gesellschaftsverantwortung als auch Dankbarkeit und Wertschätzung der Fußballklubs an ihr Einzugsgebiet, tragen positiv zum Klubimage bei und festigen dadurch Zugehörigkeit, Bedeutungsgrad und Position des Fußballunternehmens in der Region bzw. stärken die Bindung der Interessensgruppen an den Profiklub (vgl. dazu IRWIN et al. 2002, 271 f.; MILNE/MCDONALD 1999a, 18 f.; SUTTON et al. 1997, 20 f.: kurze Hinweise zudem in KOLBE/JAMES 2000, 30 ff.)[487].

Im Folgenden werden einige Beispiele für gesellschaftspolitisches Engagement von Fußballunternehmen angeführt (da die Umsetzung der Managementaufgabe des Gesellschafts- und Sozialengagements von Fußballunternehmen bereits in Abschnitt 4.1.5.2. umfassend abgehandelt wurde, werden nachfolgend lediglich die zentralen Ansatzpunkte wiedergegeben). Erdenkliche Maßnahmen sind in diesem Zusammenhang beispielsweise

- die Einrichtung von Klub-/Spielerspendenprogrammen bzw.
- die Organisation von Fundraisingevents (Fanspendenaktionen, Fanauktionen) zur Förderung karitativer/sozialer Einrichtungen,
- VIP-Veranstaltungen „für gute Zwecke" (z.B. Charity-Golfturnier),

[487] Zur Bedeutung von „Community Relation Activities" im professionellen Teamsport vgl. IRWIN et al. (2002, 281): Im Rahmen einer Befragung von Sportfans in den USA (n=2500) wurde an einer Skala von 1 bis 6 u.a. abgefragt, wie wichtig „Community Relation Activities" für Profiklubs aus Sicht der Befragten sind (1 = not at all important; 6 = extremely important). Der Durchschnittswert für diese Frage betrug 5,54.

- Unterstützung von/Partizipation an/Organisation von Umwelt- bzw. Klimaschutzprogrammen (z.B. Flurbereinigungsmaßnahmen, Umwelt-/Klimatag) sowie
- Kooperationen mit Schulen (z.B. Lese/Mathematik-Förderprogramm mit Klubspielern).

Als Praxisbeispiel können wiederum die Washington Capitals angeführt werden, deren gesellschaftliches Engagement in der Saison 2002/2003 folgende Maßnahmen umfasste (vgl. dazu SCHILHANECK 2004, 140 u. 232 ff.; SCHILHANECK 2005a, 68):

- Organisation eines „Charity Carnevals".
- Veranstaltung von drei Sachspendensammlungen an Heimspielen.
- Spieler-Wohltätigkeitsprogramm „Scoring for Children" (Spielerspende von 100 Dollar für jedes Tor, jeden Assist bzw. jeden Save zu karitativen Verwendungszwecken).
- Wohltätigkeitsveranstaltungen, bei denen Franchise-Starspieler Olaf Kölzig Pate stand („Olie Kolzig Reading Program", "Olie Kolzig Children Hospital Golf Classic", "Olie Kolzig Children Hospital Tennis Classic").
- Schulförderungsprogramm „Reading is Cool" mit 75 Veranstaltungen pro Saison.
- Organsiation eines Kinder-Trimm-Dich-Laufes ("Annual Marine Corps Marathon Healthy Kids Fun Run").
- Förderung der karitativen Einrichtungen "Great Guys for a Great Cause" (Krebshilfe) und "Special Hockey Washington" (Behindertensport).[488]

Instrument 17: Communication-Center

Ein Communication-Center stellt eine (i.d.R. mehrfach besetzte) multimediale Kontaktstelle für sämtliche Kundenanfragen dar (Telefon, E-Mail, Fax, Homepagekontaktfunktion, Post-Kommunikation). Die Einrichtung eines Communication-Centers empfiehlt sich für Fußballunternehmen deshalb, weil eine derartige Serviceleistung grundlegende Kundenerwartungen wie eine einfache Erreichbarkeit von Klubmitarbeitern, eine freie Wahl des Kommunikationsmediums sowie kompetente bzw. zeitextensive Betreuung erfüllt (OTTO/SURMONT 2001, 434; ZELTINGER 2004, 136).

Instrument 18: Personalschulungen

Wie in 4.2.2.1. und 4.2.3. erläutert, bewerten Kunden der Fußballunternehmen die Geschäftsbeziehung zum Klub u.a. auch durch die in den verschiedenen Interaktionsformen mit den Klubmitarbeitern (v.a. Ticketing, Communication-Center, Kundenservice, Businessklub) sowie den Angestellten der Kooperationspartner der Fußballprofiklubs (v.a. Security, Catering) gesammelten Erfahrungen. Einen Ansatz zur Gewährleistung eines kundenfreundlichen Mitarbeiterverhaltens stellen dabei v.a. Personalschulungen dar. Fußballunternehmen sollten folglich für den eigenen Personalstamm regelmäßige Fortbildungsmaßnahmen durchführen,

488 Für weitere Praxisbeispiele an „Community Relation Activities" von Teams als auch Spielern aus den US-Major Leagues vgl. IRWIN et al. (2002, 269 ff.). Fallbeispiele Teams: Denver Nuggets, Orlando Magic (beide NBA); Atlanta Braves, Boston Red Sox (beide MLB); Los Angeles Kings, Phoenix Coyotes (beide NHL). Fallbeispiele Spieler: Alonzo Mourning (NBA), Pedro Martinez (MLB).

mit den Kooperationspartnern sind entsprechende Vereinbarungen bzw. vertragliche Verpflichtungen abzuschließen (für weiterführende Maßnahmen zur Kundenkontaktpersonalsteuerung sowohl im Klub- als auch im Kooperationspartnerbereich vgl. bereits Abschnitt 4.1.4.2., Maßnahme 8: Corporate Identity, Teilaspekt Corporate Behaviour).

Best practise: Die Guest Services-Abteilung der Washington Capitals nimmt jede Saison an einem Fortbildungsseminar teil. Für die Sales-Mitarbeiter führt der Klub ein wöchentliches, abteilungsinternes Kurztrainingsprogramm sowie zwei externe Intensiv-Schulungsseminare (u.a. mit Videoanalyse) pro Saison durch. Die verschiedenen Abteilungsmanager nehmen zudem jede Saison an fachgebietsspezifischen, von der Liga initiierten Expertenschulungen teil (vgl. SCHILHANECK 2004, 173 u. 219; SCHILHANECK 2005a, 70 u. 75).

Instrument 19: Key Account Management

Das Key Account Management ist eine spezielle Koordinationsform des Marketings, bei der die wichtigsten Kunden von so genannten Key Account Managern betreut werden[489]. Ziel des Ansatzes ist es, die Beziehungen zwischen Unternehmen und Großkunden durch Optimierungsmaßnahmen der Kundenprozesse durch den Key Account Manager (z.B. regelmäßiger Informationsaustausch, Beratungsleistungen, Umsetzung leistungsbezogener Kundenwünsche, aber auch Preiszugeständnisse, Finanzierungsangebote, Anpassung bestehender Konditionssysteme) zu verbessern (vgl. BRUHN 2002, 138 f.; KROHMER 2004, 380 ff.; ergänzend ZELTINGER 2004, 125).

Als Key Accounts der Fußballunternehmen sind in erster Linie die Sponsoren (v.a. Hauptsponsor, Stadionnamensgeber, Ausrüster, TV-relevante Co-Sponsoren) sowie die Großkunden im Hospitalitybereich (v.a. Logen-Kunden) zu sehen. Diesen sollte – im Sinne des skizzierten Key Account Management-Ansatzes – spezielles Personal sowie spezielle Betreuungsleistungen zugeordnet werden. Als Fallbeispiele lassen sich die Agenturen IMG oder SPORTFIVE anführen, die für verschiedene Fußballbundesligisten die Sponsoring- und Hospitalityrechte vermarkten. I.d.R. setzen die Unternehmen vor Ort ein mehrköpfiges Team aufgeteilt in die Bereiche „Akquise/Betreuung Sponsoring" bzw. „Akquise/Betreuung Hospitality" ein. Als Betreuungsleistungen der Mitarbeiter gegenüber ihren Key Accounts sind folgende Aspekte anzuführen: Umfassende persönliche Erreichbarkeit, Ausführung von Sonderkundenwünschen wie Zusatztickets oder signiertes Merchandising, bevorzugte Behandlung bei Sonderspielen, Sofort-Information über wichtige Klubentscheidungen, Empfang bei Ankunft im Stadion, Besuch der Kunden im Businessklub bzw. in den Logen. Ziel der Bemühungen ist es, eine persönliche Bindung des Kunden über den ihm fest zugeteilten Mitarbeiter an den Klub

489 Zur Auswahl der Key Accounts (Großkunden) werden i.d.R. Kriterien wie „Wirtschaftliche Bedeutung" (z.B. Umsatz), „Wirtschaftliches Potential" (geschätztes Nachfragewachstum, Cross-Selling-Potentiale) oder „Image" (sog. Referenzkunden) herangezogen (vgl. KROHMER 2004, 381).

aufzubauen als auch Kundenzufriedenheit durch Wertschätzungsausdruck zu gewährleisten[490].

Instrument 20: Strategische Spielertransfers

Spielertransfers dienen in erster Linie der sportlichen Verbesserung des Mannschaftskaders, jedoch können von ihnen auch kundenbindungsrelevante Wirkungen ausgehen. So tragen sowohl die Akquirierung von Starspielern (z.B. David Beckham zu Real Madrid, Lukas Podolski zum FC Bayern München) als auch durch die Verpflichtung regionaler Spieler (beispielsweise setzt der spanische Fußballprofiklub Atletico Bilbao nur baskische Spieler ein, trotz des mäßigen sportlichen Erfolgs sind die Heimspiele des Klubs jedoch häufig ausverkauft) zu einer Steigerung des Identifikationspotentials der Mannschaft für die Anhänger bei (vgl. dazu BRANDES/FRANCK/NÜESCH 2006, 16; HÖFT et al. 2005, 185; ergänzend auch BERTRAMS/BIELING/ESCHWEILER 2004, 176).

Instrument 21: Rabatt- und Bonussysteme

Rabatt- und Bonussysteme sind „klassische" Kundenbindungsmaßnahmen die von Unternehmen unterschiedlichster Branchen umgesetzt werden. Im Folgenden werden die beiden preispolitischen Ansätze zur Kundenbindung näher betrachtet.

Rabatt

Rabatte bezeichnen einen Preisnachlass auf den üblichen Verkaufspreis (BRUHN/HOMBURG 2004, 721). Sie bieten sich im Kontext von Fußballunternehmen insbesondere zur Ausgestaltung anderer Kundenbindungsinstrumente an (Preisnachlässe zur Attraktivitätssteigerung der eigentlichen Kernleistung; z.B. Rabatte auf Klubmerchandising und Eintrittskarten für Vereinsmitglieder, Mitglieder von Fanklubs, Mitglieder von Fanprojekten sowie für Besitzer von „club-branded" Kredit- oder Debitkarten; vgl. dazu bereits die Ausführungen zu dem Instrument „Kundenkarte" bzw. die noch folgenden Erläuterungen zu den integrativen Kundenbindungsmanagementansätzen „Businessklub, Fanklub, Fanprojekt, Vereinsmitgliedschaft"[491]).

---

490 Die Skizzierung der Praxisbeispiele basiert in erster Linie auf zwei telefonischen Kurzinterviews mit Mitarbeitern der beiden Vermarktungsagenturen IMG und SPORTFIVE (Interviewtag: 30.10.2006). Vgl. zu einigen der ausgeführten Betreuungsleistungsbeispielen auch die knappen Hinweise in BERTRAMS/BIELING/ESCHWEILER (2004, 190), JAMES/KOLBE/TRAIL (2002, 223), ZELTINGER (2004, 126).

491 Für die angeführten Praxisbeispiele gewährter Rabattformen im Kontext von Fußballunternehmen (Preisnachlass auf Merchandising sowie Eintrittskarten für Vereinmitglieder, Fanklub- bzw. Fanprojektmitglieder) vgl. auch BAUER/EXLER/SAUER (2004, 1), BERTRAMS/BIELING/ESCHWEILER (2004, 180 ff.), BIERWIRTH/KARLOWITSCH (2004, 212), LANGEN et al. (2005, 210 ff.), SCHILHANECK (2004, 187; 2005b, 97), ZELTINGER (2004, 74 ff. u. 100), ZELTINGER/HAAS (2002, 465).

Bonussystem/Bonusprogramm

Bonusprogramme[492] steuern die Kundenbindung aktiv, indem sie Folgekäufe ihrer Kunden über ökonomische Kriterien (v.a. Preis, materielle Zusatzleistungen) belohnen. Wichtig ist jedoch, dass die angebotenen Bonusleistungen nicht als vereinzelte Sonderaktionen für Stammkunden durchgeführt werden, vielmehr muss es das Ziel sein, ein stetig attraktives und ausgewogenes Belohnungssystem einzurichten, dass die Kunden zu kontinuierlichen Käufen motiviert (vgl. TOMCZAK/DITTRICH 1999, 76; ergänzend BRUHN/HOMBURG 2004, 102).

Als Praxisbeispiel ist das „San Diego Padres' Compadres Club Program" anzuführen. Das in der Saison 1995/1996 eingeführte Bonusprogramm des MLB-Klubs (San Diego Padres) skizziert sich wie folgt: Ausgabe einer kostenlosen, personalisierten Kundenkarte gegen Ausfüllen eines knappen Fragebogens zu soziodemographischen Daten sowie Lifestyleinformationen (Hintergrund: Kundeninformationsgewinnung, Ausweitung der Kundendatabase). Mit der Karte konnten die Kunden daraufhin über die Saison Bonuspunkte sammeln, in erster Linie durch den Besuch von Heimspielen (Punktegutschrift durch Kartenregistrierung an einem der 32 im Stadionareal angebrachten Kartenlesegeräte), Sonderbonuspunkte gab es zudem im Fall des Eintretens vorher definierter, besonderer sportlicher Erfolge (z.B. bestimmte Anzahl an „base hits" oder „home runs"). Am Ende der Saison konnten die Teilnehmer ihre gesammelten Punkte in folgendem gestaffelten Belohnungssystem einlösen: 10 Punkte – Klubanstecker, 30 Punkte – Spielerposter, 60 Punkte – Sonderempfang vor einem Heimspiel, 80 Punkte – Teilnahme an einer exklusiven Autogrammstunde, 120 Punkte – Stadionführung für zwei Personen, 170 Punkte – Spielertreff vor einem Heimspiel. Im Jahr 2000 verzeichnete das Kundenbindungsprogramm bereits 160000 erfasste Kunden (vgl. dazu BRENNER 1997, 43; ergänzend COUSENS/BABIAK/SLACK 2001, 332; PRITCHARD/NEGRO 2001, 320[493])[494].

Instrument 22: (Vertikale) Preisdifferenzierung

Eine vertikale Preisdifferenzierung (= Einrichtung verschiedener Preisabstufungen für eine Leistung gleicher Art auf nur einem Markt; vgl. WORATSCHEK 2004b, 640 f.) trägt den unterschiedlichen Preisbereitschaften der Kunden Rechnung und wirkt sich folglich positiv

[492] Bonusprogramme/Bonussysteme schreiben den Kunden bei der Leistungsinanspruchnahme Bonuspunkte gut, die entweder bar oder über anderweitige materielle oder immaterielle Kompensationsmaßnahmen eingetauscht werden können (gängige Erscheinungsformen von Bonusprogrammen: z.B. Kundenkartensystem der Großsupermärkte → Bonuspunktegutschrift bei jedem Einkauf; Frequent-Flyer-Programme → Bonuspunktezuteilung bei Flug-, Hotel- sowie Mietwagenbuchungen; vgl. dazu BRUHN/HOMBURG 2004, 102).

[493] Das „San Diego Padres' Compadres Club Program" war das erste in der MLB umgesetzte Bonusprogramm. Hinweise zu weiteren von den MLB-Franchises ausgeführten Bonussystemen bis zum Jahr 2000 (Programmname, Einführungszeitpunkt, erfasste Kundenzahlen) finden sich in PRITCHARD/NEGRO (2001, 320).

[494] Als Praxisbeispiel im deutschen Profifußball ist das Bonusprogramm des 1. FC Köln anzuführen: Für jeden erzielten Punkt wurde den Dauerkartenbesitzern ein Geldbetrag gutgeschrieben, den sie daraufhin für Merchandisingartikel oder Eintrittskarten einlösen konnten (vgl. BIERWIRTH/KARLOWITSCH 2004, 219; Informationen zu dem Durchführungszeitpunkt des Bonusprogramms sowie der Höhe des pro Punktgewinn gutgeschriebenen Geldbetrags sind der Quelle nicht zu entnehmen).

auf die Bewertung der Geschäftsbeziehung aus. Im Kontext der Fußballunternehmen sind folgende drei Preisdifferenzierungsformen die Regel (vgl. BERTRAMS/BIELING/ESCHWEILER 2004, 179 f. u. 191):

- Eine leistungsbezogene Preisdifferenzierung findet sich hinsichtlich der Qualität der Zuschauer- bzw. Hospitalityplätze (Kriterien: Sitz- vs. Stehplatz, Nähe zum Spielfeld, Blickwinkel etc.) sowie der Qualität der Sponsoringmöglichkeiten (Kriterien: Werbemedium, Werbepositionierung bzw. Werbereichweite)[495].
- Personenbezogene Preisdifferenzierungen (Kriterien: soziodemographische Kriterien wie Alter oder Berufs- bzw. Standesgruppenzugehörigkeit) kommen durch ermäßigte Eintrittspreise für Schüler, Studenten, Zivildienstleistende/Wehrdienstabsolvierende, Familien und/oder Senioren zum Ausdruck.
- Quantitative Preisdifferenzierungsangebote liegen durch einen vergünstigten Durchschnittspreis bei Zuschauergruppentickets, Hospitalitygruppentickets oder auch im Fall der Saisonkarte vor.

Fußballprofiklubs, deren Preisspektrum eine oder mehrere der ausgeführten Angebote ausspart, sollten eine Integration dieser überdenken, um die eingangs skizzierten positiven Effekte angepasster Preisdifferenzierungen auf die Geschäftsbeziehung bestmöglich nutzen zu können (beispielsweise kann eine Ausgrenzung eines Gruppenticket- oder Seniorenticketangebots von den betroffenen Kunden als ungerecht empfunden werden mit der Folge von Kundenunzufriedenheit).

Instrument 23: Preisbundling

Bei Preisbündelungsverfahren werden verschiedene Leistungsbündel (Dienstleistungen und/oder Produkte) zusammengefasst und zu einem Paketpreis angeboten, wobei dieser günstiger als die Summe der Einzelpreise der Paketleistungen ist (BRUHN/HOMBURG 2004, 639). Fußballprofiklubs setzen diese Maßnahme beispielsweise durch Verbundverkäufe von Eintrittskarten und Merchandisingartikel um (vgl. BERTRAMS/BIELING/ESCHWEILER 2004, 180), im US-Profisport werden hingegen oftmals Eintrittskarten mit Gutscheinen für Sponsorenleistungen, mit Stadioncateringleistungen und/oder Merchandisingartikeln verbunden[496] (vgl. BRENNER 1997, 33; SCHILHANECK 2004, 271).

Instrument 24: Kundenspezifische Kommunikationskanäle

Kommunikationsinstrumente sind grundsätzlich interaktionsfördernd und stellen somit einen Beitrag zur emotionalen Kundenbindung dar. Eine faktische Bindungswirkung kommt der Einrichtung von kundenspezifischen Kommunikationskanälen jedoch dann zu, wenn deren

---

495 Vgl. dazu auch bereits Instrument 2: Individuelle Angebotsgestaltung.

496 Pittsburgh Pirates: Zusammenfassung von Ticket und Sponsorencoupon für einen Restaurantbesuch (vgl. BRENNER 1997, 33).
Washington Capitals: „WB 50 Family Night"-Paket (4 Eintrittskarten, 4 Washington Capitals Mützen sowie Essens- und Getränkecoupons für 4 Personen), „WB 50 Slapshot"-Paket für Kinder bis 12 Jahre (Eintrittskarte, eine Washington Capitals Mütze, Eisgutschein) (vgl. SCHILHANECK 2004, 173).

Nutzung nur durch eine bestehende Geschäftsbeziehung möglich ist bzw. bei Beendigung der Geschäftsbeziehung jene Nutzungsmöglichkeit wegfällt. Das Kommunikationsangebot nimmt in dieser Gestaltungsform die Rolle einer Wechselbarriere ein. Derartig faktisch-bindende Kommunikationsmaßnahmen von Fußballunternehmen stellen beispielsweise eigene Homepagebereiche für Hospitality-Kunden, Vereinsmitglieder sowie Dauerkartenkunden mit speziellen Informations- und Unterhaltungsleistungen, das Angebot eines Branchenbuches sowie eines Business-Newsletters für Hospitality-Kunden als auch die Einrichtung einer Mitgliederzeitschrift dar. Als weitaus bedeutender ist in diesem Zusammenhang jedoch die Nutzungsmöglichkeit der Klubdatenbank für Kommunikationsmaßnahmen der Großsponsoren anzuführen (z.B. Thomas Cook Sponsorship bei Manchester City: intensive Marketingmaßnahmen des Reisedienstleisters über die Klubdatabase; Sponsorships von Mobilfunkunternehmen bei einigen Premier-League-Klubs: Zugang zu der Klubdatenbank als Teil der Sponsoringvereinbarung; vgl. jeweils PRICE 2004, 57 f.).

Grundsätzlich gilt jedoch: Damit jene Kommunikationskanäle auch die Funktion einer Wechselbarriere einnehmen, müssen die Kommunikationsleistungen für den Kunden von deutlichem Mehrwert sein. Dies erfordert wiederum eine entsprechend attraktive, inhaltliche Ausgestaltung der Kommunikationskanäle durch das Klubmanagement (exklusiver Homepagecontent auf den erwähnten Sonderseiten, exklusiver Inhalt der angeführten Veröffentlichungsformen, gepflegte/umfassende Kundendatenbank).

Instrument 25: Selektive Distribution

Eine Bewertung der Geschäftsbeziehung erfolgt für den Kunden auch über die Zugänglichkeit zu den Unternehmensleistungen. Für das Kundenbindungsmanagement der Unternehmen bedeutet dies folglich, möglichst kundenfreundliche Absatzmaßnahmen einzurichten. Fußballunternehmen sollten in diesem Zusammenhang den Ansatz der selektiven Distribution verfolgen, d.h. durch die Konzentration auf wenige, dafür jedoch strategisch wichtige Absatzwege bzw. Absatzpunkte für ein bedarfsgerechtes Leistungszugangsnetz sorgen[497]. Umsetzungsbeispiele sind die Einrichtung von Fanshops, von zentral gelegenen Vorverkaufsstellen (VVK), eines Online-Shops sowie eines Online-Ticketingbestellservices. Herauszustellen ist dabei das Angebot von Online-Shop und Online-Ticketing, da beide Distributionsformen den ortssowie zeitpunktunabhängigen Leistungserwerb ermöglichen. Jene Verlegung des Point-of-Sale in die Wohnung des Kunden ist einerseits als Beitrag zur Steigerung der „Customer Convenience" zu sehen, zum anderen können dadurch für Kunden ungünstige situative Faktoren wie Standort von Fanshop, VVK-Stelle etc. kompensiert werden[498].

[497] Unter selektiver Distribution ist die gezielte und begrenzte Auswahl an Absatzwegen zu verstehen. Ziel ist nicht eine „Überall-Erhältlichkeit" als vielmehr eine Leistungserwerbsmöglichkeit an ausgesuchten, für das Unternehmen relevanten Schlüsselpunkten. Selektive Distribution findet in der Praxis vor allem bei solchen Unternehmen Anwendung, bei denen die Kunden bereit sind, gewisse Anstrengungen für den Leistungserwerb auf sich zu nehmen (BRUHN/HOMBURG 2004, 186).

[498] Vgl. dazu auch BERTRAMS/BIELING/ESCHWEILER (2004, 181).

Instrument 26: Integrative Kundenbindungsmanagementansätze von Fußballunternehmen - Businessklub, Fanklubs, Fanprojekte, Vereinsmitgliedschaft

Businessklub, Fanklubs, Fanprojekte sowie im weiteren Sinn auch die Vereinsmitgliedschaft stellen profiklubspezifische Formen von Kundenklubs dar[499,500]. Sie vereinen als integrative Kundenbindungsmanagementansätze unterschiedliche Instrumente in einem Gesamtkonzept. Durch die Mitgliedschaft werden Motivformen wie sozialer Kontakt, soziale Zugehörigkeit und Akzeptanz, Kommunikation, Status, Prestige oder Selbstverwirklichung angesprochen. Sowohl die Möglichkeit zur Befriedigung dieser Bedürfnisse als auch das Angebot klubspezifischer Zusatzleistungen tragen zum Aufbau eines psychologischen Mehrwerts und somit zur Verstärkung der emotionalen Kundenbindung bei (vgl. BRUHN 2004d, 426; BRUHN/HOMBURG 2004, 430 f.; DILLER 1997b, 33; knappe Hinweise auch in PRITCHARD/NEGRO 2001, 329[501]; TOMCZAK/REINECKE/DITTRICH 2005, 278).

Zentral für den Erfolg jeglicher Art von Kundenklubs sind die darin vereinten Leistungen. Diese müssen dem Mitglied in erster Linie einen hohen und wahrgenommenen Nutzen bieten. Es gilt, den optimalen Mix aus monetären (harten) und nicht-monetären (weichen) Kundenklubleistungen zu finden (BUTSCHER/MÜLLER 2000, 350).

Im Folgenden wird dargestellt, welche Leistungen Fußballunternehmen in denen für sie relevanten Kundenklubformen „Businessklub", „Fanklubs", „Fanprojekte" sowie „Mitgliedschaft Mutterverein" anbieten sollten, um sowohl attraktive Mitgliedschaftsanreize als auch nachhal-

---

499 Unter einem Kundenklub ist eine kommunikative Einheit von Personen und Organisationen zu verstehen, welche von einem Unternehmen initiiert, betrieben oder zumindest gefördert wird, um mit den Mitgliedern in regelmäßigem, direkten Kontakt zu stehen. Als Mitgliedschaftsanreiz bietet das Unternehmen attraktive Leistungsangebote über die Kernleistungen hinaus an (vgl. v.a. BUTSCHER/MÜLLER 2000, 345 f.; ergänzend auch DILLER 1997b, 33). Kennzeichnendes Merkmal von Kundenklubs ist die Vereinigung verschiedener Kundenbindungsmaßnahmen wie Kundenkarte, Kundenzeitschrift, Veranstaltungen, Newsletter, Mailings und/oder Kundenklubhomepage (BRUHN 2004d, 426; BRUHN/HOMBURG 2004, 430). Primäres Ziel eines Kundenklubs ist die Steigerung der Kundenbindung. Weitere Zielsetzungen stellen die Neukundengewinnung, der Ausbau bzw. die Optimierung der Unternehmensdatenbank sowie die Erhöhung von Umsatz, Gewinn, Marktanteil etc. dar (BUTSCHER/MÜLLER 2000, 346; HOLLAND/HEEG 1998, 24).
Folgende Aspekte kennzeichnen die Chancen/Potentiale eines Kundenklubs:
- Möglichkeit der gezielten Ansprache der Kunden bzw. des intensiven, kontinuierlichen Informationsaustausches.
- Möglichkeit der Verstärkung des Einbezugs der Kunden (v.a. durch dialog- und interaktionsorientierte Angebote).
- Erhöhte Auskunfts- bzw. Teilnahmebereitschaft der Klubmitglieder an Befragungen und die damit verbundene Verbesserung der Kundenkenntnis (Kundeneigenschaften, Kundenpräferenzen).
- Unterstützung der PR-Arbeit durch die regelmäßige Berichterstattung über die Klubaktivitäten.

(Vgl. dazu BUTSCHER/MÜLLER 2000, 346 u. 355 f.; TOMCZAK/REINECKE/DITTRICH 2005, 278; knappe Hinweise finden sich zudem in HOLLAND/HEEG 1998, 24).
Ergänzung: Je nach Art der Eintrittsbedingung werden offene und geschlossene Kundenklubs unterschieden. Von offenen Kundenklubs wird dann gesprochen, wenn diese für jedermann frei zugänglich sind. Geschlossene Kundenklubsysteme verlangen von ihren Mitgliedern hingegen eine Mitgliedschaftsgebühr (BRUHN/HOMBURG 2004, 431; HOLLAND/HEEG 1998, 24; TOMCZAK/REINECKE/DITTRICH 2005, 280).

500 Vgl. zu dieser Kennzeichnung (Businessklub, Fanklubs, Fanprojekte, Vereinsmitgliedschaft seien Sonderformen des Kundenklub-Konzepts) auch BERTRAMS/BIELING/ESCHWEILER (2004, 181 u. 191) bzw. BIERWIRTH/KARLOWITSCH (2004, 202).

501 „Membership itself can play a developmental role here, as identification tends to increase when people see themselves as being part of a group" (PRITCHARD/NEGRO 2001, 329).

tige Bindungseffekte zu erzielen (da die Ausgestaltung von Mitgliedschaftsvorteilen in Fanklubs sowie dem Mutterverein bereits in Kapitel 4.1.5.2. thematisiert wurde, werden im Folgenden zu jenen beiden Bereichen lediglich die wichtigsten Managementansatzpunkte knapp wiederholt).

Businessklub

Der zentrale Mitgliedernutzen der Businessklubs von Fußballunternehmen (zugangs- bzw. nutzungsberechtigt sind i.d.R. nur Hospitalitykunden wie Logeninhaber und Business-Seat-Kunden) liegt einerseits in der Exklusivität der angebotenen Serviceleistungen am Spieltag, zum anderen stellt der Businessklub eine besondere B2B-Kontaktplattform dar. Es gilt folglich, jene beiden Bereiche entsprechend attraktiv auszugestalten (vgl. zu den folgenden Ausführungen insbesondere BERTRAMS/BIELING/ESCHWEILER 2004, 185 ff.; ergänzend JAMES/KOLBE/TRAIL 2002, 223; SCHILHANECK 2004, 186 ff.).

Serviceleistungen Businessklub: Die Serviceleistungen der Businessklubs an Spieltagen sollten u.a. ein exklusives, mehrstündiges Cateringangebot, eine ausreichende Hostessenbesetzung, stadionnahe Parkmöglichkeiten, Rahmenprogrammelemente wie Showeinlagen, Gewinnspiele, Autogrammstunden, Live-Schaltungen zu Interviews und Pressekonferenzen sowie regelmäßige Kontaktmöglichkeiten mit Spielern, Management und Vorstand umfassen.

Kontaktnetzwerk Businessklub: Damit das Kontaktpotential des Businessklubs umfassend genutzt werden kann, sollten Fußballunternehmen Kommunikationsinstrumente wie ein Branchenbuch (Präsentation aller Geschäftspartner des Klubs), einen monatlichen Business-Newsletter (Print oder Online; Inhalt: Unternehmensneuigkeiten der Geschäftspartner des Klubs) sowie eine Businessklub-Homepage bzw. einen eigenen Businessklubbereich auf der Klubhomepage (Präsentation aller Geschäftspartner des Klubs, Unternehmenslinks) anbieten.

Fanklubs

Die Fanklubs der Fußballunternehmen sind eigenständige, zumeist in der Rechtsform eines eingetragenen Vereins organisierte Vereinigungen von Fans (BERTRAMS/BIELING/ESCHWEILER 2004, 182; ROHLMANN 1998, 110; ZELTINGER 2004, 76 f.). Fanklubs stellen somit ein indirektes – da außerhalb des Gestaltungsbereichs der Profiklubs liegendes – Bindungsinstrument dar. Neben der Betreuung und Beratung der Fanklubs durch die Fanbeauftragten (vgl. bereits die Ausführungen zu Instrument 14: Fanbeauftragte) liegt die Aufgabe der Fußballunternehmen v.a. darin, den Fanklubs attraktive Leistungsvorteile einzuräumen, die einerseits als zusätzlicher Mitgliedschaftsanreiz wirken, zum anderen der Verstärkung der Fanbindung und -identifikation dienen (z.B. Teilnahme von Klubpersönlichkeiten an Fanklubveranstaltungen, Zuteilung von signiertem Klubmerchandising für Fanklubveranstaltungen, Vermittlung von Klubpersönlichkeiten als Ehrenmitglieder, Preisvorteile auf Fanartikel und Eintrittskarten, Ticketvorkaufsrechte, gesonderte Stadionblöcke für die Fanklubs, exklusive Veranstaltungen für Fanklubs, Fanklub-Newsletter, Bereitstellung von Incentives für die Mitgliederwerbung der Fanklubs).

Fanprojekte

Fanprojekte sind in Anlehnung an BERTRAMS/BIELING/ESCHWEILER (2004, 182) durch die Fans der Fußballprofiklubs eingerichtete, selbstständige Vereinigungen (zumeist in der Rechtsform eines eingetragenen Vereins organisiert), deren vorrangiges Ziel die Betreuung, Organisation sowie Interessensvertretung der Klubanhänger ist (z.B. Angebot regelmäßiger Möglichkeiten des Meinungs- und Erfahrungsaustausches über Sportgespräche, Fanforen, Fanseminare etc.; Einrichtung eines „Fankummerkastens"; Organisation von Fahrten zu Auswärtsspielen; Veranstaltungen gegen Rassismus/Gewaltbereitschaft im Stadion[502]). Fanprojekte wirken folglich in vielerlei Hinsicht kundenbindend, werden jedoch nicht direkt durch die Fußballunternehmen organisiert. Aufgabe des Klubmanagements muss es folglich sein, die Fanprojekte entsprechend zu unterstützen, um auf externe Weise sowohl für Mitgliedschafts-/Mitwirkungsanreize als auch für eine Steigerung der Bindungs- und Identifikationseffekte zu sorgen (z.B. regelmäßige Spieler- bzw. Managementbeteiligung bei Fanprojektveranstaltungen, Preisvorteile für die Fanprojektmitglieder auf Fanartikel und Eintrittskarten, Ticketvorkaufsrechte etc.).

Als Fallbeispiel ist das vom 1. FC Köln mitinitiierte „Fan-Projekt 1. FC Köln 1991 e.V." anzuführen, deren Mitglieder u.a. den Fanartikelverkauf am Spieltag abwickeln. Als Gegenleistung/Wertschätzung räumt der Klub der Fanvereinigung einerseits materielle Leistungsvorteile ein (Rabatte auf Fanartikel und Eintrittskarten, Vorkaufsrechte für „Sonderspiele"), zum anderen unterstützt der 1. FC Köln das Fanprojekt immateriell über Mitgliedschaften durch Spieler und Altstars (vgl. BERTRAMS/BIELING/ESCHWEILER 2004, 182).

Vereinsmitgliedschaft

Vereinsmitglieder zeichnen sich durch eine hohe Klubverbundenheit aus. Fußballunternehmen sollten folglich ein besonderes Augenmerk auf die Mitgliedschaftsausgestaltung als Ausdruck der Wertschätzung sowie der Beziehungspflege legen (z.B. Mitgliederzeitschrift, Online-Mitglieder-Newsletter, Homepage-Mitgliederbereich, Mitgliederausweis, Mitgliederstammtisch, Preisvorteile auf Klubleistungen sowie Sponsorenleistungen, Ticketvorkaufsrechte, attraktive Mitgliederversammlung, Angebot von Sondermerchandising).[503]

---

[502] Für die ausgeführten Beispiele von Fanprojektaufgaben vgl. z.T. BERTRAMS/BIELING/ESCHWEILER (2004, 182), ROHLMANN (1998, 111) sowie www.tsv1860.de vom 04.09.2006.

[503] Randnotiz: Aspekt Kundenklubweiterempfehlung (vgl. TOMCZAK/REINECKE/DITTRICH 2005, 287). Grundsätzlich gilt: Je attraktiver die Leistungen von Kundenklubs ausgestaltet werden, desto eher empfehlen die jeweiligen Mitglieder das Programm auch weiter. Zusätzliche Möglichkeiten das Mitgliederweiterempfehlungsverhalten zu fördern, bestehen z.B. in der Belohnung von Freundschaftswerbung („Mitglieder werben Mitglieder"-Ationen, attraktive Werbebelohnungen), in der Durchführung gemischter Veranstaltungen mit überzeugten Mitgliedern und Interessierten sowie durch die Vergabe von kostenlosem Informationsmaterial zur Weitergabe an Interessierte (Flyer, Broschüren etc.).

4.2.4.2. Strategieempfehlungen für das Kundenbindungsmanagement von Fußballunternehmen

Nachfolgend werden Strategieempfehlungen zur Reihung sowie inhaltlichen Ausgestaltung der verschiedenen Kundenbindungsmanagementinstrumente von Fußballunternehmen ausgeführt.

Strategieempfehlung 1: Verbundenheitsstrategie

In Anlehnung an die Argumentationen in Abschnitt 4.2.1.3. ist als grundlegende Strategieempfehlung für Fußballunternehmen festzuhalten, dass die Maßnahmen insgesamt v.a. auf eine Erhöhung der emotionalen, psychologischen Kundenbindung ausgerichtet sein sollten (= Verbundenheitsstrategie), da die Mehrheit der Erfolgspotentiale der Kundenbindung (vgl. 4.2.1.2.) lediglich über eine Verbundenheit der Kunden zu realisieren sind[504]. Zu unterstützen ist die Maßnahmenausrichtung jedoch um einige geeignete faktische Bindungskomponenten, um insgesamt einen abgestimmten Mix aus verbundenheits- sowie gebundenheitsfördernden Maßnahmen zu erhalten.

Strategieempfehlungen 2 und 3:
Interaktionsstrategie und Kontaktangebot mit Klubpersönlichkeiten

Interaktionsstrategie

In den Abschnitten 4.2.2.1. und 4.2.2.2. wurde bereits die Bedeutung der Interaktion im Rahmen des Kundenbindungsmanagements angedeutet, an dieser Stelle wird dies nun vertieft. So nimmt das Interaktionsangebot insbesondere im Kontext von Profiklubs einen besonderen Stellenwert ein, da die den Kunden eingeräumten Interaktionsformen mit den Klubs aufgrund des attraktiven Leistungscharakters des Profisports[505] als eine besondere Bindungsursache bzw. ein besonderer Bindungsanreiz zu sehen sind (Klubinteraktion befriedigt Bedürfnisse, z.B. Sozialbedürfnisse wie Kommunikation, Zugehörigkeit, Unterhaltung, im Extremfall sogar Differenzierung und Selbstverwirklichung; Klubinteraktion fördert dauerhaftes Interesse und Bindung) (vgl. zur Hervorhebung der Interaktionsfunktion im Rahmen des Kundenbindungsmanagements von Profiklubs v.a. die englischsprachige Fachliteratur: APOSTOLO-

---

504 Zur Bekräftigung der Strategieempfehlung für Fußballunternehmen sei auf folgende Beiträge hingewiesen:
a) BIERWIRTH/KARLOWITSCH (2004, 207): In einer Befragung von Mitarbeitern und Funktionären aus drei Klubs der ersten Fußballbundesliga (n=6, keine Angabe bezüglich des Erhebungszeitpunkts) wurde die Bedeutung verschiedener Einflussdeterminanten der Kundenbindung (psychologische Faktoren, soziale Faktoren, ökonomische Faktoren, Attraktivität der Wettbewerbsangebote, Convenience, wahrgenommene Bindungsbelastung) ermittelt. Den psychologischen (u.a. Zufriedenheit, Commitment) und sozialen (Geselligkeit, Gemeinsamkeit, zwischenmenschliche Kontakte) Faktoren wurden dabei die höchste Bindungswirkung zugesprochen. Beide Faktorenbereiche sind der freiwilligen Kundenbindung zuzuordnen.
b) ZELTINGER (2004, 108 f.): Im Rahmen einer kurzen Diskussion der beiden Bindungsansätze „Gebundenheit vs. Verbundenheit“ im Kontext von Fußballunternehmen kommt der Autor zu dem Schluss, dass eine Verbundenheitsstrategie für Fußballprofiklubs Erfolg versprechender sei.

505 Leistungscharakter Profisport: Produkt aus Emotionen und Entertainment, hohes Identifikationspotential, unmittelbare Ereignisvermittlung/-beteiligung, Sozialfunktion (vgl. 4.2.2.1., 4.2.2.2.).

POULOU 2002, 209; GLADDEN/IRWIN/SUTTON 2001, 309 f.; HOWARD/BURTON 2002, 34; JOWDY/MCDONALD 2003, 297; PRITCHARD/NEGRO 2001, 321[506,507]).

Aus diesen Ausführungen ist abzuleiten, dass Fußballunternehmen im Rahmen ihres Kundenbindungsmanagementansatzes v.a. ein Instrumentenset einsetzen sollten, das den Anspruchsgruppen zahlreiche und vielfältige Interaktionsmöglichkeiten bietet (z.B. Eventmarketing, Erlebnismarketing, Kundeneinbindungsmaßnahmen, interaktive Homepageangebote, Beschwerdemanagement, PR-Veranstaltungen, Kundenseminare/Kundenworkshops)[508,509].

Bekräftigt wird die Strategieempfehlung durch die Untersuchungsergebnisse von JAMES/KOLBE/TRAIL (2002, 215 ff.). Im Rahmen einer schriftlichen Befragung von Dauerkartenbesitzern eines Major League Baseball-Klubs (n=507; Zeitpunkt: Saisonbeginn 1998) ermittelte die Autorengruppe, dass eine emotionale/psychologische Verbindung zu einem Profiklub nicht zwangsläufig durch direkte Erfahrungen mit dem Kernleistungsangebot des Klubs (i.S.v. Spieltagsbesuchen, Verfolgung von TV-Übertragungen) entsteht, sondern auch alternative Klubzugänge bzw. Interaktionsangebote durch gezielte Marketingmaßnahmen (z.B. Events, interaktive Leistungsangebote wie Fantasy Sports oder Homepagecontent etc.) bindungsrelevant sind („Of particular note is the finding that connection to the team was achieved via mechanisms other than attending or viewing games.“, vgl. ebenda S. 222).

Kontaktmöglichkeiten mit Klubpersönlichkeiten

Als besonders Erfolg versprechender Interaktionsansatz wird in der Literatur die Kontaktmöglichkeit mit Spielern, Trainer und Top-Management angeführt. Direkten Austauschmöglichkeiten mit Klubpersönlichkeiten (sowohl im Fan- als auch im Businessbereich) werden besonders hohe Bindungseffekte zugesprochen (z.B. Autogrammstunden, Fanevent mit Spielerbeteiligung, Fanklubbesuche durch Spieler, Live-Chats, Kontaktmöglichkeiten im VIP-Bereich; vgl. v.a. MILNE/MCDONALD 1999a, 18[510]; SUTTON et al. 1997, 20; ergänzend auch BERTRAMS/BIELING/ESCHWEILER 2004, 194; GLADDEN/IRWIN/SUTTON

506 JOWDY/MCDONALD (2003, 297): „The interactive "experience" shared by the consumer/fan and brand/league is what ultimately satisfies and builds long-term relationships with customers."
PRITCHARD/NEGRO (2001, 321): „... forms of interaction develop ongoing, enduring interest and attachment in fans."

507 Knappe Hinweis zudem in BAUER/EXLER/SAUER (2004, 30).

508 Im Umkehrschluss ist festzuhalten, dass Kundenbindungsmanagementansätze von Profiklubs, welche hauptsächlich auf eine Belohnung für wiederholtes Kaufverhalten abzielen (materielle Vorteile wie Rabatte, Boni etc.), als wenig effektiv zu kennzeichnen sind (vgl. dazu auch HOWARD/BURTON 2002, 34; PRITCHARD/NEGRO 2001, 319; SHANI 1997, 14; in allgemeinem Kontext BUTSCHER/MÜLLER 2000, 345 u. 347). PRITCHARD/NEGRO (2001, 327) führen in diesem Zusammenhang die MLB-Franchises als Negativbeispiel an. So handelt es sich dem Autorenpaar zufolge bei der Hälfte der Kundenbindungsmaßnahmen der US-Baseballprofiklubs um Belohnungs- bzw. Bonusprogramme.

509 Knappe Hinweise auf ein bisweilen zu geringes Angebot an Interaktionsmöglichkeiten der Fußballbundesligisten für ihre Kunden/Fans finden sich in BERTRAMS/BIELING/ESCHWEILER (2004, 185 u. 194).

510 "Fan access to the team and its players will result in greater fan identification" (MILNE/MCDONALD 1999a, 18).

2001, 310; IRWIN et al. 2002, 160; KOLBE/JAMES 2000, 28 ff.; LACHOWETZ et al. 2001, 182; SHANI 1997, 14[511,512]).

Aus diesen Ausführungen leitet sich die Chance ab, die Effektivität angesetzter Maßnahmen im Rahmen der zuvor skizzierten Interaktionsstrategie folglich durch die konsequente Integration von Klubpersönlichkeiten zu erhöhen.

Als Fazit der beiden ineinander greifenden Strategieempfehlungen ist festzuhalten, dass von Fußballunternehmen angebotene Interaktionsformen im Allgemeinen, insbesondere jedoch in Verbindung mit Kontaktmöglichkeiten zu Klubpersönlichkeiten, als identifikations- und commitmentfördernde Maßnahmen zu sehen sind, da sie die Organisationszugehörigkeit fördern und das „Wir-Gefühl" stärken (being „a part of the family"; vgl. LACHOWETZ et al. 2001, 182; SHANI 1997, 14; ähnlich MCDONALD/MILNE 1999, 19[513]).

Strategieempfehlung 4: Inszenierung der Klubhistorie (Reinforce Club History)
Als ein thematisch-strategischer Kundenbindungsansatz für Fußballunternehmen ist die Inszenierung der Historie bzw. Tradition des Klubs zu sehen. Hintergrund/Vorteil derartiger Maßnahmen ist, dass bei älteren Kunden klubbezogene Kindheitserinnerungen hervorgerufen werden, bei jüngeren Kunden hingegen eine wichtige Wissensvermittlung historischer Klubwerte vollzogen wird. In der Literatur werden als damit einhergehende Wirkungen eine Festigung/Intensivierung der Beziehung zwischen Kunden und Klub, eine Steigerung des Unterhaltungswerts (vgl. beispielsweise die historische Rückblicke im Vorfeld von bedeutenden Sport-TV-Übertragungen) sowie die Erzeugung von zusätzlichen Klubassoziationen angeführt (mögliche Maßnahmen: z.B. Einspielung je eines neuen „Memorable-Moment"-Videoclips vor jedem Heimspiel, je eine Quizfrage zur Klubhistorie für Kinder und Fans vor jedem Heimspiel, Retro-Spielertrikot-Set, Retro-Merchandising, Hall of Fame-Stadionbereich, Wahl der besten „All-time"-Klubmannschaftsaufstellung, „turn back the clock"-Fan-Event mit Beteiligung von Altstars, Altstar-Showspiele) (vgl. dazu v.a SUTTON et al. 1997, 21; MILNE/MCDONALD 1999a, 19; ergänzend auch PRITCHARD/NEGRO 2001, 330 f.).

Ein regelmäßiger thematischer Aufgriff der Klubhistorie im Rahmen verschiedener Kundenbindungsinstrumente (z.B. Eventmarketing, Erlebnismarketing, Merchandising, Public Relations) ist folglich als ein weiterer strategischer Gestaltungsansatz für das Kundenbindungsmanagement von Fußballunternehmen festzuhalten.

---

[511] BERTRAMS/BIELING/ESCHWEILER (2004, 194) zufolge seien die Spieler-, Trainer- bzw. Managementkontaktmöglichkeiten im VIP-Bereich deutscher Fußballprofiklubs bisweilen unzureichend.

[512] Vgl. zudem die inhaltlich ähnliche Strategieempfehlung zum Markenmanagement von Fußballunternehmen (Strategieempfehlung 6, Kapitel 4.1.4.2.).

[513] Zur Chance der Einflussnahme auf die Kundenbindung durch Maßnahmen, welche an sozialen Motiven wie der Stärkung des zuvor benannten „Wir-Gefühls" ansetzen, vgl. auch die allgemeinen Ausführungen in WEINBERG (2000, 41 u. 50) bzw. WEINBERG/TERLUTTER (2005, 50 u. 59).

Strategieempfehlung 5:
Maßnahmenfokus „Kinder und Jugendliche" sowie „Vater-Kind-Aktivitäten"

Zwei wichtige Strategieempfehlungen für das Kundenbindungsmanagement von Fußballunternehmen lassen sich aus der Untersuchung von KOLBE/JAMES (2000, 23 ff.) ableiten.

Gegenstand und Ergebnisse der Untersuchung:
KOLBE/JAMES (2000) beschäftigten sich in ihrer Studie u.a. mit den Fragen, welche Personen den größten Einfluss auf den Prozess des „Fan-Werdens" haben bzw. in welchem Alter sich dieser Prozess vollzieht. Befragt wurden dazu 518 langjährige Dauerkartenbesitzer des NFL-Teams der Cleveland Browns. Im Folgenden werden die zentralen Ergebnisse der Untersuchung zusammengefasst:

- Die für die Fanbildung wichtigste Person unter den Befragten war der Vater (Nennungshäufigkeit: 38,8 Prozent)[514].
- Der Großteil der Befragten (mehr als 52 Prozent) wurde im Alter zwischen 6 und 15 Jahren zu einem Fan des Teams. Weitere knapp 16 Prozent gaben an, zwischen 16 und 20 Jahren Fan geworden zu sein[515]. (Die Ergebnisse stehen dabei in Einklang mit den Untersuchungsresultaten von JAMES 1997, in denen der Forscher ermitteln konnte, dass Kinder über ein Mindestmaß an kognitiven Fähigkeiten verfügen müssen, welches i.d.R. um das siebte Lebensjahr erreicht wird, um eine Beziehungsform wie eine überdauernde emotionale Verbundenheit zu einem Team aufbauen zu können.)
- Eine kombinierte Betrachtung der beiden Ermittlungsgegenstände (zentrale Einflussperson für den Fanbildungsprozess, Alter Fanbildung[516]) ergab, dass in der ersten Alterskategorie „bis 12 Jahre" die Väter (57,6 %) bzw. Spieler/Trainer (20,6 %) diejenigen Personen waren, welche den größten Einfluss auf die Fanbildung hatten. Auch in der Altersgruppe „13

---

514 Beispiele für weitere Nennungshäufigkeiten von Personen, welche den Fanbildungsprozess der Befragten am meisten beeinflussten (vgl. KOLBE/JAMES 2000, 28):
bestimmte Klubspieler: 17,9 %
Klubtrainer: 6,8 %
Freunde: 5,4 %
Bruder: 3,2 %.
Insgesamt: 15 Personentypen.

515 Insgesamt ermittelte Altersstaffelung (vgl. KOLBE/JAMES 2000, 31):
(Alter des Dauerkartenbesitzers als er zu einem Teamfan wurde)
0-5 Jahre: 3,3 %
6-10 Jahre: 33,2 %
11-15 Jahre: 19,3 %
16-20 Jahre: 15,6 %
21-25 Jahre: 9,3 %
26-30 Jahre: 7,3 %
31-35 Jahre: 3,7 %
36-40 Jahre: 2,7 %
41-55 Jahre: 2,1 %
Unauswertbare Antworten/Keine Antwort: 3,5 %.

516 Anmerkung: Im Gegensatz zu den neun Alterskategorien des „Fanbildungszeitpunkts" (vgl. Fußnote zuvor) wurde von dem Autorenpaar im Rahmen dieses Untersuchungsschritts eine Umgruppierung vorgenommen und drei Alterskategorien gebildet („bis 12 Jahre", „13 bis 20 Jahre", „über 21 Jahre"). Daraufhin wurde geprüft, welche Personen den größten Einfluss auf die Fanbildung innerhalb jener drei Altersgruppen ausübten.

bis 20 Jahre“ waren die Väter, wenngleich bei geringerer Nennungshäufigkeit (40 %), die bedeutendsten Einflusspersonen, gefolgt von Spielern/Trainer des Klubs (28,5 %). In der verbleibenden dritten Alterkategorie „über 21 Jahre“ waren hingegen Spieler/Trainer (31,9 %) bzw. Familienmitglieder (26,1 %) die einflussreichsten Personengruppen.

Strategieableitungen für das Kundenbindungsmanagement von Fußballunternehmen
Greift man die Untersuchungsergebnisse von KOLBE/JAMES (2000) auf, so sind für das Kundenbindungsmanagement von Fußballunternehmen folgende Strategieempfehlungen zu formulieren.

Einerseits sollte das Klubmanagement einen Maßnahmenfokus auf Kinder und Jugendliche zwischen 7 und 15 Jahren richten, ergänzend auch auf die Altersgruppe 16 bis 20 Jahre, da diese Lebensphasen den Hauptzeitpunkt für nachhaltige Fanbildung darstellen (build the team's „next fan generation“! z.B. Kids-Club, Stadionkinderspielecke, Team-Maskottchen, Kids-Homepagebereich, Kids-Workshops, Angebot klubgeleiteter Kids-Fußballcamps in den Ferien, Besichtigungs-/Betreuungsangebote für Schulklassen bzw. Jugendabteilungen von Fußballvereinen, spezielle Klubevents für Jugendliche: Street-Soccer-Turnier, Hallen-Futsalturnier).

Zudem sollten die Fußballunternehmen regelmäßig spezielle klubbezogene Gemeinschaftsaktivitäten für Väter und ihre Kinder anbieten, damit diese gemeinsam direkte Erfahrungen mit dem Klub sammeln können vor dem Hintergrund der damit verbundenen, positiven emotionalen Bindungseffekte (z.B. subventionierte „Vater-Kind“-Eintrittskartenaktion; jährlicher Vater-Kind-Klubevent mit Wettbewerben um attraktive Preise, ggf. in Kombination mit Spielerbeteiligung).

4.2.4.3. Modelltheoretische Zusammenfassung: Kundenbindungsmanagementprozess von Fußballunternehmen

Ausgehend von den zuvor ausgeführten Instrumenten und Strategieempfehlungen wird der Kundenbindungsmanagementprozess von Fußballunternehmen abschließend modelltheoretisch in einem Schaubild zusammengefasst.

Das Schaubild berücksichtigt Abfolge und Zusammenwirken der verschiedenen Kundenbindungsmanagementkomponenten von Fußballunternehmen und verbindet diese mit den potentiellen Ergebnissen. Ziel ist es, die zentralen Elemente und Prozesse abzubilden, die für ein erfolgreiches Kundenbindungsmanagement von Fußballunternehmen von Relevanz sein können. Ergänzend werden Hinweise auf Rahmenfaktoren gegeben, welche das Kundenbindungsmanagement von Fußballunternehmen beeinflussen.

Abbildung 35 gibt zunächst einen Überblick über den Kundenbindungsmanagementprozess von Fußballunternehmen, die inhaltlichen Erläuterungen werden im Anschluss ausgeführt.

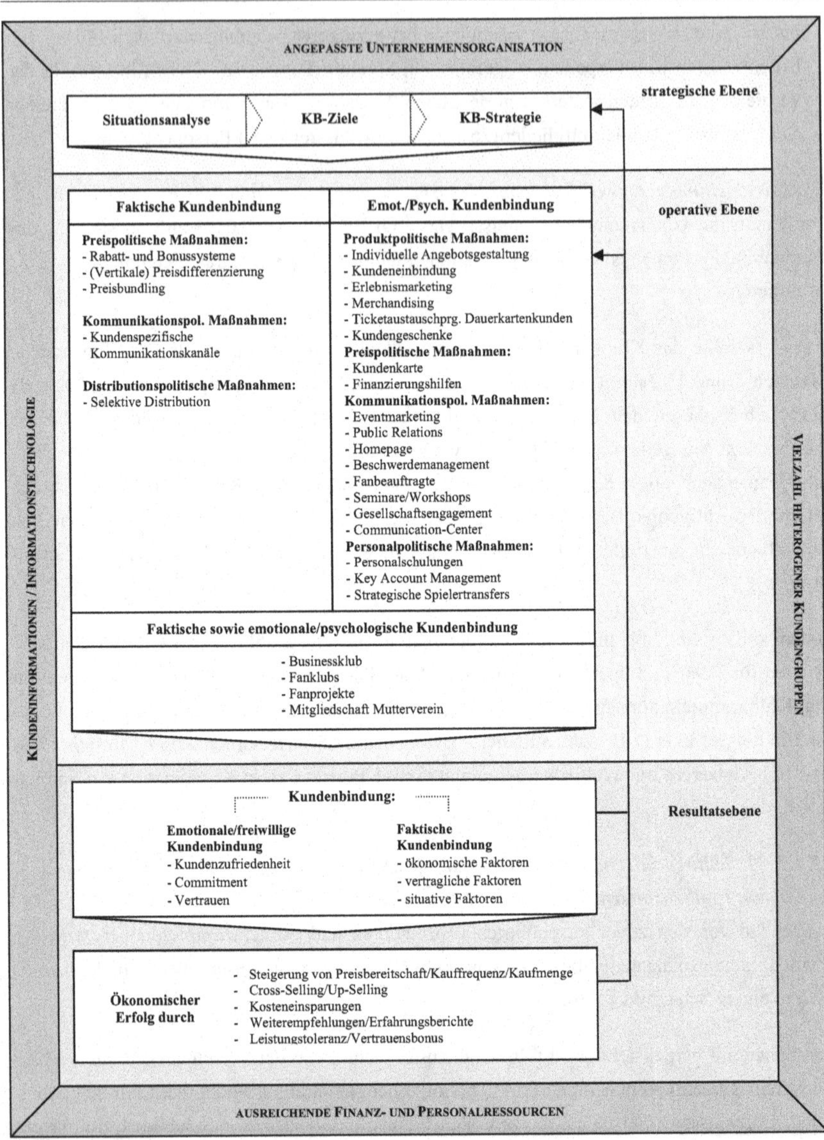

Abb. 35: Kundenbindungsmanagementprozess von Fußballunternehmen

Strategische Ebene

Die strategische Ebene des Konzepts setzt sich aus drei Komponenten zusammen. Als Grundlage aller Kundenbindungsaktivitäten ist zunächst eine Situationsanalyse durchzuführen (Kundenzufriedenheitsanalyse, Kundenbedürfnisanalyse, Wettbewerberbetrachtung). Darauf basierend sind sodann konkrete, organisationsspezifische Kundenbindungsziele zu formulieren (kundenbezogene psychologische Ziele: z.B. Kundenzufriedenheit, Beziehungsqualität; kundenbezogene Kaufverhaltensziele: z.B. Vertragsverlängerungsquote Sponsoring, Licensing, Dauerkartenkunden; Abwanderungsrate Vereinsmitglieder). Den Zielfixierungen folgen schließlich kundenbindungsstrategische Entscheidungen[517]. Folgende beiden Fragestellungen sind in diesem Zusammenhang von Relevanz:

- Mit welcher Priorität bzw. Intensität sind die verschiedenen Kundengruppen zu bearbeiten? (Zielgruppenfokus, Ressourcenallokation; vgl. dazu Strategieempfehlungen 5: Maßnahmenfokus „Kinder und Jugendliche" sowie „Vater-Sohn-Aktivitäten").
- Welche Instrumente sind mit welcher Intensität, welcher Ausgestaltung, welchem Kampagnenthema und zu welchem Einsatzzeitpunkt einzusetzen? (vgl. dazu Strategieempfehlungen 1-4: Verbundenheitsstrategie, Interaktionsstrategie, Kontaktangebot mit Klubpersönlichkeiten, Inszenierung der Klubhistorie; vgl. ferner die Ausführungen zur praktischen Umsetzung der Kundenbindungsinstrumente von Fußballunternehmen in 4.1.4.1.).

Operative Ebene

Ausgehend von den strategischen Entscheidungen kommt es zu einem entsprechenden Maßnahmeneinsatz. Die operative Konzeptebene gibt einen Überblick über die für Fußballunternehmen relevanten Kundenbindungsinstrumente (in Anlehnung an Abbildung 33). Die Instrumente sind hinsichtlich ihrer Bindungsart (faktische vs. emotionale/psychologische Bindung) systematisiert. Innerhalb der beiden Kategorien ist eine Instrumentenzuordnung auf die Bereiche Produkt-, Preis-, Kommunikations-, Distributions- und Personalpolitik vorgenommen. Kundenbindungsinstrumente, welche sowohl faktische als auch emotionale Bindungselemente aufweisen, sind in einer Sonderspalte angeführt.

Resultatsebene

Die Resultatsebene skizziert die Ergebnisse der zuvor beschriebenen Managementprozesse. So bestimmen die strategischen Entscheidungen und die operativen Maßnahmen das Ausmaß der emotionalen/freiwilligen bzw. faktischen Bindung der Kunden der Fußballunternehmen und die damit einhergehenden ökonomischen Erfolgswirkungen.

Der bis zu diesem Punkt durchlaufene Prozess ist als iterativ zu verstehen, d.h. es bedarf eines regelmäßigen Abgleichs der erreichten Ergebnisse mit den fixierten Zielen (z.B. Soll-Ist-Vergleich von Kundenzufriedenheit, Vertragsverlängerungsraten, Abwanderungsraten). In

[517] Unter Kundenbindungsstrategie ist in Anlehnung an HOMBURG/BRUHN (2005, 18) „ein bedingter, langfristiger … Verhaltensplan zur Erreichung der Kundenbindungsziele" zu verstehen.

Abhängigkeit des Kontrollresultats ist der Managementzyklus daraufhin entweder auf der strategischen Ebene (große Soll-Ist-Defizite: Ziel- und Strategieanpassungen) oder lediglich auf der operativen Ebene (geringe Soll-Ist-Defizite: reaktive Anpassungen der operativen Maßnahmen) zu durchlaufen[518].

Rahmenfaktoren

Das Schaubild weist zudem daraufhin, dass das Kundenbindungsmanagement von Fußballunternehmen von einigen Rahmendeterminanten bestimmt wird. So setzt ein effektives Kundenbindungsmanagement

- eine angepasste Organisationsform (eindeutige Verantwortlichkeits- und Zuständigkeitsverteilungen[519]),
- tiefe Personal- und Finanzressourcen sowie
- umfangreiche Kundeninformationen bzw. entsprechende IT-Systeme zur Informationserhebung bzw. -auswertung voraus (Hintergrund: Kundengruppensegmentierung, Identifizierung der ökonomisch wichtigsten Kunden[520]).

Erschwerend wirkt sich zudem die hohe Kundengruppenheterogenität der Fußballunternehmen aus.

---

[518] Zur Notwendigkeit der regelmäßigen Überprüfung der Wirkung der Kundenbindungsmaßnahmen auf die Kunden vgl. auch BRUHN (2001, 53 u. 275 ff.).

[519] Vgl. dazu u.a. BRUHN (2000b, 38 f.), BRUHN (2001, 274), HOMBURG/BUCARIUS (2006, 69 ff.), ZELTINGER (2004, 19 u. 117 ff.), ergänzend BRENDEL (2003, 38), LINK (2001, 20).

[520] Voraussetzungen für ein effektives Kundenbindungsmanagement ist es, alle relevanten Kundeninformationen (Profildaten, Servicedaten, Kontaktdaten, Kaufdaten) kontinuierlich zu erfassen und auszuwerten. Vgl. dazu allgemein BRUHN/HOMBURG (2004, 428), DILLER (1997a, 573), HIPPNER/WILDE (2003, 5), HOMBURG/BUCERIUS (2006, 73), HOMBURG/SIEBEN (2005, 437), HUBER/HERRMANN/BRAUNSTEIN (2000, 62), KINCAID (2003, 47), PEELEN (2005, 9 u. 93), RAPP (2001, 63), SCHMID/BACH/ÖSTERLE (2000, 27 ff.), SIEBEN (2001, 299 f.). Für Hinweise zur Bedeutung der Kundeninformationen im Zusammenhang mit Profiklubs bzw. Fußballunternehmen vgl. LACHOWETZ et al. (2001, 182), MCDONALD/MILNE (1997, 31), ZELTINGER (2004, 99 u. 152 ff.), ZELTINGER/HAAS (2002, 457).
Zentraler Verwendungsgegenstand der Kundeninformation ist dabei die Kundengruppensegmentierung (= Aufteilung der Kunden in intern homogene, untereinander heterogene Gruppen basierend auf z.B. ökonomischen Kriterien wie Deckungsbeitrag, Customer Lifetime Value, demographischen Kriterien wie Alter, Geschlecht oder sozio-ökonomischen Kriterien wie Einkommen, soziale Gesellschaftsschicht). Vgl. dazu insbesondere BRUHN (2001, 95 ff.), ergänzend auch BRUHN (2000b, 33), HIPPNER/WILDE (2003, 10 ff.), VENOHR/ZINKE (2000, 165).
Eine derartige Kundensegmentierung i.S.e. Identifizierung der z.B. nach demographischen Kriterien anteilsmäßig größten Kundengruppen, vor allem jedoch der nach ökonomischen Gesichtspunkten profitabelsten Kunden, ermöglichet es dem Management letztlich, Marketingmaßnahmen anspruchsgruppenspezifisch auszurichten bzw. vornehmlich jene Kundengruppen anzusprechen, die hohe Ertragspotentiale versprechen. Für die strategische Bedeutung der Ermittlung der ökonomisch wichtigen Kunden und einer Maßnahmenausrichtung am Kundenwert vgl. u.a. GERDES (2005, 381), HIPPNER/WILDE (2003, 12 ff.), HUBER/HERRMANN/BRAUNSTEIN (2000, 62), MEFFERT (2005, 160), SHANI (1997, 14), LACHOWETZ et al. (2001, 182), WEHRMEISTER (2001, 28), ZELTINGER/HAAS (2002, 456). Weiterführendes zur Bestimmung des Kundenwerts u.a. in BRUHN (2004f, 420 ff.), HOMBURG/SIEBEN (2001, 443 ff.), STAHL et al. (2000, 183 ff.) sowie, z.T. bereits aus der Perspektive von Fußballunternehmen, in ZELTINGER (2004, 170 ff.). Zur Anwendung der Kundenwertbestimmungsmethode des Customer Lifetime Values in der NBA vgl. LACHOWETZ et al. (2001, 181 ff.).
Für Hinweise auf die notwendige IT-Ausstattung zur Erhebung, Verarbeitung und Auswertung von Kundeninformationen vgl. BRUHN (2000b, 39), HIPPNER/WILDE (2003, 8), SCHMID/BACH/ÖSTERLE (2000, 30), ZELTINGER (2004, 102).

4.3. Kapitelzusammenfassung und Methodendiskussion

In den beiden vorausgegangenen Teilkapiteln (4.1., 4.2.) wurden zwei Managementkonzepte zur Umsetzung der ökonomischen Leitziele „Erfolgreiches Markenmanagement" (Aufbau einer starken Klubmarke) und „Erfolgreiches Kundenbindungsmanagement" (Pflege und Sicherung langfristiger Kundenbeziehungen) ausgearbeitet. Dazu wurden folgende Arbeitsschritte ausgeführt:

a) Erläuterung der betriebswirtschaftlichen Grundlagen des Markenmanagements sowie des Kundenbindungsmanagements.

b) Diskussion der sich aus den ökonomischen Branchenbesonderheiten ergebenden Probleme für das Marken- bzw. Kundenbindungsmanagement von Fußballunternehmen und Entwicklung von Managementlösungen. Anschließende Ausarbeitung von spezifischen Maßnahmenkatalogen sowie idealtypischen Prozessverläufen für beide Managementbereiche.

c) Erläuterungen zur Umsetzung der Marken- bzw. Kundenbindungsmanagementmaßnahmen von Fußballunternehmen (Gestaltungskriterien, Praxisveranschaulichungen) sowie Formulierung von Strategieempfehlungen zur Maßnahmeneinsatzreihenfolge.[521]

Reflektiert man die angewandte Methodik zur Ausarbeitung der Managementkonzepte, so sind folgende Punkte kritisch anzuführen:

a) Als Ausgangspunkt für die Erarbeitung der beiden Managementkonzepte zum Marken- und Kundenbindungsmanagement von Fußballunternehmen wurden betriebswirtschaftliche Erkenntnisse aufgegriffen. Dabei ist auf folgende Grenze hinzuweisen. So wird das Konstrukt der Kundenbindung in der Betriebswirtschaftslehre undifferenzierter abgebildet als dies vergleichsweise in der Psychologie der Fall ist (vgl. 4.2.1.3., Fußnote 424). Für weiterführende Forschungsarbeit zum Kundenbindungsmanagement von Fußballunternehmen bietet sich folglich der Ansatzpunkt, über die in dieser Arbeit vorgenommene, perspektivische Eingrenzung auf die Betriebswirtschaftslehre hinauszugehen und den Forschungsstand der Psychologie verstärkt mit einzubeziehen.

b) Die Begründung und Ausarbeitung der verschiedenen Marken- und Kundenbindungsmanagementinstrumente basiert v.a. auf theoretischen Literaturausführungen sowie Plausibilitätsüberlegungen oder orientiert sich an der Praxis ausgewählter Profiklubs. Die Grenze dieses Ansatzes ist, dass über Beitrag und Bedeutung der verschiedenen Instru-

[521] Anzumerken ist den Managementmaßnahmen und Strategieempfehlungen zum einen, dass diese auf unterschiedlichen Ebenen des Managements angesiedelt sind bzw. unterschiedlich komplex sind. Zum anderen kommt es zu einigen Überschneidungen von Maßnahmen zur Umsetzung der beiden Leitziele, was bei einer entsprechenden Berücksichtigung den Umgang mit den Empfehlungen erleichtert. [Hintergrund der Maßnahmenüberschneidungen ist die enge Verzahnung der Marke mit der Kundenbindung → Kundenbindungsfunktion starker Marken, Markentreue als eine der Bestimmungsdimensionen der Markenstärke; vgl. 4.1.1.2., 4.1.1.3.]

mente für das Marken- bzw. Kundenbindungsmanagement von Fußballunternehmen an dieser Stelle keine Aussage getroffen werden kann. Untersuchungen in diese Richtung stehen bislang noch aus. Offen bleibt zudem, ob die ausgeführten Instrumente für das Marken- und Kundenbindungsmanagement von Fußballunternehmen vollständig sind.

Der Frage nach der Praxisbedeutung sowie der Vollständigkeit der ausgearbeiteten Marken- und Kundenbindungsmanagementmaßnahmen wird im Rahmen der folgenden empirischen Untersuchung nachgegangen.

5. Empirische Untersuchung

In den bisherigen Teilen der Arbeit wurden zwei ökonomische Leitziele für Fußballunternehmen begründet sowie Managementkonzepte zur Realisierung der Leitziele ausgearbeitet. Im empirischen Teil der Arbeit werden diese theoretischen Ansätze praktisch evaluiert. Zu diesem Zweck werden Experteninterviews geführt, in denen die beiden Leitziele sowie die erarbeiteten Managementkonzepte auf die Erfahrungen und das praktische Fachwissen von Managern von Fußballunternehmen bezogen werden.

Der erste Abschnitt des Kapitels befasst sich mit der Methodik der Studie inklusive der spezifischen Fragestellungen (5.1.). Im zweiten Abschnitt werden die Expertenbefragungen ausgewertet (5.2.). Eine Zusammenfassung der zentralen Untersuchungsergebnisse sowie eine kritische Methodenreflexion beenden den empirischen Teil der Arbeit (5.3., 5.4.).

5.1. Methodik der Untersuchung

Nachfolgend werden zunächst die spezifischen Fragen der Studie vorgestellt, anschließend werden methodische Aspekte erläutert (Studienkonzept, Interviewleitfaden, Aufbereitungs- und Auswertungsverfahren, Stichprobe und Expertenauswahl).

5.1.1. Spezifische Fragestellungen der Untersuchung

Gegenstand der Untersuchung stellen die beiden ökonomischen Leitziele und ihre Umsetzungsmaßnahmen dar. Die sich daran anknüpfenden Forschungsfragen lauten:

- Wie bedeutend sind die beiden Leitziele für das Management von Fußballunternehmen?
- Sind die erarbeiteten Maßnahmenkataloge für das Markenmanagement und das Kundenbindungsmanagement von Fußballunternehmen vollständig?
- Wie bedeutend sind die einzelnen Maßnahmen für die Realisierung der Leitziele?

Da die Begründung vieler Maßnahmen für das Marken- und Kundenbindungsmanagement von Fußballunternehmen auf (allgemeinen) betriebswirtschaftlichen Ansätzen beruht, stellt sich des Weiteren die Frage, welche der ausgearbeiteten Marken- und Kundenbindungsmanagementmaßnahmen in Profifußballklubs bislang überhaupt durchgeführt werden. Auch ist zu untersuchen, in welcher Form die Maßnahmen in den Fußballunternehmen umgesetzt werden[522], welche Probleme damit verbunden sind und welche strategischen Managementüberlegungen hinter den Maßnahmeneinsätzen der Klubs stehen.

---

[522] Aus untersuchungsökonomischen Gründen wird diese Detailuntersuchung der Maßnahmen jedoch auf die jeweils drei wichtigsten Marken- und Kundenbindungsmanagementmaßnahmen je Experte bzw. betrachtetem Fußballunternehmen eingegrenzt.

Die genauen Forschungsfragen der Studie lauten damit wie folgt:

1) Wie bewerten Experten die beiden ökonomischen Leitziele hinsichtlich ihrer Bedeutsamkeit für das Management von Fußballunternehmen?

2) Wie bewerten Experten die erarbeiteten Managementmaßnahmen hinsichtlich ihrer Vollständigkeit für das Marken- und Kundenbindungsmanagement von Fußballunternehmen? Lassen sich weitere Maßnahmen ergänzen?

3) Wie bewerten Experten die erarbeiteten (und ggf. ergänzten) Managementmaßnahmen hinsichtlich ihrer Bedeutsamkeit für das Marken- und Kundenbindungsmanagement von Fußballunternehmen?

4) Welche der erarbeiteten (und ggf. ergänzten) Managementmaßnahmen für das Marken- und Kundenbindungsmanagement von Fußballunternehmen werden in den durch die Experten repräsentierten Fußballunternehmen durchgeführt? Welche strategischen Überlegungen stehen hinter diesen Maßnahmeneinsätzen?

5) Ausgehend von den in den Fußballunternehmen umgesetzten Marken- und Kundenbindungsmanagementmaßnahmen, welche sind die drei aus Expertensicht jeweils bedeutendsten Maßnahmen und wie werden diese ausgeführt? Wie begründen die Experten die besondere Bedeutung der Maßnahmen? Welche Probleme ergeben sich bei deren Umsetzung im Speziellen und welchen allgemeinen Problemen ist das Marken- und Kundenbindungsmanagement von Fußballunternehmen ausgesetzt?

Abb. 36: Die Forschungsfragen der empirischen Untersuchung

5.1.2. Studienkonzept

Ziel der Studie ist es, die Praxisbedeutung der beiden ökonomischen Leitziele und deren Umsetzungsmaßnahmen aus Expertensicht[523] zu ermitteln sowie den praktischen Maßnahmeneinsatz in Fußballunternehmen zu untersuchen. Die Studie fokussiert demnach zum großen Teil auf den individuellen Erfahrungen und Wissenskonzepten von Experten. Da diese Fachkenntnisse subjektiv sind, lehnt sich die methodische Vorgehensweise der Untersuchung an das Forschungsprogramm Subjektive Theorien an. Unter subjektiven Theorien sind individuelle (u.a. auch berufsbezogene), relativ überdauernde Wissensbestände und Handlungskonstrukte zu verstehen, die Personen für eine bestimmte Situation heranziehen (vgl. DANN 1983, 77 u. 80; GROEBEN et al. 1988, 18; WEIDEMANN 2002, 5). Subjektiven Theorien kommen unterschiedliche Funktionen zu. Für die vorliegende Studie ist insbesondere die Funktion der Generierung von Handlungsempfehlungen und Begründung von Zielsetzungen bzw. Sollanforderungen von Bedeutung (vgl. BARTH 2002, 38; DANN 1983, 82 f.[524]). Zur Untersuchung subjektiver Theorien wurde innerhalb des Forschungsprogramms ein zweistufiger, qua-

[523] Experten sind Personen, die ein besonderes Wissen über bestimmte Sachverhalte besitzen (z.B. aufgrund ihrer beruflichen Stellung; vgl. GLÄSER/LAUDEL 2004, 10 f.).

[524] Zu den weiteren Funktionen subjektiver Theorien vgl. ebenfalls BARTH (2002, 38), DANN (1983, 82 f.).

litativer Analyseprozess entwickelt. Ausgangspunkt ist die verbale Erfassung der Subjektiven Theorien, wofür verschiedene Interviewtechniken vorliegen (Leitfadeninterview als „klassische“ Erhebungsmethode; alternativ: Methoden der freien Beschreibung wie freies Assoziieren oder narratives Interview, Grid-Verfahren, Methode des Lauten Denkens). In einem zweiten Schritt wird die strukturelle Beschaffenheit der Subjektiven Theorien mittels so genannter Struktur-Lege-Verfahren herausgearbeitet (vgl. BARTH 2002, 44; GROEBEN/SCHEELE 2000, 3; KÖNIG 1995, 14 ff.; SCHEELE/GROEBEN 1988, 32 f.; WEIDEMANN 2002, 5). Ein kennzeichnendes methodisches Prinzip des Untersuchungsprozesses ist es dabei, die Erhebung der Inhalte der subjektiven Theorien von der Strukturbestimmung zeitlich zu trennen, um einer (motivationalen und kognitiven) Überforderung des Interviewpartners entgegenzuwirken (vgl. DANN 1992, 2 f.; DANN/BARTH 1995, 37; SCHEELE/GROEBEN 1988, 32). Struktur-Lege-Verfahren sind graphische Verfahren, mit deren Hilfe Schaubilder der Subjektiven Theorien erstellt werden. Alle zu untersuchenden Inhalte werden auf Kärtchen geschrieben und sind entsprechend einem normierten Regelwerk auf einer Unterlage anzuordnen (vgl. primär DANN 1992, 2 f. u. 38; ergänzend auch BARTH 2002, 44 f.; DANN/BARTH 1995, 31; KÖNIG 1995, 18[525]). Die zentralen Funktionen von Struktur-Lege-Verfahren sind die Veranschaulichung der untersuchten Wissensstruktur (durch die Anordnung der Kärtchen kommt es zu einer Visualisierung der Struktur) sowie die Korrigierbarkeit des Strukturbildes (die vorgenommene Kärtchenanordnung kann im Laufe des Rekonstruktionsvorgangs jederzeit verändert werden; vgl. dazu DANN 1992, 3 ff.; DANN/BARTH 1995, 36 f.; knapp auch GROEBEN 1992, 60; GROEBEN/SCHEELE 2000, 3; KÖNIG 1995, 19[526]). Die endgültige Strukturfixierung erfolgt, wenn der Interviewer die gelegte Struktur des Interviewpartners verstanden hat. Dazu hat der Interviewpartner der verbalen Zusammenfassung der subjektiven Theorie durch den Interviewer zuzustimmen (Verstehenssicherung durch Dialog-Konsens-Verfahren[527]; vgl. v.a. GROEBEN et al. 1988, 25 u. 137; ergänzend auch BREHM/VOITLANDER 2000, 182; CHRISTMANN/SCHEELE 1995, 65; DANN 1992, 2 f.; GROEBEN/SCHEELE 2000, 3; KÖNIG 1995, 19; SCHEELE/GROEBEN 1988, 21). Bedingt durch die Heterogenität der Untersuchungsgegenstände liegen verschiedene Struktur-Lege-Verfahren vor. Die bedeutendsten Ansätze stellen bislang die Methode zur Erfassung der Alltagstheorie von Professionellen MEAP, die Heidelberger Struktur-Lege-Technik SLT, die Weingartener Appraisal Legetechnik WAL, die Flussdiagramm-Darstellung, die Ziel-Mittel-Argumentation ZMA sowie die Interview- und Legetechnik zur Rekonstruktion kognitiver

[525] Vor diesem Hintergrund werden Struktur-Lege-Verfahren auch als pragmatische Hilfsmittel für die Externalisierung von Wissensstrukturen bezeichnet (vgl. DANN 1992, 7; GROEBEN 1992, 60).

[526] Für weitere Funktionen von Struktur-Lege-Verfahren vgl. DANN (1992, 3 ff.) sowie DANN/BARTH (1995, 36 f.).

[527] Dieses Prüfverfahren wird in der Literatur auch als „kommunikative Validierung“ bezeichnet.

Handlungsstrukturen ILKHA dar (weiterführendes dazu in BARTH 2002, 45 ff.; DANN 1992, 10 ff.; DANN/BARTH 1995, 31 ff.; SCHEELE/GROEBEN 1988, 48 ff.[528]).

Als Erhebungsmethode der eigenen Untersuchung wird eine Kombination aus Leitfadeninterview (persönliches Einzelinterview) und Struktur-Lege-Aufgabe gewählt.

Leitfaden-Interviews[529] sind teilstandardisierte Interviews, d.h. der Interviewer arbeitet zwar mit einem strukturierten/standardisierten Frageschema, das in jedem Interview beantwortet werden muss, jedoch ist sowohl die Frageformulierung im Interview als auch die Reihenfolge der Fragen nicht verbindlich. Zudem sind die Fragestellungen offen formuliert, sodass die Interviewpartner frei auf die Fragen antworten und persönliche Erfahrungen, Einschätzungen und Bewertungen äußern können (vgl. BÖHLER 2004, 87; BÖHLER 2005, 51; BORTZ/DÖRING 1995, 219; GLÄSER/LAUDEL 2004, 39; SCHMID 2005, 173).

Die konzipierte Struktur-Lege-Aufgabe leitet sich aus den spezifischen Fragestellungen der Untersuchungen ab und hat die Erstellung einer hierarchischen Ordnungsstruktur unter den erarbeiteten (und ggf. ergänzten) Marken- und Kundenbindungsmanagementmaßnahmen von Fußballunternehmen zum Gegenstand (näheres dazu in 5.1.3.). Die Struktur-Lege-Aufgabe grenzt sich dabei in verschiedenen Punkten von den klassischen, zuvor erwähnten Struktur-Lege-Verfahren ab. Während jene Verfahren komplexe Handlungssituationen unter verschiedenen Perspektiven untersuchen (z.B. ein- oder wechselseitige Wirkungszusammenhänge, Handlungsabsichten, Handlungsvoraussetzungen, Entscheidungsbedingungen) und entsprechend komplizierte Regelwerke für die Anordnung der Kärtchen zum Gegenstand haben, werden im Rahmen der eigenen Studie relativ einfache Zusammenhänge analysiert (Praxisbedeutung der betrachteten Maßnahmen für die jeweiligen Leitziele) mit der Folge eines unkomplizierten Legeregelwerks. Ein weiterer Unterschied liegt darin, dass die meisten der angeführten Verfahren (Ausnahme: MEAP) in dem ersten Interviewschritt die Subjektiven Theorien der Interviewpartner zunächst verbal erfassen und auf Basis dieser Aussagen daraufhin die Kärtcheninhalte für die Struktur-Lege-Aufgabe konzipiert werden. Ausgangspunkt der eigenen Studie sind hingegen die erarbeiteten Theorien zum Marken- und Kundenbindungsmanagement von Fußballunternehmen, die Karteninhalte zur Lege-Aufgabe leiten sich daraus ab und sind somit bereits vorgegeben. Vor diesem Hintergrund wird auf die im Rahmen des Forschungsprogramms Subjektive Theorien vorgeschlagene zeitliche Trennung zwischen Interview und Strukturlegung verzichtet und eine integrierte Form von Tiefeninterview mit zwischenzeitlichen Lege-Aufgaben gewählt. Eine Überforderung der Interviewpartner durch die

528 Vgl. ergänzend die umfassenden Ausführungen zu einzelnen der angeführten Struktur-Lege-Verfahren in FELDMANN (1979, 107 ff.) und GROEBEN et al. (1988, 267 ff.). Knappe Hinweise finden sich zudem in BREHM/VOITLÄNDER (2000, 181 f.), CHRISTMANN/SCHEELE (1995, 71), DANN (1983, 86 f.) sowie GROEBEN/SCHEELE (2000, 3).

529 Das Leitfadeninterview wird in der Literatur synonym auch als problemzentriertes Interview, fokussiertes Interview oder Tiefeninterview bezeichnet (vgl. BÖHLER 2004, 87; BÖHLER 2005, 51; KÖNIG 1995, 15; MAYRING 2002, 67; WITZEL 1982, 67).

Verbindung der zwei Analyseansätze ist aufgrund des geringen Komplexitätsgrades der Struktur-Lege-Aufgaben auszuschließen. Ungleich jener Abweichungen erfüllt die konzipierte Lege-Aufgabe jedoch die beiden Grundfunktionen von Struktur-Lege-Verfahren (Veranschaulichung der untersuchten Wissensstruktur, Korrigierbarkeit des Strukturbildes) und stellt somit einen geeigneten methodischen Ansatz zur Untersuchung der subjektiven Theorien von Experten dar[530].

5.1.3. Interviewleitfaden

Der Leitfaden für die Experteninterviews gliedert sich in fünf Abschnitte und wurde für eine Interviewdauer von ca. 1,5 Stunden konzipiert. Auszuführende Struktur-Lege-Aufgaben sind im Leitfaden durch die Abkürzung S-L-A gekennzeichnet (vgl. Abb. 37).

Dauer	*Interviewabschnitt / Inhalt*
5 min.	1) Interviewvorbereitung - Vorstellung des Interviewers. - Vorstellung der Dissertationsthematik. - Erläuterungen zu den Interviewinhalten bzw. der Interviewmethodik.
10 min.	2) Ökonomische Leitziele von Fußballunternehmen - Bitte erläutern Sie knapp, was Sie aus Praxissicht unter der Klubmarke verstehen? - Bitte bewerten Sie das Leitziel „Erfolgreiches Markenmanagement" (Aufbau und Pflege einer starken Klubmarke) hinsichtlich seiner (Praxis-)Bedeutsamkeit für das Management von Fußballunternehmen auf einer fünfstufigen Rating-Skala (1 = wichtig; 5 = unwichtig). Bitte begründen Sie Ihre Bewertung kurz. - Welche Managementmaßnahmen verbinden Sie unmittelbar mit dem Ziel „Erfolgreiches Markenmanagement" (Aufbau und Pflege einer starken Klubmarke)? - Bitte erläutern Sie knapp, was Sie aus Praxissicht unter Kundenbindung bei Fußballunternehmen verstehen? - Bitte bewerten Sie das Ziel „Erfolgreiches Kundenbindungsmanagement" (Pflege und Sicherung langfristiger Kundenbeziehungen) hinsichtlich seiner (Praxis-)Bedeutsamkeit für das Management von Fußballunternehmen auf einer fünfstufigen Rating-Skala (1 = wichtig; 5 = unwichtig). Bitte begründen Sie Ihre Bewertung kurz. - Welche Managementmaßnahmen verbinden Sie unmittelbar mit dem Ziel „Erfolgreiches Kundenbindungsmanagement" (Pflege und Sicherung langfristiger Kundenbeziehungen)?

[530] Struktur-Lege-Verfahren müssen dem jeweiligen Untersuchungsgegenstand angepasst sein. Sind die vorliegenden Verfahren für die Fragestellung bzw. den Untersuchungsbereich ungeeignet, sind diese entweder bedarfsgerecht zu modifizieren oder eine neue, untersuchungsgegenstandsgerechte Verfahrensweise ist zu entwickeln (vgl. für diese Forderung DANN 1992, 7; SCHEELE/GROEBEN/CHRISTMANN 1992, 153 f.; für eine Verfahrensmodifikation vgl. z.B. BURGERT 1992, 128 ff.). Bei der im Rahmen der vorliegenden Studie zur Anwendung kommenden Lege-Aufgabe handelt es sich weder um eine Modifikation einer der im Fließtext zuvor benannten klassischen Methoden noch um die Entwicklung eines neuen Verfahrens, vielmehr wurde die Grundidee der Struktur-Lege-Methodik, d.h. das Anordnen von Kärtchen nach gewissen Legeregeln zur Visualisierung bzw. optischen Rekonstruktion der subjektiven Theorie des Interviewpartners, auf die gegebene Untersuchungsfrage (= Bedeutungsordnung der beiden Leitziele und deren Umsetzungsmaßnahmen aus Expertensicht) übertragen und entsprechende Legeregeln festgelegt.

35 min.	3) Markenmanagement von Fußballunternehmen
(S-L-A)	- Bitte bewerten Sie die Ihnen vorgelegten Maßnahmen hinsichtlich ihrer (Praxis-)Bedeutsamkeit für das Markenmanagement von Fußballunternehmen auf einer fünfstufigen Rating-Skala (1 = wichtig; 5 = unwichtig).
(S-L-A)	- Bitte beurteilen Sie die Vollständigkeit der Maßnahmen. Fallen Ihnen noch weitere Maßnahmen zum Markenmanagement von Fußballunternehmen ein?
(S-L-A)	- Die Maßnahmen wurden entsprechend Ihrer Bewertung an einem Board mit den fünf Bewertungsstufen angebracht. Bitte überprüfen Sie Ihre Maßnahmenbewertung anhand dieses Strukturbildes noch einmal. Bei Bedarf korrigieren Sie das Strukturbild bitte.
	- Welche der angeordneten Markenmanagementmaßnahmen werden in Ihrem Klub umgesetzt und welche nicht? Bitte markieren Sie die Maßnahmenkärtchen mit den Zeichen „–" für „Maßnahme wird nicht umgesetzt", „+" für „Maßnahme wird umgesetzt" bzw. „++" für „Maßnahme wird besonders gut/mit hohem Ressourcen-Input umgesetzt".
	- Welche strategischen Überlegungen stehen hinter dem in Ihrem Klub vorgenommenen Maßnahmeneinsatz zum Markenmanagement?
	- Ausgehend von den in Ihrem Klub umgesetzten Markenmanagementmaßnahmen, welche sind die Ihrer Meinung nach drei bedeutendsten Maßnahmen? Bitte begründen Sie die besondere Bedeutung dieser drei Maßnahmen. Wie werden die drei Maßnahmen ausgeführt? Bitte skizzieren Sie Probleme, welche sich bei der Umsetzung der drei Maßnahmen ergaben. Welche allgemeinen Probleme sehen Sie hinsichtlich der Klubmarkenführung?
35 min.	4) Kundenbindungsmanagement von Fußballunternehmen
(S-L-A)	- Bitte bewerten Sie die Ihnen vorgelegten Maßnahmen hinsichtlich ihrer (Praxis-)Bedeutsamkeit für das Kundenbindungsmanagement von Fußballunternehmen auf einer fünfstufigen Rating-Skala (1 = wichtig; 5 = unwichtig).
(S-L-A)	- Bitte beurteilen Sie die Vollständigkeit der Maßnahmen. Fallen Ihnen noch weitere Maßnahmen zum Kundenbindungsmanagement von Fußballunternehmen ein?
(S-L-A)	- Die Maßnahmen wurden entsprechend Ihrer Bewertung an einem Board mit den fünf Bewertungsstufen angebracht. Bitte überprüfen Sie Ihre Maßnahmenbewertung anhand dieses Strukturbildes noch einmal. Bei Bedarf korrigieren Sie das Strukturbild bitte.
	- Welche der angeordneten Kundenbindungsmanagementmaßnahmen werden in Ihrem Klub umgesetzt und welche nicht? Bitte markieren Sie die Maßnahmenkärtchen mit den Zeichen „–" für „Maßnahme wird nicht umgesetzt", „+" für „Maßnahme wird umgesetzt" bzw. „++" für „Maßnahme wird besonders gut/mit hohem Ressourcen-Input umgesetzt".
	- Welche strategischen Überlegungen stehen hinter dem in Ihrem Klub vorgenommenen Maßnahmeneinsatz zur Kundenbindung?
	- Ausgehend von den in Ihrem Klub umgesetzten Kundenbindungsmanagementmaßnahmen, welche sind die Ihrer Meinung nach drei bedeutendsten Maßnahmen? Bitte begründen Sie die besondere Bedeutung dieser drei Maßnahmen. Wie werden die drei Maßnahmen ausgeführt? Bitte skizzieren Sie Probleme, welche sich bei der Umsetzung der drei Maßnahmen ergaben. Welche allgemeinen Probleme sehen Sie hinsichtlich der Aufgabe der Kundenbindung von Fußballunternehmen?
5 min.	5) Schlussgespräch
	- Abschlussfragen: In dem durch Sie repräsentierten Fußballunternehmen, welche Position üben Sie dort aus und wie lange sind Sie bereits für diese Aufgabe zuständig? Was waren Ihre vorausgegangenen Karrierestationen und wie lange führten Sie diese Positionen aus? In dem durch Sie repräsentierten Fußballunternehmen, wie hoch war der durchschnittliche Umsatz in den vergangenen drei Spieljahren und wie viele Mitarbeiter arbeiten z.Zt. in der Geschäftsstelle des Klubs? Wie viele arbeiten davon im Bereich Marketing und PR? Gibt es Mitarbeiter, die speziell mit der Markenführung und der Kundenbindung betraut sind?
	- Reflexion des Interviews, Möglichkeit zu abschließenden Anmerkungen, Ausblick auf die verbleibenden Arbeitsschritte der Dissertation.

Abb. 37: Interviewleitfaden der empirischen Untersuchung

Im ersten Teil des Interviews werden Thematik der Dissertation, Interviewinhalte sowie Interviewmethodik kurz vorgestellt.

Der zweite Interviewabschnitt beschäftigt sich mit der (Praxis-)Bedeutung der ökonomischen Leitziele „Erfolgreiches Markenmanagement“ (Aufbau und Pflege einer starken Klubmarke) und „Erfolgreiches Kundenbindungsmanagement“ (Pflege und Sicherung langfristiger Kundenbeziehungen) aus Expertensicht. Einführend wird der Interviewpartner gebeten, kurz zu erläutern, was er unter der Klubmarke bzw. der Kundenbindung bei Fußballunternehmen versteht. Im Anschluss daran soll der Experte die beiden Leitziele hinsichtlich ihrer Bedeutsamkeit für das Management von Fußballunternehmen auf einer fünfstufigen Rating-Skala bewerten (1 = wichtig; 5 = unwichtig[531]) und die Beurteilung kurz begründen. Abschließend wird der Interviewpartner nach Maßnahmen gefragt, die ihm unmittelbar zum Marken- und Kundenbindungsmanagement von Fußballunternehmen einfallen.

Im dritten Interviewteil werden dem Experten Fragen hinsichtlich der Vollständigkeit und der (Praxis-)Bedeutung der erarbeiteten Markenmanagementmaßnahmen gestellt. Des Weiteren wird der praktische Maßnahmeneinsatz in dem durch den Gesprächspartner vertretenen Fußballunternehmen, die jenem Maßnahmenmix zugrunde liegenden strategischen Überlegungen sowie die mit dem Maßnahmeneinsatz verbundenen Umsetzungsprobleme abgefragt. Zunächst werden dem Experten einzeln Karten vorgelegt, auf denen jeweils eine der erarbeiteten Markenmanagementmaßnahmen mit kurzen Erläuterungen vermerkt ist. Der Interviewpartner wird gebeten, jede Maßnahme nach ihrer Praxisbedeutsamkeit für das Leitziel „Erfolgreiches Markenmanagement“ (Aufbau und Pflege einer starken Klubmarke) auf einer fünfstufigen Rating-Skala zu bewerten (1 = wichtig; 5 = unwichtig) und die Maßnahmenkarte auf einem

[531] Erläuterungen zu der gewählten Skalenkonstruktion: Rating-Skalen geben markierte Abschnitte eines Merkmalskontinuums vor, wobei die Abstände zwischen den einzelnen Stufen als gleich groß anzusehen sind. Der Untersuchungsteilnehmer sucht sich diejenige Stufe der Rating-Skala aus, die seinem subjektiven Empfinden hinsichtlich der abgefragten Merkmalsausprägung entspricht (BORTZ/DÖRING 1995, 163 f.). Ein häufig diskutiertes Problem bei der Konstruktion von Rating-Skalen betrifft die Frage, ob die Stufenanzahl geradzahlig oder ungeradzahlig anzusetzen ist. Ungeradzahlige Rating-Skalen haben den Vorteil, dass sie eine neutrale Mittelkategorie besitzen und unsicheren Urteilern somit das Ausweichen auf jene Neutralposition ermöglichen. Geradzahlige Rating-Skalen erzwingen von unschlüssigen Urteilern hingegen eine zumindest tendenziell in eine Richtung weisende Bewertung. Eine weitere Konstruktionsschwierigkeit ergibt sich hinsichtlich der zu wählenden Anzahl der Skalenstufen. Zu bedenken ist dabei, dass mit zunehmender Stufenzahl die Differenzierungsfähigkeit der Skala steigt, eine zu feine Differenzierung der Skala das Urteilsvermögen des Urteilers jedoch überfordert (so wurde festgestellt, dass bei Rating-Skalen mit sehr vielen Skalenstufen, wie beispielsweise bei Skalen mit 100 Punkten, die Untersuchungsteilnehmer Stufen wählen, die durch 5 oder 10 teilbar sind; vgl. BORTZ/DÖRING 1995, 167). Insgesamt ist der gesichteten Literatur keine eindeutige Empfehlung zur Rating-Skalengestaltung zu entnehmen, jedoch scheint eine fünfstufige Skaleneinteilung die in der Feldforschung am häufigsten verwendete Skalenform zu sein (vgl. BÖHLER 2004, 108 ff.; BÖHLER 2005, 64 ff.; BORTZ/DÖRING 1995, 163 ff.).
Vor diesem Hintergrund kommt im Rahmen der eigenen Studie eine fünfstufige Rating-Skala zur Beurteilung der Bedeutung der ökonomischen Leitziele und deren Umsetzungsmaßnahmen zum Einsatz (sog. „adequacy-importance“-Modell: Erhebung der Wichtigkeit des Untersuchungsgegenstands; weiterführendes dazu in BÖHLER 2004, 122 ff.; BÖHLER 2005, 65 f.). Im Genauen ist die Skala durch zwei gegensätzliche Bedeutungsgrade gekennzeichnet (wichtig – unwichtig), als Skalenwerte sind die Zahlen 1 bis 5 vorgegeben (numerische Skalenbezeichnung). [Beispiel: Die Maßnahme X ist für das Markenmanagement von Fußballunternehmen: wichtig 1 – 2 – 3 – 4 – 5 unwichtig.]

Pin-Board mit den fünf Bewertungsstufen anzubringen (Strukturbild). Nach dem Durchgang sämtlicher Maßnahmen soll der Experte den Maßnahmenkatalog hinsichtlich seiner Vollständigkeit beurteilen. Sofern dem Interviewpartner weitere Maßnahmen einfallen, werden diese auf einer neuen Karte notiert, entsprechend der gegebenen Skala bewertet und auf dem Board fixiert. Der Experte wird daraufhin gebeten, seine Maßnahmenbewertung anhand des erstellten Strukturbildes noch einmal zu überprüfen und gegebenenfalls zu korrigieren. Unter Bezug auf die erstellte Ordnungsstruktur soll der Interviewpartner dann jene Markenmanagementmaßnahmen markieren, welche in dem durch ihn repräsentierten Fußballunternehmen umgesetzt bzw. nicht umgesetzt werden. Dem Experten stehen dabei folgende drei Markierungszeichen zur Verfügung: „–" für „Maßnahme wird nicht umgesetzt"; „+" für „Maßnahme wird umgesetzt" bzw. „++" für „Maßnahme wird besonders gut/mit hohem Ressourcen-Input umgesetzt". Im Anschluss daran wird nach den strategischen Managementüberlegungen gefragt, die hinter den ausgeführten Maßnahmen stehen. Abschließend wird der Experte gebeten, die drei seiner Meinung nach wichtigsten Markenmanagementmaßnahmen seines Klubs vorzustellen und hinsichtlich folgender Punkte näher zu beschreiben: Begründung der besonderen Bedeutung der drei Maßnahmen, kurze Skizzierung der Umsetzungsformen, Erläuterung von Umsetzungsproblemen. Ergänzend wird der Experte nach allgemeinen Problemen des Klubmarkenmanagements gefragt.

Im vierten Teil des Interviews wird der Experte hinsichtlich der Vollständigkeit und der Praxisbedeutsamkeit der ausgearbeiteten Kundenbindungsmanagementmaßnahmen sowie zum Kundenbindungsmaßnahmeneinsatz in dem durch ihn repräsentierten Fußballunternehmen befragt. Das Vorgehen gestaltet sich analog den Ausführungen zum dritten Interviewabschnitt.

Im letzten Interviewteil wird der Experte zunächst hinsichtlich seiner derzeitigen Position in dem Fußballunternehmen, vorausgegangenen Berufserfahrungen sowie den wirtschaftlichen Kennziffern bzw. der Mitarbeiterstruktur des Klubs befragt. Daraufhin wird das Interview kurz reflektiert und dem Experten die Möglichkeit für Abschlussbemerkungen zu den abgefragten ökonomischen Leitzielen bzw. den diskutierten Konzepten zum Marken- und Kundenbindungsmanagement von Fußballunternehmen gegeben. Ein Ausblick auf die noch ausstehenden Arbeitsschritte der Dissertation (Interviewauswertung, Ergebnisdiskussion) beschließt das Interview.

Anmerkungen zu Interviewleitfaden und Interviewablauf:
Aus Gründen der Untersuchungsökonomie sowie der Belastbarkeit der Gesprächspartner wurde die Tiefe und Anzahl der Interviewfragen so gewählt, dass sich die Gesprächsdauer in einem zeitlichen Rahmen von ca. 1,5 Stunden bewegt. Dies hat zur Folge, dass die zeitintensive Reflexion der Marken- und Kundenbindungsmanagementmaßnahmen auf die jeweils drei bedeutendsten Instrumente je Fußballunternehmen eingegrenzt ist (vgl. bereits 5.1.1.). Zudem

werden Strategieansätze zum Marken- und Kundenbindungsmanagement lediglich ungestützt abgefragt.

Hinsichtlich der im Rahmen der Studie abzufragenden Maßnahmen wurden folgende Einschränkungen bzw. Anpassungen vorgenommen: Einerseits sollen nur jene Maßnahmen untersucht werden, die auf möglichst viele Fälle zutreffen, d.h. Maßnahmen, die nur für eine bestimmte Klubkategorie relevant sind (Sonderfälle), sind der Befragung ausgegrenzt. Es handelt sich dabei um die lediglich für internationale Topklubs relevanten Markenmanagementmaßnahmen „Strategische Klubkooperationen“ sowie „(Internationale) Showspiele“. Zudem wurde die hohe Anzahl an ausgearbeiteten Kundenbindungsmanagementmaßnahmen (26 Einzelinstrumente; vgl. Abschnitt 4.2.4.) durch die Zusammenfassung der Maßnahmen „Rabatt- und Bonussysteme“, „Preisdifferenzierung“ sowie „Preisbundling“ zu einem Maßnahmenbündel (preispolitische Kundenbindungsmanagementmaßnahmen) geringfügig reduziert.

Zur Gewährleitung der Verständlichkeit der Fragen wurde bei deren Formulierung darauf geachtet, dass die sprachliche Form einfach und klar ist, Worte mit Doppelbedeutung sowie suggestive, wertende und hypothetische Fragen vermieden wurden bzw. der jeweilige Untersuchungsgegenstand der Frage eindeutig erläutert wurde (vgl. zu diesen Richtlinien insbesondere BÖHLER 2004, 99; ähnlich auch BORTZ/DÖRING 1995, 224; HÜTTNER 1997, 122).

Ein Teilziel der Studie ist die Ermittlung der Bedeutung der ausgearbeiteten Maßnahmen zum Marken- und Kundenbindungsmanagement von Fußballunternehmen aus Expertensicht. Es gilt also herauszufinden, wie wichtig die einzelnen Maßnahmen in der Praxis gesehen werden, unabhängig davon, ob sie für das durch den Experten vertretene Fußballunternehmen gegenwärtig umsetzungsrelevant bzw. finanzierbar sind. Die Interviewpartner werden auf diesen Aspekt entsprechend hingewiesen.

Um einen möglichst reibungslosen Ablauf der Experteninterviews zu gewährleisten, wurden im Vorfeld zwei Testinterviews durchgeführt. Ziel der Erprobungsphase war es, den Zeitbedarf für den entworfenen Interviewleitfaden zu testen, Sicherheit im Umgang mit den Fragen, der Interviewleitung und den Erläuterungen zu den Lege-Aufgaben zu gewinnen sowie den Interviewleitfaden auf inhaltliche sowie methodische Probleme zu überprüfen. Identifizierte

Problembereiche wurden durch entsprechende Anpassungen im Interviewleitfaden behoben[532].

5.1.4. Aufbereitungs- und Auswertungsverfahren

Aufbereitungsverfahren

Der Gesprächsverlauf der Interviews wird über Tonbandaufzeichnungen dokumentiert und anschließend in Schriftfassung gebracht (wörtliche Transkription, Übertrag in Schriftdeutsch[533]). Die gelegten Strukturbilder der Experten werden als Schaubilder in die Textfassungen der Interviews integriert.

Auswertungsverfahren

Die Auswertung der transkribierten Interviews erfolgt durch den Verfahrensansatz der zusammenfassenden, qualitativen Inhaltsanalyse. Grundansatz der qualitativen Inhaltsanalyse ist, das vorliegende Textmaterial schrittweise zu zerlegen und nacheinander zu bearbeiten, um auf diese Weise sinnverwandte Textzusammenhänge als auch markante Einzelfälle herauszuarbeiten. Es wird dabei regel- sowie theoriegeleitet vorgegangen (Analyse des Materials unter theoretisch ausgewiesenen Fragestellungen, Entnahme von Informationen nach vorher festgelegten Ordnungskategorien bzw. Betrachtungsebenen, Diskussion der gewonnenen Inhalte vor den jeweiligen Theoriehintergründen). Zusammenfassend meint, dass das Material so reduziert wird, dass die wesentlichen Inhalte erhalten bleiben, durch Abstraktion jedoch ein überblickbares, das Grundmaterial abbildendes Hauptaussagengerüst geschaffen wird (vgl. dazu GLÄSER/LAUDEL 2004, 43 f. u. 191 ff.; MAYRING 1998, 12; MAYRING 2002, 114 f.; SCHMID 2005, 180; ergänzend auch ATTESLANDER 2003, 225; LAMNEK 1995b, 205 ff.).

Die Auswertung der Interviews richtet sich nach den Fragen des Interviewleitfadens (vgl. Abb. 37).

[532] Für das erste Testinterview wurde ein ehemaliger Kommilitone des Forschers befragt, der seit drei Jahren im Bereich der Marketingrechtevermarktung eines Fußballbundesligisten tätig ist. Der Interviewpartner konnte sämtliche Fragestellungen und Legeaufgaben des Interviewleitfadens beantworten bzw. ausführen. Durchführungsdatum des Testinterviews war der 14.03.2007, die Interviewdauer betrug knapp eineinhalb Stunden. Als Ergebnis des ersten Testinterviews wurden einige Änderungen an dem Interviewleitfaden vorgenommen (Umformulierung bzw. Präzisierung einiger Fragestellungen, Ergänzung von zwei neuen Teilfragen, Änderungen/Kürzungen der Erläuterungen auf den Maßnahmenkärtchen).
Im zweiten Testinterview wurde der überarbeitete Interviewleitfaden nochmals überprüft. Interviewpartner war ein ehemaliger Kommilitone des Forschers, der seit drei Jahren in einem Dienstleistungsunternehmen der Finanz- und Versicherungsbranche berufstätig ist. Der Befragte konnte sämtliche Fragen und Strukturlegeaufgaben des Interviewleitfadens beantworten bzw. ausführen. Es ergaben sich keine Verständnis- oder Methodikprobleme. Durchführungszeitpunkt des zweiten Testinterviews war der 21.03.2007. Die Dauer des Interviews betrug 75 Minuten.

[533] Die Transkription verbal erhobenen Materials in Schriftdeutsch beinhaltet eine Bereinigung von Dialekt und Satzbaufehler sowie eine Stilglättung und kommt dann zum Einsatz, wenn die inhaltlich-thematische Ebene der verbalen Informationsvermittlung im Vordergrund steht (vgl. MAYRING 2002, 91).

Abbildung 38 zeigt die verschiedenen Auswertungsschritte bzw. Betrachtungsebenen[534].

Auswertungsabfolge	***Betrachtungsebene***
Auswertungsschritt 1	Expertenverständnis Klubmarke.
Auswertungsschritt 2	Expertenbewertung des Leitziels „Erfolgreiches Markenmanagement“ (Aufbau und Pflege einer starken Klubmarke) und Begründung.
Auswertungsschritt 3	Markenmanagementmaßnahmen: - Expertenbewertung der vorgelegten Markenmanagementmaßnahmen. - Skizzierung des Umsetzungsgrades der vorgelegten Markenmanagementmaßnahmen. - Maßnahmenergänzungen / Vollständigkeit der vorgelegten Markenmanagementmaßnahmen. - Strategische Überlegungen, welche die in den Klubs ausgeführten Markenmanagementmaßnahmen erklären. - Top-3-Markenmanagementmaßnahmen der Experten: Begründungen und Umsetzungsformen. - Probleme hinsichtlich der Markenführung in den der Studie einbezogenen Fußballunternehmen.
Auswertungsschritt 4	Expertenverständnis Kundenbindung in Fußballunternehmen.
Auswertungsschritt 5	Expertenbewertung des Leitziels „Erfolgreiches Kundenbindungsmanagement“ (Pflege und Sicherung langfristiger Kundenbeziehungen) und Begründung.
Auswertungsschritt 6	Managementmaßnahmen Kundenbindung: - Expertenbewertung der vorgelegten Kundenbindungsmaßnahmen. - Skizzierung des Umsetzungsgrades der vorgelegten Kundenbindungsmaßnahmen. - Maßnahmenergänzungen / Vollständigkeit der vorgelegten Kundenbindungsmaßnahmen. - Strategische Überlegungen, welche die in den Klubs ausgeführten Kundenbindungsmaßnahmen erklären. - Top-3-Kundenbindungsmaßnahmen der Experten: Begründungen und Umsetzungsformen. - Probleme hinsichtlich der Aufgabe der Kundenbindung in den der Studie einbezogenen Fußballunternehmen.

Abb. 38: Auswertungsschritte der Experteninterviews

Zu jeder Betrachtungsebene des erhobenen Materials werden die entsprechenden Expertenmeinungen zunächst knapp wiedergegeben. Daraufhin werden diese untereinander bzw. mit den ausgearbeiteten theoretischen Konzepten für das Marken- und Kundenbindungsmanagement von Fußballunternehmen verglichen und die sich ergebenden Ergebnisse diskutiert. In Auswertungsschritten, welche Expertenbewertungen zum Gegenstand haben (Auswertungsschritte 2, 3, 5, 6), werden die jeweiligen Einzelbeurteilungen zudem zu einem Gesamtstruk-

[534] Aus „Konsistenzgründen“ unterscheidet sich die gewählte Abfolge der Auswertungsschritte von der Reihenfolge der Fragen des Interviewleitfadens. So werden im Rahmen der Auswertung die untersuchten Themen „Markenmanagement von Fußballunternehmen“ und „Kundenbindungsmanagement von Fußballunternehmen“ mit ihren unterschiedlichen Teilfragen (Begriffsverständnis, Leitzielbewertung, Maßnahmenbewertung bzw. Maßnahmenreflexion) jeweils „am Stück“ abgehandelt.

turbild zusammengefasst (Modalstruktur[535]) und eine Gesamtanalyse vorgenommen (zusätzliche vergleichende Diskussion der Modalstruktur mit den erarbeiteten Marken- und Kundenbindungsmanagementkonzepten). Ziel der Analyseschritte ist es, die erarbeiteten Konzeptinhalte abzusichern bzw. zu ergänzen.

5.1.5. Stichprobe und Expertenauswahl

In der quantitativen Forschungslogik wird die Repräsentativität der gewählten Stichprobe angestrebt, d.h. in der Stichprobe sollen zentrale Merkmale der Grundgesamtheit „repräsentativ" abgebildet sein (z.B. Verteilung von Alter oder Geschlecht). Methodisch stehen dazu verschiedene Zufallsauswahlverfahren zur Verfügung (statistical samples)[536]. Der qualitativen Forschung liegt mit dem Verfahren der bewussten Auswahl (theoretical sample) hingegen ein anderer Ansatz zugrunde. Grundüberlegung ist, dass es zur Weiterentwicklung/Ausdifferenzierung einer Theorie ausreicht, wenn bereits ein Fall bekannt ist, der von dem bisherigen Theoriekonstrukt abweicht und diesen dadurch erweitert bzw. ergänzt. Die Absicherung einer Theorie erfolgt hingegen über Fälle, welche das vorliegende Annahmenset bewahrheiten. Die Auswahl der Untersuchungseinheiten vollzieht sich folglich nach plausiblen theoretischen sowie praktischen Überlegungen dahingehend, Fälle bzw. Untersuchungseinheiten zu finden, die sich durch typische, ideale oder extreme Positionen auszeichnen und durch deren Analyse die theoretischen Konzepte des Forschers validiert bzw. weiter ausgestaltet werden können[537]. Als Ziel des theoretical sampling ist folglich die Absicherung, Anreicherung, Ausdifferenzierung und gegebenenfalls auch Modifizierung von Theorien festzuhalten. Während in quantitativen Untersuchungen wenige abweichende Fälle untergehen, weil sie quantitativ unbedeutend erscheinen, sind es gerade diese Fälle, die im Rahmen einer qualitativen Studie die Theorieweiterentwicklung anstoßen (vgl. LAMNEK 1995a, 187 ff. insbesondere 194 f.; LAMNEK 1995b, 4 ff. insbesondere 21 f.; vgl. zudem auch SCHMID 2005, 182). Zusammenfassend ist festzuhalten, dass es in der qualitativen Forschung nicht um statistische Verteilungen bestimmter Merkmale einer Grundgesamtheit basierend auf einer großen Zahl untersuchter Fälle geht. Das Interesse liegt vielmehr in einer Erkenntnisvertiefung durch die Untersuchung von Merkmalszusammenhängen und -beschaffenheiten eines Problems oder einer Theorie in ausgesuchten Fällen.

---

535 Die Zusammenfassung verschiedener individueller subjektiver Theorien zu übergreifenden Modalstrukturen ist insbesondere in praxisorientierten Forschungsarbeiten von ausschlaggebender Relevanz. Weiterführendes dazu (Verfahrensansätze, Problembereiche) in SCHEELE/GROEBEN (1988, 80 ff.), STÖSSEL/SCHEELE (1992, 333 ff.).

536 Weiterführendes dazu z.B. in BÖHLER (2004, 139 ff.), BÖHLER (2005, 81 ff.), HÜTTNER (1997, 126 ff.), PEPELS (1995, 154 ff.).

537 Das skizzierte bewusste Auswahlverfahren wird in der Literatur auch als „typische Auswahl" oder „Auswahl typischer Fälle" bezeichnet (= nach Ermessen des Forschers werden solche Elemente aus der Grundgesamtheit ausgewählt, die als charakteristisch erachtet werden). Vgl. dazu sowie den damit aus quantitativer Forschungsperspektive verbundenen Problemen (Repräsentativität, Generalisierbarkeit) z.B. BÖHLER (2004, 135 f.), BÖHLER (2005, 79), HÜTTNER (1997, 126), PEPELS (1995, 162).

Entscheidendes Auswahlkriterium für die Fallanzahl ist nach LAMNEK (1995a, 189) deren Angemessenheit hinsichtlich der theoretischen Fragestellung(en). Für die vorliegende Studie wurde eine Expertenanzahl von sechs Personen gewählt.

Die Expertenauswahl erfolgte in erster Linie nach den Kriterien „Klubzugehörigkeit" sowie „Praktisches Fachwissen/Praxiserfahrungen". D.h. die Experten sollten zum einen in einem Fußballunternehmen der ersten oder zweiten Fußballbundesliga tätig sein, zum anderen sollten sie dort Führungspositionen besetzen, die in Zusammenhang mit den untersuchten Managementbereichen stehen (Markenmanagement, Kundenbindungsmanagement). Ausgehend von diesen Kriterien konnten für die Studie sechs Experten gewonnen werden, die zum Untersuchungszeitpunkt entweder als Geschäftsführer, Abteilungsleiter oder Projektleiter in einem Fußballunternehmen angestellt waren. Die durch die Experten vertretenen Klubs waren der FC Bayern München, der VfB Stuttgart, der FC Schalke 04, der VfL Bochum, der TSV 1860 München sowie der 1. FC Kaiserslautern. In den folgenden Ausführungen werden die Expertenmeinungen bzw. die untersuchten Fußballunternehmen anonymisiert wiedergegeben.

Abbildung 39 gibt einen Überblick über die Position des jeweiligen Interviewpartners, eine knappe wirtschaftliche Kennzeichnung der durch die Experten repräsentierten Fußballunternehmen sowie Angaben zu den Erhebungszeitpunkten der Interviews.

Interview	**Vorstellung Experte**	**Klubkennzeichnung**[537]	**Datum, Dauer und Ort des Interviews**
Interview 1	- Geschäftsführer (1 Jahr) - Zuvor: Vermarktung von Sportrechten bei einem Fernsehsender (5 Jahre) sowie einer Rechteagentur (3 Jahre), Unternehmensberatung (2 Jahre)	- Kategorie: Schwellenklub - Klubumsätze: 2004/05 20 Mio. Euro (2. BL) 2005/06 20 Mio. Euro (2. BL) 2006/07 20 Mio. Euro (2. BL) - 30 Mitarbeiter Geschäftsstelle - 13 Mitarbeiter Marketing & PR - Keine gesonderte Stellen für Markenmanagement und Kundenbindungsmanagement	- 30.03.2007 - 1 Stunde 15 min. (9.30 - 10.45 Uhr) - Klubgeschäftsstelle

538 Erläuterung zur vorgenommenen Klubkategorisierung und kritische Anmerkung zur Zusammensetzung der in der Studie vertretenen Fußballunternehmen:
Betrachtet man die Teambesetzung der ersten Fußballbundesliga über die letzten fünf Jahre, so lassen sich grob drei Klubkategorien bilden: „Schwellenklubs" (Klubs, die in jenem Zeitraum, z.T. mehrmals, auf- und/oder abgestiegen sind), „Etabliertes Mittelfeld" (Klubs, welche jene Spieljahre zumeist im breiten Tabellenmittelfeld zwischen Abstiegsplatz und internationaler Wettbewerbsteilnahme beendeten) sowie „Top-Klubs" (Klubs, die in jenem Zeitraum mehrfach Platzierungen unter den ersten fünf Tabellenrängen der Fußballbundesliga erreichen konnten und somit mehrmals auf internationalen Wettbewerben vertreten waren). Leitgedanke war es ursprünglich, je zwei Klubs dieser drei Kategorien in der Studie zu untersuchen. Aufgrund einiger Absagen von angefragten Experten wurde die Studie letztlich in dem in Abbildung 39 skizzierten Klubportfolio durchgeführt (drei „Schwellenklubs", drei „Top-Klubs").

Interview 2 *(Doppelinterview)*	Experte 1: - Assistenz des Vorstands, Leitung Marketing (5 Jahre) Experte 2: - Projekt „Markenführung" (6 Monate) - Zuvor: Dozent Fachhochschule (2 Jahre) und Unternehmensberatung (2 Jahre)	- Kategorie: Schwellenklub - Klubumsätze: 2004/05 33 Mio. Euro (1. BL) 2005/06 15 Mio. Euro (2. BL) 2006/07 32 Mio. Euro (1. BL) - 20 Mitarbeiter Geschäftsstelle - 11 Mitarbeiter Marketing & PR - Jeweils eine gesonderte Stelle für Markenmanagement und Kundenbindungsmanagement	- 17.04.2007 - 2 Stunden 30 min. (9.15 - 11.45 Uhr) - Klubgeschäftsstelle
Interview 3	- Projektleiter Marketing (Leitung Teilbereich Eventorganisation, 5 Jahre) - Zuvor: Werbeagentur (2 Jahre)	- Kategorie: Top-Klub - Klubumsätze: 2004/05 98 Mio. Euro (1. BL) 2005/06 122 Mio. Euro (1. BL) 2006/07 115 Mio. Euro (1. BL) - 220 Mitarbeiter Geschäftsstelle - 20 Mitarbeiter Marketing & PR - Keine gesonderte Stelle für Markenmanagement und Kundenbindungsmanagement	- 17.04.2007 - 1 Stunde 45 min. (16.15 - 18.00 Uhr) - Klubgeschäftsstelle
Interview 4	- Direktor Sponsoring und Eventmarketing (11 Jahre) - Zuvor: Deutscher Radsportverband, Vermarktung und Organisation (9 Jahre)	- Kategorie: Top-Klub - Klubumsätze: 2004/05 190 Mio. Euro (1. BL) 2005/06 205 Mio. Euro (1. BL) 2006/07 220 Mio. Euro (1. BL) - 200 Mitarbeiter Geschäftsstelle - 30 Mitarbeiter Marketing & PR - Keine gesonderte Stelle für Markenmanagement und Kundenbindungsmanagement	- 20.04.2007 - 1 Stunde 15 min. (10.00 - 11.15 Uhr) - Klubgeschäftsstelle
Interview 5	- Leiter Marketing und Merchandising (1 Jahr) - Zuvor: Anstellung bei der Vermarktungsagentur des Klubs (3 Jahre)	- Kategorie: Schwellenklub - Klubumsätze: 2004/05 37 Mio. Euro (1. BL) 2005/06 42 Mio. Euro (1. BL) 2006/07 38 Mio. Euro (2. BL) - 35 Mitarbeiter Geschäftsstelle - 9 Mitarbeiter Marketing & PR - Keine gesonderte Stelle für Markenmanagement und Kundenbindungsmanagement	- 25.04.2007 - 1 Stunde 30 min. (10.00 - 11.30 Uhr) - Klubgeschäftsstelle
Interview 6	- Direktor Stab (Assistenz des Vorstands, 2 Jahre) - Zuvor: Mitarbeit im Klubmarketing (11 Jahre)	- Kategorie: Top-Klub - Klubumsätze: 2004/05 80 Mio. Euro (1. BL) 2005/06 80 Mio. Euro (1. BL) 2006/07 80 Mio. Euro (1. BL) - 80 Mitarbeiter Geschäftsstelle - 20 Mitarbeiter Marketing & PR - Zwei gesonderte Stellen für das Markenmanagement, keine eigene Stelle für das Kundenbindungsmanagement	- 30.04.2007 - 1 Stunde 15 min. (16.00 - 17.15 Uhr) - Klubgeschäftsstelle

Abb. 39: Vorstellung der Experten sowie der untersuchten Fußballunternehmen

5.2. Auswertung der Untersuchung

Im Folgenden werden die transkribierten Experteninterviews nach dem in Abschnitt 5.1.4. vorgestellten Verfahren ausgewertet. Dazu werden für jeden der sechs Auswertungsschritte die Expertenmeinungen knapp wiedergegeben und vor dem Hintergrund der Grundlagenkapitel der Arbeit bzw. den ausgearbeiteten Konzepten für das Marken- und Kundenbindungsmanagement von Fußballunternehmen diskutiert (Gliederungspunkte 5.2.1. bis 5.2.6.).

5.2.1. Auswertungsschritt 1: Expertenverständnis Klubmarke

Abbildung 40 fasst die zentralen Expertenaussagen zum Begriffsverständnis der Klubmarke im Überblick zusammen.

Experte	**Verständnis Klubmarke**
Experte 1	Die Klubmarke ist das Vereinslogo.
Expertenpaar 2	Die Klubmarke umfasst alle Assoziationen der Stakeholder mit dem Klub als Ganzes.
Experte 3	Die Klubmarke setzt sich aus den dem Fußballunternehmen zugeschriebenen Eigenschaften zusammen.
Experte 4	Marken stehen für Qualität. Hohe Qualität führt zu positiven Eigenschaftszuschreibungen.
Experte 5	Die Klubmarke steht für bestimmte Eigenschaften, Werte und Bilder.
Experte 6	Die Klubmarke ist das Image des Fußballunternehmens.

Abb. 40: Expertenverständnis Klubmarke

Nachfolgend werden die Erläuterungen der Experten zu dem Begriff „Klubmarke“ im Genauen dargestellt und mit den Ausführungen in Abschnitt 4.1.1.1. (Begriffliche Grundlagen des Markenmanagements) verglichen.

Experte 1 setzt die Klubmarke mit dem Vereinslogo bzw. dem kennzeichnenden Vereinssymbol gleich. Da diese Elemente (Vereinslogo, Vereinssymbol) jedoch nur zwei mögliche Klubassoziationen unter vielen darstellen, ist das Begriffsverständnis des Experten insgesamt als sehr eingeschränkt bzw. stark reduziert zu bewerten.

Fasst man die Ausführungen des Expertenpaares 2 zum Begriff „Klubmarke“ zusammen, so ergibt sich folgendes Begriffsverständnis: Bei der Klubmarke handelt es sich um all jene Assoziationen, welche die verschiedenen Stakeholder (das Expertenpaar nennt in diesem Zusammenhang die Fans, die Sponsoren/Partner, regionale Meinungsbildner sowie die Klubmitarbeiter) mit dem Klub als Ganzes, und zwar über Logo und Farbe hinausgehend, besitzen. Die Experten ergänzen zudem, dass die Assoziationen dabei möglichst klar und differenzierbar ausgebildet sein müssen. Das Begriffsverständnis des Expertenpaars 2 entspricht damit weitestgehend der betriebswirtschaftlichen Markendefinition.

Experte 3 versteht unter der Klubmarke die dem Fußballunternehmen zugeschriebenen Eigenschaften („Bei uns sind das Attribute wie bodenständig und traditionsnah.“). Kennzeichnendes Merkmal von Marken sei die Differenzierbarkeit („Eine Marke hat ein eigenes Gesicht und ist für einen Kunden, einen Außenstehenden, unterscheidbar von anderen Unternehmen“). Experte 4 geht in seiner Begriffserläuterung hingegen auf das Markenmerkmal der Qualität sowie den Zusammenhang zwischen Qualität und Eigenschaftszuschreibung ein („Wenn man von einer Marke spricht, impliziert das zunächst einmal Qualität.“; „Je mehr Erfolge ein Klub hat, desto interessanter ist er, desto bessere Eigenschaften werden im zugeschrieben.“). Für Experte 5 steht die Klubmarke für bestimmte Eigenschaften, Werte und Bilder, durch die der Klub sich positioniert („Zu unseren Markenbildern gehören das Stadion, die Fans, die Spieler sowie Spieleigenschaften wie Leidenschaft und Kampf. Dadurch positionieren wir uns.“). Experte 6 versteht unter der Klubmarke das Image eines Fußballunternehmens und umschreibt dieses für den durch ihn vertretenen Klub mit den Attributen „sympathisch, jung und dynamisch“. Die Ausführungen zeigen, dass die Experten 3 bis 6 über ein Markenbegriffsverständnis verfügen, das nah an der betriebswirtschaftlichen Definition liegt, dieses jedoch jeweils nicht ganz erfasst.

5.2.2. Auswertungsschritt 2: Expertenbewertung Leitziel „Erfolgreiches Markenmanagement“ (Aufbau und Pflege einer starken Klubmarke) und Begründung

Abbildung 41 zeigt die Expertenbewertungen der Praxisbedeutung des Leitziels „Erfolgreiches Markenmanagement“ (Aufbau und Pflege einer starken Klubmarke) sowie die Hauptaussagen der Experten für ihre Bewertungsbegründung im Überblick (die Bewertung erfolgte anhand einer fünfstufigen Rating-Skala: 1 = wichtig; 5 = unwichtig).

Experte	*Bewertung*	*Begründung*
Experte 1	4	Die Klubmarke wird überbewertet.
Experten-paar 2	1	Die Klubmarke dient der Differenzierung gegenüber der Konkurrenz. Markenaufbau führt zu Einnahmensteigerungen.
Experte 3	1	Markenpflege unterstützt die Klubidentifikation.
Experte 4	1	Um Top-Marken als Partner gewinnen zu können, muss der Klub selbst eine Top-Marke darstellen.
Experte 5	2	Das Klubmarkenmanagement ist wichtig, jedoch dem sportlichen Erfolg nachgeordnet.
Experte 6	1	Markenmanagement führt zu Wertsteigerung.

Abb. 41: Praxisbedeutsamkeit des Leitziels „Erfolgreiches Markenmanagement“ (Aufbau und Pflege einer starken Klubmarke) und Begründungen (1 = wichtig; 5 = unwichtig)

Während Experte 1 seine Bewertung des Leitziels (Wert 4) lediglich dadurch begründet, dass die Klubmarke überbewertet sei, erklären die Experten 2 bis 6 ihre Leitzielbeurteilungen umfassender. Im Folgenden werden diese Erklärungspositionen knapp wiedergegeben.

Das Expertenpaar 2 stuft die Praxisbedeutsamkeit des betrachteten Leitziels mit dem höchsten Wert ein (1) und begründet die Bewertung durch folgende Argumente: Das durch die beiden Experten vertretene Fußballunternehmen befinde sich in einem starken Wettbewerbsumfeld mit zahlreichen weiteren regionalen Profifußballklubs. Der Aufbau einer starken, prägnanten Klubmarke sei dabei ein Weg zur Differenzierung und Abgrenzung gegenüber den Konkurrenzklubs. Zudem verfolge das Klubmanagement den Ansatz, die Wertigkeit der Sponsoringrechte des Fußballunternehmens bzw. die Zuschauerzahlen im Stadion durch einen gezielten Markenaufbau zu steigern. Aufbau bzw. Pflege einer starken Klubmarke seien folglich von höchster Praxisbedeutung.

Auch Experte 3 bewertet die Praxisbedeutung des Leitziels mit dem Höchstwert (1). Die Markenpflege trage wesentlich zur Identifikation der Fans mit dem Klub bei, da man von Managementseite mit entsprechenden Maßnahmen dafür sorgt, dass der Klub auch weiterhin mit seinen kennzeichnenden Werten und Eigenschaften in Verbindung gebracht wird bzw. der Mythos um den Klub aufrechterhalten wird.

Experte 4 begründet seine Leitzielbewertung (Wert 1) im Genauen wie folgt: Ziel des durch ihn repräsentierten Fußballunternehmens (Top-Klub) ist es, Unternehmen mit starken Marken als Partner zu gewinnen. Dies könne jedoch nur dann realisiert werden, wenn der Klub selbst über eine starke Marke verfügt („Ziel muss das so genannte „Elefantentreffen“ sein, dass sich die Leader der jeweiligen Branche finden“). Dem Markenmanagement sei demzufolge ein sehr hoher Stellenwert beizumessen.

Experte 5 kennzeichnet die Praxisbedeutsamkeit des Leitziels mit dem Wert 2 und begründet seine Bewertung dadurch, dass in einem Fußballunternehmen zunächst der sportliche Erfolg die bedeutendste (Management-)Maßgabe sei („Das Wichtigste im Profifußball ist einfach der sportliche Erfolg“). Aus dem Ausmaß des sportlichen Erfolges forme sich dann die Klubmarke. Für das Markenmanagement ergibt sich somit eine gewisse Bedeutungsnachrangigkeit zum Management des sportlichen Bereichs sowie ein Abhängigkeitsverhältnis vom sportlichen Erfolg.

Experte 6 begründet seine Bewertung der Praxisbedeutsamkeit des Leitziels (Wert 1) über die Wertsteigerungspotentiale starker Marken („Jede Stellschraube die wir ankurbeln, um Erlöspotential zu generieren, lässt sich mit einer guten Marke viel leichter umsetzen.“; „Je besser mein Image, desto einfacher kann ich mich vermarkten. Deshalb ist das Thema Marke natürlich von enormer Wichtigkeit.“).

Insgesamt ist festzuhalten, dass fünf der sechs Experten das Klubmarkenmanagement als bedeutsam bis sehr bedeutsam für das Management von Fußballunternehmen einschätzen und auf einer fünfstufigen Rating-Skala (1 = wichtig; 5 = unwichtig) mit 1 oder 2 bewerten. Drei der Experten begründen ihre positiven Bewertungen anhand unterschiedlicher Markenfunktionen (Differenzierungsfunktion, Identifizierungsfunktion, Preis- bzw. Wertsteigerungsfunktion; vgl. die Erläuterungen der Experten 2, 3 und 6) und argumentieren damit entsprechend den Ausführungen im Grundlagenkapitel der Arbeit, in dem die ökonomische Bedeutung der Unternehmensmarke über die verschiedenen Markenfunktionen erklärt wird (vgl. 4.1.1.3.).

Neben diesen positiven Bewertungen liegt mit Experte 1 jedoch auch eine negative Einschätzung der Praxisbedeutsamkeit der Klubmarke vor (Bewertung: 4; Begründung: Die ökonomische Bedeutung der Klubmarke werde überschätzt.). Verknüpft man an dieser Stelle die Analyseschritte 1 und 2 miteinander, so wird deutlich, dass Experte 1 derjenige Interviewpartner war, der über ein sehr eingeschränktes Verständnis des Begriffs „Klubmarke" verfügt, da er unter der Marke eines Fußballunternehmens das Vereinslogo bzw. das kennzeichnende Vereinssymbol versteht. Vor diesem Hintergrund lässt sich das abweichende Expertenurteil erklären: Es ist anzunehmen, dass sich Experte 1, ausgehend von dem reduzierten Begriffsverständnis, nicht über die wertsteigernden Funktionen der Klubmarke bewusst ist (vgl. 4.1.1.3.) und in Folge dessen zu der skizzierten, negativeren Bewertung des Leitziels „Erfolgreiches Markenmanagement" (Aufbau und Pflege einer starken Klubmarke) kommt.

Im Schnitt bewerten die sechs Experten die Praxisbedeutung des Leitziels „Erfolgreiches Markenmanagement" (Aufbau und Pflege einer starken Klubmarke) für das Management von Fußballunternehmen mit 1,67.

5.2.3. Auswertungsschritt 3: Markenmanagementmaßnahmen

Im Folgenden wird der sich auf das Markenmanagementinstrumentarium von Fußballunternehmen beziehende Abschnitt der Studie ausgewertet. Dies geschieht in sechs Teilschritten: (1) Zunächst wird die Bewertung der Praxisbedeutsamkeit der Markenmanagementmaßnahmen durch die Experten dargestellt. (2) Daraufhin wird die Umsetzung der Maßnahmen in den durch die Experten repräsentierten Fußballunternehmen abgebildet. (3) Anschließend werden Maßnahmen vorgestellt, die in dem ausgearbeiteten Markenmanagementkonzept für Fußballunternehmen (vgl. 4.1.4.) nicht enthalten sind und von den Experten ergänzt wurden. (4) Weiterführend werden die hinter den Instrumenteinsätzen der Klubs stehenden strategischen Markenmanagementüberlegungen ausgeführt und vor dem Hintergrund der in Abschnitt 4.1.4.2. erarbeiteten Strategieempfehlungen diskutiert. (5) Im Anschluss daran werden die drei aus Sicht der Experten wichtigsten Markenmanagementmaßnahmen ihrer Klubs vorgestellt und auf deren Praxisbedeutung sowie Umsetzungsform eingegangen. (6) Abschließend werden Probleme skizziert, welche die Experten in Zusammenhang mit einzelnen Maßnahmen bzw. dem Klubmarkenmanagement insgesamt sehen.

Teilschritt 1: Bewertung der Praxisbedeutsamkeit der Markenmanagementmaßnahmen
Abbildung 42 zeigt die einzelnen Bewertungsergebnisse der Experten zu den in 4.1.4.1. ausgearbeiteten Markenmanagementmaßnahmen sowie die sich daraus ergebenden Durchschnittsbewertungen. Gefragt wurde nach der Praxisbedeutung der Maßnahmen für das Markenmanagement von Fußballunternehmen. Den Experten stand eine fünfstufige Bewertungsskala zur Verfügung (1= wichtig; 5 = unwichtig). Die Darstellungsreihenfolge der Maßnahmen ist hierarchisiert. Hierarchisierungskriterium war das durchschnittliche Bewertungsergebnis der Praxisbedeutsamkeit jeder Markenmanagementmaßnahme durch die Experten.

Rang	**Managementmaßnahme**	**Experte 1** (SK)	**Experten-paar 2** (SK)	**Experte 3** (TK)	**Experte 4** (TK)	**Experte 5** (SK)	**Experte 6** (TK)	**Ø Wert**
1	Situationsanalyse	1	1	1	1	1	1	1,0
2	Public Relations	1	2	1	1	1	1	1,17
3	Corporate Identity	1	1	1	1	3	1	1,33
4	Klubhomepage	1	2	1	1	2	2	1,5
5	Merchandising	3	2	2	1	2	2	2,0
6	Eventmarketing	2	3	2	2	2	2	2,17
6	Mitgliedergewinnung (Mutterverein/Fanklubs)	2	2	2	3	2	2	2,17
7	Serviceleistungen	2	2	4	2	2	2	2,33
7	Cause-Related Marketing	3	2	3	2	2	2	2,33
7	Sponsoren-/Partnerwahl	3	2	3	1	3	2	2,33
7	Strategische Spielertransfers	4	1	1	2	3	3	2,33
8	Werbung	3	3	4	1	1	4	2,67
9	Erlebnismarketing	3	3	3	2	3	3	2,83
10	Verkaufsförderung	4	3	4	3	2	3	3,17

Abb. 42: Praxisbedeutsamkeit der Markenmanagementmaßnahmen (1 = wichtig; 5 = unwichtig)

Als besonders praxisrelevant bewerten die Experten die Maßnahmen „Situationsanalyse", „Public Relations", „Corporate Identity" sowie die „Klubhomepage" (Ränge 1 bis 4; durchschnittliche Bewertungen: 1,0 bis 1,5). Die vier Maßnahmen sind zudem gesondert herauszustellen, da die Bedeutungsdifferenz bis zur an Rangposition 5 liegenden Maßnahme „Merchandising" (durchschnittliche Bewertung: 2,0) mit einer halben Bewertungseinheit sehr deutlich ausfällt. Mit durchschnittlichen Bewertungsresultaten von 2,17 bzw. 2,33 folgen daraufhin die Maßnahmen „Eventmarketing" und „Mitgliedergewinnung (Mutterverein/Fanklubs)" bzw. „Serviceleistungen", „Cause-Related Marketing", „Sponsoren-/Partnerwahl" sowie „Strategische Spielertransfers". Das Ende der Rangordnung der abgefragten Markenmanagementmaßnahmen bilden schließlich die „Werbung" (Rang 8; Durchschnittliche Bewertung:

2,67), das „Erlebnismarketing“ (Rang 9; Durchschnittliche Bewertung: 2,83) sowie die „Verkaufsförderung“ (Rang 10; Durchschnittliche Bewertung: 3,17).

Diese sich aus den durchschnittlichen Expertenbewertungen je Maßnahme ergebende Rangordnung ist als ein pragmatisches Orientierungsinstrument für Fußballunternehmen zur Ressourcenallokation und Maßnahmensteuerung im Klubmarkenmanagement zu sehen. Jedoch lenken die Mittelwerte davon ab, dass die Einzelbewertungen der Experten in einigen Fällen deutlich voneinander abweichenden. Betrachtet man beispielsweise die Maßnahmen „Strategische Spielertransfers“ und „Werbung“, so setzt sich das durchschnittliche Expertenurteil aus Werten zwischen 1 und 4 zusammen. Auffällig ist dabei, dass sich diese abweichenden Einzelbewertungen gleichermaßen auf die beiden der Studie einbezogenen Klubkategorien verteilen (Schwellenklubs, Top-Klubs), d.h. sowohl die Vertreter der Schwellenklubs sowie der Top-Klubs bewerten die beiden Maßnahmen mit der angeführten Wertespanne.

Teilschritt 2: Umsetzung der Markenmanagementmaßnahmen

Abbildung 43 veranschaulicht, welche der Markenmanagementmaßnahmen in den durch die Experten repräsentierten Fußballunternehmen umgesetzt werden und welche nicht. Die Experten waren aufgefordert, die Maßnahmen mit den drei Zeichen „–“ (Maßnahme wird nicht umgesetzt), „+“ (Maßnahme wird umgesetzt) bzw. „++“ (Maßnahme wird besonders gut/mit hohem Ressourcen-Input umgesetzt) zu markieren. Die Darstellungsreihenfolge der Maßnahmen entspricht der hierarchisierten Abfolge aus Abbildung 42.

Rang	**Maßnahme**	**Experte 1** (SK)	**Experten-paar 2** (SK)	**Experte 3** (TK)	**Experte 4** (TK)	**Experte 5** (SK)	**Experte 6** (TK)
1	Situationsanalyse	+	++	++	++	+	+
2	Public Relations	+	+	++	++	++	++
3	Corporate Identity	+	++	+	++	–	++
4	Klubhomepage	+	+	++	++	++	++
5	Merchandising	+	–	+	++	+	++
6	Eventmarketing	+	+	++	++	++	++
6	Mitgliedergewinnung	+	–	+	++	++	++
7	Serviceleistungen	+	++	+	++	+	+
7	Cause-Related Marketing	+	++	+	++	+	++
7	Sponsoren-/Partnerwahl	–	+	–	++	+	+
7	Strategische Spielertransfers	+	+	–	–	++	++
8	Werbung	+	–	–	++	+	–
9	Erlebnismarketing	+	+	++	++	+	+
10	Verkaufsförderung	+	–	+	++	–	+

Abb. 43: Maßnahmeneinsatz Markenmanagement

Insgesamt gesehen setzen die untersuchten Fußballunternehmen die Mehrzahl der angeführten Markenmanagementmaßnahmen um. Die im Rahmen dieser Studie angewandte Markierungssystematik (Zeichen: – / + / ++; vgl. dazu die Erläuterungen am Anfang des Unterpunktes) lässt jedoch lediglich eine grobe Abbildung des von den Fußballunternehmen vorgenommenen Einsatzes an Markenmanagementmaßnahmen zu. Aussagen darüber, ob die Maßnahmen letztlich markenförderlich umgesetzt werden, können an dieser Stelle nicht getroffen werden. Dazu wären eine detaillierte Erfassung der Ausführungsformen der Klubmaßnahmen (Ist-Situation) sowie ein Vergleich dieser mit den in Abschnitt 4.1.4.1. ausgearbeiteten Gestaltungskriterien der Maßnahmen (Soll-Vorgaben) notwendig.[539]

Des Weiteren ist ersichtlich, dass die Top-Klubs im Vergleich zu den Schwellenklubs tendenziell mehr der angeführten Maßnahmen umsetzen bzw. die Maßnahmen zudem mit höherem Aufwand ausführen. Hintergrund dazu dürften die größeren personellen sowie finanziellen Ressourcen der Top-Klubs sein.

Vergleicht man den skizzierten Maßnahmeneinsatz mit der Rangordnungsplatzierung der Markenmanagementmaßnahmen, so wird einerseits deutlich, dass die als besonders praxisrelevant eingestuften Instrumente (Situationsanalyse, Public Relations, Corporate Identity und Klubhomepage; vgl. dazu Teilschritt 1 bzw. Abb. 42) sowohl von den Top-Klubs als auch den Schwellenklubs mit einer Ausnahme alle umgesetzt werden, in vielen Fällen sogar mit hohem Ressourcenaufwand. Auf der anderen Seite werden Instrumente, welche die Experten für das Markenmanagement weniger bedeutsam einschätzen, tendenziell auch weniger intensiv ausgeführt (vgl. beispielsweise die Umsetzungsformen der Maßnahmen Werbung und Verkaufsförderung). Insgesamt ist somit eine gewisse Kongruenz zwischen Maßnahmenbedeutung und Umsetzungsgrad festzuhalten. Dass dies jedoch nicht bei jedem Instrument zutrifft, verdeutlicht beispielsweise das Erlebnismarketing. Obwohl die Maßnahme von den Experten als relativ unrelevant für das Markenmanagement eingeschätzt wird (Rang 9; Durchschnittswert: 2,83), wird das Erlebnismarketing von allen Klubs umgesetzt, in zwei Fällen sogar besonders intensiv.

Die in den betrachteten Fußballunternehmen mit dem höchsten Umsetzungsgrad ausgeführten Markenmanagementmaßnahmen stellen die „Public Relations“ und die „Klubhomepage“ dar (jeweils vier Kennzeichnungen mit „++“). Das am seltensten ausgeführte Instrument ist hingegen die „Werbung“ (drei Markierungen mit „–“).

---

539 Zu relativieren ist der skizzierte Maßnahmeneinsatz zudem wie folgt: Bedingt durch Eigenerfahrungen bzw. Vorinformationen über den Maßnahmeneinsatz von zwei der in der Studie einbezogenen Fußballunternehmen überraschten den Forscher die von den entsprechenden Experten angeführte Maßnahmenvielfalt bzw. Umsetzungsintensität (trotz mehrfacher Hinweise auf die Anonymität der Angaben sowie der Bitte einer kritischen Tatsachendarstellung). In beiden Fällen ergibt sich somit der Eindruck der „Besserdarstellung“ der Maßnahmensituation durch die Interviewpartner.

Teilschritt 3: Maßnahmenergänzungen

Im Anschluss an die Bewertung der Praxisbedeutsamkeit der Markenmanagementmaßnahmen sowie die Skizzierung des Umsetzungsgrades dieser Maßnahmen in den der Studie einbezogenen Fußballunternehmen wurden die Experten gebeten, Instrumente zu ergänzen, welche in dem erarbeiteten Markenmanagementkonzept für Fußballunternehmen bislang unberücksichtigt sind. Des Weiteren sollten die Experten kurz auf die Praxisbedeutung der vorgeschlagenen Maßnahmenergänzungen sowie den Umsetzungsgrad dieser Maßnahmen in ihren Klubs eingehen.

Abbildung 44 fasst die Ergebnisse im Überblick zusammen (zur Bewertungs- und Markierungssystematik vgl. die Erläuterungen der vorausgegangenen Teilschritte).

Experte	**Ergänzte Maßnahmen**	**Bewertung Praxisbedeutsamkeit**	**Umsetzungsgrad**
Experte 1	Maskottchen	4	+
Expertenpaar 2	Integrierte Kommunikation	2	+
Experte 3	Kontaktmöglichkeit mit Spielern und Management	2	++
Experte 4	Networking	1	++
	Auslandsauftritt 1: Kooperationen mit Klubs ausländischer Zielmärkte	1	++
	Auslandsauftritt 2: Internationale Freundschaftsspiele	1	++
Experte 5	Kontaktmöglichkeit mit Spielern und Management	1	++
	Fanstruktur	2	++
	Maskottchen	3	+
Experte 6	Wirtschaftliche Reputation/ Managementreputation	1	++

Abb. 44: Vorgeschlagene Maßnahmenergänzungen für das Markenmanagement von Fußballunternehmen

Insgesamt schlagen die Experten acht Maßnahmenergänzungen für das ausgearbeitete Markenmanagementkonzept von Fußballunternehmen vor. Die Aspekte „Maskottchen" sowie „Kontaktmöglichkeit mit Spielern und Management" wurden von je zwei Experten benannt (vgl. Experten 1, 3, 5). Die Praxisbedeutung der ergänzten Maßnahmen wurde von den Experten, welche die Maßnahmen jeweils vorgeschlagen hatten, mehrheitlich als bedeutend bzw. sehr bedeutend bewertet (Werte 1 und 2), lediglich ein Instrument erhielt schlechtere Beurteilungen (Maskottchen: Werte 3 und 4). Jede ergänzte Markenmanagementmaßnahme wird in dem jeweiligen Klub des Praxisvertreters umgesetzt, in den meisten Fällen mit besonders hohem Ressourcenaufwand (vgl. Markierung: ++).

Welche der von den Experten vorgeschlagenen Maßnahmenergänzungen dem ausgearbeiteten Markenmanagementkonzept für Fußballunternehmen hinzugefügt werden können, wird im Folgenden diskutiert.

Die Ergänzung „Integrierte Kommunikation" (zeitliche, inhaltliche und formale Abstimmung der Kommunikationsmaßnahmen) stellt nach Ansicht des Verfassers einen strategischen Ansatz dar, die Inhalte/Aussagen der verschiedenen Kommunikationsinstrumente eines Fußballunternehmens[540] einheitlich und kongruent zu gestalten, um deren Kommunikationswirkung zu verbessern (vgl. dazu 4.1.4.2., Strategieempfehlung 5: Integrierte Markenkommunikation).

Bei der Ergänzung „Kontaktmöglichkeit mit Spielern und Management" handelt es sich nach Verfassersicht ebenso um einen strategischen Ansatz, in diesem Fall, um die Wirkung verschiedener Markenmanagementmaßnahmen[541] durch den Einbezug von Klubpersönlichkeiten zu erhöhen (vgl. dazu 4.1.4.2., Strategieempfehlung 6: Kontaktmöglichkeiten mit Klubpersönlichkeiten).

Die angeführten Maßnahmen „Auslandsauftritt 1: Kooperationen mit Klubs ausländischer Zielmärkte" und „Auslandsauftritt 2: Internationale Freundschaftsspiele" sind in dem in 4.1.4. ausgearbeiteten Markenmanagementkonzept von Fußballunternehmen berücksichtigt, jedoch wurden diese aufgrund ihres Sonderfallcharakters (internationale Top-Klubs) der Studie ausgegrenzt (vgl. dazu die Ausführungen in 5.1.3.).

Auch bei den ergänzten Punkten „Fanstruktur" und „Wirtschaftliche Reputation/Managementreputation" handelt es sich um keine Managementmaßnahmen, sondern um mögliche Markenessenzwerte von Fußballunternehmen (vgl. 4.1.3.2.).

Vor dem Hintergrund dieser Erläuterungen zu den Ergänzungen der Experten sind lediglich die Aspekte „Maskottchen" sowie die „Netzwerkpflege" (Networking) als wirklich neue, in dem ausgearbeiteten Markenmanagementkonzept für Fußballunternehmen bislang unberücksichtigte Maßnahmen zu kennzeichnen.

Teilschritt 4: Markenstrategieüberlegungen

Abbildung 45 fasst die zentralen Markenstrategieüberlegungen der Experten zur Begründung der in ihren Klubs vorgenommenen Maßnahmeneinsätzen im Überblick zusammen, die vertiefenden Ausführungen folgen dem Schaubild.

---

540 Z.B. Homepage, klubeigene Veröffentlichungen, Events.

541 Z.B. Eventmarketing, Cause-Related Marketing, Promotions, Klubhomepageleistungen.

Experte	Skizzierung der Markenstrategieüberlegungen
Experte 1 (Schwellenklub)	In der momentan sportlich schlechten Phase ist das Markenmanagement nachrangig. Der Fokus des Klubmanagements liegt auf der Verbesserung des sportlichen Erfolgs.
Expertenpaar 2 (Schwellenklub)	Markenaufbau: Intern gerichtete Maßnahmen vor extern gerichtete Maßnahmen. GAP-Management: Abgleich der intern definierten Soll-Wahrnehmung mit der externen Ist-Wahrnehmung. Maßnahmeneinsatz in Abhängigkeit von den Vergleichsergebnissen.
Experte 3 (Top-Klub)	Kein strategisches Klubmarkenkonzept, welches den vorgenommenen Maßnahmeneinsatz begründet. In sportlich erfolgreichen Zeiten hat das Markenmanagement begleitenden Charakter, in sportlichen Krisenzeiten ist es hingegen zu intensivieren.
Experte 4 (Top-Klub)	Strategie der Qualitätsführerschaft (sportlich, wirtschaftlich). Internationale Klubmarkenstrategie.
Experte 5 (Schwellenklub)	Kein strategisches Klubmarkenkonzept, welches den vorgenommenen Maßnahmeneinsatz begründet. Reaktiver, situationsabhängiger Maßnahmeneinsatz (Notwendigkeit einer Intensivierung des Markenmanagements in sportlich schlechten Zeiten).
Experte 6 (Top-Klub)	Strategisches Businessmodell (mit Maßnahmenvorgaben für das Klubmarkenmanagement).

Abb. 45: Markenstrategieüberlegungen der Experten

Experte 1 erklärt Maßnahmeneinsatz und Maßnahmenumsetzungsgrad in seinem Klub nur sehr grob. Kern seiner Ausführungen ist, dass er das Markenmanagement in der sportlich kritischen Situation, in der sich der Klub momentan befindet, von nachgeordneter Bedeutung sieht. Die Mehrzahl der Maßnahmen würden zwar ausgeführt werden, jedoch seien die Umsetzungsformen nicht ausreichend und könnten alle verbessert werden. Prämisse des Klubs sei im Moment jedoch vielmehr, sportlich wieder erfolgreicher zu werden. Dieser Aufschwung müsse daraufhin markenförderlich mittels geeigneter und intensiver Marketingmaßnahmen begleitet werden („Ich sehe in unserer Situation das Marketing eher noch nachgeordnet. Erst müssen wir wieder Erfolg haben, dann muss aber begleitend mehr passieren. So einfach ist das.“; „Die Klubmarke muss zeitnah von Erfolg begleitet werden, sonst ist alle Markenarbeit umsonst. Es gibt keine Klubmarke, wo das Marketing zuerst kam und dann der Sport. Marketing kommt am Ende.“). Im Anschluss an seine Erläuterung wurde Experte 1 gefragt, ob mit dieser passiven Marketinghaltung – zuerst komme der sportliche Erfolg, dann erst folge das Marketing – nicht Chancen und Potentiale ausgegrenzt würden. Warum könne ein Klub nicht auch in sportlich schlechteren Zeiten positive Imagewerte aufbauen, beispielsweise im Jugendbereich durch kreative Lifestyle- und Sportevents oder Workshops. Derartige Maßnahmen müssten als Investitionen betrachtet werden so der Interviewer. Experte 1 antwortete darauf, dass man mit diesem Marketingverhalten natürlich einige Potentiale ungenutzt ließe. Aufgrund von Ressourcenknappheit bestehe für den Bundesligisten jedoch der Zwang zu einer sehr kurzfristigen und eingeschränkten Handlungsplanung, die jeweils „auf die Liquidität der nächsten Saison" gerichtet ist. Die Maßnahmen, die ausgeführt werden, müssen „sich innerhalb einer Saison rechnen". Für Maßnahmen mit „Investitionscharakter" gebe es momentan keinen finanziellen bzw. personellen Spielraum.

Das Expertenpaar 2 begründet den in ihrem Klub vorgenommen Maßnahmeneinsatz bzw. die skizzierten Maßnahmenumsetzungsformen wie folgt: Der Klub stehe in einem starken Wettbewerbsumfeld mit über zehn Erst- bzw. Zweitligisten in der Region und habe dabei mehrere Nachteile gegenüber einigen der Konkurrenzklubs (Infrastruktur, Größe des Einzugsgebiets, mediale Berücksichtigung, Sponsoreneinnahmen, Zuschauerzahlen). Vor dem Hintergrund dieser Rahmenbedingungen hat sich die Klubführung vor drei Jahren dazu entschieden, die Marke des Fußballunternehmens sukzessive zu stärken und auszubauen, um den skizzierten Nachteilen entgegenzuwirken. Kontinuierlich habe man daraufhin verschiedene Maßnahmen ergriffen und z.T. aufrechterhalten, sodass sich letztlich das zum Interviewzeitpunkt skizzierte Instrumentenbild ergab. Die strategische Vorgehensweise war dabei zweigeteilt. Zunächst wurde der Fokus auf intern wirkende Maßnahmen gerichtet (Situationsanalyse: Identifizierung der kennzeichnenden Klubwerte sowie Untersuchung der internen Klubmarkenwahrnehmung. Corporate Identity/Corporate Philosophy: Formulierung von Leitwerten, Leitzielen und Kernaufgaben des Klubs und Operationalisierung dieser für die einzelnen Abteilungen i.S.e. Festlegung von abteilungsspezifischen Werten, Zielen und Aufgaben[542]. Corporate Behaviour: Mitarbeiterschulungen). Die Experten erklären dieses Vorgehen folgendermaßen: Grundvoraussetzung für einen erfolgreichen Markenaufbau sei es, zunächst im Fußballunternehmen eine klare Vorstellung von der Klubmarke zu schaffen und ein den kennzeichnenden Markenwerten konformes Handeln sicherzustellen. Ohne diese interne Vorarbeit würden alle extern gerichteten Instrumente an Wirkung und Glaubwürdigkeit verlieren. Daraufhin wurden erste außenwirksame Markenmanagementmaßnahmen eingeleitet. Strategischer Ansatz war das so genannte GAP-Management. Dazu wurde zunächst eine weitere Situationsanalyse durchgeführt (Untersuchung der externen Klubmarkenwahrnehmung in den Ziel- und Anspruchgruppen). Durch einen Abgleich der intern definierten Soll-Positionierung mit der ermittelten, externen Wahrnehmung der Klubmarke (Ist-Positionierung) wurden daraufhin Positionierungslücken (GAPs) identifiziert, von denen ausgehend man dann entsprechende Maßnahmen initiierte (z.B. Events, Cause-Related Marketing, Promotions, mit den Klubwerten stimmige Spielertransfers).

Experte 3 erklärt, dass hinter dem in seinem Klub vorgenommenen Instrumenteneinsatz zum Markenmanagement kein übergeordnetes, strategisches Konzept steht. Der Maßnahmenumfang habe sich über die Jahre zu dieser Form ergeben, vieles kam „aus dem Bauch heraus".

---

[542] Eine vergleichbare Vorgehensweise ergab auch die Managementanalyse des NHL-Franchises der Washington Capitals. Für ein die verschiedenen Abteilungen sowie Unterabteilungen des US-Profiklubs umfassendes Ziele- und Wertesystem vgl. SCHILHANECK (2004, 135 ff.), auszugsweise auch SCHILHANECK (2005a, 66 ff.).

Jedoch gäbe es wirtschaftliche Prämissen, unter den einige der Marketingmaßnahmen umgesetzt werden („Wenn beispielsweise das Eventmarketing regelmäßig Verlust macht, dann würden wir das auch nicht weiter so intensiv umsetzen."). Zudem agiere der Klub nach folgender Marketinggrundregel: In sportlich erfolgreichen Zeiten hat das Marketing das Geschehen lediglich zu begleiten, der Maßnahmeneinsatz ist demzufolge niedrig. In sportlichen Krisenzeiten muss der Unzufriedenheit hingegen durch einen intensiveren Marketingmaßnahmeneinsatz entgegengewirkt werden („Wenn man erfolgreich spielt, muss das Marketing weniger machen, und wenn man im Keller ist, muss umso mehr passieren.").

Experte 4 führt demgegenüber folgende strategischen Markenmanagementansätze aus: Grundlegende Strategie des Fußballunternehmens (und somit auch für das Klubmarkenmanagement maßgebend) sei der Anspruch der Qualitätsführerschaft, sowohl in sportlicher sowie wirtschaftlicher Hinsicht. Ziel ist es dabei u.a., die jeweiligen Top-Unternehmensmarken der fußballaffinen Branchen als Partner zu gewinnen. Dazu müsse der Klub selbst jedoch die stärkste Fußballmarke in Deutschland darstellen. Für das operative Markenmanagement bedeute dies, dass alle relevanten Maßnahmen umfassend bzw. qualitativ höchstwertig umgesetzt werden[543]. Ein weiterer wichtiger Strategieansatz des Fußballunternehmens ist zudem die Markenexpansion in ausgesuchte internationale Zielmärkte (v.a. Osteuropa, Asien, am Rande auch Nordamerika). In Asien habe der deutsche Lizenzfußball historisch bedingte Defizite. Durch die vielen englischen Kolonien sei beispielsweise die Premiere League weitaus bekannter und populärer als die Fußballbundesliga. Mittels einer Klubkooperation mit einem asiatischen Klub, mit der u.a. regelmäßige Freundschaftsspiele sowie Trainingslageraufenthalte verbunden sind, versuche das deutsche Fußballunternehmen seine Bekanntheit bzw. Popularität in Asien zu erhöhen. In Osteuropa gebe es hingegen historische Vorteile gegenüber den internationalen Konkurrenzklubs. So konnten die osteuropäischen Anrainerstaaten vor den Grenzöffnungen bereits deutsches Fernsehen empfangen. Insbesondere der durch Experte 4 vertretene Klub verfüge aufgrund seiner zahlreichen nationalen und internationalen sportlichen Erfolge in dieser Zeit über eine ausgeprägte Fan- bzw. Sympathisantenbasis in jenen Ländern, die es nun kontinuierlich auszubauen bzw. zu stärken gilt. Maßnahme dazu seien regelmäßige Freundschaftsspielreisen nach Osteuropa. Auch den Zielmarkt Nordamerika versucht der Klub durch gelegentliche Trainingslager und Freundschaftsspiele zu erschließen.

Experte 5 erläutert, dass der vorgenommene Maßnahmeneinsatz auf keinem strategischen Plan basiert, der vorgibt, welche Maßnahmen zu welchem Zeitpunkt umzusetzen sind. Der Status als „Schwellenklub" erlaube dies nicht, da die Marketingoptionen zu sehr von der sportlichen Situation bestimmt werden (Aufstieg vs. Nicht-Aufstieg). Die Maßnahmenplanung sei demzufolge immer kurzfristig und unmittelbar auf die kommende Saison bezogen,

[543] Vgl. dazu auch den skizzierten Maßnahmeneinsatz in dem durch Experten 4 vertretenen Fußballunternehmen (Abb. 43).

zudem sind Maßnahmeneinsatz und Maßnahmenumsetzungsform im Verlauf des Spieljahres z.T. auch sehr reaktiv. Gerade in Krisenzeiten sei eine Intensivierung des Markenmanagements notwendig, um den Imageproblemen entgegenzuwirken. Ergänzend vermerkt Experte 5, dass eine (vorübergehende) sportliche Krise bei geschicktem Managementverhalten auch zu einer Stärkung der Klubmarke führen kann und verweist auf die eigene Klubsituation. Nach dem Abstieg habe man durch verschiedene Maßnahmen (z.B. Imagekampagnen, Betreuungsintensivierung) bei den Anhängern um Unterstützung geworben, und das sehr erfolgreich, da beispielsweise die Zuschauerzahlen oder die Mitgliederzunahme in der zweiten Fußballbundesliga höher ausfielen als im Vorjahr in der ersten Fußballbundesliga[544].

Experte 6 erklärt, dass sich die ausgeführten Maßnahmen aus dem Businessmodell des Fußballunternehmens begründen, in dem die Klubmarke eine strategische Zielgröße darstellt. Von dem Modellansatz ausgehend wurden Maßnahmen festgelegt, welche die Klubmarke sukzessiv stärken bzw. deren Wahrnehmung kontinuierlich verbessern sollen.

Vergleicht man die Markenstrategieüberlegungen der Experten mit den Ausführungen aus Kapitel 4.1.4.2. (Strategieempfehlungen für das Markenmanagement von Fußballunternehmen[545]), so sind folgende Ergebnisse festzuhalten: Erweiternde Erkenntnisse für die Arbeit stellen v.a. die Erläuterungen des Expertenpaares 2 dar. Die beiden ausgeführten Strategieansätze „Markenaufbau: Intern gerichtete Maßnahmen vor extern gerichtete Maßnahmen“ sowie „GAP-Management“[546] sind im Rahmen der Ausarbeitung der Strategieempfehlungen nicht berücksichtigt und können als zusätzliche strategische Ansätze für das Klubmarkenmanagement festgehalten werden. Demgegenüber führen die Experten in der vorgenommenen (ungestützten) Abfrage von Klubmarkenstrategien keine der in 4.1.4.2 ausgeführten theoretischen Strategieempfehlungen aus. Aus Teilabschnitt 3 dieses Auswertungsschritts (Maßnahmenergänzungen) ist jedoch bekannt, dass in dem durch das Expertenpaar 2 vertretene Fußballunternehmen der Strategieansatz „Integrierte Markenkommunikation“ umgesetzt wird, während in den Klubs von Experte 3 und 5 der Punkt „Kontaktmöglichkeit mit Spielern und Management“ ausgeführt wird.

[544] Ein weiterer strategischer Managementansatz des Fußballunternehmens (jedoch nicht speziell für das Klubmarkenmanagement, sondern vielmehr zur Verbesserung der allgemeinen Marktbearbeitung) ist die Unterteilung des regionalen Einzugsgebiets in acht Fanregionen. Eine neunte Fanregion bilden die auf den Rest Deutschlands verteilten (organisierten) Anhängergruppen. Für jede Fanregion gibt es einen Repräsentanten, der in engen Kontakt mit dem Klubmanagement steht und über den die verschiedenen Marketingaktivitäten koordiniert werden.

[545] Im Einzelnen handelte es sich dabei um die Strategieempfehlungen „Instrumenteneinsatz Markenaufbau“, „Instrumenteneinsatz Markenpflege“, „Anreicherung der Markenessenz“, „Logo-Redesign“, „Integrierte Markenkommunikation“, „Kontaktmöglichkeiten mit Klubpersönlichkeiten“ sowie „Balance zwischen emotionalen und rationalen Werten der Klubmarke“.

[546] Vgl. dazu auch WELLING (2005, 510 ff.). In dem Beitrag wir die Anwendung des GAP-Modells der identitätsorientierten Markenführung am Fallbeispiel VfL Bochum dargestellt.

Ein weiteres Ergebnis ist, dass zwei Experten explizit formulieren, hinter den in ihren Klubs vorgenommenen Brandingmaßnahmen stehe kein strategischer Verhaltensplan (Experte 3 und Experte 5).

Diskussionsrelevant sind abschließend noch die widersprüchlichen Markenstrategieüberlegungen von Experte 1 bzw. den Experten 3 und 5. So formuliert Experte 1 sinngemäß, dass Maßnahmen zur Markenpflege in sportlichen Krisenzeiten ohne große Wirkungseffekte seien und somit vernachlässigbar wären. Die sportlichen Erfolgsphasen müssten hingegen intensiv begleitet werden. Experte 3 und Experte 5 vertreten demgegenüber die gegensätzliche Ansicht. So sei gerade in Krisenzeiten eine Forcierung des Markenmanagements notwendig, um der Unzufriedenheit in den Anspruchsgruppen bzw. den Imageverlusten entgegenzuwirken (Experte 5: In schwierigen Zeiten ist es wichtig, „dass sich der Verein zeigt, dass er sich nach außen darstellt und erklärt und sich nicht einigelt."). Andererseits gelte: Da die Klubmarke in bedeutendem Maße von dem sportlichen Erfolg mitbestimmt wird, sei der Klub in sportlich erfolgreichen Zeiten weniger angewiesen auf zusätzliche (wertschaffende) Brandingmaßnahmen. Der Verfasser schließt sich den Grundüberlegungen der Experten 3 und 5 an. Sportliche Krisen wirken sich grundsätzlich negativ auf die Klubmarkenwahrnehmung aus. Diesen Wahrnehmungsveränderungen hat die Klubführung mittels geeigneter Maßnahmen bestmöglich entgegenzuwirken. Das Markenmanagement ist eine kontinuierliche Managementaufgabe, die aber gerade in Spannungszeiten zu intensivieren ist. Diese von den Experten 3 und 5 eingebrachte strategische Managementüberlegung ist in der Arbeit bislang nicht formuliert worden und kann als weiterer, zusätzlicher Strategieansatz für das Markenmanagement von Fußballunternehmen festgehalten werden.[547]

Insgesamt konnte das Markenmanagementkonzept für Fußballunternehmen somit um die Strategieempfehlungen „Markenaufbau: Intern gerichtete Maßnahmen vor extern gerichtete Maßnahmen", „GAP-Management" sowie „Intensivierung des Markenmanagements in sportlichen Krisenzeiten" erweitert werden.

Teilschritt 5: Top-3-Markenmanagementmaßnahmen – Begründungen u. Umsetzungsformen

Sah der Interviewleitfaden zunächst vor, dass die Experten die vorgegebenen Markenmanagementmaßnahmen anhand einer fünfstufigen Rating-Skala numerisch zu bewerten hatten (zu den Ergebnissen vgl. Teilschritt 2), so wurde den Experten im weiteren Verlauf des Interviews die Möglichkeit gegeben, die drei Ihrer Meinung nach wichtigsten der in ihrem Klub umgesetzten Markenmanagementmaßnahmen vorzustellen, deren besondere Praxisbedeutung zu erläutern sowie kurz auf die Umsetzungsform der Maßnahmen einzugehen.

547 Ergänzung: Die von Experte 4 ausgeführten strategischen Überlegungen (Kennzeichnung der Rahmenbedingungen für den deutschen Profifußball in den Märkten Asien und Osteuropa) sind überzeugend und nachvollziehbar, beziehen sich jedoch auf Maßnahmen, die aufgrund ihres Sonderfallcharakters der Studie ausgegrenzt wurden (Strategische Klubkooperationen, Internationale Showspiele; vgl. 5.1.3.) und werden demzufolge nicht exlizit als neue Strategieempfehlungen angeführt.

In Abbildung 46 sind jene „Top-Markenmanagementmaßnahmen", die Kernargumente der Experten zur Bedeutungsbegründung sowie Stichpunkte zur Maßnahmenumsetzung im Überblick angeführt.

Experten	**Top-3-Maßnahmen**	**Begründung**	**Umsetzungsform**
Experte 1	- Situationsanalyse - Corporate Identity - Klubhomepage	- Grundlage Markenmanagement - Sicherung eines einheitlichen Erscheinungsbilds - Zensurfreie Außendarstellung	- Vermarkterinformationen, Eigenanalyse - Keine Angabe - Keine Angabe
Experten-paar 2	- Situationsanalyse - Corporate Identity - Strat. Spielertransfers	- Grundlage Markenmanagement - Über interne Vereinheitlichung zu extern einheitlicher Wahrnehmung - Spieler sind „Markenbotschafter"	- SWOT-Analyse, drei Feldstudien - CP, CB, CD - Akquise von Spielern, die sich mit den Leitwerten des Klubs identifizieren
Experte 3	- Situationsanalyse - Klubhomepage - Public Relations	- Grundlage Markenmanagement - Ortsunabhängiger Kommunikationskanal - Steuerung des Informationsflusses nach außen	- Marktforschungsergebnisse - Eigene Redaktion, mehrere Updates pro Tag, Fan-Forum, Video-Downloads - Keine Angabe
Experte 4	- Corporate Identity - Sponsoren-/ Partnerwahl - Networking	- CI-Werte bestimmen Markenauftritt - Je stärker die Partner, desto stärker die Klubmarke - Je stärker das Partner-Networking, desto stärker die Klubmarke	- Keine Angabe - Keine Angabe - Keine Angabe
Experte 5	- Situationsanalyse - Public Relations - Werbung	- Grundlage Markenmanagement - Zentrales Instrument zur Informationssteuerung - Geeignetes Instrument zur Wertedarstellung	- Vermarkterinformationen, Fananalyse - Keine Angabe - Zwei Plakat- bzw. Flyeraktionen
Experte 6	- Situationsanalyse - Public Relations - Corporate Identity	Die besondere Bedeutung der drei Markenmanagementmaßnahmen ergibt sich aus dem Businessmodell des Fußballunternehmens	- Keine Angabe

Abb. 46: Top-3-Markenmanagementmaßnahmen je Experte

Für Experte 1 sind die Situationsanalyse, die Corporate Identity sowie die Klubhomepage die drei bedeutendsten umgesetzten Klubbrandinginstrumente. Die Situationsanalyse stelle die (Informations-)Grundlage für das Markenmanagement dar (man müsse „ja erstmal wissen, wo man steht"). Die Corporate Identity sichere hingegen ein einheitliches Erscheinungsbild des Profiklubs gegenüber den Anspruchsgruppen. Den besonderen Beitrag der Homepage zur Klubmarke sieht der Experte in der Möglichkeit der täglichen, zensurfreien Außendarstellung. Im Rahmen der Frage nach den Umsetzungsformen der drei Markenmanagementmaßnahmen ging Experte 1 lediglich kurz auf die Situationsanalyse ein. Einerseits bekomme das Klubmanagement imagebezogene Informationen von der für die Vermarktung der Marketingrechte verantwortlichen Agentur, zum anderen habe man intern eine Situationsanalyse „auf der Führungsetage" vorgenommen.

Expertenpaar 2 greift zunächst ebenfalls die Situationsanalyse sowie die Corporate Identity heraus. Die Situationsanalyse sei von grundlegender Bedeutung, da Zielformulierungen oder

Maßnahmenumsetzungen ohne entsprechende Markeninformationen (kennzeichnende Klubmarkenwerte und -assoziationen, interne vs. externe Wahrnehmung) nur gering effektiv wären. Ausgehend von einer allgemeinen SWOT-Analyse habe der Klub drei spezielle, markenbezogene Situationsanalysen durchgeführt: Eine großzahlige Befragung der Wahrnehmung der Klubmarke unter allen Stakeholdergruppen per Fragebogen, eine kleinzahlige, qualitative Einzelbefragung der Wahrnehmung der Klubmarke mit ausgesuchten Vertretern der Stakeholdergruppen (in Verbindung mit einer Diplomarbeit) sowie eine in Gemeinschaft mit zwei weiteren Fußballbundesligisten durchgeführte Projektstudie zur Untersuchung von vom sportlichen Erfolg unabhängigen Klubimagedimensionen. Anknüpfend an den Strategieansatz „Markenaufbau: Intern gerichtete Markenmanagementmaßnahmen vor extern gerichteten Markenmanagementmaßnahmen" (vgl. Teilschritt 4) erläutern die beiden Experten weiterführend, dass die Corporate Identity eine der bedeutendsten Maßnahmen dieses Strategieansatzes darstelle. Ausgeführte CI-Gestaltungsformen seien bisher die Punkte Corporate Philosophy, Corporate Behaviour sowie Corporate Design. Durch diese würden zentrale klubmarkenrelevante Interna einheitlich und verbindlich geregelt werden, was die Grundvoraussetzungen für effektive, externe Brandingmaßnahmen bedeute. Als dritte Top-Maßnahme kennzeichnet das Expertenpaar den Punkt „Strategische Spielertransfers". So wären es v.a. die Spieler eines Fußballunternehmens, die medial dargestellt werden und somit über eine große Breitenwirkung verfügen („Markenbotschafter"). Umsetzungsform dieser Maßnahme sei es, ausgehend von den Jugendklassen über die Amateure, insbesondere jedoch für den Profibereich, Spieler zu finden, welche sich mit den Leitwerten des Klubs identifizieren, um diese nach außen glaubhaft darstellen zu können. In Interviews mit dem Sportdirektor sowie den Trainern würden dazu bestimmte Einstellungsdimensionen der Spieler abgeprüft werden. An dieser Stelle bestehe eine enge Verflechtung mit der Corporate Identity.

Experte 3 kennzeichnet die Situationsanalyse, die Klubhomepage sowie die Public Relations als die drei bedeutendsten Markenmanagementmaßnahmen seines Klubs. Die im Rahmen von Situationsanalysen erhobenen Informationen seien die Grundlage für die zu treffenden Marketingentscheidungen („Wo stehen wir, was sind unsere Werte, was macht uns stark, was ist schlecht, was machen andere? Das ist alles wichtig, um Entscheidungen treffen zu können."). Der Klub von Experte 3 kaufe sich dazu jährlich in eine von einem externen Marktforschungsunternehmen durchgeführte Studie zur Markenwahrnehmung der Fußballbundesligisten ein. Die Homepage sei demgegenüber ein so bedeutendes Brandinginstrument, da es sich bei dem durch Experten 3 vertretenen Fußballunternehmen um einen Klub mit bundesweitem Einzugsgebiet handelt. Die Homepage stelle dabei das zentrale Medium des Klubs dar, um mit allen Anhängergruppen unabhängig ihres Wohnortes kommunizieren zu können. Besonderheiten in der Umsetzung der Homepage seien die eigene Online-Redaktion des Klubs sowie Features wie mehrere Updates pro Tag, das Fan-Forum oder das Angebot von Video-Downloads. Die besondere Bedeutung der Public Relations erklärt der Experte dadurch, dass jene Abteilung den Informationsfluss nach außen steuert und somit wesentlich zur externen Wahrnehmung des Klubs beiträgt (Aufbereitung der Klubinformationen, Weiterleitung der aufbereiteten Informationen an die Medien, Kontaktpflege Medien). Abgesehen von einer kurzen Konkretisierung der Medienkontaktpflege (spezielle Pressekonferenz alle zwei Wochen, ansprechendes Medien-Catering, persönliche Kontaktpflege mit ausgesuchten Medienvertreter) geht Experte 3 nicht weiter auf die Umsetzungsformen der Public Relations in seinem Klub ein.

Experte 4 führt die Corporate Identity, die Sponsoren-/Partnerwahl sowie das Networking als die drei wichtigsten Markenmanagementmaßnahmen des durch ihn vertretenen Fußballunternehmens an. Die Corporate Identity sei ein Basisinstrument für ein erfolgreiches Klubmarkenmanagement. Durch die darin festgelegten Werte und Ziele bestimme das Fußballunternehmen seinen Markenauftritt bzw. seine Positionierung. Bezüglich der Partnerwahl erklärt Experte 4: „Je stärker die Partner sind, desto stärker können wir uns selber positionieren. ... Die Partner spielen für uns eine ganz große Rolle, weitaus mehr als dies für Außenstehende im ersten Moment den Anschein hat.“. Eng verbunden mit der Partnerwahl sei das Networking. Die besondere Bedeutung der Netzwerkpflege begründet Experte 4 wie folgt: „Je stärker das Networking der Partner ist, desto stärker wird meine eigene Klubmarke. Das hängt auch stark mit unserer Philosophie zusammen, dass wir Partnerschaften immer nur exklusiv vergeben, denn nur so kann ein starkes Netzwerk aufgebaut werden, nur so können Synergien genutzt werden. Dadurch gewinnt die Plattform unseres Klubs an Nutzen für die Partner. ... Networking ist wichtig, um eine Community von Partnern aufzubauen. Durch die von unserem Klub geschaffene Plattform kommunizieren die Partner untereinander, z.T. mit unserer Zuhilfe, z.T. aber auch ohne unsere Zuhilfe. Das macht uns so stark.“. Die Teilfrage nach den Umsetzungsformen der drei Maßnahmen ließ Experte 4 unbeantwortet.

Die drei für Experte 5 praxisbedeutendsten Markenmanagementmaßnahmen seines Klubs sind regelmäßige Situationsanalysen, die Public Relations sowie die Werbung. Situationsanalyse: Für ein erfolgreiches Klubmarkenmanagement sei es unverzichtbar, regelmäßig Informationen über die Klubwahrnehmung zu erheben, um davon ausgehend angepasste Maßnahmen ergreifen zu können. Bisherige Anwendungs- bzw. Umsetzungsformen klubmarkenbezogener Situationsanalysen seien einerseits die von dem Vermarktungsunternehmen des Klubs in Abständen von zwei Jahren durchgeführten Studien zum deutschen Profifußball, im Rahmen derer u.a. auch klubimagebezogene Daten erhoben werden. Zum anderen habe der Klub auch eine eigene „Fananalyse“ zu Ende der Saison 2005/2006 vorgenommen. Dabei handelte es sich jedoch lediglich um (nichtstandardisierte) Gespräche mit den Anhängern sowie Auswertungen von Fanmails. Public Relations: Die Klubmarkenwahrnehmung werde erheblich durch die Mediendarstellungen bestimmt. Diese (die Mediendarstellungen) gelte es folglich durch die PR-Arbeit bestmöglich zu steuern. Veranschaulichende Beispiele für die PR-Arbeit des Klubs führt Experte 5 nicht aus. Werbung: Den Anspruchsgruppen müsse regelmäßig verdeutlicht werden, für welche Werte und Eigenschaften die Klubmarke steht. Ein geeignetes Mittel dazu seien Werbemaßnahmen (Umsetzungsformen Saison 2006/2007: Je eine Plakat- und Flyeraktion zur Mitgliederbewerbung sowie zur Dauerkartenbewerbung).

Experte 6 führt in seiner Aufzählung der drei bedeutendsten Markenmanagementmaßnahmen die Situationsanalyse, die Public Relations sowie die Corporate Identity an. Als Erklärung vermerkt Experte 6 lediglich, dass die drei Maßnahmen explizit im Businessmodell verankert wären, was deren Praxisbedeutung verdeutliche. Auf die Frage nach der Umsetzung der drei Maßnahmen geht der Experte nicht weiter ein.

Folgende Erkenntnisse lassen sich aus den Ausführungen der Praxisvertreter festhalten: Die von den Experten am häufigsten angeführte Top-Maßnahme für das Klubmarkenmanagement ist die Situationsanalyse (fünf Benennungen). Weitere mehrfach als besonders praxisbedeutsam gekennzeichnete Markenmanagementmaßnahmen stellen die Corporate Identity (vier Benennungen), die Public Relations (drei Benennungen) sowie die Klubhomepage (zwei Benennungen) dar. Die Herausstellungen dieser vier Instrumente für das Klubmarkenmanagement stimmt mit den ersten vier Positionen der erstellten Rangordnung der Markenmanagementmaßnahmen für Fußballunternehmen überein (vgl. Abb. 42).

Auffällig ist zudem, dass der Begründungszugang für die Maßnahme der Situationsanalyse bei allen fünf Experten identisch war (Situationsanalyse als Informationsgrundlage für das Markenmanagement). Bei zwei weiteren Top-Maßnahmen argumentierten je zwei Experten ebenfalls gleich (Corporate Identity: Grundansatz für eine einheitliche Markenwahrnehmung; Public Relations: Steuerung des Informationsflusses).

Vergleicht man die von jedem Experten als die drei wichtigsten Markenmanagementmaßnahmen ihres Klubs vorgestellten Instrumente mit dem jeweiligen Umsetzungsgrad jener Maßnahmen in den Fußballunternehmen (vgl. Abb. 43), so fällt auf, dass lediglich in zwei Klubs (Top-Klubs 3 und 4) alle drei von den Experten herausgestellten Maßnahmen mit einem besonders hohen Ressourceninput umgesetzt werden (Markierung „++“). Folglich kann in diesen beiden Fällen von einer hohen Kongruenz zwischen Maßnahmenbedeutungsbewertung und Ressourcenallokation gesprochen werden. In allen anderen Fußballunternehmen wird hingegen entweder eine der drei Top-Maßnahmen (Schwellenklub 2, Top-Klub 6), zwei der drei Top-Maßnahmen (Schwellenklub 5) oder gar alle drei Top-Maßnahmen (Schwellenklub 1) ohne besonderen Ressourceneinsatz ausgeführt (Markierung „+“). In diesen Fällen liegt demzufolge eine teilweise bis deutliche Abweichung von Maßnahmenbedeutungsbewertung und Mittelverteilung vor. Die Hintergründe, warum die von den Experten als Top-Maßnahmen gekennzeichneten Instrumente ohne einen entsprechend intensiven Ressourceneinsatz ausgeführt werden, wurde im Rahmen der Experteninterviews nicht angesprochen und können an dieser Stelle nicht weiter erklärt werden.

Teilschritt 6: Probleme Klubmarkenmanagement

Abbildung 47 fasst die Probleme, welche die Experten in Zusammenhang mit der Umsetzung einzelner Maßnahmen bzw. dem Klubmarkenmanagement im Allgemeinen sehen, zunächst stichpunktartig zusammen, weiterführende Erläuterungen folgen dem Schaubild.

Experte	**Probleme Markenmanagement**
Experte 1	- Akzeptanz Corporate Identity. - Abhängigkeit der Klubmarke vom sportlichen Erfolg. - Eingeschränkte Finanzressourcen.
Expertenpaar 2	- Bewusstseinsschaffung für das Thema „Klubmarkenmanagement" in den Führungsgremien. - Eingeschränkte Ressourcen (Personal, Finanzen, Zeit). - Idealtypischer, theoretischer Markenmanagementprozess vs. praktischer Markenmanagementverlauf. - Operationalisierung Corporate Identity. - Akzeptanz Corporate Identity. - Nachhaltigkeit der Veränderungsprozesse.
Experte 3	(Keine Probleme.)
Experte 4	(Keine Angabe.)
Experte 5	- Heterogenität der Anspruchsgruppen. - Eingeschränkte Finanzressourcen. - Fehlendes Bewusstsein für bzw. fehlende Erfahrungen mit dem Thema „Klubmarkenmanagement".
Experte 6	- Abhängigkeit der Klubmarke vom sportlichen Erfolg.

Abb. 47: Problemfelder des Markenmanagements von Fußballunternehmen

Experte 1 bemängelt in dem durch ihn vertretenen Klub zunächst ein Problem im Schnittstellenbereich der Corporate Behaviour und den Corporate Communications. So käme es häufig zu unabgestimmten Äußerungen von Entscheidungsträgern/Funktionären des Vereins gegenüber den Medien mit entsprechend negativen Wirkungen in der Außendarstellung. Hier sieht Experte 1 unmittelbaren Handlungsbedarf. Zudem weist der Experte auf zwei allgemeine Probleme des Markenmanagements von Fußballunternehmen hin: Zum einen bestehe eine starke Abhängigkeit der Klubmarkenwahrnehmung vom aktuellen sportlichen Erfolg, das Marketing habe demgegenüber einen deutlich geringeren Markeneinfluss. Darüber hinaus würden die begrenzten Finanzressourcen des Fußballunternehmens einen wesentlichen Einschränkungsfaktor für das Klubmarkenmanagement darstellen.

Das Expertenpaar 2 differenziert in seinen Ausführungen nach vergangenen, aktuellen sowie zukünftigen Problemen, die in Zusammenhang mit dem vor drei Jahren gestarteten Projekt

„Markenaufbau" stehen: Grundschwierigkeit sei es zunächst gewesen, die Führungsgremien (Vorstand, Aufsichtsrat) von dem ressourcenintensiven Projekt zu überzeugen und ein Bewusstsein für die Bedeutung eines professionellen Klubmarkenmanagements zu schaffen. Im Projektverlauf hatte man daraufhin immer wieder mit personeller, finanzieller sowie zeitlicher Ressourcenknappheit zu kämpfen (so war es zunächst ein Problem, einen qualifizierten Mitarbeiter für die Projektbegleitung zu finden; das eingeschränkte Klubmarketingbudget sei ein die Handlungsmöglichkeiten stetig determinierender Rahmenfaktor; für den Marketingleiter als Projektverantwortlichen ist es zudem immer schwer, neben dem Tagesgeschäft Zeit für die Projektbetreuung zu finden). Ein stetiges Problem sei es zudem, Spieler zu finden, die sich mit der Philosophie und den Kernwerten des Klubs identifizieren und diese glaubhaft an die Anspruchsgruppen transportieren. Eine weitere Schwierigkeit stellt die Differenz zwischen dem idealtypischen, theoretischen Markenmanagementprozess der Lehrbücher und dem tatsächlichen, praktischen Markenmanagementverlauf dar. So konnten einige Arbeitsschritte durch plötzlich veränderte Umweltbedingungen oft nicht wie geplant durchgeführt werden. Momentan steht das Expertenpaar vor dem Problem, aus den definierten CI-Vorgaben (Ziele, Werte, Visionen des Klubs) spezifische, auf die verschiedenen Abteilungen des Fußballunternehmens angepasste Teilziele, -kriterien bzw. -anforderungen abzuleiten. Zukünftig sehen die Experten zunächst die Schwierigkeit, in Mitarbeiter- bzw. Spielerkreis Bewusstsein und Akzeptanz für die neuen CI-Richtlinien zu schaffen. Langfristig betrachtet bereitet den Experten zudem der Aspekt der Nachhaltigkeit der angestoßenen Veränderungsprozesse Sorgen. So müsse man darauf achten, dass man mit dem Beginn anderer Projekte „nicht wieder in alte Handlungsmuster" zurückfällt.

Experte 3 sieht in dem durch ihn vertretenen Fußballunternehmen keine Probleme in Zusammenhang mit dem Klubmarkenmanagement („Probleme gibt es da keine, das machen wir alles gut.").

Experte 4 geht in seiner Antwort nicht auf die Frage nach Schwierigkeiten in der Umsetzung einzelner Markenmanagementmaßnahmen bzw. allgemeinen Problemen der Markenführung von Fußballunternehmen ein[548].

Experte 5 zufolge ist die Heterogenität der Anspruchsgruppen der Fußballunternehmen ein kennzeichnendes Problem für das Klubmarkenmanagement. Es sei schwer, „den Nerv von allen gleichermaßen zu treffen" (vgl. dazu auch die Ausführungen in 4.1.2.3., Kundengruppenheterogenität/corporate branding). Des Weiteren spricht der Experte den Aspekt eingeschränkter Ressourcen an („Ein anderes Problem beim Markenmanagement ist der personelle

[548] Experte 4 erläutert demgegenüber, wie in dem durch ihn repräsentierten Fußballunternehmen mit Problemen im Allgemeinen umgegangen wird. Die Hauptaussagen des Experten zum „Problemmanagement" sind die Folgenden: „Probleme gibt es immer. Es geht vielmehr darum, wie man mit ihnen umgeht. ... Probleme müssen für uns immer optimal gelöst werden, v.a. falls es Probleme bei den Partnern sind. ... Insgesamt lautet unsere Philosophie im Umgang mit Problemen: Geht nicht, gibt's nicht!".

und finanzielle Rahmen, der halt gerade in sportlich schwierigen Zeiten absolut fehlt."). Ein weiterer Problembereich stelle zudem die bisher geringe Erfahrung bzw. Auseinandersetzung der Verantwortlichen mit der Markenführung von Fußballunternehmen dar. Das Thema „Klubmarkenmanagement" sei erst vor wenigen Jahren aufgekommen und in vielen Klubs fehle das Bewusstsein für die Bedeutung der Klubmarke bisweilen noch völlig.

Experte 6 weist lediglich auf das Problem der starken Korrelation zwischen der Klubmarke und dem sportlichen Erfolg hin.

Insgesamt führten die Experten sieben unterschiedliche Problemfelder für das Markenmanagement von Fußballunternehmen an. Mehrfach angesprochene Problembereiche waren die eingeschränkten Klubressourcen (drei Benennungen), Umsetzungs- bzw. Akzeptanzschwierigkeiten der Corporate Identity (drei Benennungen), die Abhängigkeit der Klubmarkenwahrnehmung vom sportlichen Erfolg (zwei Benennungen) sowie mangelndes Bewusstsein für die ökonomische Bedeutung der Klubmarke (zwei Benennungen).

5.2.4. Auswertungsschritt 4: Expertenverständnis Kundenbindung

In Abbildung 48 sind die Kernaussagen der Experten zum Begriff „Kundenbindung" zusammengefasst. Im Anschluss an das Schaubild werden die Begriffserläuterungen der Experten im Genauen dargestellt und mit den Ausführungen des Grundlagenkapitels (4.2.1.1.) verglichen.

Experte	**Verständnis Kundenbindung**
Experte 1	Kundenbindung durch sportlichen Erfolg und Marketingmaßnahmen.
Expertenpaar 2	Differenziert zwischen verschiedenen Kundengruppen.
Experte 3	Differenziert zwischen zwei Hauptkundengruppen. Aufgabe: Betreuung der Hauptkundengruppen.
Experte 4	Differenziert zwischen zwei Hauptkundengruppen. Aufgabe: Betreuung der Hauptkundengruppen.
Experte 5	Differenziert zwischen drei Hauptkundengruppen. Aufgabe: Pflege der Kundenbeziehungen.
Experte 6	(Keine Begriffserläuterung.)

Abb. 48: Expertenverständnis Kundenbindung

Experte 1 zufolge wird Kundenbindung im Geschäftsfeld der Fußballunternehmen durch die beiden Faktoren „Sportlicher Erfolg" und „Marketingmaßnahmen" bestimmt. Der sportliche Erfolg sei dabei primär bindungsrelevant, während die Marketingmaßnahmen unterstützender Art sind und dazu dienen, die Beziehung zu pflegen und sie dadurch zu vertiefen.

Das Expertenpaar 2 führt in seinen Erläuterungen zur Kundenbindung lediglich eine Differenzierung an Kundengruppen auf. In dem durch die beiden Experten vertretenen Fußballunternehmen unterscheide man zwischen der interessierten, breiten Öffentlichkeit, den organisierten Fans, den Mitgliedern, den Dauerkartenkunden, den Sponsoren/Partnern sowie den Journalisten/Medienvertretern. Jede Kundengruppe werde „unterschiedlich und auch separat bearbeitet".

Experte 3 stellt die Fans sowie die Sponsoren als die beiden wichtigsten Kundengruppen eines Fußballunternehmens heraus. Unter Kundenbindung versteht er die Bindung dieser beiden Hauptkundengruppen an den Verein, dass diese dem Klub auch in Krisenzeiten treu bleiben. Zentrale Managementaufgabe sei dabei eine gute Kundenbetreuung.

Vergleichbar mit Experte 3 argumentiert auch Experte 4. Er differenziert in seinen Erläuterungen zwischen den Kundengruppen der Fans und der Sponsoren und charakterisiert deren Betreuung als die Hauptaufgabe des Kundenbindungsmanagements.

Auch Experte 5 kennzeichnet die Fans, die Mitglieder und die Sponsoren als zentrale Kundengruppen von Fußballunternehmen. Die Aufgabe des Kundenbindungsmanagements beschreibt er daraufhin als die Pflege der Kundenbeziehungen mit dem Ziel der langfristigen Bindung der Kunden.

Experte 6 geht in seiner Antwort nicht auf die Frage nach seinem Begriffsverständnis der Kundenbindung in Fußballunternehmen ein.

Die Ausführungen zeigen, dass die Mehrzahl der Experten (Experten 1, 3, 4, 5) über ein Verständnis des Begriffes „Kundenbindung" verfügen, welches im Kern der betriebswirtschaftlichen Definition entspricht. So geben die vier Experten in ihren Begriffserläuterungen jeweils die Hauptaufgabe des Kundenbindungsmanagements, und zwar die Betreuung und Pflege der Kunden mit dem Ziel, langfristige Kundenbeziehungen aufzubauen (vgl. 4.2.1.1.), in eigenen Worten wieder.[549]

Anzumerken ist zudem, dass drei der sechs Experten in ihren Erläuterungen zur Kundenbindung in Fußballunternehmen ergänzend auf die Problematik der Bezeichnung der Fans als „Kunden" verweisen. Wie ein aktuelles Fallbeispiel zeige (Hannover 96), reagieren Fans i.d.R. verärgert auf eine Kundencharakterisierung (Expertenpaar 2: „Bei Fans von Kunden zu sprechen ist sehr gefährlich. Man sieht ja, was gerade in Hannover passiert. Das Thema muss man sensibel behandeln bzw. formulieren."; Experte 3: Man muss aufpassen, „wenn man den Fan als Kunden bezeichnet. Wenn ein Fan das hört, kann das sehr problematisch werden.";

[549] Über das Begriffsverständnis der Experten 2 und 6 zur Kundenbindung in Fußballunternehmen kann hingegen keine wertende Aussage getroffen werden, da die Praxisvertreter in ihren Antworten entweder nur am Rande (Expertenpaar 2) oder gar nicht (Experte 6) auf die entsprechende Frage eingingen.

Experte 6: Sie dürfen „den Fan nicht als Kunden bezeichnen. Wenn sie den Fan so bezeichnen, dann haben sie verloren. Aufgrund der Emotionalität fühlt er sich nicht als Kunde.“.

5.2.5. Auswertungsschritt 5: Expertenbewertung Leitziel „Erfolgreiches Kundenbindungsmanagement“ (Pflege und Sicherung langfristiger Kundenbeziehungen) und Begründung

Abbildung 49 gibt einen Überblick über die Expertenbewertungen der Praxisbedeutsamkeit des Leitziels „Erfolgreiches Kundenbindungsmanagement“ (Pflege und Sicherung langfristiger Kundenbeziehungen) sowie die Kernaussagen der Experten zur Begründung ihrer Bewertung (Bewertungsgrundlage: fünfstufige Rating-Skala; 1 = wichtig, 5 = unwichtig).

Experte	*Bewertung*	*Begründung*
Experte 1	1	(Keine Begründung.)
Expertenpaar 2	1	Kundenakquise ist mühevoller als Kundenbindung. Treue Kunden sorgen für positive, ökonomische Nebeneffekte.
Experte 3	2	Treue Kunden bedeuten Planungssicherheit und bieten Rückhalt.
Experte 4	1	(Keine Begründung.)
Experte 5	1	Treue Kunden sind eine verlässliche Konstante.
Experte 6	1	(Keine Begründung.)

Abb. 49: Praxisbedeutsamkeit des Leitziels „Erfolgreiches Kundenbindungsmanagement“ (Pflege und Sicherung langfristiger Kundenbeziehungen) und Begründungen (1 = wichtig; 5 = unwichtig)

Experte 1 kennzeichnet die Bedeutung des Kundenbindungsmanagements für Fußballunternehmen mit dem Höchstwert (1) ohne sein Urteil weiter zu begründen. Der Praxisvertreter fügt seiner Bewertung jedoch an, dass die Erfolgschancen der Kundenbindungsmaßnahmen erheblich von dem momentanen sportlichen Erfolg des Klubs bzw. der Hoffnung auf sportlichen Erfolg abhingen.

Auch das Expertenpaar 2 bewertet das Kundenbindungsmanagement mit dem Wert 1 und begründet dessen besondere Bedeutung mit folgenden beiden Argumenten: Zunächst sei es „deutlich mühevoller“, neue Kunden zu akquirieren, als diese zu binden. Des Weiteren würden treue Kunden für positive, ökonomische Nebeneffekte sorgen wie beispielsweise Weiterempfehlungen.

Experte 3 beziffert die Praxisbedeutsamkeit des Kundenbindungsmanagements mit dem Wert 2 und erklärt seine Bewertung durch die langfristige, finanzielle Planungssicherheit, die treue Kunden, v.a. im Sponsorenbereich, für ein Fußballunternehmen bedeuten. Im Gesprächsverlauf zuvor hatte der Experte zudem bereits die Bedeutung der Kundenbindung anhand des Aspekts der Risikominimierung in Krisenzeiten dargestellt[550].

Experte 4 stuft die Praxisbedeutsamkeit des Leitziels „Erfolgreiches Kundenbindungsmanagement" (Pflege und Sicherung langfristiger Kundenbeziehungen) mit dem Höchstwert ein (1). Als Erklärung seiner Bewertung führt der Experte lediglich an, dass das Kundenbindungsmanagement eng mit dem Markenmanagement zusammenhänge und demzufolge vergleichbar bedeutsam bewertet werden müsse.

Auch Experte 5 bewertet das Kundenbindungsmanagement von Fußballunternehmen als sehr praxisrelevant (Wert 1) und begründet dies wie folgt: So sei der durch ihn vertretene Klub in sportlich schlechten Zeiten bereits mehrmals durch die große Zahl loyaler Fans bzw. durch einige treue Sponsoren gerettet worden. Voraussetzung für eine derartige Unterstützung sei wiederum ein gutes Beziehungsmanagement im Fan- und Sponsorenbereich. Ergänzend fügt Experte 5 an, dass man sportlichen Erfolg weder „kaufen noch vorprogrammieren" könne. „Mit einer guten Fan- oder Sponsorenarbeit kann man aber zumindest die Basis legen, lang- oder mittelfristig auch wieder sportlichen Erfolg zu haben".

Experte 6 kennzeichnet das Kundenbindungsmanagement von Fußballunternehmen ebenfalls mit dem Höchstwert (1), begründet seine Bewertung jedoch nicht weiter.

Fasst man die Expertenurteile zusammen, so ist festzuhalten, dass alle sechs Experten das Kundenbindungsmanagement für Fußballunternehmen als bedeutsam bis sehr bedeutsam beurteilen (Bewertungen zwischen 1 und 2; Durchschnitt: 1,17). Drei der Experten begründen ihre positiven Bewertungen dabei über mögliche Erfolgspotentiale treuer Kunden (Steigerung des Weiterempfehlungsverhaltens, ökonomische Risikoabgrenzung durch Fehlertoleranz und Vertrauensbonus) bzw. über strategische Überlegungen (Kosten Kundenpflege/Kundenbindung < Kosten Neukundenakquisition). Ihre Argumentation entspricht damit in Ausschnitten den Ausführungen zur ökonomischen Bedeutung der Kundenbindung im Grundlagenkapitel der Arbeit (vgl. 4.2.1.2.) bzw. den theoretischen Begründungen des Leitziels „Erfolgreiches Kundenbindungsmanagement" (Pflege und Sicherung langfristiger Kundenbeziehungen) (vgl. 3.2.3.).

5.2.6. Auswertungsschritt 6: Kundenbindungsmaßnahmen

Im Folgenden wird der sich auf die Kundenbindungsmaßnahmen von Fußballunternehmen beziehende Abschnitt der Studie ausgewertet. Analog zu 5.2.3. (Auswertungsschritt 3: Markenmanagementmaßnahmen) geschieht dies in sechs Teilschritten: (1) Darstellung der Bewertung der Praxisbedeutsamkeit der Kundenbindungsmaßnahmen durch die Experten. (2) Skizzierung des Umsetzungsgrades der Kundenbindungsmaßnahmen in den der Studie einbezoge-

550 Vgl. 5.2.4..

nen Fußballunternehmen. (3) Vorstellung der von den Experten ergänzten Kundenbindungsmaßnahmen. (4) Ausführung und Diskussion strategischer Managementüberlegungen, welche die in den Klubs vorgenommenen Maßnahmeneinsätze begründen. (5) Vorstellung der drei aus Expertensicht jeweils wichtigsten Kundenbindungsmaßnahmen ihrer Klubs, Erläuterung von Praxisbedeutsamkeit und Umsetzungsform jener Maßnahmen. (6) Darstellung verschiedener Probleme des Kundenbindungsmanagements von Fußballunternehmen.

Teilschritt 1: Bewertung der Praxisbedeutsamkeit der Kundenbindungsmaßnahmen

Abbildung 50 zeigt die einzelnen Bewertungsergebnisse der Praxisbedeutsamkeit der Kundenbindungsmaßnahmen durch die Experten sowie die daraus resultierenden Durchschnittswerte für jede Maßnahme. Zur Bewertung der Maßnahmen stand den Experten eine fünfstufige Rating-Skala zur Verfügung (1= wichtig; 5 = unwichtig). Die abgebildete Maßnahmenreihenfolge ist hierarchisiert (Hierarchisierungskriterium: durchschnittliches Bewertungsergebnis der Praxisbedeutsamkeit jeder Maßnahme durch die Experten). Insgesamt ergeben sich 13 Maßnahmengruppen mit unterschiedlicher Praxisbedeutung für das Kundenbindungsmanagement von Fußballunternehmen.

Rang	**Managementmaßnahme**	**Experte 1** (SK)	**Expertenpaar 2** (SK)	**Experte 3** (TK)	**Experte 4** (TK)	**Experte 5** (SK)	**Experte 6** (TK)	**Ø Wert**
1	Situationsanalyse	1	1	1	1	2	1	1,17
2	Public Relations	1	2	1	1	1	2	1,33
2	Klubhomepage	1	2	1	1	2	1	1,33
3	Fanbeauftragte	2	2	1	1	2	1	1,5
4	Eventmarketing	2	2	2	1	1	2	1,67
4	Key Account Management	2	2	1	1	2	2	1,67
5	Individuelle Angebotsgestaltung	4	2	1	1	2	1	1,83
5	Kundeneinbindung	3	2	1	1	2	2	1,83
5	Beschwerdemanagement	2	2	2	1	3	1	1,83
5	Preispolitische Maßnahmen	2	2	2	2	1	2	1,83
6	Communication-Center	3	2	2	1	2	2	2,0
7	Erlebnismarketing	3	3	1	1	3	2	2,17
8	Merchandising	4	2	3	1	2	2	2,33
8	Personalschulungen	3	2	3	2	1	3	2,33
9	Kundengeschenke	2	4	3	2	1	3	2,5
9	Kundenkarte	4	4	3	2	1	1	2,5
9	Strategische Spielertransfers	4	1	3	3	2	2	2,5
9	Integrative KBM-Ansätze (Businessklub, Fanklubs, Fanprojekte, Vereinsmitgliedschaft)	3	2	2	3	3	2	2,5

10	Ticketaustauschprg./ Ticketfreischaltungssys-tem Dauerkartenkunden	2	5	2	1	3	3	2,67
10	Kundenspezifische Kommunikationskanäle	4	2	3	1	3	3	2,67
11	Selektive Distribution	2	3	4	1	4	3	2,83
11	Kundenseminare/ Kundenworkshops	2	3	5	1	2	4	2,83
12	Gesellschaftsengagement	4	3	4	2	2	4	3,17
13	Finanzierungshilfen	2	5	5	3	1	4	3,33

Abb. 50: Praxisbedeutsamkeit der Kundenbindungsmaßnahmen

Als wichtigste Maßnahmen des Kundenbindungsmanagements von Fußballunternehmen bewerten die Experten die Situationsanalyse, die Public Relations, die Klubhomepage sowie die Fanbetreuung (Ränge 1 bis 3; durchschnittliche Bewertung: 1,0 bis 1,5). Herauszustellen sind zudem die auf den Plätzen vier und fünf der ermittelten Rangordnung stehenden Maßnahmen „Eventmarketing“, „Key Account Management“, „Individuelle Angebotsgestaltung“, „Kundeneinbindung“, „Beschwerdemanagement“ sowie „Preispolitische Maßnahmen“. Dabei handelt es sich um weitere Instrumente mit Durchschnittsbewertungen unter 2 (im Genauen: 1,67 bzw. 1,83). Mit Mittelwerten von 2,0 bis 2,5 folgen daraufhin die Instrumente „Communication-Center“, „Erlebnismarketing“, „Merchandising“, „Personalschulungen“, „Kundengeschenke“, „Kundenkarte“, „Strategische Spielertransfers“ sowie „Integrative KBM-Ansätze (Businessklub, Fanklubs, Fanprojekte, Vereinsmitgliedschaft)“. Ab Ordnungsstufe 10 finden sich schließlich die von den Experten als tendenziell weniger praxisrelevant gekennzeichneten Kundenbindungsmaßnahmen (Durchschnittwerte $< 2,5$; dazu gehören die Instrumente „Ticketaustauschprogramm/Ticketfreischaltungssystem für Dauerkartenkunden“, „Kundenspezifische Kommunikationskanäle“, „Selektive Distribution“, „Kundenseminare/Kundenworkshops“, „Gesellschaftsengagement“ und „Finanzierungshilfen“).

Die dargestellte Rangordnung der Kundenbindungsmaßnahmen stellt einen Orientierungsrahmen zur Ressourcenallokation und Maßnahmenplanung für das Kundenbindungsmanagement von Fußballunternehmen dar. Zu beachten ist jedoch, dass sich die Durchschnittwerte einiger Maßnahmen aus deutlich gegensätzlichen Einzelbewertungen von Experten zusammensetzen. So umfassen beispielsweise die Einzelbeurteilungen der Maßnahmen „Ticketaustauschprogramm/Ticketfreischaltungssystem für Dauerkartenkunden“, „Kundenseminare/ Kundenworkshops“ oder „Finanzierungshilfen“ mindestens jeweils eine der beiden Extrembewertungen (1 und 5). In sieben weiteren Fällen gehen die Experteneinschätzungen zwischen den Werten 1 und 4 auseinander (vgl. die Einzelbewertungsergebnisse zu den Maßnahmen „Individuelle Angebotsgestaltung“, „Merchandising“, „Kundengeschenke“, „Kundenkarte“, „Strategische Spielertransfers“, „Kundenspezifische Kommunikationskanäle“ und „Selektive

Distribution"). Der Durchschnittswert deutet somit über die z.T. deutlich auseinander liegenden Einzeleinschätzungen der Experten hinweg. Die abweichenden Expertenbewertungen verteilen sich dabei nahezu gleich auf die beiden der Studie einbezogenen Klubkategorien (Schwellenklubs, Top-Klubs), d.h. sowohl die Vertreter der Schwellenklubs sowie der Top-Klubs bewerten die Maßnahmen mit den angeführten Notenspannen.[551]

Zu diskutieren ist zudem die Expertenbewertung der Maßnahme „Integrative KBM-Ansätze (Businessklub, Fanklubs, Fanprojekte, Vereinsmitgliedschaft)". Wie in 4.2.4.1. erläutert, handelt es sich dabei um für Fußballunternehmen spezifische Formen von Kundenklubs, in denen unterschiedliche Bindungsinstrumente zu einem Gesamtkonzept vereint sind. Mit einem Durchschnittswert von 2,5 liegt die Maßnahme auf Platz 9 der 13 ermittelten Maßnahmengruppen. Auffallend an dem Bewertungsergebnis ist, dass einige Kundenbindungsinstrumente (z.B. Fanbetreuung, Key Account Betreuung, Eventmarketing, preispolitische Maßnahmen), die jeweils auch im Rahmen von Businessklubs, Fanklubs, Fanprojekten oder der Vereinsmitgliedschaft angeboten werden, von den Experten einzeln betrachtet als deutlich praxisrelevanter bewertet werden (Durchschnittswerte von 1,5 bis 1,87) als die komplexen Kundenbindungsansätze „Businessklub, Fanklubs, Fanprojekte, Vereinsmitgliedschaft". Da die Experten die Maßnahmen aufgrund ihrer Vielzahl nur numerisch zu bewerten hatten, können die angesprochenen Bewertungsunterschiede nicht weiter erklärt werden.

Teilschritt 2: Umsetzung der Kundenbindungsmaßnahmen

Nach den vorausgegangenen Darstellungen der Expertenbewertungen und der sich daraus ergebenen Rangordnung der Kundenbindungsmaßnahmen von Fußballunternehmen wird im Folgenden auf den Einsatz der Instrumente in den der Studie einbezogenen Klubs eingegangen. Zur Skizzierung des Umsetzungsgrades der Maßnahmen standen den Experten die Markierungszeichen „–" (Maßnahme wird nicht umgesetzt), „+" (Maßnahme wird umgesetzt) bzw. „++" (Maßnahme wird besonders gut/mit hohem Ressourcen-Input umgesetzt) zur Verfügung.

Abbildung 51 veranschaulicht die Maßnahmenumsetzungen im Überblick (die abgebildete Darstellungsreihenfolge der Maßnahmen entspricht der hierarchisierten Ordnungsstruktur aus Teilschritt 1).

[551] Interpretationen, dass bestimmte jener Maßnahmen tendenziell von den Vertretern der Schwellenklubs bzw. der Top-Klubs als praxisrelevanter bzw. praxisunrelevanter bewertet werden, können folglich nicht getroffen werden.

Rang	Maßnahme	Experte 1 (SK)	Expertenpaar 2 (SK)	Experte 3 (TK)	Experte 4 (TK)	Experte 5 (SK)	Experte 6 (TK)
1	Situationsanalyse	+	+	+	++	++	+
2	Public Relations	+	+	+	++	++	+
2	Klubhomepage	+	++	++	++	+	++
3	Fanbeauftragte	+	++	+	++	++	++
4	Eventmarketing	+	+	++	++	+	+
4	Key Account Management	+	+	+	++	++	++
5	Ind. Angebotsgestaltung	+	+	++	++	–	+
5	Kundeneinbindung	–	+	+	++	–	+
5	Beschwerdemanagement	+	+	+	++	–	++
5	Preispolitische Maßnahmen	+	+	–	++	++	+
6	Communication-Center	+	++	+	++	–	+
7	Erlebnismarketing	+	+	++	++	+	+
8	Merchandising	+	+	+	++	+	+
8	Personalschulungen	–	+	–	++	–	+
9	Kundengeschenke	+	–	+	++	++	+
9	Kundenkarte	–	+	++	++	+	++
9	Strategische Spielertransfers	–	+	–	+	++	++
9	Integrative KBM-Ansätze (Businessklub, Fanklubs, Fanprojekte, Vereinsmitgliedschaft)	+	+	+	++	+	+
10	Ticketaustauschprogramm/ Ticketfreischaltungssystem für Dauerkartenkunden	–	–	+	++	–	–
10	Kundenspezifische Kommunikationskanäle	–	+	+	++	–	+
11	Selektive Distribution	–	+	+	++	+	+
11	Kundenseminare/ Kundenworkshops	+	+	–	++	–	+
12	Gesellschaftsengagement	+	+	+	++	+	+
13	Finanzierungshilfen	–	–	–	–	+	–

Abb. 51: Maßnahmeneinsatz Kundenbindungsmanagement

Insgesamt gesehen wird die Mehrzahl der Kundenbindungsinstrumente in den sechs Fußballunternehmen umgesetzt[552]. Der Maßnahmeneinsatz des durch Experte 1 vertretenen Schwellen-Klubs ist dabei am geringsten (¼ der Maßnahmen werden nicht umgesetzt; ¾ der Maß-

[552] Analog zu den Ausführungen in 5.2.3. gilt: Die angewandte Markierungssystematik (– / + / ++) ermöglicht lediglich eine grobe Skizzierung des Umsetzungsgrades der von den Fußballunternehmen ausgeführten Kundenbindungsmaßnahmen. Aussagen darüber, ob die Maßnahmenumsetzungen den in 4.2.4.1. ausgearbeiteten Gestaltungskriterien entsprechen, können an dieser Stelle nicht getroffen werden.

nahmen werden umgesetzt, ohne deren Umsetzungsgrad jedoch als „besonders hoch" zu kennzeichnen). In dem durch Experte 4 repräsentierten Top-Klub liegt demgegenüber die höchste (quantitative sowie qualitative) Maßnahmenumsetzung vor (bis auf zwei Ausnahmen werden alle angeführten Kundenbindungsmaßnahmen besonders gut bzw. mit hohem Ressourcen-Input ausgeführt[553]). In den verbleibenden vier Fußballunternehmen weicht Anzahl und Umsetzungsgrad der ausgeführten Maßnahmen zur Kundenbindung nur unwesentlich voneinander ab. Dies ist insofern überraschend, da die vier Fußballunternehmen verschiedenen Klubkategorien zugehörig sind, welche sich hinsichtlich der vorhandenen Finanz- sowie Personalressourcen deutlich unterscheiden (zwei Schwellenklubs vs. zwei Top-Klubs).

Vergleicht man Umsetzungsgrad und Rangordnungsplatzierung der Kundenbindungsmaßnahmen miteinander, so wird zum einen deutlich, dass alle Maßnahmen der ersten vier Hierarchiestufen sowohl von den Schwellenklubs als auch den Top-Klubs umgesetzt werden, z.T. auch mit hohem Ressourcenaufwand. Andererseits werden Maßnahmen, welche als weniger bindungsrelevant bewertet wurden, tendenziell auch seltener bzw. weniger intensiv ausgeführt (vgl. z.B. die Instrumente „Ticketaustauschprogramm/Ticketfreischaltungssystem für Dauerkartenkunden", „Kundenspezifische Kommunikationskanäle", „Kundenseminare/Kundenworkshops" oder „Finanzierungshilfen"). Insgesamt ist folglich eine Übereinstimmung zwischen Umsetzungsfokus und Maßnahmenbedeutung festzustellen. Dass dies jedoch nicht für alle der betrachteten Kundenbindungsmaßnahmen zutrifft, zeigt beispielsweise das Instrument „Gesellschaftsengagement". Obwohl die Bindungswirkung dieses Instruments als verhältnismäßig gering gekennzeichnet wurde (Rang 12; durchschnittliche Bewertung: 3,17), wird die Maßnahme in allen sechs Fußballunternehmen ausgeführt, in einem Fall sogar mit einem besonders hohem Ressourceneinsatz.[554]

Die am intensivsten umgesetzten Kundenbindungsmaßnahmen stellen die „Homepage" sowie die „Fanbeauftragten" dar (vier Markierungen mit „++"). Bei dem am seltensten zur Anwendung kommenden Kundenbindungsinstrument handelt es sich hingegen um die „Finanzierungshilfen", welche lediglich von einem Klub angeboten werden.

Teilschritt 3: Maßnahmenergänzungen

Abbildung 52 zeigt die von den Experten vorgeschlagenen Maßnahmenergänzungen für das Kundenbindungsmanagement von Fußballunternehmen. Das Schaubild bildet ferner die Expertenbewertungen der Praxisbedeutung jener Maßnahmen sowie die Kennzeichnung des

553 Jedoch ergab sich dem Forscher der Eindruck einer undifferenzierten Darstellung der Maßnahmenumsetzung durch Experte 4. So kennzeichnete dieser zunächst alle der angeführten Maßnahmen pauschal mit „++". Erst durch Nachfragen des Interviewers zu einigen der Instrumente kam es zu Anpassungen verschiedener Markierungen.

554 Anzumerken ist dazu jedoch, dass sich (Fußball-)Unternehmen i.d.R. nicht nur allein aus Kundenbindungsgründen Sozial- bzw. Gesellschaftsengagements nachgehen. Wie die Ausführungen in 4.1.4.2. zum ansatzverwandten „Cause Related-Marketing" zeigen, leistet die Maßnahme z.B. auch einen Beitrag zur Markenwahrnehmung.

Umsetzungsgrades der Maßnahmen in den durch die Experten vertretenen Fußballunternehmen ab (für die Bewertungs- und Markierungssystematik vgl. die Erläuterungen in den vorausgegangenen Teilschritten).

Experte	**Ergänzte Maßnahmen**	**Bewertung Praxisbedeutsamkeit**	**Umsetzungsgrad**
Experte 1	(keine Maßnahmenergänzung)	–	–
Expertenpaar 2	Networking Datenbank	2 1	++ +
Experte 3	(keine Maßnahmenergänzung)	–	–
Experte 4	Networking Datenbank	1 2	++ ++
Experte 5	Kontaktmöglichkeit mit Spielern und Management	1	++
Experte 6	Datenbank	1	++

Abb. 52: Maßnahmenergänzungen Kundenbindungsmanagement

Insgesamt schlagen die Experten drei Maßnahmen zur Erweiterung des Kundenbindungsmanagementkonzepts vor (Networking, Datenbank, Spielerkontaktmöglichkeiten). Die Praxisbedeutung dieser Maßnahmen wurde von den Experten jeweils als bedeutend bis sehr bedeutend gekennzeichnet (Werte 1 und 2). Mit einer Ausnahme werden alle der vorgeschlagenen Maßnahmen in den Fußballunternehmen der Experten mit besonders hohem Ressourcenaufwand ausgeführt (Markierung: ++).

Bei dem von Experte 5 ergänzten Aspekt „Kontaktmöglichkeit mit Spielern und Management" handelt es sich nach Ansicht des Verfassers jedoch um einen strategischen Ansatz zur Ausgestaltung von Kundenbindungsmaßnahmen mit Interaktionscharakter. Wie in 4.2.4.2. erläutert, sollten Fußballunternehmen zur Kundenbindung v.a. ein Instrumentenset einsetzen, welches den Kunden zahlreiche Interaktionsformen mit dem Klub ermöglicht (z.B. Eventmarketing, Kundeneinbindungsmaßnahmen, interaktive Homepageangebote, Kundenseminare/Kundenworkshops). Kontakt- bzw. Austauschmöglichkeiten mit Klubpersönlichkeiten erhöhen dabei die Bindungswirkung jener (Interaktions-)Instrumente (vgl. 4.2.4.2., Strategieempfehlungen 2 und 3). Vor diesem Hintergrund sind lediglich die Punkte „Networking" und „Datenbank" als neue, in dem ausgearbeiteten Kundenbindungsmanagementkonzept für Fußballunternehmen unberücksichtigte Maßnahmen zu kennzeichnen. Die Praxisbedeutung jener Instrumente wird neben den Bewertungen der Experten auch dadurch deutlich, dass die Maßnahmen von mehreren Gesprächspartnern ergänzt wurden (Datenbank: drei Nennungen; Networking: zwei Nennungen).

Teilschritt 4: Strategieüberlegungen Kundenbindung

Abbildung 53 gibt einen Überblick über strategische Managementüberlegungen, die hinter den in den Fußballunternehmen vorgenommenen Kundenbindungsmaßnahmeneinsätzen stehen.

Experte	**Skizzierung der Strategieüberlegungen**
Experte 1	(Keine Erklärung.)
Expertenpaar 2	Priorisierung: Markenaufbau vor Kundenbindungsmanagement. Fokus: Zielgruppe „Kinder und Jugendliche zwischen 6 und 14 Jahren“.
Experte 3	Maßnahmeneinsatz Bereich Sponsoren/Partner > Maßnahmeneinsatz Bereich Fans/Anhänger.
Experte 4	(Lediglich sehr grobe Erläuterung.)
Experte 5	(Lediglich sehr grobe Erläuterung.)
Experte 6	Businessmodell gibt Strategierahmen vor.

Abb. 53: Skizzierung verschiedener strategischer Managementüberlegungen zur Kundenbindung in Fußballunternehmen

Experte 1 gibt keine Erklärung für den in Abbildung 51 dargestellten Maßnahmeneinsatz in seinem Klub. Er vermerkt lediglich, dass alle der ausgeführten Kundenbindungsmaßnahmen „notwendig und wünschenswert“ seien.

Das Expertenpaar 2 begründet die in ihrem Klub vorgenommenen Maßnahmen zur Kundenbindung folgendermaßen: In dem Schwellenklub sei die Aufgabe der Kundenbindung dem Projekt „Markenaufbau“ nachgeordnet. Hintergrund dieser Priorisierung sind folgende Überlegungen: Durch ein professionelles Markenmanagement werden kennzeichnende Klubwerte bzw. Klubassoziationen herausgearbeitet. Sind diese prägnant und differenzierbar ausgeprägt, kommt ihnen eine identitätsstiftende Wirkung zu. Eine starke Klubmarke besitze demzufolge bereits an sich hohe Bindungseffekte. Aus diesem Grund lag der Managementfokus des Klubs in den vergangenen Jahren zunächst auf dem Markenaufbau. Zwischenzeitlich habe man allerdings auch begonnen, sich auf klassische Kundenbindungsansätze zu konzentrieren, jedoch stünden dazu bislang nur eingeschränkte Mittel zur Verfügung. Die Kundenbeziehungspflege im Sponsorenbereich betreibe man bereits sehr aktiv und erziele darin auch gute Ergebnisse, wie beispielsweise die hohe Anzahl an Vertragsverlängerungen (trotz regelmäßigem „Abstiegskampf“) zeigt. Defizite bestünden jedoch v.a. im Fan- und Mitgliederbereich. Für diese Kundengruppen werde bislang deutlich zu wenig angeboten. Ein weiterer Strategieansatz besteht zudem darin, dass man seit vergangener Saison vermehrt versucht, mittels geeigneter Marketingmaßnahmen junge Leute an den Klub heranzuführen und zu binden („Schließlich entscheidet man sich ja zwischen 6 und 14 Jahren, von welchem Klub man Fan wird, und nicht erst mit 20 oder 24."). Dazu wurde beispielsweise ein Programm für Schulen initiiert, an dem im Spieljahr 2006/2007 60 Schulen teilnahmen. Eine weitere strategische Vorgehensweise ist zudem, diese Zielgruppe (Kinder und Jugendliche zwischen 6 und 14 Jahren) über die Involvierung der Eltern zu erschließen (Familienticketaktionen, gelegentliche Eltern-Kind-Aktivitäten an Spieltagen).

Experte 3 erklärt zunächst, dass für den vorgenommenen Maßnahmeneinsatz zur Kundenbindung in seinem Klub kein strategisches Rahmenkonzept vorliegt. Ein strategischer Ansatz sei jedoch, den Maßnahmeneinsatz im Bereich der Hauptkundengruppe der Sponsoren/Partner vergleichsweise umfassender anzusetzen als in der Hauptkundengruppe der Fans/Anhänger. Hintergrund dazu ist folgende Überlegung: Bei Fans/Anhängern bestehe aufgrund der kennzeichnenden Teamidentifikation bereits ein hohes Maß an Bindung zu dem Klub. Im Bereich der Sponsoren/Partner sei dies hingegen nicht der Regelfall, sodass sich hieraus die Notwendigkeit eines intensiveren Kundenbindungsmaßnahmeneinsatzes ergibt.

Experte 4 führt demgegenüber folgende grobe Begründung für das in Abbildung 51 skizzierte Maßnahmenbild aus: Strategische Zielsetzung des durch ihn vertretenen Fußballunternehmens sei es, kontinuierlich neue Märkte sowie Zielgruppen zu erschließen und die neuen Geschäftsbeziehungen daraufhin umfassend zu pflegen. Aus diesem Ansatz resultiere der breite sowie intensive Maßnahmeneinsatz.

Experte 5 begründet die in seinem Klub vorgenommenen Kundenbindungsmaßnahmen ansatzweise anhand des Beispiels „Kundenkarte/Mitgliedskarte". Vorteile des Instruments wäre einerseits eine Erhöhung der Kundentransparenz (personalisierte Informationen über das Kundeneinkaufsverhalten), auf der anderen Seite ergebe sich aus der Kundenkarte/Mitgliedskarte auch eine direkte Bindungswirkung durch ihre Ausweisfunktion. Das Beispiel solle verdeutlichen, dass hinter jeder der in dem Klub ausgeführten Kundenbindungsmaßnahmen gezielte, strategische Managementüberlegungen stehen.

Experte 6 erläutert den in seinen Klub vorgenommenen Maßnahmeneinsatz zur Kundenbindung wie folgt: Strategischer Rahmen der Maßnahmenausführungen stelle zunächst das Businessmodell des Fußballunternehmens dar. Kernaufgabe der letzten Jahre war der Aufbau einer CRM-Datenbank mit entsprechendem Ressourcenzufluss. Ausgehend von den durch das CRM-System erfassten und abrufbaren Kundeninformationen leite man heute viele der ausgeführten Maßnahmen zur Kundenbindung ab. Einen weiteren strategischen Rahmen biete zudem die Balanced-Scorecard. Diese führe u.a. auch kundenbezogene Kennzahlen, die einer monatlichen Überprüfung unterliegen. Die Entwicklung der Kennzahlen bestimme den Kundenbindungsmaßnahmeneinsatz des Fußballunternehmens mit (positive Kennzahlenentwicklung: Beibehaltung der bisherigen Maßnahmen; negative Kennzahlenentwicklung: Anpassung der bisherigen Maßnahmen sowie Maßnahmenneuinitiierung).

Vergleicht man die skizzierten Managementüberlegungen (sowie die Ausführungen der Experten aus Teilschritt 3, Maßnahmenergänzungen Kundenbindungsmanagement) mit den theoretischen Strategieempfehlungen aus Kapitel 4.2.4.2.[555], so wird deutlich, dass lediglich zwei der ausgearbeiteten Strategieansätze von den Experten angeführt wurden (Schwellenklub 2: Maßnahmenfokus auf Kinder und Jugendliche zwischen 6 und 14 Jahren sowie Eltern-Kind-Aktivitäten; Schwellenklub 5: Kontaktmöglichkeit mit Spielern und Management).

Strategieergänzungen stellen hingegen folgende beiden Managementüberlegungen dar:

1) Fokussierung des Markenaufbaus vor einer Intensivierung des Kundenbindungsmanagements zur Nutzung der Bindungsfunktion der Klubmarke für das Kundenbindungsmanagement (Expertenpaar 2).
2) Intensiverer Maßnahmeneinsatz in der Kundengruppe der Sponsoren/Partner als im Bereich der Fans/Anhänger, da Fans/Anhänger aufgrund ihrer kennzeichnenden Teamidentifikation über ein höheres (natürliches) Bindungsmaß an den Klub verfügen als dies vergleichsweise bei den Sponsoren/Partner der Fall ist (Experte 3).

Beide Ansätze sind im Rahmen der ausgearbeiteten theoretischen Strategieempfehlungen (vgl. 4.2.4.2.) nicht berücksichtigt und können als zusätzliche Strategieansätze für das Kundenbindungsmanagement von Fußballunternehmen festgehalten werden.

Ein weiteres Ergebnis des Auswertungsschrittes ist, dass ein Experte explizit formuliert, für den in seinem Klub vorgenommenen Maßnahmeneinsatz zur Kundenbindung gebe es kein strategisches Rahmenkonzept (Experte 3, Top-Klub).

Anzumerken ist, dass vier der Experten den Maßnahmeneinsatz in dem durch sie vertretenen Fußballunternehmen nur äußerst knapp und undifferenziert begründen. Zusammenhänge zwischen den Strategieerläuterungen/-skizzierungen und den Maßnahmeneinsätzen sind nicht erkennbar (vgl. die zusammengefassten Aussagen der Experten 1, 3, 4, 5).

Teilschritt 5: Top-3-Kundenbindungsmaßnahmen und Begründung je Experte

Analog dem Vorgehen zum Klubmarkenmanagement wurden die Experten auch im Rahmen der Analyse des Kundenbindungsmanagements von Fußballunternehmen nach den drei wichtigsten der in ihren Klubs umgesetzten Kundenbindungsmaßnahmen gefragt. Weiterführend sollten die Experten auf die Praxisbedeutsamkeit und Umsetzungsform jener Maßnahmen eingehen.

Abbildung 54 zeigt die Ergebnisse im Überblick, konkretisierende Erläuterungen folgen dem Schaubild.

---

[555] Dabei handelt es sich um folgende strategische Empfehlungen: Strategieempfehlung 1 „Verbundenheitsstrategie", Strategieempfehlung 2 „Interaktionsstrategie", Strategieempfehlung 3 „Kontaktmöglichkeiten mit Klubpersönlichkeiten", Strategieempfehlung 4 „Inszenierung der Klubhistorie (Reinforce Club History)", Strategieempfehlung 5 „Maßnahmenfokus: Kinder und Jugendliche, Vater-Kind-Aktivitäten".

Experten	Top-3-Maßnahmen	Begründung	Umsetzungsform
Experte 1	- Situationsanalyse - Public Relations - Klubhomepage	- Grundlage Kundenbindungsmanagement - Kommunikative Begleitung aller anderen Kundenbindungsmaßnahmen - Kommunikative Begleitung aller anderen Kundenbindungsmaßnahmen	- Keine Angabe - Keine Angabe - Keine Angabe
Expertenpaar 2	- Situationsanalyse - Kundendatenbank - Strat. Spielertransfers	- Grundlage Kundenbindungsmanagement - Grundlage Kundenbindungsmanagement - Unterstützungsfaktor Kundenbindungsmanagement	- Kundenbedürfnis- u. Wettbewerberanalyse - Zwei Datenbanken - Akquise von Spieler, welche sich mit den Leitwerten des Klubs identifizieren
Experte 3	- Situationsanalyse - Klubhomepage - Individuelle Angebotsgestaltung	- Grundlage Kundenbindungsmanagement - Ortsunabhängiger Kommunikationskanal - Grundlage langfristiger Geschäftsbeziehungen	- Eigene Kundenbefragungen, Beauftragung Marktforschungsunternehmen - Eigene Redaktion, mehrere Updates pro Tag, Fan-Forum, Video-Downloads - Leistungszusammensetzung nach Baukastenprinzip
Experte 4	- Kundenseminare/ Kundenworkshops - Key Account Management - Networking	- Förderung von Integration und Dialog - Keine Begründung - Zentraler „Erfolgsfaktor" der Kundenbindung im Sponsoren- und Partnerbereich	- Darstellung der Umsetzung der drei Maßnahmen an den Praxisbeispielen „Skiausflug in die Alpen" und „Golfturnier in Mallorca"
Experte 5	- Kundengeschenke - Preispolitische Maßnahmen - Kontakt Klubpersönlichkeiten	- Ausdruck von Wertschätzung und Kundennähe - Ausdruck von Wertschätzung und Kundennähe - Keine Begründung	- Weihnachtsgeschenke Businesskunden - Preisbundling, Veränderung Rabatt-/ Bonussystem - Regelmäßiger Besuch der Fanregionssitzungen
Experte 6	- CRM-Datenbank - Klubhomepage - Fanbetreuung	- Grundlage Kundenbindungsmanagement - „Nachrichtenhoheit" - Keine Begründung	- Keine Angabe - Relaunch 2006/2007 - Neuerrichteter Fancenter

Abb. 54: Top-3-Kundenbindungsmaßnahmen je Experte

Experte 1 führt die Situationsanalyse, die Public Relations und die Homepage als die drei wichtigsten Kundenbindungsmaßnahmen seines Klubs an. Die besondere Bedeutung der Situationsanalyse ergebe sich aus dem grundlegenden Informationsbedarf, der zu jeder Art von Managemententscheidung notwendig ist. Grundlage für das Kundenbindungsmanagement müsse folglich eine Status-Quo-Analyse sein, aus der sich daraufhin die weiteren Maßnahmen begründen. Den besonderen Beitrag der Public Relations und der Homepage zur Kundenbindung sieht der Experte demgegenüber v.a. darin, dass diese Instrumente alle anderen Kundenbindungsmaßnahmen kommunikativ begleiten und deren Wirkung dadurch intensivieren. Die Teilfrage nach den Umsetzungsformen der drei Maßnahmen ließ Experte 1 unbeantwortet.

Das Expertenpaar 2 greift zunächst die Situationsanalyse sowie die Kundendatenbank heraus. Die beiden Instrumente seien „zeitlich und logisch vorgelagerte Maßnahmen, die eine Basis für die Durchführung der anderen, folgenden Kundenbindungsinstrumente darstellen". So müssen Situationsanalysen sowie der Aufbau einer Kundendatenbank dem restlichen Kundenbindungsmaßnahmeneinsatz vorausgehen, da sich erst aus deren Ergebnissen (Kundencharakterisierungen, Kundenbedürfnisse, Kundenzufriedenheit, Kaufverhalten) eine „individualisierte oder gruppenbezogene Maßnahmenaufbereitung" realisieren ließe. Als dritte Maßnahme führen die Experten die strategischen Spielertransfers an. Die Spieler seien die zentralen Identifikationspersonen eines Klubs und damit von grundlegender Kundenbindungsbedeutung. Besondere Spielercharaktere würden zudem die Aufgabe der Kundenbindung erheblich erleichtern. Zur Umsetzung der drei Maßnahmen: An speziellen Kundenanalysen habe der Klub bisher lediglich eine großzahlige Kundenbedürfnisanalyse bei den Fans und den Sponsoren durchgeführt, Wettbewerberbetrachtungen würden beiläufig durch das Management vorgenommen werden. Vor ca. vier Jahren habe der Klub zunächst eine spezielle Software/Datenbank für das Ticketing eingeführt, kurz darauf folgte eine zweite, übergreifende Datenbank für die restlichen Bereiche des Fußballunternehmens. Bezüglich der Umsetzung der Maßnahme „Strategische Spielertransfers" verwiesen die Experten auf ihre Ausführungen zu jener Maßnahme im Rahmen des Klubmarkenmanagements (Akquise von Spielern, welche sich mit den Leitwerten des Klubs identifizieren; Einstellungsüberprüfung der Spieler in Interviews mit Sportdirektor und Trainer; vgl. 5.2.3., Teilschritt 5).

Die drei bedeutendsten Kundenbindungsmaßnahmen des durch Experte 3 vertretenen Fußballunternehmens sind die Situationsanalyse, die Klubhomepage sowie die individuelle Angebotsgestaltung. Situationsanalyse: Ohne umfassende Informationen über die Kunden (Kundenwünsche, Kundenzufriedenheit) sei ein effektiver Kundenbindungsmaßnahmeneinsatz nicht möglich. Die Situationsanalyse ist deshalb die Grundlage für ein wirkungsvolles Kundenbindungsmanagement. Im Businessbereich führt das Fußballunternehmen dazu regelmäßig eigenverantwortlich Kundenbefragungen durch, bei komplexeren Fragestellungen arbeite man auch mit einem Marktforschungsunternehmen zusammen. Zudem werde demnächst auch eine Diplomarbeit im Bereich der Kundenanalyse betreut. Klubhomepage: Für den Klub als „national player" ist die Homepage das zentrale Instrument, um mit den Anhängern außerhalb des regionalen Einzugsgebietes zu kommunizieren. Eine umfassende Informationsversorgung dieser Zielgruppen über die Homepage sei eine wichtige Voraussetzung für die Aufrechterhaltung der Klubidentifikation jener „fern ansässigen" Fangruppen. Bezüglich der Umsetzung der Klubhomepage verweist der Experte auf seine Erläuterungen zu jenem Instrument im Rahmen des Klubmarkenmanagements (eigene Online-Redaktion, mehrere Updates pro Tag, Fan-Forum, Video-Downloads; vgl. 5.2.3., Teilschritt 5). Individuelle Angebotsgestaltung: Im Partner- und Sponsorenbereich gibt das Fußballunternehmen keine festen Leistungspakete vor, sondern bietet den Kunden die Möglichkeit einer frei wählbaren Leistungszusammenstellung an. Der Ansatz sei deshalb so bedeutend, da eine Anpassung der Klubleistungen an die Wünsche der Kunden die Grundlage für langfristige Geschäftsbeziehungen darstelle (dies führe dazu, „dass die Kunden treu bleiben, weil sie sehen, ihr Geld wird so eingesetzt, wie sie das wollen, das wirklich genau die Maßnahmen ausgeführt werden, die sie sich wünschen.").

Experte 4 grenzt seine Betrachtung auf den Sponsoren- und Partnerbereich ein und kennzeichnet die Aspekte „Kundenseminare/Kundenworkshops“, „Key Account Management“ sowie „Networking“ als die drei bedeutendsten Bindungsmaßnahmen jenes Kundenbereichs. Alle drei Ansätze seien „eng miteinander verbunden“. Experte 4 führt dazu folgendes Praxisbeispiel aus: In der Saison 2006/2007 organisierte das Fußballunternehmen für seine wichtigsten Partner einen Skiausflug in die Alpen sowie ein Golfturnier in Mallorca. Beide Veranstaltungen waren jeweils mit einem Workshop verbunden. Gleichzeitig boten sich den Teilnehmern zahlreiche Aktivitäten zum gegenseitigen Kennen lernen (sportliche Freizeitgestaltung, kleine Teamwettbewerbe). Zudem wurde im Rahmen der Veranstaltungen auf zahlreiche Produkte und Dienstleistungen der Partner zurückgegriffen (z.B. Transport, Kommunikation, Sportausrüstung)[556]. Das Beispiel verdeutliche die Verzahnung der drei Maßnahmen. Übergeordnete Intention der Veranstaltungen sei jedoch die Netzwerkpflege gewesen. Die Interaktion mit den Partnern als auch die Förderung der Interaktion unter den Partnern charakterisiert Experte 4 als den zentralen „Erfolgsfaktor“ der Kundenbindung im Sponsoren- und Partnerbereich. Bezüglich der Praxisbedeutung der Maßnahme „Kundenseminare/ Kundenworkshops“ führt der Praxisvertreter zudem ergänzend an: Durch das Angebot von Seminaren und Workshops werde der Kunde integriert und der Dialog gefördert, es werde ihm die Möglichkeit der Einflussnahme und der Mitsprache gegeben („Dadurch integriere ich den Kunden, er bekommt das Gefühl, dass er Einfluss hat auf das, was er macht. Er kann mitreden und bezahlt nicht nur für etwas, ohne dafür eine in seinem Interesse umgesetzte Gegenleistung zu bekommen.“).

Experte 5 kennzeichnet Kundengeschenke, preispolitische Maßnahmen sowie regelmäßige Kontaktmöglichkeiten mit Klubpersönlichkeiten als die drei wichtigsten Kundenbindungsmaßnahmen in dem durch ihn vertretenen Fußballunternehmen. Kundengeschenke sowie preispolitischen Maßnahmen (z.B. Rabatt- und Bonussysteme, Preisbundling, Sonderpreisaktionen) seien in ihrer Wirkung auf den Kunden gleich, beide Maßnahmen würden sowohl Wertschätzung als auch Kunden- bzw. Fannähe ausdrücken. Derartige Signale seien wiederum in sportlichen Krisenzeichen von Bedeutung. Zur Umsetzung der beiden Maßnahmen: Kundengeschenke gibt es in dem durch Experten 5 vertretenen Fußballunternehmen zu Weihnachten, jedoch lediglich im Businessbereich (Saison 2006/2007: Handtaschenwärmer in Form des Klubmaskottchens). An die wichtigsten Businesskunden werden zudem besondere zusätzliche Weihnachtsgeschenke vergeben. An preispolitischen Maßnahmen gab es im Spieljahr 2006/2007 ein Preisbundling (Rückrundendauerkarte und Fanschal). Für die Saison

[556] Skizze/Programm der Veranstaltung „Skiausflug“:
1) Die Teilnehmer wurden in Teams zu vier Personen gelost. 2) Jedes Team bekam ein Fahrzeug des Automobilpartners des Klubs mit Navigationsgerät. Das Navigationsgerät leitete die Teams an das unbekannte Reiseziel. 3) Während der Anreise: Quizwettbewerb. In jedem Fahrzeug befand sich dazu ein Handy des Telekommunikationspartners des Klubs. Alle zehn Minuten bekamen die Teams Fragen per SMS, die sie zu beantworten hatten. 4) Reiseziel 1: Ruhrpolding. Organisation einer Biathlonstaffel. 5) Reiseziel 2: Zell am See. Abendprogramm: Workshop. Folgetag: Skifahren.

2007/2008 ist eine Neugestaltung des Rabatt- und Bonussystems des Klubs geplant. Auf die besondere Bindungswirkung der Kontaktmöglichkeiten mit Klubpersönlichkeiten geht Experte 5 nicht weiter ein. Als zentrale Umsetzungsform gibt der Praxisvertreter den regelmäßigen Besuch von Spielern und Klubfunktionären auf den monatlichen Fanregionssitzungen an.

Experte 6 führt hingegen die CRM-Datenbank, die Klubhomepage sowie die Fanbetreuung als die drei bedeutendsten Kundenbindungsmaßnahmen seines Klubs aus. CRM-Datenbank: Eine Kundendatenbank müsse als ein Basisinstrument zur erfolgreichen Kundenbindung gesehen werden, da sich aus den darin gebündelten Kundeninformationen andere Maßnahmen ableiten bzw. steuern lassen. Auf die Umsetzung der Maßnahme geht der Experte nicht weiter ein. Klubhomepage: Die Klubhomepage sei deshalb so wichtig, da sie die Möglichkeit der inhaltlichen sowie den Umfang betreffenden, freien Informationsvermittlung bietet. Auf die Frage nach der Umsetzungsform jenes Instruments gibt der Experte lediglich an, dass diese in der Saison 2006/2007 neu gestaltet wurde. Fanbetreuung: Hierzu erklärt der Praxisvertreter, dass der Klub die Bedeutung dieses Punktes bereits seit Längerem erkannt und dem Stellenwert durch den Bau eines neuen Fancenters Rechnung getragen habe (u.a. mit Ticketingshop, Merchandisingshop, spezieller Fananlaufstelle, Jugendakademie). Auf die besondere Bindungswirkung der Fanbetreuung geht der Experte nicht weiter ein.

Zusammenfassend ist zunächst festzuhalten, dass die am häufigsten als Top-Kundenbindungsmaßnahmen gekennzeichneten Instrumente die „Situationsanalyse“ sowie die „Klubhomepage“ sind (jeweils drei Benennungen). Dieses Ergebnis deckt sich mit der erstellten Rangordnung, in der die beiden Maßnahmen ebenfalls auf den ersten beiden Rangpositionen liegen (vgl. Abb. 50). Ein weiteres mehrfach als besonders praxisbedeutsam hevorgehobenes Kundenbindungsinstrument ist die „Datenbank“ (zwei Benennungen).

Vergleicht man die von den Experten als bedeutendste Kundenbindungsmaßnahmen ihres Klubs vorgestellten Instrumente mit der Skizzierung des Umsetzungsgrades jener Maßnahmen in den Fußballunternehmen (Abb. 51), so fällt auf, dass lediglich in drei Klubs (Top-Klub 4 und 6, Schwellenklub 5) alle drei von den Experten herausgestellten Maßnahmen mit einem besonders hohen Ressourceninput ausgeführt werden. In diesen drei Fällen liegt somit eine Kongruenz zwischen Maßnahmenbedeutungsbewertung und Ressourcenallokation vor. In Fußballunternehmen 3 (Top-Klub) werden demgegenüber lediglich zwei der drei Top-Maßnahmen besonders intensiv umgesetzt. In den Klubs 1 und 2 (jeweils Schwellenklub) ist der Umsetzungsgrad der drei Top-Maßnahmen hingegen jeweils lediglich mit einem „+“ gekennzeichnet. Für die Fußballunternehmen 1 und 2 ist somit eine gewisse Fehlverteilung der Ressourcen festzustellen. Die Hintergründe, warum Kundenbindungsmaßnahmen, über deren besondere Praxisbedeutung sich das Klubmanagement grundsätzlich bewusst ist, nicht entsprechend intensiv umgesetzt werden, wurden im Rahmen der Experteninterviews nicht weiter thematisiert und können an dieser Stelle nicht erklärt werden.

Diskussionsrelevant ist abschließend noch die Kennzeichnung der „Preispolitischen Maßnahmen“ durch Experte 5 als eine der drei praxisrelevantesten Kundenbindungsmaßnahmen seines Klubs. Wie in 4.2.1.5. ausgeführt, haben preispolitische Maßnahmen v.a. eine faktische Kundenbindungswirkung (= Gebundenheit), ein Großteil der Erfolgspotentiale der Kundenbindung[557] werden hingegen nur über die emotionale, psychologische Kundenbindung (= Verbundenheit) aktiviert (vgl. 4.2.1.3., 4.2.4.2.). Ausgehend von diesen theoretischen Überlegungen wurde als strategische Empfehlung festgehalten, einen Fokus auf Maßnahmen zu setzten, welche die emotionale, psychologische Kundenbindung fördern, gebundenheitsfördernde Maßnahmen (wie z.B. preispolitischen Maßnahmen) seien lediglich unterstützend/ergänzend auszuführen (vgl. Strategieempfehlung 1: Verbundenheitsstrategie). Nach Meinung des Verfassers ist die Kennzeichnung preispolitischer Maßnahmen als „Top-Instrument“ des Kundenbindungsmanagements von Fußballunternehmen demzufolge kritisch zu betrachten[558].

Teilschritt 6: Probleme Kundenbindungsmanagement in Fußballunternehmen

Abbildung 55 fasst Probleme, welche sich a) bei der Umsetzung verschiedener Kundenbindungsmaßnahmen ergaben sowie b) allgemeine Problemfelder des Kundenbindungsmanagements von Fußballunternehmen in Stichpunkten zusammen.

Experte	**Probleme Kundenbindungsmanagement**
Experte 1	- Abhängigkeit der Kundenbindung vom sportlichen Erfolg. - Eingeschränkte Ressourcen (personell, monetär).
Expertenpaar 2	- Schnittstellenproblematik unterschiedlicher Kundendatenbanken. - Eingeschränkte Finanzressourcen. - Schwierigkeiten Neukundengewinnung.
Experte 3	- Restbestände an Sponsoringangeboten durch Individualisierung des Leistungsangebots.
Experte 4	(Keine Angabe.)
Experte 5	- Eingeschränkte Finanzressourcen. - Fehlendes Bewusstsein und fehlende Erfahrungen.
Experte 6	- Fans dürfen nicht als Kunden bezeichnet werden.

Abb. 55: Problemfelder des Kundenbindungsmanagements von Fußballunternehmen

557 Erfolgspotentiale der Kundenbindung (vgl. 4.2.1.2.): Steigerung der Preisbereitschaft, Steigerung der Kauffrequenz bzw. Kaufmenge, Aktivierung von Cross-Selling- bzw. Up-Selling-Potentialen, Kosteneinsparungen (sinkende Kundenbetreuungskosten durch Erfahrungseffekte, geringere Streuverluste von Marketingaktivitäten), Steigerung des Weiterempfehlungsverhaltens, Steigerung der positiven Erfahrungsberichterstattung an Dritte, ökonomische Risikoabgrenzung.

558 Anzumerken ist ferner, dass einige Experten in Ihren Erklärungen der besonderen Praxisbedeutung der Top-Maßnahmen mehr strategische Managementüberlegungen ausführen als im Rahmen der Frage nach den Kundenbindungsstrategieüberlegungen selbst (vgl. beispielsweise die knappen Ausführungen der Experten 1, 3, 4 und 5 in Teilschritt 4 gegenüber den Instrumenterläuterungen in Teilschritt 5).

Experte 1 führt zwei allgemeine Problembereiche aus, die den Erfolg des Kundenbindungsmanagements in Fußballunternehmen wesentlich beeinflussen. So sei der entscheidende Faktor für Identifikation und Bindung grundsätzlich der sportliche Erfolg. Marketingmaßnahmen seien dem nachgeordnet und könnten fehlenden sportlichen Erfolg auch nicht kompensieren („All diese Kundenbindungsmaßnahmen spielen eine Rolle, kommen jedoch lange nach dem sportlichen Erfolg.“; „Wichtig ist jedoch, dass die Erfolgschancen der Kundenbindungsmaßnahem wiederum mit dem sportlichen Erfolg oder mit der Hoffung auf sportlichen Erfolg stehen oder fallen.“). Ein weiteres Problem sieht der Experte darin, dass eingeschränkte finanzielle sowie personelle Ressourcen nur ein begrenztes Maß an Maßnahmenumsetzungen zulassen.

Das Expertenpaar 2 geht zunächst auf ein Problem einer einzelnen Kundenbindungsmaßnahme ein. So bereite der Aufbau einer zentralen Kundendatenbank dem Fußballunternehmen bereits seit zwei Jahren große Probleme. Der Klub verfüge über zwei Datenbanken, die zeitlich nacheinander eingeführt wurden und von unterschiedlichen Anbietern stammen (Datenbank 1: Ticketing; Datenbank 2: alle sonstigen Abteilungen). Die Programmierung einer Schnittstelle war bislang nicht möglich, sodass der Übertrag von Kundeninformationen zwischen den Datenbanken begrenzt ist. Man strebe jedoch „eine Harmonisierung“ an. Entweder über einen neuen Schnittstellenversuch oder über die Ausweitung der zweiten, neueren Datenbank auf das Ticketing. Weiterführend erläutern die Experten allgemeine Probleme des Kundenbindungsmanagements in ihrem Klub. Ein über allem stehender, einschränkender Faktor seien v.a. die begrenzten finanziellen Mittel. Deutlich zeige sich dies beispielsweise im Rahmen der Spielertransfers, hier würden Wunsch und Realität oftmals deutlich auseinander gehen. Ein anderes Beispiel sei die Situationsanalyse. Obwohl die Experten sich der Bedeutung dieser Maßnahme bewusst sind, konnte der Klub die durchgeführte Untersuchung aus Kostengründen nicht an ein Marktforschungsunternehmen vergeben. Die Analyse wurde daraufhin im Rahmen eines mehrteiligen Kooperationsprojekts mit einer Universität durchgeführt. Probleme dieser „second-best“-Lösung waren die Dauer des Projekts, eine Eingrenzung im Untersuchungsumfang sowie Abstriche in der Ergebnisqualität. Ein für den Klub spezifisches, dem Kundenbindungsmanagement vorgeschaltetes Problem sei hingegen die Neukundengewinnung. Während Indikatoren der Kundenbindung recht gut ausfielen (z.B. hohe Vertragsverlängerungsquote in den Bereichen Sponsoring, Licensing und Dauerkarten; geringe Abwanderungsrate von Vereinsmitgliedern), gebe es hingegen deutliche Signale, dass der Klub Schwierigkeiten in der Neukundengewinnung hat (z.B. unausgelastetes Stadion trotz hohem Anteil treuer Anhänger). Vor diesem Hintergrund verfolge man auch die in Teilschritt 5 ausgeführten Strategieansätze (Priorisierung des Markenaufbaus vor dem Kundenbindungsmanagement, Maßnahmenfokus auf Kinder und Jugendliche zwischen 6 und 14 Jahren sowie Eltern-Kind-Aktivitäten).

Experte 3 weist lediglich auf ein Problem im Partner- und Sponsorenbereich hin, das sich aus der Umsetzung der Kundenbindungsmaßnahme „Individuelle Angebotsgestaltung" ergibt. So könnten durch individuell angepasste Sponsoringpakete nicht immer alle Leistungsangebote vermarktet werden. Dieses Problem würde sich bei festgelegten Kombinationen von Sponsoringleistungen nicht ergeben.

Experte 4 geht in seiner Antwort nicht auf die Frage nach Problemen des Kundenbindungsmanagements von Fußball ein.

Experte 5 bemängelt in dem durch ihn vertretenen Fußballunternehmen zunächst die fehlenden finanziellen Ressourcen, welche den Umfang und die Qualität der Kundenbindungsaktivitäten deutlich einschränken. Des Weiteren verweist der Experte auf die nur langsam fortschreitende Professionalisierung in Managementbereichen wie der Kundenbindung. Dies sei zum einen wieder auf die finanziellen Restriktionen zurückzuführen, darüber hinaus aber auch auf Aspekte wie „fehlende Erfahrungen" oder „mangelndes Bedeutungsbewusstsein".

Experte 6 führt lediglich das bereits in 5.2.3. erläuterte Problem der Kennzeichnung des Fans als Kunden an.

Insgesamt weisen die Experten auf sieben verschiedene Problembereiche des Kundenbindungsmanagements von Fußballunternehmen hin, die sowohl klubspezifischer als auch allgemeiner Art sind. Hervorzuheben ist dabei das Problem der eingeschränkten Klubressourcen, welches als einziger Aspekt mehrfach angeführt wurde (drei Benennungen).

5.3. Ergebniszusammenfassung

Im Folgenden werden die zentralen Ergebnisse der empirischen Untersuchung zusammengefasst.

Auswertungsschritt 1: Expertenverständnis Klubmarke

Der erste Auswertungsschritt der transkribierten Interviews beschäftigte sich mit der Frage, was die Experten unter dem Begriff „Klubmarke" verstehen. Es zeigte sich, dass lediglich ein Experte alle wesentlichen Inhalte der betriebswirtschaftlichen Markendefinition wiedergeben konnte. Vier der sechs Experten umschrieben in ihren Erläuterungen hingegen nur Teilbereiche dieser, sodass von einem Markenbegriffsverständnis gesprochen werden kann, das nah an der betriebswirtschaftlichen Definition liegt, diese jedoch nicht ganz erfasst. Ein deutlich eingeschränktes Verständnis des Begriffs „Klubmarke" wurde demgegenüber bei dem verbleibenden Experten festgestellt. So setzte der Praxisvertreter die Klubmarke lediglich mit dem Vereinslogo bzw. dem kennzeichnenden Vereinssymbol gleich.

Auswertungsschritt 2: Expertenbewertung des Leitziels „Erfolgreiches Markenmanagement" (Aufbau und Pflege einer starken Klubmarke)

Der zweite Auswertungsschritt befasste sich mit der Bewertung der Praxisbedeutsamkeit des Leitziels „Erfolgreiches Markenmanagement" (Aufbau und Pflege einer starken Klubmarke) durch die Experten.

Ergebnis: Die Experten bewerteten die Praxisbedeutung des Leitziels für das Management von Fußballunternehmen auf einer fünfstufigen Rating-Skala (1 = wichtig; 5 = unwichtig) im Durchschnitt mit 1,67. Neben der in Kapitel 3.2.3. ausgeführten theoretischen Begründung des Leitziels „Erfolgreiches Markenmanagement" (Aufbau und Pflege einer starken Klubmarke) liegt mit diesem Bewertungsergebnis somit auch von Praxisseite eine Bestätigung der Bedeutung des Leitziels vor. Der Durchschnittswert von 1,67 setzt sich aus folgenden Einzelwerten zusammen: Fünf der sechs Experten bezifferten die Praxisrelevanz des Leitziels mit 1 oder 2, während ein Praxisvertreter die Bedeutsamkeit des Leitziels hingegen lediglich mit dem Wert 4 kennzeichnete. Diese deutlich abweichende Beurteilung wurde wie folgt erklärt: Da es sich bei dem betreffenden Experten um jenen Praxisvertreter handelt, der über ein sehr eingeschränktes Verständnis des Begriffs „Klubmarke" verfügt (vgl. Auswertungsschritt 1), ist anzunehmen, dass sich der Experte auch nicht über die verschiedenen wertsteigernden Funktionen der Klubmarke bewusst ist (vgl. 4.1.1.3.) und in Folge dessen zu der Negativbewertung der Praxisbedeutung des Leitziels kommt.[559]

Auswertungsschritt 3: Markenmanagementmaßnahmen

Im dritten Auswertungsschritt wurde das Markenmanagementinstrumentarium von Fußballunternehmen unter verschiedenen Perspektiven untersucht.

1) Zunächst sollten die Experten die Praxisbedeutsamkeit der verschiedenen Markenmanagementmaßnahmen auf einer fünfstufigen Rating-Skala bewerten (1= wichtig; 5 = unwichtig). Ziel der Bewertung war die Erstellung einer Rangordnung unter den Instrumenten basierend auf der Mittlung der Bewertungsergebnisse jeder Maßnahme. Die durchschnittlichen Bewertungsergebnisse der Markenmanagementmaßnahmen lagen zwischen 1,0 und 3,17. Insgesamt ergab sich eine Ordnungsstruktur mit zehn Maßnahmengruppen unterschiedlicher Praxisbedeutung (vgl. Abb. 42). Für die Praxis bietet der auf diese Weise hierarchisierte Instrumentenkatalog pragmatische Anhaltspunkte für den Maßnahmeneinsatz und die Ressourcenallokation im Markenmanagement von Fußballunternehmen.

Die Bewertungsergebnisse der Experten zeigen zudem, dass alle betrachteten Markenmanagementmaßnahmen über eine gewisse Praxisrelevanz verfügen (schlechtester Mittelwert einer

[559] Im Rahmen des zweiten Auswertungsschrittes wurden zudem die Begründungen der Experten für ihre Zielbewertung analysiert. Drei der sechs Experten begründeten ihre Bewertungen dabei anhand unterschiedlicher Markenfunktionen und argumentierten somit z.T. entsprechend den Ausführungen im Grundlagenkapitel der Arbeit, wo die ökonomische Bedeutung der Unternehmensmarke über die verschiedenen Markenfunktionen erklärt wurde (vgl. 4.1.1.3.).

Maßnahme: 3,17). Die in dem ausgearbeiteten Markenmanagementkonzept für Fußballunternehmen verankerten Instrumente (vgl. Kapitel 4.1.4.) werden somit aus Praxissicht bestätigt.[560]

2) Weiterführend sollten die Experten den Umsetzungsgrad der Maßnahmen skizzieren. Dazu standen ihnen die Markierungszeichen „–“ (Maßnahme wird nicht umgesetzt), „+“ (Maßnahme wird umgesetzt) bzw. „++“ (Maßnahme wird besonders gut/mit hohem Ressourcen-Input umgesetzt) zur Verfügung. Die erhaltene Skizze des Umsetzungsgrades der Markenmanagementmaßnahmen in den durch die Experten vertretenen Fußballunternehmen (drei Top-Klubs, drei Schwellenklubs) zeigte zum einen, dass die für das Klubmarkenmanagement als besonders praxisrelevant eingestuften Instrumente sowohl von den Top-Klubs als auch den Schwellenklubs tendenziell häufiger sowie ressourcenintensiver umgesetzt werden als jene Instrumente, die von den Experten als weniger bedeutsam gekennzeichnet wurden. Insgesamt ist für die sechs Fallbeispiele somit eine gewisse Kongruenz zwischen Praxisbedeutung der Markenmanagementmaßnahmen und Umsetzungsgrad festzuhalten. Zum anderen wurde ersichtlich, dass die Top-Klubs im Vergleich zu den Schwellenklubs tendenziell mehr der betrachteten Markenmanagementinstrumente umsetzen und diese zudem mit höherem Ressourcenaufwand ausführen (vgl. Abb. 43).

3) Neben der Absicherung des ausgearbeiteten Markenmanagementkonzepts für Fußballunternehmen war es auch Ziel der Studie, dieses weiter auszudifferenzieren. Dazu wurden die Experten gebeten, den Maßnahmenkatalog für das Markenmanagement von Fußballunternehmen hinsichtlich seiner Vollständigkeit zu überprüfen und bei Bedarf zu erweitern. Das bisherige Set an Markenmanagementinstrumenten für Fußballunternehmen wurde von den Experten dabei um die beiden Maßnahmen „Maskottchen“ und „Networking“ (Netzwerkpflege) erweitert.

4) Ausgehend von der Skizzierung des Umsetzungsgrades der Markenmanagementmaßnahmen in den Fußballunternehmen wurden die Praxisvertreter nach den hinter den Maßnahmeneinsätzen stehenden strategischen Managementüberlegungen gefragt. Ergebnis dieser ungestützten Abfrage an Markenstrategieansätzen war zunächst, dass lediglich zwei der sieben ausgearbeiteten theoretischen Strategieempfehlungen für das Markenmanagement von Fußballunternehmen aus Kapitel 4.1.4.2. von den Experten angesprochen wurden (Strategieempfehlung 5: Integrierte Markenkommunikation; Strategieempfehlung 6: Kontaktmöglichkeiten mit Klubpersönlichkeiten). Jedoch führten die Experten auch drei neue, in der Arbeit bislang unberücksichtigte Strategieansätze aus, um die das Markenmanagementkonzept ergänzt werden konnte. Es handelt sich dabei um die Strategieempfehlungen „Markenaufbau: Zeitlicher Vorlauf der internen Markenmanagementmaßnahmen vor den extern gerichteten Markenma-

560 Der Bedarf einer nachträglichen Reduktion einzelner Markenmanagementmaßnahmen aufgrund einer zu geringen, durchschnittlichen Praxisbedeutungszuschreibung durch die Experten lag nicht vor.

nagementmaßnahmen", „GAP-Management" sowie „Intensivierung des Markenmanagements in sportlichen Krisenzeiten".

5) Neben der bereits vorgestellten numerischen Bewertung der verschiedenen Maßnahmen sollten die Experten zudem die drei ihrer Meinung nach bedeutendsten der in ihrem Klub umgesetzten Markenmanagementmaßnahmen herausgreifen. Die von den Experten am häufigsten angeführten „Top-Maßnahmen" für das Klubmarkenmanagement waren die Situationsanalyse (fünf Benennungen), die Corporate Identity (vier Benennungen), die Public Relations (drei Benennungen) sowie die Klubhomepage (zwei Benennungen). Die Herausstellung dieser vier Instrumente deckt sich mit der erstellten Maßnahmenrangordnung, in der die Instrumente ebenfalls auf den ersten vier Rangpositionen liegen (vgl. Abb. 42).

Ein Abgleich der von den Experten jeweils als bedeutendste Markenmanagementmaßnahmen ihres Klubs gekennzeichneten Instrumente mit den zuvor skizzierten Umsetzungsausprägungen zeigte, dass lediglich in zwei Klubs alle drei „Top-Maßnahmen" mit einem entsprechend hohen Ressourceninput umgesetzt werden (Markierung „++"). In allen anderen Fußballunternehmen wird/werden hingegen eine, zwei oder gar alle drei der herausgestellten Maßnahmen ohne besonders hohen Ressourceneinsatz ausgeführt (Markierung „+").

6) Abschließend wurden die Experten nach Problemen des Markenmanagements von Fußballunternehmen befragt. Mehrfach angesprochene Problembereiche des Klubmarkenmanagements waren folgende Aspekte: Abhängigkeit der Klubmarkenwahrnehmung vom sportlichen Erfolg, eingeschränkte Finanz- sowie Personalressourcen, fehlendes Bewusstsein für das Thema „Klubmarkenmanagement" in den Entscheidungsgremien der Fußballunternehmen, Schwierigkeiten mit der Operationalisierung und Akzeptanz der Kernwerte der Corporate Identity.

Auswertungsschritt 4: Expertenverständnis Kundenbindung

Der vierte Auswertungsschritt setzte sich mit der Frage nach dem Expertenverständnis des Begriffs „Kundenbindung" auseinander. Als Ergebnis ist festzuhalten: Vier der sechs Experten verfügen über ein Begriffsverständnis der Kundenbindung, welches weitestgehend der betriebswirtschaftlichen Definition entspricht. Zwei Experten gingen in ihren Antworten hingegen nicht direkt auf die Frage ein, sodass keine Aussage darüber getroffen werden kann, was die beiden Praxisvertreter unter der Managementaufgabe der Kundenbindung in Fußballunternehmen verstehen.

Auswertungsschritt 5: Expertenbewertung des Leitziels „Erfolgreiches Kundenbindungsmanagement" (Pflege und Sicherung langfristiger Kundenbeziehungen)

Im fünften Auswertungsschritt wurde die Bewertung der Praxisbedeutsamkeit des Leitziels „Erfolgreiches Kundenbindungsmanagement" (Pflege und Sicherung langfristiger Kundenbeziehungen) durch die Experten vorgestellt und diskutiert.

Ergebnis: Die Experten bewerteten die Praxisrelevanz des Leitziels für das Management von Fußballunternehmen auf einer fünfstufigen Rating-Skala (1 = wichtig; 5 = unwichtig) im Durchschnitt mit 1,17. Fünf der sechs Experten kennzeichneten die Praxisbedeutsamkeit des Leitziels mit dem Höchstwert 1, lediglich ein Experte bewertete das Leitziel mit einer 2. Neben der theoretischen Begründung des Leitziels „Erfolgreiches Kundenbindungsmanagement" (Pflege und Sicherung langfristiger Kundenbeziehungen) aus Kapitel 3.2.3. liegt mit dieser Expertenbewertung somit auch aus der Praxisperspektive eine Bestätigung der Bedeutung des Leitziels vor.[561]

Auswertungsschritt 6: Managementmaßnahmen Kundenbindung

Im letzten Auswertungsschritt wurde das Kundenbindungsinstrumentarium von Fußballunternehmen unter verschiedenen Blickwinkeln betrachtet. Analog dem Vorgehen zum Klubmarkenmanagement handelte es sich um folgende Untersuchungsperspektiven:

- Bewertung der Praxisbedeutsamkeit der Kundenbindungsmaßnahmen durch die Experten.
- Skizzierung des Umsetzungsgrades der Kundenbindungsinstrumente in den der Studie einbezogenen Fußballunternehmen.
- Ergänzungen des ausgearbeiteten Kundenbindungsmaßnahmenkatalogs.
- Strategische Managementüberlegungen, welche die in den Fußballunternehmen vorgenommenen Maßnahmeneinsätze begründen.
- Vorstellung der drei aus Expertensicht bedeutendsten Kundenbindungsmaßnahmen ihres Klubs.
- Problemfelder des Kundenbindungsmanagements von Fußballunternehmen.

1) Die Experten hatten die Praxisbedeutsamkeit der verschiedenen Kundenbindungsmaßnahmen anhand einer fünfstufigen Rating-Skala zu bewerten (1= wichtig; 5 = unwichtig). Ziel war es, das Instrumentenset in eine hierarchische Ordnungsstruktur zu bringen. Ordnungskriterium stellte der jeweilige Mittelwert der Bewertungsergebnisse der Experten je Maßnahme dar. Die durchschnittlichen Bewertungsergebnisse der Kundenbindungsmaßnahmen lagen zwischen 1,17 und 3,33. Insgesamt ergab sich eine Rangordnung mit 13 Instrumentgruppen unterschiedlicher Praxisbedeutung, welche anwendungsorientierte Hinweise für den Maßnahmeneinsatz bzw. die Mittelverteilung im Kundenbindungsmanagement von Fußballunternehmen gibt (vgl. Abb. 50).

Die Bewertungsergebnisse der Experten zeigen, dass alle der in dem theoretischen Kundenbindungsmanagementkonzept für Fußballunternehmen (vgl. Kapitel 4.2.3., 4.2.4.1.) verankerten Instrumente auch über eine gewisse Praxisrelevanz verfügen (geringster Mittelwert: 3,33).

---

[561] Im fünften Auswertungsschritt wurden zudem die Begründungen der Experten für ihre Zielbewertung untersucht. Drei der Experten erklärten ihre Zielbewertung dabei über verschiedene Erfolgspotentiale gebundener Kunden und argumentierten damit z.T. entsprechend den Ausführungen zur ökonomischen Bedeutung der Kundenbindung im Grundlagenkapitel der Arbeit (vgl. 4.2.1.2.) bzw. den theoretischen Begründungen des Leitziels (vgl. 3.2.3.).

Das erarbeitete Kundenbindungsmaßnahmenset für Fußballunternehmen wird somit durch die Praxisvertreter bestätigt.

2) Für die Skizzierung des Umsetzungsgrades der Kundenbindungsmaßnahmen standen den Experten drei Markierungszeichen zur Verfügung: „–" (Maßnahme wird nicht umgesetzt), „+" (Maßnahme wird umgesetzt), „++" (Maßnahme wird besonders gut/mit hohem Ressourcen-Input umgesetzt). Aus den Darstellungen der Experten wurde einerseits deutlich, dass die als besonders praxisbedeutsam bewerteten Instrumente in den Klubs tendenziell häufiger sowie ressourcenintensiver umgesetzt werden als diejenigen Maßnahmen, welche von den Experten als weniger bindungsrelevant bewertet wurden, sodass von einer weitestgehenden Übereinstimmung zwischen Praxisbedeutung der Kundenbindungsmaßnahmen und Umsetzungsfokussierung gesprochen werden kann. Während im Bereich des Markenmanagements deutliche Unterschiede zwischen den drei Top-Klubs und den drei Schwellenklubs hinsichtlich der Anzahl und der Umsetzungsintensität der ausgeführten Maßnahmen aufgezeigt werden konnten, bestätigte sich dies für das Kundenbindungsmanagement nicht. So weicht Anzahl und Umsetzungsqualität der ausgeführten Kundenbindungsmaßnahmen in vier Fußballunternehmen nur unwesentlich voneinander ab, obwohl diese unterschiedlichen Klubkategorien angehören (zwei Top-Klubs, zwei Schwellenklubs). Lediglich in den verbleibenden beiden Fallbeispielen (Top-Klub, Schwellenklub) ergaben sich den Klubkategorien entsprechende quantitative und qualitative Unterschiede in der Umsetzung der Kundenbindungsmaßnahmen.

3) Der Kundenbindungsmaßnahmenkatalog wurde von den Experten um die Instrumente „Networking" (Netzwerkpflege) sowie „Kundendatenbank" erweitert.

4) Ergebnis der Frage nach den strategischen Managementüberlegungen, die hinter den in den Klubs vorgenommenen Kundenbindungsmaßnahmeneinsätzen stehen, war einerseits, dass im Rahmen dieser ungestützten Strategieabfrage lediglich zwei der fünf ausgearbeiteten, theoretischen Strategieempfehlungen aus Kapitel 4.2.4.2. von den Experten angesprochen wurden (Strategieempfehlung 3: Kontaktmöglichkeiten mit Klubpersönlichkeiten; Strategieempfehlung 5: Maßnahmenfokus „Kinder und Jugendliche" sowie „Vater-Kind-Aktivitäten"). Die Praxisvertreter führten jedoch auch zwei neue, bislang unberücksichtigte Strategieansätze aus, um die das Kundenbindungskonzept für Fußballunternehmen erweitert werden konnte (Managementüberlegung 1: „Priorisierung: Markenaufbau vor Kundenbindungsmanagement"; Managementüberlegung 2: „Kundenbindungsmaßnahmeneinsatz im Bereich der Sponsoren/ Partner > Kundenbindungsmaßnahmeneinsatz im Bereich der Fans/Anhänger").

5) Die von den Experten mehrfach als bedeutendste Kundenbindungsmaßnahmen vorgestellten Instrumente waren die „Situationsanalyse" sowie die „Klubhomepage" (jeweils drei Nennungen). Die Hervorhebung dieser beiden Instrumente stimmt mit den ersten beiden Plätzen der Ordnungsstruktur der Kundenbindungsmaßnahmen für Fußballunternehmen überein (vgl. Abb. 50).

Ein Vergleich der drei von den Experten jeweils als wichtigste Kundenbindungsmaßnahmen ihres Klubs gekennzeichneten Instrumente mit der Skizzierung des Umsetzungsgrades jener Instrumente ergab, dass in vier der Fußballunternehmen entweder alle drei oder zumindest zwei der von den Experten herausgestellten Maßnahmen auch mit einem entsprechend hohen Ressourceninput ausgeführt werden (Markierung „++“). In zwei Klubs wurde der Umsetzungsgrad der drei „Top-Maßnahmen“ der Experten hingegen lediglich mit dem Zeichen „+“ gekennzeichnet.

6) Als zentrales Problemfeld des Kundenbindungsmanagements von Fußballunternehmen stellten die Experten die begrenzten Finanz- sowie Personalressourcen heraus (drei Benennungen). Drei der sechs Experten verwiesen zudem auf die Problematik der Bezeichnung/Behandlung der Fans als „Kunden“ (Bedarf an sensiblem Managementverhalten).

Fazit:
Insgesamt ist festzuhalten, dass die Untersuchungsergebnisse sowohl die beiden Leitziele als auch die zur Umsetzung der Leitziele ausgearbeiteten Managementkonzepte absichern. Darüber hinaus konnten die beiden Managementkonzepte sowohl im operativen als auch im strategischen Bereich erweitert werden.

5.4. Methodenreflexion

Im Folgenden werden methodische Aspekte der Untersuchung sowie in der Studie aufgetretene Probleme kritisch reflektiert und diskutiert.

Qualitative Explorationsstudie/Stichprobe
Die Durchführung einer qualitativ-explorativen Studie (Methodik: persönliche, leitfadengesteuerte Experteninterviews) zur Absicherung bzw. Ausdifferenzierung der beiden Leitziele und der dazugehörigen Managementkonzepte hat sich als sinnvoll erwiesen. Durch die offenen Fragestellungen konnten die Experten ihre subjektiven Theorien zu den abgefragten, bislang gering untersuchten Forschungsfeldern (Markenmanagement und Kundenbindungsmanagement von Fußballunternehmen) frei ausführen, Zusammenhänge erläutern und das Gespräch bei Bedarf auch auf in der Arbeit unberücksichtigte, neue Gesichtspunkte richten.

Die Stichprobengröße der Untersuchung ist mit sechs Experten nicht repräsentativ. In der qualitativen Forschung geht es jedoch nicht um statistische Verteilungen bestimmter Merkmale einer Grundgesamtheit basierend auf einer großen Zahl untersuchter Fälle. Das Interesse liegt vielmehr in der Absicherung sowie Ausdifferenzierung von Theorien. Die Absicherung einer Theorie erfolgt dabei über Fälle, welche das vorliegende Annahmenset bewahrheiten. Eine Ausdifferenzierung resultiert demgegenüber aus Fällen, die von dem bisherigen Theoriekonstrukt abweichen und dieses dadurch erweitern. Da die Untersuchung zahlreiche bewahrheitende als auch ausdifferenzierende Ergebnisse beinhaltet (Bestätigung der beiden Leitziele sowie der Managementkonzepte durch die Experten, mehrfache Ausdifferenzierung der operativen und strategischen Ebene der Managementkonzepte), ist die gewählte Stichprobengröße für die Untersuchungsintention als ausreichend zu kennzeichnen.

Expertenauswahl/Klubportfolio

Die Expertenauswahl erfolgte nach dem so genannten Verfahren der bewussten Auswahl (theoretical sample). Auswahlkriterien stellten die Aspekte „Klubzugehörigkeit" sowie „Praktisches Fachwissen/Praxiserfahrungen" dar. Davon ausgehend konnten für die Studie sechs Experten gewonnen werden, die zum Untersuchungszeitpunkt entweder als Geschäftsführer, Abteilungsleiter oder Projektleiter in einem Klub der ersten oder zweiten Fußballbundesliga angestellt waren. Als problembehaftet erwies sich jedoch die Zusammensetzung der durch die Experten vertretenen Fußballunternehmen. Basierend auf einer vorgenommenen Klubkategorisierung in „Schwellenklubs", „Etabliertes Mittelfeld" sowie „Top-Klubs" (vgl. dazu Abschnitt 5.1.5.) sollten ursprünglich je zwei Klubs dieser drei Kategorien in der Studie vertreten sein. Aufgrund einiger Absagen von angefragten Experten musste die Studie jedoch letztlich mit drei „Schwellenklubs" sowie drei „Top-Klubs" durchgeführt werden.

Interviewmoderation

Trotz umfassender Vorbereitung der Experteninterviews (u.a. zwei Testinterviews; vgl. 5.1.3.) ergab sich an einigen Stellen folgendes Moderationsproblem: In den Interviews hatten die Experten zumeist Zusammenhänge zu erklären bzw. Bewertungen zu begründen. Problematisch war dabei, dass sich die Antworten der Praxisvertreter gelegentlich nicht direkt auf die Fragestellung richteten, dies dem Moderator jedoch aufgrund des z.T. sehr hohen, von den Experten kommunizierten Informationsumfangs nicht auffiel und folglich einige der Untersuchungsfragen offen blieben. Die fehlenden Expertenrückmeldungen wurden in der Interviewauswertung mit entsprechenden Vermerken versehen (Experte ging nicht direkt auf die Frage ein, es kann keine Aussage über die Expertensicht des Untersuchungsgegenstands getroffen werden).

Antwortverhalten der Experten

Das Antwortverhalten der Experten ist hinsichtlich folgender Punkte zu reflektieren:

a) Trotz mehrfacher Hinweise auf die Anonymität der Angaben sowie der Bitte um selbstkritische Antworten ergab sich in drei Fällen der Eindruck einer Besserdarstellung der abgefragten Sachverhalte durch die Experten (vgl. dazu die Anmerkungen zu den Skizzierungen des Umsetzungsgrades der Marken- und Kundenbindungsmanagementmaßnahmen).

b) Die Dauer der Experteninterviews betrug bis zu 2,5 Stunden. Trotz der grundsätzlich sehr hohen Auskunfts- und Kooperationsbereitschaft der Gesprächspartner wurde in der Auswertung ersichtlich, dass sich die Experten (wohl aufgrund der fortgeschrittenen Interviewdauer) im letzten Fragenblock zum Kundenbindungsmanagement von Fußballunternehmen kürzer fassten als im vorausgehenden Abschnitt zum Markenmanagement von Fußballunternehmen.

c) Zu manchen (Teil-)Fragen fielen die Antworten der Experten überraschenderweise recht knapp aus (vgl. z.B. die Erläuterungen der Umsetzung der drei nach Expertensicht jeweils bedeutendsten Marken- sowie Kundenbindungsmanagementmaßnahmen ihres Klubs). Dies ist entweder durch die zuvor angesprochene Abnahme der Antwortbereitschaft der Experten gegen Ende der Interviews zu erklären oder darauf zurückzuführen, dass zu den abgefragten (Management-)Bereichen in den Klubs bisweilen nur wenig ausgeführt wird.

Skizzierung Maßnahmeneinsatz

Die Skizzierung des Maßnahmeneinsatzes im Marken- und Kundenbindungsmanagement der sechs Fußballunternehmen durch die drei Markierungszeichen (– / + / ++) stellt nur eine sehr grobe Abbildung des Umsetzungsgrades der Maßnahmen dar. Aussagen darüber, ob die Maßnahmenumsetzungen den ausgearbeiteten Gestaltungskriterien entsprechen, konnten durch die gewählte Abbildungsmethodik nicht getroffen werden. Dazu wäre es nötig gewesen, die Umsetzungsformen aller der in den Klubs ausgeführten Marken- und Kundenbindungsmanagementmaßnahmen im Detail zu erheben und mit den ausgearbeiteten Gestaltungsanforderungen der Instrumente abzugleichen.

Schwerpunktsetzung auf das operative Marken- und Kundenbindungsmanagement

Ziel der empirischen Studie war die Absicherung der beiden Leitziele sowie die Absicherung und Ausdifferenzierung der ausgearbeiteten Managementkonzepte zum Marken- und Kundenbindungsmanagement von Fußballunternehmen. Aufgrund der angesetzten Interviewdauer von ca. 1,5 Stunden (Hintergründe: begrenzte Auskunftszeit sowie Belastbarkeit der Experten, Untersuchungsökonomie; vgl. 5.1.3.) wurde die Betrachtung der umfangreichen Managementkonzepte jedoch wie folgt eingeschränkt: Während die verschiedenen Maßnahmen der beiden Managementkonzepte jeweils hinsichtlich Praxisbedeutsamkeit und Vollständigkeit von den Experten überprüft wurden, wurden Strategieansätze zum Marken- und Kundenbindungsmanagement von Fußballunternehmen lediglich ungestützt im Anschluss an die Skizzierung der Maßnahmeneinsätze in den Klubs vorgenommen (Frage: Welche strategischen Managementüberlegungen stehen hinter dem in Ihrem Klub vorgenommenen Maßnahmeneinsatz?). Eine Bewertung der Praxisbedeutung der ausgearbeiteten theoretischen Strategieempfehlungen (insbesondere jener, die in der ungestützten Abfrage von den Experten nicht angesprochen wurden) wäre im Nachhinein wünschenswert gewesen.

Sonstiges

Als problematisch erwies sich zudem die hohe Anzahl abgefragter Kundenbindungsmaßnahmen (24). Dies wurde insbesondere bei der Überprüfung des gelegten Strukturbildes deutlich, die von einigen Experten nur oberflächlich vorgenommen wurde.

Des Weiteren wurde der Studie der (für die Managementpraxis bedeutende) Aspekt der Maßnahmenkosten bzw. der Kosten-Nutzen-Relation der Maßnahmen ausgegrenzt.

6. Schlussbetrachtung

Die Forschungsfragen der Dissertation lauteten wie folgt (vgl. Abschnitt 1.1.):

- Was sind ökonomisch erfolgsrelevante Managementbereiche von Fußballunternehmen und welche Leitziele lassen sich für diese formulieren?
- Wie sehen Managementkonzepte zur Umsetzung dieser Leitziele aus?
- Wie bewerten Experten die Leitziele sowie die ausgearbeiteten Managementkonzepte hinsichtlich ihrer Praxisbedeutsamkeit?

Zur Kennzeichnung des Untersuchungsfeldes stellte sich einleitend zudem die Frage nach den Entwicklungslinien vom traditionellen Fußballverein zum modernen Fußballunternehmen.

Für die Beantwortung der Forschungsfragen wurde die Arbeit in vier Hauptkapitel gegliedert: Im *zweiten Kapitel* wurden die Bestimmungsgründe für den Wandel vom traditionellen Fußballverein zum modernen Fußballunternehmen beschrieben. Die Analyse erfolgte in einem kritischen historisch-hermeneutischen Durchgang. Zunächst wurden die Entwicklungszüge bis zur Einführung der Fußballbundesliga knapp skizziert, anschließend wurden die Veränderungsprozesse bis zur Gegenwart ausführlich dargestellt. Insgesamt konnte gezeigt werden, dass sich die Entwicklung vom Fußballverein zum Fußballunternehmen durch verschiedene Veränderungen rechtlicher, organisatorischer, ökonomischer, technischer, gesellschaftlicher sowie politischer Rahmenbedingungen vollzogen hat.

Gegenstand des *dritten Kapitels* war die Begründung ökonomisch erfolgsrelevanter Managementbereiche von Fußballunternehmen und die Formulierung von Leitzielen für jene Managementbereiche. Als erster thematischer Zugang wurde der Stand der Zielforschung im professionellen Teamsport dargestellt und diskutiert. Aufgrund des undifferenzierten Forschungsstands folgte daraufhin eine Analyse der Wirtschaftssystematik von Fußballunternehmen als theoretische Grundlage zur Identifizierung ökonomisch erfolgsrelevanter Managementbereiche bzw. zur Begründung von ökonomischen Leitzielen für jene Managementbereiche. Aufgrund der Systemkomplexität wurde für die Leitzielbegründung eine Einschränkung auf die Systemebene der Leistungsvermarktung vorgenommen. Als ökonomisch erfolgsrelevante Managementbereiche im Bereich der Leistungsvermarktung von Fußballunternehmen wurde schließlich das Marken- und Kundenbindungsmanagement begründet, die entsprechenden Leitziele lauteten wie folgt: Leitziel 1 – „Erfolgreiches Markenmanagement" (Aufbau und Pflege einer starken Klubmarke), Leitziel 2 – „Erfolgreiches Kundenbindungsmanagement" (Pflege und Sicherung langfristiger Kundenbeziehungen).

Im *vierten Kapitel* wurden daraufhin zwei Managementkonzepte erarbeitet, mit deren Hilfe die beiden Leitziele anzusteuern sind. Für beide Managementbereiche (Markenmanagement, Kundenbindungsmanagement) wurden dazu zunächst die entsprechenden betriebswirtschaftlichen Grundlagen ausgeführt, mögliche Probleme bei der Adaption dieser Ansätze auf die durch zahlreiche ökonomische Besonderheiten gekennzeichnete Branche der Fußballunternehmen diskutiert und Managementlösungen aufgezeigt. Darauf aufbauend wurden für das Marken- bzw. Kundenbindungsmanagement von Fußballunternehmen idealtypische Managementprozessverläufe konzipiert (Strukturierungshilfe der komplexen Managementprozesse, theoretischer Bezugsrahmen). Davon ausgehend wurden schließlich anwendungsorientierte Managementmaßnahmen und Strategieempfehlungen zur Umsetzung der beiden Leitziele ausgearbeitet.

Im empirischen Teil der Arbeit *(Kapitel 5)* wurden die theoretischen Ansätze der Arbeit praktisch evaluiert. Dazu wurden Experteninterviews geführt, in denen die zwei Leitziele sowie die beiden Managementkonzepte mit den subjektiven Theorien von Managern von Fußballunternehmen verglichen wurden[562]. Die Expertenaussagen sicherten sowohl die beiden Leitziele als auch die Managementkonzepte ab. Die Managementkonzepte konnten darüber hinaus im operativen sowie strategischen Bereich erweitert werden.

Insgesamt ist festzuhalten, dass mit der Begründung des Marken- und Kundenbindungsmanagements als ökonomisch erfolgsrelevante Managementbereiche für Fußballunternehmen, der damit verbundenen Formulierung von Leitzielen, der Ausarbeitung von Managementkonzepten zur Umsetzung der Leitziele sowie der abschließenden empirischen Überprüfung der Leitziele und der Managementkonzepte zahlreiche Orientierungspunkte und Hilfestellungen zur Professionalisierung des Marken- und Kundenbindungsmanagements von Fußballunternehmen erarbeitet wurden[563].

Wissenschaftliche Arbeiten, die gezielt nach (ökonomischen) Professionalisierungsfaktoren für das Management von Fußballunternehmen suchen und sich zudem intensiv mit deren Umsetzung auseinandersetzen, sind rar. Die vorliegende Arbeit trägt einen Teil zur Abarbeitung dieses Forschungsdefizits bei.

Jedoch schließt die Arbeit den Forschungsbedarf zum Marken- und Kundenbindungsmanagement von Fußballunternehmen keineswegs ab. So ergeben sich bereits aus den vorgenom-

---

562 Bei den Experten handelte es sich um Entscheidungsträger folgender Fußballunternehmen: FC Bayern München, VfB Stuttgart, FC Schalke 04, VfL Bochum, TSV 1860 München, 1. FC Kaiserslautern.

563 Dazu zählen insbesondere (1) die Konzipierung idealtypischer Managementprozessverläufe für das Marken- und Kundenbindungsmanagement von Fußballunternehmen, (2) die Ausarbeitung von operativen sowie strategischen Handlungsempfehlungen für das Marken- bzw. Kundenbindungsmanagement von Fußballunternehmen sowie (3) die Absicherung und Ausdifferenzierung dieser Ansätze durch Experten (von unmittelbarer Praxisrelevanz sind dabei insbesondere die nach der Praxisbedeutung der Maßnahmen hierarchisierten Instrumentrangordnungen für das Marken- und Kundenbindungsmanagement von Fußballunternehmen).

menen Methodenreflexionen einige Ansatzpunkte für weiterführende Forschungsarbeit[564] (vgl. 4.3., 5.4.).

Die empirische Studie zeigte, dass einige der darin einbezogenen Fußballunternehmen in den Managementbereichen der Markenführung und der Kundenbindung bereits sehr professionell vorgehen (vornehmlich „Top-Klubs“), gleichwohl konnten bei einigen der Fallbeispiele auch Umsetzungsmängel festgestellt werden. Es wurde deutlich, dass v.a. bei den „Schwellenklubs“ ein hoher Liquiditätsdruck bzw. Ressourcenmangel vorherrscht, der einem professionelleren Agieren im Markenmanagement und Kundenbindungsmanagement (und demzufolge auch in anderen ökonomischen Managementbereichen) entgegensteht. Aus Verfassersicht lassen die Fußballunternehmen damit jedoch zahlreiche ökonomische Erfolgspotentiale ungenutzt. Zur Ausschöpfung dieser Erfolgspotentiale ist ein verstärkter Personal- und Finanzressourceneinsatz notwendig (Investitionscharakter) – Ressourcen, die einigen Experten zufolge nicht vorhanden sind. In Anbetracht der hohen Etats, welche die Klubs jedes Spieljahr für ihre Lizenzspielerabteilungen bereitstellen, überzeugen jene Expertenaussagen jedoch nur wenig. Durch Einsparungen von nur wenigen Prozentpunkten in diesem Hauptausgabenfeld der Fußballunternehmen und Umschichtung der Mittel in den Personal- und Maßnahmenbereich könnten bereits wesentliche Verbesserungen im Marken- und Kundenbindungsmanagement der Klubs erzielt werden. Vielleicht erscheint dieser Ansatz aus Praxisperspektive naiv, aus Theoriesicht hat er jedenfalls Berechtigung.

Nur jene Fußballunternehmen – und diese eine Prognose sei am Ende der Arbeit erlaubt – die sich begründeten, betriebswirtschaftlichen Managementansätze öffnen und diese branchenangepasst sowie mit ausreichender „Investitionsbereitschaft“ umsetzen, werden langfristig überleben.

[564] Hierzu sind v.a. folgende Aspekte anzuführen:
- Perspektivische Eingrenzung des (Kunden-)Bindungskonstrukts auf die Erkenntnisse der Betriebswirtschaftslehre, während die Psychologie über weitaus differenziertere Ansätze verfügt.
- Geringe Stichprobengröße in der empirischen Studie (n=6).
- Unausgeglichenes Klubportfolio in der empirischen Studie (drei Top-Klubs, drei Schwellenklubs, keine Klubs des „etablierten Mittelfelds“).
- Keine, auf Basis eines Abgleichs mit den ausgearbeiteten Gestaltungskriterien beruhende, Detailüberprüfung der Umsetzungsformen der verschiedenen Marken- und Kundenbindungsmaßnahmen in den Klubs.
- Keine Expertenbewertung der Praxisbedeutung der ausgearbeiteten theoretischen Strategieempfehlungen für das Marken- und Kundenbindungsmanagement von Fußballunternehmen.
- Keine Betrachtung der Kosten-Nutzen-Relation der Marken- und Kundenbindungsmaßnahmen.

Anhang

Anhang 1 bis 4:

Die Abbildungen 56 bis 59 veranschaulichen die Zuschauerentwicklung sowie die Entwicklung der Vermarktungsbereiche Ticketing, TV-Übertragungsrechte und Trikotsponsoring im deutschen Lizenzfußball. Der Betrachtungszeitraum erstreckt sich jeweils bis zur Saison 1998/1999, welche mit der Zulassung von Kapitalgesellschaften am Spielbetrieb der Fußballbundesliga den vollzogenen Wandel vom Fußballverein zum Fußballunternehmen markiert.

Abb. 56: Die Zuschauerentwicklung in der ersten Fußballbundesliga[565]

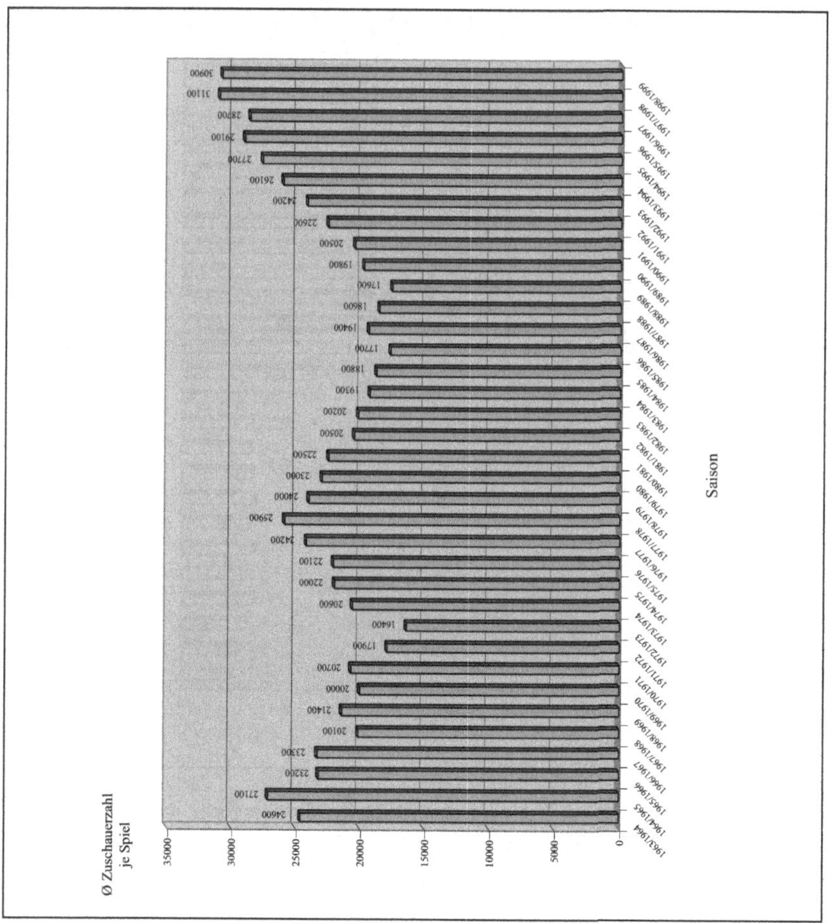

---

[565] Vgl. dazu die Ausführungen in Abschnitt 2.2.1. bis 2.2.4.. Zentrale Bezugsquellen: BRÜNING et al. (1999, 37), FRANZKE (1999, 398), KOHL (2001, 220), SCHAFFRATH (1999c, 24), STEIN (1993, 65 f.).

Abb. 57: Die Entwicklung der Ticketingeinnahmen in der ersten Fußballbundesliga[566]

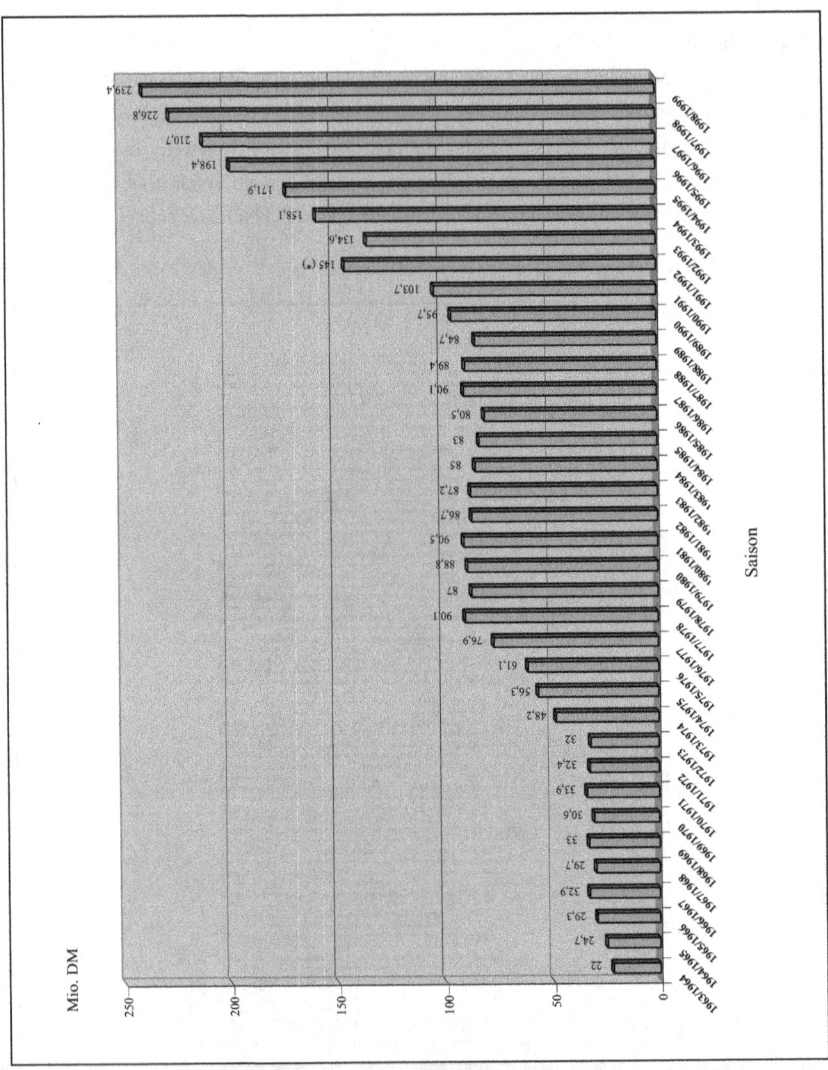

[*: Einmaliger Ligaspielbetrieb mit 20 Mannschaften infolge der Wiedervereinigung des deutschen Fußballsports (vgl. 2.2.4.) → 380 Begegnungen ggü. 308 Partien zuvor.]

566 Vgl. dazu die Ausführungen in Abschnitt 2.2.1. bis 2.2.4.. Zentrale Bezugsquellen: BRÜNING et al. (1999, 37), FRANZKE (1999, 398), STEIN (1993, 56 f.).

Abb. 58: Die Entwicklung der TV-Einnahmen im deutschen Lizenzfußball (bis Saison 1973/1974: erste Fußballbundesliga; ab Saison 1974/1975: zuzüglich zweiter Fußballbundesliga)[567]

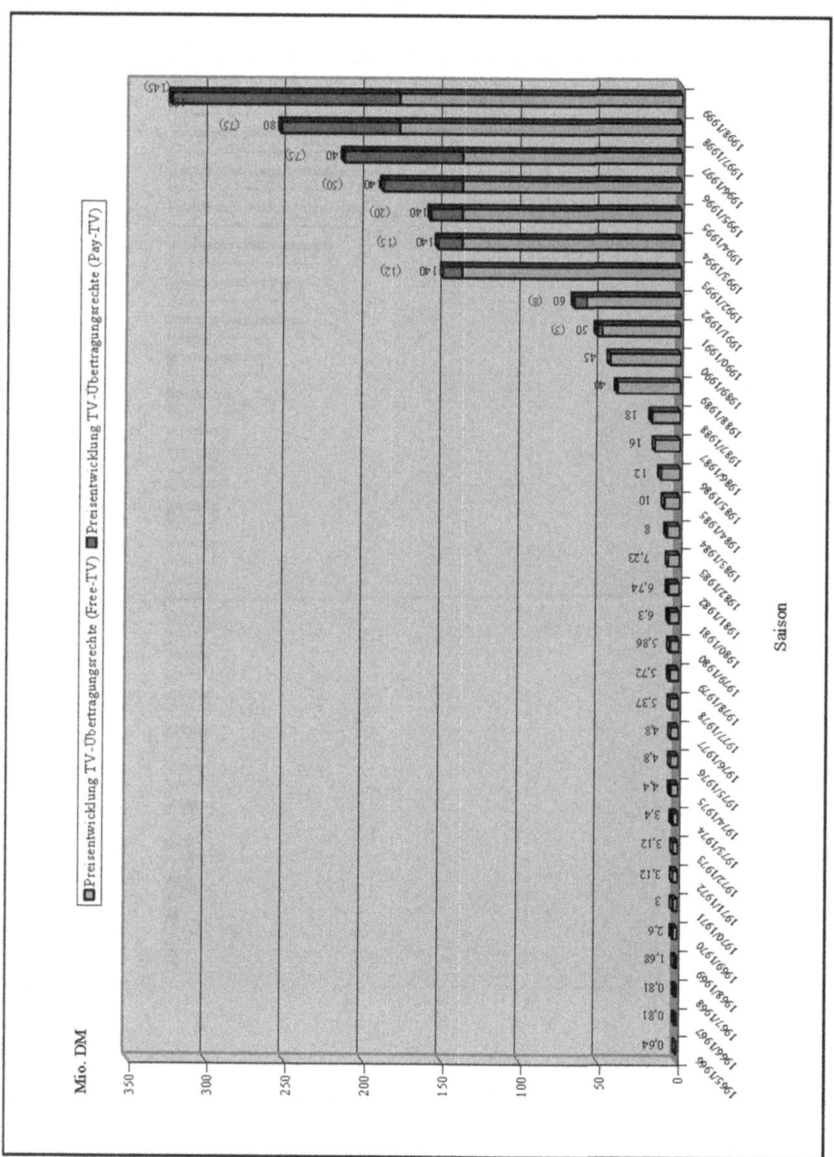

[567] Vgl. dazu die Ausführungen in Abschnitt 2.2.1. bis 2.2.4.. Zentrale Bezugsquellen Free-TV: FRANZKE (1999, 398), KOHL (2001, 221), PARLASCA (1993, 142). Zentrale Bezugsquellen Pay-TV: FRANCK/MÜLLER (2000, 5; 2001, 236).

Abb. 59: Die Entwicklung des Trikotsponsorings in der ersten Fußballbundesliga[568]

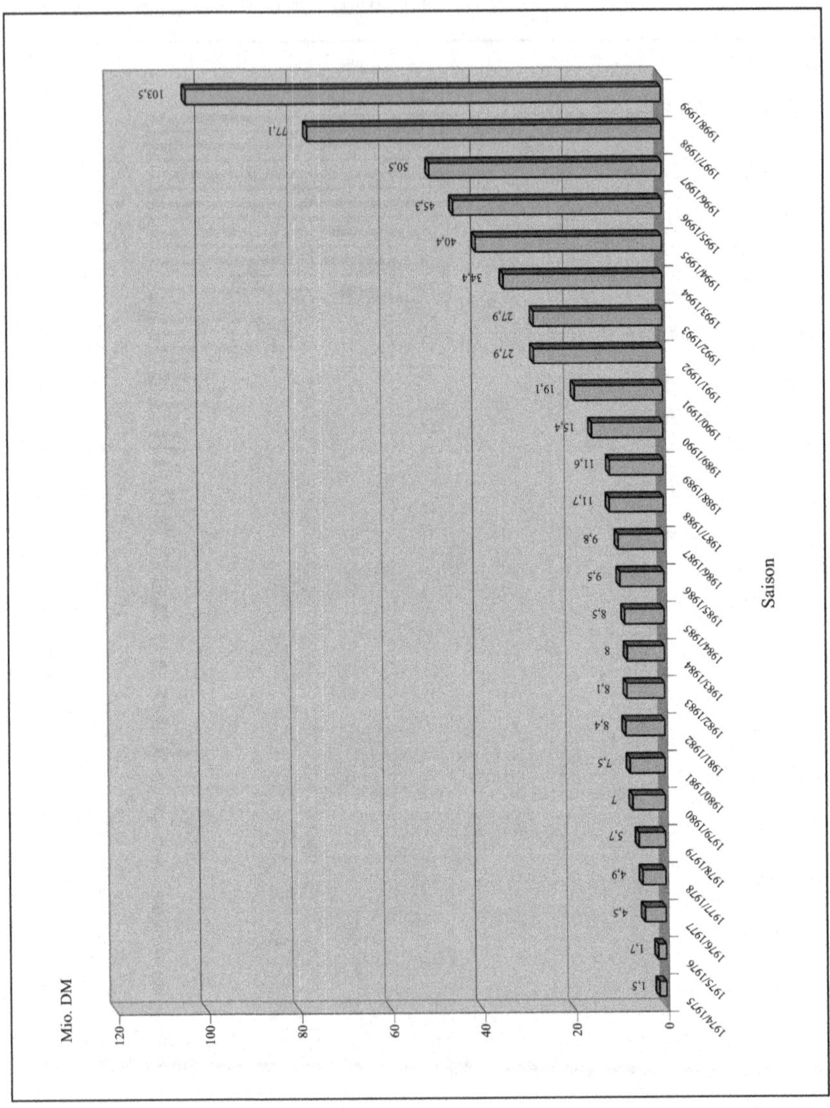

[568] Vgl. dazu die Ausführungen in Abschnitt 2.2.2. bis 2.2.4.. Zentrale Bezugsquelle: SCHAFFRATH (1999a, 167).

Literaturverzeichnis

I. Monographien, Sammelbände und Zeitschriftenartikel

AAKER, D. A. (1991): Managing brand equity: Capitalizing on the value of a brand name. New York.

AAKER, D. A. (1993): Are Brand Equity Investments Really Worthwhile?. In: AAKER, D. A./BIEL, A. L. (Hrsg.): Brand Equity and Advertising. Hillsdale, S. 333-341.

AAKER, D. A. (1996): Building Strong Brands. New York.

AAKER, D. A./BIEL, A. L. (1993): Brand Equity and Advertising: An Overview. In: AAKER, D. A./BIEL, A. L. (Hrsg.): Brand Equity and Advertising. Hillsdale, S. 1-8.

AAKER, D. A./JOACHIMSTHALER, E. (2001): Brand Leadership. Die Strategie für Siegermarken. München.

ABEL, H. (2001): Zielgruppenverschiebungen. In: Sponsors, 6 (4), 44.

ACHTERHOLT, G. (1991): Corporate Identity – In zehn Arbeitsschritten die eigene Identität finden und umsetzen. Wiesbaden.

ADJOURI, N./STASTNY, P. (2006): Sport-Branding. Mit Sport-Sponsoring zum Markenerfolg. Wiesbaden.

AKERLOF, G. (1976): The economics of caste and of the rat race and other woefull tales. In: Quarterly Journal of Economics, 90 (4), 599-617.

ALCHIAN, A./DEMSETZ, H. (1972): Production, Information Costs, and Economic Organization. In: The American Economic Review, 62 (5), 777-795.

ALDERMANN, S. (1997): Lizenzfußball und Nebenzweckprivileg (Inaugural-Dissertation, Eberhard-Karls-Universität Tübingen). Tübingen.

AMSINCK, M. (1997): Der Sportrechtemarkt in Deutschland. In: Media Perspektiven, 28 (2), 62-72.

ANDORKA, C.-P. (1983): Die 20 Meisterschaftsjahre. In: ENGELBACH, H. (Hrsg.): 20 Jahre Bundesliga. München, S. 7-80.

APOSTOLOPOULOU, A. (2002): Brand Extensions by U.S. Professional Sport Teams: Motivations and Keys to Success. In: Sport Marketing Quarterly, 11 (4), 205-214.

APP, U. (2006): Abseits von Bier. In: Werben und Kaufen, Nr. 31 vom 03.08.2006, S. 13-14.

ARNOLD, A. J./WEBB, B. (1986): A study of Finance Policies in the Football Industry. In: Managerial Finance, 12 (1), 11-19.

ASHELM, M. (2004): Marriage of sport and sponsor. In: F.A.Z. Weekly, 17.09.2004, S. 9.

ATTESLANDER, P. (2003): Methoden der empirischen Sozialforschung. Berlin und New York.

BABIN, J.-U. (1995): Perspektiven des Sportsponsoring. Frankfurt am Main.

BAILOM, F./HINTERHUBER, H. H./MATZLER, K./SAUERWEIN, E. (1996): Das Kano-Modell der Kundenzufriedenheit. In: Marketing ZFP, 18 (2), 117-126.

BARTH, A.-R. (2002): Handeln wider (besseres) Wissen? Denken und Handeln von Lehrkräften während des Gruppenunterrichts. Hamburg.

BAUER, H./EXLER, S./SAUER, N. (2004): Der Beitrag des Markenimages zur Fanloyalität. Eine empirische Untersuchung am Beispiel der Klubmarken der Fußball-Bundesliga (Wissenschaftliche Arbeitspapiere Nr. W81, Institut für Marktorientierte Unternehmensführung, Universität Mannheim). Mannheim.

BAUER, H./EXLER, S./SAUER, N. (2005): Brand Communities im professionellen Teamsport. In: Thexis, 22 (3), 11-15.

BAUER, H./SAUER, N./SCHMITT, P. (2004): Die Erfolgsrelevanz der Markenstärke in der 1. Fußball-Bundesliga (Wissenschaftliche Arbeitspapiere Nr. W75, Institut für Marktorientierte Unternehmensführung, Universität Mannheim). Mannheim.

BAUMEISTER, M./KLEWENHAGEN, M./KLOTZ, P. (2004): Klub-TV für alle Vereine sinnvoll. In: Sponsors, 9 (9), 52-53.

BAUMEISTER, T./BECHER, C./ESCHWEILER, M. (2004): Abstellung von Spielern für Auswahlmannschaften – Zehn Thesen zu den ökonomischen Chancen und Risiken aus Vereinssicht. In: BIELING, M./ESCHWEILER, M./HARDENACKE, J. (Hrsg.): Business-to-Business-Marketing im Profifußball. Wiesbaden, S. 305-320.

BAUMGARTH, C. (2001): Markenpolitik. Markenwirkungen - Markenführung – Markencontrolling (2. Aufl.). Wiesbaden.

BECCARINI, C./FERRAND, A. (2006): Factors affecting Soccer Club Season Ticket Holders' Satisfaction: The Influence of Club Image and Fans' Motives. In: European Sports Management Quarterly, 1 (6), 1-22.

BECK, O. (1999): Wir haben den Sumpf trocken gelegt. In: Deutscher Fußball-Bund (Hrsg.): 100 Jahre DFB: Geschichte des Deutschen Fußball-Bundes. Berlin, S. 433-440.

BECKER, J. (1994): Typen von Markenstrategien. In: BRUHN, M. (Hrsg.): Handbuch Markenartikel. Stuttgart, S. 463-498.

BECKMANN, U. (1993): Bandenwerbung wirksam gestalten. Berlin.

BEDNARZ, K.-D./PFEIFFER, S./HOVEMANN, A./JAUS, O. (2004): Bälle, Tore und Finanzen: Wege aus dem finanziellen Abseits. Essen.

BELLMANN, A. (1990): Das Angebot der Sponsoring-Agenturen in der Bundesrepublik. In: ROTH, P. (Hrsg.): Sportsponsoring. Landsberg am Lech, S. 221-242.

BELLON, J./BRAUN, S./GEHRIG, D./JÄGER, A./KNOKE, A. (2005): Nachwuchsarbeit in der Fußball-Bundesliga. In: WEHRHEIM, M. (Hrsg.): Marketing der Fußballunternehmen. Sportmanagement und professionelle Vermarktung. Berlin, S. 245-287.

BENKENSTEIN, M./SPIEGEL, T. (2004): Entwickelungstendenzen der Markenführung aus Dienstleistungsperspektive. In: BRUHN, M. (Hrsg.): Handbuch Markenführung. Kompendium zum erfolgreichen Markenmanagement (2. Aufl.). Wiesbaden, S. 2747-2763.

BENNER, G. (1992): Risk Management im professionellen Sport. Bergisch Gladbach und Köln.

BENTELE, G./HOEPFNER, J. (2004): Markenführung und Public Relations. In: BRUHN, M. (Hrsg.): Handbuch Markenführung. Kompendium zum erfolgreichen Markenmanagement (2. Aufl.). Wiesbaden, S. 1535-1564.

BERG, S./KRAMER, J./PFEIL, G./RÖBEL, S./TODT, J./WEINZIERL, A./WULZINGER, M. (2005): Die Akte Hoyzer. In: Spiegel, Nr. 6 vom 05.02.2005, S. 146-151.

BERRY, L. L. (1983): Relationship Marketing. In: BERRY, L. L./SHOSTACK, G. L./UPAH, G. D. (Hrsg.): Emerging perspectives on services marketing. Chicago, S. 25-28.

BERTHEL, J. (1975): Zielorientierte Unternehmungssteuerung. Stuttgart.

BERTRAMS, J./BIELING, M./ ESCHWEILER, M. (2004): Kundenbindungsinstrumente im deutschen Profifußball – eine Status-Quo-Analyse der Saison 2002/2003. In: BIELING, M./ESCHWEILER, M./HARDENACKE, J. (Hrsg.): Business-to-Business-Marketing im Profifußball. Wiesbaden, S. 167-231.

BEUTIN, N. (2005): Kundenbindung durch Zusatzdienstleistungen (Value-Added Services). In: BRUHN, M./HOMBURG, C. (Hrsg.): Handbuch Kundenbindungsmanagement. Strategien und Instrumente für ein erfolgreiches CRM (5. Aufl.). Wiesbaden, S. 297-315.

BICKELMANN, R. E. (2001): Key Account Management. Erfolgsfaktoren für die Kundensteuerung – Strategien, Systeme, Tools. Wiesbaden.

BIEL, A. L. (1993): Converting Image into Equity. In: AAKER, D. A./BIEL, A. L. (Hrsg.): Brand Equity and Advertising. Advertising's Role in Building Strong Brands. Hillsdale, S. 67-82.

BIEL, A. L. (2001): Grundlagen zum Markenaufbau. In: ESCH, F.-R. (Hrsg.): Moderne Markenführung. Wiesbaden, S. 63-90.

BIELING, M./ESCHWEILER, M./HARDENACKE, J. (2004): Business-To-Business-Marketing im Profifußball – eine Einführung. In: BIELING, M./ESCHWEILER, M./HARDENACKE, J. (Hrsg.): Business-to-Business-Marketing im Profifußball. Wiesbaden, S. 4-24.

BIERWIRTH, K. (2003): Entwicklung des Sportsponsoring im deutschen Profifußball. In: BERENS, W./SCHEWE, G. (Hrsg.): Profifußball und Ökonomie. Hamburg, S. 3-14.

BIERWIRTH, K./KARLOWITSCH, E. (2004): Maßnahmen zur Bindung von Vereinsmitgliedern – eine betriebswirtschaftliche Analyse am Beispiel von Borussia Dortmund. In: BIELING, M./ESCH-WEILER, M./HARDENACKE, J. (Hrsg.): Business-to-Business-Marketing im Profifußball. Wiesbaden, S. 199-231.

BIRD, P. (1982): The demand for League Football. In: Applied Economics, 14 (6), 637-649.

BIRKIGT, K./STADLER, M. (2000): Corporate Identity – Grundlagen. In: BIRKIGT, K./STADLER, M. (Hrsg.): Corporate Identity: Grundlagen, Funktionen, Fallbeispiele. Landsberg am Lech, S. 11-39.

BIRNSTIEL, A. (2007): Neue Entscheidung zu Sportwetten in Europa. In: Sponsors, 12 (6), 40-41.

BLANPAIN, R. (1996): Geschichte und Hintergründe des Bosman-Urteils. In: Arbeit und Recht, Heft 5, 161-167.

BLANPAIN, R./INSTON, R. (1996): The Bosman Case – The end of the transfer system?. Leuven.

BLÜMELHUBER, C./MAIER, M./MEYER, A. (2004): Integriertes Markenverständnis und -management – Durchsetzung einer integrierten Markenkommunikation. In: BRUHN, M. (Hrsg.): Handbuch Markenführung. Kompendium zum erfolgreichen Markenmanagement. Wiesbaden, S. 1365-1384.

BÖHLER, H. (2002): Grundzüge der Betriebswirtschaftslehre I: Absatzwirtschaft. (Vorlesungsskript Universität Bayreuth). Bayreuth.

BÖHLER, H. (2004): Marktforschung. Stuttgart.

BÖHLER, H. (2005): Marktforschung. (Vorlesungsskript Universität Bayreuth). Bayreuth.

BÖLL, K. (2001): Was ist Licensing? Was ist Merchandising?. In: BÖLL, K. (Hrsg.): Handbuch Licensing. Frankfurt am Main, S. 19-26.

BOONE, L. E./KOCHUNNY, C. M./WILKINS, D. (1995): Applying the brand equity concept to Major League Baseball. In: Sport Marketing Quaterly, 9 (3), 33-42.

BORN, J./MOHR, S./BOHL, M. (2004): Financing the Game: Erfolgsfaktoren, Strategien und Instrumente zur Finanzierung eines Profifußballklubs – dargestellt am Bespiel von Werder Bremen. In: ZIESCHANG, K./KLIMMER, C. (Hrsg.): Unternehmensführung im Profifußball. Symbiose von Sport, Wirtschaft und Recht. Berlin, S. 199-212.

BORN, K. (2000): Dienstleistungsmentalität und Kundenorientierung. In: BASTIAN, H./BORN, K./DREYER, A. (Hrsg.): Kundenorientierung im Tourismusmanagement. München, S. 2-9.

BORTZ, J./DÖRING, N. (1995): Forschungsmethoden und Evaluation. Berlin u.a..

BOVINET, J. W. (1999): Customer Communication in Selected Professional Sports. In: Sport Marketing Quarterly, 8 (3), 41-44.

BOYD, T. C./KREHBIEL, T. C. (1999): The Effect of Promotion Timing on Major League Baseball Attendance. In: Sport Marketing Quarterly, 8 (4), 23-34.

BOYD, T. C./KREHBIEL, T. C. (2003): Promotion Timing in Major League Baseball and the Stacking Effects of Factors that Increase Game Attractiveness. In: Sport Marketing Quarterly, 12 (3), 173-205.

BRAEKLER, M./DIEHL, R./WORTMANN, U. (2003): Integriertes Customer Relationship Management bei der BMW Group Deutschland. In: TEICHMANN, R. (Hrsg.): Customer und Shareholder Relationship Management. Erfolgreiche Kunden- und Aktionärsbindung in der Praxis. Berlin u.a., S. 149-160.

BRANDES, L./FRANCK, E./NÜESCH, S. (2006): Lokalmatadore und Superstars – Eine empirische Analyse des Stareffekts in der deutschen Bundesliga. In: HORCH, H.-D./BREUER, C./HOVEMANN, G./KAISER, S./RÖMISCH, V. (Hrsg.): Qualitätsmanagement im Sport – Abstracts. Köln, S. 16.

BRANDMAIER, S./SCHIMANY, P. (1998): Die Kommerzialisierung des Sports. Vermarktungsprozesse im Fußball-Profisport. Hamburg.

BRANNASCH, A. (1995a): König Fußball – Ein Boom verkauft sich immer gut. In: BROCKES, H.-W. (Hrsg.): Leitfaden Sponsoring und Event-Marketing. Düsseldorf, D.3.1., S. 1-6.

BRANNASCH, A. (1995b): Sport ist überall da, wo der Verbraucher ist. In: Sports, 4 (7), 138-141.

BRANNASCH, A. (2001): Fußballstadien als Erlebniswelten. In: HERMANNS, A./RIEDMÜLLER, F. (Hrsg.): Management-Handbuch Sport-Marketing. München, S. 285-296.

BRAST, C./STÜBINGER, T. (2002): Verbandsrechtliche Grundlagen des Sportmanagements in der Fußball-Bundesliga. In: SCHEWE, G./LITTKEMANN, J. (Hrsg.): Sportmanagement. Schorndorf, S. 23-28.

BRAUN, H. (1983): Corporate Identity. In: ROST, D./STROTHMANN, K. (Hrsg.): Werbung für Investitionsgüter. Wiesbaden, S. 171-193.

BRAUN, T. (2004): Jenseits der Zielsteuerung. Köln.

BREHM, W. (2002): Organisation des Sports. (Vorlesungsskript Universität Bayreuth). Bayreuth.

BREHM, W./EBERHARDT, J. (1995): Drop-out und Bindung im Fitness-Studio. In: Sportwissenschaft, 25 (2), 174-186.

BREHM, W./JANKE, A./SYGUSCH, R./WAGNER, P. (2006): Gesund durch Gesundheitssport. Zielgruppenorientierte Konzeption, Durchführung und Evaluation von Gesundheitssportprogrammen. Weinheim und München.

BREHM, W./VOITLÄNDER, A. (2000): Der Sinn des Sportunterrichts aus Schülersicht. In: BALZ, E. (Hrsg.): Anspruch und Wirklichkeit des Sports in Schule und Verein. Hamburg, S. 179-188.

BRENDEL, M. (2003): CRM für den Mittelstand. Voraussetzungen und Ideen für die erfolgreiche Implementierung. Wiesbaden.

BRENNER, S. (1997): Pursuing Relationships in Professional Sport. In: Sport Marketing Quarterly, 6 (2), 33-34.

BROCK, B. (2001a): Branchenurteil über die LED-Bande. In: Sponsors, 6 (4), 26-27.

BROCK, B. (2001b): Eine Liga kämpft um Anerkennung. In: Sponsors, 6 (7), 34-37.

BROWNER, J. (1999): Professional Sports Team Ownership: Fun, Profit and Ideology of the Power Elite. In: Journal of Sports and Social Issues, 1 (1), 16-51.

BRUHN, M. (1991): Sponsoring. Wiesbaden.

BRUHN, M (1994): Begriffsabgrenzungen und Erscheinungsformen von Marken. In: BRUHN, M. (Hrsg.): Handbuch Markenartikel. Stuttgart, S. 3-41.

BRUHN, M. (2000a): Die zunehmende Bedeutung von Dienstleistungsmarken. In: KÖHLER, R./MAJER, W./WIEZOREK, H. (Hrsg.): Erfolgsfaktor Marke. München, S. 213-225.

BRUHN, M. (2000b): Das Konzept der kundenorientierten Unternehmensführung. In: HINTERHUBER, H./MATZLER, K. (Hrsg.): Kundenorientierte Unternehmensführung (2. Aufl.). Wiesbaden, S. 23-48.

BRUHN, M. (2001): Relationship-Marketing. Das Management von Kundenbeziehungen. München.

BRUHN, M. (2002): Customer-Relationship-Marketing. Die personellen und organisatorischen Anforderungen. In: Führung und Organisation, 71 (3), 132-140.

BRUHN, M. (2004a): Planung einer integrierten Markenkommunikation. In: BRUHN, M. (Hrsg.): Handbuch Markenführung. Kompendium zum erfolgreichen Markenmanagement (2. Aufl.). Wiesbaden, S. 1441-1465.

BRUHN, M. (2004b): Markenführung und Sponsoring. In: BRUHN, M. (Hrsg.): Handbuch Markenführung. Kompendium zum erfolgreichen Markenmanagement (2. Aufl.). Wiesbaden, S. 1594-1630.

BRUHN, M. (2004c): Markenführung für Nonprofit-Organisationen. In: BRUHN, M. (Hrsg.): Handbuch Markenführung. Kompendium zum erfolgreichen Markenmanagement (2. Aufl.). Wiesbaden, S. 2297-2330.

BRUHN, M. (2004d): Kundenbindungsinstrument. In: BRUHN, M./HOMBURG, C. (Hrsg.): Marketing-Lexikon. Wiesbaden, S. 426-427.

BRUHN, M. (2004e): Beschwerdemanagement. In: BRUHN, M./HOMBURG, C. (Hrsg.): Marketing-Lexikon. Wiesbaden, S. 89-90.

BRUHN, M. (2004f): Kundenbewertung. In: BRUHN, M./HOMBURG, C. (Hrsg.): Marketing-Lexikon. Wiesbaden, S. 420-422.

BRUHN, M./HENNIG-THURAU, T./HADWICH, K. (2004): Markenführung und Relationship Management. In: BRUHN, M. (Hrsg.): Handbuch Markenführung. Kompendium zum erfolgreichen Markenmanagement (2. Aufl.). Wiesbaden, S. 392-420.

BRUHN, M./HOMBURG, C. (2001): Gabler Lexikon Marketing (1. Aufl.). Stuttgart.

BRUHN, M./HOMBURG, C. (2004): Gabler Lexikon Marketing (2. Aufl.). Stuttgart.

BRÜNING, C. /HAMPER, V./KUNZ, R./STRUTHOFF, R./ELBERFELD, R./SELBACH, R. (1999): FC Euro AG – Erfahrungen aus Börsengängen europäischer Fußballunternehmen und Chancen für den deutschen Bundesligafußball (WGZ-Bank Finanzmarktanalyse). Düsseldorf.

BÜCH, M. (1977): Die Fußballbundesliga in ökonomischer Sicht. Saarbrücken.

BÜCH, M. (1979): Modell und Realität der Fußball-Bundesliga – eine ökonomische Betrachtung. In: Zeitschrift für Wirtschafts- und Sozialwissenschaften, 99 (3), 447-466.

BÜCH, M. (1998): Das „Bosman-Urteil" – Transferschädigungen, Ablösesummen, Eigentumsrechte, Freizügigkeit. In: Sportwissenschaft, 28 (3-4), 283-296.

BÜCH, M./SCHELLHAAß, H-M. (1978): Ökonomische Aspekte der Transferentschädigung im bezahlten Mannschaftssport. In: JÜRGENSEN, H./LITTMANN, K./ROSE, K (Hrsg.): Jahrbuch für Sozialwissenschaft, 29 (1), 255-274.

BÜHLER, A. W. (2005): England will aufholen. In: Sponsors, 10 (1), 30-31.

BÜHNER, R. (2001): Management-Lexikon. München und Wien.

BÜNTING, K. D. (1996): Deutsches Wörterbuch. Chur.

BURGERT, M. (1992): Indikation hinsichtlich Personmerkmalen: Möglichkeiten und Grenzen der Verfahrensadaption. In: SCHEELE, B. (Hrsg.): Struktur-Lege-Verfahren als Dialog-Konsens-Methodik. Münster, S. 128-151.

BURK, V. (2003): Sport im Fernsehen. Darmstadt.

BURMANN, C./NITSCHKE, A. (2004): Bewertung von Sponsorships und Marketing-Events. Münster.

BURMANN, C./NITSCHKE, A. (2005): Profilierung von Marken mit Sponsoring und Events. In: MEFFERT, H./BURMANN, C./KOERS, M. (Hrsg.): Markenmanagement (2. Aufl.). Wiesbaden, S. 388-409.

BURMANN, C./SCHLEUSER, M./WEERS, J.-P. (2005): Identitätsorinetierte Markenführung bei Dienstleistungen. In: MEFFERT, H./BURMANN, C./KOERS, M. (Hrsg.): Markenmanagement (2. Aufl.). Wiesbaden, S. 411-431.

BUSCH, W. (2004): Das Merchandisingkonzept von Bayer 04 Leverkusen. In: HAMMANN, P./SCHMIDT, L./WELLING, M. (Hrsg.): Ökonomie des Fußballs. Wiesbaden, S. 419-434.

BUSCHE, A. (2004): Ökonomische Implikationen des Bosman-Urteils. In: HAMMANN, P./ SCHMIDT, L./WELLING, M. (Hrsg.): Ökonomie des Fußballs. Wiesbaden, S. 87-104.

BUTSCHER, S. A./MÜLLER, L. R. (2000): Kundenbindung durch Kundenklubs. In: HINTERHUBER, H./MATZLER, K. (Hrsg.): Kundenorientierte Unternehmensführung (2. Aufl.). Wiesbaden, S. 343-358.

CAIRNS, J. (1990): The demand for professional team sports. In: British review of economic issues, 28 (12), 1-20.

CAIRNS, J./JENNET, N./SLOANE, P. J. (1986): The Economics of Professional Team Sports: A Survey of Theory and Evidence. In: Journal of Economic Studies, 13 (3), 3-80.

CALLMUND, R. (1999): Fußball und Fernsehen. In: SCHAFFRATH, M. (Hrsg.): Die Zukunft der Bundesliga. Management und Marketing im Profifußball. Göttingen, S. 31-45.

CARMICHAEL, F./THOMAS, D. (1993): Bargaining in the Transfer Market: Theory and Evidence. In: Applied Economics, 25 (12), 1467-1476.

CHADWICK, S./CLOWES, J. (1998): The use of extension strategies by clubs in the English Football Premier League. In: Managing Leisure, 3 (4), 194-203.

CHRISTMANN, U./SCHEELE, B. (1995): Subjektive Theorien über (un-)redliches Argumentieren: Ein Forschungsbeispiel für die kommunikative Validierung mittels Dialog-Konsens-Hermeneutik. In: KÖNIG, E./ZEDLER, P. (Hrsg.): Bilanz qualitativer Forschung. Band II: Methoden. Weinheim, S. 63-100.

CORDING, S./HUG, H. (2007): Altes und Neues zum Thema: Recht auf Kurzberichterstattung. In: Sponsors, 12 (5), 40-41.

CORSTEN, H. (1997): Dienstleistungsmanagement (3. Aufl.). München, Wien und Oldenburg.

CORSTEN, H. (1998): Ansatzpunkte für ein integratives Dienstleistungsmanagement. In: BRUHN, M./MEFFERT, H. (Hrsg.): Handbuch Dienstleistungsmanagement. Wiesbaden, S. 51-72.

COUSENS, L./BABIAK, K./SLACK, T. (2001): Adopting A Relationship Marketing Paradigm: The Case of the National Basketball Association. In: International Journal of Sports Marketing and Sponsorship, 2 (4), 331-356.

COUVELAERE, V./RICHELIEU, A. (2005): Brand Strategy in Professional Sports: The Case of French Soccer Teams. In: European Sport Management Quarterly, 5 (5), 23-46.

CRASSELT, N. (2004): Betriebswirtschaftliche Investitionsbeurteilung im Profifußball – Möglichkeiten und Grenzen. In: HAMMANN, P./SCHMIDT, L./WELLING, M. (Hrsg.): Ökonomie des Fußballs. Wiesbaden, S. 219-240.

CZARNITZKI, D./STADTMANN, G. (1999): Uncertainty of Outcome versus Reputation: Empirical Evidence for the First German Football Division. In: Empirical Economics, 27, 101-112.

DABSCHEK, B. (1975a): The Wage Determination Process for Sportsmen. In: The Economic Record, 51 (133), 52-65.

DABSCHEK, B. (1975b): Sporting Equality: Labour Market versus Product Market Control. In: The Journal of Industrial Relations, 17 (2), 174-190.

DALY, G./MOORE, W. J. (1981): Externalities, Property Rights and the Allocation of Resources in Major League Baseball. In: Economist Inquiry, 19 (1), 77-95.

DANGELMAIER, W./UEBEL, M. F./HELMKE, S. (2002): Grundrahmen des Customer Relationship Management-Ansatzes. In: UEBEL, M. F./HELMKE, S./DANGELMAIER, W. (Hrsg.): Praxis des Customer Relationship Management. Branchenlösungen und Erfahrungsberichte. Wiesbaden, S. 3-16.

DANN, H.-D. (1983): Subjektive Theorien: Irrweg oder Forschungsprogramm? Zwischenbilanz eines kognitiven Konstrukts. In: MONTADA, L./REUSSER, K./STEINER, G. (Hrsg.): Kognition und Handeln. Stuttgart, S. 77-92.

DANN, H.-D. (1992): Variation von Lege-Strukturen zur Wissensrepräsentation. In: SCHEELE, B. (Hrsg.): Struktur-Lege-Verfahren als Dialog-Konsens-Methodik. Münster, S. 2-41.

DANN, H.-D./BARTH, A.-R. (1995): Die Interview- und Legetechnik zur Rekonstruktion kognitiver Handlungsstrukturen. In: KÖNIG, E./ZEDLER, P. (Hrsg.): Bilanz qualitativer Forschung. Band II: Methoden. Weinheim, S. 31-62.

DARBYSHIRE, L. (2004): Bayern heads east. In: Football Business International, Issue 13, December, S. 5.

DAVENPORT, D. (1969): Collusive Competition in Major League Baseball: Its Theory and Institutional Development. In: The American Economist, 13 (2), 6-30.

DEHESSELLES, T. (2004): Sport, Sponsoring und Steueränderung. In: Sponsors, 9 (1), 46-47.

DEHESSELLES, T. (2005a): Betriebsausgabe oder Privatvergnügen?. In: Sponsors, 10 (4), 56-57.

DEHESSELLES, T. (2005b): Steuerliche Neuregelung für VIP-Logen in Sportstätten. In: Sponsors, 10 (10), 44-45.

DEHESSELLES, T. (2006): Vereinfachungsregeln für Business-Seats und Veranstaltungen außerhalb von Sportstätten. In: Sponsors, 11 (9), 38-39.

DEISSENBERGER, T./MICHLER, K. (2001): Integrierte Konzepte der Sportvermarktung zwischen Medien, Sport und Sponsoren. In: HERMANNS, A./RIEDMÜLLER, F. (Hrsg.): Management-Handbuch Sport-Marketing. München, S. 571-587.

DEMMERT, H. (1973): The Economics of Professional Team Sports. Toronto und London.

DEPKEN, C. A. (2000): Fan Loyalty and Stadium Funding in Professional Baseball. In: Journal of Sports Economics, 1 (2), 124-138.

DESCHRIVER, T. D./JENSEN, P. E. (2002): Determinants of Spectator Attendance at NCAA Division II Football Contests. In: Journal of Sport Management, 16 (4), 311-330.

DFL (2003): Die wirtschaftliche Situation im Lizenzfußball (Broschüre der Deutschen Fußball Liga GmbH, 1. Auflage). Frankfurt.

DFL (2004): Die wirtschaftliche Situation im Lizenzfußball (Broschüre der Deutschen Fußball Liga GmbH, 2. Auflage). Frankfurt.

DFL (2005): Die wirtschaftliche Situation im Lizenzfußball (Broschüre der Deutschen Fußball Liga GmbH, 3. Auflage). Frankfurt.

DFL (2006): Bundesliga Report 2006. Frankfurt.

DFL (2007): Bundesliga Report 2007. Frankfurt.

DIECKMANN, C. (1999): Nur ein Leutscher ist ein Deutscher. In: Deutscher Fußball-Bund (Hrsg.): 100 Jahre DFB: Geschichte des Deutschen Fußball-Bundes. Berlin, S. 311-336.

DIETL, M./FRANCK, E./ROY, P. (2003): Überinvestitionsprobleme in einer Sportliga. In: Betriebswirtschaftliche Forschung und Praxis, 55 (5), 556-570.

DIETL, M./PAULI, M. (2002): Die Finanzierung von Fußballstadien – Überlegungen am Beispiel des deutschen Profifußballs. In: Zeitschrift für Betriebswirtschaft, Ergänzungsheft 4 (Sportökonomie), 239-262.

DIGEL, H./BURK, V. (1999): Zur Entwicklung des Fernsehsports in Deutschland. In: Sportwissenschaft, 29 (1), 22-41.

DILLER, H. (1995a): Beziehungsmanagement. In: TIETZ, B./KÖHLER, R./ZENTES, J. (Hrsg.): Handwörterbuch des Marketing. Stuttgart, Sp. 285-300.

DILLER, H. (1995b): Kundenmanagement. In: TIETZ, B./KÖHLER, R./ZENTES, J. (Hrsg.): Handwörterbuch des Marketing. Stuttgart, Sp. 1363-1340.

DILLER, H. (1996): Kundenbindung als Marketingziel. In: Marketing ZFP, 18 (2), 81-94.

DILLER, H. (1997a): Beziehungsmanagement. In: Die Betriebswirtschaft, 57 (4), 572-575.

DILLER, H. (1997b): Was leisten Kundenklubs?. In: Marketing ZFP, 19 (1), 33-41.

DINKEL, M./KRATZ, S. (1998): The U.S. Influence on German Sports Leagues. In: Sport Marketing Quarterly, 7 (1), 13-19.

DINKEL, M. (2002a): Neues Marketing und Management von Sportvereinen. Butzbach-Griedel.

DINKEL, M. (2002b): Fanartikelgeschäft im Sport. In: TROSIEN, G./DINKEL, M. (Hrsg.): Sport und neue Märkte. Butzbach-Griedel, S. 107-112.

DOBERENZ, M. (1980): Betriebswirtschaftliche Grundlagen zur Rechtsformgestaltung professioneller Fußballklubs in der Bundesrepublik Deutschland. Thun und Frankfurt am Main.

DOBSON, S./GODDARD, J. (2001): The Economics of Football. Cambridge.

DÖRFLINGER, T. (1998): Going Public Bundesliga – Betrachtung zu Fußballaktien. In: Zeitschriften für das gesamte Kreditwesen, 51 (1), 38-42.

DÖRNEMANN, J. (1999): Controlling für Profi-Sport-Organisationen – Modellbildung und empirische Analyse am Beispiel der deutschen Fußballbundesliga. (Controlling-Forschungsbericht Nr. 58, Universität Stuttgart). Stuttgart.

DÖRNEMANN, J. (2002a): Controlling für Profi-Sport-Organisationen – dargestellt am Beispiel der deutschen Fußballbundesliga. München.

DÖRNEMANN, J. (2002b): Controlling im Profi-Sport: Ausgangssituation, Bedarf und konzeptioneller Überblick. In: GALLI, A./GÖMMEL, R./HOLZHÄUSER, W./STRAUB, W. (Hrsg.): Sportmanagement. München, S. 129-165.

DOWNWARD, P./DAWSON, A. (2000): The Economics of Professional Team Sports. London und New York.

DREES, N. (1989): Charakteristika des Sportsponsoring. In: HERMANNS, A. (Hrsg.): Sport- und Kultursponsoring. München, S. 49-61.

DREES, N. (1992): Sportsponsoring. München.

DREIZEHNTER, S./GROLL, M. (1999): Anpfiff für Milliardenpoker. In: Sponsors, 4 (3), 12-21.

DREWES, M. (2003): Competition and Efficiency in Professional Sports Leagues. In: European Sport Management, 3 (4), 240-252.

DREWES, M. (2004): Management, Competition and Efficiency in Professional Sports Leagues. In: Sportökonomie aktuell 3, (10), 1-22.

DREYER, A. (1994): Die Auswahl der richtigen Sponsoring-Maßnahme. In: KRÜGER, A. (Hrsg.): Sportsponsoring – Theorie, Praxis, Fallstudien. Berlin, S. 70-81.

DREYER, A. (2000): Kundenzufriedenheit und Kundenbindungs-Marketing. In: BASTIAN, H./ BORN, K./DREYER, A. (Hrsg.): Kundenorientierung im Tourismusmanagement (2. Aufl.). München und Wien, S. 12-50.

DUAN, Y. (2006): Stage Models of Physical Activity Behaviour and Their Application to Chinese Adults. (Inaugural-Dissertation, Universität Bayreuth). Bayreuth.

DÜCK, W. (1978): Optimierung unter mehreren Zielen. Braunschweig.

DUHNKRACK, T. (1984): Zielbildung und Strategisches Zielsystem der internationalen Unternehmung. Göttingen.

DUVINAGE, P. (2002): Praktische Aspekte bei Erwerb und Vermarktung medialer Rechte. In: GALLI, A./GÖMMEL, R./HOLZHÄUSER, W./STRAUB, W. (Hrsg.): Sportmanagement. München, S. 303-331.

DYCHE, J. (2002): The CRM Book. A Business Guide to Customer Relationship Management. Indianapolis.

EBEL, M./KLIMMER, C. (2001): Zur geplanten Einführung nationaler Lizenzierungsverfahren auf Grundlage harmonisierter Datenbasis als Teilnahmevoraussetzung an den UEFA-Klubwettbewerben. In: SIEGLOCH, J./ KLIMMER, C. (Hrsg.): Unternehmen Profifußball - Vom Sportverein zum Kapitalmarktunternehmen. München, S. 177-207.

ECKSTEIN, P. (2000): Exklusivverträge und Pay-TV – Verfassungs- und kartellrechtliche Probleme der Vergabe von exklusiven Fernsehrechten an Pay-TV-Veranstalter am Beispiel der Fußball-Bundesliga. München.

EGGERS, E. (2001): Fußball in der Weimarer Republik. Kassel.

EGGLI, B. (2004): Markenführung im Bankensektor. In: BRUHN, M. (Hrsg.): Handbuch Markenführung. Kompendium zum erfolgreichen Markenmanagement (2. Aufl.). Wiesbaden, S. 2185-2208.

EGNER, T./WILDNER, S. (2002): Entlohnung mit Stock-Options. In: Sponsors, 7 (1), 38-39.

EILERS, G. (1999): Doppelpass mit Justitia. In: Deutscher Fußball-Bund (Hrsg.): 100 Jahre DFB: Geschichte des Deutschen Fußball-Bundes. Berlin, S. 523-538.

EISENBERG, C. (1997): Fußball, Soccer, Calcio. Ein englischer Sport auf seinem Weg um die Welt. München.

EISENBERG, C. (1999): „English Sports" und deutsche Bürger. Eine Gesellschaftsgeschichte 1800-1939. Paderborn, München und Wien.

ELTER, V.-C. (2002a): Vermarktung medialer Rechte im Fußball. In: WGZ-Bank (Hrsg.): FC Euro AG: Analysen der börsennotierten europäischen Fußballunternehmen – Entwicklung und Chancen des deutschen Fußballmarktes (Studie der WGZ-Bank, 3. Aufl.). Düsseldorf, S. 75-92.

ELTER, V.-C. (2002b): Mediale Rechte im Sport: In: GALLI, A./GÖMMEL, R./HOLZHÄUSER, W./STRAUB, W. (Hrsg.): Sportmanagement. München, S. 253-302.

ELTER, V.-C. (2003): Verwertung medialer Rechte der Fußballunternehmen. Berlin.

EMPACHER, S. (2000): Die Vermarktung der Fußballbundesliga. Pforzheim.

EMPACHER, S. (2001): Die Entwicklung vom Volkssport zu profitorientierten Einheiten: Dargestellt am Beispiel des Fußballs. In: HERMANNS, A./RIEDMÜLLER, F. (Hrsg.): Management-Handbuch Sport-Marketing. München, S. 201-215.

ENDERLE, G. (2000): Vermarktung von Fernsehübertragungsrechten im professionellen Ligasport – sportökonomische und wettbewerbsstrategische Aspekte. Berlin.

ENGEL, P. (2000): Public Relations. In: HADELER, T./WINTER, E. (Hrsg.): Gabler Wirtschaftslexikon. Oldenburg, S. 2552-2554.

ENGELHARDT W. H./KLEINALTENKAMP, M./RECKENFELDERBÄUMER, M. (1993): Leistungsbündel als Absatzobjekte. In: Schmalenbachs Zeitschrift für betriebswirtschaftliche Forschung, 45 (5), 395-426.

ENGH, M. (2004): Strategische Markenführung für den Musikmarkt – dargestellt am Beispiel Britney Spears. In: BAUMGARTH, C. (Hrsg.): Erfolgreiche Führung von Medienmarken. Wiesbaden, S. 17-43.

ERBER, S. (2000): Eventmarketing. Erlebnisstrategien für Marken. Landsberg am Lech.

ERICSON, T. (2000): The Bosman Case: Effects of the Abolition of the Transfer Fee. In: Journal of Sports Economics, 1 (3), 203-218.

ERNING, J. (2000): Professioneller Fußball in Deutschland. Berlin.

ESCH, F.-R. (2003): Strategie und Technik der Markenführung. München.

ESCH, F.-R./LANGNER, T. (2001): Branding als Grundlage zum Markenaufbau. In: ESCH, F.-R. (Hrsg.): Moderne Markenführung (3. Aufl.). Wiesbaden, S. 437-450.

ESCH, F.-R./LANGNER, T. (2004): Integriertes Branding – Baupläne zur Gestaltung neuer Marken. In: BRUHN, M. (Hrsg.): Handbuch Markenführung. Kompendium zum erfolgreichen Markenmanagement (2. Aufl.). Wiesbaden, S. 1131-1156.

ESCH, F.-R./NICKEL, O. (1998): Markenwert und Events. In: NICKEL, O. (Hrsg.): Eventmarketing. Grundlagen und Erfolgsbeispiele. München, S. 91-106.

ESCH, F.-R./REDLER, J. (2004): Durchsetzung einer integrierten Markenkommunikation. In: BRUHN, M. (Hrsg.): Handbuch Markenführung. Kompendium zum erfolgreichen Markenmanagement (2. Aufl.). Wiesbaden, S. 1467-1489.

ESCHWEILER, M./MÖLLENHOFF, A. (2004): Das Abtreten von Vereinsrechten an Sportrechtehändler im Profifußball – eine Analyse unter Principal-Agent-Gesichtspunkten. In: BIELING, M./ESCHWEI-LER, M./HARDENACKE, J. (Hrsg.): Business-to-Business-Marketing im Profifußball. Wiesbaden, S. 115-131.

ESCHWEILER, M./RUDHART, F. (2004): Entwicklung und Anwendung eines spezifischen Bewertungsmodells zur Analyse von Web-Präsenzen im Profifußball. In: BIELING, M./ESCHWEILER, M./HARDENACKE, J. (Hrsg.): Business-to-Business-Marketing im Profifußball. Wiesbaden, S. 233-269.

FASSNACHT, M. (2004): Markenführung für Dienstleistungen. In: BRUHN, M. (Hrsg.): Handbuch Markenführung. Kompendium zum erfolgreichen Markenmanagement (2. Aufl.). Wiesbaden, S. 2161-2181.

FEDDERSEN, A./ MAENNIG, W. (2003): Sportlicher Erfolg und Kapitalmarktbewertung – Das Beispiel der Borussia Dortmund GmbH & Co. KGaA. In: DIETL, H. (Hrsg.): Globalisierung des wirtschaftlichen Wettbewerbs im Sport. Schorndorf, S. 119-134.

FEESS, E./MÜHLHÄUSER, G. (2002): Auswirkungen des neuen Transfersystems auf den europäischen Fußball: Eine mikroökonomische Analyse. In: Zeitschrift für Betriebswirtschaft, Ergänzungsheft 4 (Sportökonomie), 143-162.

FELBOR, A./OPPERMANN, P./REICHSTEIN, B. (1999): Fußball-Bandenwerbung (Broschüre der UFA Sports GmbH). Hamburg.

FELDMANN, K. (1979): MEAP – Eine Methode zur Erfassung der Alltagstheorien von Professionellen. In: SCHÖN, B./HURRELMANN, K. (Hrsg.): Schulalltag und Empirie. Weinheim und Basel, S. 105-122.

FENKART, P./WIDMER, H. (1987): Corporate Identity. Zürich und Wiesbaden.

FERGUSON, D./KENNETH, S./JONES, J. (1991): The pricing of sports events: Do Teams maximise profit?. In: The Journal of Industrial Economics, 39 (3), 297-310.

FEST, J. (2000): Auf dem Weg ins Nichts. Die zweite Etappe der Umgestaltung des Sports. In: SCHWARZ-PICH, K.-H. (Hrsg.): Der DFB im Dritten Reich. Kassel, S. 149-188.

FINK, J. S./TRAIL, G. T./ANDERSON, D. F. (2002): An Examination of Team Identification: Which Motives are Most Salient to its Existence. In: International Sports Journal, 6 (2), 195-207.

FISCHER, H. (1984): Die wirtschaftliche Lage der 1. Bundesliga im Fußball. In: HEINEMANN, K. (Hrsg.): Texte zur Ökonomie des Sports. Schorndorf, S. 52-71.

FISCHER, J. (1989): Qualitative Ziele in der Unternehmensplanung. Berlin.

FLORY, M (1997): Der Fall Bosman – Revolution im Fußball?. Münster und Hamburg.

FORREST, D./SIMMONS, R. (2002): Team Salaries and Playing Success in Sports: A Comparative Perspective. In: Zeitschrift für Betriebswirtschaft, Ergänzungsheft 4 (Sportökonomie), 221-237.

FOSCHT, T. (2002): Kundenloyalität. Integrative Konzeption und Analyse der Verhaltens- und Profitabilitätswirkungen. München.

FOURNIER, S. (1998): Consumer and their Brands: Developing Relationship Theorie in Consumer Research. Journal of Consumer Research, 19 (12), 327-358.

FRANCK, E. (1995): Die ökonomischen Institutionen der Teamsportindustrie. München.

FRANCK, E. (2000a): Sportlicher Wettbewerb – ökonomisch analysiert am Beispiel des Teamsports. In: BÜCH, M. (Hrsg.): Beiträge der Sportökonomie zur Beratung der Sportpolitik. Köln, S. 47-58.

FRANCK, E. (2000b): Die Verfassungswahl bei Fußballklubs unter besonderer Beachtung der spezifischen Produktionsstruktur des Teamsports. In: BÜCH, M. (Hrsg.): Märkte und Organisationen im Sport: Institutionen-ökonomische Ansätze. Schorndorf, S. 11-26.

FRANCK, E. (2002): Making the Majors – Grundlegende institutionelle Innovationen in der Entwicklung des amerikanischen Teamsports und ihre ökonomische Logik. In: Zeitschrift für Betriebs-wirtschaft, Ergänzungsheft 4 (Sportökonomie), 23-42.

FRANCK, E. (2003): Beyond Market Power – Efficiency Explanations for the Basic Structures of North American Major League Organizations. In: European Sport Management Quarterly, 4 (3), 221-239.

FRANCK. E./JUNGWIRTH, C. (1999): Zwischen Franchisesystem und Genossenschaft: Die Organisationsform „Liga" im Profisport. In: Die Unternehmung, 53 (2), 121-132.

FRANCK. E./MÜLLER. C. (2000): Zur Fernsehvermarktung von Sportligen: Ökonomische Überlegungen am Beispiel der Fußball-Bundesliga (Freiberger Arbeitspapiere, Universität Freiberg). Freiberg.

FRANCK. E./MÜLLER. C. (2001): Zur Vermarktung von Sportligen: Ökonomische Überlegungen am Beispiel der Fernsehvermarktung der Fußball-Bundesliga. In: HERMANNS, A./RIEDMÜLLER, F. (Hrsg.): Management-Handbuch Sport-Marketing, München, S. 231-251.

FRANZKE, R. (1999): Spiele, Medien und Moneten. In: Deutscher Fußball-Bund (Hrsg.): 100 Jahre DFB: Geschichte des Deutschen Fußball-Bundes. Berlin, S. 395-432.

FRANZKE, R. (2001): Die Milliarden-Liga. In: Kicker-Sportmagazin, Nr. 62 vom 30.07.2001, S. 19-21.

FRANZKE, R. (2003): Rasen grün, Zahlen rot. In: DM Euro, Heft 8, 92-95.

FRESENIUS, T. (2002): Ein Spiel dauert länger als 90 Minuten… Der Einsatz von Online-PR in der deutschen Fußball-Bundesliga (Diplomarbeit, Universität Eichstätt). Eichstätt.

FREYER, W. (2003): Sport-Marketing. Dresden.

FRICK, B. (1999): Kollektivgutproblematik und externe Effekte im professionellen Team-Sport: „Spannungsgrad" und Zuschauerntwicklung im bezahlten Fußball. In: HORCH, H. D./HEYDEL, J. /SIERAU, A. (Hrsg.): Professionalisierung im Sportmanagement. Aachen, S. 144-160.

FRICK, B. (2000a): Betriebliche Arbeitsmärkte im professionellen Sport: Institutionenökonomische Überlegungen und empirische Befunde. In: BÜCH, M. (Hrsg.): Märkte und Organisationen im Sport: Institutionenökonomische Ansätze. Schorndorf, S. 43-76.

FRICK, B. (2000b): Prämien und Entlohnungen in Sportwettbewerben. In: BÜCH, M. (Hrsg.): Beiträge der Sportökonomie zur Beratung der Sportpolitik. Köln, S. 59-78.

FRICK, B. (2004a): Die Voraussetzungen sportlichen und wirtschaftlichen Erfolges in der Fußball-Bundesliga. In: Sportökonomie aktuell, 3 (9), 1-25.

FRICK, B. (2004b): Die Voraussetzungen sportlichen und wirtschaftlichen Erfolges in der Fußball-Bundesliga. In: BIELING, M./ESCHWEILER, M./HARDENACKE, J. (Hrsg.): Business-to-Business-Marketing im Profifußball. Wiesbaden, S. 71-93.

FRICK, B./DILGER, A./PRINZ, J. (2002): Arbeitsmarktregulierung und nachvertraglicher Opportunismus: Die Verhaltensfolgen garantierter Handgeldzahlungen in der National Football League. In: Zeitschrift für Betriebswirtschaft, Ergänzungsheft 4 (Sportökonomie), S. 163-180.

FRICK, B./PRINZ, J. (2006): Crisis? What Crisis? Football in Germany. In: Journal of Sports Economics, 7 (1), 60-75.

FRICK, B./WAGNER, G. (1996): Bosman und die Folgen. In: Wirtschaftswissenschaftliches Studium, 25 (12), 611-615.

FRICK, B./WAGNER, G. (1998): Sport als Forschungsgegenstand der Institutionen-Ökonomik. In: Sportwissenschaft, 28 (3-4), 328-343.

FRIEDRICH J. A./STIEHLER, H.-J. (2006): Fußball in Sportmagazinen des Fernsehens. Wie viel Spiel bekommen wir zu sehen?. In: MÜLLER, E./SCHWIER, J. (Hrsg.): Medienfußball im europäischen Vergleich. Köln, S. 186-201.

FRIEDRICHSEN, M./KONERDING, J. (2004): Integrierte Kommunikation (Studie Gesamtverband Kommunikationsagenturen GWA e.V.). Frankfurt.

FROMM, E. (2000): Das Jahr 1933. Zwischen Anpassung und Selbstverleugnung. In: SCHWARZ-PICH, K.-H. (Hrsg.): Der DFB im Dritten Reich. Kassel, S. 27-80.

FRÜH, H.-J./MENTGES, H.-P./ERNING, J. (2003): Professionelle Steuerung von Fußballvereinen. In: Betriebswirtschaftliche Forschung und Praxis, 55 (5), 571-582.

FUHRMANN, C. (1995): Idealverein oder Kapitalgesellschaft. In: Sport und Recht, 1, 12-17.

FUHRMANN, C. (1999): Ausgliederung der Berufsabteilung in eine AG, GmbH oder eG?. Frankfurt am Main.

FUNK, D. C./MAHONY, D. F./NAKAZAWA, M./HIRAKAWA, S. (2001): Developement of the Sport Interest Inventory (SII): Implications for Measuring Unique Consumer Motives at Team Sport Events. In: International Journal of Sports Marketing and Sponsorship, 3 (5), 291-316.

GAEDE, N./BECKER, S./MÜLLER, H.-C. (2003): Vergleich alternativer Ligasysteme – eine ökonomische Analyse. In: BERENS, W./SCHEWE, G. (Hrsg.): Profifußball und Ökonomie. Hamburg, S. 47-66.

GAEDE, N./GRUNDMANN, F. (2003): Das Machtgefüge im deutschen Profifußball. In: BERENS, W./SCHEWE, G. (Hrsg.): Profifußball und Ökonomie. Hamburg, S. 67-86.

GAEDE, N./MAHLSTEDT, D. (2003): Wandel der Anforderungen an das Management eines Bundesliga-Vereins. In: BERENS, W./SCHEWE, G. (Hrsg.): Profifußball und Ökonomie. Hamburg, S. 87-98.

GALLI, A. (1997): Das Rechnungswesen im Berufsfußball. Düsseldorf.

GALLI, A. (2002a): Finanzielle Berichterstattung im Rahmen des Lizenzierungsverfahrens der Union des Associations Européenes de Football (UEFA). In: WGZ-Bank (Hrsg.): FC Euro AG: Analysen der börsennotierten europäischen Fußballunternehmen – Entwicklung und Chancen des deutschen Fußballmarktes (Studie der WGZ-Bank, 3. Aufl.). Düsseldorf, S. 93-133.

GALLI, A. (2002b): Das Lizenzierungsverfahren der Union des Associations Européenes de Football (UEFA). In: GALLI, A./GÖMMEL, R./HOLZHÄUSER, W./STRAUB, W. (Hrsg.): Sportmanagement. München, S. 97-128.

GALLI, A./DEHESSELLES, T. (2002): Rechnungslegung im Verein. In: GALLI, A./GÖMMEL, R./HOLZHÄUSER, W./STRAUB, W. (Hrsg.): Sportmanagement. München, S. 45-74.

GALLI, A./WAGNER, M./BEIERSDORFER, D. (2002): Strategische Vereinsführung und Balanced Scorecard. In: GALLI, A./GÖMMEL, R./HOLZHÄUSER, W./STRAUB, W. (Hrsg.): Sportmanagement. München, S. 209-228.

GARBARINO, E./JOHNSON, M. S. (1999): The Different Roles of Satisfaction, Trust, and Commitment in Customer Relationships. In: Journal of Marketing, 63 (4), 70-87.

GARCIA, J./RODRIGUEZ, P. (2002): The Determinants of Football Match Attendance Revisited: Empirical Evidence From the Spanish Football League. In: Journal of Sports Economics, 3 (1), 18-38.

GÄRTNER, M./POMMEREHNE, W. (1977): Der Fußballzuschauer – ein Homo Oeconomicus?. Konstanz.

GAVIN, S./FOMBRUN, C. J. (2000): Foundations for good reputation. In: Star Tribune vom 27.04.2000, S. 17-18.

GEDENK, K. (2004): Markenführung und Verkaufsförderung. In: BRUHN, M. (Hrsg.): Handbuch Markenführung. Kompendium zum erfolgreichen Markenmanagement (2. Aufl.). Wiesbaden, S. 1513-1533.

GEHRMANN, S. (1994): Der F.C. Schalke 04. In: HOPF, W. (Hrsg.): Soziologie und Sozialgeschichte einer populären Sportart. Münster und Hamburg, S. 117-129.

GEHRMANN, S. (1988): Fußball, Vereine, Politik: Zur Sportgeschichte des Reviers 1900-1940. Essen.

GEORGI, D. (2005): Kundenbindungsmanagement und Kundenlebenszyklus. In: BRUHN, M./HOMBURG, C. (Hrsg.): Handbuch Kundenbindungsmanagement. Strategien und Instrumente für ein erfolgreiches CRM (5. Aufl.). Wiesbaden, S. 229-250.

GERDES, J. (2005): Kundenbindung durch Dialogmarketing. In: BRUHN, M./HOMBURG, C. (Hrsg.): Handbuch Kundenbindungsmanagement. Strategien und Instrumente für ein erfolgreiches CRM (5. Aufl.). Wiesbaden, S. 379-400.

GERTH, N. (2001): Zur Bedeutung eines neuen Informationsmanagements für den CRM-Erfolg. In: LINK, J. (Hrsg.): Customer Relationship Management. Erfolgreiche Kundenbeziehungen durch integrierte Informationssysteme. Wiesbaden, S. 103-116.

GLADDEN, J. M./FUNK, D. C. (2001): Understanding Brand Loyalty in Professional Sport: Examining the Link Between Brand Associations and Brand Loyalty. In: International Journal of Sports Marketing and Sponsorship, 3 (2), 67-94.

GLADDEN, J. M./FUNK, D. C. (2002): Developing an Understanding of Brand Associations in Team Sport: Empirical Evidence from Consumers of Professional Sport. In: Journal of Sport Management, 16 (1), 54-81.

GLADDEN, J. M./IRWIN L. R./SUTTON, W. A. (2001): Managing North American Major Professional Sport Teams in the New Millenium: A Focus on Building Brand Equity. In: Journal of Sport Management, 15 (4), 297-317.

GLADDEN, J. M./MILNE G. R. (1999): Examining the importance of brand equity in professional sports. In: Sport Marketing Quarterly, 8 (1), 21-29.

GLADDEN, J. M./MILNE G. R./SUTTON, W. A. (1998): A Conceptual Framework for Assessing Brand Equity in Division I College Athletics. In: Journal of Sport Management, 12 (1), 1-19.

GLADDEN, J./SUTTON, W. (2003): Professional Sport. In: PARCS, J./QUATERMAN, J. (Hrsg.): Contemporary Sport Management. Leeds, S. 297-322.

GLADDEN, J./WONG, G. M.: The Creation and Maintenance of Brand Equity – The Case of University of Massachusetts Basketball. In: MCDONALD, M. A./MILNE, G. R. (Hrsg.): Cases in Sport Marketing. Boston u.a..

GLÄSER, J./LAUDEL, G. (2004): Experteninterviews und qualitative Inhaltsanalyse als Instrumente rekonstruierender Untersuchungen. Wiesbaden.

GLENDINNING, M. (2004a): What happened to club channels?. In: Football Business International, Issue 13, December, S. 8-9.

GLENDINNING, M. (2004b): Get ready for LED?. In: Football Business International, Issue 13, December, S. 30-31.

GLÖCKLER, T. (1995): Strategische Erfolgspotentiale durch Corporate Identity. Wiesbaden.

GÖMMEL, R. (2002): Einführung in die Thematik. In: GALLI, A./GÖMMEL, R./HOLZHÄUSER, W./STRAUB, W. (Hrsg.): Sportmanagement. München, S. I-II.

GÖTZ, O./WAYNE, D. H./KRAFFT, M./REINARTZ, W. J. (2006): Der Einsatz von Costumer Relationship Management zur Steuerung von Kundenzufriedenheit. In: HOMBURG, C. (Hrsg.): Kundenzufriedenheit. Konzepte – Methoden – Erfahrungen (6. Aufl.). Wiesbaden, S. 409-430.

GRAMATKE, C. (2003): Chancen und Risiken des Börsengangs von Fußballunternehmen. In: BERENS, W./SCHEWE, G. (Hrsg.): Profifußball und Ökonomie. Hamburg, S. 129-142.

GRAMSE, P. E. (1997): Wilder Markt in Goldgräberstimmung. In: Sponsors, 3 (8), 10-16.

GREENWOOD, P. B./KANTERS, M. A./CASPER, J. M. (2006): Sport Fan Team Identification Formation in Mid-Level Professional Sport. In: European Sport Management Quarterly, 6 (3), 253-265.

GROEBEN, N. (1992): Die Inhalts-Struktur-Trennung als konstantes Dialog-Konsens-Prinzip. In: SCHEELE, B. (Hrsg.): Struktur-Lege-Verfahren als Dialog-Konsens-Methodik. Münster, S. 42-91.

GROEBEN, N./WAHL, D./SCHLEE, J./SCHEELE, B. (1988): Das Forschungsprogramm Subjektive Theorien. Eine Einführung in die Psychologie des reflexiven Subjekts. Tübingen.

GROLL, M. (2001): Klasse statt Masse. In: Sponsors, 6 (4), 30-31.

GROLL, M./KLEWENHAGEN, M. (1999): Die Schlacht am Fußball-Buffet. In: Sponsors, 4 (6), 14-22.

GROLL, M./SCHLÖSSER, M./SCHULTE, M. (2002): Fußball-Business 2002. Mainz.

GRÖPPEL-KLEIN, A. (2004): Vertrauen. In: BRUHN, M./HOMBURG, C. (Hrsg.): Marketing-Lexikon. Wiesbaden, S. 862-863.

GRUND, M. A. (1998): Interaktionsbeziehungen im Dienstleistungsmarketing. Zusammenhänge zwischen Zufriedenheit und Bindung von Kunden und Mitarbeitern. Wiesbaden.

GRUNDMANN, F./HARDENACKE, J./RÜßMANN, S. (2004): Zentralvermarktung versus Direktvermarktung in der Fußballbundesliga – eine transaktionskostenökonomische Analyse. In: BIELING, M./ESCHWEILER, M./HARDENACKE, J. (Hrsg.): Business-to-Business-Marketing im Profifußball. Wiesbaden, S. 323-347.

GRÜNINGER, S. (2001): Vertrauensmanagement. Kooperation, Moral und Governance. Marburg.

GRÜNITZ, M./VON ARNDT, M. (2002): Der Fußballcrash. Fußballmarketing: Die Chronik eines angekündigten Untergangs. Stuttgart.

GRÜTTER, H. T. (2000): Schalker Kreisel. In: BRUGGEMEIER, F.-J./BORSDORF, U./STEINER, J. (Hrsg.): Der Ball ist rund. Essen, S. 168-173.

GÜNDLING, C. (1998): Bedeutung der Kundenbindung im Rahmen des Eventmarketings. In: NICKEL, O. (Hrsg.): Eventmarketing. Grundlagen und Erfolgsbeispiele. München, S. 79-90.

GÜNTER, B. (2006): Beschwerdemanagement als Schlüssel zur Kundenzufriedenheit. In: HOMBURG, C. (Hrsg.): Kundenzufriedenheit. Konzepte – Methoden – Erfahrungen (6. Aufl.). Wiesbaden, S. 369-390.

HAAS, O. (2002a): Controlling der Fußballunternehmen. Berlin.

HAAS, O. (2002b): Ausgestaltung des Controlling im Berufsfußball. In: GALLI, A./GÖMMEL, R./HOLZHÄUSER, W./STRAUB, W. (Hrsg.): Sportmanagement. München, S. 167-207.

HACKE, D./RÖBEL, S./TODT, J./WULZINGER, M. (2005): „Das war doch gekauft". In: Spiegel, Nr.5 vom 31.01.2005, S. 44-48.

HACKENEY, B. (2003): Anwendungsmöglichkeiten der Balanced Score Card bei Organisationen des Profi-Sports – dargestellt am Beispiel des FC Schalke 04. In: BERENS, W./SCHEWE, G. (Hrsg.) : Profifußball und Ökonomie. Hamburg, S. 159-178.

HACKFORTH, J. (1975): Sport im Fernsehen. Münster.

HACKFORTH, J. (1978): Fernsehen: Trittbrettfahrer und Schaltfehler. In: HACKFORTH, J./WEISCHENBERG, S. (Hrsg.): Sport und Massenmedien. Bad Homburg, S. 73-86.

HACKFORTH, J. (2004): Handbuch der Sportkommunikation 2004. München.

HACKFORTH, J./SCHAFFRATH, M. (2001): Übertragungsrechte im Sport zwischen Free- und Pay-TV. In: HERMANNS, A./RIEDMÜLLER, F. (Hrsg.): Management-Handbuch Sport-Marketing. München, S. 349-368.

HADELER, T./WINTER, E. (2000): Gabler Wirtschaftslexikon. Wiesbaden.

HAFFNER, S. (2000): „Hipp, Hipp, Hurra" und „Sieg Heil". Die deutsche Nationalmannschaft unter dem Hakenkreuz. In: SCHWARZ-PICH, K.-H. (Hrsg.): Der DFB im Dritten Reich. Kassel, S. 81-148.

HAHN, D. (1986): Planungs- und Kontrollrechnung (3. Aufl.). Wiesbaden.

HAMMANN, P. (2004): Eine zielgruppenorientierte Marketingkonzeption für Fußballclubs. In: HAMMANN, P./SCHMIDT, L./WELLING, M. (Hrsg.): Ökonomie des Fußballs, S. 331-356.

HANDEN, L. (2000): Putting CRM to Work: The rise of the Relationship. In: BROWN, S. A. (Hrsg.): Customer Relationship Management. A strategic Imperative in the World of e-Business. Toronto, S. 7-18.

HANSEN, U./JESCHKE, K./SCHÖBER, P. (1996): Beschwerdemanagement – Die Karriere einer kundenorientierten Unternehmensstrategie im Konsumgütersektor. In: Marketing ZFP, 18 (2), 77-95.

HARDENACKE, J./HUMMELSBERGER, M. (2004): Paradigmenwechsel im Profifußball – Kennzahlen zum Wandel vom Altruismus zur marktorientierten Unternehmensführung. In: BIELING, M./ESCHWEILER, M./HARDENACKE, J. (Hrsg.): Business-to-Business-Marketing im Profifußball. Wiesbaden, S. 51-71.

HARDENACKE, J./MUHLE, D. (2004): Kooperationsformen im Profifußball – Eine ökonomische Analyse der DFL und der europäischen G-14. In: BIELING, M./ESCHWEILER, M./HARDENACKE, J. (Hrsg.): Business-to-Business-Marketing im Profifußball. Wiesbaden, S. 271-301.

HEIMANN, K.-H. (1993): Spiegelbild der Gesellschaft – 30 Jahre Bundesliga. In: HANSEN, K. (Hrsg.): Verkaufte Faszination – 30 Jahre Fußball-Bundesliga. Essen, S. 18-24.

HEIMANN, K.-H. (1999a): Ein langer, steiniger Weg. In: Deutscher Fußball-Bund (Hrsg.): 100 Jahre DFB: Geschichte des Deutschen Fußball-Bundes. Berlin, S. 387-394.

HEIMANN, K.-H. (1999b): Danke Schweiz!. In: Deutscher Fußball-Bund (Hrsg.): 100 Jahre DFB: Geschichte des Deutschen Fußball-Bundes. Berlin, S. 337-342.

HEIMSOTH, A. (2000a): Bauten der Leidenschaft. Volksparks und Kampfbahnen. In: BRUGGEMEIER, F.-J./BORSDORF, U./STEINER, J. (Hrsg.): Der Ball ist rund. Essen, S. 134-141.

HEIMSOTH, A. (2000b): König Fußball regiert. In: BRUGGEMEIER, F.-J./BORSDORF, U./STEINER, J. (Hrsg.): Der Ball ist rund. Essen, S. 152-167.

HEINEMANN, K (1984): Grundlagen einer Ökonomie des Sports. In: HEINEMANN, K. (Hrsg.): Texte zur Ökonomie des Sports. Schorndorf, S. 17-47.

HEINEMANN, K. (1986): Probleme der Finanzierung des Sportvereins – Kommerzialisierung und Politisierung. In: Deutscher Sportbund (Hrsg.): Die Zukunft des Sports. Schorndorf, S. 186-193.

HEINEMANN, K. (1989): Sport unter den Gesetzen des Marktes – das Beispiel des kommerziellen Zuschauer-Sports. In: HEINEMANN, K./DIETRICH, K. (Hrsg.): Der nicht-sportliche Sport. Schorndorf, S. 170-182.

HEINEMANN, K. (1999): Ökonomie des Sports – Eine Standortbestimmung. In: HORCH, H. D./HEYDEL, J./SIERAU, A. (Hrsg.): Professionalisierung im Sportmanagement. Aachen, S. 13-47.

HEINRICH, A. (2000): Der Deutsche Fußballbund: Eine politische Geschichte. Köln.

HELM, S. (2005): Kundenbindung und Kundenempfehlungen. In: BRUHN, M./HOMBURG, C. (Hrsg.): Handbuch Kundenbindungsmanagement. Strategien und Instrumente für ein erfolgreiches CRM (5. Aufl.). Wiesbaden, S. 125-144.

HEMMERICH, H. (1982): Möglichleiten und Grenzen wirtschaftlicher Betätigung im Idealverein. Heidelberg.

HERMANNS, A. (1997): Sponsoring – Grundlagen, Wirkungen, Management, Perspektiven (2. Auflage). München.

HERMANNS, A. (2002): Grundlagen des Sportsponsoring. In: GALLI, A./GÖMMEL, R./HOLZHÄUSER, W./STRAUB, W. (Hrsg.): Sportmanagement. München, S. 333-353.

HERMANNS, A./RIEDMÜLLER, F. (2001): Die duale Struktur des Sportmarktes: Aufbau, Inhalte, Marktteilnehmer. In: HERMANNS, A./RIEDMÜLLER, F. (Hrsg.): Management-Handbuch Sport-Marketing. München, S. 35-55.

HINTERHUBER, H. H./FRIEDRICH, S. A./MATZLER, K./STAHL, K. (2000): Die Rolle der Kundenzufriedenheit in der strategischen Unternehmensführung. In: HINTERHUBER, H./MATZLER, K. (Hrsg.): Kundenorientierte Unternehmensführung (2. Aufl.). Wiesbaden, S. 3-22.

HIPPNER, H./WILDE, K. (2001): CRM – Ein Überblick. In: HELMKE, S./DANGELMAIER, W. (Hrsg.): Effektives Customer Relationsip Management. Instrumente – Einführungskonzepte – Organisation. Wiesbaden, S. 3-37.

HIPPNER, H./WILDE, K. (2003): Customer Relationship Management – Strategie und Realisierung. In: TEICHMANN, R. (Hrsg.): Customer und Shareholder Relationship Management. Erfolgreiche Kunden- und Aktionärsbindung in der Praxis. Berlin, S. 3-54.

HIRN, W./KROGH, H. (1993): Toren des Jahres. In: Manager Magazin, 51 (8), 84-91.

HOCKENJOS, C. (2002): Sportvermarktung durch neue Geschäftsfelder bei Borussia Dortmund. In: TROSIEN, G. (Hrsg.): Sport und neue Märkte. Berlin, S. 87-96.

HÖDL, G. (2002): Zur politischen Ökonomie des Fußballsports. In: FANIZADEH, M./HÖDL, G./ MANZENREITER, W. (Hrsg.): Global Players – Kultur, Ökonomie und Politik des Fußballs. Frankfurt, S. 13-36.

HOENESS, D. (1999): Unser Geschäft ist Emotion, Kontinuität und Kompetenz. In: SCHAFFRATH, M. (Hrsg.): Die Zukunft der Bundesliga. Management und Marketing im Profifußball. Göttingen, S. 85-96.

HOFFMANN, B. (2001): Die Vermarktung von Rechten im Sport. In: HERMANNS, A./RIEDMÜLLER, F. (Hrsg.): Management-Handbuch Sport-Marketing. München, S. 333-347.

HÖFT, M./CREMER, M./EMBACH, C./JÜRGENS, C./THALER, C. (2005): Markteintritt europäischer Fußballvereine in Asien: Chancen, Risiken und Handlungsempfehlungen. In: WEHRHEIM, M.(Hrsg.): Marketing der Fußballunternehmen. Berlin, S. 145-198.

HOHENAUER, R. (2005a): Die fünfjährige Talfahrt der BVB-Aktie. In: Sponsors, 10 (12), 30-31.

HOHENAUER, R. (2005b): Der Zock um Milliarden. In: Sponsors, 10 (12), 14-21.

HOHENAUER, R. (2005c): „Tabakwerbung wird Formel 1 neu beleben". In: Sponsors, 10 (11), 38.

HOHENAUER, R. (2006a): Das Sportbusinessjahr 2006. In: Sponsors, 11 (12), 24-25.

HOHENAUER, R. (2006b): CRM-Systeme sollen Fan-Daten lukrativer machen. In: Sponsors, 11 (7), 26-27.

HOHENAUER, R. (2006c): bwin fährt Marketingetat drastisch zurück. In: Sponsors, 11 (11), 27.

HOHENAUER, R. (2006d): Telekom überdenkt Bundesliga-Namensrecht. In: Sponsors, 11 (10), 36.

HOHENAUER, R. (2006e): Trotz Rekordeinnahmen – Bundesliga weiter Schlusslicht. In: Sponsors, 11 (8), 32-33.

HOHENAUER, R. (2007a): Telekom bietet Internet-TV für alle Klubs. In: Sponsors, 12 (1), 24-25.

HOHENAUER, R. (2007b): HSH Nordbank ersetzt AOL. In: Sponsors, 12 (5), 36.

HOHENAUER, R. (2007c): „100 Millionen Euro Verlust durch Wettmonopol". In: Sponsors, 12 (6), 24-25.

HOHENAUER, R. (2007d): FASPO warnt vor 312 Mio. Euro Verlust. In: Sponsors, 12 (7), 28.

HOHENAUER, R./WEILGUNY, M. (2007): Preisgerangel. In: Sponsors, 12 (7), 18-22.

HOLLAND, H. (2004): CRM erfolgreich einsetzen. Warum CRM-Projekte scheitern und wie sie erfolgreich werden. Göttingen.

HOLLAND, H./HEEG, S. (1998): Erfolgreiche Strategien für die Kundenbindung. Wiesbaden.

HOLZAPFEL, T. (2003): Sportrechte-Vermarkter im Fußball. Geldgeber und Einflussnehmer?. Ilvesheim.

HOMBURG, C./BECKER, F./HENTSCHEL, F. (2005): Der Zusammenhang zwischen Kundenzufriedenheit und Kundenbindung. In: BRUHN, M./HOMBURG, C. (Hrsg.): Handbuch Kundenbindungsmanagement. Strategien und Instrumente für ein erfolgreiches CRM (5. Aufl.). Wiesbaden, S. 93-124.

HOMBURG, C./BRUHN, M. (2005): Kundenbindungsmanagement – Eine Einführung in die theoretischen und praktischen Problemstellungen. In: BRUHN, M./HOMBURG, C. (Hrsg.): Handbuch Kundenbindungsmanagement. Strategien und Instrumente für ein erfolgreiches CRM (5. Aufl.). Wiesbaden, S. 3-40.

HOMBURG, C./BUCERIUS, M. (2006): Kundenzufriedenheit als Managementherausforderung. In: HOMBURG, C. (Hrsg.): Kundenzufriedenheit. Konzepte – Methoden – Erfahrungen (6. Aufl.). Wiesbaden, S. 53-89.

HOMBURG, C./FASSNACHT, M./WERNER, H. (2000): Operationalisierung von Kundenzufriedenheit und Kundenbindung. In: BRUHN, M./HOMBURG, C. (Hrsg.): Handbuch Kundenbindungsmanagement. Strategien und Instrumente für ein erfolgreiches CRM (3. Auflage). Wiesbaden, S. 505-528.

HOMBURG, C./GIERING, A./HENTSCHEL, F. (1999): Der Zusammenhang zwischen Kundenzufriedenheit und Kundenbindung. In: Die Betriebswirtschaft, 59 (2), 174-195.

HOMBURG, C./SIEBEN, F. (2005): Customer Relationship Management (CRM) – Strategische Ausrichtung statt IT-getriebenem Aktivismus. In: BRUHN, M./HOMBURG, C. (Hrsg.): Handbuch Kundenbindungsmanagement. Strategien und Instrumente für ein erfolgreiches CRM (5. Aufl.). Wiesbaden, S. 435-462.

HOMBURG, C./STOCK-HOMBURG, R. (2006): Theoretische Perspektiven zur Kundenzufriedenheit. In: HOMBURG, C. (Hrsg.): Kundenzufriedenheit. Konzepte – Methoden – Erfahrungen (6. Aufl.). Wiesbaden, S. 17-51.

HOPF, W. (1994): Wie konnte Fußball ein deutsches Spiel werden?. In: HOPF, W. (Hrsg.): Soziologie und Sozialgeschichte einer populären Sportart. Münster und Hamburg, S. 54-80.

HOPT, K. (1991): Wirtschaftliche und rechtliche Aspekte zu Problemen des Berufsfußballs. In: Betriebs-Berater, 46 (12), 778-785.

HORAK, C. (1999): Die Notwendigkeit der strategischen Planung im Sport am Beispiel „Bundesliga 2000“ – Ein strategisches Konzept für die österreichische Fußball-Bundesliga. In: HORCH, H. D./ HEYDEL, J./SIERAU, A. (Hrsg.): Professionalisierung im Sportmanagement. Aachen, S. 236-257.

HÖRSCHGENS, H. (1992): Grundbegriffe der Betriebswirtschaftslehre (3. Aufl.). Stuttgart.

HOWARD, D. R. (1999): The Changing Fanscape for Big League-Sports. In: Journal of Sport Management, 13 (1), 78-91.

HOWARD, D. R./BURTON, R. (2002): Sports Marketing in a Recession: It's a Brand New Game. In: International Journal of Sports Marketing and Sponsorship, 4 (1), 23-40.

HUBER, F./HERRMANN, A./BRAUNSTEIN, C. (2000): Der Zusammenhang zwischen Produktqualität, Kundenzufriedenheit und Unternehmenserfolg. In: HINTERHUBER, H./MATZLER, K. (Hrsg.): Kundenorientierte Unternehmensführung (2. Aufl.). Wiesbaden, S. 48-66.

HÜBL, L./SWIETER, D. (2002): Der Spielermarkt in der Fußball-Bundesliga. In: Zeitschrift für Betriebswirtschaft, Ergänzungsheft 4 (Sportökonomie), 105-126.

HÜBNER, R. (1983): Der Skandal – Als der Fußball die Unschuld verlor. In: ENGELBACH, H. (Hrsg.): 20 Jahre Bundesliga. München, S. 121-123.

HUNT, J. W./LEWIS, K. A. (1976): Dominance, Recontracting, and the Reserve Clause: Major League Baseball. In American Economic Review, 66 (6), 936-943.

HÜTTNER, M. (1997): Grundzüge der Marktforschung. München u.a..

IRWIN, R. L./LACHOWETZ, T./CORNWELL, T. B./CLARK, J. S. (2003): Cause-Related Sport Sponsorship: An Assessment of Spectator Beliefs, Attitudes, and Behavioral Intentions. In: Sport Marketing Quarterly, 12 (3), 131-139.

IRWIN, R. L./SUTTON, W. A./MCCARTHY, L. A. (2002): Sport Promotion and Sales Management. Windsor und Leeds.

ISENBART, J. (1993): Bewegung an der Bande. In: Media-Spectrum, 4 (6), 17-18.

ISENBART, J. (1995): Grundlagen der Bandenwerbung. In: BROCKES, H.-W. (Hrsg.): Leitfaden Sponsoring und Event-Marketing. Düsseldorf, B.5.1., S. 1-10.

JAMES. J. D. (1997): Becoming a Sport Fan: Understanding cognitive development and socialisation in the development of fan loyality. In: Dissertation Abstracts International (Vol. 58, Nr.5, November 1997). S. 1915.

JAMES, J. D./KOLBE, R. H./TRAIL, G. T. (2002): Psychological Connection to a New Sport Team: Building or Maintaining the Consumer Base?. In: Sport Marketing Quarterly, 11 (4), 215-225.

JONES, J. (1969): The Economics of the National Hockey League. In: Canadian Journal of Economics, 2 (1), 1-20.

JONES, T. O./SASSER, W. E. (1995): Why Satisfied Customers Defect. In: Harvard Business Review, 73 (6), 88-99.

JOWDY, E./MCDONALD, M. A. (2003): Relationship Marketing and Interactive Fan Festivals. In: International Journal of Sports Marketing and Sponsorship, 4 (4), 295-312.

KAISER, T. (2004): Die Behandlung von Spielerwerten in der Handelsbilanz und im Überschuldungsstatus im Profifußball. In: Der Betrieb, 57 (21), 1109-1112.

KALWANI, M./NARAYANDES, N. (1995): Long-Term Manufacturer-Supplier Relationships: Do they Pay Off for Supplier Firms?. In: Journal of Marketing, 59 (1), 1-16.

KANO, N. (1984): Attractive Quality and Must-be Quality. In: Hinshitsu, The Journal of the Japanese Society for Quality Control, 14 (2), 39-48.

KAPFERER, J. N. (1992): Die Marke – Kapital des Unternehmens. Landsberg am Lech.

KARLE, R. (1998): Zwischen Emotion und Entertainment. Wie die Marke Fußball entwickelt wird. In: Horizont, 15 (8), 18.

KARLE, R. (2001): Ein gnadenloser Ausleseprozess droht. In: Horizont Sport Business, 1 (7), 50-51.

KEBEKUS, F. (1991): Alternativen zur Rechtsform des Idealvereins im bundesdeutschen Lizenzfußball. Frankfurt am Main u.a..

KELLER, C. (2005): Corporate Finance im Profifußball – Kriterien für die Inanspruchnahme von Kapitalmarktfinanzierung durch Fußballunternehmen (Arbeitspapier, Eberhard-Karls-Universität Tübingen). Tübingen.

KELLER, I. (1990): Corporate Identity - Elemente und Wirkung. Stuttgart.

KELLER, K. L. (1993): Conceptualizing, Measuring, and Managing Customer Based Brand Equity. In: Journal of Marketing, 57 (1), 1-22.

KELLER, K. L. (1998): Strategic Brand Management. Building, Measuring and Managing Brand Equity. Upper Saddle River.

KEPPLER, V. (2004): Tabellenführer im Controlling. In: Finance, 3 (3), 72.

KERN, M./HAAS, O./DWORAK, A. (2002): Finanzierungsmöglichkeiten für die Fußball-Bundesliga und andere Profisportligen. In: GALLI, A./GÖMMEL, R./HOLZHÄUSER, W./STRAUB, W. (Hrsg.): Sportmanagement. München, S. 395-447.

KESENNE, S. (1996): League management in professional team sports with win maximizing clubs. In: European Journal for Sport Management, 2 (2), 14-22.

KIESSLING, W. F./SPANNAGL, P. (2000): Corporate Identity: Unternehmensleitbild - Organisationskultur. Augsburg.

KINCAID, J. W. (2003): Customer Relationship Management. Getting it right!. Upper Saddle River.

KINDERVATER, J. (2000): Die zunehmende Bedeutung von Dienstleistungsmarken - Markenmanagement und integrierte Kommunikation bei der Deutschen Telekom. In: KÖHLER, R./MAJER, W./WIEZOREK, H. (Hrsg.): Erfolgsfaktor Marke. München, S. 226-236.

KIPKER, I. (2000): Die Beziehung zwischen Sport und Medienkonzernen – Eine ökonomische Analyse der deutschen Fußball-Bundesliga. In: SCHELLHAAß, H. M. (Hrsg.): Sportveranstaltungen zwischen Liga- und Medieninteresse. Schorndorf, S. 41-62.

KIPKER, I. (2002): Sind Salary Caps im europäischen Fußball umsetzbar und sinnvoll?. In: Sportökonomie aktuell, 1 (5), 1-23.

KIRMANI, A./ZEITHAML, V. (1993): Advertising, Perceived Quality, and Brand Image. In: AAKER, D. A./BIEL, A. L. (Hrsg.): Brand Equity and Advertising. Advertising's Role in Building Strong Brands. Hillsdale, S. 143-161.

KISTNER, T./WEINRICH J. (1998): Das Milliarden-Spiel. Frankfurt am Main.

KLEIN, M. L. (2004): Institutionelle Rahmenbedingungen und Gegenstandsbereiche ökonomischer Forschung zum Fußball in Deutschland. In: HAMMANN, P./SCHMIDT, L./WELLING, M. (Hrsg.): Ökonomie des Fußballs. Wiesbaden, S. 11-23.

KLEINALTENKAMP, M. (1998): Begriffsabgrenzung und Erscheinungsformen von Dienstleistungen. In: BRUHN, M./MEFFERT, H. (Hrsg.): Handbuch Dienstleistungsmanagement. Wiesbaden, S. 27-50.

KLEWENHAGEN, M. (1999a): ManU und Real Madrid: Zusammen weniger Geld als Bayern. In: Sponsors, 4 (10), 34.

KLEWENHAGEN, M. (1999b): Neue Ein-Meter-Banden. In: Sponsors, 4 (10), 35.

KLEWENHAGEN, M. (1999c): Unternehmen fliegen auf Teppiche. In: Sponsors, 4 (10), 26.

KLEWENHAGEN, M. (2000a): Eine neue Zeitrechnung. In: Sponsors, 5 (6), 14-22.

KLEWENHAGEN, M. (2000b): Deutsche Durststrecke hat dem Erfolg nicht geschadet. In: Sponsors, 5 (7), 26-27.

KLEWENHAGEN, M. (2000c): Konzepte in den europäischen Fußball-Ligen – Vielfältige Vermarktung. In: Sponsors, 5 (10), 14-24.

KLEWENHAGEN, M. (2000d): Relaunch bringt gute Werte. In: Sponsors, 5 (4), 22.

KLEWENHAGEN, M. (2000e): Bandencheck. In: Sponsors, 5 (9), 36-37.

KLEWENHAGEN, M. (2000f): Arenen suchen Titelsponsoren. In: Sponsors, 5 (5), 24-25.

KLEWENHAGEN, M. (2001a): Vernetzte Kommunikation – Eine verstrickte Sache. In: Sponsors, 6 (5), 14-23.

KLEWENHAGEN, M. (2001b): Under Construction. In: Sponsors, 6 (6), 14-24.

KLEWENHAGEN, M. (2001c): Namensrecht in Etappen?. In: Sponsors, 7 (8), 42-43.

KLEWENHAGEN, M. (2002a): Hat die DFL richtig entschieden?. In: Sponsors, 7 (8), 34-40.

KLEWENHAGEN, M. (2002b): What's the Story. In: Sponsors, 7 (6), 43.

KLEWENHAGEN, M. (2003): Markenpflege in der Bundesliga: „Pseudo-Marketing-Experten“. In: Sponsors, 8 (2), 30.

KLEWENHAGEN, M. (2004a): Mit ERP und CRM ins Stadion. In: Sponsors, 9 (7), 40-41.

KLEWENHAGEN, M. (2004b): Modernes Ticketing - Nachsteuern wird meist teuer. In: Sponsors, 9 (10), 26-27.

KLEWENHAGEN, M. (2005a): Kommt die Logen-Steuer?. In: Sponsors, 10 (4), 38.

KLEWENHAGEN, M. (2005b): Schadensfall Meisterschaft. In: Sponsors, 10 (4), 30.

KLEWENHAGEN, M. (2006a): Doppelzüngigkeit zugelassen. In: Sponsors, 11 (8), 3.

KLEWENHAGEN, M. (2006b): Eine Liga sieht rosa. In: Sponsors, 11 (7), 41-42.

KLEWENHAGEN, M. (2007): Brüder im Geiste. In: Sponsors, 12 (3), 3.

KLEWENHAGEN, M./HOHENAUER, R. (2006): Namingright in Fußballstadien. Schwierige Preisfindung für Namensgebung. In: Sponsors, 11 (1), 38-39.

KLEWENHAGEN, M./KLOTZ, P./SOHNS, M./WEILGUNY, M.: TV-Schlüssel noch haltbar?. In: Sponsors, 10 (6), 10-20.

KLEWENHAGEN, M./KROLL, C./WEILGUNY, M. (2001): Arenen und Stadien – Deutschland im Baufieber. In: Sponsors, 6 (12), 16-26.

KLEWENHAGEN, M./SOHNS, M. (2003): Tief sorgt für Abkühlung. In: Sponsors, 8 (1), 16-22.

KLEWENHAGEN, M./SOHNS, M. (2004): Entweder Get-Ups oder gar nichts. In: Sponsors, 9 (11), 38-39.

KLEWENHAGEN, M./SOHNS, M. (2007): Millionengarant mit Makel. In: Sponsors, 12 (7), 12-16.

KLEWENHAGEN, M./SOHNS, M./WEILGUNY, M. (2002): Begehrtes Produkt trotz Krise. In: Sponsors, 7 (6), 18-30.

KLEWENHAGEN, M./WEILGUNY, M. (2001): Werbepaket mit Gewinnspiel, Anzeigen und Banden im Fußball. „Super Goal“ schießt auf den Markt. In: Sponsors, 6 (11), 37.

KLEWENHAGEN, M./WEILGUNY, M. (2002): Liga hängt nicht am Tropf von Kirch. In: Sponsors, 7 (2), 28-29.

KLEWENHAGEN, M./WEILGUNY, M. (2003a): Klubs haben Defizit abgebaut. In: Sponsors, 8 (5), 34

KLEWENHAGEN, M./WEILGUNY, M. (2003b): Klubs haben DFL nicht begriffen. In: Sponsors, 8 (6), 24-28.

KLIMMER, I. (2003): Profifußballunternehmen an der Börse. Bayreuth.

KLIMMER, C. (2004): Prüfung der wirtschaftlichen Leistungsfähigkeit im deutschen Lizenzfußball – eine betriebswirtschaftlich fundierte Analyse?. In: HAMMANN, P./SCHMIDT, L./WELLING, M. (Hrsg.): Ökonomie des Fußballs. Wiesbaden, S. 133-161.

KLINGMÜLLER, A. (2001): Die Strukturierung der US-Ligen. In: Sponsors, 6 (6), 48-49.

KLINGMÜLLER, A. (2006): Auswuchs der Kommerzialisierung des Sports. In: Sponsors, 11 (7), 48-49.

KLINGMÜLLER, A./KIESGEN, M. (2004): Das Tabakwerbeverbot: Europäische Gemeinheit?. In: Sponsors, 9 (3), 52-53.

KLINGMÜLLER, A./SIEBOLD, M. (2004): Preamium Seating – Allheilmittel oder notwendiges Übel. In: Sponsors, 9 (10), 54-55.

KLOSE, M. (2003): Zur Notwendigkeit einer integrativen Sicht von Finanzdienstleistungen. Hamburg.

KLOTZ, P. (2003a): Stadionneu- und Umbau. „Funktionalität statt Schönheit“. In: Sponsors, 8 (8), 22-24.

KLOTZ, P. (2003b): Leo's Erbe bedroht Fußball-Liga. In: Sponsors, 8 (11), 30-33.

KLOTZ, P. (2004): Konsolidierung geht weiter. In: Sponsors, 9 (1), 26-27.

KLOTZ, P. (2006a): Die größte Klubseite der Welt. In: Sponsors, 11 (2), 36-37.

KLOTZ, P. (2006b): Telekom und DFL am grünen Tisch. In: Sponsors, 11 (5), 38-39.

KLOTZ, P. (2007): Microsoft testet Sportsponsoring. In: Sponsors, 12 (7), 37.

KLOTZ, P./KLEWENHAGEN, M. (2005): „Klubs fehlt Markenführung“. In: Sponsors, 10 (2), 38-40.

KNAUTH, K.-W. (1977): Die Rechtsformverfehlung bei eingetragenen Vereinen mit wirtschaftlichem Geschäftsbetrieb. Köln.

KOCH, M. (1999): Marketing: Einführung in die marktorientierte Unternehmensführung. Oldenburg.

KOCHMAN, L. M. (1995): Major League Baseball: What Really Puts Fans in the Stands. In: Sports Marketing Quarterly, 4 (1), 9-11.

KOHL, T. (2001): Ökonomie des Fußballs. Aachen.

KOHL, M./SIEGEL, C. (2000): Beziehungsmarketing im Tourismus. In: HINTERHUBER, H./MATZLER, K. (Hrsg.): Kundenorientierte Unternehmensführung (2. Aufl.). Wiesbaden, S. 495-506.

KÖHLER, R. (2004): Entwicklungstendenzen des Markenwesens aus der Wissenschaft. In: BRUHN, M. (Hrsg.): Handbuch Markenführung. Kompendium zum erfolgreichen Markenmanagement (2. Aufl.). Wiesbaden, S. 2769-2798.

KOLBE, R. H./JAMES, J. D. (2000): An Identification and Examination of Influences that Shape the Creation of a Professional Team Fan. In: International Journal of Sports Marketing and Sponsorship, 2 (1), 23-37.

KÖNIG, E. (1995): Qualitative Forschung subjektiver Theorien. In: KÖNIG, E./ZEDLER, P. (Hrsg.): Bilanz qualitativer Forschung. Band II: Methoden. Weinheim, S. 11-30.

KOPPEHEL, C. (1960): Geschichte des deutschen Fussballsports. Frankfurt am Main.

KOPPET, L. (1967): A Thinking Man's Guide to Baseball. New York.

KOTLER, P./BLIEMEL, F. (1995): Marketing-Management. Analyse, Planung, Umsetzung und Steuerung. Stuttgart.

KRAFFT, M. (2001): Kundenbindung und Kundenwert. Berlin.

KRIEGBAUM, C. (2001): Markencontrolling: Bewertung und Steuerung von Marken als immaterielle Vermögenswerte im Rahmen eines unternehmenswertorientierten Controlling. München.

KRISHNAN, H. S./CHAKRAVARTI, D. (1993): Varieties of Brand Memory Induced by Advertising: Determinants, Measures, and Relationships. In: AAKER, D. A./BIEL, A. L. (Hrsg.): Brand Equity and Advertising. Advertising's Role in Building Strong Brands. Hillsdale, S. 213-232.

KROHMER, H. (2004): Key Account Management. In: BRUHN, M./HOMBURG, C. (Hrsg.): Marketing-Lexikon. Wiesbaden, S. 380-384.

KROLL, C. (2002): Das Event American Football. „Die Sache um das Ei rund machen". In: Sponsors, 7 (8), 44-45.

KROLL, C. (2002): Das Geschäft mit dem Gaumen. In: Sponsors, 7 (6), 44-46.

KRÜGER, S. M. (1997): Profitabilitätsorientierte Kundenbindung durch Zufriedenheitsmanagement. Kundenzufriedenheit und Kundenwert als Steuerungsgröße für die Kundenbindung in marktorientierten Dienstleitungsunternehmen. München.

KRUSE, J. (1991): Wirtschaftliche Wirkungen einer unentgeltlichen Sport-Kurzberichterstattung im Fernsehen. Baden-Baden.

KRUSE, J. (2000): Informationsfreiheit versus wirtschaftliche Verwertungsinteressen aus ökonomischer Sicht. In: SCHELLHAAß, M. (Hrsg.): Sport und Medien. Berlin, S. 11-28.

KRUSE, J./QUITZAU, J. (2002a): Zentralvermarktung der Fernsehrechte an der Fußballbundesliga. (Diskussionsbeiträge zur Wirtschaftspolitik, Universität der Bundeswehr Hamburg). Hamburg.

KRUSE, J./QUITZAU, J. (2002b): Zentralvermarktung der Fernsehrechte an der Fußballbundesliga. In: Zeitschrift für Betriebswirtschaft, Ergänzungsheft 4 (Sportökonomie), 63-82.

KURSCHEIDT, M. (2004): Stand und Perspektiven ökonomischer Forschung zum Fußball – eine dogmenhistorische Annäherung. In: HAMMANN, P./SCHMIDT, L./WELLING, M. (Hrsg.): Ökonomie des Fußballs. Wiesbaden, S. 25-58.

LAASER, E. (1998): Vom gebührenfinanzierten „Sport im Fernsehen" zum privatwirtschaftlichen Fernsehsport. In: PETHIG, R./BLIND, S. (Hrsg.): Fernsehfinanzierung: Ökonomische, rechtliche und ästhetische Perspektiven. Wiesbaden, S. 107-118.

LACHOWETZ, T./MCDONALD, M./SUTTON, W./CLARK, A./CLARK, J. (2001): The National Basketball Association: Application of Customer Lifetime Value. In: Sport Marketing Quarterly, 10 (2), 181-184.

LACHOWETZ, T./MCDONALD, M./SUTTON, W./HEDRICK, D. (2003): Corporate Sales Activities and the Retention of Sponsors in the National Basketball Association (NBA). In: Sport Marketing Quarterly, 12 (1), 18-26.

LACHOWETZ, T./SUTTON, W./ MCDONALD, M./WARNICK, R./CLARK, J. (2002): Corporate Selling Activities and the Determinants of Corporate Partner Retention in the National Basketball Association (NBA). In: International Journal of Sports Marketing and Sponsorship, 4 (6) 403-427.

LAMNEK, S. (1995a): Qualitative Sozialforschung. Band 1: Methodologie. Weinheim.

LAMNEK, S. (1995b): Qualitative Sozialforschung. Band 2: Methoden und Techniken. Weinheim.

LANGEN, T./LIEHM, N./ROTH, C./WEINDL, F./WOLF, S. (2005): Mitgliedermarketing in der Fußball-Bundesliga. In: WEHRHEIM, M.(Hrsg.): Marketing der Fußballunternehmen. Berlin, S. 199-244.

LANGUSCH, L. (2004): Vertrauen. Aufbau, Verstärkung und Diffusion vor dem Hintergrund der Virtualisierung von Unternehmen. München und Mering.

LEDA, L. (2004): Sportwetten: Quo Vadis?. In: Sponsors, 9 (4), 46-47.

LEHMANN, E./WEIGAND, J. (1997a): Fußball als ökonomisches Phänomen – Money makes the ball go round (Diskussionspapier Nr. 8, Universität Rostock). Rostock.

LEHMANN, E./WEIGAND, J. (1997b): Money makes the ball go round – Fußball als ökonomisches Phänomen. In: IFO-Studien, 43 (3), 381-409.

LEHMANN, E./WEIGAND, J. (1999): Determinanten der Entlohnung von Profifußballspielern. In: Betriebswirtschaftliche Forschung und Praxis, 51 (2), 124-135.

LEHMANN, E./WEIGAND, J. (2002): Mitsprache und Kontrolle im professionellen Fußball: Überlegungen zu einer Corporate Governance. In: Zeitschrift für Betriebswirtschaft, Ergänzungsheft 4 (Sportökonomie), 43-61.

LEKI, O. (2004): Alternative Formen der Finanzierung. In: ZIESCHANG, K./KLIMMER, C. (Hrsg.): Unternehmensführung im Profifußball. Symbiose von Sport, Wirtschaft und Recht. Berlin, S. 167-176.

LEMKE, W. (1999): Alle Macht den Spielern, oder: Die Ohnmacht der Vereine. In: SCHAFFRATH, M. (Hrsg.): Die Zukunft der Bundesliga. Management und Marketing im Profifußball. Göttingen, S. 111-126.

LEYENBERG, H.-J. (1999): Schwieriger als ein Torerfolg durch den Eckball. In: Deutscher Fußball-Bund (Hrsg.): 100 Jahre DFB: Geschichte des Deutschen Fußball-Bundes. Berlin, S. 553-572.

LIEGL, A. (2007): Sportwetten – Welche Risiken bestehen bei einem Sponsoring durch Sportwettenanbieter?. In: Sponsors, 12 (3), 38-39.

LINDNER, R./BREUER, T. (1994): Fußball als Show. In: HOPF, W. (Hrsg.): Soziologie und Sozialgeschichte einer populären Sportart. Münster und Hamburg, S. 162-170.

LINGENFELDER, M./SCHNEIDER, W. (1991): Die Kundenzufriedenheit. Bedeutung, Messkonzept und empirische Befunde. In: Marketing ZFP, 13 (2), 109-119.

LINK, J. (2001): Grundlagen und Perspektiven des Customer Relationship Management. In: LINK, J. (Hrsg.): Customer Relationship Management. Erfolgreiche Kundenbeziehungen durch integrierte Informationssysteme. Wiesbaden, S. 1-34.

LINK, J. (2004): Markenführung und Direct Marketing. In: BRUHN, M. (Hrsg.): Handbuch Markenführung. Kompendium zum erfolgreichen Markenmanagement (2. Aufl.). Wiesbaden, S. 1565-1591.

LINKE, U. (1999): Vermarktung von TV-Rechten. In: Sponsors, 4 (2), 23-26.

LINXWEILER, R. (2004): Marken-Design. Marken entwickeln, Markenstrategien erfolgreich umsetzen (2. Aufl.). Wiesbaden.

LITTKEMANN, J. (2003): Ökonomische Probleme der bilanziellen Behandlung von Transferentschädigungen in der Fußball-Bundesliga. In: DIETL, H. (Hrsg.): Globalisierung des wirtschaftlichen Wettbewerbs im Sport. Schorndorf, S. 141-166.

LITTKEMANN, J./SUNDERDIEK, B. (2002): Bilanzanalyse von Vereinen der Fußball-Bundesliga. In: SCHEWE, G./LITTKEMANN, J. (Hrsg.): Sportmanagement. Schorndorf, S. 67-82.

LÖBLER, H./MARKGRAF, D. (2004): Markenführung und Werbung. In: BRUHN, M. (Hrsg.): Handbuch Markenführung. Kompendium zum erfolgreichen Markenmanagement (2. Aufl.). Wiesbaden, S. 1491-1512.

LUKACS, G. (2000): Der Ball kennt keine Klassen. Der DFB vom Kaiserreich bis zum Untergang der Weimarer Republik. In: SCHWARZ-PICH, K.-H. (Hrsg.): Der DFB im Dritten Reich. Kassel, S. 9-26.

MADL, R. (1994): Der Sportverein als Unternehmen. München.

MAIER, H. D. (2000): Corporate Identity und Marken-Identität. In: BIRKIGT, K./STADLER, M. (Hrsg.): Corporate Identity: Grundlagen, Funktionen, Fallbeispiele. Landsberg am Lech, S. 145-164.

MALATOS, A. (1988): Berufsfußball im europäischen Rechtsvergleich. Kehl u.a..

MALERI, R. (1991): Grundlagen der Dienstleistungsproduktion (2. Aufl.). Berlin u.a..

MANN, G. (2000): Aus, Aus, Aus… der Krieg ist aus!. In: SCHWARZ-PICH, K.-H. (Hrsg.): Der DFB im Dritten Reich. Kassel, S. 189-216.

MANZ, E. (2001): Steigerung des Marken- und Unternehmenswertes durch Lizenzen. In: BÖLL, K. (Hrsg.): Handbuch Licensing. Frankfurt, S. 27-34.

MARKHAM, J./TEPLITZ, P. (1981): Baseball Economics and Public Policy. Lexington u. Toronto.

MARTIN, H. M. (1990): Geschichte eines rasanten Aufstiegs. Düsseldorf.

MARTIN, H. M. (1999): Festtage des Fußballs. In: Deutscher Fußball-Bund (Hrsg.): 100 Jahre DFB: Geschichte des Deutschen Fußball-Bundes. Berlin, S. 369-386.

MASKUS, M. (2004): Markenführung im Versicherungsmarkt. In: BRUHN, M. (Hrsg.): Handbuch Markenführung. Kompendium zum erfolgreichen Markenmanagement (2. Aufl.). Wiesbaden, S. 2209-2227.

MASON, D. S. (1997): Revenue Sharing and Agency Problems in Professional Team Sport: The Case of the National Football League. In: Journal of Sport Management, 11 (4), 203-222.

MATZLER, K./BAILOM, F. (2000): Messung von Kundenzufriedenheit. In: HINTERHUBER, H./MATZLER, K. (Hrsg.): Kundenorientierte Unternehmensführung (2. Aufl.). Wiesbaden, S. 197-230.

MATZLER, K./SAUERWEIN, E./STARK, C. (2000): Methoden zur Identifikation von Basis-, Leistungs- und Begeisterungsfaktoren. In: HINTERHUBER, H./MATZLER, K. (Hrsg.): Kundenorientierte Unternehmensführung (2. Aufl.). Wiesbaden, 251-274.

MAUER, R./SCHMALHOFER, A. (2001): Gestaltung der Kapitalmarktreife von Profifußball-Unternehmen. In: SIGLOCH, J./KLIMMER, C. (Hrsg.): Unternehmen Profifußball. Vom Sportverein zum Kapitalmarktunternehmen. Bayreuth, S. 15-58

MAUWS, M./MASON, S./FOSTER, W. (2003): Thinking Strategically about Professional Sports. In: European Sport Management Quarterly, 3 (3), 145-184.

MAWSON, L. M./COAN, E. E. (1994): Marketing Techniques used by NBA Franchises to Promote Home Game Attendance. In: Sport Marketing Quarterly, 3 (1), 37-45.

MAYER, H./KRETZSCHMAR, T./OESER, L. (1998): Die Umwandlung von Sportvereinen in Kapitalgesellschaften. Dresden.

MAYRING, P. (1998): Qualitative Inhaltsanalyse. Weinheim.

MAYRING, P. (2002): Einführung in die qualitative Sozialforschung. Weinheim und Basel.

MAYR-VORFELDER, G. (2004): „König Fußball“ in Deutschland – Wirtschafts- und Kulturgut. In: ZIESCHANG, K./KLIMMER, C. (Hrsg.): Unternehmensführung im Profifußball. Symbiose von Sport, Wirtschaft und Recht. Berlin, S. 1-18.

MCDONALD, M. A./MILNE, R. M. (1997): A Conceptual Framework for Evaluating Marketing Relationships in Professional Sport Franchises. In: Sport Marketing Quarterly, 6 (2), 27-32.

MCDONALD, M. A./SUTTON, W. A./MILNE, R. M. (1995): TEAMQUAL: Measuring Service Quality in Professional Team Sports. In: Sport Marketing Quarterly, 4 (2), 9-15.

MEFFERT, H. (1998): Marketing: Grundlagen marktorientierter Unternehmensführung. Konzepte – Instrumente – Praxisbeispiele (8. Aufl.). Wiesbaden.

MEFFERT, H. (2005): Kundenbindung als Element moderner Wettbewerbsstrategien. In: BRUHN, M./HOMBURG, C. (Hrsg.): Handbuch Kundenbindungsmanagement. Strategien und Instrumente für ein erfolgreiches CRM (5. Aufl.). Wiesbaden, S. 145-166.

MEFFERT, H./BIERWIRTH, A. (2005): Corporate Branding - Führung der Unternehmensmarke im Spannungsfeld unterschiedlicher Zielgruppen. In MEFFERT, H./BURMANN, C./KOERS, M. (Hrsg.): Markenmanagement (2. Aufl.). Wiesbaden, S. 143-162.

MEFFERT, H./BRUHN, M. (2003): Dienstleistungsmarketing. Grundlagen, Konzepte, Methoden. Wiesbaden.

MEFFERT, H./BURMANN, C. (1996a): Identitätsorientierte Markenführung – Grundlagen für das Management von Markenportfolios (Arbeitspapier Nr. 100 der wissenschaftlichen Gesellschaft für Marketing und Unternehmensführung e.V.). Münster.

MEFFERT, H./BURMANN, C. (1996b): Identitätsorientierte Markenführung. In: Markenartikel, 58 (8), 373-380.

MEFFERT, H./BURMANN, C. (2002a): Theoretisches Grundkonzept der identitätsorientierten Markenführung. In: MEFFERT, H./BURMANN, C./KOERS, M. (Hrsg.): Markenmanagement – Grundfragen der identitätsorientierten Markenführung. Wiesbaden, S. 35-72.

MEFFERT, H. /BURMANN, C. (2002b): Wandel in der Markenführung – vom instrumentellen zum identitätsorientierten Markenverständnis. In: MEFFERT, H./BURMANN, C./KOERS, M. (Hrsg.): Markenmanagement – Grundfragen der identitätsorientierten Markenführung. Wiesbaden, S. 17-34.

MEFFERT, H./BURMANN, C. (2002c): Managementkonzept der identitätsorientierten Markenführung. In: MEFFERT, H./BURMANN, C./KOERS, M. (Hrsg.): Markenmanagement – Grundfragen der identitätsorientierten Markenführung. Wiesbaden, S. 73-99.

MEFFERT, H./BURMANN, C./KOERS, M. (2002): Stellenwert und Gegenstand des Markenmanagements. In: MEFFERT, H./BURMANN, C./KOERS, M. (Hrsg.): Markenmanagement – Grundfragen der identitätsorientierten Markenführung. Wiesbaden, S. 3-16.

MEINKING, I. (2004): Der Ball ist rund – und die Finanzierung?. In: Finance, 3 (3), 68-71.

MELZER, M./STÄGLIN, R. (1965): Zur Ökonomie des Fußballs. In: Konjunkturpolitik, 11 (2), 114-137.

MEYER, M. (2001): Marken gesucht!. In: Horizont Sport Business, 1 (8), 14-20.

MEYER, M. (2002): Liga im Schatten der Submarken. In: Horizont Sport Business, 2 (3), 46-47.

MEYER, A./BLÜMELHUBER, C. (2000): Kundenbindung durch Services. In: BRUHN, M./ HOMBURG, C. (Hrsg.): Handbuch Kundenbindungsmanagement. Strategien und Instrumente für ein erfolgreiches CRM (3. Aufl.). Wiesbaden, S. 269-292.

MEYER, A./BLÜMELHUBER, C. (2004): Markenprofilierung durch Services. In: BRUHN, M. (Hrsg.): Handbuch Markenführung. Kompendium zum erfolgreichen Markenmanagement (2. Aufl.). Wiesbaden, S. 1631-1645.

MEYER, A./OEVERMANN, D. (1995): Kundenbindung. In: TIETZ, B./KÖHLER, R./ZENTES, J. (Hrsg.): Handwörterbuch des Marketing. Stuttgart, Sp. 1340-1351.

MEYER, J. P./ALLEN, N. J. (1991): A three-component conceptualization of organizational commitment. In: Human Ressource Management Review, 1 (1), 61-89.

MEYER, J. P./ALLEN, N. J./SMITH, C. A. (1993): Commitment to Organizations and Occupations: Extension and Test of a Three-Component Conceptualization. In: Journal of Applied Psychology, 78 (4), 538-551.

MICHAEL, B. (2003): Balace of Values: Die optimale Balance der Markenwerte. Stuttgart.

MICHALIK, C. (2002): Ehrenamtliches Engagement im Profifußball – Ein Auslaufmodell?. In: SCHEWE, G./LITTKEMANN, J. (Hrsg.): Sportmanagement. Schorndorf, S. 99-114.

MICHEL, R. (1999a): Vom alten Jahrhundert ins neue Jahrtausend. In: Deutscher Fußball-Bund (Hrsg.): 100 Jahre DFB: Geschichte des Deutschen Fußball-Bundes. Berlin, S. 257-282.

MICHEL, R. (1999b): „Rahn schießt, Tooor". In: Deutscher Fußball-Bund (Hrsg.): 100 Jahre DFB: Geschichte des Deutschen Fußball-Bundes. Berlin, S. 573-578.

MIKOS, L. (2006): Imaginierte Gemeinschaft. Fans und internationaler Fußball in der reflexiven Moderne. In: MÜLLER, E./SCHWIER, J. (Hrsg.): Medienfußball im europäischen Vergleich. Köln, S. 92-119.

MIKUDA, C. (1996): Der verbotene Ort oder die inszenierte Verführung. Unwiderstehliches Marketing durch strategische Dramaturgie. Düsseldorf.

MILNE, G. R./MCDONALD, M. A. (1999): Sport Marketing: Managing the exchange process. Boston.

MOHR, S. (2001): Neue Regeln für ein neues Spiel. Die zentralen Stellhebel erfolgreicher Vermarktung von Profisportvereinen und Sportverbänden. München.

MOHR, S./BOHL, M. (2001a): Markenstrategie: Die Königsdisziplin im Profisport. In: Absatzwirtschaft, 44 (10), 142-149.

MOHR, S./BOHL, M. (2001b): Marken machen den Meister. In: Sponsors, 6 (7), 32.

MOHR, S./BOHL, M. (2001c): „Marke als Meistermacher", Teil 1. Supermodells der Fußballbundesliga. In: Sponsors, 6 (10), 52-53.

MOHR, S./BOHL, M. (2001d): „Marke als Meistermacher", Teil 2. Amazonen der Fußballbundesliga. In: Sponsors, 6 (11), 52-53.

MOHR, S./BOHL, M. (2001e): „Marke als Meistermacher", Teil 3. Diven der Fußballbundesliga. In: Sponsors, 6 (12), 34-35.

MOHR, S./BOHL, M. (2002a): „Marke als Meistermacher", Teil 4. Diven der Fußballbundesliga II. In: Sponsors, 7 (1), 30-31

MOHR, S./BOHL, M. (2002b): „Marke als Meistermacher", Teil 5. Die Mauerblümchen der Bundesliga. In: Sponsors, 7 (2), 32-33.

MOHR, S./BOHL, M. (2002c): „Marke als Meistermacher", Teil 6. Die Mauerblümchen der Liga II. In: Sponsors, 7 (3), 32-33.

MOHR, S./BOHL, M. (2002d): „Marke als Meistermacher", Teil 7. Potential für Profifußball. In: Sponsors, 7 (4), 28-29.

MOHR, S./MERGET, J. (2004): Die Marke als Meistermacher – Strategische Markenführung im Sport. In: ZIESCHANG, K./KLIMMER, C. (Hrsg.): Unternehmensführung im Profifußball. Symbiose von Sport, Wirtschaft und Recht. Berlin, S. 103-122

MOORHOUSE, H. F. (2002): The distribution of income in European football: big clubs, small countries, major problems. European and US sports business models. In: BARROS, C./MURADALI, I./SZYMANSKI, S. (Hrsg.): Transatlantic Sport: The comparative economics of North American and European Sports. Cheltenham und Northhampton, S. 23-49.

MOORMAN, C./DESHPANDE, R./ZALTMAN, G. (1993): Factors Affecting Trust in Market Research Relationships. In: Journal of Marketing, 57 (1), 81-101.

MORGAN, R. M./HUNT, S. D. (1994): The Commitment-Trust Theory of Relationship Marketing. In: Journal of Marketing, 58 (6), 20-38.

MORROW, S. (1999): The New Business of Football – Accountability and Finance in Football. Hamsphire.

MOSCHKAU, N. (2000): Was ist Merchandising. In: Sponsors, 5 (2), 47-48.

MRAZEK, K./SIMON, S. (2003): 40 Jahre Fußball-Bundesliga. München.

MÜHLBACHER, H. (1993): Public Relations. In: WITTMANN, W. (Hrsg.): Handwörterbuch der Betriebswirtschaft. Stuttgart, Sp. 3616-3624.

MÜLLER, C. (1999): Fußball-Klubs als Kapitalgesellschaften – institutionen-ökonomisch betrachtet. In: HORCH, H. D./HEYDEL, J./SIERAU, A. (Hrsg.): Professionalisierung im Sportmanagement. Aachen, S. 122-143.

MÜLLER, C. (2003a): Die Praxis der bilanziellen Behandlung von Transferentschädigungen in der Bundesliga. In: DIETL, H. (Hrsg.): Globalisierung des wirtschaftlichen Wettbewerbs im Sport. Schorndorf, S. 191-205.

MÜLLER, C. (2003b): Das Lizenzierungsverfahren für die Fußball-Bundesliga. In: Betriebswirtschaftliche Forschung und Praxis, 55 (5), 556-570.

MÜLLER, C. (2004): Wettbewerbsintegrität als Oberziel des Lizenzierungsverfahrens der Deutschen Fußball Liga GmbH. In: ZIESCHANG, K./KLIMMER, C. (Hrsg.): Unternehmensführung im Profifußball. Symbiose von Sport, Wirtschaft und Recht. Berlin, S. 19-44.

MÜLLER, M. (2000): Der deutsche Berufsfußball – vom Idealverein zur Kapitalgesellschaft. Berlin.

MÜLLER, T./AL-NAAMA, M./DUSTMANN, D./KIES, F./ODENTHAL, C./SCHROETER, F. (2005): Ertragsquellen der Fußballbundesligisten: Sponsoring und Stadienvermarktung. In: WEHRHEIM, M. (Hrsg.): Marketing der Fußballunternehmen. Berlin, S. 45-102.

MÜLLER, W./RIESENBECK, H. J. (1991): Wie aus zufriedenen auch anhängliche Kunden werden. In: Harvard Business Manager, 13 (3), 67-79.

MUSSLER, D. (1999): Relationship Marketing im Sport. In: HORCH, H. D./ HEYDEL, J./SIERAU, A. (Hrsg.): Professionalisierung im Sportmanagement. Aachen, S. 278-286.

MUTSCHLER, R./ROTTHAUS, J. (2004): Neue Offensive: Der VFB will 40000 Mitglieder. In: Business aktuell, Nr. 8, November, S. 1.

NAGEL, S. (2006): Mitgliederbindung in Sportvereinen – Ein akteurtheoretisches Analysemodell. In: Sport und Gesellschaft, 3 (1), 33-56.

NEALE, W. C. (1964): The Peculiar Economics of Professional Sports. In: The Quarterly Journal of Economics, 78 (1), 1-14.

NIERSBACH, W. (1999): Das Geheimnis der drei Buchstaben. In: Deutscher Fußball-Bund (Hrsg.): 100 Jahre DFB: Geschichte des Deutschen Fußball-Bundes. Berlin, S. 129-140.

NIERSBACH, W. (2000): Das Geheimnis der drei Buchstaben. In: Deutscher Fußball-Bund (Hrsg.): 100 Jahre DFB: Die Chronik. Berlin, S. 23-35.

NIESSEN, C. (1998): Management in Sportvereinen und -verbänden. Sankt Augustin.

NITSCHKE, A. (2003): Einnahmen aus der Vermarktung von audio-visuellen Rechten der Unternehmen der Fußball-Bundesliga: Entwicklung und Wachstumsperspektiven. In: BERENS, W./SCHEWE, G. (Hrsg.): Profifußball und Ökonomie. Hamburg, S. 15-46.

NOLL, R. (1974a): Attendance and Price Setting. In: NOLL, R. (Hrsg.): Government and the Sports Business. Washington, S. 115-158.

NOLL, R. (1974b): The U.S, Sports Industry: An Introduction. In: NOLL, R. (Hrsg.): Government and the Sports Business. Washington, S. 1-32.

NOLL, R. (1982): Major League Sports. In: ADAMS, W. (Hrsg.): The structure of American Industry. New York, S. 348-387.

NÖTTING, T. (2006): Streit ums Sponsoring. In: Werben und Kaufen, Nr. 31 vom 03.08.2006, S. 13.

o.V. (1962a): Fussball – Spielsystem: Wie noch nie. In: Spiegel, 16 (3), 48.

o.V. (1962b): Fussball – Bundesliga: Auf Ihr Männer!. In: Spiegel, 16 (32), 44-45.

o.V. (1962c): Fussball – Bundesliga: Wählen Sie mal 16. In: Spiegel, 16 (50), 69.

o.V. (1963a): Fussball – Jürgen Werner: Ohne mich. In: Spiegel, 17 (20), 56.

o.V. (1963b): Fussball – Bundesliga: Geld im Schuh. In: Spiegel, 17 (25), 32-42.

o.V. (1964a): Fussball – Nachwuchs-Farm: Beine der Bambini. In: Spiegel, 18 (20), 52-53.

o.V. (1965a): Fernsehen – Schnell bei minus zwei. In: Spiegel, 19 (1/2), 38-40.

o.V. (1965b): Fussball – Programm: Berlin: Abenteuer mit Hertha. In: Spiegel, 19 (12), 120-121.

o.V. (1965c): Fernsehen – Europacup: Das totale Spiel. In: Spiegel, 19 (22), 130-131.

o.V. (1965d): Fussball – Bundesliga: Das ist schrecklich. In: Spiegel, 19 (28), 70-79.

o.V. (1965e): Fussball – Bundesliga: Steine statt Brot. In: Spiegel, 19 (27), 80.

o.V. (1966a): Fussball – Tasmania Berlin: Hoffnung auf Hertha. In: Spiegel, 20 (9), 84-85.

o.V. (1966b): Fussball – Borussia Dortmund: Klasse ohne Kasse. In: Spiegel, 20 (20), 110-111.

o.V. (1968): Fussball – Bundesliga: Klub mit Schulden. In: Spiegel, 22 (9), 114-116.

o.V. (1971): Ein Elfmeter kostet 1000 DM. In: Spiegel, 25 (25), 74-83.

o.V. (1972a): Boss, wir müssen Spiele kaufen (1. Teil). In: Spiegel, 26 (18), 122-148.

o.V. (1972b): Boss, wir müssen Spiele kaufen (2. Teil). In: Spiegel, 26 (19), 124-140.

o.V. (1972c): Boss, wir müssen Spiele kaufen (3. Teil). In: Spiegel, 26 (20), 126-136.

o.V. (1972d): Boss, wir müssen Spiele kaufen (4. Teil). In: Spiegel, 26 (21) , 108-120.

o.V. (1972e): Doppelte Karriere. In: Spiegel, 26 (19), 118-121.

o.V. (1972f): Gott oder Chromosomen. In: Spiegel, 26 (20), 130.

o.V. (1997): Das große Reich von König Fußball. In: Sponsors, 2 (6), 8-20.

o.V. (1998a): Die großen Dealer. In: Sponsors, 3 (9), 12-23.

o.V. (1998b): Die Fußballbundesliga geht an die Börse (Studie der DG-Bank). Frankfurt.

o.V. (1998c): Die Liga steht vor gewaltigen Umwälzungen. In: Sponsors, 3 (6), 10-18.

o.V. (1999a): Meinungen zum Thema Sportökonomie. In: Betriebswirtschaftliche Forschung und Praxis, 51 (2), 183-199.

o.V. (1999b): Chronik. In: Deutscher Fußball-Bund (Hrsg.): 100 Jahre DFB: Die Geschichte des Deutschen Fußball-Bundes. Berlin, S. 16-89.

o.V. (1999c): BVB-Magazin im DSF begleitet die Borussia. In: Sponsors, 4 (10), 7.

o.V. (1999d): Nur noch sieben Sponsoren auf Ein-Meter-Bande. In: Sponsors, 4 (3), 9.

o.V. (1999e): Mit „Teppich“ und „Breaker“ zum eigenen CI. In: Sponsors, 4 (9), 9.

o.V. (1999f): Relaunch für Doppelpack-Banden. In: Sponsors, 4 (10), 8.

o.V. (2000a): Borussia Dortmund. Zwischenbericht Juli 2000 - Dezember 2000. Dortmund.

o.V. (2000b): Bande plus Plakat. In: Sponsors, 5 (11), 12.

o.V. (2000c): Vier Jahre liefern Planungssicherheit. In: Sponsors, 5 (6), 24.

o.V. (2000d): 100 Jahre DFB: Die Chronik. Berlin.

o.V. (2001a): Borussia Dortmund. Geschäftsbericht Juli 2000 - Juni 2001. Dortmund.

o.V. (2001b): Borussia Dortmund. Zwischenbericht Juli 2001 - Dezember 2001. Dortmund.

o.V. (2001c): Liga-Verband. In: Sponsors, 6 (1), 30.

o.V. (2001d): Banden auf dem Prüfstand. In: Sponsors, 6 (9), 34-37.

o.V. (2002a): Viele Bundesligisten in finanzieller Schieflage. In: Sponsors, 7 (11), 13.

o.V. (2002b): Borussia Dortmund. Geschäftsbericht Juli 2001 - Juni 2002. Dortmund.

o.V. (2002c): Borussia Dortmund. Zwischenbericht Juli 2002 - Dezember 2002. Dortmund.

o.V. (2002d): Outdoor-Luftschiffe in Fußballstadien. In: Sponsors, 7 (6), 10.

o.V. (2002e): DFL und Privatradios finden Zwischenlösung. In: Sponsors, 7 (9), 15.

o.V. (2002f): Bielefeld wird KGaA. In: Sponsors, 7 (1), 11.

o.V. (2002g): Allianz-Arena. In: Sponsors, 7 (2), 10 .

o.V. (2002h): Management-Buy-Out bei KirchSport perfekt. In: Sponsors, 7 (11), 17.

o.V. (2002i): Schalker TV-Magazin wird eingestellt. In: Sponsors, 7 (2), 14.

o.V. (2002j): 1. FC Köln wird KG. In: Sponsors, 7 (3), 11.

o.V. (2002k): Fußball in Deutschland. Daten, Fakten, Analysen (Studie des Kicker-Sportmagazins). Nürnberg.

o.V. (2002l): Bundesliga auf Handy. In: Sponsors, 7 (4), 16.

o.V. (2002m): MSV wird GmbH & Co. KGaA. In: Sponsors, 7 (5), 11.

o.V. (2002n): Klage um Hörfunkrechte. In: Sponsors, 7 (1), 15.

o.V. (2002o): IFM ermittelt Wert von Trikotärmel. In: Sponsors, 7 (8), 14.

o.V. (2002p): Falscher Ansatz und wilder Aktionismus. In: Sponsors, 7 (8), 9.

o.V. (2002q): Namingright an Stadien in Köln und Hannover vergeben. In: Sponsors, 7 (8), 8.

o.V. (2002r): AIM und Telekom an Bundesliga interessiert. In: Sponsors, 7 (6), 14.

o.V. (2002s): Multimediarechte. In: Sponsors, 7 (10), 14.

o.V. (2002t): Aus KirchSport wird Infront Sports & Media AG. In: Sponsors, 7 (12), 14.

o.V. (2002u): Werder wird KGaA. In: Sponsors, 7 (11), 13.

o.V. (2003a): Gladbach wird GmbH. In: Sponsors, 8 (10), 13.

o.V. (2003b): Bundesliga bekommt nur 280 Millionen Euro. In: Sponsors, 8 (9), 17.

o.V. (2003c): EU will zentrale Fußball-Vermarktung weiter zulassen. In: Sponsors, 8 (9), 15.

o.V. (2003d): Borussia Dortmund. Tradition, Leidenschaft, Erfolg. Geschäftsbericht Juli 2002 - Juni 2003. Dortmund.

o.V. (2003e): Borussia Dortmund. Zwischenbericht Juli 2003 - Dezember 2003. Dortmund.

o.V. (2003f): Streit um Hörfunkrechte geht weiter. In: Sponsors, 8 (6), 14.

o.V. (2003g): Hörfunkrechte. In: Sponsors, 8 (1), 14.

o.V. (2003h): Plazamedia produziert Bundesliga MMS. In: Sponsors, 8 (3), 14.

o.V. (2003i): ZDF verlängert Vertrag für Fußballbundesliga. In: Sponsors, 7 (5), 14.

o.V. (2003j): German Wings verleiht dem 1. FC Köln Flügel. In: Sponsors, 8 (8), 10.

o.V. (2003k): T-Online zeigt Fußballbundesliga. In: Sponsors, 7 (5), 15.

o.V. (2003l): Fiskus hat Geldquelle der Fußballbundesliga im Visier. In: Sponsors, 8 (1), 8.

o.V. (2003m): DFL will ernste Gespräche führen. In: Sponsors, 8 (3), 8.

o.V. (2003n): Vermarkter äußern Kritik an UEFA-Cup Reform. In: Sponsors, 8 (8), 9.

o.V. (2004a): Borussia Dortmund. Tradition, Leidenschaft, Erfolg. Geschäftsbericht Juli 2003 - Juni 2004. Dortmund.

o.V. (2004b): Borussia Dortmund. Tradition, Leidenschaft, Erfolg. Geschäftsbericht Juli 2004 - Dezember 2004. Dortmund.

o.V. (2004c): Umsatzsteigerung im Merchandising. In: Sponsors, 9 (1), 12.

o.V. (2004d): Fifa tauft die WM-Stadien um. In: Neuburger Rundschau, Nr. 299 vom 23.12.2004, S. 20.

o.V. (2004e): Neue und altbekannte Werber. In: Sponsors, 9 (9), 28.

o.V. (2004f): Arminia spielt künftig in der Schüco Arena. In: Sponsors, 9 (2), 11.

o.V. (2004g): TV-Zukunft der Bundesliga weiter unklar. In: Sponsors, 9 (3), 8.

o.V. (2004h): Weiter zentrale TV-Vermarktung. In: Sponsors, 9 (5), 14.

o.V. (2004i): Zwei neue Deals in der Fußballbundesliga. In: Sponsors, 9 (7), 8.

o.V. (2004j): DSF startet "FC Bayern – das T-Com-Magazin". In: Sponsors, 9 (9), 15.

o.V. (2004k): Fast 90 Millionen Euro aus Trikotsponsoring. In: Sponsors, 9 (9), 9.

o.V. (2004l): Alle Tore via SMS und MMS. In: Sponsors, 9 (9), 15.

o.V. (2005a): Borussia Dortmund. Tradition, Leidenschaft, Erfolg. Geschäftsbericht Juli 2004 - Juni 2005. Dortmund.

o.V. (2005b): Premiere verliert die Fußballbundesliga. In: Frankfurter Allgemeine Zeitung, Nr. 298 vom 21.12.2005, S. 9.

o.V. (2005c): The Westfalenstadion: Germany's Premier Venue. In: Football Insider, Issue 66, 28-29.

o.V. (2005d): Hertha BSC emittiert Anleihe. In: Sponsors, 10 (3), 12.

o.V. (2005e): Schalke kickt in der „Veltins-Arena". In: Sponsors, 10 (5), 8.

o.V. (2005f): Vorgeplänkel um TV-Rechte an Bundesliga. In: Sponsors, 10 (5), 43.

o.V. (2005g): „Sportschau" kämpft um Bundesliga-Übertragung. In: Sponsors, 10 (8), 46.

o.V. (2005h): BVB verkauft Namingright. In: Sponsors, 10 (10), 6.

o.V. (2005i): Westfalenstadion heißt künftig „Signal Iduna Park". In: Sponsors, 10 (11), 7.

o.V. (2005j): 1. FC Köln: Eigene Anleihe komplett platziert. In: Sponsors, 10 (11), 8.

o.V. (2005k): 2. Bundesliga soll separat vermarktet werden. In: Sponsors, 10 (11), 51.

o.V. (2005l): Wettskandal – Schiedsrichter Hoyzer belastet Kollegen. In: Spiegel, Nr. 7 vom 14.02.2005, S. 19.

o.V. (2005m): Urteil Robert Hoyzer. In: Spiegel, Nr. 47 vom 22.11.2005, S. 214.

o.V. (2005n): Ertragssteuerliche Behandlung von Aufwendungen für VIP-Logen in Sportstätten (Schreiben des Bundesfinanzministeriums vom 22. August 2005).

o.V. (2005o): BGH-Urteil: Radiosender müssen zahlen. In: Sponsors, 10 (12), 50.

o.V. (2005p): Microsoft und DFL starten Pilotprojekt. In: Sponsors, 10 (12), 47.

o.V. (2005q): Fanartikelgeschäft wächst. In: Horizont Sport Business Weekly vom 16. März 2005, S. 1.

o.V. (2005r): Naming Rights get popular. In: Football Insider, Issue 66, 36.

o.V. (2005s): Zentralvermarktung durch EU abgesegnet. In: Sponsors, 10 (2), 14.

o.V. (2005t): Bayern looking to China. In: Sport Business International, Issue 109, 9.

o.V. (2005u): AWD mit weiterem Namingright-Deal. In: Sponsors, 10 (1), 12.

o.V. (2006a): Neuer Verteilerschlüssel für Bundesliga. In: Sponsors, 11 (2), 6.

o.V. (2006b): AOL und HSV gehen in die Verlängerung. In: Sponsors, 11 (2), 8.

o.V. (2006c): Arena einigt sich mit Premiere. In: Sponsors, 11 (8), 40.

o.V. (2006d): Private Hörfunksender klagen nun vor dem BVG. In: Sponsors, 11 (2), 48.

o.V. (2006e): DFL entscheidet über TV-Gelder. In: Sponsors, 11 (3) , 7.

o.V. (2006f): Fußballbundesliga live auf dem Handy. In: Sponsors, 11 (4), 51.

o.V. (2006g): News. In: Kicker-Sportmagazin, Nr. 72 vom 04.09.2006, S. 62.

o.V. (2006h): Millerntor wird modernisiert. In: Sponsors, 11 (8), 11.

o.V. (2006i): Hopp baut Fußballstadion in Sinsheim. In: Sponsors, 11 (11), 8.

o.V. (2006j): Stadionbau des FCA rückt näher. In: Sponsors, 11 (12), 8.

o.V. (2006k): Bayer Leverkusen startet neue Marketingmaßnahmen. In: Sponsors, 11 (9), 11.

o.V. (2006l): Offizielle Mitteilungen (DFB). Nr. 9 vom 30.09.2006.

o.V. (2006m): Eingleisige Regionalliga ab 2008/2009. In: Sponsors, 11 (6), 12.

o.V. (2006n): ARD plant Fußball-Regionalliga im „Ersten". In: Sponsors, 11 (6), 52.

o.V. (2006o): TV-Sender verbünden sich. In: Sponsors, 11 (7), 51.

o.V. (2006p): Fußballer kämpfen gegen Wettmonopol. In: Sponsors, 11 (9), 9.

o.V. (2006q): Werder muss bwin aus Stadion verbannen. In: Sponsors, 11 (10), 8.

o.V. (2006r): Bündnis gegen Wettmonopol. In: Sponsors, 11 (12), 8.

o.V. (2006s): Telekom gibt Details zu Sparplänen bekannt. In: Sponsors, 11 (12), 7.

o.V. (2006t): Premiere und Telekom zeigen die Fußballbundesliga. In: Sponsors, 11 (6), 52.

o.V. (2007a): FC Bayern und Microsoft spielen gemeinsam. In: Sponsors, 12 (1), 7.

o.V. (2007b): DFL kooperiert mit US-Profiliga MLS. In: Sponsors, 12 (4), 6.

o.V. (2007c): DFB und DFL gründen Arbeitsgruppe Sponsoring. In: Sponsors, 12 (5), 6.

o.V. (2007d): Bayer modernisiert Stadion für 56 Millionen Euro. In: Sponsors, 12 (5), 10.

o.V. (2007e): Stadionbau in Mainz in trockenen Tüchern. In: Sponsors, 12 (5), 12.

o.V. (2007f): Grünes Licht in Karlsruhe und Dresden. In: Sponsors, 12 (4), 10.

o.V. (2007g): Fußball-Fanartikel boomen. In: Sponsors, 12 (1), 44.

o.V. (2007h): Telekom vor Entscheidung über Namensrecht. In: Sponsors, 12 (2), 6.

o.V. (2007i): Telekom verzichtet auf Namenssponsoring. In: Sponsors, 12 (3), 9.

o.V. (2007j): Premiere und Arena verbünden sich. In: Sponsors, 12 (3), 40.

o.V. (2007k): Premiere und Arena betonen Konkurrenz. In: Sponsors, 12 (4), 46.

OEDIGER, F. (2006a): Stabile Zukunft für das Unterhaus. In: Sponsors, 11 (7), 30-31.

OEDIGER, F. (2006b): Neue Generation Klub-TV. In: Sponsors, 11 (9), 28-29.

OLIVER, R. L. (1997): Satisfaction. A Behavioural Perspective on the Consumer. New York.

OPITZ, J. (2003): Kapitalgesellschaften im Profi-Fußball. Aachen.

OPPENHUISEN, J./VAN ZOONEN, L. (2006): Fußballclubs als Marken. Eine Studie zu den Wertorientierungen niederländischer Fußballfans und ihrer Vereine. In: MÜLLER, E./SCHWIER, J. (Hrsg.): Medienfußball im europäischen Vergleich. Köln, S. 171-185.

ORTH, M. (2003): Vereinbarkeit der Zentralvermarktung der Fernsehrechte mit Europäischem Kartellrecht und dem Kartellrecht der Mitgliedstaaten – Was hat freier Wettbewerb mit Sport zu tun?. In: FRITZWEILER, J. (Hrsg.): Sport-Marketing und Recht. München, S. 129-148.

OSSES, D. (2000): Sepp Herberger 1897-1977. In: BRUGGEMEIER, F.-J./BORSDORF, U./STEINER, J. (Hrsg.): Der Ball ist rund. Essen, S. 108-132.

OTTO, F./SURMONT, J. G. (2001): Customer Service: Verbesserte Kommunikation und vertieftes Wissen über den Kunden führen zu einer langfristigen Geschäftspartnerschaft. In: HELMKE, S./DANGELMAIER, W. (Hrsg.): Effektives Customer Relationsip Management. Instrumente - Einführungskonzepte - Organisation. Wiesbaden, S. 431-446.

OWEN, J. G. (2003): The Stadium Game: Cities versus Teams. In: Journal of Sports Economics, 4 (3), 183-202.

PAHMEIER, I. (1994): Drop-Out und Bindung im Breiten- und Gesundheitssport: Günstige und ungünstige Bedingungen für eine Sportpartizipation. In: Sportwissenschaft, 24 (2), 117-150.

PAHMEIER, I. (2006): Barrieren vor und Bindung an gesundheitssportliche Aktivität. In: BÖS, K./BREHM, W. (Hrsg.): Handbuch Gesundheitssport. Schorndorf, S. 222-235.

PARENSEN, A. (2003): Transferentschädigungen im Kontext von HGH und IAS. In: DIETL, H. (Hrsg.): Globalisierung des wirtschaftlichen Wettbewerbs im Sport. Schorndorf, S. 167-190.

PARENSEN, A. (2004): Der Fußballmarkt in Deutschland und seine Bearbeitung durch Agenturen. In: HAMMANN, P./SCHMIDT, L./WELLING, M. (Hrsg.): Ökonomie des Fußballs. Wiesbaden, S. 307-329.

PARLASCA, S. (1993): Kartelle im Profisport. Ludwigsburg und Berlin.

PARLASCA, S./ SZYMANSKI, S. (2002): When the whole is less than the sum of the parts: The negative effects of central marketing of football television rights on fans, media concentration and small clubs. In: Zeitschrift für Betriebswirtschaft, Ergänzungsheft 4 (Sportökonomie), 83-103.

PARTEINA, M. (2006): Sponsoring-Engagements verbraucherschädlich?. In: Sponsors, 11 (9), 56.

PAUL, S./STURM, S. (2004): Going Public von Fußballclubs. In: HAMMANN, P./SCHMIDT, L./WELLING, M. (Hrsg.): Ökonomie des Fußballs. Wiesbaden, S. 193-218.

PAULI, M. (2002): Kooperationsformen der Stadionfinanzierung im deutschen Profifußball. Eine institutionenökonomisch fundierte, modelltheoretische Untersuchung. Paderborn.

PEELEN, E. (2005): Customer Relationship Management. London u.a..

PELLIKAN, L. (2006a): Fußball-Saison der Superlative. In: Werben und Kaufen, Nr. 31 vom 03.08.2006, S. 12-13.

PELLIKAN, L. (2006b): Anpfiff für TV. In: Werben und Kaufen, Nr. 31 vom 03.08.2006, S. 14-16.

PEPELS, W. (1995): Käuferverhalten und Marktforschung. Eine praxisorientierte Einführung. Stuttgart.

PETERS, S. (1998): Eintracht Braunschweig – Die Chronik. Kassel.

PETRY, K. (2000): Stadionbau-Finanzierungen. Betroffene und Begünstigte zu Beteiligten machen. In: Sponsors, 5 (7), 34-35.

PFAFF, S. (2002): Erlebnismarketing für die Besucher von Sportveranstaltungen. Erlebnisstrategien und -instrumente am Beispiel der Fußballbundesliga. Göttingen.

PFAFF, S. (2003a): Erlebnisorientierung in der Fußballbundesliga. Göttingen.

PFAFF, S. (2003b): Besuchervermarktung in der Fußballbundesliga (Teil 1). Erlebniswelt Fußballstadion. In: Sponsors, 10 (1), 28.

PFAFF, S. (2003c): Erlebniswelt Fußballstadion (Teil 2). Besucher, das unbekannte Wesen?. In: Sponsors, 10 (2), 36.

PFAFF, S. (2003d): Erlebniswelt Fußballstadion (Teil 3). Anbieter als Freizeitdienstleister. In: Sponsors, 10 (3), 28.

PFEIFFER, P./FREIENSTEIN, C. (2004): Erfolgreiche Geschäftsmodelle und professionelles B2B-Management im Profifußball. In: BIELING, M./ESCHWEILER, M./HARDENACKE, J. (Hrsg.): Business-to-Business-Marketing im Profifußball. Wiesbaden, S. 133-146.

PFLAUM, D. (1998): Public Relations der Unternehmung. Landsberg am Lech.

PIEPER, R. (1992): Lexikon Management. Wiesbaden.

PLEITGEN, F. (2000): Sport im Fernsehen – Die Sicht der Fernsehunternehmen. In: SCHELLHAAß, M. (Hrsg.): Sport und Medien. Berlin, S. 29-42.

PLINKE, W./SÖLLNER, A. (2005): Kundenbindung und Abhängigkeitsbeziehungen. In: BRUHN, M./HOMBURG, C. (Hrsg.): Handbuch Kundenbindungsmanagement. Strategien und Instrumente für ein erfolgreiches CRM (5. Aufl.). Wiesbaden, S. 67-92.

PLÜER, S./WICK, U. (2000): Zwischen Propaganda und Schützengräben – Fußball im zweiten Weltkrieg. In: BRUGGEMEIER, F.-J./BORSDORF, U./STEINER, J. (Hrsg.): Der Ball ist rund. Essen, S. 101-106.

PÖPPL, M. (2002): Fußball ist unser Leben – Eine deutsche Leidenschaft. Berlin.

PORTER, M. (1985): Competitive Advantage: Creating and Sustaining Superior Performance. New York.

PÖTTINGER, P. (1989): Wirtschaftliche und soziale Grundlagen der Professionalisierung im Sport. Wiesbaden.

PRENGEL, M./WENDT, J. (1976): 1919-1933. In: SKORNING, L. (Hrsg.): Fußball in Vergangenheit und Gegenwart: Band 1 – Geschichte des Fußballsports in Deutschland bis 1945. Berlin, S. 44-145.

PRICE, A. (2004): Financial Supporters. Exploiting Football Databases. In: Stadia Magazine, 6 (9), 58-59.

PRITCHARD, M. P./NEGRO, C. (2003): Sport Loyalty Programs and their Impact on Fan Relationships. In: International Journal of Sports Marketing and Sponsorship, 3 (3), 317-338.

PROCHASKA, J. O./MARCUS, B. H. (1994): The Transtheoretical Model: Applications to Exercise. In: DISHMAN, R. K. (Hrsg.): Advances in Exercise Adherence. Champaign, S. 161-180.

PROCHASKA, J. O./NORCROSS. J. C./DICLEMENTE, C. C. (1994): Changing for good. New York.

PUTSCHERT, R. (1999): Das Freiburger Management-Modell. In: HORCH, H. D./HEYDEL, J./ SIERAU, A. (Hrsg.): Professionalisierung im Sportmanagement. Aachen, S. 86-101.

QUACK, K. (2006): Kundenpflege à la Fußball-Bundesliga. In: Computerwoche, Nr. 4 vom 23.01.2006, S. 39.

QUIRK, J./EL HODERI, M. (1974): The Economic Theory of a Professional Sports League. In NOLL, R. (Hrsg.): Government and the Sports Business. Washington, S. 33-80.

QUIRK, J./EL HODERI, M. (1984): Sport als Ware. In: HEINEMANN, K. (Hrsg.): Texte zur Ökonomie des Sports. Schorndorf, S. 113-125.

QUIRK, J./FORT, D. J. (1992): Pay Dirt – The Business of Professional Team Sport. Princeton und New Jersey.

QUIRK, J./FORT, D. J. (1995): Cross subsidization, Incentives, and Outcomes in Professional Team Sports Leagues. In: Journal of Economic Literature, 33 (8), 1265-1299.

QUIRK, J./FORT, D. J. (1999): Hard Ball – The Abuse of Power in Pro Team Sports. Princeton und New Jersey.

QUITZAU, J. (2002): Die Vergabe der Fernsehrechte an der Fußballbundesliga: Wohlfahrtsökonomische, wettbewerbspolitische und sportökonomische Aspekte der Zentralvermarktung. Frankfurt am Main u.a..

RAMPF, J. (1999): Drop-Out und Bindung im Fitness-Studio. Hamburg.

RAMPF, J./BREHM, W. (2000): Drop-Out und Bindung im Fitness-Studio. Ergebnisse einer repräsentativen Studie (Bayreuther Beiträge für Sportwissenschaft, Heft 6). Bayreuth.

RAPP, R. (2001): Customer Relationship Management. Das neue Konzept zur Revolutionierung der Kundenbeziehung. Frankfurt.

RASCHE, C. (1994): Wettbewerbsvorteile durch Kernkompetenzen. Ein ressourcenorientierter Ansatz. Wiesbaden.

RAUBALL, R. (1972): Bundesliga-Skandal. Berlin und New York.

RECKENFELDERBÄUMER, M. (2003): Auswirkungen der Integrativität auf die Qualitätspolitik von Fußballclubs. In: RECKENFELDERBÄUMER, M./WELLING, M. (Hrsg.): Fußball als Gegenstand der Betriebswirtschaftslehre. Lahr, S. 30-83.

RECKENFELDERBÄUMER, M. (2004): Auswirkungen der Integrativität auf die Qualitätspolitik von Fußballklubs. In: HAMMANN, P./SCHMIDT, L./WELLING, M. (Hrsg.): Ökonomie des Fußballs. Wiesbaden, S. 357-389.

RECKWITZ, L. (2000): Business-To-Business Kommunikation. Studie über Hospitality in Fußballstadien. In: Sponsors, 5 (4), 30-31.

REICHHELD, F. F. (1993a): Treue Kunden müssen auch rentabel sein. In: Harvard Business Manager, 15 (3), 106-114.

REICHHELD, F. F. (1993b): Loyality-Based Management. In: Harvard Business Review, 71 (2), 64-73.

REICHHELD, F. F./SASSER, W. E. (1990): Zero Defections: Quality Comes to Services. In: Harvard Business Review, 68 (5), 105-111.

REICHHELD, F. F./SASSER, W. E. (1991): Zero-Migration: Dienstleister im Sog der Qualitätsrevolution. In: Harvard Manager, 13 (4), 108-116.

REIF, M. (1999): Große Spiele als „Grundnahrungsmittel“. In: Deutscher Fußball-Bund (Hrsg.): 100 Jahre DFB: Geschichte des Deutschen Fußball-Bundes. Berlin, S. 579-591.

RIEDMÜLLER, F. (2001): Zur Vermarktung von Sportveranstaltungen. In: HERMANNS, A./RIEDMÜLLER, F. (Hrsg.): Management-Handbuch Sport-Marketing. München, S. 265-284.

RÖBEL, S./TODT, J./WULZINGER, M. (2005): „Guck mal, ob da was geht!". In: Spiegel, Nr. 21 vom 23.05.2005, S. 180-184.

ROBINSON, M. J./MILLER, J. J. (2003): Assessing the Impact of Bobby Knight on the Brand Equity of the Texas Tech Basketball Program. In: Sports Marketing Quarterly, 12 (1), 57-59.

ROHLMANN, P. (1998): Sportmarketing und Merchandising – Grundlagen erfolgreicher Fanartikelvermarktung. Rheine.

ROHLMANN, P. (2001): Merchandising Quo Vadis? Zukünftiger Stellenwert des Merchandisings. In: HERMANNS, A./RIEDMÜLLER, F. (Hrsg.): Management-Handbuch Sport-Marketing. München, S. 423-439.

ROHLMANN, P. (2002): Sportmerchandising. In: GALLI, A./GÖMMEL, R./HOLZHÄUSER, W./STRAUB, W. (Hrsg.): Sportmanagement. München, S. 373-393.

ROHLMANN, P. (2003): Vom Ladenhüter zum Markenmacher. In: Horizont Sport Business, 3 (2), 20-23.

ROHR, B./SIMON, G. (1993): Fußball-Lexikon. München.

ROOS, F. (2002): Versicherung im Sport. In: GALLI, A./GÖMMEL, R./HOLZHÄUSER, W./ STRAUB, W. (Hrsg.): Sportmanagement. München, S. 481-516.

ROSS, S. D. (2006): A Conceptual Framework for Understanding Spectator-Based Brand Equity. In: Journal of Sport Management, 20 (1), 22-38.

ROSSITER, J. R./PERCY, L. (2001): Aufbau und Pflege von Marken durch klassische Kommunikation. In: ESCH, F.-R. (Hrsg.): Moderne Markenführung (3. Aufl.). Wiesbaden, S. 523-538.

ROTH, P. (1990): Formen des Sportsponsoring. In: ROTH, P. (Hrsg.): Sportsponsoring. Landsberg am Lech, S. 69-120.

ROTTENBERG, S. (1956): The baseball player's labour market. In: Journal of Political Economy, 64 (3), 242-258.

ROTTHAUS, J. A./SROUJI, A. (2005): Der Aufbau einer starken Marke am Beispiel des VFB Stuttgart. In: TROSIEN, G./DINKEL, M. (Hrsg.): Forschung und Entwicklung im Sportsponsoring. Butzbach-Griedel, S. 107-124.

ROY, P. R./GRAEFF, T. R. (2003): Consumer Attitudes Towards Cause-Related Marketing Activities in Professional Sports. In: Sport Marketing Quarterly, 12 (3), 163-205.

RÜSCHEN, G. (1994): Ziele und Funktionen des Markenartikels. In: BRUHN, M. (Hrsg.): Handbuch Markenartikel. Stuttgart, S. 121-134.

SAHLBERG, M. (1996): Unternehmen im Überlebensparadox. Bern, Stuttgart u. Wien.

SAND, O. (2003): Kugeln von hinten. In: 11 Freunde, 3 (25), 32-33.

SATTLER, H. (2001): Markenpolitik. Stuttgart.

SCHAEKE, M./ZINNENLAUF, B./DELONGA, D. (2003): Die Rolle von Agenturen im Rahmen des Sport-Sponsorings. In: BERENS, W./SCHEWE, G. (Hrsg.): Profifußball und Ökonomie. Hamburg, S. 99-128.

SCHÄFER, U. (1999): Professionalität durch Professionalisierung. In: SCHAFFRATH, M. (Hrsg.): Die Zukunft der Bundesliga. Management und Marketing im Profifußball. Göttingen, S. 97-110.

SCHAFFRATH, M. (1999a): Unternehmung auf Brust und Bande – Millionen im Rücken. In: SCHAFFRATH, M. (Hrsg.): Die Zukunft der Bundesliga. Management und Marketing im Profifußball. Göttingen, S. 161-182.

SCHAFFRATH, M. (1999b): Einleitende Bemerkungen zu Themen, Thesen, Temperamenten. In: SCHAFFRATH, M. (Hrsg.): Die Zukunft der Bundesliga. Management und Marketing im Profifußball. Göttingen, S. 9-20.

SCHAFFRATH, M. (1999c): Boom der Ball-Branche. In: SCHAFFRATH, M. (Hrsg.): Die Zukunft der Bundesliga. Management und Marketing im Profifußball. Göttingen, S. 21-30.

SCHAFFRATH, M. (1999d): Free-TV, Pay-TV oder Pay-Per-View. In: SCHAFFRATH, M. (Hrsg.): Die Zukunft der Bundesliga. Management und Marketing im Profifußball. Göttingen, S. 63-84.

SCHAMBERGER, M. (1999): Berufsfußball in England. Frankfurt am Main u.a..

SCHEELE, B./GROEBEN, N. (1988): Dialog-Konsens-Methoden zur Rekonstruktion Subjektiver Theorien. Tübingen.

SCHEELE, B./GROEBEN, N./CHRISTMANN, U. (1992): Ein alltagssprachliches Struktur-Lege-Spiel als Flexibilisierungsversion der Dialog-Konsens-Methode. In: SCHEELE, B. (Hrsg.): Struktur-Lege-Verfahren als Dialog-Konsens-Methodik. Münster, S. 152-197.

SCHEELHAAß, H.-M. (2000): Die zentrale Vermarktung von Europapokalspielen – Ausbeutung von Marktmacht oder Sicherung des sportlichen Wettbewerbs. In: BÜCH, M. (Hrsg.): Märkte und Organisationen im Sport: Institutionenökonomische Ansätze. Schorndorf, S. 27-42.

SCHELLHAAß, H. M. (2003a): Strategien zur Vermarktung des Sports im Fernsehen (Arbeitspapiere des Instituts für Rundfunkökonomie). Köln.

SCHEELHAAß, H. M. (2003b): Strategien zur Vermarktung des Sports im Fernsehen. In: Betriebswirtschaftliche Forschung und Praxis, 55 (5), 513-527.

SCHEELHAAß, H.-M./ENDERLE, G. (1998a): Sportlicher versus ökonomischer Wettbewerb. Zum Verbot der zentralen Vermarktung von Europapokal-Spielen im Fußball (Arbeitspapiere des Instituts für Rundfunkökonomie). Köln.

SCHEELHAAß, H.-M./ENDERLE, G. (1998b): Sportlicher versus ökonomischer Wettbewerb. Zum Verbot der zentralen Vermarktung von Europapokal-Spielen im Fußball. In: Sportwissenschaft, 28 (3-4), 297-310.

SCHEELHAAß, H.-M./ENDERLE, G. (1998c): Die zentrale Vermarktung von Europapokalspielen aus ökonomischer Sicht. In: Wirtschaftsdienst, 78 (5), 294-300.

SCHEELHAAß, H.-M./ENDERLE, G. (2000): Wirtschaftliche Organisation von Sportligen in der Bundesrepublik Deutschland. Köln.

SCHEELHAAß, H.-M./MAY, F. C. (2002): Die neuen FIFA-Regeln zur Transferentschädigung. In: Zeitschrift für Betriebswirtschaft, Ergänzungsheft 4 (Sportökonomie), 127-142.

SCHEELHAAß, H.-M./MAY, F. C. (2003): Die ökonomischen Institutionen des Spielermarkts im Fußballsport – eine Analyse des FIFA-Transferreglements. In: DIETL, H. (Hrsg.): Globalisierung des wirtschaftlichen Wettbewerbs im Sport. Schorndorf, S. 235-258.

SCHEIBLER, A. (1974): Zielsysteme und Zielstrategien der Unternehmensführung. Wiesbaden.

SCHERER, K. A. (1999): Die Geschichte erwartet das von uns. In: Deutscher Fußball-Bund (Hrsg.): 100 Jahre DFB: Geschichte des Deutschen Fußball-Bundes. Berlin, S. 283-310.

SCHERZER, H.: Erfolge, Wunder und Legenden. In: Deutscher Fußball-Bund (Hrsg.): 100 Jahre DFB: Geschichte des Deutschen Fußball-Bundes. Berlin, S. 343-368.

SCHEU, H.-R. (1999): Die Entwicklung des Fernsehmarktes aus Sicht eines Sportjournalisten. In: Sportwissenschaft, 29 (1), 9-21.

SCHEWE, G. (2002): Der Fußballverein als Kapitalgesellschaft: Eine kritische Analyse der Corporate Governance. In: SCHEWE, G./LITTKEMANN, J. (Hrsg.): Sportmanagement. Schorndorf, S. 163-176.

SCHEWE, G./GAEDE, N. (2002): Vermarktung von Fernsehübertragungsrechten: Eine ökonomische Analyse. In: SCHEWE, G./LITTKEMANN, J. (Hrsg.): Sportmanagement. Schorndorf, S. 135-162.

SCHEWE, G./GAEDE, N./KÜCHLIN, C. (2002): Professionalisierung und Strukturwandel im Profifußball. In: SCHEWE, G./LITTKEMANN, J. (Hrsg.): Sportmanagement. Schorndorf, S. 9-22.

SCHEWE, G./LITTKEMANN, J. (2002): Sportmanagement aus ökonomischer Perspektive: Begriffsverständnis und Zielsetzungen dieser Schrift – Vorbemerkungen der Herausgeber. In: SCHEWE, G./LITTKEMANN, J. (Hrsg.): Sportmanagement. Schorndorf, S. 1-8.

SCHIERENBECK, H. (2000): Grundzüge der Betriebswirtschaftslehre. München und Wien.

SCHIERL, T. (2005): Sport und Marke. Einige grundlegendere Überlegungen zur Markierung von Sportlern und Sportvereinen. In: HORCH, H.-D./HOVEMANN, G./KAISER, S./VIEBAHN, K. (Hrsg.): Perspektiven des Sportmarketings. Köln, S. 249-261.

SCHIERL, T. (2006): MediaSportsAdvertising oder: Was hat die Verzinsung von Festgeld mit der deutschen Nationalelf zu tun?. In: MÜLLER, E./SCHWIER, J. (Hrsg.): Medienfußball im europäischen Vergleich. Köln, S. 151-170.

SCHILHANECK, M. (2004): Wirtschaftliche Erfolgsfaktoren in Profivereinen. Entwicklung eines Analyseinstruments zur Optimierung des Vereinsmanagements. Bayreuth.

SCHILHANECK, M. (2005a): Managementleitlinien für Profiklubs. Die Umsetzung wirtschaftlicher Erfolgsfaktoren in Profivereinen veranschaulicht am Beispiel eines US-Profiklubs. In: Spectrum der Sportwissenschaft, 17 (1), 62-78.

SCHILHANECK, M. (2005b): Managing the Game – 10 Erfolgsfaktoren zur professionellen Führung von Profifußballklubs (Studie der Agentur International Sports Agency ISA). Wien u.a..

SCHILHANECK, M. (2005c): Markenmanagement von Profiklubs (Arbeitspapier, Lehrstuhl für Dienstleistungsmanagement, Berufsakademie Stuttgart). Stuttgart.

SCHILHANECK, M. (2006a): Vom Fußballverein zum Fußballunternehmen. Medialisierung, Kommerzialisierung, Professionalisierung. Münster u.a..

SCHILHANECK, M. (2006b): Nutzen- oder Gewinnmaximierung? Eine Diskussion der Zielfunktion im professionellen Teamsport. In: Spectrum der Sportwissenschaft, 18 (2), 100-117.

SCHILHANECK, M. (2006c): Markenmanagement im professionellen Teamsport (Arbeitspapier, Institut für Sportwissenschaft, Universität Bayreuth). Bayreuth.

SCHILHANECK, M. (2006d): Markenmanagement im professionellen Teamsport. In: Sport und Gesellschaft – Sport and Society, 3 (3), 283-305.

SCHILHANECK, M. (2007a): Kundenbindungsmanagement von Fußballunternehmen (Arbeitspapier, Institut für Sportwissenschaft, Universität Bayreuth). Bayreuth.

SCHILHANECK, M. (2007b): Kundenbindungsmanagement in Fußballunternehmen. In: Spectrum der Sportwissenschaft, 19 (2), 45-72.

SCHILHANECK, M. (2008a): Brand management in the professional sports club setting. In: European Journal for Sport and Society, 5 (1), 45-65.

SCHILHANECK, M. (2008b): Markenmanagement im professionellen Teamsport. In: HORCH, H.-D./BREUER, C./HOVEMANN, G./KAISER, S./RÖMISCH, V. (Hrsg.): Qualitätsmanagement im Sport. Köln, S. 281-290.

SCHILHANECK, M. (2008c): Markenmanagement im Sport. In: NUFER, G./BÜHLER, A. (Hrsg.): Management und Marketing im Sport – Betriebswirtschaftliche Grundlagen und Anwendungen der Sportökonomie. Berlin, S. 361-383.

SCHLEUSER, M. (2002): Identitätsorientierte Markenführung bei Dienstleistungen. In: MEFFERT, H./BURMANN, C./KOERS, M. (Hrsg.): Markenmanagement – Grundfragen der identitätsorientierten Markenführung. Wiesbaden, S. 263-289.

SCHLÖSSER, M. (1998): Vom Höhenflug in die Warteschleife. In: Sponsors, 3 (11), 10-17.

SCHMALEN, H. (1996): Grundlagen und Probleme der Betriebswirtschaft (10. Aufl.). Köln.

SCHMID, U. (2005): Event-Management im Spitzen-Wettkampfsport. Entwicklungen, Ziele und Organisationsprinzipien (Inaugural-Dissertation, Universität Bayreuth). Bayreuth.

SCHMID, R. E./BACH, V./ÖSTERLE, H. (2000): Mit Customer Relationship Management zum Prozessportal. In: BACH, V./ÖSTERLE, H. (Hrsg.): Customer Relationship Management in der Praxis. Berlin, S. 17-55.

SCHMIDT, M. (2004a): Bedeutung des Lizenzierungsverfahrens für Vereine - dargestellt am Beispiel des VFB Stuttgart 1893 e.V.. In: ZIESCHANG, K./KLIMMER, C. (Hrsg.): Unternehmensführung im Profifußball. Symbiose von Sport, Wirtschaft und Recht. Berlin, S. 45-66.

SCHMIDT, L. (2004b): Überlegungen zur Entlohnung von Profifußballern mit Aktienoptionen. In HAMMANN, P./SCHMIDT, L./WELLING, M. (Hrsg.): Ökonomie des Fußballs. Wiesbaden, S. 241-265.

SCHMIDT, R.-B. (1993): Zielsysteme der Unternehmung. In: Handwörterbuch der Betriebswirtschaft. Stuttgart, S. 4794-4805.

SCHMOLL, H. (2005): Als die Bundesliga ihre Unschuld verlor. In: Neuburger Rundschau, Nr. 28 vom 04.02.2005, S. 25.

SCHOFIELD, J. A. (1982): The Development of First-Class Cricket in England: An Economic Analysis. In: The Journal of Industrial Economics, 30 (4), 337-360.

SCHULZE, L. (1999): Vom Pickelhauben-Fußball zur Kunstform. In: Deutscher Fußball-Bund (Hrsg.): 100 Jahre DFB: Geschichte des Deutschen Fußball-Bundes. Berlin, S. 141-176.

SCHULZE-MARMELING, D. (1992): Der gezähmte Fußball. Zur Geschichte eines subversiven Sports. Göttingen.

SCHULZE-MARMELING, D. (1993): Tapfere Kämpen, smarte Yuppies – Zum Wandel der Spieler-Typen in 30 Jahren Bundesliga. In: HANSEN, K. (Hrsg.): Verkaufte Faszination – 30 Jahre Fußball-Bundesliga. Essen, S. 28-38.

SCHULZE-MARMELING, D. (2000): Fußball. Zur Geschichte eines globalen Sports. Göttingen.

SCHULZE, G./PRENGEL, M. (1976): 1933-1945. In: SKORNING, L. (Hrsg.): Fußball in Vergangenheit und Gegenwart: Band 1 – Geschichte des Fußballsports in Deutschland bis 1945. Berlin, S. 146-176.

SCHUMACHER, J./MEYER, M. (2004): Customer Relationship Management strukturiert dargestellt. Prozesse, Systeme, Technologien. Berlin u.a..

SCHURIAN, C. (2000a): Immer wieder samstags. Die Fußball-Bundesliga. In: BRUGGEMEIER, F.-J./BORSDORF, U./STEINER, J. (Hrsg.): Der Ball ist rund. Essen, S. 242-265.

SCHURIAN, C. (2000b): Vom Zuschauer zum Aktionär. In: BRUGGEMEIER, F.-J./BORSDORF, U./STEINER, J. (Hrsg.): Der Ball ist rund. Essen, S. 337-359.

SCHURIAN, C./MENZEN, M. (2000): Merchandising. Geld und Spiele. In: BRUGGEMEIER, F.-J./BORSDORF, U./STEINER, J. (Hrsg.): Der Ball ist rund. Essen, S. 353-359.

SCHWENDOWIUS, F. (2003): Finanzierungs- und Organisationskonzepte für den deutschen Profifußball – Eine Analyse der finanzierungsrelevanten Vertragsbeziehungen von Fußballklubs unter besonderer Berücksichtigung der Spielerfinanzierung (Inaugural-Dissertation, Freie Universität Berlin). Berlin.

SCHWIER, J./SCHAUERTE, T. (2006): Ökonomische Aspekte des Medienfußballs. In: MÜLLER, E./SCHWIER, J. (Hrsg.): Medienfußball im europäischen Vergleich. Köln, S. 13-28.

SCULLY, G. W. (1989): The Business of Major League Baseball. Chicago.

SCULLY, G. W. (1995): The market structure of sport. Chicago.

SEGNA, U. (1997): Bundesliga und Börse. In: Zeitschrift für Wirtschaftsrecht, 18 (44), 1901-1912.

SEIFERT, M. (2001): Vertrauensmanagement in Unternehmen. München und Mering.

SHANI, D. (1997): A Framework for Implementing Relationship Marketing in the Sport Industry. In: Sport Marketing Quarterly, 6 (2), 9-15.

SIEBEN, F. (2001): Customer Relationship Management als Schlüssel zur Kundenzufriedenheit. In: HOMBURG, C. (Hrsg.): Kundenzufriedenheit. Konzepte – Methoden – Erfahrungen (4. Aufl.). Wiesbaden, S. 295-314.

SIEBOLD, M. (2004): Stadion-/arenageborene Rechte. In: Sponsors, 9 (6), 46-47.

SIEBOLD, M. (2005): Kapitalgesellschaften im Sport. In: Sponsors, 10 (7), 44-45.

SIEBOLD, M./LEDA, L. (2006): Wetten dass… es im Sportwettenmarkt weiter interessant bleiben wird?. In: Sponsors, 11 (5), 44-45.

SIEBOLD, M./WICHERT, J. (2001): Neue Struktur der Fußball-Bundesligen. In: Sponsors, 6 (5), 52-53.

SIEBOLD, M./WICHERT, J. (2005): Einfluss von Geldgebern im Fußball. In: Sponsors, 10 (3), 66-67.

SIMMONS, R. (1992): The demand for English League Football. In: Applied Economics, 28 (2), 139-155.

SKORNING, L. (1976a): Von den Anfängen bis 1900. In: SKORNING, L. (Hrsg.): Fußball in Vergangenheit und Gegenwart: Band 1 – Geschichte des Fußballsports in Deutschland bis 1945. Berlin, S. 11-20.

SKORNING, L. (1976b): 1900-1918. In: SKORNING, L. (Hrsg.): Fußball in Vergangenheit und Gegenwart: Band 1 – Geschichte des Fußballsports in Deutschland bis 1945. Berlin, S. 21-43.

SLOANE, P. J. (1969): The labour market in professional football. In: British Journal of Industrial Relations, 7 (2), 181-199.

SLOANE, P. J. (1971): The Economics of Professional Football: The Football-Club as a Utility-Maximiser. In: Scottish Journal of Political Economy, 17 (6), 121-146.

SLOANE, P. J. (1980): Sport in the Market? The Economic Causes and Consequences of the Packer Revolution. Lancing.

SLOANE, P. J. (1984): Die Ziele des Sportvereins. In: HEINEMANN, K. (Hrsg.): Texte zur Ökonomie des Sports. Schorndorf, S. 126-137.

SLOANE, P. J. (2002): The regulation of professional team sports. In: BARROS, C./MURADALI, I./SZYMANSKI, S. (Hrsg.): Transatlantic Sport: The comparative economics of North American and European Sports. Cheltenham und Northhampton, S. 50-68.

SOHNS, M. (2000): Die Zeit für deutsche Fußball-Aktien ist reif. In: Sponsors, 5 (11), 30-33.

SOHNS, M. (2001a): Werbetools in Sportarenen. In: Sponsors, 6 (1), 26-30.

SOHNS, M. (2001b): Europas börsennotierte Fußballvereine. Bundesliga auf dem Weg zum IPO. In: Sponsors, 6 (8), 38-39.

SOHNS, M. (2001c): Mehr als nur ein Abrisskärtchen. In: Sponsors, 6 (9), 40-43.

SOHNS, M. (2001d): DSM-Bandenkonzept. In: Sponsors, 6 (210), 39.

SOHNS, M. (2002a): Schalke „beleiht“ seine Fans. In: Sponsors, 7 (12), 30-31.

SOHNS, M. (2002b): Vermarktungschancen durch das Geschäft mit den Eintrittskarten. In: Sponsors, 7 (8), 42-43.

SOHNS, M. (2002c): Preissenkung von 50 Prozent. In: Sponsors, 7 (1), 26-27.

SOHNS, M. (2002d): Video-Großbildtechnik: Es gibt keine zweite Chance. In: Sponsors, 7 (10), 38-39.

SOHNS, M. (2002e): Rasenkonstruktionen in Stadien. In: Sponsors, 7 (9), 40-41.

SOHNS, M. (2002f): Merchandising-Report 2000/01. In: Sponsors, 7 (1), 34.

SOHNS, M. (2003a): VIP-Logen-Vergleich in Stadien (Teil 1). In: Sponsors, 8 (7), 44-45.

SOHNS, M. (2003b): VIP-Logen-Vergleich in Stadien (Teil 2). In: Sponsors, 8 (8), 36-37.

SOHNS, M. (2003c): VIP-Logen-Vergleich in Stadien (Teil 3). In: Sponsors, 8 (9), 38-40.

SOHNS, M. (2003d): VIP-Logen-Vergleich in Stadien (Teil 4). In: Sponsors, 8 (10), 46-47.

SOHNS, M. (2003e): Global Player entdecken den chinesischen Markt. In: Sponsors, 8 (8), 26-28.

SOHNS, M. (2004a): Sponsoringpartnerschaften in europäischen Ligen. Wenig Service für Sponsoren. In: Sponsors, 10 (1), 22-24.

SOHNS, M. (2004b): Doch mehr drin als man denkt. In: Sponsors, 9 (1), 26-29.

SOHNS, M. (2004c): Fußballklubs beziehen Stellung zur Kritik an ihrem Marketing. In: Sponsors, 9 (2), 28-30.

SOHNS, M. (2004d): Klubs in der Mitgliederoffensive. In: Sponsors, 9 (6), 26.

SOHNS, M. (2005a): Fazit nach vier Jahren Namingright. Ist der Namens-Hype vorbei?. In: Sponsors, 10 (1), 22-23.

SOHNS, M. (2005b): UEFA-Cup bekommt neues TV-Profil. In: Sponsors, 10 (1), 36-37.

SOHNS, M. (2006a): “Kosten-Nutzen-Relation” - Das ist doch Erbsenzählerei. In: Sponsors, 11 (2), 42-43.

SOHNS, M. (2006b): Bandenwerbung wird wieder ernster genommen. In: Sponsors, 11 (10), 28-29.

SOHNS, M. (2006c): „Die UEFA hat dem Cup keinen Gefallen getan“. In: Sponsors, 11 (9), 26-28.

SOHNS, M. (2006d): „Kritik am UEFA Cup widerlegt“. In: Sponsors, 11 (10), 22-23.

SOHNS, M. (2006e): Innovation ohne Durchbruch. In: Sponsors, 10 (3), 18-19.

SOHNS, M. (2007a): 21 Klubs verhandeln Trikotsponsoring. In: Sponsors, 12 (4), 32-33.

SOHNS, M. (2007b): Nachfolger der AOL-Arena soll 38 Mio. Euro bringen. In: Sponsors, 12 (2), 29.

SOHNS, M./WEILGUNY, M. (2003): Den Bogen überspannt. In: Sponsors, 8 (6), 16-20.

SOHNS, M./WEILGUNY, M. (2004): Neubewertung der Branche. In: Sponsors, 10 (1), 20-23.

SOHNS, M./WEILGUNY, M./KLOTZ, P. (2002): Umdenken nach dem TV-Crash. In: Sponsors, 7 (11), 18-32.

SÖLLNER, A. (1993): Commitment in Geschäftsbeziehungen. Das Beispiel Lean Production. Wiesbaden.

SPOHR, P. (2003): Eine vergleichende Analyse von Verfahren zur Bewertung von Fußballunternehmen. In: BERENS, W./SCHEWE, G. (Hrsg.): Profifußball und Ökonomie. Hamburg, S. 143-158.

SPORTFIVE (2002): European Football. Markets, events, clubs, media, brands. Hamburg.

SPORTFIVE (2004): Fußballstudie. Hamburg.

SROUJI, A. (2004): Management von Fußballunternehmen – Die Analyse der Managementstrukturen im deutschen Profifußball und die Entwicklung eines integrierten Management-Systems dargestellt am Beispiel des VFB Stuttgart (Diplomarbeit, Universität Stuttgart). Stuttgart.

STAHL, H. K./HINTERHUBER, H. H./FRIEDRICH, S. A./MATZLER, K. (2000): Kundenzufriedenheit und Kundenwert. In: HINTERHUBER, H./MATZLER, K. (Hrsg.): Kundenorientierte Unternehmensführung (2. Aufl.). Wiesbaden, S. 177-196.

STAMML, G. (2002): Gelegentlich am Stammtisch. In: Sponsors, 7 (5), 40-41.

STAUSS, B. (1994): Dienstleistungsmarken. In: BRUHN, M. (Hrsg.): Handbuch Markenartikel. Stuttgart, S. 79-103.

STAUSS, B. (2000): Beschwerdemanagement als Instrument der Kundenbindung. In: HINTERHUBER, H./MATZLER, K. (Hrsg.): Kundenorientierte Unternehmensführung (2. Aufl.). Wiesbaden, S. 275-294.

STAUSS, B. (2005): Kundenbindung durch Beschwerdemanagement. In: BRUHN, M./HOMBURG, C. (Hrsg.): Handbuch Kundenbindungsmanagement. Strategien und Instrumente für ein erfolgreiches CRM (5. Aufl.). Wiesbaden, S. 315-342.

STEIN, O. (1993): Zur Charakteristik von sportlicher Leistung und Markt im Spitzensport. Ein Beitrag zur Erfassung der ökonomischen Funktion des Spitzensports mit Hilfe mikroökonomischer Theorien am Beispiel der 1. Fußballbundesliga. Leipzig.

STEINERT, A./KLEIN, A. (2001): Corporate Social Responsibility (CSR). Eine neue Herausforderung an die Unternehmenskommunikation. In: BENTELE, G./PIWINGER, M./SCHÖNBORN, G. (Hrsg.): Kommunikationsmanagement. Neuwied, Art.-Nr. 1.17., S. 1-16.

STOKVIS, R. (2006): Der Heimatstandort von Mediensport-Teams. Ein Vergleich zwischen nordamerikanischen und europäischen Verhältnissen. In: MÜLLER, E./SCHWIER, J. (Hrsg.): Medienfußball im europäischen Vergleich. Köln, S. 137-150.

STÖSSEL, A./SCHEELE, B. (1992): Interindividuelle Integration subjektiver Theorien zu Modalstrukturen. In: SCHEELE, B. (Hrsg.): Struktur-Lege-Verfahren als Dialog-Konsens-Methodik. Münster, S. 333-385.

STRAUB, W. (2004): Die Entwicklung der deutschen Fußball Liga (DFL). In: ZIESCHANG, K./ WORATSCHEK, H./BAIER, K. (Hrsg.): Kooperenz im Sport. Schorndorf, S. 31-36.

STRAUB, W./HOLZHÄUSER, W./GÖMMEL, R./GALLI, A. (2002): Das Lizenzierungsverfahren des Ligaverbandes „Die Liga Fußball-Verband e.V.“: Anforderungen an die Rechnungslegung und Prüfung. In: GALLI, A./GÖMMEL, R./HOLZHÄUSER, W./STRAUB W. (Hrsg.): Sportmanagement. München, S. 75-95.

STUHLMANN, S. (1998): Zur Genese des externen Faktors in der Dienstleistungsproduktion. Kaiserslautern.

SUCIU-SIBIANU, P. (2002): Fußball und Börse in Europa. In: WGZ-Bank (Hrsg.): FC Euro AG: Analysen der börsennotierten europäischen Fußballunternehmen – Entwicklung und Chancen des deutschen Fußballmarktes (Studie der WGZ-Bank, 3. Aufl.). Düsseldorf, S. 9-48.

SUCIU-SIBIANU, P. (2004): Going Public – ausgeträumt?. In: ZIESCHANG, K./KLIMMER, C. (Hrsg.): Unternehmensführung im Profifußball. Symbiose von Sport, Wirtschaft und Recht. Berlin, S. 177-198.

SUSSEBACH, H. (2005): Aus! Aus! Aus!. In: Die Zeit, Nr. 50 vom 08.12.2005, S. 1-6.

SÜßMILCH, I. (2001): Bilanz – ein Jahr BVB-Aktie. In: Sponsors, 6 (11), 44-45.

SÜßMILCH, I. (2002): Die Entwicklung auf dem deutschen Fußballmarkt. In: WGZ-Bank (Hrsg.): FC Euro AG: Analysen der börsennotierten europäischen Fußballunternehmen – Entwicklung und Chancen des deutschen Fußballmarktes (Studie der WGZ-Bank, 3. Aufl.). Düsseldorf, S. 49-74.

SÜßMILCH, I./ELTER, V.-C. (2004): FC Euro AG. Fußball und Finanzen (Studie der WGZ-Bank, 4. Aufl.). Düsseldorf.

SÜßMILCH, I./SELBACH, R./HUßMANN, B./THYLL, A./NICKEL, L. (2001): FC Euro AG. Börsengänge europäischer Fußballunternehmen – Chancen für den deutschen Berufsfußball (Studie der WGZ-Bank, 2. Aufl.). Düsseldorf.

SUTTON, W. A./MCDONALD, M. A./MILNE, R. M./CIMPERMANN, J. (1997): Creating and Fostering Fan Identification in Professional Sports. In: Sport Marketing Quarterly, 6 (1), 15-22.

SWIETER, D. (2002): Eine ökonomische Analyse der Fußball-Bundesliga. Berlin.

SWOBODA, B./GIERSCH, J. (2004): Markenführung und Vertriebspolitik. In: BRUHN, M. (Hrsg.): Handbuch Markenführung. Kompendium zum erfolgreichen Markenmanagement (2. Aufl.). Wiesbaden, S. 1707-1732.

SZYMANSKI, S./KUYPERS, T. (2000): Winners and Losers. London.

SZYMANSKI, S./SMITH, R. (1997): The English Football Industry: Profit, performance and industrial structure. In: International Review of Applied Ecopnomics, 11 (1), 135-153.

TEUFFEL, F. (1999): Der älteste Verein – ein kleiner Verein. In: Deutscher Fußball-Bund (Hrsg.): 100 Jahre DFB: Geschichte des Deutschen Fußball-Bundes. Berlin, S. 483-488.

THELEN, E./KOLL, O./MÜHLBACHER, H. (2000): Prozessorientiertes Management von Kundenzufriedenheit. In: HINTERHUBER, H./MATZLER, K. (Hrsg.): Kundenorientierte Unternehmensführung (2. Aufl.). Wiesbaden, S. 231-250.

THIEL, E. (1990): In Schlagzeilen und Zitaten: Werbung mit dem Sport 1966-1988. In: ROTH, P. (Hrsg.): Sportsponsoring. Landsberg am Lech, S. 15-24.

THOMMEN, J. P. (1991): Managementorientierte Betriebswirtschaftslehre. Bern und Stuttgart.

THYLL, A. (2004): Jahresabschluss und Prüfung nach der Lizenzierungsordnung: Grundlagen und Gegenüberstellung mit den handelsrechtlichen Vorschriften. In: HAMMANN, P./SCHMIDT, L./WELLING, M. (Hrsg.): Ökonomie des Fußballs. Wiesbaden, S. 163-192.

TOMCZAK, T./DITTRICH, S. (1999): Kundenbindung - bestehende Kundenpotentiale langfristig nutzen. In: HINTERHUBER, H./MATZLER, K. (Hrsg.): Kundenorientierte Unternehmensführung. Wiesbaden, S. 61-84.

TOMCZAK, T./REINECKE, S./DITTRICH, S. (2005): Kundenbindung durch Kundenkarten und -klubs. In: BRUHN, M./HOMBURG, C. (Hrsg.): Handbuch Kundenbindungsmanagement. Strategien und Instrumente für ein erfolgreiches CRM (5. Aufl.). Wiesbaden, S. 275-297.

TOMCZAK, T./ZUPANCIC, D. (2004): Strategische Markenführung. In: BRUHN, M. (Hrsg.): Handbuch Markenführung. Kompendium zum erfolgreichen Markenmanagement (2. Aufl.). Wiesbaden, S. 1349-1364.

TROMMSDORFF, V./ASAN, U./BECKER, J. (2004): Marken- und Produktpositionierung. In: BRUHN, M. (Hrsg.): Handbuch Markenführung. Kompendium zum erfolgreichen Markenmanagement (2. Aufl.). Wiesbaden, S. 541-570.

TROSIEN, G. (1999): Zum Konzept und zur Konsequenz der Sportbranchenanalyse. In: TROSIEN, G. (Hrsg.): Die Sportbranche. Wachstum – Wettbewerb – Wirtschaftlichkeit. Frankfurt am Main und New York, S. 11-30.

TROSIEN, G. (2004): Die zweite Privatisierung der Sportbewegung – Formen und Folgen des Wandels von gemeinwohl- zu gewinnorientierten Sportorganisationen. In: Sportökonomie aktuell, 3 (12), 1-5.

TROSIEN, G./PREUß, H. (1999): Sport – Fernsehen – Ökonomie. In: TROSIEN, G. (Hrsg.): Die Sportbranche. Wachstum – Wettbewerb – Wirtschaftlichkeit. Frankfurt am Main und New York, S. 209-235.

UFA SPORTS (1998): UFA Fußballstudie. Marketinginformationen für Vereine, Medien und Werbung. Hamburg.

UFA SPORTS (2000): UFA Fußballstudie. Märkte, Events, Vereine, Medien, Marken. Hamburg.

VÄTH, H. (1994): Profifußball: Zur Soziologie der Bundesliga. Frankfurt am Main und New York.

VENATOR, C. (1998): Eins zu Null für den Werbepartner – Chancen und Probleme im Sportsponsoring (Diplomarbeit, Universität Passau). Passau.

VENOHR, B./ZINKE, C. (2000): Kundenbindung als strategisches Unternehmensziel: Vom Konzept zur Umsetzung. In: BRUHN, M./HOMBURG, C. (Hrsg.): Handbuch Kundenbindungsmanagement. Strategien und Instrumente für ein erfolgreiches CRM (3. Aufl.). Wiesbaden, S. 153-173.

VENTER, K./GREBE, V./SCHROTZ, C./KÜPPERS-ANHAMM, H. (2005): Sportsponsoring und unternehmerische Entwicklung. In: WEHRHEIM, M. (Hrsg.): Marketing der Fußballunternehmen. Berlin, S. 1-44.

VROOMAN, J. (1995): A Generally Theory of Professional Sports Leagues. In: Southern Economic Journal, 61 (4), 971-989.

VROOMAN, J. (1996): The Baseball Player's Labour Market Reconsidered. In: Southern Economic Journal, 63 (2), 339-361.

VROOMAN, J. (1997): A Unified Theory of Capital and Labour Markets in Major League Baseball. In: Southern Economic Journal, 63 (3), 594-619.

WADDSACK, R./WALLERATH, U. (1990): Wettbewerb im Sport – Sport im Wettbewerb. In: TROSIEN, G. (Hrsg.): Die Sportbranche und ihre Geldströme. Frankfurt, S. 32-47.

WAGNER, P. (2000): Aussteigen oder Dabeibleiben? Determinanten der Aufrechterhaltung sportlicher Aktivität in gesundheitsorientierten Sportprogrammen. Darmstadt.

WALLISER, B. (1995): Sportsponsoring: Bedeutung, Wirkung und Kontrollmöglichkeiten. Wiesbaden.

WEBER, B. (1996): Probleme unlizenzierter Fan-Artikel im Sport – ein neues Phänomen der Produktpiraterie?. In: Sport und Recht, 3 (3), 83-87.

WEBER, F. (1997): Die Stadionzeitschriften der Fußball-Bundesliga: Strukturen-Funktionen-Perspektiven. Münster und Hamburg.

WEHRMEISTER, D. (2001): Customer Relationship Management. Kunden gewinnen und an das Unternehmen binden. Köln.

WEILGUNY, M. (2001): England und Frankreich holen auf. In: Sponsors, 6 (12), 38-39.

WEILGUNY, M. (2002): Viele Klubs am öffentlichen Napf. In: Sponsors, 7 (10), 34-35.

WEILGUNY, M. (2003a): Namingright gewinnt an Bedeutung - Bezahlte Identitäten. In: Sponsors, 8 (5), 16-17.

WEILGUNY, M. (2003b): Wer zahlt, will auch bestimmen. In: Sponsors, 8 (7), 32-33.

WEILGUNY, M. (2003c): Steuerpläne vom Tisch. In: Sponsors, 8 (6), 41.

WEILGUNY, M. (2003d): Wirbel um Sportwetten. In: Sponsors, 8 (10), 28-29.

WEILGUNY, M. (2003e): Fußball kann nur Aufhänger sein. In: Sponsors, 8 (5), 18-20.

WEILGUNY, M. (2003f): Werbetools in Stadien – Das Bandenlabyrinth. In: Sponsors, 8 (4), 16-20.

WEILGUNY, M. (2004a): Hoffnungsschimmer England. In: Sponsors, 9 (1), 18-19.

WEILGUNY, M. (2004b): Bundesliga steht in Europa gut da. In: Sponsors, 9 (9), 44-45.

WEILGUNY, M. (2004c): Vermisse langfristiges Konzept. In: Sponsors, 9 (6), 16-17.

WEILGUNY, M. (2004d): Aufschwung im Fußball-Oberhaus. In: Sponsors, 9 (6), 20-22.

WEILGUNY, M. (2004e): Hier erlaubt, dort verboten. In: Sponsors, 9 (12), 36-37.

WEILGUNY, M. (2004f): „Neue Medien" im Fokus der Bundesliga. In: Sponsors, 9 (1), 38.

WEILGUNY, M. (2004g): Neue Geldquelle für den 1. FC Köln. In: Sponsors, 9 (8), 25.

WEILGUNY, M. (2004h): Dezentrale Vermarktung der Multimediarechte. Fußballklubs gehen selbst online. In: Sponsors, 9 (5), 42-43.

WEILGUNY, M. (2004i): Sponsoring unter der Lupe. In: Sponsors, 9 (10), 28-29.

WEILGUNY, M. (2004j): Optimierung im Merchandising. In: Sponsors, 9 (5), 17-18.

WEILGUNY, M. (2004k): Potenzial noch nicht ausgeschöpft. In: Sponsors, 9 (5), 19.

WEILGUNY, M. (2004l): Suche nach Alternativen. In: Sponsors, 9 (5), 34.

WEILGUNY, M. (2005a): Vermarktung von Stadien und Arenen. Stadien können sich rechnen. In: Sponsors, 9 (1), 18-20.

WEILGUNY, M. (2005b): Ausgequalmt. In: Sponsors, 10 (3), 30-31.

WEILGUNY, M. (2005c): Anleihenfinanzierung beim 1. FC Köln. Emotionen statt Rendite. In: Sponsors, 10 (12), 32.

WEILGUNY, M. (2005d): Offene Fragen nach dem Rekordjahr. In: Sponsors, 10 (7), 26-27.

WEILGUNY, M. (2005e): Merchandising auf Rekordniveau. In: Sponsors, 10 (1), 26.

WEILGUNY, M. (2005f): UEFA-Cup wird zentral vermarktet. In: Sponsors, 10 (8), 28.

WEILGUNY, M. (2006a): DFL vergibt TV-Rechte. In: Sponsors, 11 (1), 40.

WEILGUNY, M. (2006b): Europas Trikotsponsoring auf Rekordniveau. In: Sponsors, 11 (1), 16.

WEILGUNY, M. (2006c): Reizvolle Werbung. In: Sponsors, 11 (6), 14-23.

WEILGUNY, M. (2006d): Bundesliga-Sponsoren sollen mehr rotieren. In: Sponsors, 11 (8), 27.

WEILGUNY, M. (2006e): Umsatzrekord im europäischen Fußball. In: Sponsors, 11 (7), 24-25.

WEILGUNY, M. (2006f): Musterumbau Bieberer Berg. In: Sponsors, 11 (8), 35.

WEILGUNY, M. (2006g): VIPs pushen den Umsatz. In: Sponsors, 11 (9), 19.

WEILGUNY, M. (2006h): Vierphasen-Stadionbau auf St. Pauli als Vorbild?. In: Sponsors, 11 (9), 34-35.

WEILGUNY, M. (2006i): DFL-Klubs nutzen Recht auf eigene TV-Vermarktung kaum. In: Sponsors, 11 (12), 32.

WEILGUNY, M. (2006j): Die unterschätzte Macht. In: Sponsors, 11 (11), 11-16.

WEILGUNY, M. (2006k): ARD plant Regionalligafußball in der „Sportschau". In: Sponsors, 11 (7), 43.

WEILGUNY, M. (2006l): Mehr als 25 Millionen Euro stehen auf dem Spiel. In: Sponsors, 11 (6), 28-29.

WEILGUNY, M. (2006m): „Am Ende nur Verlierer“. In: Sponsors, 11 (5), 34-35.

WEILGUNY, M. (2006n): Darf betandwin weiter werben?. In: Sponsors, 11 (8), 21.

WEILGUNY, M. (2006o): Europas Fußball-Ligen und ihre Naming-Rights. In: Sponsors, 11 (8), 28-29.

WEILGUNY, M. (2006p): HSV darf ohne T-Com-Logo auflaufen. In: Sponsors, 11 (9), 25.

WEILGUNY, M. (2006q): „Wir haben keinen Fehler gemacht“. In: Sponsors, 11 (7), 38-40.

WEILGUNY, M. (2006r): Bundesliga im Kabelkrieg. In: Sponsors, 11 (6), 24.

WEILGUNY, M. (2007a): Trikot-Sponsoring weiter auf dem Vormarsch. In: Sponsors, 12 (2), 30-31.

WEILGUNY, M. (2007b): Neuer Umsatzrekord für Europas Fußballbranche. In: Sponsors, 12 (7), 24-25.

WEILGUNY, M. (2007c): Schön teuer!. In: Sponsors, 12 (4), 12-18.

WEILGUNY, M. (2007d): „36 verschiedene Lösungen“. In: Sponsors, 12 (5), 28-30.

WEILGUNY, M. (2007e): DFL will Medienrechte vorzeitig ausschreiben. In: Sponsors, 12 (2), 34-35.

WEILGUNY, M. (2007f): Nach Telekom-Absage: DFL bricht Suche nach Liga-Sponsor ab. In: Sponsors, 12 (4), 26-27.

WEILGUNY, M. (2007g): Warnschuss aus Brüssel. In: Sponsors, 12 (5), 18-19.

WEILGUNY, M./KLEWENHAGEN, M. (2005): Pauschalsteuer für VIP-Logen. In: Sponsors, 10 (8), 37.

WEILGUNY, M./KLEWENHAGEN, M. (2006): Stadionprojekte für 500 Mio. Euro geplant. In: Sponsors, 11 (11), 38-40.

WEILGUNY, M./KLOTZ, P. (2006): Großbaustelle Arena. In: Sponsors, 11 (2), 26-35.

WEINBERG, P. (1993): Markenartikel und Markenpolitik. In: TIETZ, B./RRÜHLER, R./ZENTES, J. (Hrsg.): Handwörterbuch des Marketing. Stuttgart, Sp. 2681.

WEINBERG, P. (2000): Verhaltenswissenschaftliche Aspekte der Kundenbindung. In: BRUHN, M./HOMBURG, C. (Hrsg.): Handbuch Kundenbindungsmanagement. Strategien und Instrumente für ein erfolgreiches CRM (3. Aufl.). Wiesbaden, S. 39-54.

WEINBERG, P./DIEHL, S. (2001): Erlebniswelten für Marken. In: ESCH, F.-R. (Hrsg.): Moderne Markenführung (3. Aufl.). Wiesbaden, S. 185-207.

WEINBERG, P./NICKEL, O. (1998): Grundlagen für die Erlebniswirkung von Marketingevents. In: NICKEL, O. (Hrsg.): Eventmarketing. München, S. 61-75.

WEINBERG, P./TERLUTTER, R. (2005): Verhaltenswissenschaftliche Aspekte der Kundenbindung. In: BRUHN, M./HOMBURG, C. (Hrsg.): Handbuch Kundenbindungsmanagement. Strategien und Instrumente für ein erfolgreiches CRM (5. Aufl.). Wiesbaden, S. 41-66.

WELLING, M. (2003): Das Produkt Fußball? – Eine leistungstheoretische Grundlegung zur Identifikation von Produktions- und Absatzspezifika. In: RECKENFELDERBÄUMER, M./WELLING, M. (Hrsg.): Fußball als Gegenstand der Betriebswirtschaftslehre. Lahr, S. 5-46.

WELLING, M. (2004a): Grundlagen der Absatz- und Produktionsprozesse bei Produkten der Teamindustrie – dargestellt am Beispiel des Gutes Fußballspiel. In: HAMMANN, P./SCHMIDT, L./WELLING, M. (Hrsg.): Ökonomie des Fußballs. Wiesbaden, S. 261-306.

WELLING, M. (2004b): Die (Fußball-)Vereinsmarke – Konzeptionelle Grundlagen und ausgewählte Besonderheiten der Markenführung von Fußballvereinen. In: HAMMANN, P./SCHMIDT, L./WELLING, M. (Hrsg.): Ökonomie des Fußballs. Wiesbaden, S. 391-418.

WELLING, M. (2004c): Absatzmarktbezogene Business-To-Business-Geschäftsbeziehungen von Fußballklubs. In: BIELING, M./ESCHWEILER, M./HARDENACKE, J. (Hrsg.): Business-to-Business-Marketing im Profifußball. Wiesbaden, S. 25-50.

WELLING, M. (2005): Markenführung im professionellen Ligasport. In: MEFFERT, H./BURMANN, C./KOERS, M. (Hrsg.): Markenmanagement (2. Aufl.). Wiesbaden, S. 496-522.

WESSLING, H. (2001): Aktive Kundenbeziehungen mit CRM. Strategien, Praxismodule und Szenen. Wiesbaden.

WESTERBEEK, H./SHILBURY, D. (2003): Conceptual Model for Sport Services Marketing Research: Integrating Quality, Value and Satisfaction. In: International Journal of Sports Marketing and Sponsorship, 5 (1), 11-31.

WESTERWELLE, G. (2006): Recht der Sportwetten neu ordnen. In: Sponsors, 10 (8), 54.

WICHER, H. (2001): Kundenzufriedenheit. In: HELMKE, S./DANGELMAIER, W. (Hrsg.): Effektives Customer Relationship Management. Instrumente - Einführungskonzepte - Organisation. Wiesbaden, S. 39-47.

WICHERT, J. (2001a): Die Fußball-Bundesliga im Radio. In: Sponsors, 6 (10), 66-67.

WICHERT, J. (2002): Der „Veranstalter im Profi-Fußball“. In: Sponsors, 7 (1), 40-41.

WICHERT, J. (2006): Neues über Radiorechte – Konferenzschaltung Samstag ade?. In: Sponsors, 11 (1), 50-51.

WICHERT, L. (2001b): Markenaufbau und Markenmanagement im Internet. München.

WICHERT, J./LEDA, L. (2001): Namensrechte an Stadien und Arenen. In: Sponsors, 6 (3), 54-55.

WICK, U. (2000a): Kickers und Germania. Die Anfänge in Deutschland. In: BRUGGEMEIER, F.-J./ BORSDORF, U./STEINER, J. (Hrsg.): Der Ball ist rund. Essen, S. 84-100.

WICK, U. (2000b): Fußball im Nationalsozialismus. In: BRUGGEMEIER, F.-J./BORSDORF, U./STEINER, J. (Hrsg.): Der Ball ist rund. Essen, S. 174-189.

WICK, U. (2000c): Die Zeit der Oberligen. In: BRUGGEMEIER, F.-J./BORSDORF, U./STEINER, J. (Hrsg.): Der Ball ist rund. Essen, S. 212-221.

WIEDMANN, K.-P. (2004): Markenführung und Corporate Identity. In: BRUHN, M. (Hrsg.): Handbuch Markenführung. Kompendium zum erfolgreichen Markenmanagement (2. Aufl.). Wiesbaden, S. 1411-1439.

WILD, J. (1982): Grundlagen der Unternehmensplanung (7. Aufl.). Reinbek.

WILL, H. (1990): Zielarbeit in Organisationen. Frankfurt am Main.

WILLMS, W. (2004): Die regionalwirtschaftliche Bedeutung des VfL Bochum 1848 e.V.. In: HAMMANN, P./SCHMIDT, L./WELLING, M. (Hrsg.): Ökonomie des Fußballs. Wiesbaden, S. 61-86.

WISEMANN, N. C. (1977): The Economics of Football. In: Lloyd's Bank Review, 123 (1), 29-43.

WITTE, H. (2000): Allgemeine Betriebswirtschaftslehre. Oldenburg.

WITZEL, A. (1982): Verfahren der qualitativen Sozialforschung. Überblick und Alternativen. Frankfurt am Main und New York.

WOLL, A. (2003): Bindung an den Verein – Kundenzufriedenheit im Tennis. In: WOLL, A. (Hrsg.): Miteinander lernen, forschen, spielen. Hamburg, S. 121-136.

WORATSCHEK, H. (1996): Die Typologie von Dienstleistungen aus informationsökonomischer Sicht. In: Der Markt – Zeitschrift für Absatzwirtschaft und Marketing, 5 (1), 59-71.

WORATSCHEK, H. (1998): Sportdienstleistungen aus ökonomischer Sicht. In: Sportwissenschaft, 28 (3/4), 344-357.

WORATSCHEK, H. (2002): Theoretische Elemente einer ökonomischen Betrachtung von Sportdienstleistungen. In: Zeitschrift für Betriebswirtschaft, Ergänzungsheft 4 (Sportökonomie), 1-21.

WORATSCHEK, H. (2003): Grundlagen des Dienstleistungsmanagements (Vorlesungsskript Universität Bayreuth). Bayreuth.

WORATSCHEK, H. (2004a): Einführung: Kooperenz im Sportmanagement – eine Konsequenz der Wertschöpfungslogik von Sportwettbewerben und Ligen. In: ZIESCHANG, K./WORATSCHEK H./BAIER, K. (Hrsg.): Kooperenz im Sportmanagement. Schorndorf, S. 9-30.

WORATSCHEK, H. (2004b): Preisdifferenzierung. In: BRUHN, M./HOMBURG, C. (Hrsg.): Marketing-Lexikon. Wiesbaden, S. 640-641.

WORATSCHEK, H./HORBEL, C. (2004): Der Einfluss von Variety-Seeking Behaviour auf eine modifizierte Service-Profit-Chain. In: MEYER, A. (Hrsg.): Dienstleistungsmarketing. Impulse für Forschung und Management. München, S. 279-296.

WORATSCHEK, H./HORBEL, C. (2005): Are Variety-Seekers Bad Customers? An Analysis of the Role of Recommendations in the Service Profit Chain. In: Journal of Relationship Marketing, 4 (3), 43-57.

WORATSCHEK, H./ROTH, S. (2004): Informationsökonomischer Erklärungsansatz der Markenführung. In: BRUHN, M. (Hrsg.): Handbuch Markenführung. Kompendium zum erfolgreichen Markenmanagement (2. Aufl.). Wiesbaden, S. 347-370.

WORATSCHEK, H./SCHAFMEISTER, G. (2005): Ist das Management von Sportbetrieben ein besonderes Business? – Eine Analyse der Besonderheiten in der Wertschöpfung von Sportbetrieben. In: BREHM, W./HEERMANN, W./WORATSCHEK, H. (Hrsg.): Sportökonomie – Das Bayreuther Konzept in zehn exemplarischen Lektionen. Bayreuth, S. 27-49.

WORATSCHEK, H./SCHAFMEISTER, G./STRÖBEL, T. (2006): A new paradigm for sport management in the German football market. In: DESBORDES, M. (Hrsg.): Marketing and football: An international perspective. Burlington, S. 163-185.

ZACHARIAS, E. (1999): Going Public einer Fußball-Kapitalgesellschaft. Rechtliche, betriebswirtschaftliche und strategische Konzepte bei der Vorbreitung der Börseneinführung eines Fußball-Bundesligavereins. Bielefeld.

ZACHARIAS, E. (2001): Die Aktiengesellschaft. In: Sponsors, 5 (6), 54-55.

ZELTINGER, J. (2004): Customer Relationship Management in Fußballunternehmen. Erfolgreiche Kundenbeziehungen gestalten. Berlin.

ZELTINGER, J./HAAS, O. (2002): Customer Relationship Management. In: GALLI, A./GÖMMEL, R./HOLZHÄUSER, W./STRAUB, W. (Hrsg.): Sportmanagement. München, S. 449-480.

ZHANG, J. J./LAM, T. C. (2003): General Market Demand Variables Associated with Professional Sport Consumption. In: International Journal of Sports Marketing and Sponsorship, 5 (1), 33-55.

ZIEBS, A. (2002): Ist Erfolg käuflich? Analysen und Überlegungen zur sozio-ökonomischen Realität des Berufsfußballs. München.

ZIESCHANG, K./KLIMMER, C. (2004): Vorwort. In: ZIESCHANG, K./KLIMMER, C. (Hrsg.): Unternehmensführung im Profifußball. Symbiose von Sport, Wirtschaft und Recht. Berlin, S. V-VI.

ZILS, O. (2002): Die neue Sachlichkeit. In: Horizont Sport Business, 2 (9), 12-18.

ZIPSER, A. (2001): Business Intelligence im Customer Relationship Management – Die Relevanz von Daten und deren Analyse für profitable Kundenbeziehungen. In: LINK, J. (Hrsg.): Customer Relationship Management. Wiesbaden, S. 35-58.

ZÖLLER, M. (1976): 1945-1949. In: SKORNING, L. (Hrsg.): Fußball in Vergangenheit und Gegenwart: Band 2 – Geschichte des Fußballsports in der DDR bis 1974. Berlin, S. 5-21.

ZORN, R. (2005): Gewagter Spagat und harter Schlag. In: Frankfurter Allgemeine Zeitung, Nr. 298 vom 21.12.2005, S. 28.

II. Quellenverzeichnis Internet

AHRENS, P.: Ein Urteil, auf das niemand gewettet hätte. (http://www.spiegel.de/jahres-chronik/0,1518,388830,00.html). Zugriff am 17.11.2005.

GROEBEN, N./SCHEELE, B.: Dialog-Konsens-Methodik im Forschungsprogramm Subjektive Theorien. In: Forum Qualitative Sozialforschung. Online-Journal 1 (2). (http://qualitative-research.net./fqs-d/2-00inhalt.htm). Zugriff am 17.02.2007.

RÖBKE, T.: Ein Hirsch für New York. (http://www.zeit.de/text/2003/27/J_8agermeister). Zugriff am 18.03.2005.

SCHIMKE, M.: Sportrecht. (http://www.forumrecht.com/index.php?action=kanzleien _04& action_2=show _selected_ rights&id=25). Zugriff am 18.03.2005.

WEIDEMANN, D.: Learning about „Face" – „Subjective Theories" as a Construct in Analysing Intercultural Learning Process of Germans in Taiwan. In: Forum Qualitative Sozialforschung. Online-Journal 2 (3). (http://qualitative-research.net./fqs/fqs-eng.htm). Zugriff am 17.02.2007.

WERTHMANN, C.: Umwandlung eines Bundesliga-Vereins in eine Kapitalgesellschaft am Beispiel der Umwandlung TSV Bayer 04 Leverkusen e.V.. (http://www.uni-muenster.de/Jur-link/neues/neu4.htm). Zugriff am 19.02.2005.

www.100-schalker-jahre.de: 65.000 feierten Geburtsparty in der Arena. (http://www.100schalkerjahre.de/tickets_feiert.php). Zugriff am 26.11.2006.

www.100-schalker-jahre.de: Rückblick "Schalke unterwegs". (http://www.100schalkerjahre.de/tour.php). Zugriff am 26.11.2006.

www.100-schalker-jahre.de: "Schalke kickt". (http://www.100schalkerjahre.de/turniere.php). Zugriff am 26.11.2006.

www.bayer04.de: Bayer 04 Leverkusen – Doppelpass mit der Werkself. (http://www.bayer04.de/de/13619.htm). Zugriff am 27.07.2006.

www.bvb.de: Fußballtraining mit den Großen. (http://www.bvb.de/?%9F%2Ak%97%84%E6%86%9B). Zugriff am 24.07.2006.

www.bvb.de: Warsteiner und der BVB starten Fan-Team-Aktion. (http://www.bvb.de/?%9F%2Ak%97%84%EC%5Em%E4%8C9B). Zugriff am 24.07.2006.

www.dfb.de: Championsleague. (http://www.dfb.de/international/champions/modus/right.php). Zugriff am 11.09.2004.

www.dfb.de: UEFA-Cup. (http://www.dfb.de/international/uefacup/modus/right.php). Zugriff am 11.09.2004.

www.fc-koeln.de: FC-Kids. (http://www.fc-koeln.de/?id=217). Zugriff am 20.12.2006.

www.fc-koeln.de: FC-Kids Club-Jahr 2006. (http://www.fc-koeln.de/index.php?id=4937). Zugriff am 20.12.2006.

www.fcbayern.t-com.de: Bayern-Termine in der Sommerpause. http://www.fcbayern.t-com.de/de/aktuell/news/2006/07982.php?fcb_sid=a199280dbd). Zugriff am 04.09.2006.

www.fcbayern.t-com.de: Der FC Bayern hilft. (http://www.fcbayern.t-com.de/de/verein/hilfe/index.php?fcb_sid=ea3b2aecea5aa9e1c4279). Zugriff am 24.07.2006.

www.fcbayern.t-com.de: Der FC Bayern präsentiert weitere Erfolgsbilanz. (http://www.fcbayern.t-com.de/de/aktuell/news/2005/06196.php?fcb_sid=SESSIONID). Zugriff am 14.11.2005.

www.herthabsc.de: Das Muss für jeden Hertha-Fan: Die Hertha BSC BankCard. (http://www.herthabsc.de/index.php?id=1806). Zugriff am 04.12.2006.

www.hypovereinsbank.de: FC Bayern Mastercard. (http://www.hypovereinsbank.de/portal?view=/privatkunden/191057.jsp). Zugriff am 04.12.2006.

www.manutd.com: MU Finance. (http://www.manutd.com/default.sps.pageid={...}). Zugriff am 04.12.2006.

www.manutd.com: Red Rewards. (http://www.manutd.com/default.sps.pageid={...}). Zugriff am 04.12.2006.

www.manutd.com: UK Credit Card. (http://www.manutd.com/default.sps.pageid={...}). Zugriff am 04.12.2006.

www.nba.com: Grizzlies 2006-2007 Promotions. (http://www.nba.com/grizzlies/fan_zone/promotions-0607.html). Zugriff am 30.09.2006.

www.nba.com: Grizzlies Insider. (http://www.nba.com/grizzlies/multimedia/broadcast-grizzlies_insider-06.html). Zugriff am 22.12.2006.

www.nba.com: History of Games Played by NBA Teams in Europe. (http://www.nba.com/europelive/history.html). Zugriff am 04.09.2006.

www.nba.com: Memphis Grizzlies 2006-2007 11-Games Power Packs. (http://www.nba.com/grizzlies/tickets/11_game_power_packs-06.html). Zugriff am 01.12.2006.

www.nba.com: Memphis Grizzlies 2006-2007 20-Games Plan. (http://www.nba.com/grizzlies/tickets/22_game_plans-06.html). Zugriff am 01.12.2006.

www.nba.com: Memphis Grizzlies 2006-2007 Wendy's Five-Game Packs. (http://www.nba.com/grizzlies/tickets/wendys_five_game_pack-06.html). Zugriff am 01.12.2006.

www.nba.com: Optimism Reigns at Media Day. (http://www.nba.com/grizzlies/features/features-061002-media_day_optimism.html). Zugriff am 04.10.2006.

www.spiegel.de: BGH-Revisionsverfahren: Hoyzer muss ins Gefängnis. (http://www.spiegel.de/sport/fussball/0,1518.454707,00.html). Zugriff am 15.12.2006.

www.sponsors.de: Bayer 04 startet neue Marketingmaßnahmen. (http://www.sponsors.de/abo_bereich/taegliche_news/6/new§n7774s.php?bereich=6&anker=7774). Zugriff am 03.09.2006.

www.sponsors.de: Bayern München geht japanisch online. (http://www.sponsors.de/abo_bereich/taegliche_news/3/showsinglenews.php?bereich=3&news_id=2339). Zugriff am 10.09.2003.

www.sponsors.de: Bayern München kooperiert mit „Red Diamonds". (http://www.sponsors.de/abo_bereich/taegliche_news/6/showsinglenews.php?bereich=6&news_id=6762). Zugriff am 19.01.2006.

www.sponsors.de: BVB zieht positive Bilanz der IPTV-Übertragung. (http://www.sponsors.de/abo_bereich/taegliche_news/3/showsoinglenews.php?bereich=3&news_id=7804). Zugriff am 09.08.2006.

www.sponsors.de: Chinesische Hertha-Homepage in neuem Outfit. (http://www.sponsors.de/315-YmVyZWljaD0zJm5ld3NfaWQ9MjMyMg-%7Eabo_bereich%7E taegliche_news%7Eshowsinglenews.html). Zugriff am 05.09.2003.

www.sponsors.de: Eingleisige 3. Liga kommt ab 2008/2009. (http://www.sponsors.de/index.php?id=71&tx_news[tt_news]=9754). Zugriff am 08.09.2006.

www.sponsors.de: Energie Cottbus begibt Genussscheine. (http://www.sponsors.de/abo_bereich/taegliche_news/6/showsinglenews.php?bereich=6&news_id=4470#top). Zugriff am 29.10.2004.

www.sponsors.de: Erstmals LED-Banden bei DFB-Länderspiel. (http://www.sponsors.de/abo_bereich/taegliche_news/6/news.php?bereich=6&anker=8259#n8259). Zugriff am 14.11.2006.

www.sponsors.de: Fan-Magazin des FC Köln künftig auf center.tv. (http://www.sponsors.de/abo_bereich/taegliche_news/3/showsoinglenews.php?bereich=3&news_id=7799). Zugriff am 08.08.2006.

www.sponsors.de: FC Bayern und Microsoft schließen Partnerschaft. (http://www.sponsors.de/abo_bereich/taegliche_news/15/news.php?bereich=15anker=8383#n8383). Zugriff am 11.12.2006.

www.sponsors.de: Fragwürdiger Deal zwischen DFL und Telekom. (http://www.sponsors.de/index.php?id=71&tx_ttnews[tt_news]=977). Zugriff am 06.01.2005.

www.sponsors.de: Kartellamt stimmt Arena-Premiere-Deal zu. (http://www.sponsors.de/index.php?id=71&tx_news[tt_news]=14092). Zugriff am 18.07.2007.

www.sponsors.de: Kein Steilpass aus Brüssel für Fußballbundesliga. (http://www.sponsors.de/index.php?id=71&tx_news[tt_news]=14.13). Zugriff am 12.07.2007.

www.sponsors.de: Maxdome bringt Schalke 04-TV auf den Markt. (http://www.sponsors.de/abo_bereich/taegliche_news/3/showsoinglenews.php?bereich=3&anker=8562#n8562). Zugriff am 25.02.2007.

www.sponsors.de: Offiziell: Ruhrstadion wird rewirpowerSTADION. (http://www.sponsors.de/abo_bereich/taegliche_news/6/news.php?bereich=6&anker=7774#n7774). Zugriff am 14.08.2006.

www.sponsors.de: Radiosender müssen weiter für Bundesliga zahlen. (http://www.sponsors.de/abo_bereich/taegliche_news/3/showsinglenews.php?bereich=3&news_id=1871). Zugriff am 12.06.2003.

www.sponsors.de: Rechteinhaber fordert Preisnachlass von DFL. (http://www.sponsors.de/abo_bereich/taegliche_news/3/showsinglenews.php?bereich=3&news_id=2813). Zugriff am 08.12.2003.

www.sponsors.de: Sportfive bringt wieder LED-Bande zum Einsatz. (http://www.sponsors.de/abo_bereich/taegliche_news/6/showsinglenews.php?bereich=6&news_id=6897). Zugriff am 15.02.2006.

www.sponsors.de: Sportschau verhilft Regionalligen zu Top-Quoten. (http://www.sponsors.de/index.php?id=71&tx_ttnews[tt_news]=10135). Zugriff am 06.12.2006.

www.sponsors.de: UEFA Cup mit neuen Konzept. (http://www.sponsors.de/abo_bereich/taegliche_news/6/showsinglenews.php?bereich=6&news_id=4141). Zugriff am 27.08.2004.

www.seasonticketrights.com: FAQs. (http://www.seasonticketrights.com/home/FAQs.aspx?cid=10). Zugriff am 06.12.2006.

www.tsv1860.de: ARGE e.V. – Arbeitsgemeinschaft der Fanclubs des TSV 1860 München. (http://www.tsv1860.de/?id=982). Zugriff am 14.09.2006.

www.unicef.de: Es ist eine Ehre, das UNICEF-Logo zu tragen. (http://www.unicef.de/3886.html). Zugriff am 16.01.2007.

www.veltins-arena.de: Knappen-Karte: Eigene Währung auf Schalke. (http://www.veltins-arena.de/besucher_knappenkarte.php). Zugriff am 04.12.2006.

Sponsors-newsletter:

1. FC Köln emittiert Anleihe. Sponsors-newsletter vom 25.07.2005.

Anleihe spült 2,5 Millionen Euro in die Kassen. Sponsors-newsletter vom 26.08.2005.

Besteuerung von Hospitality-Maßnahmen. Sponsors-newsletter vom 11.07.2005.

BMF mit Beschluss zur Besteuerung von VIP-Logen. Sponsors-newsletter vom 18.08.2005.

DFL-Entscheidung über Verteilung der TV-Gelder. Sponsors-newsletter vom 03.02.2006.

DFL kurz vor Abschluss mit Ligasponsor? Sponsors-newsletter vom 12.05.2005.

DFL plant Einführung von Relegationsspielen. Sponsors-newsletter vom 04.05.2006.

FC St. Pauli mit Ärmelsponsor. Sponsors-newsletter vom 09.08.2005.

Frankenstadion wird Easy Credit Stadion. Sponsors-newsletter vom 13.03.2006.

Neuer Verteilungsschlüssel für Fußballunternehmen. Sponsors-newsletter vom 04.01.2006.

Telekom als Gewinner im Fußball-Poker? Sponsors-newsletter vom 10.01.2006.

TV-Rechte Bundesliga: Zuschlag für ARD und Arena. Sponsors-newsletter vom 21.12.2005.

VfB Stuttgart schreibt schwarze Zahlen. Sponsors-newsletter vom 26.07.2005.